经济数学——微积分

主　编　张建梅　马庆华

副主编　席　敏　王慧蕾　饶兰兰

科　学　出　版　社

北　京

内 容 简 介

本书是适合经济管理类专业使用的微积分教材. 全书共 8 章, 内容包括函数、极限与连续, 导数与微分, 中值定理与导数的应用, 不定积分, 定积分及其应用, 多元函数微积分, 无穷级数, 微分方程与差分方程. 全书注意保持理论的完整性和严密性, 注重应用, 并配有大量例题和习题, 书后附参考答案. 书中穿插了相关数学史和数学家的阅读材料, 增加教材的可读性; 给出重要数学名词的英文翻译, 以提高学生阅读外文资料的能力.

本书可作为普通高等院校经济管理类专业的微积分教材或教学参考书.

图书在版编目(CIP)数据

经济数学. 微积分/张建梅, 马庆华主编. —北京: 科学出版社, 2011
ISBN 978-7-03-031987-6

Ⅰ. ①经… Ⅱ. ①张… ②马… Ⅲ. ①经济数学-高等学校-教材②微积分-高等学校-教材 Ⅳ. ①F224.0②O172

中国版本图书馆 CIP 数据核字(2011) 第 156973 号

责任编辑: 姚莉丽 房 阳 / 责任校对: 包志虹
责任印制: 赵 博 / 封面设计: 陈 敬

科学出版社 出版
北京东黄城根北街 16 号
邮政编码: 100717
http://www.sciencep.com

北京华宇信诺印刷有限公司印刷
科学出版社发行 各地新华书店经销
*
2011 年 8 月第 一 版 开本: 720 × 1000 1/16
2025 年 7 月第十六次印刷 印张: 22 1/2
字数: 450 000

定价: 45.00 元

(如有印装质量问题, 我社负责调换)

前　言

拉卡托斯(Imre Lakatos)说过：人类因为已经积累了大量的科学知识，要再提出有价值的学术观点，那就必须是新奇的.作为一本大学数学基础教育的教材，虽然不可能有多少新奇的学术观点，但是却可以引导学生探索新奇，为今后提出有价值的学术观点打下良好基础.这不仅是因为包括微积分在内的数学知识在自然科学、社会科学以及应用科学等许多领域里有日益广泛的应用，是人们在这些领域求得新知的重要工具，而且还基于我们对这本教材编写特色的那份自信.概括起来，本书有如下几点特色：

(1)内容精炼，逻辑严谨，不拖泥带水；行文流畅，通俗易懂，具有很强的可读性.这既有助于学生掌握完整的微积分知识，提高学习效率，义方便学生自学和复习.

(2)给出了重要数学名词的英文翻译，有利于提高学生阅读外文资料的能力，也为学生今后进一步的深造打下基础.

(3)在每章的结尾专门介绍了与本章内容相关的数学家和数学史，叙述了那些看似枯燥的数学知识背后的动人故事，展现了那些数学知识的原生态.这既有助于激发学生的好奇和兴趣，也可以培养他们勇于探索的精神.

(4)为适应不同的教学对象和不同专业类别的教学需要，将有些内容加了“*”号以便在教学中进行取舍，略去不讲或以例题说明都不会影响教材的系统性.这些内容也可作为选学内容或学生自学用.

(5)以注的方式对定理、概念、公式的理解和应用给出了进一步的总结.

(6)注重微积分的应用.书中除了一些经典的几何或物理问题外，进一步侧重了在经济方面的应用.

(7)参与本书编写的人员都是在高校从事微积分教学 10～20 年的一线优秀教师，经验丰富，编写的内容有许多地方都体现了他们的教学心得和体会.

本书的编写工作由张建梅、马庆华主持.各章的编写分工如下：第 1 章由马庆华撰写，第 2 章、第 3 章由饶兰兰撰写，第 4 章、第 5 章由席敏撰写，第 6 章、第 7 章由张建梅撰写，第 8 章以及数学家简介、数学史、附录等内容由王慧蕾撰写.最后由张建梅、马庆华对全书进行修改、统纂定稿.全书充分考虑了教师课堂教学的习惯和需要，教学起来自然会得心应手.讲授本书所需教学时数约为 120 学时(不含习题课).

本书是广东外语外贸大学“十二五”校级规划教材. 该书成于众人之手，彼此轩轾有别，错误和疏漏之处在所难免，真诚地希望各位读者批评指正.

编　者

2011 年 4 月于广东外语外贸大学

目　　录

第 1 章

CHAPTER 1

函数、极限与连续

函数是数学中最重要的基本概念之一，是现实世界中变量之间的依赖关系在数学中的反映，也是高等数学的主要研究对象. 极限概念是微积分的理论基础，极限方法是微积分的基本分析方法，因此，掌握、运用好极限方法是学好微积分的关键. 连续是函数的一个重要性态. 本章将介绍函数、极限与连续的基本知识和有关的基本方法.

1.1 函　　数

由于微积分中的函数是在实数范围内来讨论的，所以我们先复习一下与实数系有关的基本内容.

1.1.1 实数

我们知道，**实数**(real number)由**有理数**(rational number)与**无理数**(irrational number)两部分组成.

有理数包含零、正负整数与正负分数. 任意一个有理数均可以表示成$\frac{p}{q}$(其中 p，q 为整数，且 $q\neq 0$)，也可以表示为整数、有限小数或无限循环小数. 无理数只能表示成无限不循环小数.

由于实数与数轴上的点是一一对应的. 为简便起见，对实数与数轴上的点就不加区分，我们常用同一字母或数字既表示某个实数又表示以实数为坐标的数轴上的对应点. 例如，数 a 与点 a，数$\sqrt{3}$与点$\sqrt{3}$……

数轴上表示有理数的点称为有理点，表示无理数的点称为无理点. 数轴上任意两个不同的有理点之间一定存在无穷多个有理点，这称为有理数的稠密性. 同样地，无理数也具有稠密性. 可以证明，实数点能铺满整个数轴，而不会留下任何空隙，此即所谓的实数的连续性.

1.1.2 常用的实数集

全体实数的集合记为 **R**,全体自然数的集合记为 **N**. 此外,常用的实数集合还有区间与邻域.

1. 区间

区间(interval)是常用的实数集,分为有限区间和无限区间两类.

定义 1.1.1 设 $a,b\in\mathbf{R}$,且 $a<b$,定义

1)有限区间(finite interval)

(1)闭区间 $[a,b]=\{x\mid a\leqslant x\leqslant b\}$;

(2)开区间 $(a,b)=\{x\mid a<x<b\}$;

(3)半开半闭区间 $[a,b)=\{x\mid a\leqslant x<b\}$,$(a,b]=\{x\mid a<x\leqslant b\}$.

2)无限区间(infinite interval)

引入记号 $+\infty$ 及 $-\infty$,则可类似地表示无限区间. 例如,

$$[a,+\infty)=\{x\mid a\leqslant x<+\infty\}=\{x\mid a\leqslant x\},$$

$$(a,+\infty)=\{x\mid a<x\},\quad (-\infty,b)=\{x\mid x<b\}.$$

在今后的讨论中,有时需要考虑由某点 x_0 附近的所有点构成的集合,为此需引入邻域的概念.

2. 邻域

定义 1.1.2 设 a 与 δ 是两个实数,且 $\delta>0$,称开区间 $(a-\delta,a+\delta)$ 为点 a 的 **δ 邻域**(neighbourhood),记为 $U(a,\delta)=\{x\mid a-\delta<x<a+\delta\}$,其中点 a 称为该**邻域的中心**(center of neighbourhood),δ 称为该**邻域的半径**(radius of neighbourhood)(图 1.1.1).

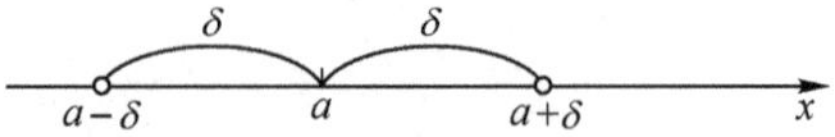

图 1.1.1

由于 $a-\delta<x<a+\delta$ 相当于 $|x-a|<\delta$,所以 $U(a,\delta)=\{x\mid |x-a|<\delta\}$.

若把邻域 $U(a,\delta)$ 的中心去掉,所得到的邻域称为点 a 的**去心的 δ 邻域**. 记为 $\mathring{U}(\alpha,\delta)$,即 $\mathring{U}(\alpha,\delta)=\{x\mid 0<|x-a|<\delta\}$.

为了方便,有时把开区间 $(a-\delta,a)$ 称为 a 的**左 δ 邻域**,把开区间 $(a,a+\delta)$ 称为 a 的**右 δ 邻域**.

1.1.3 函数概念

为了今后表达方便,引入下面几个记号:

"$\forall$"表示"对于任意给定的"或"对于每一个"(Any,All);

“∃”表示“存在”(Existence)；

“s. t.”表示“使得”(such that, subject to).

1. 函数的定义

定义 1.1.3 设 D 是一个给定的非空实数集. 若对于 $\forall x\in D$，按照一定规则 f，都有唯一确定的实数 y 和它对应，则称 y 为 x 的**函数**(function)，记为 $y=f(x)$，$x\in D$，其中 x 称为**自变量**(independent variable)，y 称为**因变量**(induced variable)，数集 D 称为这个函数的**定义域**(domain of definition)，也记为 D_f，即 $D_f=D$.

若 $x_0\in D_f$，则称函数 $y=f(x)$ 在点 $x=x_0$ 处有定义.

当自变量 x 取遍定义域 D 的所有数值时，对应的函数值 $y=f(x)$ 的全体构成的集合称为函数 f 的**值域**(range)，记为 $R_f=f(D)=\{y\mid y=f(x), x\in D\}$.

注 函数的定义域与对应法则称为函数的两个要素. 两个函数相等的充要条件是它们的定义域和对应法则均相同. 至于自变量、因变量用什么字母表示，不影响函数关系.

例 1.1.1 $y=\arcsin(x^2+2)$.

对任何实数 x，都没有按给定规则与之对应的 y 值. 函数定义域不能是空集，因此，此例不是函数.

例 1.1.2 $y<x$.

按这个规则，每一个 x 有无穷多个与之对应的 y 值. 而函数定义中的对应规则要求对每一个 x 只有一个确定的 y 值与之对应，因此，此例也不是函数.

例 1.1.3 判断下面函数是否相同，并说明理由：

(1) $y=1$ 与 $y=\sin^2x+\cos^2x$；　　(2) $y=2x+1$ 与 $x=2y+1$.

解 (1) 虽然这两个函数的表现形式不同，但它们的定义域 $(-\infty,+\infty)$ 与对应法则均相同，所以这两个函数相同.

(2) 虽然它们的自变量与因变量所用的字母不同，但其定义域 $(-\infty,+\infty)$ 和对应法则均相同，所以这两个函数相同.

2. 函数定义域

关于函数的定义域，在实际问题中应根据问题的实际意义具体确定. 如果讨论的是纯数学问题，则往往取使函数的表达式有意义的一切实数所构成的集合作为该函数的定义域，这种定义域又称为**自然定义域**. 自然定义域一般是不给出的，需要我们根据对应规则确定.

求函数定义域要注意：偶次方根下不能是负数，分式的分母不能为零，对数的真数必须大于零，以及三角函数与反三角函数有它自己的变化范围等.

例 1.1.4 求函数 $f(x)=\dfrac{1}{1-x^2}+\sqrt{x+2}$ 的定义域.

解 要使 $f(x)$ 有意义，显然 x 要满足

$$\begin{cases}1-x^2\neq 0,\\ x+2\geqslant 0,\end{cases}\quad 即\ \begin{cases}x\neq\pm 1,\\ x\geqslant -2,\end{cases}$$

所以 $f(x)$ 的定义域为 $D=[-2,-1)\cup(-1,1)\cup(1,+\infty)$.

例 1.1.5 求函数 $f(x)=\dfrac{\lg(3-x)}{\sin x}+\sqrt{5+4x-x^2}$ 的定义域.

解 要使 $f(x)$ 有意义,显然 x 要满足

$$\begin{cases}3-x>0,\\ \sin x\neq 0,\\ 5+4x-x^2\geqslant 0,\end{cases}\quad 即\ \begin{cases}x<3,\\ x\neq k\pi,\quad (k\ 为整数),\\ -1\leqslant x\leqslant 5\end{cases}$$

所以 $f(x)$ 的定义域为 $D_f=\{x\,|\,-1\leqslant x<3,x\neq 0\}=[-1,0)\cup(0,3)$.

3. 多值函数

若自变量在定义域内任取一个数值,对应的函数值总是只有一个,这种函数称为**单值函数**(uniform function),否则称为**多值函数**(multiform function). 例如,$y=\pm\sqrt{25-x^2}$. 如果不作声明,本书中提到的函数均指单值函数.

4. 函数的常用表示法

表示函数的主要方法有三种:表格法、图形法、公式法(解析法),这在中学里大家已经熟悉. 其中,用图形法表示函数是基于函数图形的概念,即坐标平面上的点集

$$\{P(x,y)\,|\,y=f(x),x\in D\}$$

称为函数 $y=f(x),x\in D$ 的图形(图 1.1.2). 图中的 R_f 表示函数 $y=f(x)$ 的值域.

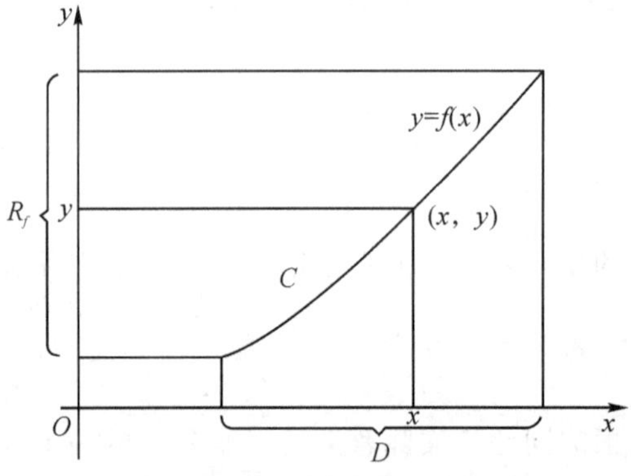

图 1.1.2

这里需要强调的是其中的公式法是将自变量和因变量之间的关系用数学表达式来表示的方法. 根据函数的解析式的形式的不同,函数也可分为显函数、隐函数和分段函数三种.

(1) **显函数**(explicit function). 函数 y 由 x 的解析表达式直接表示,即 $y=f(x)$. 例如,$y=2x+1$.

(2) **隐函数**(implicit function). 函数的自变量 x 与因变量 y 的对应关系由方程 $F(x,y)=0$ 来确定. 例如,$\ln y=\cos(x+y)$. 显然隐函数不一定能用显函数表示出来. 且不是任意一个方程 $F(x,y)=0$ 都能确定一个 y 与 x 的函数关系. 例如,$x^2+y^2+1=0$ 就不能确定一个 y 与 x 的函数关系,因为函数定义域不能是空集.

(3) **分段函数**(piecewise function). 函数在其定义域的不同范围内,具有不同的解析表达式.

以下是几个常见的分段函数.

例 1.1.6 绝对值函数(absolute value function):

$$y=|x|=\begin{cases}x, & x\geqslant 0,\\ -x, & x<0.\end{cases}$$

定义域 $D=(-\infty,+\infty)$,值域 $R_f=[0,+\infty)$,其图形如图 1.1.3 所示.

例 1.1.7 符号函数(sign function):

$$y=\operatorname{sgn}x=\begin{cases}1, & x>0,\\ 0, & x=0,\\ -1, & x<0.\end{cases}$$

定义域 $D=(-\infty,+\infty)$,值域 $R_f=\{-1,0,1\}$,其图形如图 1.1.4 所示.

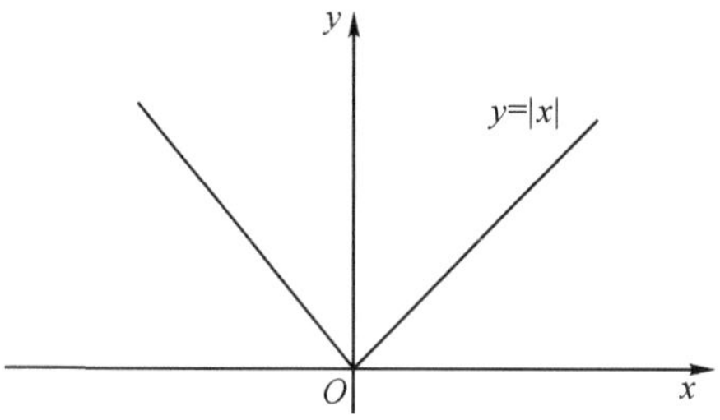

图 1.1.3

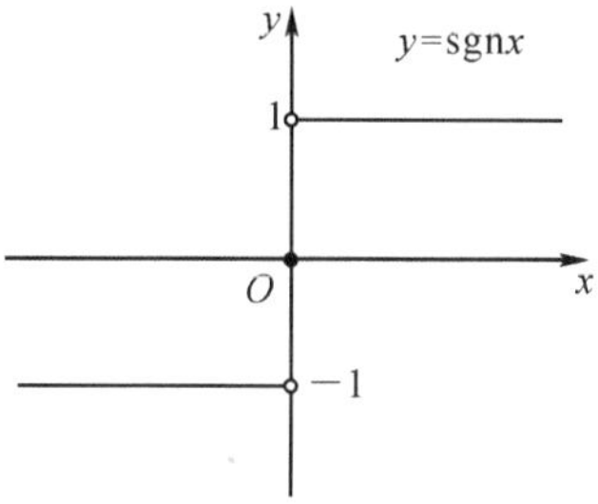

图 1.1.4

例 1.1.8 取整函数(integer function):

$$y=[x],\quad 其中,[x]表示不超过 x 的最大整数.$$

例如,$[\pi]=3$,$[-2.3]=-3$.

易见取整函数的定义域 $D=(-\infty,+\infty)$,值域 $R_f=\mathbf{Z}$,其图形如图 1.1.5 所示.

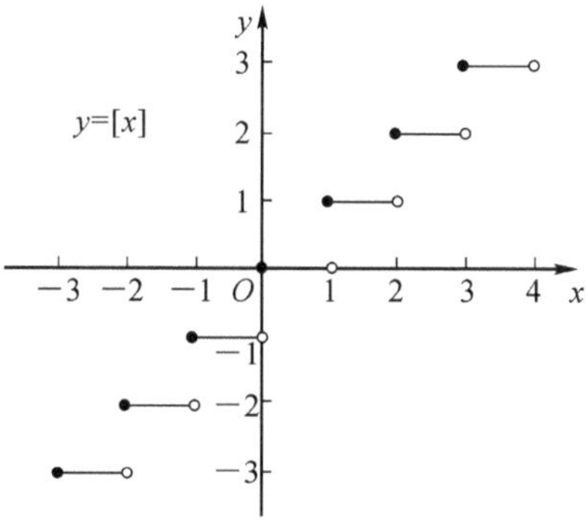

图 1.1.5

1.1.4 函数的几种特性

1. 函数的有界性

若有正数 M 存在,使函数 $f(x)$ 在区间 I 上恒有 $|f(x)|\leqslant M$,则称 $f(x)$ 在区间 I

上是**有界函数**(bounded function);否则,$f(x)$在区间 I 上是**无界函数**(unbounded function).

如果存在常数 M(不一定局限于正数),使函数 $f(x)$在区间 I 上恒有 $f(x)\leqslant M$,则称 $f(x)$在区间 I 上有上界,并且任意一个 $N\geqslant M$ 的数 N 都是 $f(x)$在区间 I 上的一个上界;如果存在常数 m,使 $f(x)$在区间 I 上恒有 $f(x)\geqslant m$,则称 $f(x)$在区间 I 上有下界,并且任意一个 $l\leqslant m$ 的数 l 都是 $f(x)$在区间 I 上的一个下界.

显然,函数 $f(x)$在区间 I 上有界的充分必要条件是 $f(x)$在区间 I 上既有上界又有下界.

例如,$f(x)=\sin x$ 在$(-\infty,+\infty)$内,数 1 是它的一个上界,数 -1 是它的一个下界(当然大于 1 的任何数也是它的上界,小于 -1 的任何数也是它的下界). 故函数 $f(x)=\sin x$ 在$(-\infty,+\infty)$内是有界的. 而函数 $y=\dfrac{1}{x}$ 在$(0,1)$内无界,在$[1,+\infty)$内有界.

再如函数 $y=\dfrac{1}{1+x^2}$ 在$(-\infty,+\infty)$上是有界的,因为 $0<\left|\dfrac{1}{1+x^2}\right|\leqslant 1$.

2. 函数的单调性

设函数 $f(x)$在区间 I 上的任意两点 $x_1<x_2$,恒有 $f(x_1)<f(x_2)$,则称 $y=f(x)$在区间 I 上**严格单调递增**(strictly monotone increasing)(图 1.1.6);当 $x_1<x_2$ 时,恒有 $f(x_1)>f(x_2)$,则称 $y=f(x)$在区间 I 上**严格单调递减**(strictly monotone decreasing)(图 1.1.7). 单调递增和单调递减的函数统称为**单调函数**(monotone function).

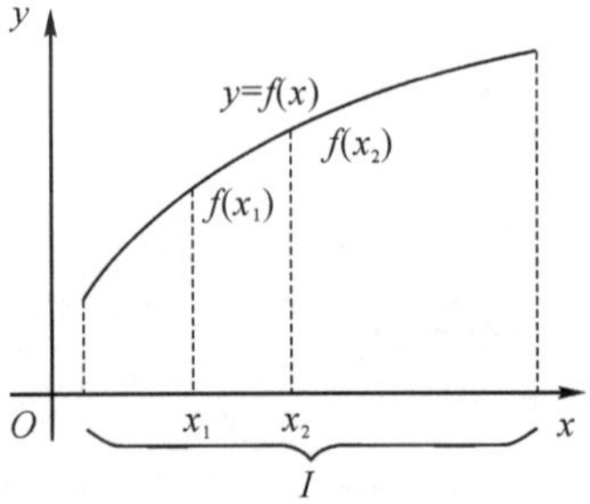

图 1.1.6

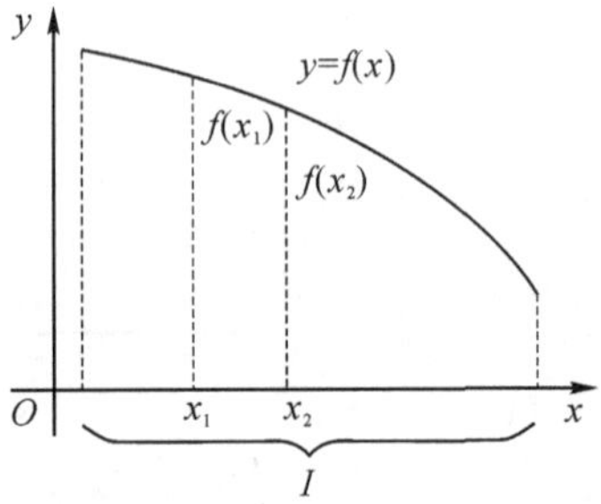

图 1.1.7

如果在区间 I 上的任意两点 $x_1<x_2$,都有 $f(x_1)\leqslant f(x_2)$(或 $f(x_1)\geqslant f(x_2)$),则称 $y=f(x)$在区间 I 上为广义单调增加(或广义单调减少)的函数. 广义单调增加的函数,通常简称为单调增加的函数或非减函数;广义单调减少的函数则简称为单调减少的函数或非增函数.

例如,函数 $y=x^2$ 在区间$(-\infty,0)$内是严格单调减少的;在区间$(0,+\infty)$内是严格单调增加的;在区间$(-\infty,+\infty)$内函数 $y=x^2$ 不是单调的. 而函数 $y=x$,$y=x^3$ 在区间$(-\infty,+\infty)$内都是严格单调增加的.

3. 函数的奇偶性

函数 $f(x)$在关于原点对称的区间 I 上,
若$\forall x\in I$,恒有 $f(-x)=f(x)$,则称 $f(x)$为**偶函数**(even function);
若$\forall x\in I$,恒有 $f(-x)=-f(x)$,则称 $f(x)$为**奇函数**(odd function).
偶函数的图形是关于 y 轴对称的;奇函数的图形是关于原点对称的.

例如,$f(x)=x^2$,$g(x)=x\sin x$ 在定义区间上都是偶函数. 而 $F(x)=x$,$G(x)=x\cos x$ 在定义区间上都是奇函数.

例 1.1.9 判断函数 $y=\ln(x+\sqrt{1+x^2})$的奇偶性.

解 方法一. $f(-x)=\ln(-x+\sqrt{1+(-x)^2})=\ln(-x+\sqrt{1+x^2})$

$$=\ln\frac{(-x+\sqrt{1+x^2})(x+\sqrt{1+x^2})}{x+\sqrt{1+x^2}}$$

$$=\ln\frac{1}{x+\sqrt{1+x^2}}=-\ln(x+\sqrt{1+x^2})=-f(x).$$

由定义知 $f(x)$为奇函数.

方法二. $f(x)+f(-x)=\ln(x+\sqrt{1+x^2})+\ln(-x+\sqrt{1+(-x)^2})$

$$=\ln(x+\sqrt{1+x^2})(-x+\sqrt{1+x^2})$$

$$=\ln 1=0.$$

所以 $f(x)$为奇函数.

进一步可知 $F(x)=\ln(x+\sqrt{1+x^2})+\ln(-x+\sqrt{1+x^2})$既是奇函数,也是偶函数.

4. 函数的周期性

设函数 $y=f(x)$的定义域为 D,如果存在一个常数 $T>0$,使得对一切的 $x\in D$,有$(x\pm T)\in D$,且 $f(x+T)=f(x)$,则称函数 $f(x)$为**周期函数**(periodic function). 并把 T 称为 $f(x)$的一个周期. 应当指出的是,通常讲的周期函数的周期是指最小的正周期. 但并非每个周期函数都有最小正周期. 如函数 $f(x)=2$.

对三角函数而言,$y=\sin x$,$y=\cos x$ 都是以 2π 为周期的周期函数,而 $y=\tan x$,$y=\cot x$则是以 π 为周期的周期函数.

例 1.1.10 设函数 $f(x)$是周期为 $T(T>0)$的周期函数,试求函数 $f(ax+b)$的周期,其中 a,b 为常数,且 $a>0$.

解 因为

$$f\left(a\left(x+\frac{T}{a}\right)+b\right)=f(ax+T+b)=f((ax+b)+T)=f(ax+b),$$

故按周期函数的定义,$f(ax+b)$的周期为$\dfrac{T}{a}$.

特别地，$y=A\sin(\omega x+\varphi)$，$y=A\cos(\omega x+\varphi)$ 的周期均为 $\dfrac{2\pi}{|\omega|}$. $y=\tan kx$，$y=\cot kx$ 的周期均为 $\dfrac{\pi}{|k|}$.

关于函数的性质，除了有界性与无界性之外，单调性、奇偶性、周期性都是函数的特殊性质，而不是每一个函数都一定具备的.

习题 1.1

1. 求下列函数的自然定义域：

(1) $y=\dfrac{1}{x}+\sqrt{1-x^2}$；　(2) $y=\arcsin(x-3)$；　(3) $y=\sqrt{3-x}-\arctan\dfrac{1}{x}$；

(4) $y=\dfrac{\ln(3-x)}{\sqrt{|x|-1}}$；　(5) $y=e^{\frac{1}{x}}$；　(6) $y=\log_{x-1}(16-x^2)$.

2. 设 $f(x)=\begin{cases}1, & 0\leqslant x\leqslant 1,\\ -2, & 1<x\leqslant 2,\end{cases}$ 求函数 $f(x+3)$ 的定义域.

3. 证明函数 $y=\dfrac{x}{x^2+1}$ 在 $(-\infty,+\infty)$ 上是有界的.

4. 证明函数 $y=\dfrac{x}{1+x}$ 在 $(-1,+\infty)$ 内是单调增加的函数.

5. 判断下列函数的奇偶性：

(1) $y=0$；　(2) $y=\dfrac{e^x+e^{-x}}{2}$；

(3) $y=x(x-1)(x+1)$；　(4) $y=\sin x-\cos x+1$.

6. 判断函数 $f(x)=\dfrac{e^x-1}{e^x+1}\ln\dfrac{1-x}{1+x}\ (-1<x<1)$ 的奇偶性.

7. 下列各函数中哪些是周期函数？对于周期函数，指出其最小正周期：

(1) $y=\cos(x-1)$；　(2) $y=\sin^2 x$；　(3) $y=x\cos x$.

8. 若 $f(x)$ 对其定义域上的一切 x，恒有 $f(x)=f(2a-x)$，则称 $f(x)$ 对称于 $x=a$. 证明：若 $f(x)$ 对称于 $x=a$ 及 $x=b\ (a<b)$，则 $f(x)$ 是以 $T=2(b-a)$ 为周期的周期函数.

9. 设狄利克雷(Dirichlet)函数

$$D(x)=\begin{cases}1, & \text{当 } x \text{ 是有理数时},\\ 0, & \text{当 } x \text{ 是无理数时}.\end{cases}$$

求 $D\left(-\dfrac{7}{5}\right)$，$D(1-\sqrt{2})$，$D(D(x))$. 并讨论此函数的有界性和周期性.

10. 某工厂生产某型号车床，年产量为 a 台，分若干批进行生产，每批生产准备费为 b 元，设产品均匀投入市场，且上一批用完后立即生产下一批，即平均库存量为批量的一半. 设每年每台库存费为 c 元. 显然，生产批量大则库存费高；生产批量少则批数增多，因而生产准备费高. 为了选择最优批量，试求出一年中库存费与生产准备费的和与批量的函数关系.

11. 某运输公司规定货物的吨千米运价为：在 a 千米以内，每千米 k 元，超过部分为每千米 $\dfrac{4}{5}k$ 元. 求运价 m 和里程 s 之间的函数关系.

1.2 初等函数

1.2.1 反函数

函数关系的实质就是从定量分析的角度来描述运动过程中变量之间的相互依赖关系.但在研究过程中,哪个量作为自变量,哪个量作为因变量(函数)是由具体问题来决定的.

例如,设某种商品销售总收益为 y,销售量为 x,该商品的单价为 a,则销售收入 y 是 x 的函数,即可以确定函数 $y=ax$.若已知收入 y,反过来求销售量 x,则有 $x=\frac{y}{a}$.由此可知 $y=ax$ 与 $x=\frac{y}{a}$是同一个关系的两种写法,但从函数的观点来看,由于对应法则不同,它们是两个不同的函数.我们称 $x=\frac{y}{a}$是 $y=ax$ 的反函数,或者说它们互为反函数.

一般地,设函数的定义域为 D_f,值域为 R_f.对于任意的 $y\in R_f$,在 D_f 上至少可以确定一个 x 与 y 对应,且满足 $y=f(x)$.如果把 y 看作自变量,x 看作因变量,就可以得到一个新的函数:$x=f^{-1}(y)$.我们称这个新的函数 $x=f^{-1}(y)$为函数 $y=f(x)$的**反函数**(inverse function),而把函数 $y=f(x)$称为**直接函数**(direct function).

注 (1)应当说明的是,虽然直接函数 $y=f(x)$是单值函数,但是其反函数 $x=f^{-1}(y)$却不一定是单值的.但如果 $y=f(x)$不仅是单值的,而且单调,则其反函数 $x=f^{-1}(y)$是单值的.例如,$y=f(x)=x^2$ 的定义域为 $D_f=\mathbf{R}$,值域 $R_f=[0,+\infty)$.任取非零的 $y\in R_f$,则适合 $y=x^2$ 的 x 的数值有两个:$x_1=\sqrt{y}$,$x_2=-\sqrt{y}$.所以,直接函数 $y=x^2$ 的反函数 $x=f^{-1}(y)$是多值函数 $x=\pm\sqrt{y}$.如果把 x 限制在区间$[0,+\infty)$上,则直接函数 $y=x^2$ 的反函数 $x=\sqrt{y}$是单值的.并称 $x=\sqrt{y}$为直接函数 $y=x^2$, $x\in\mathbf{R}$的反函数的一个单值分支.显然,反函数的另一个单值分支为 $x=-\sqrt{y}$.

(2)一个函数若有反函数,则有恒等式

$$f^{-1}(f(x))\equiv x,\quad x\in D_f,$$
$$f(f^{-1}(y))\equiv y,\quad y\in R_f.$$

例如,直接函数 $y=f(x)=\frac{3}{4}x+3$,$x\in\mathbf{R}$ 的反函数为

$$x=f^{-1}(y)=\frac{4}{3}(y-3),\quad y\in\mathbf{R},$$

并且有

$$f^{-1}(f(x))=\frac{4}{3}\left[\left(\frac{3}{4}x+3\right)-3\right]\equiv x,\quad f(f^{-1}(y))=\frac{3}{4}\left[\frac{4}{3}(y-3)\right]+3\equiv y.$$

(3)由于习惯上 x 表示自变量,y 表示因变量,于是我们约定 $y=f^{-1}(x)$ 也是直接函数 $y=f(x)$ 的反函数.

(4)反函数 $x=f^{-1}(y)$ 与 $y=f^{-1}(x)$,这两种形式今后都要用到. 应当说明的是函数 $y=f(x)$ 与它的反函数 $x=f^{-1}(y)$ 具有相同的图形. 而直接函数 $y=f(x)$ 与反函数 $y=f^{-1}(x)$ 的图形是关于直线 $y=x$ 对称的(图 1.2.1).

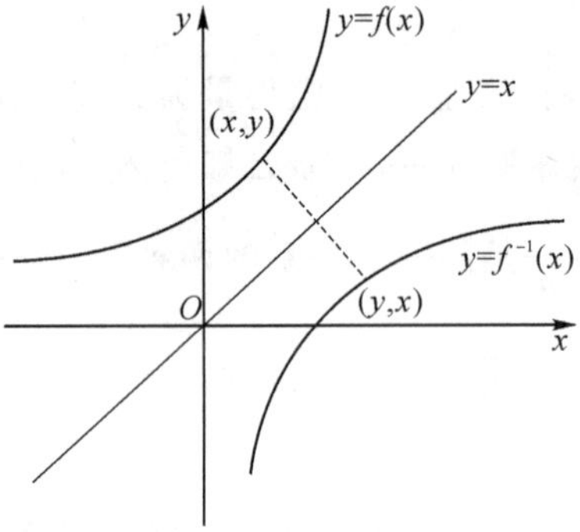

图 1.2.1

1.2.2 基本初等函数

幂函数、指数函数、对数函数、三角函数、反三角函数和常数函数这 6 类函数称为**基本初等函数**(basic elementary function). 具体为

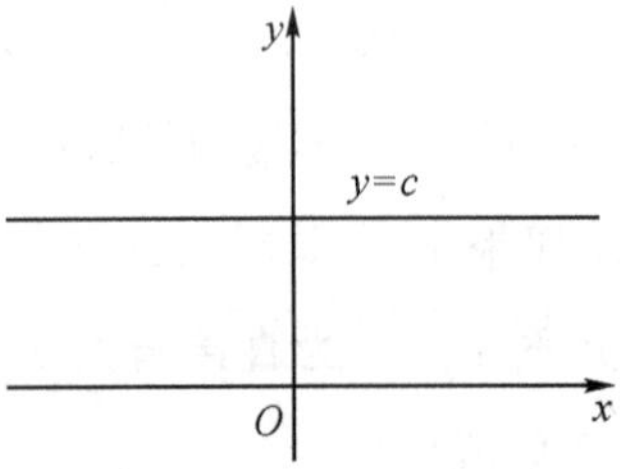

图 1.2.2

常数函数:$y=c$(c 为常数)(图 1.2.2);

幂函数:$y=x^a\ (a\in\mathbf{R})$;

指数函数:$y=a^x\ (a>0,a\neq1)$;

对数函数:$y=\log_a x\ (a>0,a\neq1)$;

三角函数:$y=\sin x$,$y=\cos x$,$y=\tan x$,$y=\cot x$,$y=\sec x$ 和 $y=\csc x$;

反三角函数:$y=\arcsin x$,$y=\arccos x$,$y=\arctan x$,$y=\operatorname{arccot} x$,$y=\operatorname{arcsec} x$,$y=\operatorname{arccsc} x$.

这些函数在中学的数学课程里已经学过. 这里只作简要复习.

1. 幂函数(power function)

$$y=x^a\quad(a\in\mathbf{R}).$$

它的定义域和值域依 a 的取值不同而不同,但是无论 a 取何值,幂函数在 $x\in$

$(0,+\infty)$内总有定义，且经过$(1,1)$点. 当$a\in\mathbf{N}$或$a=\dfrac{1}{2n-1}$，$n\in\mathbf{N}^{+}$时，定义域为$\mathbf{R}$. 常见的幂函数的图形如图 1.2.3 所示.

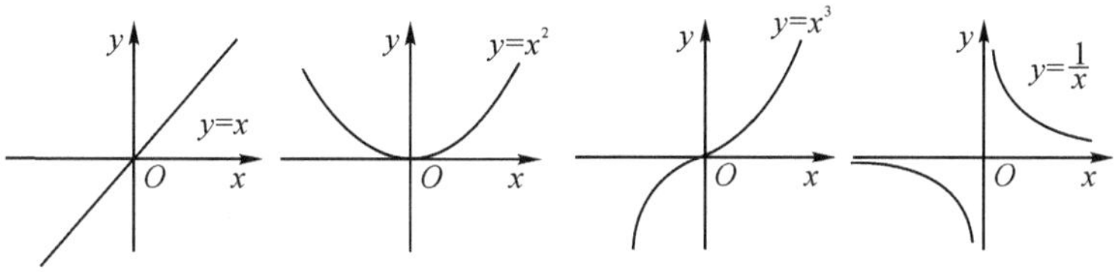

图 1.2.3

2. 指数函数(exponential function)

$$y=a^{x}\quad(a>0,a\neq1).$$

它的定义域为$(-\infty,+\infty)$，值域为$(0,+\infty)$. 指数函数的图形如图 1.2.4 所示.

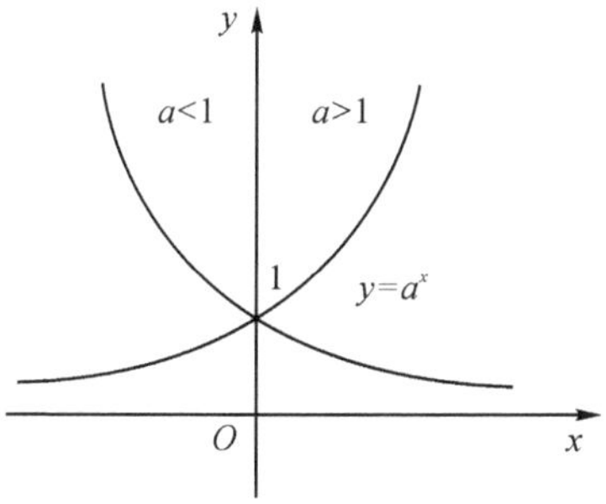

图 1.2.4

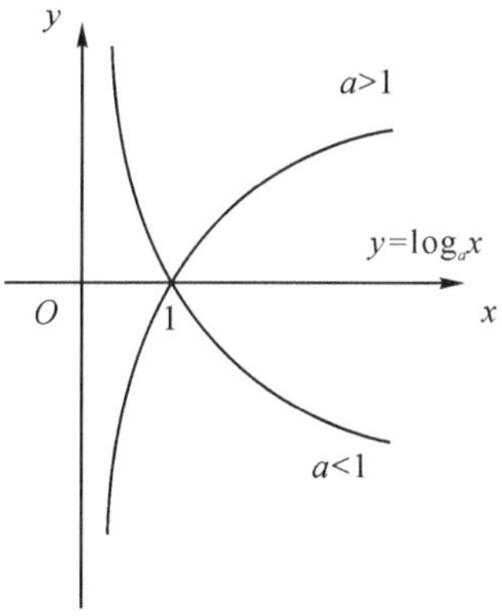

图 1.2.5

3. 对数函数(logarithm function)

$$y=\log_{a}x\quad(a>0,a\neq1).$$

定义域为$(0,+\infty)$，值域为$(-\infty,+\infty)$. 对数函数$y=\log_{a}x$是指数函数$y=a^{x}$的反函数. 其图形如图 1.2.5 所示.

在工程中，常以无理数$\mathrm{e}=2.718\ 281\ 828\cdots$作为指数函数和对数函数的底，并且记$\mathrm{e}^{x}=\exp x$，$\log_{\mathrm{e}}x=\ln x$，而后者称为自然对数函数.

4. 三角函数(circular function)

三角函数有$y=\sin x$，$y=\cos x$，$y=\tan x$，$y=\cot x$，$y=\sec x$和$y=\csc x$，其中正弦、余弦、正切和余切函数的图形如图 1.2.6 所示. 观察图形易知它们的定义域、值域、单调性、奇偶性、周期性、有界性等性质.

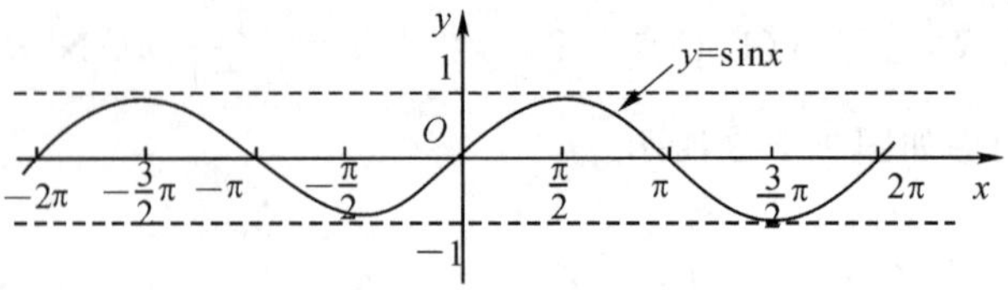

(a)正弦函数

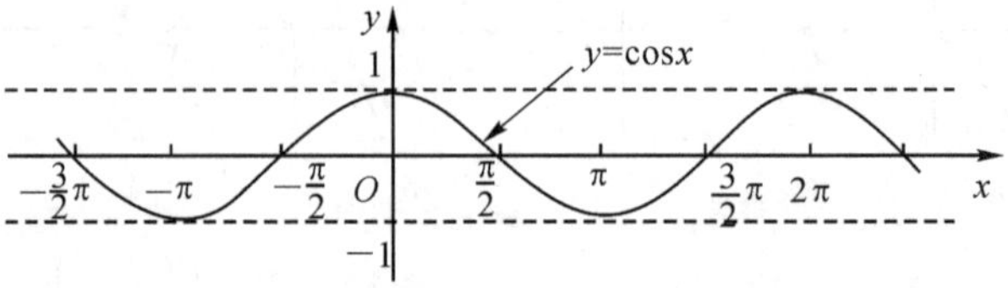

(b)余弦函数

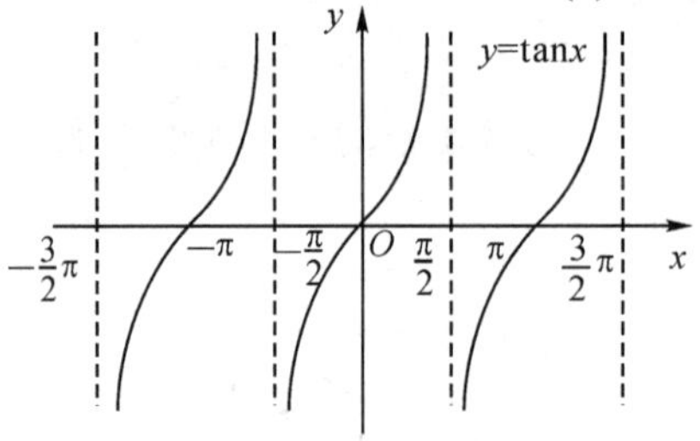

(c)正切函数

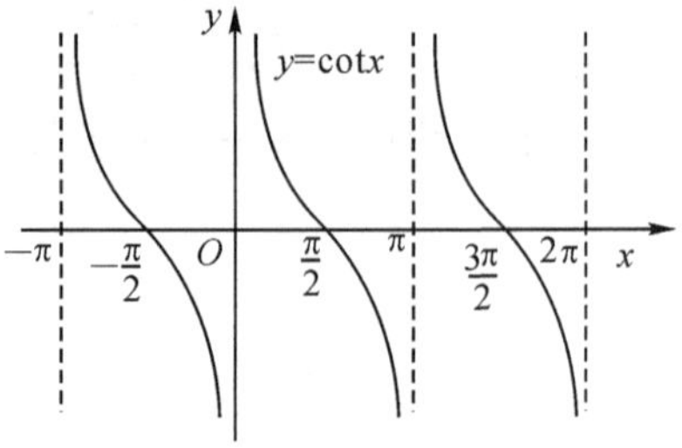

(d)余切函数

图 1.2.6

5. 反三角函数(inverse circular function)

反三角函数主要包括 $y=\arcsin x$，$y=\arccos x$，$y=\arctan x$ 和 $y=\operatorname{arccot} x$ 等. 它们的图形如图 1.2.7 所示.

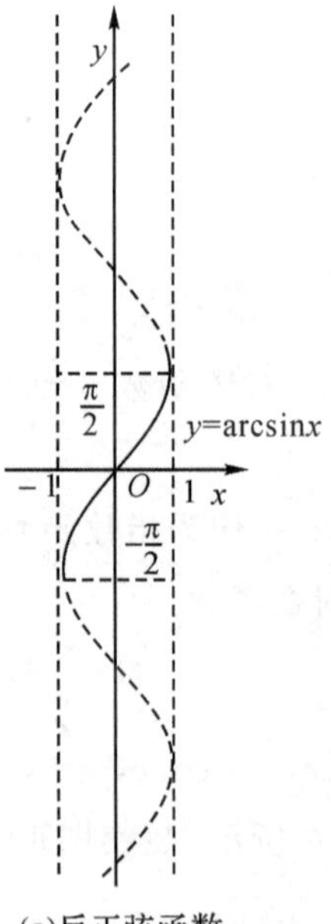

(a)反正弦函数

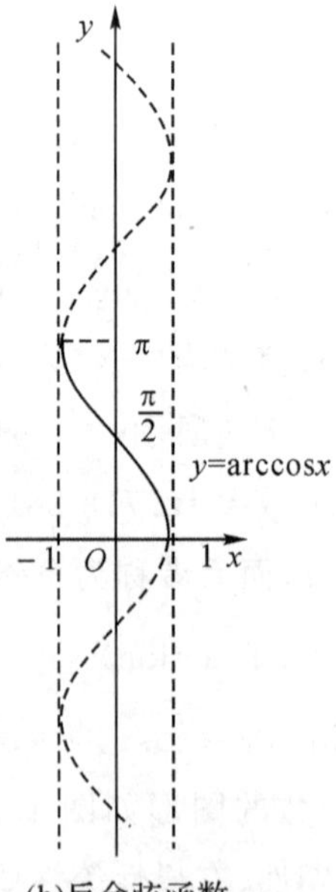

(b)反余弦函数

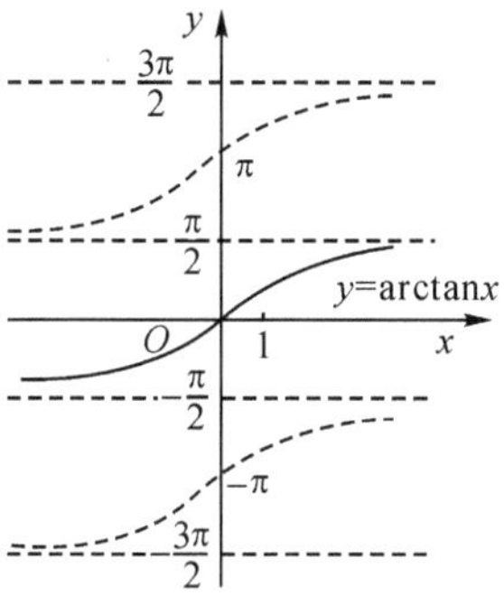

(c)反正切函数

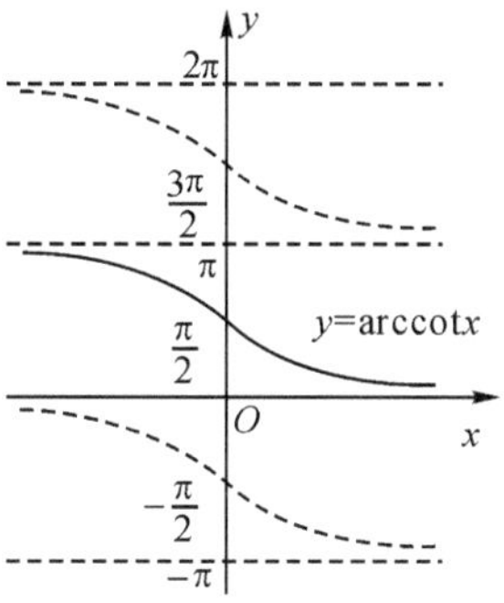

(d)反余切函数

图 1.2.7

三角函数 $y=\sin x$，$y=\cos x$，$y=\tan x$ 和 $y=\cot x$ 均为周期函数，不是一一对应的函数. 与这些函数图形关于直线 $y=x$ 对称的图形是多值函数的图形，故它们的反函数是多值函数，如 $y=\sin x$ 的反函数记为 $y=\arcsin x$ 为了得到它们的单值反函数，对这些函数限定在某个单调区间来讨论. 一般取反三角函数的“主值”. 常用的反三角函数有

$y=\arcsin x$ 的定义域为$[-1,1]$，值域为$\left[-\frac{\pi}{2},\frac{\pi}{2}\right]$；

$y=\arccos x$ 的定义域为$[-1,1]$，值域为$[0,\pi]$；

$y=\arctan x$ 的定义域为$(-\infty,+\infty)$，值域为$\left(-\frac{\pi}{2},\frac{\pi}{2}\right)$；

$y=\text{arccot}\, x$ 的定义域为$(-\infty,+\infty)$，值域为$(0,\pi)$.

1.2.3 复合函数

定义 1.2.1 设函数 $y=f(u)$的定义域为 D_f，而函数 $u=\varphi(x)$的值域为 R_φ，若 $D_f\cap R_\varphi\neq\varnothing$，则称 $y=f(\varphi(x))$为 x 的**复合函数**(function of functions)，其中 x 为自变量，y 为因变量，u 称为中间变量. 函数 φ 与函数 f 构成的复合函数通常记为 $f\circ\varphi$，即$(f\circ\varphi)(x)=f(\varphi(x))$.

例 1.2.1 $y=\sqrt{u}$，$u=2+\sin x$ 可复合成 $y=\sqrt{2+\sin x}$.

注 $y=\sqrt{u}$，$u=\sin x-2$ 就不能复合.

例 1.2.2 设 $y=f(u)=\arctan u$，$u=\varphi(t)=\frac{1}{\sqrt{t}}$，$t=\psi(x)=x^2-1$，求 $f(\varphi(\psi(x)))$.

解 $f(\varphi(\psi(x)))=\arctan u=\arctan\frac{1}{\sqrt{t}}=\arctan\frac{1}{\sqrt{x^2-1}}$.

利用复合函数的概念，可以将一个较复杂的函数看成由几个简单函数(由基本初等函数只进行有限次的四则运算而得到的函数都简称为**简单函数**(simple function))复合而成，这样更有利于对函数进行研究.

例 1.2.3 下列函数可以看成由哪些简单函数复合而成的?

(1) $y=\sqrt{\ln\sin^2 x}$;　　(2) $y=\mathrm{e}^{\arctan x^2}$;

(3) $y=\arctan 2^{\sqrt{x}}$;　　(4) $y=\cos^2\ln(2+\sqrt{1+x^2})$.

解 (1) $y=\sqrt{\ln\sin^2 x}$是由 $y=\sqrt{u}, u=\ln v, v=w^2, w=\sin x$ 四个函数复合而成;

(2) $y=\mathrm{e}^{\arctan x^2}$ 是由 $y=\mathrm{e}^u, u=\arctan v, v=x^2$ 三个函数复合而成;

(3) $y=\arctan 2^{\sqrt{x}}$是由 $y=\arctan u, u=2^v, v=\sqrt{x}$三个函数复合而成;

(4) $y=\cos^2\ln(2+\sqrt{1+x^2})$是由 $y=u^2, u=\cos v, v=\ln w, w=2+t, t=\sqrt{h}, h=1+x^2$六个函数复合而成.

1.2.4 初等函数

通常把由基本初等函数经过有限次的四则运算和有限次的复合步骤所构成的并可用一个式子表示的函数,称为**初等函数**(elementary function).

例如,$y=\ln(\sin x+4)$, $y=\mathrm{e}^{2x}\sin(3x+1)$, $y=\sqrt[3]{\sin x}$都是初等函数.本书所讨论的函数绝大多数都是初等函数.初等函数虽然是常见的重要函数,但是在工程技术中,非初等函数也会经常遇到.例如,符号函数 $y=\mathrm{sgn}x$,取整函数 $y=[x]$等分段函数就是非初等函数.如何判别给定的函数是否为初等函数呢?初等函数的基本特征:在函数有定义的区间内,初等函数的图形是不间断的(以后会证明).由此可知分段的绝对值函数 $y=|x|$是初等函数,事实上 $y=|x|=\sqrt{x^2}$,是由 $y=\sqrt{u}$和 $u=x^2$ 复合而成的.

例 1.2.4 判断函数 $y=x^{\sin x}$ $(x>0)$是否为初等函数?

解 因为 $y=x^{\sin x}=\mathrm{e}^{\ln x^{\sin x}}=\mathrm{e}^{\sin x\ln x}$,故 $y=x^{\sin x}$是由 $y=\mathrm{e}^u, u=\sin x\ln x$ 复合而成的,$y=x^{\sin x}$是初等函数.

一般地,可以证明**幂指函数**(power exponential function),即形如 $y=u(x)^{v(x)}$ $(u(x)>0)$的函数都是初等函数.

在微积分运算中,常把一个初等函数分解为基本初等函数或简单函数来研究,学会分析初等函数的结构是十分重要的.

习题 1.2

1. 求下列函数的反函数:

(1) $y=\dfrac{1-x}{1+x}$;　　(2) $y=\dfrac{2^x}{1+2^x}$;　　(3) $y=\dfrac{1-\sqrt{1+4x}}{1+\sqrt{1+4x}}$.

2. 下列函数可以看成由哪些简单函数复合而成的?

(1) $y=\sin 3x$;　　(2) $y=\mathrm{e}^{\sin^2 x}$;　　(3) $y=\ln(\ln(\ln x))$;

(4) $y=\sqrt{\lg\sqrt{x}}$;　　(5) $y=(1+\ln^2 x)^3$;　　(6) $y=\sqrt[3]{\arctan\cos \mathrm{e}^{2x}}$;

(7) $y=\log_a \sin 2^{x+1}$；　　(8) $y=\arcsin\sqrt{\lg(x-1)}$；　　(9) $y=\cos(e^x-1)^2$；

(10) $y=\cos^2\ln(x^2-2x+1)$.

3. 设 $f(x)$ 的定义域是 $[0,1]$，求下列各函数的定义域：

(1) $f(x^2)$；　　(2) $f(\ln x)$.

4. 设 $f\left(x+\dfrac{1}{x}\right)=x^2+\dfrac{1}{x^2}$，求 $f(x)$.

5. 下列函数中，是复合函数关系的是(　　).

(A) $y=x-\sin x$；　(B) $y=3x^2e^x$；　(C) $y=\cos\sqrt{x}$；　(D) $y=\sqrt{\sin x-2}$.

6. 下列函数中，哪些是初等函数？哪些不是初等函数？

(1) $y=x^2-\sin 3x$；　　(2) $y=|x|$；　　(3) $y=\text{sgn}x$；

(4) $y=x^x$；　　(5) $xy+e^x-1=0$.

1.3 数列的极限

1.3.1 引例

极限概念是由于求某些实际问题的精确解答而产生的.例如，我国古代数学家刘徽(公元3世纪)利用圆内接正多边形来推算圆面积的方法——割圆术，就是极限思想在几何学上的应用.

设有一圆，首先作内接正六边形，把它的面积记为 A_1；再作内接正十二边形，其面积记为 A_2；再作内接正二十四边形，其面积记为 A_3；循此下去，每次边数加倍，一般地把内接正 $6\times 2^{n-1}$ 边形的面积记为 $A_n(n\in\mathbf{N}^+)$.这样，就得到一系列内接正多边形的面积：

$$A_1, A_2, A_3, \cdots, A_n, \cdots.$$

它们构成一列有次序的数.n 越大，内接正多边形与圆的差别就越小，从而以 A_n 作为圆面积的近似值也越精确.但是无论 n 取得如何大，只要 n 取定了，A_n 终究只是正多边形的面积，而不是圆的面积.因此，设想 n 无限增大(记为 $n\to\infty$，读作 n 趋于无穷大)，即内接正多边形的边数无限增加，在这个过程中，内接正多边形无限接近于圆，同时 A_n 也无限接近于某一确定的数值，这个确定的数值就理解为圆的面积.这个确定的数值在数学上称为上面这列有次序的数(所谓数列) $A_1, A_2, A_3, \cdots, A_n, \cdots$，当 $n\to\infty$ 时的极限.在圆面积问题中我们看到，正是这个数列的极限才精确地表达了圆的面积.

在解决实际问题中逐渐形成的这种极限方法，已成为高等数学中的一种基本方法，因此有必要作进一步的阐明.

1.3.2 数列的有关概念

如果按照某一法则，使得对于任何一个正整数 n，对应着有一个确定的实数 x_n，

那么,这列实数 x_n 按照下标从小到大排列的有次序的序列

$$x_1,x_2,x_3,\cdots,x_n,\cdots$$

就称为无穷数列,简称**数列**(series of numbers),可简记为$\{x_n\}$.数列中的每一个数称为数列的项,第 n 项 x_n 称为数列的**通项**(general term)或**一般项**.例如,

$$\left\{\frac{n}{n+1}\right\}:\frac{1}{2},\frac{2}{3},\frac{3}{4},\cdots,\frac{n}{n+1},\cdots;$$

$$\left\{\frac{1}{n}\right\}:1,\frac{1}{2},\frac{1}{3},\cdots,\frac{1}{n},\cdots;$$

$$\left\{\frac{n+(-1)^{n-1}}{n}\right\}:2,\frac{1}{2},\frac{4}{3},\cdots,\frac{n+(-1)^{n-1}}{n},\cdots.$$

在几何上,数列$\{x_n\}$可看成数轴上的一个动点,它依次取数轴上的点 $x_1,x_2,x_3,\cdots,x_n,\cdots$(图 1.3.1),也可看作自变量为正整数 n 的函数:$x_n=f(n),n\in\mathbf{N}^+$.当自变量 n 依次取 $1,2,3,\cdots$时,对应的函数值就排成数列$\{x_n\}$.

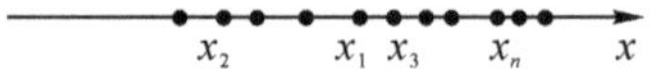

图 1.3.1

1.3.3 数列的极限

定义 1.3.1(描述性定义) 如果数列 x_n,当 n 无限增大时,数列 x_n 的取值能无限接近常数 a,我们就称 a 为 x_n 当 $n\to\infty$时的**极限**(limit),或称数列$\{x_n\}$**收敛**(convergence)于 a,记为$\lim\limits_{n\to\infty}x_n=a$,如果一个数列没有极限,就称该数列是**发散的**(divergent).

例 1.3.1 下列各数列是否收敛,若收敛,试指出其收敛于何值:

(1)$\{2^n\}$; (2)$\left\{\frac{1}{n}\right\}$; (3)$\{(-1)^{n+1}\}$; (4)$\left\{\frac{n-1}{n}\right\}$.

解 (1)数列$\{2^n\}$即为 $2,4,8,\cdots,2^n,\cdots$.

易见,当 n 无限增大时,2^n 也无限增大,故该数列是发散的.

(2)数列$\left\{\frac{1}{n}\right\}$即为 $1,\frac{1}{2},\frac{1}{3},\cdots,\frac{1}{n},\cdots$.

易见,当 n 无限增大时,$\frac{1}{n}$无限接近于 0,故该数列是收敛于 0.

(3)数列$\{(-1)^{n+1}\}$即为 $1,-1,1,-1,\cdots,(-1)^{n+1},\cdots$.

易见,当 n 无限增大时,$(-1)^{n+1}$无休止地反复取 $1,-1$ 两个数,而不会接近于任何一个确定的常数,故该数列是发散的.

(4)数列$\left\{\frac{n-1}{n}\right\}$即为 $0,\frac{1}{2},\frac{2}{3},\frac{3}{4},\cdots,\frac{n-1}{n},\cdots$.

易见,当 n 无限增大时,$\frac{n-1}{n}$无限接近于 1,故该数列是收敛于 1.

从定义 1.3.1 给出的数列极限概念可知,下标 n 的变化过程与数列$\{x_n\}$的变化趋势均借助了“无限”这样带有直观模糊性的形容词,但在数学中,仅凭直观是不可靠的,我们需要进一步将描述性定义转化为用数学语言精确表达的精确定义.

以$\left\{1+\frac{1}{n}\right\}$为例,可观察出该数列具有以下特性:

$$\text{随着 } n \text{ 的无限增大},x_n=1+\frac{1}{n}\text{无限地接近于 } 1$$

$$\Rightarrow\text{随着 } n \text{ 的无限增大},1+\frac{1}{n}\text{与 } 1 \text{ 的距离无限减小}$$

$$\Rightarrow\text{随着 } n \text{ 的无限增大},\left|\left(1+\frac{1}{n}\right)-1\right|\text{无限减小}$$

$$\Rightarrow\left|\left(1+\frac{1}{n}\right)-1\right|\text{会任意小,只要 } n \text{ 充分大.}$$

例如,要使$\left|\left(1+\frac{1}{n}\right)-1\right|<0.1$,只要 $n>10$ 即可;

要使$\left|\left(1+\frac{1}{n}\right)-1\right|<0.01$,只要 $n>100$ 即可;

……

任给无论多么小的正数 ε,都会存在数列的一项 x_N,从该项之后($n>N$),$\left|\left(1+\frac{1}{n}\right)-1\right|<\varepsilon$,即 $\forall\varepsilon>0$,$\exists N$,当 $n>N$ 时,$\left|\left(1+\frac{1}{n}\right)-1\right|<\varepsilon$.

如何找 N(或 N 存在吗)? 解上面的数学式子即得:$n>\frac{1}{\varepsilon}$,取 $N=\left[\frac{1}{\varepsilon}\right]$即可.这样 $\forall\varepsilon>0$,当 $n>N$ 时,$\left|\left(1+\frac{1}{n}\right)-1\right|=\frac{1}{n}<\frac{1}{N}<\varepsilon$.

综上所述,数列$\left\{1+\frac{1}{n}\right\}$的通项 $x_n=1+\frac{1}{n}$随 n 的无限增大,x_n 无限接近于 1,即是对任意给定正数 ε,总存在正整数 N,当 $n>N$ 时,有$\left|\left(1+\frac{1}{n}\right)-1\right|<\varepsilon$.

一般地,有如下数列极限的精确定义.

定义 1.3.2(ε-N 定义) 设有数列$\{x_n\}$与常数 a,如果对于任意给定的正数 ε(不论它多么小),总存在正整数 N,使得对于 $n>N$ 时的一切 x_n,不等式 $|x_n-a|<\varepsilon$ 都成立,则称常数 a 是数列 x_n 的极限,或者称数列 x_n 收敛于 a,记为

$$\lim_{n\to\infty}x_n=a,\text{或 } x_n\to a(n\to\infty).$$

上述定义可简单表达为:

$$\lim_{n\to\infty}x_n=a\Leftrightarrow\forall\varepsilon>0,\exists\text{正整数 } N,\text{当 } n>N \text{ 时,有 } |x_n-a|<\varepsilon.$$

显然$\lim\limits_{n\to\infty}\frac{1}{n}=0$，$\lim\limits_{n\to\infty}\frac{n+1}{n}=1$.

数列极限的定义并未给出求极限的方法，只给出了论证数列$\{x_n\}$的极限为a的方法，常称为**ε-N 论证法**，其论证步骤为

(1)对于任意给定的正数ε，令$|x_n-a|<\varepsilon$；

(2)由上式开始分析倒推，推出$n>\varphi(\varepsilon)$；

(3)取$N=[\varphi(\varepsilon)]$，再用ε-N语言顺述结论.

例 1.3.2 证明$\lim\limits_{n\to\infty}\frac{n+(-1)^{n-1}}{n}=1$.

证 由$|x_n-1|=\left|\frac{n+(-1)^{n-1}}{n}-1\right|=\frac{1}{n}$，故对任给$\varepsilon>0$，要使$|x_n-1|<\varepsilon$，只要$\frac{1}{n}<\varepsilon$，即$n>\frac{1}{\varepsilon}$.所以，若取$N=\left[\frac{1}{\varepsilon}\right]$，则当$n>N$时，就有

$$\left|\frac{n+(-1)^{n-1}}{n}-1\right|<\varepsilon,$$

即$\lim\limits_{n\to\infty}\frac{n+(-1)^{n-1}}{n}=1$.

利用定义可以证明：$\lim\limits_{n\to\infty}C=C$，即常数列的极限等于同一常数.

例 1.3.3 证明$\lim\limits_{n\to\infty}q^n=0$，其中$|q|<1$.

证 任给$\varepsilon>0$，若$q=0$，则$\lim\limits_{n\to\infty}q^n=\lim\limits_{n\to\infty}0=0$；若$0<|q|<1$，欲使$|x_n-0|=|q^n|<\varepsilon$，必须$n\ln|q|<\ln\varepsilon$，即$n>\frac{\ln\varepsilon}{\ln|q|}$，故对任给$\varepsilon>0$，若取$N=\left[\frac{\ln\varepsilon}{\ln|q|}\right]$，则当$n>N$时，就有$|q^n-0|<\varepsilon$，从而证得$\lim\limits_{n\to\infty}q^n=0$.

例 1.3.4 证明$\lim\limits_{n\to\infty}\frac{(-1)^n}{(n+1)^2}=0$.

证 由$|x_n-0|=\left|\frac{(-1)^n}{(n+1)^2}-0\right|=\frac{1}{(n+1)^2}<\frac{1}{n+1}$，故对任给$\varepsilon>0$(设$\varepsilon<1$)，要使$|x_n-0|<\varepsilon$，只要$\frac{1}{n+1}<\varepsilon$，即$n>\frac{1}{\varepsilon}-1$，所以，若取$N=\left[\frac{1}{\varepsilon}-1\right]$，则当$n>N$时，就有

$$\left|\frac{(-1)^n}{(n+1)^2}-0\right|<\varepsilon,$$

即$\lim\limits_{n\to\infty}\frac{(-1)^n}{(n+1)^2}=0$.

注 关于数列的极限的ε-N定义的几点说明.

(1)关于ε：① ε的任意性. 定义1.3.2中的正数ε的作用在于衡量数列通项x_n与常数a的接近程度，ε越小，表示接近得越好；而正数ε可以任意小，说明x_n与常数a可以接近到任何程度；②ε的暂时固定性. 尽管ε有其任意性，但一经给出，就暂时

地被确定下来,以便依靠它来求出 N;③ε 的多值性. ε 既是任意小的正数,那么$\frac{\varepsilon}{2}$,3ε,ε^2 等同样也是任意小的正数,因此定义 1.3.2 中的不等式$|x_n-a|<\varepsilon$ 中的ε 可用$\frac{\varepsilon}{2}$,3ε,ε^2 等来代替. 从而$|x_n-a|<\varepsilon$ 可用$|x_n-a|\leqslant\varepsilon$ 代替;④正由于 ε 是任意小的正数,我们可以限定 ε 小于一个确定的正数. 例 1.3.4 便是这样做的.

(2)关于 N:①N 的相应性. 一般地,N 随 ε 的变小而变大,因此常把 N 写作 $N(\varepsilon)$,来强调 N 是依赖于 ε 的;ε 一经给定,就可以找到一个 N;②N 的多值性. N 的相应性并不意味着 N 是由 ε 唯一确定的,因为对给定的 ε,若 $N=100$ 时能使得当 $n>N$时,有$|x_n-a|<\varepsilon$,则 $N=101$ 或更大的数时,此不等式自然也成立. 所以 N 不是唯一的. 事实上,在许多场合下,最重要的是证 N 的存在性,没必要去求最小的 N. 例 1.3.4 就是用了放缩法找出一个 N 即可.

(3)数列极限的几何理解:在定义 1.3.2 中,"当 $n>N$ 时有$|x_n-a|<\varepsilon$"$\Leftrightarrow$"当 $n>N$时有 $a-\varepsilon<x_n<a+\varepsilon$" $\Leftrightarrow$"当 $n>N$ 时,有 $x_n\in(a-\varepsilon,a+\varepsilon)=U(a,\varepsilon)$" $\Leftrightarrow$所有下标大于 N 的项 x_n 都落在邻域 $U(a,\varepsilon)$内;而在 $U(a,\varepsilon)$之外,数列$\{x_n\}$中的项至多只有 N 个(有限个)(图 1.3.2).

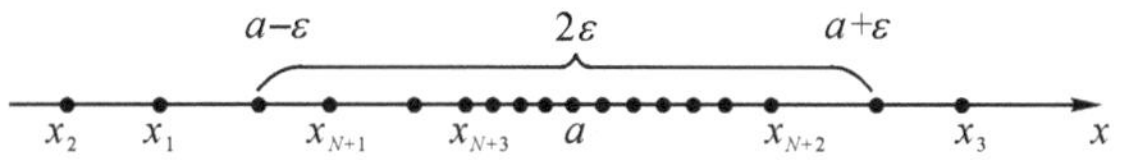

图 1.3.2

1.3.4 收敛数列的性质

性质 1.3.1(极限唯一性) 收敛数列的极限是唯一的.

证 假设 a 与 b 都是数列$\{x_n\}$的极限,则由极限定义,对 $\forall\varepsilon>0$,$\exists N_1,N_2\in\mathbf{N}^+$,当 $n>N_1$ 时,有$|x_n-a|<\varepsilon$;$n>N_2$ 时,有$|x_n-b|<\varepsilon$.

取 $N=\max\{N_1,N_2\}$,则当 $n>N$ 时有

$$|a-b|=|(x_n-b)-(x_n-a)|\leqslant|x_n-a|+|x_n-b|<2\varepsilon.$$

由 ε 的任意性,上式仅当 $a=b$ 时才成立. 从而证得结论.

性质 1.3.2(有界性) 收敛数列$\{x_n\}$必为有界数列,即$\exists M>0$,使对$\forall n\in\mathbf{N}^+$有$|x_n|\leqslant M$.

证 设$\lim\limits_{n\to\infty}x_n=a$. 取 $\varepsilon=1$,$\exists N>0$ 使得当 $n>N$ 时有$|x_n-a|<1$,即 $|x_n|-|a|\leqslant|x_n-a|<1$,则$|x_n|<|a|+1$,令

$$M=\max\{|a|+1,|x_1|,|x_2|,\cdots,|x_N|\},$$

则对$\forall n\in\mathbf{N}^+$有$|x_n|\leqslant M$,即数列$\{x_n\}$有界.

注 (1)有界性只是数列收敛的必要条件,而非充分条件,如$\{(-1)^n\}$.

(2)在证明时必须分清何时用取定 ε,何时用任给 ε. 上面性质 1.3.2 证明中必须

用取定 ε，不能用任给 ε，否则 N 随 ε 在变，找到的 M 也随 ε 在变，界 M 的意义就不明确了.

推论 1.3.1 无界数列必定发散.

性质 1.3.3(保号性) 设 $\lim\limits_{n\to\infty}x_n=a>0$(或 $a<0$). 则存在正整数 N，使得当 $n>N$ 时，恒有 $x_n>0$(或 $x_n<0$).

证 先证 $a>0$ 的情形. 取 $\varepsilon=\dfrac{a}{2}>0$，$\lim\limits_{n\to\infty}x_n=a>0$，则存在正整数 N，使得当 $n>N$ 时，有 $|x_n-a|<\dfrac{a}{2}$，即 $x_n>a-\dfrac{a}{2}=\dfrac{a}{2}>0$.

同理可证 $a<0$ 的情形.

推论 1.3.2 若数列 $\{x_n\}$ 从某项起有 $x_n\geqslant 0$(或 $x_n\leqslant 0$)，且 $\lim\limits_{n\to\infty}x_n=a$，则 $a\geqslant 0$(或 $a\leqslant 0$).

证 证数列 $\{x_n\}$ 从第 N_1 项起有 $x_n\geqslant 0$ 情形. 用反证法.

若 $\lim\limits_{n\to\infty}x_n=a<0$，则由性质 1.3.3，存在正整数 N_2，使得当 $n>N_2$ 时，有 $x_n<0$. 取 $N=\max\{N_1,N_2\}$，当 $n>N$ 时，有 $x_n<0$，但按假定有 $x_n\geqslant 0$，矛盾. 故必有 $a\geqslant 0$.

同理可证数列 $\{x_n\}$ 从某项起有 $x_n\leqslant 0$ 的情形.

最后，介绍子数列的概念以及关于收敛数列与其子数列间的关系.

在数列 $\{x_n\}$ 中任意抽取无限多项并保持这些项在原数列 $\{x_n\}$ 中的先后次序，这样得到的一个数列称为原数列 $\{x_n\}$ 的子数列(或子列).

* **性质 1.3.4**(收敛数列与其子数列间的关系) 如果数列 $\{x_n\}$ 收敛于 a，那么它的任一子数列也收敛，且极限也是 a.

证 略.

由性质 1.3.4 可知，如果数列 $\{x_n\}$ 有两个子数列收敛于不同的极限，那么数列 $\{x_n\}$ 是发散的. 例如数列 $\{(-1)^n\}$ 的子数列 $\{x_{2k-1}\}$ 收敛于 -1，而子数列 $\{x_{2k}\}$ 收敛于 1. 因此数列 $\{(-1)^n\}$ 是发散的. 同时这个例子也说明，一个发散的数列也可能有收敛的子数列，同时也说明了有界数列不一定收敛.

习题 1.3

1. 下列各题中，哪些数列收敛？哪些数列发散？对收敛数列，通过观察 $\{x_n\}$ 的变化趋势，写出它们的极限：

(1) $x_n=\dfrac{1}{2^n}$； (2) $x_n=(-1)^n\dfrac{1}{n}$； (3) $x_n=1+\dfrac{1}{n^2}$；

(4) $x_n=\dfrac{n-1}{n+1}$； (5) $x_n=(-1)^n n$； (6) $x_n=\dfrac{2^n-1}{3^n}$.

*2. 用数列极限的定义证明下列极限：

(1) $\lim\limits_{n\to\infty}\dfrac{n}{n+1}=1$； (2) $\lim\limits_{n\to\infty}\dfrac{1}{n^2}=0$.

*3. 若$\lim\limits_{n\to\infty}x_n=a$,证明$\lim\limits_{n\to\infty}|x_n|=|a|$,并举例说明,反之若数列$\{|x_n|\}$有极限,但数列$\{x_n\}$未必有极限. 但 $\lim\limits_{n\to\infty}x_n=0\Leftrightarrow\lim\limits_{n\to\infty}|x_n|=0$.

*4. 设数列$\{x_n\}$有界,又$\lim\limits_{n\to\infty}y_n=0$,证明:$\lim\limits_{n\to\infty}x_ny_n=0$.

*5. 对数列$\{x_n\}$,若$\lim\limits_{k\to\infty}x_{2k-1}=a$,$\lim\limits_{k\to\infty}x_{2k}=a$,证明:$\lim\limits_{n\to\infty}x_n=a$.

6. 判断下列数列的收敛性:

(1)$x_n=(-1)^n\dfrac{n}{n+1}$; (2)$x_n=\begin{cases}\dfrac{1}{n}+1, & n\text{为奇数},\\ \dfrac{1}{n}-1, & n\text{为偶数};\end{cases}$ (3)$x_n=\begin{cases}\dfrac{1}{n}, & n\text{为奇数},\\ \dfrac{1}{n+1}, & n\text{为偶数}.\end{cases}$

1.4 函数的极限

1.4.1 函数极限的定义

因为研究数列$\{x_n\}$的极限,即是研究当自变量$n\to+\infty$时,函数$x_n=f(n)$变化趋势. 此处函数$f(n)$的自变量n只能取正整数!因此自变量的可能变化趋势只有一种,即$n\to+\infty$. 但是,如果不是考虑正整数变量n而考虑一般的变量$x\in\mathbf{R}$,那么可以由此引出函数极限的一般概念:在自变量x的某个变化过程中,如果对应的函数值$f(x)$无限接近于某个确定的数A,则A就称为x在该变化过程中函数$f(x)$的极限. 显然,极限A是与自变量x的变化过程紧密相关的,自变量的变化过程不同,函数的极限就有不同的表现形式. 本节分下列两种情况来讨论:

(1)自变量趋于无穷大时函数的极限;

(2)自变量趋于有限值时函数的极限.

1. 当$x\to\infty$时函数的极限

我们知道,当$x\to\infty$时,$f(x)=\dfrac{1}{x}$越来越接近零. 如果函数$f(x)$当$|x|$无限增大时,$f(x)$取值和常数A要多接近就有多接近,此时称A是$f(x)$当$x\to\infty$时的极限. 精确地说,就是

定义 1.4.1 设函数$f(x)$当$|x|$大于某一正数时有定义. 如果存在常数A,对于任意给定的正数ε(不论它多么小),总存在着正数X,使得对于适合不等式$|x|>X$的一切x,对应的函数值$f(x)$都满足不等式$|f(x)-A|<\varepsilon$,那么常数A就叫做函数$f(x)$当$x\to\infty$时的极限,记作

$$\lim_{x\to\infty}f(x)=A \quad 或 \quad f(x)\to A(当\ x\to\infty 时).$$

定义 1.4.1 中ε与数列极限中ε作用相同,刻画了$f(x)$与A的接近程度,正数X的作用与数列极限定义中N相类似,表明x充分大的程度,但这里所考虑的是比X大的所有实数x,而不仅仅是正整数n.

注 (1)$\lim\limits_{x\to\infty}f(x)=A$ 的几何意义：对 $\forall\varepsilon>0$，就有 $y=A+\varepsilon$ 和 $y=A-\varepsilon$ 两条直线，形成以 A 为中心线，以 2ε 为宽的带形区域，且总存在着正数 X，使得当 $|x|>X$ 时，函数 $y=f(x)$ 的图形全部落在这个带形区域内(图 1.4.1).

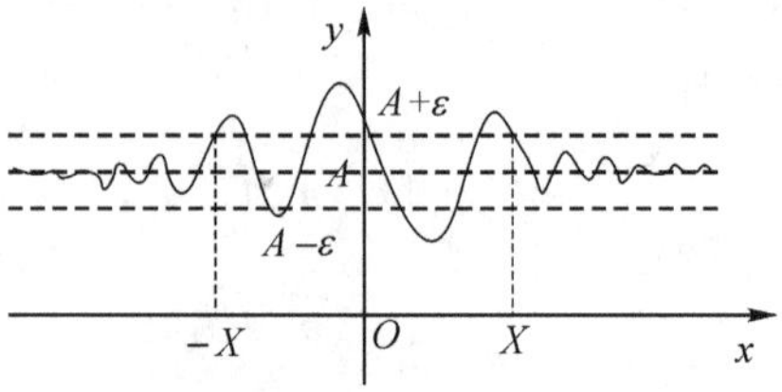

图 1.4.1

如果 ε 给的小一点，即带形区域更窄一点，那么直线 $x=X$ 一般往右移；但无论带形区域如何窄，总存在正数 X，使得曲线 $y=f(x)$ 在 $|x|>X$ 时的全部图形落在这个更窄的带形区域内.

(2)如果 $x\to+\infty$ 时，$f(x)$ 取值和常数 A 要多接近就有多接近，称 A 是 $f(x)$ 当 $x\to+\infty$ 时的极限，记作 $\lim\limits_{x\to+\infty}f(x)=A$.

如果 $x\to-\infty$ 时，$f(x)$ 取值和常数 A 要多接近就有多接近，称 A 是 $f(x)$ 当 $x\to-\infty$ 时的极限，记作 $\lim\limits_{x\to-\infty}f(x)=A$.

$\lim\limits_{x\to+\infty}f(x)=A$ 与 $\lim\limits_{x\to-\infty}f(x)=A$ 称为**单侧极限**(one-sided limit).

(3)上述函数极限的精确定义简写如下：

$\lim\limits_{x\to+\infty}f(x)=A\Leftrightarrow\forall\varepsilon>0,\exists X>0$，当 $x>X$ 时，$|f(x)-A|<\varepsilon$.

$\lim\limits_{x\to-\infty}f(x)=A\Leftrightarrow\forall\varepsilon>0,\exists X>0$，当 $x<-X$ 时，$|f(x)-A|<\varepsilon$.

$\lim\limits_{x\to\infty}f(x)=A\Leftrightarrow\forall\varepsilon>0,\exists X>0$，当 $|x|>X$ 时，$|f(x)-A|<\varepsilon$.

由此可得如下关系：

定理 1.4.1 $\lim\limits_{x\to\infty}f(x)=A$ 的充分必要条件是 $\lim\limits_{x\to+\infty}f(x)=\lim\limits_{x\to-\infty}f(x)=A$.

例 1.4.1 证明 $\lim\limits_{x\to\infty}\dfrac{\sin x}{x}=0$.

证 因为对 $\forall\varepsilon>0$，要使 $\left|\dfrac{\sin x}{x}-0\right|=\left|\dfrac{\sin x}{x}\right|\leqslant\dfrac{1}{|x|}<\varepsilon$，只要取 $X=\dfrac{1}{\varepsilon}$，则当 $|x|>X$ 时，恒有 $\left|\dfrac{\sin x}{x}-0\right|<\varepsilon$，故 $\lim\limits_{x\to\infty}\dfrac{\sin x}{x}=0$.

例 1.4.2 用极限定义证明 $\lim\limits_{x\to+\infty}\left(\dfrac{1}{2}\right)^x=0$.

证 对于任意给定的 $\varepsilon>0$，要使

$$\left|\left(\frac{1}{2}\right)^x-0\right|=\left(\frac{1}{2}\right)^x<\varepsilon,$$

只要 $2^x>\frac{1}{\varepsilon}$，即 $x>\frac{\ln\frac{1}{\varepsilon}}{\ln 2}$（不妨设 $\varepsilon<1$）就可以了.因此，对于任意给定的 $\varepsilon>0$，取 $X=\frac{\ln\frac{1}{\varepsilon}}{\ln 2}$，则当 $x>X$ 时，$\left|\left(\frac{1}{2}\right)^x-0\right|<\varepsilon$ 恒成立.所以 $\lim\limits_{x\to+\infty}\left(\frac{1}{2}\right)^x=0$.

注 同理可证：当 $0<q<1$ 时，$\lim\limits_{x\to+\infty}q^x=0$.而当 $q>1$ 时，$\lim\limits_{x\to-\infty}q^x=0$.

2. 当 $x\to x_0$ 时函数的极限

现在讨论当 $x\to x_0(x\neq x_0)$ 时，对应的函数值能否趋于某个定数 A.

先看下面几个例子：

例 1.4.3 $f(x)=1$.当 $x\to 0$ 时，$f(x)\to 1$.

例 1.4.4 $f(x)=\frac{x^2-4}{x-2}$.当 $x\to 2$ 时，$f(x)\to 4$.

例 1.4.5 $f(x)=\frac{1}{x}$.当 $x\to 0$ 时，$f(x)\to\infty$.

由上述例子可见，对有些函数，当 $x\to x_0(x\neq x_0)$ 时，对应的函数值 $f(x)$ 能趋于某个定数 A；但对有些函数却无此性质.所以有必要来研究当 $x\to x_0(x\neq x_0)$ 时，$f(x)$ 的变化趋势.

我们称上述的第一类函数为当 $x\to x_0$ 时，对应的函数值 $f(x)$ 无限接近于确定的数值 A，那么就说 A 是函数 $f(x)$ 当 $x\to x_0$ 时的极限.和数列极限的描述性说法一样，这是一种描述性的说法.不是严格的数学定义.那么如何给出这类函数极限的精确定义呢？现作如下分析：

"当自变量 x 越来越接近于 x_0 时，函数值 $f(x)$ 越来越接近于一个定数 A".即只要 x 充分接近 x_0，函数值 $f(x)$ 和 A 的相差就会相当小.欲使 $|f(x)-A|$ 相当小.只要 x 充分接近 x_0 就可以了.即对 $\forall\varepsilon>0$，$\exists\delta>0$，当 $0<|x-x_0|<\delta$ 时，都有 $|f(x)-A|<\varepsilon$.

定义 1.4.2（ε-δ 定义） 设函数 $f(x)$ 在点 x_0 的某一去心邻域内有定义.如果对于任意给定的正数 ε（不论它多么小），总存在正数 δ，使得对于适合不等式 $0<|x-x_0|<\delta$ 的一切 x，对应的函数值 $f(x)$ 都满足不等式 $|f(x)-A|<\varepsilon$，那么常数 A 就叫做函数 $f(x)$ 当 $x\to x_0$ 时的极限，记作

$$\lim_{x\to x_0}f(x)=A\quad 或\quad f(x)\to A(当\ x\to x_0\ 时).$$

注 (1)ε 刻画函数 $f(x)$ 与 A 的接近程度.为了说明函数 $f(x)$ 在 $x\to x_0$ 的过程中，能够任意地接近于 A，ε 必须是任意的.这即 ε 的第一个特性——任意性，即 ε 是变量.但 ε 一经给定之后，暂时就把 ε 看成是不变的了.以便通过 ε 寻找 δ，使得当 $0<|x-x_0|<\delta$ 时 $|f(x)-A|<\varepsilon$ 成立.这即 ε 的第二特性——暂时固定性.即在寻找 δ 的过程中 ε 是常量.另外，若 ε 是任意正数，则 $\frac{\varepsilon}{2}$，ε^2，$\sqrt{\varepsilon}$，…均为任意正数，均可扮演 ε

的角色，即 ε 的第三个特性——多值性.

(2)δ 表示 x 与 x_0 的接近程度，它相当于数列极限的 ε-N 定义中的 N. 它的第一个特性是相应性，即对给定的 $\varepsilon>0$，都有一个 δ 与之对应，所以 δ 是依赖于 ε 而适当选取的，为此记之为 $\delta(x_0;\varepsilon)$. 一般说来，ε 越小，δ 越小. 但是，定义中是要求由 $0<|x-x_0|<\delta$ 推出 $|f(x)-A|<\varepsilon$ 即可，故若 δ 满足此要求，则 $\frac{\delta}{2}$，$\frac{\delta}{3}$ 等比 δ 还小的正数均可满足要求，因此 δ 不是唯一的，即 δ 的第二个特性——多值性.

(3)极限 A 的存在与 $f(x)$ 在 x_0 有无定义或定义的值无关. 这是因为，对于函数极限，我们所研究的是 $x\to x_0$ 的过程中函数的变化趋势，与函数在该处的函数值无关. 所以可以不考虑 f 在点 x_0 的函数值是否存在，或取何值，因而限定“$0<|x-x_0|$”.

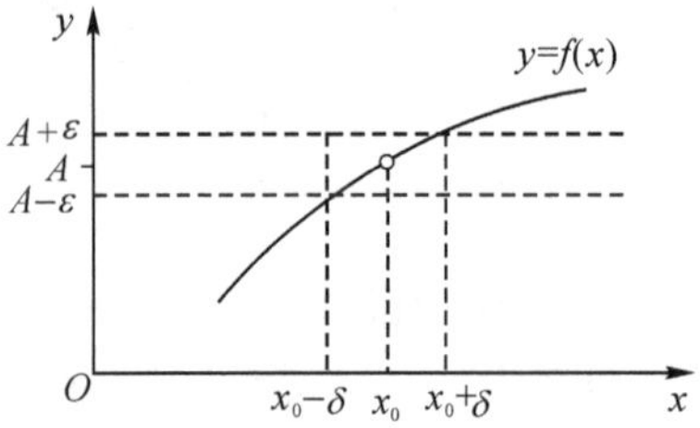

图 1.4.2

(4) $\lim\limits_{x\to x_0}f(x)=A$ 的几何意义. 对 $\forall\varepsilon>0$，就有 $y=A+\varepsilon$ 和 $y=A-\varepsilon$ 两条平行直线，形成以 A 为中心线，以 2ε 为宽的带形区域，且总存在 x_0 的某一去心 δ 邻域，使得对于适合不等式 $0<|x-x_0|<\delta$ 的一切 x，函数 $y=f(x)$ 的图形全部落在这个带形区域内(图 1.4.2).

类似数列极限的 ε-N 论证法，给出证明函数极限的 **ε-δ 论证法**：

(1)对于任意给定的正数 ε，令 $|f(x)-A|<\varepsilon$；

(2)由上式开始分析倒推，推出 $|x-x_0|<\varphi(\varepsilon)$；

(3)取 $\delta=\varphi(\varepsilon)$，再用 ε-δ 语言顺述结论.

例 1.4.6 证明 $\lim\limits_{x\to x_0}C=C$($C$ 为常数).

证 任给 $\varepsilon>0$，任取 $\delta>0$，当 $0<|x-x_0|<\delta$ 时，$|f(x)-A|=|C-C|=0<\varepsilon$ 恒成立，所以 $\lim\limits_{x\to x_0}C=C$.

例 1.4.7 证明 $\lim\limits_{x\to x_0}x=x_0$.

证 因为 $|f(x)-A|=|x-x_0|$，任给 $\varepsilon>0$，取 $\delta=\varepsilon$，当 $0<|x-x_0|<\delta=\varepsilon$ 时，$|f(x)-A|=|x-x_0|<\varepsilon$ 成立，所以 $\lim\limits_{x\to x_0}x=x_0$.

例 1.4.8 证明 $\lim\limits_{x\to 1}\frac{x^2-1}{x-1}=2$.

证 函数在点 $x=1$ 处没有定义，因为 $|f(x)-A|=\left|\frac{x^2-1}{x-1}-2\right|=|x-1|$，所以，对任给 $\varepsilon>0$，要使 $|f(x)-A|<\varepsilon$，只要取 $\delta=\varepsilon$，则当 $0<|x-1|<\delta$ 时，就有 $\left|\frac{x^2-1}{x-1}-2\right|<\delta$，故 $\lim\limits_{x\to 1}\frac{x^2-1}{x-1}=2$.

3. 左极限与右极限

有些函数在其定义域上某些点左侧与右侧的解析式不同,如

$$f(x)=\begin{cases}x^2, & x\geqslant 0,\\ x, & x<0\end{cases}$$

或函数在某些点仅在其一侧有定义,如 $g(x)=\sqrt{x}, x\geqslant 0$.

这时,如何讨论这类函数在上述各点处的极限呢?此时,不能再用前面的讨论方法,而要从这些点的某一侧来讨论.如讨论 $f(x)$ 在 $x\to 0$ 时的极限.要在 $x=0$ 的左右两侧分别讨论.即当 $x>0$ 而趋于 0 时,应按 $f(x)=x^2$ 来考察函数值的变化趋势;当 $x<0$ 而趋于 0 时,应按 $f(x)=x$ 来考察函数值的变化趋势;而对 $g(x)$,只能在点 $x=0$ 的右侧,即 $x>0$ 而趋于 0 时来考察.为此,引进"单侧极限"的概念.右极限与左极限统称为**单侧极限**.

如果 x 仅从 x_0 的左侧趋于 x_0(记为 $x\to x_0^-$)的情形,或 x 仅从 x_0 的右侧趋于 x_0(记为 $x\to x_0^+$)的情形.在 $x\to x_0^-$ 的情形,x 在 x_0 的左侧,$x<x_0$.在 $\lim\limits_{x\to x_0}f(x)=A$ 的定义中,把 $0<|x-x_0|<\delta$ 改为 $x_0-\delta<x<x_0$,那么 A 就称为函数 $f(x)$ 当 $x\to x_0$ 时的**左极限**,记为

$$\lim_{x\to x_0^-}f(x)=A \quad 或 \quad f(x_0-0)=A.$$

类似地,在 $\lim\limits_{x\to x_0}f(x)=A$ 的定义中,把 $0<|x-x_0|<\delta$ 改为 $x_0<x<x_0+\delta$,那么 A 就称为函数 $f(x)$ 当 $x\to x_0$ 时的**右极限**,记为

$$\lim_{x\to x_0^+}f(x)=A \quad 或 \quad f(x_0+0)=A.$$

根据 $x\to x_0$ 时函数 $f(x)$ 的极限的定义,以及左极限和右极限的定义,容易证明下面定理.

定理 1.4.2 $\lim\limits_{x\to x_0}f(x)=A$ 的充分必要条件是 $\lim\limits_{x\to x_0^+}f(x)=\lim\limits_{x\to x_0^-}f(x)=A$.

例 1.4.9 函数

$$f(x)=\begin{cases}x-1, & x<0,\\ 0, & x=0,\\ x+1, & x>0.\end{cases}$$

证明:当 $x\to 0$ 时 $f(x)$ 的极限不存在.

证 由于 $\lim\limits_{x\to 0^-}f(x)=\lim\limits_{x\to 0^-}(x-1)=-1$,而 $\lim\limits_{x\to 0^+}f(x)=\lim\limits_{x\to 0^+}(x+1)=1$,因为左极限和右极限存在但不相等,所以 $\lim\limits_{x\to 0}f(x)$ 不存在(图 1.4.3).

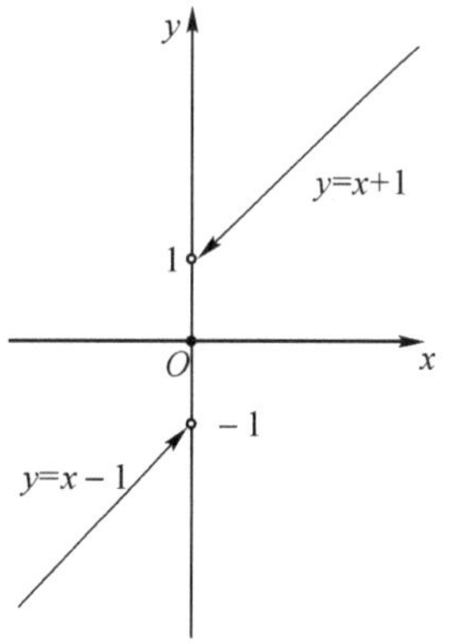

图 1.4.3

1.4.2　函数极限的性质

与收敛数列的性质相比较，可得函数极限的一些相应性质. 它们都可以根据函数极限的定义，运用类似于证明收敛数列性质的方法加以证明. 由于函数极限的定义按自变量的变化过程不同有各种形式，下面仅以“$\lim\limits_{x\to x_0}f(x)$”这种形式为代表给出关于函数极限性质的一些定理，至于其他形式的极限性质，只需相应地作些修改即可得到.

定理 1.4.3（函数极限的唯一性）　如果$\lim\limits_{x\to x_0}f(x)$存在，那么这极限是唯一的.

定理 1.4.4（函数极限的局部有界性）　如果$\lim\limits_{x\to x_0}f(x)=A$，那么存在常数 $M>0$ 和 $\delta>0$，使得当 $0<|x-x_0|<\delta$ 时，有 $|f(x)|\leqslant M$.

定理 1.4.5（函数极限的局部保号性）　如果$\lim\limits_{x\to x_0}f(x)=A$，而且 $A>0$（或 $A<0$），那么存在常数 $\delta>0$，使得当 $0<|x-x_0|<\delta$ 时，有 $f(x)>0$（或 $f(x)<0$）.

证　设 $A>0$，取 $\varepsilon=\dfrac{A}{2}$，则由$\lim\limits_{x\to x_0}f(x)=A$ 可知，对这样取定的 ε，总存在一个常数 $\delta>0$，使得当 $0<|x-x_0|<\delta$ 时，$|f(x)-A|<\varepsilon=\dfrac{A}{2}$，即 $f(x)>A-\dfrac{A}{2}=\dfrac{A}{2}>0$.

类似地可以证明 $A<0$ 的情形.

推论 1.4.1　如果在 x_0 的某一去心邻域内 $f(x)\geqslant 0$（或 $f(x)\leqslant 0$），而且$\lim\limits_{x\to x_0}f(x)=A$，那么 $A\geqslant 0$（或 $A\leqslant 0$）.

* **定理 1.4.6**（函数极限与数列极限的关系）　如果$\lim\limits_{x\to x_0}f(x)=A$，$\{x_n\}$为函数 $f(x)$ 的定义域内任一收敛于 x_0 的数列，且满足 $x_n\neq x_0\,(n\in\mathbf{N}^+)$，那么相应的函数值数列$\{f(x_n)\}$必收敛，且$\lim\limits_{n\to\infty}f(x_n)=\lim\limits_{x\to x_0}f(x)=A$.

证　略.

* **定理 1.4.7**（归结原则）　函数极限存在的充要条件是它的任何子序列的极限都存在且相等.

例如，若已知$\lim\limits_{x\to 0}\dfrac{\sin x}{x}=1$，则$\lim\limits_{n\to\infty}\dfrac{\sin\dfrac{1}{\sqrt{n}}}{\dfrac{1}{\sqrt{n}}}=1$，$\lim\limits_{n\to\infty}\dfrac{\sin\dfrac{1}{n+1}}{\dfrac{1}{n+1}}=1$.

例 1.4.10　证明$\lim\limits_{x\to 0}\sin\dfrac{1}{x}$不存在.

证　设 $x_n'=\dfrac{1}{n\pi}$，$x_n''=\dfrac{1}{2n\pi+\dfrac{\pi}{2}}\,(n\in\mathbf{N}^+)$，则显然有

$$x_n'\to 0,\quad x_n''\to 0\quad (n\to\infty),$$

$$\sin\frac{1}{x_n'}=0\to 0,\quad \sin\frac{1}{x_n''}=1\to 1\quad (n\to\infty),$$

故由归结原则即得结论.

习题 1.4

1. 在某极限过程中,若 $f(x)$ 有极限,$g(x)$ 无极限,试判断:$f(x)g(x)$ 是否一定没有极限,请说明理由;若不是,请举反例说明之.

*2. 用函数极限的定义证明下列极限:

(1) $\lim\limits_{x\to 2}(5x+2)=12$;　　(2) $\lim\limits_{x\to+\infty}\dfrac{\sin x}{\sqrt{x}}=0$.

3. 证明 $\lim\limits_{x\to 0}\dfrac{|x|}{x}$ 不存在.

4. 设 $f(x)=\begin{cases}x, & x\geqslant 0,\\ x+1, & x<0,\end{cases}$ 讨论 $\lim\limits_{x\to 0}f(x)$.

5. 设 $f(x)=\begin{cases}1-x, & x<0,\\ x^2+1, & x\geqslant 0,\end{cases}$ 讨论 $\lim\limits_{x\to 0}f(x)$.

*6. 如果 $\lim\limits_{x\to x_0}f(x)=A$,证明:存在常数 $M>0$ 和 $\delta>0$,使得当 $0<|x-x_0|<\delta$ 时,有 $|f(x)|\leqslant M$.

1.5 无穷小与无穷大

在极限的研究中,极限为 0 的函数发挥着重要作用,下面进行专门的讨论. 在今后的讨论中,记号"lim"下面没有标明自变量的变化过程,是指对 $n\to\infty$,$x\to\infty$,$x\to+\infty$,$x\to-\infty$,$x\to x_0$,$x\to x_0^+$ 和 $x\to x_0^-$ 都是成立的.

1.5.1 无穷小

定义 1.5.1 极限为零的变量(函数)称为**无穷小**(infinitesimal),即若 $\lim f(x)=0$,则称 $f(x)$ 为无穷小.

注 (1)无穷小与 x 的变化过程有关. 如 $\lim\limits_{x\to\infty}\dfrac{1}{x}=0$,当 $x\to\infty$ 时 $\dfrac{1}{x}$ 为无穷小,而 $x\to 2$ 时,$\dfrac{1}{x}$ 不是无穷小.

(2)无穷小量的概念是反映变量的变化趋势,因此任何非零常量都不是无穷小,无穷小不能与很小的数混淆. 但零是可以作为无穷小的唯一常数.

下面的定理说明无穷小与函数极限的关系.

定理 1.5.1 $\lim f(x)=A$ 的充要条件是 $f(x)=A+\alpha(x)$,其中 $\lim\alpha(x)=0$.

证 以$\lim\limits_{x\to x_0}f(x)=A$为例证明.其他情形类似可证.

必要性.设$\lim\limits_{x\to x_0}f(x)=A$,故对$\forall\varepsilon>0$,$\exists\delta>0$,使得当$0<|x-x_0|<\delta$时,有$|f(x)-A|<\varepsilon$.

令$\alpha(x)=f(x)-A$,则$|\alpha(x)-0|<\varepsilon$,即$\lim\limits_{x\to x_0}\alpha(x)=0$,且$f(x)=A+\alpha(x)$.

充分性.设$f(x)=A+\alpha(x)$,其中A是常数,$\lim\limits_{x\to x_0}\alpha(x)=0$.所以对$\forall\varepsilon>0$,$\exists\delta>0$,使得当$0<|x-x_0|<\delta$时,有$|\alpha(x)-0|<\varepsilon$,即有$|f(x)-A|<\varepsilon$,也就是$\lim\limits_{x\to x_0}f(x)=A$.

定理1.5.1的结论在今后的学习中有着重要的应用,尤其是在理论推导或证明中.它将函数的极限运算问题转化为常数与无穷小的代数运算问题.

1.5.2 无穷小的运算性质

在下面讨论无穷小的性质时,仅证明$x\to x_0$时函数为无穷小的情形,其他形式的证明完全类似.

定理1.5.2 有限个无穷小的代数和仍是无穷小.

证 考虑两个无穷小的和.设$\lim\limits_{x\to x_0}\alpha=0$,$\lim\limits_{x\to x_0}\beta=0$,则只需证$\lim\limits_{x\to x_0}(\alpha\pm\beta)=0$.

事实上,对$\forall\varepsilon>0$,$\lim\limits_{x\to x_0}\alpha=0$,则$\exists\delta_1>0$,使得当$0<|x-x_0|<\delta_1$时,有$|\alpha|<\frac{\varepsilon}{2}$. $\lim\limits_{x\to x_0}\beta=0$,则$\exists\delta_2>0$,使得当$0<|x-x_0|<\delta_2$时,有$|\beta|<\frac{\varepsilon}{2}$.取$\delta=\min\{\delta_1,\delta_2\}$,则当$0<|x-x_0|<\delta$时,有$|\alpha\pm\beta|\leqslant|\alpha|+|\beta|<\frac{\varepsilon}{2}+\frac{\varepsilon}{2}=\varepsilon$.所以$\lim\limits_{x\to x_0}(\alpha\pm\beta)=0$.

注 无穷多个无穷小的代数和未必是无穷小.

例如当$n\to\infty$时,$\frac{1}{n}$是无穷小,$2n$个这种无穷小之和的极限显然为2.

定理1.5.3 无穷小与有界函数的乘积仍是无穷小.

证 设函数u在x_0的某一去心邻域$\mathring{U}(x_0,\delta_1)$内是有界的,即$\exists M>0$,使得当$0<|x-x_0|<\delta_1$时,有$|u|\leqslant M$.

再设$\lim\limits_{x\to x_0}\alpha=0$,对$\forall\varepsilon>0$,则$\exists\delta_2>0$,使得当$0<|x-x_0|<\delta_2$时,有$|\alpha|<\frac{\varepsilon}{M}$.取$\delta=\min\{\delta_1,\delta_2\}$,则当$0<|x-x_0|<\delta$时,有$|\alpha u|=|\alpha|\cdot|u|<\frac{\varepsilon}{M}\cdot M=\varepsilon$.所以$\lim\limits_{x\to x_0}u\alpha=0$.

其他情形也类似求证.

例1.5.1 求$\lim\limits_{x\to\infty}\frac{\sin x}{x}$.

解 因为$\lim\limits_{x\to\infty}\frac{\sin x}{x}=\lim\limits_{x\to\infty}\frac{1}{x}\cdot\sin x$，而$\lim\limits_{x\to\infty}\frac{1}{x}=0$，$\sin x$ 是有界量($|\sin x|\leqslant 1$)，所以$\lim\limits_{x\to\infty}\frac{\sin x}{x}=0$.

推论 1.5.1 常数与无穷小的乘积是无穷小.

推论 1.5.2 有限个无穷小的乘积也是无穷小.

1.5.3 无穷大

如果当 $x\to x_0$(或 $x\to\infty$)时，函数 $f(x)$的绝对值无限增大(即大于预先给定的任意正数)，则称函数 $f(x)$为当 $x\to x_0$(或 $x\to\infty$)时的无穷大.

定义 1.5.2 如果对 $\forall M>0$，总 $\exists\delta>0$(或正数 X)，使得满足不等式 $0<|x-x_0|<\delta$(或$|x|>X$)的一切 x 所对应的函数值 $f(x)$总满足不等式$|f(x)|>M$，则称 $f(x)$为当 $x\to x_0$(或 $x\to\infty$)时的**无穷大**(infinite)，记为 $\lim\limits_{x\to x_0}f(x)=\infty$(或$\lim\limits_{x\to\infty}f(x)=\infty$).

注 (1)当 $x\to x_0$(或 $x\to\infty$)时，函数 $f(x)$为无穷大，按通常意义来说极限是不存在的.但为叙述方便，我们也说“函数的极限是无穷大”.

(2)在无穷大定义中，把$|f(x)|>M$ 换成 $f(x)>M$(或 $f(x)<-M$)，则称函数 $f(x)$当 $x\to x_0$(或 $x\to\infty$)时为**正无穷大**(positive infinite)(或**负无穷大**(negative infinite))，记为

$$\lim_{\substack{x\to x_0\\(x\to\infty)}}f(x)=+\infty\quad\left(\text{或}\lim_{\substack{x\to x_0\\(x\to\infty)}}f(x)=-\infty\right).$$

例 1.5.2 证明 $\lim\limits_{x\to 1}\frac{1}{x-1}=\infty$.

证 $\forall M>0$，要使$\left|\frac{1}{x-1}\right|>M$，只要$|x-1|<\frac{1}{M}$，取 $\delta=\frac{1}{M}$，当 $0<|x-1|<\delta=\frac{1}{M}$时，就有$\left|\frac{1}{x-1}\right|>M$，所以$\lim\limits_{x\to 1}\frac{1}{x-1}=\infty$.

注 无穷大一定是无界变量.但无界变量不一定是无穷大.

例如，数列 $x_n=n^{(-1)^n}$，它的子数列 $x_{2k}=2k\to\infty(k\to\infty)$，则该数列无界.但它的另一个子数列 $x_{2k-1}=\frac{1}{2k-1}\to 0(k\to\infty)$，则该数列不是无穷大.

注 证明数列$\{x_n\}$是无界的常用方法是找出它的一个无穷大子数列$\{x_{n_k}\}$，而证明数列$\{x_n\}$不是无穷大的常用方法是找出该数列的一个收敛的子数列.因为按极限性质可知：若数列$\{x_n\}$为无穷大，则它的任何子数列都是无穷大.

1.5.4 无穷小与无穷大的关系

定理 1.5.4 在自变量的同一变化过程中，如果 $f(x)$为无穷大，则$\frac{1}{f(x)}$为无穷

小；反之，如果 $f(x)$ 为无穷小，且 $f(x)\neq 0$，则 $\frac{1}{f(x)}$ 为无穷大.

证 设 $\lim\limits_{x\to x_0} f(x)=\infty$，则对 $\forall \varepsilon>0$，由无穷大的定义，对于 $M=\frac{1}{\varepsilon}$，$\exists \delta>0$，使得当 $0<|x-x_0|<\delta$ 时，有 $|f(x)|>M=\frac{1}{\varepsilon}$，从而 $\left|\frac{1}{f(x)}\right|<\varepsilon$，所以 $\frac{1}{f(x)}$ 当 $x\to x_0$ 时为无穷小.

反之，设 $\lim\limits_{x\to x_0} f(x)=0$，且 $f(x)\neq 0$，则对 $\forall M>0$，由无穷小的定义，对于 $\varepsilon=\frac{1}{M}$，$\exists \delta>0$，使得当 $0<|x-x_0|<\delta$ 时，有 $|f(x)|<\varepsilon=\frac{1}{M}$，由于 $f(x)\neq 0$，从而 $\left|\frac{1}{f(x)}\right|>M$，所以 $\frac{1}{f(x)}$ 当 $x\to x_0$ 时为无穷大.

根据这个定理，我们可将无穷大的讨论归结为关于无穷小的讨论.

例 1.5.3 求 $\lim\limits_{x\to\infty}\frac{x^4}{x^3+5}$.

解 因为 $\lim\limits_{x\to\infty}\frac{x^3+5}{x^4}=\lim\limits_{x\to\infty}\left(\frac{1}{x}+\frac{5}{x^4}\right)=0$，根据无穷小与无穷大的关系有

$$\lim_{x\to\infty}\frac{x^4}{x^3+5}=\infty.$$

在这里我们指出与无穷小不同的是，在自变量的同一变化过程中，两个无穷大相加或相减的结果是不确定的. 因此无穷大没有和无穷小那样类似的性质，须具体问题具体分析.

另外，无穷大乘以有界函数也不一定是无穷大量. 例如，当 $n\to\infty$ 时，n^2 是无穷大量，$\frac{1}{n^3}$ 是有界量，显然 $n^2\cdot\frac{1}{n^3}\to 0$.

习题 1.5

1. 两个无穷小的商是否一定是无穷小？举例说明之.

2. 指出下列各题中，哪些是无穷小，哪些是无穷大？哪些既不是无穷大也不是无穷小？

(1) $x_n=(-1)^n\frac{1}{n}(n\to\infty)$；　(2) $\frac{x-1}{x}(x\to\infty)$；　(3) $\frac{1}{x^2-4}(x\to 2)$.

3. 求下列极限并说明理由：

(1) $\lim\limits_{x\to\infty}\frac{3x-1}{x}$；　(2) $\lim\limits_{x\to 0}\frac{x^2-4}{x-2}$.

4. 求下列极限：

(1) $\lim\limits_{x\to\infty}\frac{\arctan x}{x}$；　(2) $\lim\limits_{x\to 0}x^2\sin\frac{1}{x}$.

5. 函数 $y=x\cos x$ 在 $(-\infty,+\infty)$ 内是否有界？当 $x\to+\infty$ 时，函数是否为无穷大？说明理由.

1.6 极限运算法则

本节要建立极限的四则运算法则和复合函数的极限运算法则. 在下面的讨论中，只证明了 $x\to x_0$ 的情形. 其他情形类似可证.

1.6.1 极限的四则运算法则

定理 1.6.1 如果 $\lim f(x)=A,\lim g(x)=B$，则有如下运算法则成立：

(1) $\lim[f(x)\pm g(x)]=\lim f(x)\pm\lim g(x)=A\pm B$.

(2) $\lim f(x)g(x)=\lim f(x)\cdot\lim g(x)=AB$.

特别地，$\lim cf(x)=c\lim f(x)=cA,\lim[f(x)]^n=[\lim f(x)]^n=A^n$.

(3) $\lim\dfrac{f(x)}{g(x)}=\dfrac{\lim f(x)}{\lim g(x)}=\dfrac{A}{B}(B\neq 0)$.

证 因 $\lim f(x)=A,\lim g(x)=B$，所以

$$f(x)=A+\alpha,\quad g(x)=B+\beta\quad(\alpha\to 0,\beta\to 0).$$

(1) 由无穷小的运算性质，得

$$f(x)\pm g(x)=(A\pm B)+(\alpha\pm\beta),$$

而 $(\alpha\pm\beta)\to 0$，即 $\lim[f(x)\pm g(x)]=A\pm B$.

(2) 由无穷小的运算性质，得

$$[f(x)\cdot g(x)]-(A\cdot B)=(A+\alpha)\cdot(B+\beta)-AB=(A\beta+B\alpha)+\alpha\beta\to 0,$$

即 $\lim f(x)g(x)=AB$.

(3) 由无穷小的运算性质，得

$$\frac{f(x)}{g(x)}-\frac{A}{B}=\frac{A+\alpha}{B+\beta}-\frac{A}{B}=\frac{B\alpha-A\beta}{B(B+\beta)}=\frac{1}{B(B+\beta)}(B\alpha-A\beta).$$

又 $B\alpha-A\beta\to 0$，下面只需证明另一函数 $\dfrac{1}{B(B+\beta)}$ 在某个时刻以后有界.

事实上，因 $\beta\to 0,B\neq 0$，于是存在某个时刻，从该时刻起 $|\beta|<\dfrac{|B|}{2}$，所以 $|B+\beta|\geqslant|B|-|\beta|>\dfrac{|B|}{2}$，故 $\left|\dfrac{1}{B(B+\beta)}\right|<\dfrac{2}{B^2}$，从而

$$\frac{f(x)}{g(x)}-\frac{A}{B}=\frac{1}{B(B+\beta)}(B\alpha-A\beta)\to 0,\quad 即 \lim\frac{f(x)}{g(x)}=\frac{A}{B}.$$

注 法则(1)、(2)均可以推广到有限个函数的情形.

上述定理给求极限带来很大方便，但应注意，运用该定理的前提是被运算的各个变量的极限必须存在，且在除法中，还要求分母的极限不为零. 在许多情况下，还常常对给定的函数作适当的变形，然后再求极限.

例 1.6.1 求 $\lim\limits_{x\to 2}(x^2-3x+5)$.

解 $\lim\limits_{x\to 2}(x^2-3x+5)=\lim\limits_{x\to 2}x^2-\lim\limits_{x\to 2}3x+\lim\limits_{x\to 2}5$

$$=(\lim_{x\to 2}x)^2-3\lim_{x\to 2}x+\lim_{x\to 2}5=2^2-3\cdot 2+5=3.$$

例 1.6.2 求 $\lim\limits_{x\to 3}\dfrac{2x^2-9}{5x^2-7x-2}$.

解 $\lim\limits_{x\to 3}\dfrac{2x^2-9}{5x^2-7x-2}=\dfrac{\lim\limits_{x\to 3}(2x^2-9)}{\lim\limits_{x\to 3}(5x^2-7x-2)}=\dfrac{2\cdot 3^2-9}{5\cdot 3^2-7\cdot 3-2}=\dfrac{9}{22}$.

注 (1)设 $f(x)=a_0x^n+a_1x^{n-1}+\cdots+a_n$,则有

$$\lim_{x\to x_0}f(x)=a_0(\lim_{x\to x_0}x)^n+a_1(\lim_{x\to x_0}x)^{n-1}+\cdots+a_n$$
$$=a_0x_0^n+a_1x_0^{n-1}+\cdots+a_n=f(x_0).$$

(2)设 $f(x)=\dfrac{P(x)}{Q(x)}=\dfrac{a_0x^m+a_1x^{m-1}+\cdots+a_m}{b_0x^n+b_1x^{n-1}+\cdots+b_n}$ 且 $Q(x_0)\neq 0$,则有

$$\lim_{x\to x_0}f(x)=\frac{\lim\limits_{x\to x_0}P(x)}{\lim\limits_{x\to x_0}Q(x)}=\frac{P(x_0)}{Q(x_0)}=f(x_0).$$

当 $Q(x_0)=0$ 时,商的法则不能应用.

例 1.6.3 求 $\lim\limits_{x\to 1}\dfrac{4x-1}{x^2+2x-3}$.

解 由于 $\lim\limits_{x\to 1}(x^2+2x-3)=0$,商的法则不能用.又 $\lim\limits_{x\to 1}(4x-1)=3\neq 0$,故 $\lim\limits_{x\to 1}\dfrac{x^2+2x-3}{4x-1}=\dfrac{0}{3}=0$.由无穷大与无穷小的关系,得 $\lim\limits_{x\to 1}\dfrac{4x-1}{x^2+2x-3}=\infty$.

例 1.6.4 求 $\lim\limits_{x\to 3}\dfrac{x^2-9}{x-3}$.

解 $x\to 3$ 时,分子和分母的极限都是零,即是 $\dfrac{0}{0}$ 型的极限.于是分子、分母不能分别取极限.因分子、分母有公因子 $x-3$,而 $x\to 3$ 时,$x\neq 3$,$x-3\neq 0$,可约去这个不为零的公因子,所以

$$\lim_{x\to 3}\frac{x^2-9}{x-3}=\lim_{x\to 3}(x+3)=6.$$

例 1.6.5 求 $\lim\limits_{x\to\infty}(2x^2-x+4)$.

解 由于

$$\lim_{x\to\infty}\frac{1}{2x^2-x+4}=\lim_{x\to\infty}\frac{\frac{1}{x^2}}{2-\frac{1}{x}+\frac{4}{x^2}}=0,$$

由无穷大与无穷小的关系,得 $\lim\limits_{x\to\infty}(2x^2-x+4)=\infty$.

一般地,若 $f(x)=a_0x^n+a_1x^{n-1}+\cdots+a_n\ (a_0\neq 0)$,则 $\lim\limits_{x\to\infty}f(x)=\infty$.

例 1.6.6 求$\lim\limits_{x\to\infty}\dfrac{3x^2+x-7}{2x^2-x+4}$.

解 $x\to\infty$时，分子分母均趋于∞，此类极限不能直接用极限运算法则，以分子、分母中自变量的最高次幂 x^2 除分子和分母可得

$$\lim_{x\to\infty}\frac{3x^2+x-7}{2x^2-x+4}=\lim_{x\to\infty}\frac{3+\dfrac{1}{x}-\dfrac{7}{x^2}}{2-\dfrac{1}{x}+\dfrac{4}{x^2}}=\frac{3}{2}.$$

由此不难得出：当 $a_0\neq0, b_0\neq0, m$ 和 n 为非负整数时，有

$$\lim_{x\to\infty}\frac{a_0x^m+a_1x^{m-1}+\cdots+a_m}{b_0x^n+b_1x^{n-1}+\cdots+b_n}=\begin{cases}\dfrac{a_0}{b_0}, & n=m,\\ 0, & n>m,\\ \infty, & n<m.\end{cases}$$

再如，$\lim\limits_{n\to\infty}\dfrac{2^n-5^n}{3^n+5^n}=\lim\limits_{n\to\infty}\dfrac{\left(\dfrac{2}{5}\right)^n-1}{\left(\dfrac{3}{5}\right)^n+1}=-1$（分子分母同除 5^n）.

例 1.6.7 求$\lim\limits_{n\to\infty}\left(\dfrac{1}{n^2}+\dfrac{2}{n^2}+\cdots+\dfrac{n}{n^2}\right)$.

解 本题考虑无穷多个无穷小之和. 先变形再求极限.

$$\begin{aligned}\lim_{n\to\infty}\left(\frac{1}{n^2}+\frac{2}{n^2}+\cdots+\frac{n}{n^2}\right)&=\lim_{n\to\infty}\frac{1+2+\cdots+n}{n^2}=\lim_{n\to\infty}\frac{\frac{1}{2}n(n+1)}{n^2}\\&=\lim_{n\to\infty}\frac{1}{2}\left(1+\frac{1}{n}\right)=\frac{1}{2}.\end{aligned}$$

例 1.6.8 已知 $f(x)=\begin{cases}x-1, & x<0,\\ \dfrac{x^2+3x-1}{x^3+1}, & x\geqslant0,\end{cases}$ 求$\lim\limits_{x\to0}f(x)$，$\lim\limits_{x\to+\infty}f(x)$，$\lim\limits_{x\to-\infty}f(x)$.

解 先求$\lim\limits_{x\to0}f(x)$，因为

$$\lim_{x\to0^-}f(x)=\lim_{x\to0^-}(x-1)=-1,$$

$$\lim_{x\to0^+}f(x)=\lim_{x\to0^+}\frac{x^2+3x-1}{x^3+1}=-1,$$

所以$\lim\limits_{x\to0}f(x)=-1$. 此外，易求得

$$\lim_{x\to+\infty}f(x)=\lim_{x\to+\infty}\frac{x^2+3x-1}{x^3+1}=\lim_{x\to+\infty}\frac{\dfrac{1}{x}+\dfrac{3}{x^2}-\dfrac{1}{x^3}}{1+\dfrac{1}{x^3}}=0,$$

$$\lim_{x\to-\infty}f(x)=\lim_{x\to-\infty}(x-1)=-\infty.$$

1.6.2　复合函数的极限运算

定理 1.6.2　设函数 $y=f(g(x))$ 是由函数 $y=f(u)$ 与函数 $u=g(x)$ 复合而成，$f(g(x))$ 在点 x_0 的某去心邻域内有定义，若 $\lim\limits_{x\to x_0}g(x)=u_0$，$\lim\limits_{u\to u_0}f(u)=A$，且存在 $\delta_0>0$，当 $x\in\mathring{U}(x_0,\delta_0)$ 时，有 $g(x)\neq u_0$，则

$$\lim_{x\to x_0}f(g(x))=\lim_{u\to u_0}f(u)=A.$$

证　略.

注　对 u_0 或 x_0 为无穷大的情形，也可得到类似的定理.

例 1.6.9　求 $\lim\limits_{x\to 1}\ln\left[\dfrac{x^2-1}{2(x-1)}\right]$.

解　方法一．令 $u=\dfrac{x^2-1}{2(x-1)}$，则当 $x\to 1$ 时，$u=\dfrac{x^2-1}{2(x-1)}=\dfrac{x+1}{2}\to 1$，故

$$原式=\lim_{u\to 1}\ln u=0.$$

方法二．$\lim\limits_{x\to 1}\ln\left[\dfrac{x^2-1}{2(x-1)}\right]=\ln\lim\limits_{x\to 1}\left[\dfrac{x^2-1}{2(x-1)}\right]=\ln\lim\limits_{x\to 1}\left[\dfrac{x+1}{2}\right]=\ln 1=0.$

例 1.6.10　$\lim\limits_{x\to+\infty}(\sqrt{x^2+1}-x)$.

解　此题为 $\infty-\infty$ 型的极限，经分子有理化，可得

$$\lim_{x\to+\infty}(\sqrt{x^2+1}-x)=\lim_{x\to+\infty}\frac{1}{\sqrt{x^2+1}+x}=0.$$

例 1.6.11　已知 $\lim\limits_{x\to+\infty}(5x-\sqrt{ax^2-bx+c})=2$，求 a,b 的值.

解

$$\begin{aligned}&\lim_{x\to+\infty}(5x-\sqrt{ax^2-bx+c})\\&=\lim_{x\to+\infty}\frac{(5x-\sqrt{ax^2-bx+c})(5x+\sqrt{ax^2-bx+c})}{5x+\sqrt{ax^2-bx+c}}\\&=\lim_{x\to+\infty}\frac{(25-a)x^2+bx-c}{5x+\sqrt{ax^2-bx+c}}.\end{aligned}$$

比较分子、分母的最高次幂，再由已知极限为 2 可得 $25-a=0$. 因此

$$\begin{aligned}\lim_{x\to+\infty}(5x-\sqrt{ax^2-bx+c})&=\lim_{x\to+\infty}\frac{bx-c}{5x+\sqrt{ax^2-bx+c}}\\&=\lim_{x\to+\infty}\frac{b-\dfrac{c}{x}}{5+\sqrt{a-\dfrac{b}{x}+\dfrac{c}{x^2}}}=\frac{b}{5+\sqrt{a}}=2,\end{aligned}$$

解得 $a=25,b=20$.

习题 1.6

1. 求下列各极限：

(1) $\lim\limits_{x\to 0}\dfrac{x^2-1}{2x^2-x-1}$；　　(2) $\lim\limits_{x\to 1}\dfrac{2x^3-x^2+1}{x+1}$；

(3) $\lim\limits_{x\to\sqrt{2}}\dfrac{x^2-2}{3x^2+1}$；

(4) $\lim\limits_{x\to1}\dfrac{x^2-1}{x^2-2x+1}$；

(5) $\lim\limits_{x\to0}\dfrac{3x^2+2x}{4x^3-2x^2+x}$；

(6) $\lim\limits_{x\to1}\dfrac{x^2-1}{2x^2-x-1}$；

(7) $\lim\limits_{x\to\infty}\dfrac{3x^3-1}{(x+1)^3}$；

(8) $\lim\limits_{x\to\infty}\dfrac{x^3+x+1}{2x^4-x-2}$；

(9) $\lim\limits_{x\to\infty}\dfrac{2x^3-x^2+1}{3x+1}$；

(10) $\lim\limits_{n\to\infty}\dfrac{n(n+1)(n+2)}{5n^3}$；

(11) $\lim\limits_{x\to4}\dfrac{x^2-6x+8}{x^2-5x+4}$；

(12) $\lim\limits_{x\to\infty}\dfrac{2x+1}{\sqrt[5]{x^3+x^2-2}}$；

(13) $\lim\limits_{x\to+\infty}\dfrac{\sqrt[4]{1+x^3}}{1+x}$；

(14) $\lim\limits_{x\to\infty}\dfrac{(2x-1)^{30}(3x-2)^{20}}{(2x+1)^{50}}$；

(15) $\lim\limits_{x\to\infty}\dfrac{x^3+1}{2x^4-1}(3+\cos x)$；

(16) $\lim\limits_{x\to+\infty}\dfrac{\cos x}{e^x+e^{-x}}$；

(17) $\lim\limits_{x\to\infty}\dfrac{\arctan x}{x}$；

(18) $\lim\limits_{x\to-1}\left(\dfrac{x^2-3}{x^2-1}-\dfrac{1}{x+1}\right)$；

(19) $\lim\limits_{x\to+\infty}\left(\sqrt{(x+a)(x+b)}-x\right)$；

(20) $\lim\limits_{x\to+\infty}x\left(\sqrt{1+x^2}-x\right)$；

(21) $\lim\limits_{x\to\infty}\dfrac{\sin x^2-x}{\cos^2x-x}$.

2. 计算下列各极限：

(1) $\lim\limits_{n\to\infty}\dfrac{3^{n+1}-2^n}{2^{n+1}+3^n}$；

(2) $\lim\limits_{n\to\infty}\left(\dfrac{1}{n^2}+\dfrac{2}{n^2}+\cdots+\dfrac{n}{n^2}\right)$；

(3) $\lim\limits_{n\to\infty}\left(1+\dfrac{1}{2}+\dfrac{1}{4}+\cdots+\dfrac{1}{2^n}\right)$；

(4) $\lim\limits_{n\to\infty}\sqrt{n}\left(\sqrt{n+1}-\sqrt{n}\right)$；

(5) $\lim\limits_{n\to\infty}\dfrac{a^n}{a^n+1}$，其中 $a\neq-1$.

*3. 已知函数 $f(x)=\lim\limits_{n\to\infty}\dfrac{2^n-x^n}{2^n+x^n}$，试求：

(1) $f(x)$的定义域，并画出图像；

(2) 求 $\lim\limits_{x\to-2^-}f(x)$，$\lim\limits_{x\to-2^+}f(x)$，并指出$\lim\limits_{x\to-2}f(x)$是否存在.

4. 已知$\lim\limits_{x\to\infty}\left(\dfrac{x^2}{x+1}-ax-b\right)=0$，求 a,b 的值.

5. 已知 $\lim\limits_{x\to-2}\dfrac{x^2+mx+2}{x+2}=n$，求 m,n 的值.

1.7 极限存在准则 两个重要极限

本节将介绍判定极限存在的两个准则，并利用这些准则讨论两个重要极限：

$$\lim_{x\to0}\frac{\sin x}{x}=1 \quad 及 \quad \lim_{x\to\infty}\left(1+\frac{1}{x}\right)^x=e.$$

1.7.1 极限存在准则

准则Ⅰ 如果数列$\{x_n\}$，$\{y_n\}$及$\{z_n\}$满足下列条件：

(1) $\exists N_0 \in \mathbf{N}^+$，当$n>N_0$时，有$y_n \leqslant x_n \leqslant z_n$；

(2) $\lim\limits_{n\to\infty} y_n = \lim\limits_{n\to\infty} z_n = a$，

则数列$\{x_n\}$的极限存在，且$\lim\limits_{n\to\infty} x_n = a$.

证 因为$\lim\limits_{n\to\infty} y_n = \lim\limits_{n\to\infty} z_n = a$，所以由数列极限的定义，$\forall \varepsilon>0$，$\exists$正整数$N_1$及$N_2$，使得当$n>N_1$时，有$|y_n-a|<\varepsilon$；当$n>N_2$时，有$|z_n-a|<\varepsilon$. 取$N=\max\{N_0, N_1, N_2\}$，则当$n>N$时，有

$$|y_n-a|<\varepsilon, \quad |z_n-a|<\varepsilon$$

同时成立，即

$$a-\varepsilon<y_n<a+\varepsilon, \quad a-\varepsilon<z_n<a+\varepsilon.$$

又因为$n>N$时，

$$y_n \leqslant x_n \leqslant z_n,$$

所以有

$$a-\varepsilon<y_n \leqslant x_n \leqslant z_n<a+\varepsilon,$$

即

$$|x_n-a|<\varepsilon,$$

所以$\lim\limits_{n\to\infty} x_n = a$.

注 使用该准则求极限，关键是构造恰当的$\{y_n\}$和$\{z_n\}$，要求$\{y_n\}$和$\{z_n\}$的极限相同且容易求出.

例 1.7.1 求$\lim\limits_{n\to\infty}\left(\dfrac{1}{\sqrt{n^2+1}}+\dfrac{1}{\sqrt{n^2+2}}+\cdots+\dfrac{1}{\sqrt{n^2+n}}\right)$.

解 因为

$$\frac{n}{\sqrt{n^2+n}}<\frac{1}{\sqrt{n^2+1}}+\frac{1}{\sqrt{n^2+2}}+\cdots+\frac{1}{\sqrt{n^2+n}}<\frac{n}{\sqrt{n^2+1}},$$

又

$$\lim_{n\to\infty}\frac{n}{\sqrt{n^2+n}}=\lim_{n\to\infty}\frac{1}{\sqrt{1+\dfrac{1}{n}}}=1, \quad \lim_{n\to\infty}\frac{n}{\sqrt{n^2+1}}=\lim_{n\to\infty}\frac{1}{\sqrt{1+\dfrac{1}{n^2}}}=1,$$

所以，由准则Ⅰ得

$$\lim_{n\to\infty}\left(\frac{1}{\sqrt{n^2+1}}+\frac{1}{\sqrt{n^2+2}}+\cdots+\frac{1}{\sqrt{n^2+n}}\right)=1.$$

准则Ⅰ可以推广到函数极限的情形：

准则Ⅰ′ 如果

(1) 当 $x\in\mathring{U}(x_0,\delta)$(或 $|x|>M$)时,$g(x)\leqslant f(x)\leqslant h(x)$;

(2) $\lim\limits_{\substack{x\to x_0\\(x\to\infty)}} g(x)=\lim\limits_{\substack{x\to x_0\\(x\to\infty)}} h(x)=A$,

则 $\lim\limits_{\substack{x\to x_0\\(x\to\infty)}} f(x)$存在,且等于 A.

准则Ⅰ及准则Ⅰ′称为**夹逼准则**(squeeze theorem).

例 1.7.2 求极限$\lim\limits_{x\to 0}\cos x$.

解 当 $0<|x|<\dfrac{\pi}{2}$时,

$$0<1-\cos x=2\sin^2\frac{x}{2}<2\cdot\left(\frac{x}{2}\right)^2=\frac{x^2}{2}.$$

又因为$\lim\limits_{x\to 0}\dfrac{x^2}{2}=0$,故由准则Ⅰ′,得

$$\lim_{x\to 0}(1-\cos x)=0,\quad 即\lim_{x\to 0}\cos x=1.$$

准则Ⅱ 单调有界数列必有极限.

如果数列$\{x_n\}$满足

$$x_1\leqslant x_2\leqslant\cdots\leqslant x_n\leqslant x_{n+1}\leqslant\cdots,$$

则称数列$\{x_n\}$是单调增加的;如果数列$\{x_n\}$满足

$$x_1\geqslant x_2\geqslant\cdots\geqslant x_n\geqslant x_{n+1}\geqslant\cdots,$$

则称数列$\{x_n\}$是单调减少的.单调增加和单调减少的数列统称为**单调数列**.

对准则Ⅱ不作证明,仅给出如下的几何解释:

将数列看成是数轴上的一系列的点,对应于单调数列的点 x_n 只可能向一个方向移动,因此只有两种可能情形:或者点 x_n 沿数轴移向无穷远($x_n\to+\infty$或 $x_n\to-\infty$);或者点 x_n 无限趋近于某一个定点 A,即数列$\{x_n\}$有极限.又因为$\{x_n\}$是有界的,即数列的点 x_n 都落在数轴上某个有限区间$[-M,M]$内,所以上述趋于无穷远的情形就不可能发生.这就表示单调有界的数列一定有极限,且极限的绝对值不超过M(图 1.7.1).

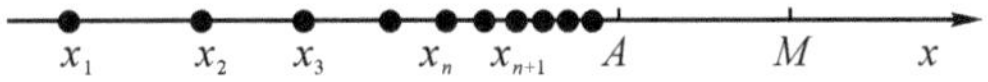

图 1.7.1

例 1.7.3 设有数列 $x_1=\sqrt{3},x_2=\sqrt{3+x_1},\cdots,x_n=\sqrt{3+x_{n-1}},\cdots$,求$\lim\limits_{n\to\infty}x_n$.

解 显然,$x_{n+1}>x_n$,因此$\{x_n\}$是单调增加的.下面利用数学归纳法证明$\{x_n\}$有界.

因为 $x_1=\sqrt{3}<3$,假定 $x_k<3$,则可以推出

$$x_{k+1}=\sqrt{3+x_k}<\sqrt{3+3}<3.$$

所以$\{x_n\}$是有界的. 由准则Ⅱ，$\lim\limits_{n\to\infty}x_n$ 存在.

设$\lim\limits_{n\to\infty}x_n=A$，因为

$$x_{n+1}=\sqrt{3+x_n},\quad 即\ x_{n+1}^2=3+x_n,$$

所以

$$\lim_{n\to\infty}x_{n+1}^2=\lim_{n\to\infty}(3+x_n),\quad 即\ A^2=3+A.$$

解得

$$A=\frac{1+\sqrt{13}}{2},\quad 或\quad A=\frac{1-\sqrt{13}}{2}(舍去).$$

所以

$$\lim_{n\to\infty}x_n=\frac{1+\sqrt{13}}{2}.$$

1.7.2　两个重要极限

1. $\lim\limits_{x\to 0}\dfrac{\sin x}{x}=1$

证　由于函数$\dfrac{\sin x}{x}$为偶函数，定义域 $D=(-\infty,0)\cup(0,+\infty)$，因此只需考虑$x\to 0^+$的情况.

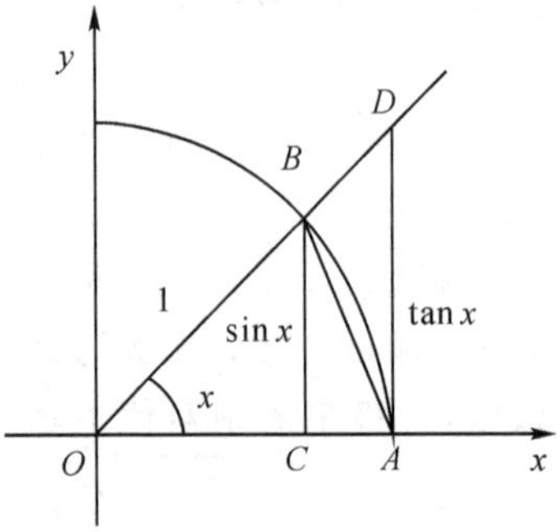

图 1.7.2

如图 1.7.2 所示，作四分之一单位圆，设圆心角$\angle AOB=x\left(0<x<\dfrac{\pi}{2}\right)$. 过点 A 作单位圆的切线与 OB 的延长线交于点 D，过点 B 作 OA 的垂线与 OA 交于点 C. 于是有

$$\sin x=CB,\quad x=\overset{\frown}{AB},\quad \tan x=AD.$$

易见，

$$\triangle AOB 的面积<扇形\ AOB\ 的面积<\triangle AOD 的面积,$$

所以

$$\frac{1}{2}\sin x<\frac{1}{2}x<\frac{1}{2}\tan x,$$

即

$$\sin x<x<\tan x.$$

不等式两边同除以 $\sin x$，即得

$$1<\frac{x}{\sin x}<\frac{1}{\cos x},$$

即

$$\cos x<\frac{\sin x}{x}<1.$$

由$\lim\limits_{x\to 0}\cos x=1$及准则Ⅰ′,得

$$\lim_{x\to 0}\frac{\sin x}{x}=1.$$

例 1.7.4 求$\lim\limits_{x\to 0}\frac{x}{\sin 5x}$.

解 $\lim\limits_{x\to 0}\frac{x}{\sin 5x}=\lim\limits_{x\to 0}\frac{5x}{\sin 5x}\cdot\frac{1}{5}=1\cdot\frac{1}{5}=\frac{1}{5}.$

例 1.7.5 求$\lim\limits_{x\to 0}\frac{\tan x}{x}$.

解 $\lim\limits_{x\to 0}\frac{\tan x}{x}=\lim\limits_{x\to 0}\left(\frac{\sin x}{x}\cdot\frac{1}{\cos x}\right)=\lim\limits_{x\to 0}\frac{\sin x}{x}\cdot\lim\limits_{x\to 0}\frac{1}{\cos x}=1.$

例 1.7.6 求$\lim\limits_{x\to 0}\frac{1-\cos x}{x^2}$.

解 $$\lim_{x\to 0}\frac{1-\cos x}{x^2}=\lim_{x\to 0}\frac{2\sin^2\frac{x}{2}}{x^2}=\frac{1}{2}\lim_{x\to 0}\frac{\sin^2\frac{x}{2}}{\left(\frac{x}{2}\right)^2}$$

$$=\frac{1}{2}\lim_{x\to 0}\left(\frac{\sin\frac{x}{2}}{\frac{x}{2}}\right)^2=\frac{1}{2}\cdot 1^2=\frac{1}{2}.$$

例 1.7.7 求$\lim\limits_{x\to 0}\frac{x-\sin 2x}{x+\sin 2x}$.

解 $$\lim_{x\to 0}\frac{x-\sin 2x}{x+\sin 2x}=\lim_{x\to 0}\frac{1-\frac{\sin 2x}{x}}{1+\frac{\sin 2x}{x}}=\lim_{x\to 0}\frac{1-2\cdot\frac{\sin 2x}{2x}}{1+2\cdot\frac{\sin 2x}{2x}}$$

$$=\frac{1-2}{1+2}=-\frac{1}{3}.$$

例 1.7.8 求$\lim\limits_{x\to 0}\frac{\arcsin x}{x}$.

解 令$t=\arcsin x$,则$x=\sin t$,当$x\to 0$时,$t\to 0$,于是有

$$\lim_{x\to 0}\frac{\arcsin x}{x}=\lim_{t\to 0}\frac{t}{\sin t}=1.$$

2. $\lim\limits_{x\to\infty}\left(1+\frac{1}{x}\right)^x=\mathrm{e}$

证 先考虑x取正整数n,且$n\to+\infty$的情形.

设$x_n=\left(1+\frac{1}{n}\right)^n$,先证$\{x_n\}$单调增加且有界. 对$x_n=\left(1+\frac{1}{n}\right)^n$用二项式定理

展开，

$$
\begin{aligned}
x_n &= \left(1+\frac{1}{n}\right)^n \\
&= 1+\frac{n}{1!}\cdot\frac{1}{n}+\frac{n(n-1)}{2!}\cdot\left(\frac{1}{n}\right)^2+\frac{n(n-1)(n-2)}{3!}\cdot\left(\frac{1}{n}\right)^3+\cdots \\
&\quad +\frac{n(n-1)(n-2)\cdots(n-n+1)}{n!}\left(\frac{1}{n}\right)^n \\
&= 1+1+\frac{1}{2!}\left(1-\frac{1}{n}\right)+\frac{1}{3!}\left(1-\frac{1}{n}\right)\left(1-\frac{2}{n}\right)+\cdots \\
&\quad +\frac{1}{n!}\left(1-\frac{1}{n}\right)\left(1-\frac{2}{n}\right)\cdots\left(1-\frac{n-1}{n}\right),
\end{aligned}
$$

又

$$
\begin{aligned}
x_{n+1} &= \left(1+\frac{1}{n+1}\right)^{n+1} \\
&= 1+1+\frac{1}{2!}\left(1-\frac{1}{n+1}\right)+\frac{1}{3!}\left(1-\frac{1}{n+1}\right)\left(1-\frac{2}{n+1}\right)+\cdots \\
&\quad +\frac{1}{n!}\left(1-\frac{1}{n+1}\right)\left(1-\frac{2}{n+1}\right)\cdots\left(1-\frac{n-1}{n+1}\right) \\
&\quad +\frac{1}{(n+1)!}\left(1-\frac{1}{n+1}\right)\left(1-\frac{2}{n+1}\right)\cdots\left(1-\frac{n}{n+1}\right),
\end{aligned}
$$

比较 x_n 和 x_{n+1} 的展开式可知，除前两项相等外，从第三项开始，x_{n+1} 的各项都大于 x_n 的对应各项，且 x_{n+1} 还多了最后一个大于零的项，因此 $x_n<x_{n+1}$，即数列 $\{x_n\}$ 是单调增加的.

再证 $\{x_n\}$ 有界. 因

$$
\begin{aligned}
x_n &< 1+1+\frac{1}{2!}+\frac{1}{3!}+\cdots+\frac{1}{n!} \\
&< 1+1+\frac{1}{2}+\frac{1}{2^2}+\cdots+\frac{1}{2^{n-1}}=1+\frac{1-\frac{1}{2^n}}{1-\frac{1}{2}}=3-\frac{1}{2^{n-1}}<3,
\end{aligned}
$$

所以 $\{x_n\}$ 有界. 根据准则Ⅱ，$\lim\limits_{n\to\infty}x_n$ 存在，常用字母 e 表示其极限值，即

$$\lim_{n\to\infty}\left(1+\frac{1}{n}\right)^n=\mathrm{e}.$$

这个数 e 是无理数，它的值为

$$\mathrm{e}=2.718\ 281\ 828\ 459\ 045\ \cdots.$$

对一般的实数 x，仍有

$$\lim_{x\to\infty}\left(1+\frac{1}{x}\right)^x=\mathrm{e}.$$

利用复合函数的极限运算法则，令 $y=\dfrac{1}{x}$，极限也可写成

$$\lim_{y\to 0}(1+y)^{\frac{1}{y}}=\mathrm{e}.$$

更一般地，如果将 y 换成 $u(x)$，则只需保证 $u(x)\to 0$，极限仍然成立，即

$$\lim_{u(x)\to 0}(1+u(x))^{\frac{1}{u(x)}}=\mathrm{e}.$$

例 1.7.9 求$\lim\limits_{n\to\infty}\left(1+\dfrac{1}{n}\right)^{n+3}$.

解 $\lim\limits_{n\to\infty}\left(1+\dfrac{1}{n}\right)^{n+3}=\lim\limits_{n\to\infty}\left(1+\dfrac{1}{n}\right)^{n}\cdot\left(1+\dfrac{1}{n}\right)^{3}=\mathrm{e}\cdot 1=\mathrm{e}.$

例 1.7.10 求$\lim\limits_{x\to\infty}\left(1-\dfrac{1}{x}\right)^{x}$.

解 可以令 $u=-\dfrac{1}{x}$，则当 $x\to\infty$时，$u\to 0$，于是

$$\lim_{x\to\infty}\left(1-\frac{1}{x}\right)^{x}=\lim_{u\to 0}(1+u)^{-\frac{1}{u}}=\lim_{u\to 0}[(1+u)^{\frac{1}{u}}]^{-1}=\mathrm{e}^{-1}$$

或

$$\lim_{x\to\infty}\left(1-\frac{1}{x}\right)^{x}=\lim_{x\to\infty}\left\{\left[1+\left(-\frac{1}{x}\right)\right]^{-x}\right\}^{-1}=\mathrm{e}^{-1}.$$

例 1.7.11 求$\lim\limits_{x\to 0}(1-2x)^{\frac{1}{x}}$.

解 $\lim\limits_{x\to 0}(1-2x)^{\frac{1}{x}}=\lim\limits_{x\to 0}[(1-2x)^{-\frac{1}{2x}}]^{-2}=\mathrm{e}^{-2}.$

例 1.7.12 求$\lim\limits_{x\to\infty}\left(\dfrac{3+x}{2+x}\right)^{2x}$.

解
$$\lim_{x\to\infty}\left(\frac{3+x}{2+x}\right)^{2x}=\lim_{x\to\infty}\left(1+\frac{1}{x+2}\right)^{2x}$$
$$=\lim_{x\to\infty}\left[\left(1+\frac{1}{x+2}\right)^{x+2}\right]^{2}\left(1+\frac{1}{x+2}\right)^{-4}=\mathrm{e}^{2}.$$

1.7.3 连续复利

有很多实际问题都涉及极限$\lim\limits_{x\to 0}(1+x)^{\frac{1}{x}}=\mathrm{e}$. 例如，计算复利息问题. 设初始本金为 A_0(元)，银行年利率为 r，存款期数为 t(年). 如果每年结算一次，按复利付息，则 t 年末的本利和为

$$A=A_0(1+r)^{t}.$$

如果每年结算 m 次，t 年末的本利和为

$$A_m=A_0\left(1+\frac{r}{m}\right)^{mt}.$$

由二项展开式$(1+x)^{m}=1+mx+\dfrac{m(m-1)}{2}x^{2}+\cdots+x^{m}$，有

$$\left(1+\frac{r}{m}\right)^{m}>1+r.$$

这表明，一年计算 m 次复利的本利和比一年只计算一次复利的本利和要大，且复利计算次数越多，本利和越大，但不会无限增大，因为

$$\lim_{m\to\infty}A_0\left(1+\frac{r}{m}\right)^{mt}=A_0\lim_{m\to\infty}\left[\left(1+\frac{r}{m}\right)^{\frac{m}{r}}\right]^{rt}=A_0e^{rt}.$$

所以，初始本金为 A_0(元)，按名义年利率 r 不断计算复利，则 t 年末的本利和为

$$A=A_0e^{rt}.$$

上述公式称为**连续复利公式**. 但上述公式仅是一个理论公式，在实际应用中不使用它，仅作为存期较长情况下的一种近似估计.

习题 1.7

1. 计算下列极限：

(1) $\lim\limits_{x\to 0}\dfrac{\tan 3x}{x}$；

(2) $\lim\limits_{x\to\infty}x\sin\dfrac{1}{x}$；

(3) $\lim\limits_{x\to 0}x\cot x$；

(4) $\lim\limits_{x\to 0}\dfrac{1-\cos 2x}{x\sin x}$；

(5) $\lim\limits_{x\to\pi}\dfrac{\sin x}{\pi-x}$；

(6) $\lim\limits_{x\to 0^+}\dfrac{x}{\sqrt{1-\cos x}}$；

(7) $\lim\limits_{x\to 0}\dfrac{x-\sin x}{x+\sin x}$；

(8) $\lim\limits_{n\to\infty}2^n\sin\dfrac{x}{2^n}$（$x$ 为不等于零的常数）.

2. 计算下列极限：

(1) $\lim\limits_{x\to 0}(1-x)^{\frac{1}{x}}$；

(2) $\lim\limits_{x\to\infty}\left(\dfrac{1+x}{x}\right)^{2x}$；

(3) $\lim\limits_{x\to\infty}\left(1-\dfrac{1}{x}\right)^{kx}$（$k\in\mathbf{N}$）；

(4) $\lim\limits_{x\to\infty}\left(\dfrac{x}{1+x}\right)^{x+3}$；

(5) $\lim\limits_{x\to 0}(1+xe^x)^{\frac{1}{x}}$；

(6) $\lim\limits_{x\to\infty}\left(\dfrac{x+a}{x-a}\right)^{x}$（$a\in\mathbf{R}$）.

3. 已知 $\lim\limits_{x\to\infty}\left(\dfrac{x+c}{x-c}\right)^{\frac{x}{2}}=3$，求常数 c.

4. 利用极限存在准则证明：

(1) $\lim\limits_{n\to\infty}n\left(\dfrac{1}{n^2+\pi}+\dfrac{1}{n^2+2\pi}+\cdots+\dfrac{1}{n^2+n\pi}\right)=1$；

(2) $\lim\limits_{x\to 0}\sqrt[n]{1+x}=1$.

5. 利用极限存在准则证明：数列 $\sqrt{2}$，$\sqrt{2+\sqrt{2}}$，$\sqrt{2+\sqrt{2+\sqrt{2}}}$，…的极限存在，并求出极限.

1.8 无穷小的比较

1.8.1 无穷小的阶

由无穷小的运算性质知道，两个无穷小的和、差及乘积仍是无穷小. 但两个无穷

小的商却会出现多种不同的情况. 例如,当 $x\to 0$ 时,$x,x^2,\sin x,x^2\sin\frac{1}{x}$都是无穷小,而

$$\lim_{x\to 0}\frac{x^2}{x}=0,\quad \lim_{x\to 0}\frac{x}{x^2}=\infty,\quad \lim_{x\to 0}\frac{\sin x}{x}=1,\quad \lim_{x\to 0}\frac{x^2\sin\frac{1}{x}}{x^2}\text{不存在}.$$

从上面几个例子可看出各个无穷小趋于零的“快慢”程度:$x\to 0$ 时,x^2 比 x“快些”,而 x 比 x^2“慢些”,$\sin x$ 与 x“快慢”相仿,$x^2\sin\frac{1}{x}$与 x^2 不可比.

定义 1.8.1 设 α 与 β 是在自变量变化的同一过程中的两个无穷小,且 $\alpha\neq 0$,$\lim\frac{\beta}{\alpha}$也是这个变化过程中的极限.

(1)如果 $\lim\frac{\beta}{\alpha}=0$,则称 β 是比 α **高阶的无穷小**,记为 $\beta=o(\alpha)$.

(2)如果 $\lim\frac{\beta}{\alpha}=\infty$,则称 β 是比 α **低阶的无穷小**.

(3)如果 $\lim\frac{\beta}{\alpha}=C(C\neq 0)$,则称 β 与 α 是**同阶的无穷小**;特别地,如果 $\lim\frac{\beta}{\alpha}=1$,称 β 与 α 是**等价的无穷小**,记为 $\alpha\sim\beta$.

(4)如果 $\lim\frac{\beta}{\alpha^k}=C(C\neq 0)$,则称 β 是 α 的 ***k* 阶无穷小**.

根据上面的定义,前面几个例子可重新表述为:当 $x\to 0$ 时,x^2 是比 x 高阶的无穷小,x 是比 x^2 低阶的无穷小,$\sin x$ 和 x 是同阶无穷小.

例 1.8.1 证明:当 $x\to 0$ 时,$4x\tan^3 x$ 是 x 的四阶无穷小.

证 因为

$$\lim_{x\to 0}\frac{4x\tan^3 x}{x^4}=4\lim_{x\to 0}\left(\frac{\tan x}{x}\right)^3=4,$$

所以,$4x\tan^3 x$ 是 x 的四阶无穷小.

例 1.8.2 当 $x\to 0$ 时,求 $\tan x-\sin x$ 关于 x 的阶数.

解 因为

$$\lim_{x\to 0}\frac{\tan x-\sin x}{x^3}=\lim_{x\to 0}\left(\frac{\tan x}{x}\cdot\frac{1-\cos x}{x^2}\right)=\frac{1}{2},$$

所以,当 $x\to 0$ 时,$\tan x-\sin x$ 是 x 的三阶无穷小.

1.8.2 等价无穷小

根据等价无穷小的定义,可以证明,当 $x\to 0$ 时,有下列常用的等价无穷小关系:

$$\sin x\sim x,\qquad \tan x\sim x,\qquad 1-\cos x\sim\frac{1}{2}x^2,$$

$\arcsin x \sim x$，　$\arctan x \sim x$，

$\ln(1+x) \sim x$，　$e^x-1 \sim x$，　$a^x-1 \sim x\ln a\,(a>0)$，

$(1+x)^\alpha-1 \sim \alpha x$（$\alpha \neq 0$ 且为常数）.

例 1.8.3　证明：当 $x\to 0$ 时，$e^x-1\sim x$.

证　令 $e^x-1=t$，则 $x=\ln(1+t)$，且当 $x\to 0$ 时，$t\to 0$，所以

$$\lim_{x\to 0}\frac{e^x-1}{x}=\lim_{t\to 0}\frac{t}{\ln(1+t)}=\lim_{t\to 0}\frac{1}{\ln(1+t)^{\frac{1}{t}}}=\frac{1}{\ln e}=1,$$

即有等价关系

$$e^x-1\sim x.$$

本例的证明同时也给出了等价关系：$\ln(1+x)\sim x$.

注　在上面给出的常用等价关系中，自变量的极限过程都是 $x\to 0$，而事实上，如果用 $u(x)$ 代替 x，只需保证 $u(x)\to 0$，则等价关系依然成立.

例如，$u(x)=-\frac{1}{x}$，当 $x\to\infty$ 时，$u(x)\to 0$，所以

$$\ln\left(1-\frac{1}{x}\right)\sim-\frac{1}{x}\quad(x\to\infty).$$

关于等价无穷小有下面两个定理.

定理 1.8.1　设 $\alpha,\alpha',\beta,\beta'$ 是同一过程中的无穷小，且 $\alpha\sim\alpha'$，$\beta\sim\beta'$，$\lim\frac{\beta'}{\alpha'}$ 存在，则

$$\lim\frac{\beta}{\alpha}=\lim\frac{\beta'}{\alpha'}.$$

证　$\lim\frac{\beta}{\alpha}=\lim\left(\frac{\beta}{\beta'}\cdot\frac{\beta'}{\alpha'}\cdot\frac{\alpha'}{\alpha}\right)=\lim\frac{\beta}{\beta'}\cdot\lim\frac{\beta'}{\alpha'}\cdot\lim\frac{\alpha'}{\alpha}=\lim\frac{\beta'}{\alpha'}.$

定理 1.8.1 表明，求两个无穷小之比的极限时，分子及分母都可以用各自的等价无穷小来替换. 这是简化极限运算的一个重要技巧.

例 1.8.4　求 $\lim\limits_{x\to 0}\frac{\sin x^2}{(\tan 5x)^2}$.

解　当 $x\to 0$ 时，$\sin x^2\sim x^2$，$\tan 5x\sim 5x$，所以

$$\lim_{x\to 0}\frac{\sin x^2}{(\tan 5x)^2}=\lim_{x\to 0}\frac{x^2}{(5x)^2}=\frac{1}{25}.$$

例 1.8.5　求 $\lim\limits_{x\to 0}\frac{(1+x^2)^{\frac{1}{3}}-1}{\cos x-1}$.

解　当 $x\to 0$ 时，$(1+x^2)^{\frac{1}{3}}-1\sim\frac{1}{3}x^2$，$\cos x-1\sim-\frac{1}{2}x^2$，所以

$$\lim_{x\to 0}\frac{(1+x^2)^{\frac{1}{3}}-1}{\cos x-1}=\lim_{x\to 0}\frac{\frac{1}{3}x^2}{-\frac{1}{2}x^2}=-\frac{2}{3}.$$

定理 1.8.2 β 与 α 是等价无穷小的充分必要条件是

$$\beta=\alpha+o(\alpha).$$

证 必要性.设 $\alpha\sim\beta$,则

$$\lim\frac{\beta-\alpha}{\alpha}=\lim\left(\frac{\beta}{\alpha}-1\right)=\lim\frac{\beta}{\alpha}-1=0,$$

因此有 $\beta-\alpha=o(\alpha)$,即 $\beta=\alpha+o(\alpha)$.

充分性.设 $\beta=\alpha+o(\alpha)$,则

$$\lim\frac{\beta}{\alpha}=\lim\frac{\alpha+o(\alpha)}{\alpha}=\lim\left(1+\frac{o(\alpha)}{\alpha}\right)=1,$$

因此 $\alpha\sim\beta$.

例如,当 $x\to 0$ 时,$\sin x\sim x$,$\tan x\sim x$,$1-\cos x\sim\frac{1}{2}x^2$,所以当 $x\to 0$ 时,有

$$\sin x=x+o(x),\quad \tan x=x+o(x),\quad \cos x=1-\frac{1}{2}x^2+o(x^2).$$

习题 1.8

1. 当 $x\to 0$ 时,下列无穷小与 x 相比是什么阶的无穷小?

(1)$x+\sin x^2$; (2)$\sqrt[3]{x}+\sin x$; (3)$\dfrac{(x+1)x}{4+\sqrt[3]{x}}$.

2. 当 $x\to 0$ 时,$\sqrt{a+x^3}-\sqrt{a}\,(a>0)$ 与 x 相比是几阶无穷小?

3. 证明:当 $x\to 0$ 时,$\left(\sin x+x^2\cos\dfrac{1}{x}\right)$与$(1+\cos x)\ln(1+x)$是同阶无穷小.

4. 利用等价无穷小的性质,求下列极限.

(1)$\lim\limits_{x\to 0}\dfrac{\arcsin 2x}{5x}$; (2)$\lim\limits_{x\to 0}\dfrac{\ln(1+3x\sin x)}{\tan x^2}$;

(3)$\lim\limits_{x\to 0}\dfrac{\sin(x^n)}{(\sin x)^m}(n,m\in\mathbf{N}^+)$; (4)$\lim\limits_{x\to 0}\dfrac{\tan x-\sin x}{\sin^3 x}$;

(5)$\lim\limits_{x\to 0}\dfrac{(\sin x^3)\tan x}{1-\cos x^2}$; (6)$\lim\limits_{x\to 0}\dfrac{\sqrt{1+x\sin x}-1}{x\arctan x}$.

5. 证明无穷小的等价关系具有下列性质:

(1)$\alpha\sim\alpha$(自反性); (2)若 $\alpha\sim\beta$,则 $\beta\sim\alpha$(对称性);

(3)若 $\alpha\sim\beta$,$\beta\sim\gamma$,则 $\alpha\sim\gamma$(传递性).

1.9 函数的连续与间断

1.9.1 函数的连续性

自然界中的许多现象(如气温的变化、河水的流动、金属丝加热时长度的变化等)都是连续变化的. 这种特点反映到函数关系上就是函数的连续性,它是微积分的又一重要概念. 下面将以极限为基础介绍函数连续性的概念,并讨论连续函数的运算及相关性质.

为描述函数的连续性,我们先引入增量的概念.

定义 1.9.1 设变量 u 从它的一个初值 u_1 变到终值 u_2,终值与初值的差就称为变量 u 的**增量**(increment),记作 Δu,即 $\Delta u=u_2-u_1$.

增量 Δu 可以是正的,也可以是负的. 当 Δu 为正时,变量 u 从初值 u_1 变到终值 $u_2=u_1+\Delta u$ 是增大的;当 Δu 为负时,变量 u 是减小的. 另外,Δu 是一个不可分割的记号,不能理解为 Δ 和 u 的乘积.

设函数 $y=f(x)$在点 x_0 的某一邻域内有定义. 当自变量 x 在这邻域内从 x_0 变到 $x_0+\Delta x$ 时,函数 y 相应地从 $f(x_0)$变到 $f(x_0+\Delta x)$,因此

$$\Delta y=f(x_0+\Delta x)-f(x_0)$$

为函数 $y=f(x)$对应的增量(图 1.9.1).

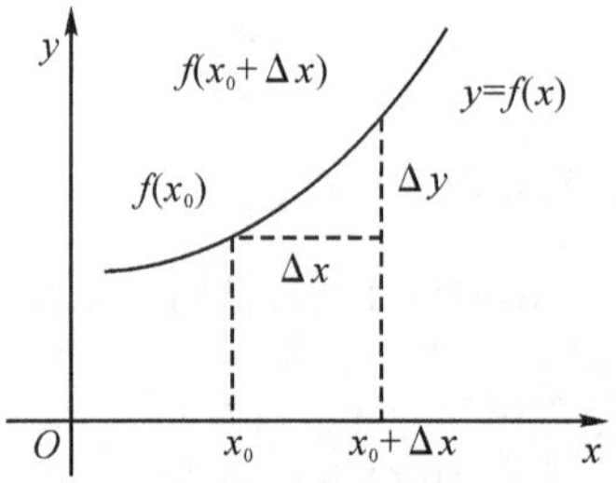

图 1.9.1

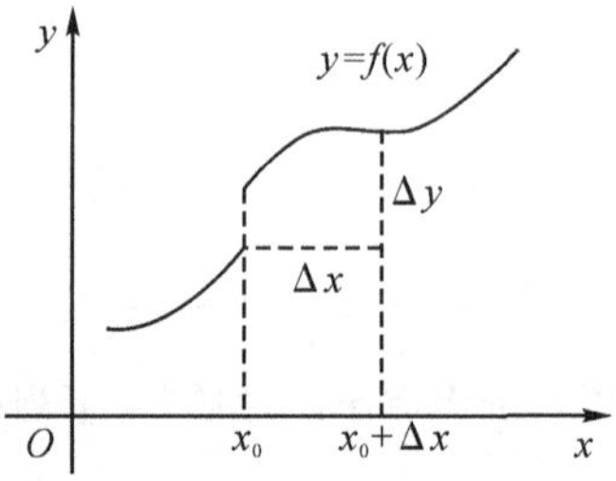

图 1.9.2

从几何直观上理解:如果自变量 x 在点 x_0 处取得微小增量 Δx 时,函数 y 相应的增量 Δy 也很微小,且当 Δx 趋于零时,Δy 也趋于零,即

$$\lim_{\Delta x\to 0}\Delta y=0,$$

则函数 $y=f(x)$在点 x_0 处连续. 相反,如果 Δx 趋于零时,Δy 不趋于零,则函数 $y=f(x)$在点 x_0 处是不连续的(图 1.9.2).

函数在一点连续的定义如下:

定义 1.9.2 设函数 $y=f(x)$在点 x_0 的某一邻域内有定义. 如果

$$\lim_{\Delta x \to 0} \Delta y = \lim_{\Delta x \to 0} [f(x_0 + \Delta x) - f(x_0)] = 0,$$

则称函数 $y=f(x)$ 在点 x_0 处**连续**(continuous).

在定义 1.9.2 中,如果令 $x=x_0+\Delta x$,则当 $\Delta x \to 0$ 时,$x \to x_0$. 又

$$\Delta y = f(x_0+\Delta x) - f(x_0) = f(x) - f(x_0),$$

因此,为了使用方便,函数 $y=f(x)$ 在点 x_0 处连续的定义又可叙述如下:

定义 1.9.3 设函数 $y=f(x)$ 在点 x_0 的某一邻域内有定义. 如果

$$\lim_{x \to x_0} f(x) = f(x_0),$$

则称函数 $y=f(x)$ 在点 x_0 处**连续**.

下面再给出左连续与右连续的定义.

若函数 $y=f(x)$ 在 $(a, x_0]$ 内有定义,且

$$f(x_0-0) = \lim_{x \to x_0^-} f(x) = f(x_0),$$

则称函数 $f(x)$ 在点 x_0 处**左连续**(left continuous);

若函数 $y=f(x)$ 在 $[x_0, b)$ 内有定义,且

$$f(x_0+0) = \lim_{x \to x_0^+} f(x) = f(x_0),$$

则称函数 $f(x)$ 在点 x_0 处**右连续**(right continuous).

定理 1.9.1 函数 $f(x)$ 在点 x_0 处连续的充分必要条件是函数 $f(x)$ 在点 x_0 处既左连续又右连续.

例 1.9.1 已知函数 $f(x)=\begin{cases} x^2+3, & x \geqslant 0, \\ a-x, & x<0, \end{cases}$ 问 a 为何值时,$f(x)$ 在 $x=0$ 处连续.

解 $f(0)=3$, $\lim\limits_{x \to 0^+} f(x) = \lim\limits_{x \to 0^+} (x^2+3) = 3$, $\lim\limits_{x \to 0^-} f(x) = \lim\limits_{x \to 0^-} (a-x) = a$,

要使得 $f(x)$ 在 $x=0$ 处连续,必须

$$\lim_{x \to 0^+} f(x) = \lim_{x \to 0^-} f(x) = f(0), \quad 即\ a=3.$$

在区间上每一点都连续的函数,称为该区间上的连续函数,或者说函数在该区间上连续. 如果区间包括端点,如函数 $f(x)$ 在闭区间 $[a, b]$ 上连续,则要求函数在开区间内每一点都连续,并且在左端点 $x=a$ 处右连续,在右端点 $x=b$ 处左连续.

几何上,连续函数的图形是一条连续而不间断的曲线.

例 1.9.2 证明函数 $y=\sin x$ 在区间 $(-\infty, +\infty)$ 内连续.

证 任取 $x \in (-\infty, +\infty)$,当 x 有增量 Δx 时,对应的函数的增量为

$$\Delta y = \sin(x+\Delta x) - \sin x = 2\sin\frac{\Delta x}{2}\cos\left(x+\frac{\Delta x}{2}\right),$$

注意到

$$\left|\cos\left(x+\frac{\Delta x}{2}\right)\right| \leqslant 1,$$

于是

$$0\leqslant|\Delta y|\leqslant 2\left|\sin\frac{\Delta x}{2}\right|<|\Delta x|,$$

所以,当 $\Delta x\to 0$ 时,$\Delta y\to 0$,即函数 $y=\sin x$ 对任意 $x\in(-\infty,+\infty)$ 都是连续的.

类似地,可以证明基本初等函数在其定义域内是连续的.

1.9.2 函数的间断点

设函数 $y=f(x)$ 在点 x_0 的某一邻域内有定义. 如果函数 $f(x)$ 在点 x_0 处出现下列三种情形之一:

(1) $f(x)$ 在点 x_0 处无定义;

(2) $f(x)$ 在点 x_0 处有定义,但极限 $\lim\limits_{x\to x_0}f(x)$ 不存在;

(3) $f(x)$ 在点 x_0 处有定义,且极限 $\lim\limits_{x\to x_0}f(x)$ 存在,但 $\lim\limits_{x\to x_0}f(x)\neq f(x_0)$,

则函数 $f(x)$ 在点 x_0 处**间断**(discontinuous),而点 x_0 称为 $f(x)$ 的**间断点**(discontinuous point).

通常把函数间断点分为两类:

第一类间断点 设点 x_0 为 $f(x)$ 的间断点,但左极限 $f(x_0-0)$ 和右极限 $f(x_0+0)$ 都存在,则点 x_0 称为 $f(x)$ 的第一类间断点.

若 $f(x_0-0)\neq f(x_0+0)$,点 x_0 称为 $f(x)$ 的**跳跃间断点**.

若 $f(x_0-0)=f(x_0+0)$,即 $\lim\limits_{x\to x_0}f(x)$ 存在,但 $\lim\limits_{x\to x_0}f(x)\neq f(x_0)$ 或 $f(x)$ 在点 x_0 处无定义,则点 x_0 称为 $f(x)$ 的**可去间断点**.

第二类间断点 如果 $f(x)$ 在点 x_0 的左、右极限至少有一个不存在,则点 x_0 称为 $f(x)$ 的第二类间断点.

常见的第二类间断点有**无穷间断点**(如 $\lim\limits_{x\to x_0}f(x)=\infty$)和**振荡间断点**(在 $x\to x_0$ 过程中,$f(x)$ 无限振荡,极限不存在).

例 1.9.3 讨论函数 $f(x)=\begin{cases}x-1, & x<0,\\ x+1, & x\geqslant 0\end{cases}$ 在 $x=0$ 处的连续性.

解

$$\lim_{x\to 0^+}f(x)=\lim_{x\to 0^+}(x+1)=1=f(0),$$

$$\lim_{x\to 0^-}f(x)=\lim_{x\to 0^-}(x-1)=-1\neq f(0),$$

$f(x)$ 在 $x=0$ 处左极限和右极限都存在,但 $\lim\limits_{x\to 0^+}f(x)\neq\lim\limits_{x\to 0^-}f(x)$,所以 $x=0$ 是 $f(x)$ 的跳跃间断点(图 1.9.3).

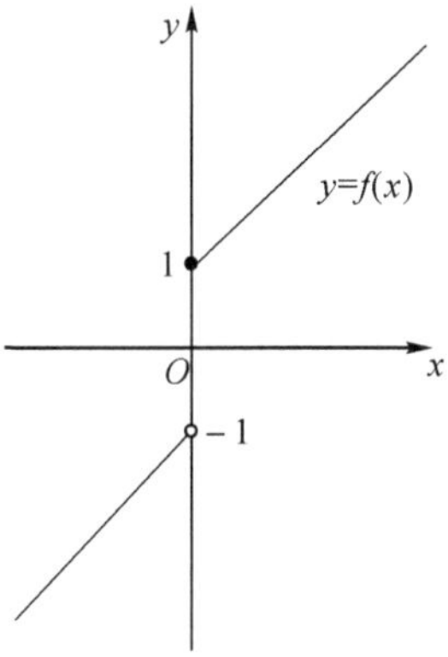

图 1.9.3

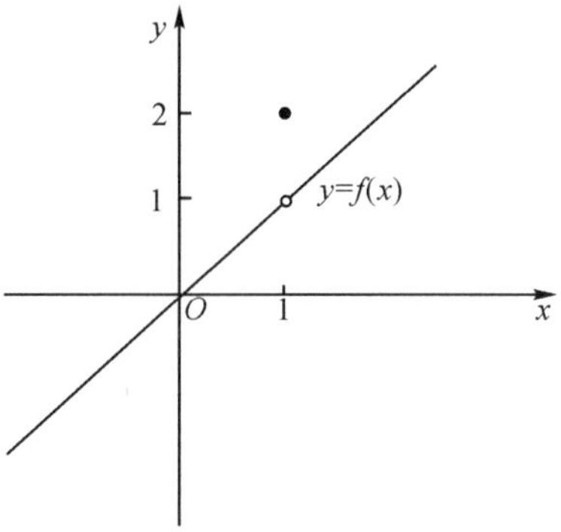

图 1.9.4

例 1.9.4 讨论函数 $f(x)=\begin{cases}x, & x\neq 1,\\ 2, & x=1\end{cases}$ 在 $x=1$ 处的连续性.

解 $\lim\limits_{x\to 1}f(x)=\lim\limits_{x\to 1}x=1$,而 $f(1)=2$,所以$\lim\limits_{x\to 1}f(x)\neq f(1)$. 因此 $x=1$ 是 $f(x)$的可去间断点(图 1.9.4).

若修改函数 $f(x)$在 $x=1$ 的定义:令 $f(1)=1$,则 $f(x)$在 $x=1$ 连续.

例 1.9.5 讨论函数 $f(x)=\begin{cases}2\sqrt{x}, & 0\leqslant x<1,\\ 1, & x=1,\\ x+1, & x>1\end{cases}$ 在 $x=1$ 处的连续性.

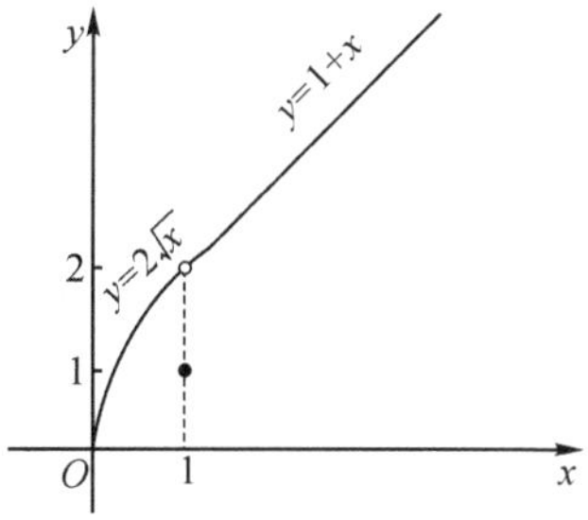

图 1.9.5

解

$$\lim_{x\to 1^+}f(x)=\lim_{x\to 1^+}(x+1)=2,$$

$$\lim_{x\to 1^-}f(x)=\lim_{x\to 1^-}2\sqrt{x}=2,$$

又 $f(1)=1$,所以

$$\lim_{x\to 1}f(x)=2\neq f(1),$$

因此 $x=1$ 是 $f(x)$的可去间断点(图 1.9.5).

若修改函数 $f(x)$在 $x=1$ 的定义:令 $f(1)=2$,即

$$f(x)=\begin{cases}2\sqrt{x}, & 0\leqslant x<1,\\ x+1, & x\geqslant 1,\end{cases}$$

则 $f(x)$在 $x=1$ 连续.

例 1.9.6 讨论函数 $f(x)=\begin{cases}\dfrac{1}{x}, & x>0,\\ x, & x\leqslant 0\end{cases}$ 在 $x=0$ 处的连续性.

解 因为

$$\lim_{x\to 0^+}f(x)=+\infty,\quad \lim_{x\to 0^-}f(x)=0,$$

所以 $x=0$ 是函数 $f(x)$ 的第二类间断点，且为无穷间断点(图 1.9.6).

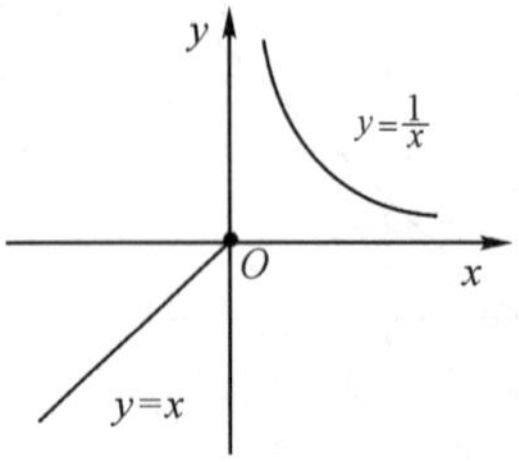

图 1.9.6

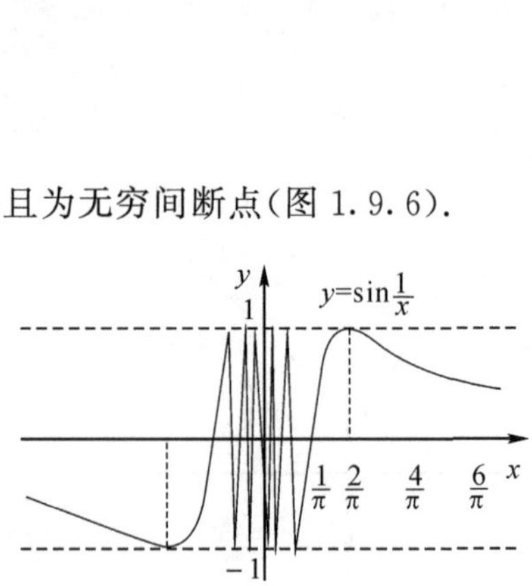

图 1.9.7

例 1.9.7 讨论函数 $f(x)=\sin\dfrac{1}{x}$ 在 $x=0$ 处的连续性.

解 $f(x)=\sin\dfrac{1}{x}$ 在点 $x=0$ 没有定义，且当 $x\to 0$ 时，函数值在 -1 与 $+1$ 之间变动无限多次(图 1.9.7)，所以 $x=0$ 是函数 $f(x)=\sin\dfrac{1}{x}$ 的第二类间断点，且为振荡间断点.

习题 1.9

1. 研究下列函数的连续性，并画出函数的图形：

(1) $f(x)=\begin{cases} x^2, & 0\leqslant x\leqslant 1, \\ 2-x, & 1<x\leqslant 2; \end{cases}$　　(2) $f(x)=\begin{cases} x, & |x|\leqslant 1, \\ 1, & |x|>1. \end{cases}$

2. 判断下列函数在 $x=0$ 是否连续，并说明原因：

(1) $f(x)=\begin{cases} x^2\sin\dfrac{1}{x}, & x\neq 0, \\ 0, & x=0; \end{cases}$　　(2) $f(x)=\begin{cases} \dfrac{\sin x}{x}, & x<0, \\ 0, & x=0, \\ \dfrac{1}{x}\ln(1+x), & x>0. \end{cases}$

3. 下列函数在指定点均间断，判别这些间断点所属的类型，如果是可去间断点，则补充或改变函数的定义使它连续.

(1) $y=\dfrac{x^2-1}{x^2-3x+2}, x=1, x=2$；　(2) $y=\begin{cases} x-1, & x\leqslant 1, \\ 3-x, & x>1, \end{cases} x=1$；

(3) $y=\cos^2\dfrac{1}{x}, x=0$；　　(4) $y=\dfrac{x}{\tan x}, x=k\pi, x=k\pi+\dfrac{\pi}{2}(k=0,\pm 1,\pm 2,\cdots)$.

4. 设

$$f(x)=\begin{cases} e^{-\frac{1}{x}}+a, & x<0, \\ \cos x, & x\geqslant 0 \end{cases} \quad (\text{其中 } a \text{ 为常数}),$$

已知 $f(x)$ 在 $x=0$ 连续，试确定 a 的值.

5. 补充定义下列函数 $f(x)$ 在点 $x=0$ 的取值，使得修改后的 $f(x)$ 在 $x=0$ 连续：

(1) $f(x)=\dfrac{\sqrt{1+x}-\sqrt{1-x}}{x}$；　　　(2) $f(x)=\ln(1+kx)^{\frac{m}{x}}$ (k,m 为常数).

6. 设

$$f(x)=\begin{cases} e^x, & x<0, \\ a+x, & x\geqslant 0 \end{cases} \quad (\text{其中 } a \text{ 为常数}),$$

问如何选择常数 a，使得 $f(x)$ 在 $(-\infty,+\infty)$ 内连续？

7. 讨论

$$f(x)=\begin{cases} \dfrac{1}{1+e^{\frac{1}{x}}}, & x\neq 0, \\ 0, & x=0 \end{cases}$$

在点 $x=0$ 处的左、右连续性.

1.10 连续函数的运算与性质

1.10.1 连续函数的四则运算

由函数在某点连续的定义和极限的四则运算法则，可以得到下面的定理：

定理 1.10.1 设函数 $f(x)$，$g(x)$ 在点 x_0 连续，则

$$f(x)\pm g(x),\quad f(x)\cdot g(x),\quad \frac{f(x)}{g(x)}(g(x_0)\neq 0)$$

在点 x_0 处也连续.

例如，$\sin x$，$\cos x$ 在 $(-\infty,+\infty)$ 内连续，所以

$$\tan x=\frac{\sin x}{\cos x},\quad \cot x=\frac{\cos x}{\sin x},\quad \sec x=\frac{1}{\cos x},\quad \csc x=\frac{1}{\sin x}$$

在它们的定义域内连续.

1.10.2 复合函数的连续性

定理 1.10.2 设函数 $f(g(x))$ 由函数 $u=g(x)$ 和函数 $y=f(u)$ 复合而成，$\mathring{U}(x_0)\subset D_{f\circ g}$. 若 $\lim\limits_{x\to x_0}g(x)=u_0$，而函数 $y=f(u)$ 在 $u=u_0$ 连续，则有

$$\lim_{x\to x_0}f(g(x))=\lim_{u\to u_0}f(u)=f(u_0). \tag{1.1}$$

证 只需证对 $\forall\varepsilon>0$，$\exists\delta>0$，当 $0<|x-x_0|<\delta$ 时，有 $|f(g(x))-f(u_0)|<\varepsilon$ 即可.

因为函数 $y=f(u)$ 在 $u=u_0$ 连续，故对 $\forall\varepsilon>0$，$\exists\eta>0$，使得当 $|u-u_0|<\eta$ 时，恒有

$$|f(u)-f(u_0)|<\varepsilon.$$

又因为$\lim\limits_{x\to x_0}g(x)=u_0$，所以对上面的 η，$\exists\delta>0$，使得当 $0<|x-x_0|<\delta$ 时，恒有

$$|g(x)-u_0|=|u-u_0|<\eta.$$

综合上述两步得，对 $\forall\varepsilon>0$，$\exists\delta>0$，当 $0<|x-x_0|<\delta$ 时，恒有

$$|f(u)-f(u_0)|=|f(g(x))-f(u_0)|<\varepsilon,$$

即

$$\lim_{x\to x_0}f(g(x))=\lim_{u\to u_0}f(u)=f(u_0).$$

因为在定理 1.10.2 中有

$$\lim_{x\to x_0}g(x)=u_0,\quad \lim_{u\to u_0}f(u)=f(u_0),$$

所以结论也可以写成

$$\lim_{x\to x_0}f(g(x))=f(\lim_{x\to x_0}g(x)).\tag{1.2}$$

式(1.1)表明：在定理 1.10.2 的条件下，如果作代换 $u=g(x)$，那么求$\lim\limits_{x\to x_0}f(g(x))$就化为求$\lim\limits_{u\to u_0}f(u)$.

式(1.2)表明：在定理 1.10.2 的条件下，求复合函数 $f(g(x))$的极限时，函数符号 f 与极限号$\lim\limits_{x\to x_0}$可以交换次序.

如果把定理 1.10.2 中的条件改为 $u=g(x)$在点 x_0 处连续，即

$$\lim_{x\to x_0}g(x)=g(x_0)=u_0,$$

则有下面的定理：

定理 1.10.3 设函数 $f(g(x))$是由函数 $u=g(x)$和函数 $y=f(u)$复合而成，$U(x_0)\subset D_{f\circ g}$. 若函数 $u=g(x)$在 $x=x_0$ 连续，且 $g(x_0)=u_0$，而函数 $y=f(u)$在 $u=u_0$ 连续，则复合函数 $f(g(x))$在 $x=x_0$ 也连续.

例 1.10.1 讨论 $y=\sin\dfrac{1}{x}$的连续性.

解 $y=\sin\dfrac{1}{x}$可以看成是由 $u=\dfrac{1}{x}$与 $y=\sin u$ 复合而成. $u=\dfrac{1}{x}$在$(-\infty,0)\cup(0,+\infty)$内连续，$y=\sin u$ 在$(-\infty,+\infty)$内连续，所以 $y=\sin\dfrac{1}{x}$在$(-\infty,0)\cup(0,+\infty)$内连续.

例 1.10.2 求极限$\lim\limits_{x\to 3}\sqrt{\dfrac{x-3}{x^2-9}}$.

解 $y=\sqrt{\dfrac{x-3}{x^2-9}}$可以看成是由 $u=\dfrac{x-3}{x^2-9}$与 $y=\sqrt{u}$复合而成.

因为$\lim\limits_{x\to 3}\dfrac{x-3}{x^2-9}=\dfrac{1}{6}$，$y=\sqrt{u}$在 $u=\dfrac{1}{6}$连续，所以

$$\lim_{x\to 3}\sqrt{\frac{x-3}{x^2-9}}=\sqrt{\lim_{x\to 3}\frac{x-3}{x^2-9}}=\sqrt{\frac{1}{6}}=\frac{\sqrt{6}}{6}.$$

例 1.10.3 求极限$\lim\limits_{x\to\infty}\sin\left(1+\dfrac{1}{x}\right)^x$.

解 $\lim\limits_{x\to\infty}\sin\left(1+\dfrac{1}{x}\right)^x=\sin\left[\lim\limits_{x\to\infty}\left(1+\dfrac{1}{x}\right)^x\right]=\sin \mathrm{e}$.

1.10.3 初等函数的连续性

定理 1.10.4 基本初等函数在其定义域内是连续的.

因为初等函数是由基本初等函数经过有限次四则运算和复合运算所构成的，所以有：

定理 1.10.5 一切初等函数在其定义区间内是连续的.

注 这里所谓的定义区间是指包含在定义域内的区间. 初等函数仅能确定在其定义区间内连续，在其定义域内不一定连续. 例如，函数 $y=\sqrt{x^2(x-1)^5}$的定义域为$\{0\}\cup[1,+\infty)$. 显然，函数 y 在 $x=0$ 不连续，所以函数 y 在定义域内不连续，但函数 y 在定义区间$[1,+\infty)$内连续.

定理 1.10.5 给出了求极限的一个方法：如果 $f(x)$是初等函数，且 x_0 是 $f(x)$的定义区间内的点，则 $f(x)$在点 x_0 连续，即

$$\lim_{x\to x_0}f(x)=f(x_0).$$

例 1.10.4 求极限$\lim\limits_{x\to 1}\dfrac{x^2+\ln(4-3x)}{\arctan x}$.

解 $\lim\limits_{x\to 1}\dfrac{x^2+\ln(4-3x)}{\arctan x}=\dfrac{1+\ln 1}{\arctan 1}=\dfrac{4}{\pi}$.

注 形如 $u(x)^{v(x)}(u(x)>0)$的幂指函数. 因为

$$u(x)^{v(x)}=\mathrm{e}^{\ln u(x)^{v(x)}}=\mathrm{e}^{v(x)\ln u(x)},$$

所以，幂指函数可以化为复合函数. 如果

$$\lim_{x\to x_0}u(x)=a>0,\quad \lim_{x\to x_0}v(x)=b,$$

则

$$\lim_{x\to x_0}u(x)^{v(x)}=\lim_{x\to x_0}\mathrm{e}^{v(x)\ln u(x)}=\mathrm{e}^{b\ln a}=a^b=\left[\lim_{x\to x_0}u(x)\right]^{\lim\limits_{x\to x_0}v(x)}.$$

例 1.10.5 求极限$\lim\limits_{x\to 0}(2+x)^{3\cos x}$.

解 因为$\lim\limits_{x\to 0}(2+x)=2$，$\lim\limits_{x\to 0}3\cos x=3$，所以

$$\lim_{x\to 0}(2+x)^{3\cos x}=2^3=8.$$

1.10.4 闭区间上连续函数的性质

下面介绍闭区间上连续函数的几个基本性质，仅从几何直观上加以说明，严格的证明因为需要涉及严密的实数理论所以略去.

定理 1.10.6(最大最小值定理)　在闭区间上连续的函数在该区间上一定取得它的最大值和最小值.

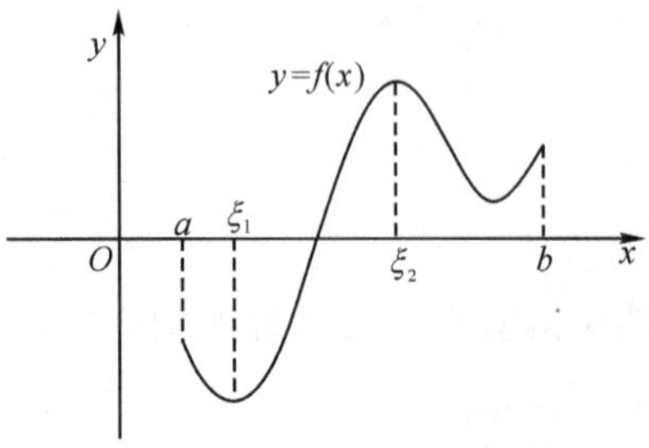

图 1.10.1

定理 1.10.6 表明:如果函数 $f(x)$ 在闭区间 $[a,b]$ 上连续,那么至少存在一点 $\xi_1\in[a,b]$,使得 $f(\xi_1)$ 是 $f(x)$ 在闭区间 $[a,b]$ 上的最小值;又至少有一点 $\xi_2\in[a,b]$,使得 $f(\xi_2)$ 是 $f(x)$ 在闭区间 $[a,b]$ 上的最大值(图 1.10.1).

由定理 1.10.6 易得下面的定理:

定理 1.10.7(有界性定理)　在闭区间上连续的函数一定在该区间上有界.

如果 $f(x_0)=0$,则称 x_0 为函数 $f(x)$ 的零点.

定理 1.10.8(零点定理)　设函数 $f(x)$ 在闭区间 $[a,b]$ 上连续,且 $f(a)$ 与 $f(b)$ 异号(即 $f(a)\cdot f(b)<0$),则在开区间 (a,b) 内至少有函数 $f(x)$ 的一个零点,即至少存在一点 $\xi\in(a,b)$,使得 $f(\xi)=0$.

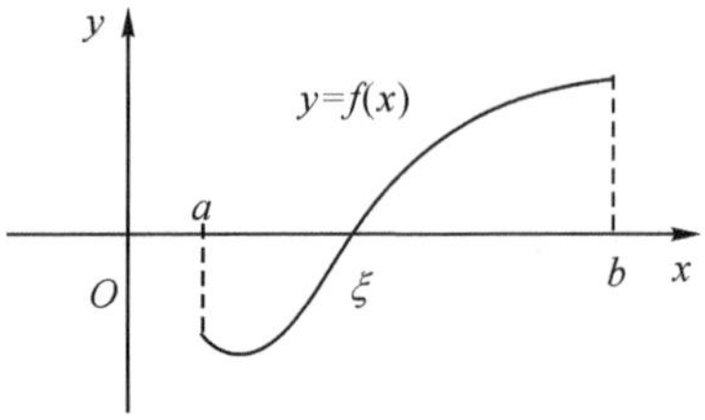

图 1.10.2

如图 1.10.2 所示,闭区间 $[a,b]$ 上的连续曲线弧 $f(x)$ 满足两个端点位于 x 轴的不同侧,那么这段曲线弧与 x 轴至少有一个交点.

由定理 1.10.8 可以推得下列较一般的结论:

定理 1.10.9(介值定理)　设函数 $f(x)$ 在闭区间 $[a,b]$ 上连续,且在区间端点取不同的函数值 $f(a)=A$ 与 $f(b)=B$,那么,对于 A 与 B 之间的任意一个数 C,在开区间 (a,b) 内至少存在一点 $\xi\in(a,b)$,使得

$$f(\xi)=C.$$

证　取 $g(x)=f(x)-C$,则显然 $g(x)$ 在闭区间上 $[a,b]$ 连续,且 $g(a)=A-C$ 与 $g(b)=B-C$ 异号.

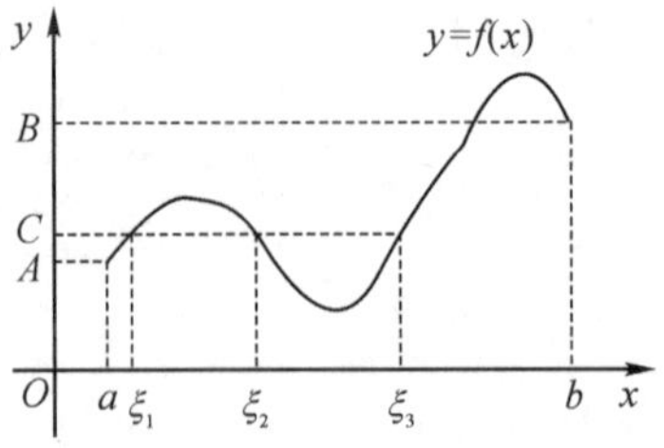

图 1.10.3

根据零点定理,开区间 (a,b) 内至少存在一点 ξ,使得

$$g(\xi)=0,\quad \xi\in(a,b).$$

又 $g(\xi)=f(\xi)-C$,所以由上式即得

$$f(\xi)=C,\quad \xi\in(a,b).$$

定理 1.10.9 的几何意义是:闭区间上的连续曲线弧 $y=f(x)$ 与水平直线 $y=C$ 至少相交于一点(图 1.10.3).

推论 1.10.1 在闭区间上连续的函数必取得介于最大值 M 与最小值 m 之间的任何值.

例 1.10.6 证明方程 $x^3-4x^2+1=0$ 在区间 $(0,1)$ 内至少有一个实根.

证 函数 $f(x)=x^3-4x^2+1$ 在闭区间 $[0,1]$ 上连续，又

$$f(0)=1>0,\quad f(1)=-2<0.$$

根据零点定理，在 $(0,1)$ 内至少有一点 ξ，使得 $f(\xi)=0$，即

$$\xi^3-4\xi^2+1=0,$$

所以方程 $x^3-4x^2+1=0$ 在区间 $(0,1)$ 内至少有一个实根 ξ.

例 1.10.7 设函数 $f(x)$ 在区间 $[a,b]$ 上连续，且 $f(a)<a$，$f(b)>b$，证明：存在 $\xi\in(a,b)$，使得 $f(\xi)=\xi$.

证 设 $F(x)=f(x)-x$，显然 $F(x)$ 在闭区间 $[a,b]$ 上连续. 且

$$F(a)=f(a)-a<0,\quad F(b)=f(b)-b>0,$$

根据零点定理，存在 $\xi\in(a,b)$，使

$$F(\xi)=f(\xi)-\xi=0,\quad 即\ f(\xi)=\xi.$$

习题 1.10

1. 求下列极限：

(1) $\lim\limits_{x\to 0}\sqrt{x^2-2x+5}$；　　(2) $\lim\limits_{x\to\frac{\pi}{6}}\ln(2\cos 2x)$；

(3) $\lim\limits_{x\to 0}\dfrac{\ln(1+x^2)}{\sin(1+x^2)}$；　　(4) $\lim\limits_{x\to 0}\dfrac{\sqrt{x+1}-1}{x}$；

(5) $\lim\limits_{x\to 0}\ln\dfrac{\sin x}{x}$；　　(6) $\lim\limits_{x\to\frac{\pi}{4}}(\sin 2x)^3$.

2. 证明方程 $x^5-3x=1$ 在 1 和 2 之间至少有一个实根.

3. 证明方程 $\sin x+x+1=0$ 在 $\left(-\dfrac{\pi}{2},\dfrac{\pi}{2}\right)$ 内至少有一个实根.

4. 设 $f(x)=e^x-2$，证明在区间 $(0,2)$ 内至少有一点 x_0，使得 $e^{x_0}-2=x_0$.

5. 证明：若函数 $f(x)$ 在闭区间 $[a,b]$ 上连续，$a<x_1<x_2<\cdots<x_n<b\ (n\geqslant 3)$，则在 $[x_1,x_n]$ 上至少有一点 ξ，使得 $f(\xi)=\dfrac{f(x_1)+f(x_2)+\cdots+f(x_n)}{n}$.

*6. 证明：若函数 $f(x)$ 在 $(-\infty,+\infty)$ 内连续，且 $\lim\limits_{x\to\infty}f(x)$ 存在，则 $f(x)$ 必在 $(-\infty,+\infty)$ 内有界.

阅读材料

极限发展史

极限是微积分学的核心概念之一，其理论的完善得益于 19 世纪法国数学家奥古斯丁·路易斯·柯西(Augustin-Louis Cauchy，1789～1857)和德国数学家卡尔·特

奥多尔·威廉·魏尔斯特拉斯(Karl Theodor Wilhelm Weierstrass,1815～1897)的卓越工作,但其实极限的观念、思想最早可以追溯到2000多年前.

极限思想的萌芽阶段以希腊的芝诺(Zeno of Elea, 约公元前490～前430),中国的惠施(公元前370～前317)、刘徽(生于公元250年左右)、祖冲之(429～500)等为代表.公元前5世纪,古希腊数学家安提丰(Antiphon,公元前480～前403)就提出了"穷竭法",后由古希腊数学家欧多克斯(Eudoxus,公元前408～前355)作了补充和完善,成为一种合格的几何方法,用来求圆形的面积和立体的体积.根据《庄子·天下篇》记载,公元前4世纪,中国春秋战国时代学者惠施就提出"一尺之棰,日取其半,万世不竭"的收敛数列的概念.刘徽和祖冲之计算圆周率时所采用的"割圆术"则是应用了极限思想.

极限思想的发展大致在16、17世纪.在这一阶段,真正意义上的极限得以产生.达朗贝尔(Jean Le Rond D'Alembert,1717～1783)定性地给出了极限的定义,并将它作为微积分的基础;欧拉(Leonhard Euler,1707～1783)提出了关于无穷小的不同阶零的理论;拉格朗日(Joseph-Louis Lagrange, 1736～1813)也承认微积分可以在极限理论的基础上建立起来.从这时期起,极限与微积分开始形成密不可分的关系,并且最终成为微积分的直接基础.尽管极限概念被明确提出,但是它仍然过于直观,与数学上追求严密的原则抵触.

19世纪,分析严格化的倡导者有德国数学家卡尔·弗里德里希·高斯(Johann Karl Friedrich Gauss,1777～1855)、捷克数学家伯纳德·波尔查诺(Bernard Bolzano,1781～1848)、柯西、挪威数学家尼尔斯·亨利克·阿贝尔(Niels Henrik Abel,1802～1829)和德国数学家约翰·彼得·古斯塔夫·勒热纳·狄利克雷(Johann Peter Gustav Lejeune Dirichlet,1805～1859)等.1812年,高斯对一类具体的级数——超几何级数,进行了严密研究,这是历史上第一项有关级数收敛性的重要的工作.1817年,波尔查诺首先抛弃无穷小量的概念,用极限概念给出了导数和连续性的定义,并得到了判别级数收敛的一般准则(现称柯西准则).但由于他的工作被长期埋没,对当时数学的发展没有产生影响,成为数学史上一件憾事.

柯西是对分析严格化影响最大的学者,1821年他发表了《分析教程》,除独立得到波尔查诺之前证明的基本结果,还用极限概念定义了连续函数的定积分,这是建立分析严格化理论的第一部重要著作.他以极限为基础,定义无穷小和微积分学中的基本概念,建立了级数收敛性的一般理论.但必须注意的是,柯西的分析理论基本上是基于几何直观,按现代标准衡量,这是不够严密的.阿贝尔一直强调分析中定理的严格证实,在1826年他最早正确地证明了"连续函数为项的一个一致收敛级数的和,在收敛域内是连续的",可惜他当时未能从中把一致收敛的性质抽象概括出来,形成普遍的概念.在这些数学工作的基础上,魏尔斯特拉斯定量地给出了极限思想的定义,即现在通用的ε-δ的极限、连续定义,并把导数、积分等概念都严格地建立在极限的基础上,从而克服了数学发展过程中的危机和矛盾.基于魏尔斯特拉斯在分析严格化方面的贡献，在数学史上，他获得了“现代分析之父”的称号.

数学家

柯西(Augustin-Louis Cauchy，1789～1857)，出生于法国高级官员家庭.他曾就读于巴黎综合理工学院，很早就展露出过人的数学天赋，很小的时候就曾得到拉格朗日等大数学家的赞扬.柯西是仅次于欧拉的多产数学家，发表论文800篇以上，其中纯数学约占65%，几乎涉及当时所有数学分支；数学物理(力学、光学、天文学)约占35%.其中较为有名的是《分析教程》、《无穷小分析教程概论》和《微积分在几何上的应用》.他的《柯西全集》共27卷，1882年开始出版，到1974年才出齐最后一卷.柯西在数学上的最大贡献是在微积分中引进了极限概念，并以极限为基础建立了逻辑清晰的分析体系.这是微积分发展史上的精华，也是柯西对人类科学发展所作的巨大贡献.柯西在其他方面的研究成果也很丰富，复变函数的微积分理论就是由他创立的，他也是弹性力学理论基础的建立者.同时在代数、理论物理、光学、弹性理论等方面，他都作出过突出贡献.除巴黎科学院外，柯西还是18个科学院或著名学术团体成员，其中有英国皇家学会、柏林科学院、彼得堡科学院、爱丁堡皇家学会、斯德哥尔摩科学院、哥本哈根皇家科学学会、哥廷根皇家科学学会、波士顿科学院等.

魏尔斯特拉斯(Karl Theodor Wilhelm Weierstrass，1815～1897)，德国数学家，被誉为“现代分析之父”，生于德国西部威斯特伐利里的小村落奥斯滕费尔德，卒于柏林.1841年，魏尔斯特拉斯取得了教师正式证书，26岁的维尔斯特拉斯从此开始长达15年的中学教书生涯.此期间，他写了4篇直到他的全集刊印时才问世的论文，这些论文已显示了他建立函数论的基本思想和结构.1848年，魏尔斯特拉斯发表“关于阿贝尔积分论”，这是一篇划时代的论文，因发表在当时德国中小学发行的一种不定期刊物《数学简介》上，无人察觉.1854年，魏尔斯特拉斯发表于《克雷尔杂志》上的“阿贝尔函数论”引起了数学界的瞩目.哥尼斯堡大学授予魏尔斯特拉斯名誉博士学位.1856年，经库默尔(Ernst Eduard Kummer，1810～1893)举荐，魏尔斯特拉斯被任命为柏林皇家综合工科学校数学教授，柏林大学任命他为副教授.同年被选为柏林科学院院士，1864年成为柏林大学教授.在柏林大学任教期间，魏尔斯特拉斯着手系统建立数学分析(包括复分析)基础，并进一步研究椭圆函数论与阿贝尔函数论，他在数学分析领域中的最大贡献，是在柯西、阿贝尔等开创的数学分析严格化潮流中，以 ε-δ 语言，系统建立了实和复分析的严谨基础，基本上完成了分析的算术化.另外，魏尔斯特拉斯还研究了天文学中的 n 体问题和光的理论.同时，魏尔斯特拉斯是一位杰出的教育家，培养了一大批有成就的数学人才，有近100位成为大学正教授.除柏林科学院外，魏尔斯特拉斯还是哥廷根皇家科学学会会员(1856)、巴黎科学院院士(1868)、英国皇家学会会员(1881).魏尔斯特拉斯晚年享有很高的声誉，几乎被看成是德意志的民族英雄.

第2章 导数与微分

CHAPTER 2

在解决实际问题时，除了需要了解变量之间的函数关系以外，有时还需要研究变量变化快慢的程度.例如，物体运动的速度、城市人口增长的速度、国民经济发展的速度、劳动生产率等.只有在引进导数概念以后，才能更好地说明这些量的变化情况.

2.1 导数概念

2.1.1 引例

引例 2.1.1 变速直线运动的瞬时速度.

假设 s 表示一物体从某个时刻开始到时刻 t 做直线运动所经过的路程，则 s 是时刻 t 的函数 $s=s(t)$.求该物体在 $t=t_0$ 时的运动速度.

当时间由 t_0 改变到 $t_0+\Delta t$ 时，物体在 Δt 这一段时间内所经过的距离为

$$\Delta s=s(t_0+\Delta t)-s(t_0),$$

在这段时间间隔内的平均速度为

$$\bar{v}=\frac{\Delta s}{\Delta t}=\frac{s(t_0+\Delta t)-s(t_0)}{\Delta t}.$$

当时间间隔很小时，可以认为物体在时间$[t_0,t_0+\Delta t]$内近似地做匀速运动.因此，可以用 $\bar{v}$ 作为 $v(t_0)$ 的近似值.且 Δt 越小，其近似程度越高.当时间间隔 $\Delta t\to 0$ 时，我们把平均速度 $\bar{v}$ 的极限称为时刻 t_0 的瞬时速度，即

$$v(t_0)=\lim_{\Delta t\to 0}\frac{\Delta s}{\Delta t}=\lim_{\Delta t\to 0}\frac{s(t_0+\Delta t)-s(t_0)}{\Delta t}.$$

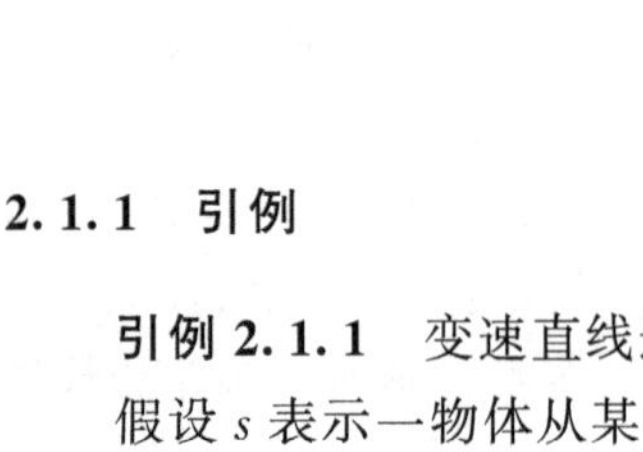

图 2.1.1

引例 2.1.2 平面曲线的切线.

设曲线 C 是函数的图形，求曲线 C 在 $M(x_0,y_0)$处切线的斜率.见图 2.1.1.

设点 $N(x_0+\Delta x,y_0+\Delta y)$为曲线上的另一点，连接

点 M 和 N 的直线 MN 称为曲线 C 的割线. 设割线 MN 的倾角为 φ，其斜率为

$$\tan\varphi=\frac{\Delta y}{\Delta x}=\frac{f(x_0+\Delta x)-f(x_0)}{\Delta x}.$$

当点 N 沿曲线 C 趋近于点 M 时，割线 MN 的倾角 φ 趋近于切线 MT 的倾角 α，故割线 MN 的斜率 $\tan\varphi$ 趋近于切线 MT 的斜率 $\tan\alpha$. 因此，曲线 C 在点 $M(x_0,y_0)$ 处的切线斜率为

$$\tan\alpha=\lim_{\Delta x\to 0}\tan\varphi=\lim_{\Delta x\to 0}\frac{\Delta y}{\Delta x}=\lim_{\Delta x\to 0}\frac{f(x_0+\Delta x)-f(x_0)}{\Delta x}.$$

上面两个实际例题的具体含义是完全不相同的，但从抽象的数量关系来看，它们的实质是一样的，都是函数的改变量与自变量的改变量之比，在自变量改变量趋于零时的极限. 我们把这种特定的极限叫做函数的导数.

2.1.2 导数的定义

定义 2.1.1 设函数 $y=f(x)$ 在点 x_0 的某个邻域内有定义，当自变量 x 在 x_0 处取得增量 Δx 时，相应地，函数 y 取得增量

$$\Delta y=f(x_0+\Delta x)-f(x_0),$$

如果当 $\Delta x\to 0$ 时，极限

$$\lim_{\Delta x\to 0}\frac{\Delta y}{\Delta x}=\lim_{\Delta x\to 0}\frac{f(x_0+\Delta x)-f(x_0)}{\Delta x} \tag{2.1}$$

存在，则称此极限值为函数 $y=f(x)$ 在点 x_0 处的**导数**(derivative)，并称函数 $y=f(x)$ 在点 x_0 处**可导**(derivable)，记为

$$f'(x_0),\quad y'\big|_{x=x_0},\quad \frac{\mathrm{d}y}{\mathrm{d}x}\bigg|_{x=x_0}\quad 或\quad \frac{\mathrm{d}f(x)}{\mathrm{d}x}\bigg|_{x=x_0}.$$

如果极限式(2.1)不存在，则称函数 $y=f(x)$ 在点 x_0 处**不可导**，称 x_0 为 $y=f(x)$ 的**不可导点**.

注 $\frac{\Delta y}{\Delta x}=\frac{f(x_0+\Delta x)-f(x_0)}{\Delta x}$ 反映的是自变量 x 从 x_0 改变到 $x_0+\Delta x$ 时，函数 $f(x)$ 的平均速度，称为函数的平均变化率；而导数 $f'(x_0)=\lim\limits_{\Delta x\to 0}\frac{\Delta y}{\Delta x}$ 反映的是函数在点 x_0 处的瞬时速度，称为函数在点 x_0 处的变化率.

导数的定义也可以采取不同的表达形式.

例如，在式(2.1)中，令 $h=\Delta x$，则

$$f'(x_0)=\lim_{h\to 0}\frac{f(x_0+h)-f(x_0)}{h}. \tag{2.2}$$

令 $x=x_0+\Delta x$，则

$$f'(x_0)=\lim_{x\to x_0}\frac{f(x)-f(x_0)}{x-x_0}. \tag{2.3}$$

如果函数 $y=f(x)$ 在开区间 I 内的每个点处都可导，则称函数 $f(x)$ 在开区间 I 内可导. 且把 $f'(x)$ 称为 $f(x)$ 的**导函数**，记作

$$y',\quad f'(x),\quad \frac{\mathrm{d}y}{\mathrm{d}x}\quad 或\quad \frac{\mathrm{d}f(x)}{\mathrm{d}x}.$$

根据导数的定义求导，一般包含以下三个步骤：

(1) 求函数的增量：$\Delta y=f(x+\Delta x)-f(x)$；

(2) 求两增量的比值：$\dfrac{\Delta y}{\Delta x}=\dfrac{f(x+\Delta x)-f(x)}{\Delta x}$；

(3) 求极限：$y'=\lim\limits_{\Delta x\to 0}\dfrac{\Delta y}{\Delta x}=\lim\limits_{\Delta x\to 0}\dfrac{f(x+\Delta x)-f(x)}{\Delta x}$.

例 2.1.1　求函数 $y=x^3$ 在 $x=2$ 处的导数.

解　当 x 由 2 改变到 $2+\Delta x$ 时，函数相应的增量为

$$\Delta y=(2+\Delta x)^3-2^3=12\Delta x+6(\Delta x)^2+(\Delta x)^3,$$

$$\frac{\Delta y}{\Delta x}=12+6\Delta x+(\Delta x)^2.$$

所以

$$y'\big|_{x=2}=\lim_{\Delta x\to 0}\frac{\Delta y}{\Delta x}=\lim_{\Delta x\to 0}[12+6\Delta x+(\Delta x)^2]=12.$$

例 2.1.2　求函数 $f(x)=C$（C 为常数）的导数.

解

$$f'(x)=\lim_{\Delta x\to 0}\frac{f(x+\Delta x)-f(x)}{\Delta x}=\lim_{\Delta x\to 0}\frac{C-C}{\Delta x}=0,$$

即

$$C'=0.$$

例 2.1.3　求函数 $y=x^n$（n 为正整数）的导数.

解　由二项式定理可知

$$\begin{aligned}\Delta y=(x+\Delta x)^n-x^n&=\left[x^n+nx^{n-1}\Delta x+\frac{n(n-1)}{2!}x^{n-2}(\Delta x)^2+\cdots+(\Delta x)^n\right]-x^n\\&=nx^{n-1}\Delta x+\frac{n(n-1)}{2!}x^{n-2}(\Delta x)^2+\cdots+(\Delta x)^n,\end{aligned}$$

因而

$$(x^n)'=\lim_{\Delta x\to 0}\frac{(x+\Delta x)^n-x^n}{\Delta x}=\lim_{\Delta x\to 0}\left[nx^{n-1}+\frac{n(n-1)}{2!}x^{n-2}\Delta x+\cdots+(\Delta x)^{n-1}\right]=nx^{n-1},$$

即

$$(x^n)'=nx^{n-1}.$$

更一般地，

$$(x^\mu)'=\mu x^{\mu-1}\quad(\mu\in\mathbf{R}).$$

例如，

$$(\sqrt{x})'=\frac{1}{2}x^{\frac{1}{2}-1}=\frac{1}{2\sqrt{x}},\quad \left(\frac{1}{x}\right)'=(x^{-1})'=(-1)x^{-1-1}=-\frac{1}{x^2}.$$

例 2.1.4 求函数 $y=a^x(a>0,a\neq1)$的导数.

解 当 $a>0,a\neq1$ 时,有

$$(a^x)'=\lim_{\Delta x\to0}\frac{a^{x+\Delta x}-a^x}{\Delta x}=a^x\lim_{\Delta x\to0}\frac{a^{\Delta x}-1}{\Delta x}=a^x\ln a,$$

即

$$(a^x)'=a^x\ln a.$$

特别地,当 $a=\mathrm{e}$ 时,有

$$(\mathrm{e}^x)'=\mathrm{e}^x.$$

例 2.1.5 求函数 $y=\log_a x(a>0,a\neq1)$的导数.

解

$$\begin{aligned}(\log_a x)'&=\lim_{\Delta x\to0}\frac{\log_a(x+\Delta x)-\log_a x}{\Delta x}=\lim_{\Delta x\to0}\frac{\log_a\left(1+\frac{\Delta x}{x}\right)}{\Delta x}\\&=\lim_{\Delta x\to0}\log_a\left(1+\frac{\Delta x}{x}\right)^{\frac{1}{\Delta x}}=\log_a\left[\lim_{\Delta x\to0}\left(1+\frac{\Delta x}{x}\right)^{\frac{1}{\Delta x}}\right]\\&=\log_a \mathrm{e}^{\frac{1}{x}}=\frac{1}{x}\log_a\mathrm{e},\end{aligned}$$

即

$$(\log_a x)'=\frac{1}{x}\log_a\mathrm{e}.$$

特别地,当 $a=\mathrm{e}$ 时,有

$$(\ln x)'=\frac{1}{x}.$$

例 2.1.6 求函数 $y=\sin x$ 的导数.

解

$$\begin{aligned}(\sin x)'&=\lim_{\Delta x\to0}\frac{\sin(x+\Delta x)-\sin x}{\Delta x}\\&=\lim_{\Delta x\to0}\cos\left(x+\frac{\Delta x}{2}\right)\cdot\frac{\sin\frac{\Delta x}{2}}{\frac{\Delta x}{2}}=\cos x,\end{aligned}$$

即

$$(\sin x)'=\cos x.$$

同理可得

$$(\cos x)'=-\sin x.$$

2.1.3 导数的几何意义

根据引例 2.1.2 可知,函数 $y=f(x)$在点 x_0 处的导数 $f'(x_0)$,就是曲线 $f(x)$在

点 $M(x_0,y_0)$处的切线 MT 的**斜率**(slope),即

$$f'(x_0)=\lim_{\Delta x\to 0}\frac{\Delta y}{\Delta x}=\lim_{\Delta x\to 0}\tan\varphi=\tan\alpha \quad \left(\alpha\neq\frac{\pi}{2}\right),$$

其中 α 是曲线 $y=f(x)$在点 M 处的切线 MT 的倾角(图 2.1.2).

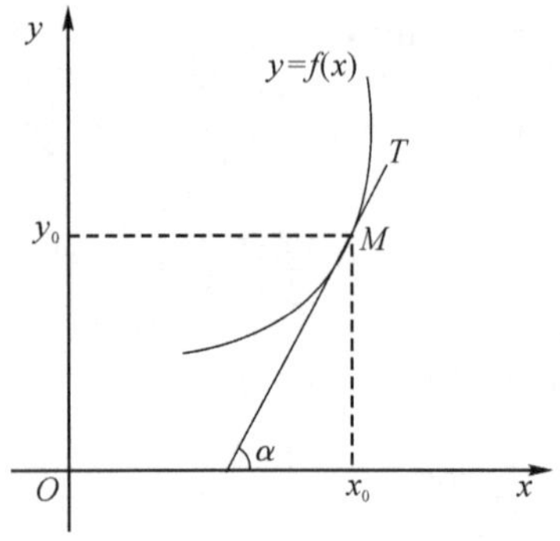

图 2.1.2

由导数的几何意义及曲线的点斜式方程,可知曲线 $y=f(x)$上点 $M(x_0,y_0)$处的切线方程为

$$y-y_0=f'(x_0)(x-x_0). \tag{2.4}$$

法线方程为

$$y-y_0=-\frac{1}{f'(x_0)}(x-x_0). \tag{2.5}$$

2.1.4 左右导数

求函数 $y=f(x)$在点 x_0 处的导数时,$x\to x_0$ 可以从 x_0 的左侧趋向于 x_0,也可以从 x_0 的右侧趋向于 x_0.如果从 x_0 的左侧趋向于 x_0(记为 $x\to x_0^-$ 或 $\Delta x\to 0^-$)时,极限

$$\lim_{\Delta x\to 0^-}\frac{\Delta y}{\Delta x}=\lim_{\Delta x\to 0^-}\frac{f(x_0+\Delta x)-f(x_0)}{\Delta x}$$

存在,则称该极限值为函数 $y=f(x)$在点 x_0 处的**左导数**(left derivative),记为 $f'_-(x_0)$,即

$$f'_-(x_0)=\lim_{\Delta x\to 0^-}\frac{\Delta y}{\Delta x}=\lim_{\Delta x\to 0^-}\frac{f(x_0+\Delta x)-f(x_0)}{\Delta x}=\lim_{x\to x_0^-}\frac{f(x)-f(x_0)}{x-x_0}.$$

类似地,可定义函数 $y=f(x)$在点 x_0 处的**右导数**(right derivative):

$$f'_+(x_0)=\lim_{\Delta x\to 0^+}\frac{\Delta y}{\Delta x}=\lim_{\Delta x\to 0^+}\frac{f(x_0+\Delta x)-f(x_0)}{\Delta x}=\lim_{x\to x_0^+}\frac{f(x)-f(x_0)}{x-x_0}.$$

显然,当且仅当函数在某一点的左右导数都存在且相等时,函数在该点处才是可导的.

2.1.5 函数的可导性(derivativity)和连续性(continuity)的关系

定理 2.1.1 如果函数 $y=f(x)$在点 x_0 处可导,则它在点 x_0 处一定连续.

证 函数 $y=f(x)$在点 x_0 处可导,所以有

$$\lim_{\Delta x\to 0}\frac{\Delta y}{\Delta x}=f'(x_0),$$

$$\frac{\Delta y}{\Delta x}=f'(x_0)+\alpha,\quad 其中\ \alpha\to 0(当\ \Delta x\to 0\ 时),$$

$$\Delta y=f'(x_0)\Delta x+\alpha\Delta x,$$

$$\lim_{\Delta x\to 0}\Delta y=\lim_{\Delta x\to 0}[f'(x_0)\Delta x+\alpha\Delta x]=0.$$

所以，函数 $y=f(x)$ 在点 x_0 处连续.

注 该命题的逆命题不成立，即函数在某点处连续，但在这点处不一定可导.

例 2.1.7 讨论函数

$$f(x)=|x|=\begin{cases}x, & x\geqslant 0,\\ -x, & x<0\end{cases}$$

在点 $x=0$ 处的连续性与可导性(图 2.1.3).

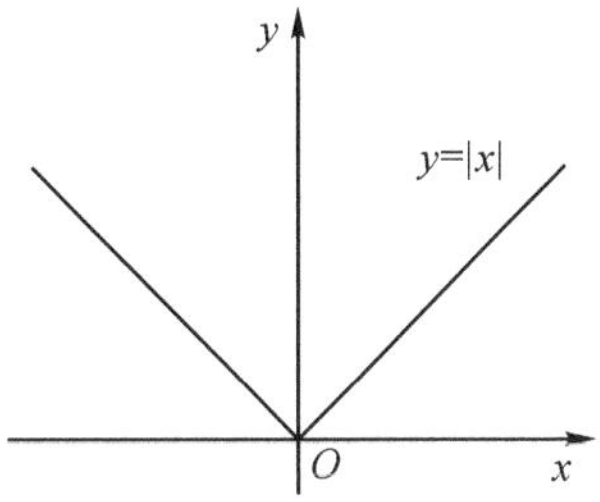

图 2.1.3

解 易知函数 $f(x)=|x|$ 在 $x=0$ 处是连续的. 事实上,

$$\lim_{x\to 0^+}f(x)=\lim_{x\to 0^+}|x|=\lim_{x\to 0^+}x=0,$$

$$\lim_{x\to 0^-}f(x)=\lim_{x\to 0^-}|x|=\lim_{x\to 0^-}(-x)=0.$$

因为 $\lim\limits_{x\to 0}f(x)=0=f(0)$，所以函数 $f(x)=|x|$ 在 $x=0$ 处是连续的. 但是，函数 $f(x)=|x|$ 在 $x=0$ 处没有导数，因为

$$f'_+(0)=\lim_{\Delta x\to 0^+}\frac{\Delta y}{\Delta x}=\lim_{\Delta x\to 0^+}\frac{|\Delta x|}{\Delta x}=\lim_{\Delta x\to 0^+}\frac{\Delta x}{\Delta x}=1,$$

$$f'_-(0)=\lim_{\Delta x\to 0^-}\frac{\Delta y}{\Delta x}=\lim_{\Delta x\to 0^-}\frac{|\Delta x|}{\Delta x}=\lim_{\Delta x\to 0^-}\frac{-\Delta x}{\Delta x}=-1,$$

$$f'_+(0)\neq f'_-(0),$$

所以函数 $f(x)=|x|$ 在 $x=0$ 处不可导.

例 2.1.8 讨论 $f(x)=\begin{cases}x\sin\dfrac{1}{x}, & x\neq 0,\\ 0, & x=0\end{cases}$ 在 $x=0$ 处的连续性与可导性.

解 因为 $\sin\dfrac{1}{x}$ 是有界函数，则有

$$\lim_{x\to 0}x\sin\frac{1}{x}=0.$$

由 $\lim\limits_{x\to 0}f(x)=0=f(0)$ 知，函数 $f(x)$ 在 $x=0$ 处连续.

但在 $x=0$ 处，有

$$f'(0)=\lim_{\Delta x\to 0}\frac{\Delta y}{\Delta x}=\lim_{\Delta x\to 0}\frac{(0+\Delta x)\sin\dfrac{1}{0+\Delta x}-0}{\Delta x}=\lim_{\Delta x\to 0}\sin\frac{1}{\Delta x},$$

因为 $\lim\limits_{\Delta x\to 0}\sin\dfrac{1}{\Delta x}$ 不存在，所以 $f(x)$ 在 $x=0$ 处不可导.

注 上述两个例子说明，连续是可导的必要条件，但不是充分条件，即可导一定连续，但是连续不一定可导. 根据定理 2.1.1，我们还知道，如果函数在某点处不连续，则它在该点处一定不可导.

习题 2.1

1. 用定义求函数 $y=x^2$ 在 $x=1$ 处的导数.
2. 已知一物体的运动方程为 $s=t^3+8$(m),求该物体在 $t=2$(s)时的瞬时速度.
3. 求在抛物线 $y=x^2+2$ 上点 $x=1$ 处的切线方程与法线方程.
4. 设 $f'(x_0)$存在,试利用导数的定义求下列极限:

(1)$\lim\limits_{\Delta x\to 0}\dfrac{f(x_0-\Delta x)-f(x_0)}{\Delta x}$; (2)$\lim\limits_{h\to 0}\dfrac{f(x_0+h)-f(x_0-h)}{h}$;

(3)$\lim\limits_{\Delta x\to 0}\dfrac{f(x_0+\Delta x)-f(x_0-2\Delta x)}{2\Delta x}$.

5. 用导数的定义求 $f(x)=\begin{cases}x, & x<0,\\ \ln(1+x), & x\geqslant 0\end{cases}$ 在点 $x=0$ 处的导数.
6. 试讨论函数 $f(x)=\begin{cases}x^2\sin\dfrac{1}{x}, & x\neq 0,\\ 0, & x=0\end{cases}$ 在 $x=0$ 处的连续性与可导性.
7. 试讨论 $f(x)=\begin{cases}1, & x\leqslant 0,\\ 2x+1, & 0<x\leqslant 1,\\ x^2+2, & 1<x\leqslant 2,\\ x, & 2<x\end{cases}$ 在 $x=0,x=1,x=2$ 处的连续性与可导性.

2.2 函数的求导法则

在导数的定义中,我们不仅阐述了导数概念的实质,也给出了根据定义求函数导数的方法;但是,如果对每一个函数,都直接用定义去求它的导数,那将是非常烦琐、困难的.能否找到一些求导法则(derivation rules)或者常用函数的求导公式,来简化求导的运算呢?

2.2.1 导数的四则运算法则

定理 2.2.1 若函数 $u(x)$,$v(x)$在点 x 处可导,则它们的和、差、积、商(分母不为零)在点 x 处也可导,且

(1)$[u(x)\pm v(x)]'=u'(x)\pm v'(x)$;

(2)$[u(x)\cdot v(x)]'=u'(x)v(x)+u(x)v'(x)$;

(3)$\left[\dfrac{u(x)}{v(x)}\right]'=\dfrac{u'(x)v(x)-u(x)v'(x)}{v^2(x)}(v(x)\neq 0)$.

证 这里只证明(3),(1)、(2)请读者自己证明.

设 $f(x)=\dfrac{u(x)}{v(x)}$ $(v(x)\neq 0)$,则

$$f'(x)=\lim_{\Delta x\to 0}\frac{f(x+\Delta x)-f(x)}{\Delta x}=\lim_{\Delta x\to 0}\frac{\dfrac{u(x+\Delta x)}{v(x+\Delta x)}-\dfrac{u(x)}{v(x)}}{\Delta x}$$
$$=\lim_{\Delta x\to 0}\frac{u(x+\Delta x)v(x)-u(x)v(x+\Delta x)}{v(x+\Delta x)v(x)\Delta x}$$
$$=\frac{u'(x)v(x)-u(x)v'(x)}{v^2(x)}.$$

所以结论成立.

注 法则(1)、(2)均可以推广到有限多个函数运算的情形.

例如,设 $u=u(x)$,$v=v(x)$,$w=w(x)$均在 x 处可导,则有

$$(u+v-w)'=u'+v'-w',$$
$$(uvw)'=u'vw+uv'w+uvw'.$$

若在法则(2)中,令 $v(x)=C$(C 为常数),则有$[Cu(x)]'=Cu'(x)$.

若在法则(3)中,令 $u(x)=C$(C 为常数),则有$\left[\dfrac{C}{v(x)}\right]'=-C\dfrac{v'(x)}{v^2(x)}$.

例 2.2.1 求函数 $y=x^3-2x^2+4$ 的导数.

解 $y'=(x^3)'-(2x^2)'+(4)'=3x^2-4x+0=3x^2-4x$.

例 2.2.2 求函数 $y=2\sqrt{x}(\sin x+1)$的导数.

解 $$y'=[2\sqrt{x}(\sin x+1)]'=2[\sqrt{x}(\sin x+1)]'$$
$$=2[(\sqrt{x})'(\sin x+1)+\sqrt{x}(\sin x+1)']$$
$$=2\left[\frac{1}{2\sqrt{x}}(\sin x+1)+\sqrt{x}\cos x\right]=\frac{1}{\sqrt{x}}(\sin x+1)+2\sqrt{x}\cos x.$$

例 2.2.3 求函数 $y=\tan x$ 的导数.

解 $$y'=\left(\frac{\sin x}{\cos x}\right)'=\frac{(\sin x)'\cos x-\sin x(\cos x)'}{\cos^2 x}=\frac{\cos x\cos x-\sin x(-\sin x)}{\cos^2 x}$$
$$=\frac{\cos^2 x+\sin^2 x}{\cos^2 x}=\frac{1}{\cos^2 x}=\sec^2 x,$$

即

$$(\tan x)'=\sec^2 x.$$

同理可得

$$(\cot x)'=-\csc^2 x,\quad (\sec x)'=\sec x\tan x,\quad (\csc x)'=-\csc x\cot x.$$

2.2.2 反函数的导数

定理 2.2.2 设函数 $x=f^{-1}(y)$在某区间 I_y 内单调、可导且$[f^{-1}(y)]'\neq 0$,则其反函数 $y=f(x)$在对应区间 I_x 内也可导,且

$$f'(x)=\frac{1}{[f^{-1}(y)]'}\quad 或\quad \frac{\mathrm{d}y}{\mathrm{d}x}=\frac{1}{\dfrac{\mathrm{d}x}{\mathrm{d}y}},$$

即反函数的导数等于直接函数导数的倒数.

例 2.2.4 求函数 $y=\arcsin x$ 的导数.

解 因为 $y=\arcsin x$ 的反函数 $x=\sin y$ 在 $I_y=\left(-\frac{\pi}{2},\frac{\pi}{2}\right)$ 内单调、可导,且

$$(\sin y)'=\cos y>0,$$

所以在对应区间 $I_x=(-1,1)$ 内,有

$$(\arcsin x)'=\frac{1}{(\sin y)'}=\frac{1}{\cos y}=\frac{1}{\sqrt{1-\sin^2 y}}=\frac{1}{\sqrt{1-x^2}},$$

即

$$(\arcsin x)'=\frac{1}{\sqrt{1-x^2}}.$$

同理可得

$$(\arccos x)'=-\frac{1}{\sqrt{1-x^2}},\quad (\arctan x)'=\frac{1}{1+x^2},\quad (\operatorname{arccot} x)'=-\frac{1}{1+x^2}.$$

2.2.3 复合函数的求导法则

定理 2.2.3 若函数 $u=g(x)$在 x 点处可导,而 $y=f(u)$在 u 点处可导,则复合函数 $y=f(g(x))$在点 x 处可导,且其导数为

$$\frac{\mathrm{d}y}{\mathrm{d}x}=f'(u)\cdot g'(x)\quad 或\quad \frac{\mathrm{d}y}{\mathrm{d}x}=\frac{\mathrm{d}y}{\mathrm{d}u}\cdot\frac{\mathrm{d}u}{\mathrm{d}x}.$$

证 设 x 取得改变量 Δx,则 u 取得相应的改变量 Δu,从而 y 取得相应的改变量 Δy.

$$\Delta u=g(x+\Delta x)-g(x),\quad \Delta y=f(u+\Delta u)-f(u).$$

当 $\Delta u\neq 0$ 时,则有

$$\frac{\Delta y}{\Delta x}=\frac{\Delta y}{\Delta u}\cdot\frac{\Delta u}{\Delta x}.$$

因为 $u=g(x)$可导,则必连续,所以当 $\Delta x\to 0$ 时,$\Delta u\to 0$,因此

$$\lim_{\Delta x\to 0}\frac{\Delta y}{\Delta x}=\lim_{\Delta x\to 0}\frac{\Delta y}{\Delta u}\cdot\lim_{\Delta x\to 0}\frac{\Delta u}{\Delta x}=\lim_{\Delta u\to 0}\frac{\Delta y}{\Delta u}\cdot\lim_{\Delta x\to 0}\frac{\Delta u}{\Delta x}=f'(u)\cdot g'(x),$$

即

$$\frac{\mathrm{d}y}{\mathrm{d}x}=f'(u)\cdot g'(x)\quad 或\quad \frac{\mathrm{d}y}{\mathrm{d}x}=\frac{\mathrm{d}y}{\mathrm{d}u}\cdot\frac{\mathrm{d}u}{\mathrm{d}x}.$$

注 上述定理表明,复合函数的导数等于复合函数对中间变量的导数乘以中间变量对自变量的导数.

复合函数的求导法则可以推广到多个中间变量的情形.例如,设

$$y=f(u),\quad u=\varphi(v),\quad v=\psi(x),$$

则复合函数 $y=f(\varphi(\psi(x)))$的导数为

$$\frac{\mathrm{d}y}{\mathrm{d}x}=f'(u)\cdot\varphi'(v)\cdot\psi'(x),\quad 或\quad \frac{\mathrm{d}y}{\mathrm{d}x}=\frac{\mathrm{d}y}{\mathrm{d}u}\cdot\frac{\mathrm{d}u}{\mathrm{d}v}\cdot\frac{\mathrm{d}v}{\mathrm{d}x}.$$

例 2.2.5 求函数 $y=(x^2+1)^{20}$ 的导数.

解 设 $y=u^{20}, u=x^2+1$,则

$$\frac{\mathrm{d}y}{\mathrm{d}x}=\frac{\mathrm{d}y}{\mathrm{d}u}\cdot\frac{\mathrm{d}u}{\mathrm{d}x}=20u^{19}\cdot 2x=40x(x^2+1)^{19}.$$

例 2.2.6 求函数 $y=\ln\sin x$ 的导数.

解 设 $y=\ln u, u=\sin x$,则

$$\frac{\mathrm{d}y}{\mathrm{d}x}=\frac{\mathrm{d}y}{\mathrm{d}u}\cdot\frac{\mathrm{d}u}{\mathrm{d}x}=\frac{1}{u}\cdot\cos x=\frac{\cos x}{\sin x}=\cot x.$$

注 熟练了之后,计算时就不必将中间变量写出来.

例 2.2.7 求函数 $y=\arctan\dfrac{1}{x}$ 的导数.

解 $y'=\dfrac{1}{1+\left(\dfrac{1}{x}\right)^2}\cdot\left(\dfrac{1}{x}\right)'=\dfrac{x^2}{1+x^2}\cdot\left(-\dfrac{1}{x^2}\right)=-\dfrac{1}{1+x^2}.$

例 2.2.8 求函数 $y=\dfrac{x}{2}\cdot\sqrt{a^2-x^2}$ 的导数.

解
$$\begin{aligned}y'&=\frac{1}{2}\left[x'\cdot\sqrt{a^2-x^2}+x\cdot\left(\sqrt{a^2-x^2}\right)'\right]\\&=\frac{1}{2}\left[\sqrt{a^2-x^2}+x\cdot\frac{1}{2\sqrt{a^2-x^2}}(a^2-x^2)'\right]\\&=\frac{1}{2}\left[\sqrt{a^2-x^2}+x\cdot\frac{1}{2\sqrt{a^2-x^2}}(-2x)\right]\\&=\frac{a^2-2x^2}{2\sqrt{a^2-x^2}}.\end{aligned}$$

例 2.2.9 求函数 $f(x)=\begin{cases}x^2+1, & 0<x<1,\\ 2x, & x\geqslant 1\end{cases}$ 的导数.

解 求分段函数的导数时,在每一段内的导数可按照一般求导法则来求,但在分段点处的导数要用左右导数的定义来求.

当 $0<x<1$ 时,$f'(x)=(x^2+1)'=2x$;

当 $x>1$ 时,$f'(x)=(2x)'=2$;

当 $x=1$ 时,

$$f'_-(1)=\lim_{x\to 1^-}\frac{f(x)-f(1)}{x-1}=\lim_{x\to 1^-}\frac{x^2+1-2}{x-1}=2,$$

$$f'_+(1)=\lim_{x\to 1^+}\frac{f(x)-f(1)}{x-1}=\lim_{x\to 1^+}\frac{2x-2}{x-1}=2.$$

由 $f'_+(1)=f'_-(1)=2$,可知 $f'(1)=2$,所以

$$f'(x)=\begin{cases}2x, & 0<x<1,\\ 2, & x\geqslant 1.\end{cases}$$

例 2.2.10 已知 $f(u)$可导,求函数 $y=f(\sin x)$的导数.

解 $y'=[f(\sin x)]'=[f'(\sin x)]\cdot(\sin x)'=[f'(\sin x)]\cdot\cos x.$

2.2.4 初等函数的求导法则

1. 基本求导公式

(1)$C'=0$;

(2)$(x^{\mu})'=\mu x^{\mu-1}(\mu\in\mathbf{R})$;

(3)$(a^x)'=a^x\ln a$;

(4)$(e^x)'=e^x$;

(5)$(\log_a x)'=\dfrac{1}{x\ln a}$;

(6)$(\ln x)'=\dfrac{1}{x}$;

(7)$(\sin x)'=\cos x$;

(8)$(\cos x)'=-\sin x$;

(9)$(\tan x)'=\sec^2 x$;

(10)$(\cot x)'=-\csc^2 x$;

(11)$(\sec x)'=\sec x\tan x$;

(12)$(\csc x)'=-\csc x\cot x$;

(13)$(\arcsin x)'=\dfrac{1}{\sqrt{1-x^2}}$;

(14)$(\arccos x)'=-\dfrac{1}{\sqrt{1-x^2}}$;

(15)$(\arctan x)'=\dfrac{1}{1+x^2}$;

(16)$(\operatorname{arccot} x)'=-\dfrac{1}{1+x^2}$.

2. 函数的和、差、积、商的求导法则

设 $u=u(x)$,$v=v(x)$可导,则

(1)$[u(x)\pm v(x)]'=u'(x)\pm v'(x)$;

(2)$[u(x)\cdot v(x)]'=u'(x)v(x)+u(x)v'(x)$;

(3)$\left[\dfrac{u(x)}{v(x)}\right]'=\dfrac{u'(x)v(x)-u(x)v'(x)}{v^2(x)}\quad(v(x)\neq 0)$;

(4)$[Cu(x)]'=Cu'(x)$.

3. 反函数的求导法则

设函数 $x=f^{-1}(y)$在某区间 I_y 内单调、可导且$[f^{-1}(y)]'\neq 0$,则其反函数 $y=f(x)$在对应区间 I_x 内也可导,且

$$f'(x)=\frac{1}{[f^{-1}(y)]'}\quad 或\quad \frac{dy}{dx}=\frac{1}{\frac{dx}{dy}}.$$

4. 复合函数的求导法则

若函数 $u=g(x)$在 x 点处可导,而 $y=f(u)$在 u 点处可导,则复合函数 $y=f(g(x))$在点 x 处可导,且其导数为$\dfrac{dy}{dx}=f'(u)\cdot g'(x)$或$\dfrac{dy}{dx}=\dfrac{dy}{du}\cdot\dfrac{du}{dx}$.

习题 2.2

1. 求下列函数的导数：

(1) $y=2x+3\sqrt{x}-2^x$； (2) $y=e^x\sin x$； (3) $y=(x-1)(x+2)(x-3)$；

(4) $y=\dfrac{\ln x}{x}$； (5) $y=\dfrac{(x+5)^2}{x+3}$； (6) $y=\dfrac{1+\tan x}{1+\cot x}$.

2. 求出曲线 $y=x^2+2\sin x$ 与 y 轴交点处的切线方程与法线方程.

3. 求下列函数的导数：

(1) $y=\left(x+\dfrac{1}{x^2}\right)^3$； (2) $y=e^{-3x^2}$； (3) $y=\ln\cos\sqrt{x}$；

(4) $y=10^{x^2\tan x}$； (5) $y=\arctan\dfrac{1+x}{1-x}$； (6) $y=\dfrac{1}{2}x\sqrt{a^2-x^2}+\arcsin x$.

4. 设函数 $f(x)$ 可导，求下列函数的导数：

(1) $y=f(\ln x)$； (2) $y=e^{f(x)}\cdot f(e^x)$； (3) $y=f\left(\arcsin\dfrac{1}{x}\right)$.

5. 求分段函数 $f(x)=\begin{cases}2\tan x+1, & x<0,\\ e^x, & x\geqslant 0\end{cases}$ 的导数.

6. 设 $f(x-1)=x^2e^{-x}$，且 $f(x)$ 可导，求 $f'(x)$.

7. 已知 $\psi(x)=a^{f^2(x)}$，且 $f'(x)=\dfrac{1}{f(x)\ln a}$，证明 $\psi'(x)=2\psi(x)$.

2.3 高阶导数

在物体运动学中，有时不但需要了解物体运动的速度，还需要了解物体运动速度的变化，即不仅需要了解函数的变化率，还需要知道变化率的变化率，即导数的导数. 例如，自由落体的运动方程为 $s=\dfrac{1}{2}gt^2$，所以 t 时刻瞬时速度为 $v=\dfrac{ds}{dt}=\left(\dfrac{1}{2}gt^2\right)'=gt$，$t$ 时刻的加速度为 $a=\dfrac{dv}{dt}=(gt)'=g$. 这里的加速度 a 就是路程函数 $s(t)$ 对时间 t 的导数的导数，称为 $s(t)$ 对 t 的二阶导数，记为 $s''(t)$，即 $a(t)=s''(t)$.

定义 2.3.1 如果函数 $f(x)$ 的导数 $f'(x)$ 在 x 点处可导，则称 $f'(x)$ 在点 x 处的导数为函数 $f(x)$ 在点 x 处的**二阶导数**(second derivative)，记为

$$f''(x),\quad y'',\quad \frac{d^2y}{dx^2}\quad 或\quad \frac{d^2f(x)}{dx^2}.$$

类似地，二阶导数的导数就称作函数的**三阶导数**(third derivative)，记为

$$f'''(x),\quad y''',\quad \frac{d^3y}{dx^3}\quad 或\quad \frac{d^3f(x)}{dx^3}.$$

一般地，$f(x)$ 的 $n-1$ 阶导数的导数称为 $f(x)$ 的 ***n* 阶导数**(nth derivative)，记为

$$f^{(n)}(x),\quad y^{(n)},\quad \frac{d^n y}{dx^n}\quad 或\quad \frac{d^n f(x)}{dx^n}.$$

注　函数的二阶及二阶以上的导数统称为高阶导数. 相应地，$f(x)$称为零阶导数，$f'(x)$称为一阶导数.

由定义知，求函数的高阶导数，利用基本求导公式及导数的运算法则，对函数一阶一阶求下去就可以了.

例 2.3.1　求函数 $y=x^4+2x^3+3x+1$ 的各阶导数.

解　$y'=4x^3+6x^2+3$，　$y''=12x^2+12x$，　$y'''=24x+12$，　$y^{(4)}=24$，

$$y^{(5)}=y^{(6)}=\cdots=0.$$

例 2.3.2　求函数 $y=e^x$ 的 n 阶导数.

解　$y'=e^x$，$y''=e^x$，$y'''=e^x$，$y^{(4)}=e^x$，一般地，可得

$$y^{(n)}=e^x\quad (n\geqslant 1).$$

例 2.3.3　求函数 $y=\ln(1+x)$的 n 阶导数.

解　$y'=\dfrac{1}{(1+x)}$，$y''=-\dfrac{1}{(1+x)^2}$，$y'''=\dfrac{2!}{(1+x)^3}$，$y^{(4)}=-\dfrac{3!}{(1+x)^4}$. 一般地，可得

$$y^{(n)}=(-1)^{n-1}\frac{(n-1)!}{(1+x)^n}\quad (n\geqslant 1, 0!=1).$$

例 2.3.4　求函数 $y=\sin x$ 的 n 阶导数.

解

$$y'=\cos x=\sin\left(x+\frac{\pi}{2}\right),$$

$$y''=\cos\left(x+\frac{\pi}{2}\right)=\sin\left(x+\frac{\pi}{2}+\frac{\pi}{2}\right)=\sin\left(x+2\cdot\frac{\pi}{2}\right),$$

$$y'''=\cos\left(x+2\cdot\frac{\pi}{2}\right)=\sin\left(x+3\cdot\frac{\pi}{2}\right).$$

一般地，可得

$$y^{(n)}=(\sin x)^{(n)}=\sin\left(x+n\cdot\frac{\pi}{2}\right).$$

同理，可得

$$(\cos x)^{(n)}=\cos\left(x+n\cdot\frac{\pi}{2}\right).$$

习题 2.3

1. 求下列函数的二阶导数.

(1) $y=2x^2+e^x$；　(2) $y=\ln(1-x^2)$；　(3) $y=e^{-t}\sin t$；

(4) $y=\arccos\sqrt{x}$；　(5) $y=\dfrac{1}{1+x^2}$；　(6) $y=\ln\ln x$.

2. 设 $f(x)=(5x+1)^{10}$，求 $f'''(0)$.

3. 验证函数 $y=e^x\sin x$ 满足关系式 $y''-2y'+2y=0$.

4. 求下列函数所指定阶的导数：

(1) $y=x\ln x$，求 $y^{(4)}$.　　(2) $y=x^n$（n 为自然数），求 $y^{(n)}$.

(3) $y=\dfrac{1}{ax+b}$，求 $y^{(n)}$.

2.4 隐函数的导数

2.4.1 隐函数的导数

本章前面出现的函数都具有一个特点：因变量直接用自变量的一个数学式子表示出来，这类函数称为显函数，如 $y=\ln\sqrt{x+1}$，$y=\arcsin x$，$y=e^x\cos x$ 都是显函数. 但是有些变量 y 与 x 之间的函数关系不容易以显函数的形式表达出来，它以隐函数 $F(x,y)=0$ 的形式出现，如 $y+e^y-e^x=0$，$\arctan\dfrac{y}{x}=\ln\sqrt{x^2+y^2}$.

假设由方程 $F(x,y)=0$ 所确定的函数为 $y=f(x)$，则把它代回方程 $F(x,y)=0$ 中，得到恒等式

$$F(x,f(x))\equiv 0.$$

利用复合函数求导法则，在上式两边同时对自变量 x 求导，再解出所求导数 $\dfrac{dy}{dx}$，这就是**隐函数的求导法**(derivation of implicit function).

例 2.4.1　由方程 $y\sin x-\ln(x+y)=0$ 确定 y 是 x 的函数，求 $\dfrac{dy}{dx}$.

解　方程两边同时对自变量 x 求导，得

$$\frac{dy}{dx}\cdot\sin x+y\cdot\cos x-\frac{1}{x+y}\cdot\left(1+\frac{dy}{dx}\right)=0,$$

整理得

$$\left(\sin x-\frac{1}{x+y}\right)\cdot\frac{dy}{dx}=\frac{1}{x+y}-y\cos x,$$

解得

$$\frac{dy}{dx}=\frac{1-(x+y)y\cos x}{(x+y)\sin x-1}.$$

例 2.4.2　由方程 $x^2+xy+y^2=4$ 确定 y 是 x 的函数，求其曲线上点(2,−2)处的切线方程.

解　方程两边同时对自变量 x 求导，得

$$2x+y+xy'+2yy'=0,$$

解得

$$y'=-\frac{2x+y}{x+2y}.$$

在点(2,−2)处，

$$y'\Big|_{\substack{x=2\\y=-2}}=1,$$

于是，在点(2,−2)处的切线方程为

$$y-(-2)=1\cdot(x-2),\quad 即\ y=x-4.$$

例 2.4.3 由方程 $e^y+xy-e^x=0$ 确定 y 是 x 的函数，求 $y''(0)$.

解 方程两边同时对自变量 x 求导，得

$$e^y y'+y+xy'-e^x=0,$$

解得

$$y'=\frac{e^x-y}{e^y+x}.$$

而

$$\begin{aligned}y''=(y')'=\left(\frac{e^x-y}{e^y+x}\right)'&=\frac{(e^x-y)'(e^y+x)-(e^x-y)(e^y+x)'}{(e^y+x)^2}\\&=\frac{(e^x-y')(e^y+x)-(e^x-y)(e^y y'+1)}{(e^y+x)^2}\\&=\frac{(e^{x+y}+xe^x-e^x+y)-(e^y+x+e^{x+y}-ye^y)y'}{(e^y+x)^2},\end{aligned}$$

又由已知得

$$y\big|_{x=0}=0,\quad y'\big|_{x=0}=1,$$

代入上式，可得 $y''(0)=-2$.

2.4.2 对数求导法

对幂指函数 $y=u(x)^{v(x)}$，直接使用前面介绍的求导法则不能求出其导数，对于这类函数，可以先对函数两边同时取对数，然后再在等式两边同时对自变量求导，最后解出所求导数. 这种方法称为**对数求导法**.

例 2.4.4 设 $y=(\sin x)^x(\sin x>0)$，求 y'.

解 在等式两边同时取对数，得

$$\ln y=x\ln(\sin x),$$

等式两边同时对 x 求导，得

$$\frac{1}{y}y'=\ln(\sin x)+x\frac{\cos x}{\sin x},$$

所以

$$y'=y\left[\ln(\sin x)+x\frac{\cos x}{\sin x}\right]=(\sin x)^x[\ln(\sin x)+x\cot x].$$

例 2.4.5 设 $y=\dfrac{\sqrt{x+2}(x-3)^4}{(x+1)^3}$，求 y'.

解 在等式两边同时取对数，得

$$\ln y=\frac{1}{2}\ln(x+2)+4\ln(x-3)-3\ln(x+1),$$

等式两边同时对 x 求导，得

$$\frac{1}{y}y'=\frac{1}{2(x+2)}+\frac{4}{x-3}-\frac{3}{x+1},$$

所以

$$y'=\frac{\sqrt{x+2}(x-3)^4}{(x+1)^3}\left[\frac{1}{2(x+2)}+\frac{4}{x-3}-\frac{3}{x+1}\right].$$

2.4.3 参数方程的导数

在实际问题中，函数 y 与自变量 x 可能不是直接由 $y=f(x)$ 表示，而是通过一参变量 t 来表示，即

$$\begin{cases}x=\varphi(t),\\ y=\psi(t),\end{cases}$$

称为函数的**参数方程**(parameter equation).

由以上参数方程确定 y 是 x 的函数，现求 y 对 x 的导数 y'，从方程中先消去参数有时会有困难，因此，希望找出一种直接由参数方程来计算的求导数的方法，下面具体来讨论.

设 $x=\varphi(t)$ 有连续的反函数 $t=\varphi^{-1}(x)$，又 $\varphi'(t)$ 与 $\psi'(t)$ 存在，且 $\varphi'(t)\neq 0$，则 y 为复合函数 $y=\psi(\varphi^{-1}(x))$，利用复合函数的求导法则，有

$$\frac{dy}{dx}=\frac{dy}{dt}\frac{dt}{dx}=\frac{dy}{dt}\frac{1}{\frac{dx}{dt}}=\frac{\psi'(t)}{\varphi'(t)},$$

即

$$\frac{dy}{dx}=\frac{\psi'(t)}{\varphi'(t)} \quad 或 \quad \frac{dy}{dx}=\frac{\frac{dy}{dt}}{\frac{dx}{dt}}.$$

如果函数还是二阶可导的，则可进一步求出函数的二阶导数：

$$\frac{d^2y}{dx^2}=\frac{d}{dx}\left(\frac{dy}{dx}\right)=\frac{d}{dx}\left[\frac{\psi'(t)}{\varphi'(t)}\right]=\frac{d}{dt}\left[\frac{\psi'(t)}{\varphi'(t)}\right]\frac{dt}{dx}$$
$$=\frac{\psi''(t)\varphi'(t)-\psi'(t)\varphi''(t)}{\varphi'^2(t)}\cdot\frac{1}{\varphi'(t)},$$

即

$$\frac{d^2y}{dx^2}=\frac{\psi''(t)\varphi'(t)-\psi'(t)\varphi''(t)}{\varphi'^3(t)}.$$

例 2.4.6 求由参数方程$\begin{cases}x=a(t-\sin t),\\ y=a(1-\cos t)\end{cases}$所表示的函数 $y=y(x)$的导数$\frac{dy}{dx}$以及$\frac{d^2y}{dx^2}$.

解

$$\frac{dy}{dx}=\frac{\frac{dy}{dt}}{\frac{dx}{dt}}=\frac{a\sin t}{a(1-\cos t)}=\frac{\sin t}{1-\cos t},$$

$$\frac{d^2y}{dx^2}=\frac{d}{dx}\left(\frac{dy}{dx}\right)=\frac{d}{dx}\left(\frac{\sin t}{1-\cos t}\right)=\frac{\frac{d}{dt}\left(\frac{\sin t}{1-\cos t}\right)}{\frac{dx}{dt}}$$

$$=\frac{\frac{\cos t-1}{(1-\cos t)^2}}{a(1-\cos t)}=-\frac{1}{a(1-\cos t)^2}.$$

习题 2.4

1. 求下列方程所确定的隐函数 y 的导数$\frac{dy}{dx}$:

(1)$y^2-2x^2y+6=0$; (2)$xy-\cos(\pi y)=0$;

(3)$\sin(x-y)-y\cos x=0$; (4)$e^x+xy=e$;

(5)$\ln\sqrt{x^2+y^2}=\arctan\frac{y}{x}$.

2. 求下列方程所确定的隐函数 y 的导数$\frac{d^2y}{dx^2}$:

(1)$xe^y-y=1$; (2)$x^2-y^2=1$.

3. 设函数 $y=y(x)$由方程 $e^{xy}+y^3-5x=0$ 确定,求 $y'(0)$,并求曲线上横坐标 $x=0$ 点处的切线方程与法线方程.

4. 用对数求导法则求下列函数的导数:

(1)$y=(x+1)^{\tan x}$; (2)$y=\frac{\sqrt[4]{x+3}(5-x)^3}{(x^2+1)}$; (3)$y=\sqrt{x\sin x\sqrt{1+e^x}}$.

5. 求下列参数方程所确定的函数的导数$\frac{dy}{dx}$:

(1)$\begin{cases}x=2t^2,\\ y=3t^3;\end{cases}$ (2)$\begin{cases}x=3e^{-t},\\ y=e^t;\end{cases}$ (3)$\begin{cases}x=\arcsin 2t,\\ y=\ln(1+t^2).\end{cases}$

6. 求下列参数方程所确定的函数的二阶导数$\frac{d^2y}{dx^2}$:

(1)$\begin{cases}x=e^t\sin t,\\ y=e^t\cos t;\end{cases}$ (2)$\begin{cases}x=2-t^2,\\ y=t-\sin t.\end{cases}$

2.5 函数的微分

函数的导数表示的是函数在点 x 处的变化率，它描述了函数在点 x 处变化的快慢程度. 在实际应用中，经常会碰到这样的问题：当自变量在点 x 处有微小的改变量 Δx 时，计算函数 y 在点 x 处的改变量 $\Delta y=f(x+\Delta x)-f(x)$，这个问题看似只要作简单的减法运算，但是对于复杂的函数表达式，不容易求出，所以自然会考虑有没有简单的计算方法来近似的求出改变量 Δy. 这就引入了微分的概念.

2.5.1 微分的定义

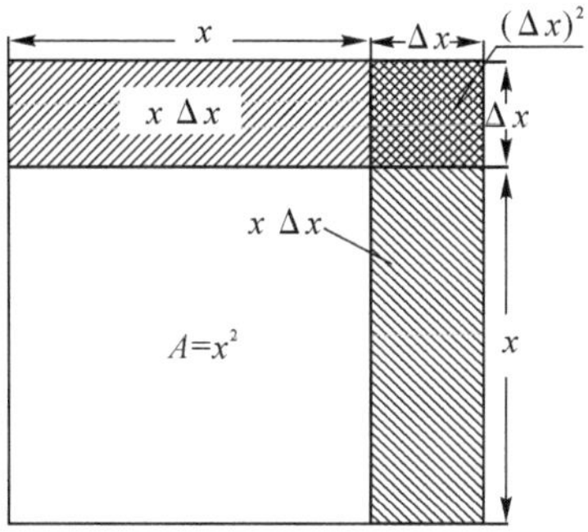

图 2.5.1

先看一个具体的例子. 设有一个边长为 x 的正方形金属薄片，均匀受热后，边长从 x 变为 $x+\Delta x$（图 2.5.1），试计算该金属薄片面积的改变量.

此金属薄片原面积为 $A=x^2$，受热后，面积的改变量为

$$\Delta A=(x+\Delta x)^2-x^2=2x\Delta x+(\Delta x)^2.$$

上式包含两部分，第一部分 $2x\Delta x$ 是 Δx 的线性函数，第二部分 $(\Delta x)^2$ 是关于 Δx 的高阶无穷小量，即 $(\Delta x)^2=o(\Delta x)$（当 $|\Delta x|$ 很小时），因此，当 $|\Delta x|$ 很小时，可以将第二部分 $(\Delta x)^2$ 这个高阶无穷小量忽略，用第一部分 $2x\Delta x$ 近似的表示 ΔA，即 $\Delta A\approx 2x\Delta x$. 我们把 $2x\Delta x$ 称为 $A=x^2$ 在 x 处的微分，记作 $\mathrm{d}A=2x\Delta x$.

定义 2.5.1 设函数 $y=f(x)$ 在点 x_0 的某个邻域内有定义，若函数在点 x_0 处的改变量 $\Delta y=f(x_0+\Delta x)-f(x_0)$ 可以表示为

$$\Delta y=A\cdot\Delta x+o(\Delta x),$$

其中 A 是与 Δx 无关的常数，则称函数 $y=f(x)$ 在点 x_0 处**可微**，且称 $A\cdot\Delta x$ 为函数 $y=f(x)$ 在点 x_0 处的**微分**（differential），记为 $\mathrm{d}y$，即

$$\mathrm{d}y=A\cdot\Delta x.$$

注 由微分的定义可知，微分 $\mathrm{d}y$ 是自变量的改变量 Δx 的线性函数. 当 $\Delta x\to 0$ 时，微分 $\mathrm{d}y$ 与函数的改变量 Δy 的差是一个比 Δx 高阶的无穷小量 $o(\Delta x)$. 当 $A\neq 0$ 时，函数的微分 $\mathrm{d}y=A\cdot\Delta x$ 与函数的改变量 Δy 是等价无穷小量. 通常称函数的微分 $\mathrm{d}y$ 为函数改变量 Δy 的**线性主部**.

根据定义知道微分 $\mathrm{d}y=A\cdot\Delta x$ 中的 A 与 Δx 无关，那么如何来确定 A？下面将回答这个问题.

2.5.2 函数可微的条件

定理 2.5.1 函数 $y=f(x)$ 在点 x_0 处可微的充分必要条件是函数 $y=f(x)$ 在

点 x_0 处可导，并且函数的微分等于函数的导数与自变量的改变量的乘积，即

$$dy=f'(x_0)\Delta x.$$

证 先证必要性. 设函数 $y=f(x)$ 在点 x_0 处可微，即

$$\Delta y=A\cdot\Delta x+o(\Delta x),$$

两边同时除以 Δx，得

$$\frac{\Delta y}{\Delta x}=A+\frac{o(\Delta x)}{\Delta x},$$

于是，当 $\Delta x\to 0$ 时，有

$$\lim_{\Delta x\to 0}\frac{\Delta y}{\Delta x}=A+\lim_{\Delta x\to 0}\frac{o(\Delta x)}{\Delta x}=A,$$

即函数 $y=f(x)$ 在点 x_0 处可导，且 $A=f'(x_0)$.

再证充分性. 设函数 $y=f(x)$ 在点 x_0 处可导，即 $\lim\limits_{\Delta x\to 0}\frac{\Delta y}{\Delta x}=f'(x_0)$，于是由极限与无穷小量的关系，得

$$\frac{\Delta y}{\Delta x}=f'(x_0)+\alpha,$$

其中 $\alpha\to 0$（当 $\Delta x\to 0$），由此得到 $\Delta y=f'(x_0)\Delta x+\alpha\Delta x$. 因 $\alpha\Delta x=o(\Delta x)$，且 $f'(x_0)$ 不依赖于 Δx，由微分的定义知，函数 $y=f(x)$ 在点 x_0 可微.

由以上的证明过程可知 $dy=f'(x)\Delta x$，当 $y=x$ 时，$dx=x'\Delta x=\Delta x$，所以

$$dy=f'(x)dx,$$

从而有

$$\frac{dy}{dx}=f'(x),$$

即函数的导数等于函数的微分与自变量的微分的商，故导数也称为**微商**(differential quotient).

例 2.5.1 求函数 $y=x^2$ 当 x 由 2 改变到 2.02 时的微分.

解 由题设条件知

$$y'=(x^2)'=2x,\quad x=2,\quad dx=\Delta x=2.02-2=0.02,$$

所以

$$dy\big|_{\substack{x=2\\ \Delta x=0.02}}=f'(x)dx\big|_{\substack{x=2\\ \Delta x=0.02}}=2\times 2\times 0.02=0.08.$$

例 2.5.2 求函数 $y=\sin x$ 在 $x=\frac{\pi}{4}$ 处的微分.

解 $dy=(\sin x)'\big|_{x=\frac{\pi}{4}}dx=\left(\cos\frac{\pi}{4}\right)dx=\frac{\sqrt{2}}{2}dx.$

2.5.3 微分的几何意义

在直角坐标系中作函数 $y=f(x)$ 的图形，见图 2.5.2，函数的图形是一条曲线，

设 $M(x_0, y_0)$ 是该曲线上的一个定点，当自变量 x 在点 x_0 处改变 Δx 时，就得到曲线上另一个点 $N(x_0+\Delta x, y_0+\Delta y)$，过点 M 作曲线的切线 MT，它的倾角为 α，则

$$PQ = MQ \cdot \tan\alpha = \Delta x \cdot f'(x_0),$$

即

$$\mathrm{d}y = PQ = f'(x_0)\mathrm{d}x.$$

由此可见，函数的微分 $\mathrm{d}y$ 就是过点 $M(x_0, y_0)$ 的切线上点的纵坐标的改变量. 图中线段 NP 是 Δy 与 $\mathrm{d}y$ 之差，它是 Δx 的高阶无穷小量.

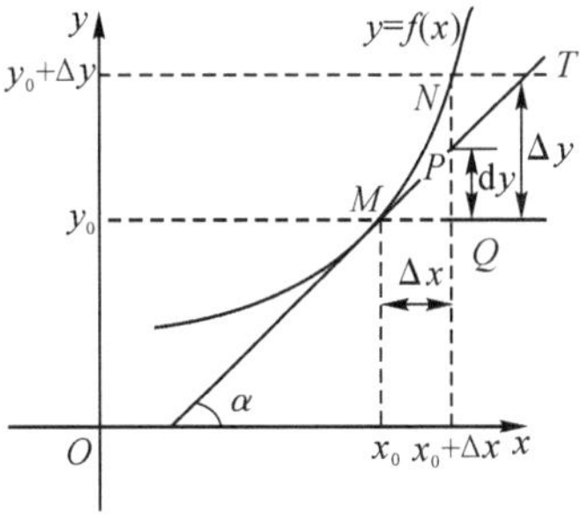

图 2.5.2

2.5.4 基本初等函数的微分公式与微分运算法则

根据函数导数的基本公式及运算法则，以及函数微分的表达式 $\mathrm{d}y = f'(x)\mathrm{d}x$，可以得到基本初等函数的微分公式和微分运算法则.

1. 基本初等函数的微分公式

(1) $\mathrm{d}(C)=0$（C 为常数）；　　(2) $\mathrm{d}(x^\mu)=\mu x^{\mu-1}\mathrm{d}x$；

(3) $\mathrm{d}(a^x)=a^x\ln a\mathrm{d}x$；　　(4) $\mathrm{d}(\mathrm{e}^x)=\mathrm{e}^x\mathrm{d}x$；

(5) $\mathrm{d}(\log_a x)=\dfrac{1}{x\ln a}\mathrm{d}x$；　　(6) $\mathrm{d}(\ln x)=\dfrac{1}{x}\mathrm{d}x$；

(7) $\mathrm{d}(\sin x)=\cos x\mathrm{d}x$；　　(8) $\mathrm{d}(\cos x)=-\sin x\mathrm{d}x$；

(9) $\mathrm{d}(\tan x)=\sec^2 x\mathrm{d}x$；　　(10) $\mathrm{d}(\cot x)=-\csc^2 x\mathrm{d}x$；

(11) $\mathrm{d}(\sec x)=\sec x\tan x\mathrm{d}x$；　　(12) $\mathrm{d}(\csc x)=-\csc x\cot x\mathrm{d}x$；

(13) $\mathrm{d}(\arcsin x)=\dfrac{1}{\sqrt{1-x^2}}\mathrm{d}x$；　　(14) $\mathrm{d}(\arccos x)=-\dfrac{1}{\sqrt{1-x^2}}\mathrm{d}x$；

(15) $\mathrm{d}(\arctan x)=\dfrac{1}{1+x^2}\mathrm{d}x$；　　(16) $\mathrm{d}(\mathrm{arccot}x)=-\dfrac{1}{1+x^2}\mathrm{d}x$.

2. 微分的四则运算法则

(1) $\mathrm{d}(u\pm v)=\mathrm{d}u\pm\mathrm{d}v$；　　(2) $\mathrm{d}(uv)=v\mathrm{d}u+u\mathrm{d}v$；

(3) $\mathrm{d}\left(\dfrac{u}{v}\right)=\dfrac{v\mathrm{d}u-u\mathrm{d}v}{v^2}$；　　(4) $\mathrm{d}(Cu)=C\mathrm{d}u$.

2.5.5 微分形式的不变性

我们知道，如果函数 $y=f(u)$ 对 u 是可导的，则当 u 是自变量时，函数的微分为

$$\mathrm{d}y=f'(u)\mathrm{d}u.$$

当 u 是中间变量，即 u 是 x 的可导函数时，y 为 x 的复合函数，即为 $y=f(\varphi(x))$. 根据复合函数的求导法则，有

$$\frac{dy}{dx}=f'(u)\varphi'(x),$$

于是

$$dy=f'(u)\varphi'(x)dx,$$

而

$$du=\varphi'(x)dx,$$

所以

$$dy=f'(u)du.$$

由此可见,对函数 $y=f(u)$ 来说,不论 u 是自变量,还是复合函数的中间变量,它的微分形式都是

$$dy=f'(u)du.$$

这就叫做**微分形式的不变性**(invariance of differential form).

例 2.5.3 设 $y=\sin(2x+1)$,求 dy.

解 因为 $y=\sin u, u=2x+1$,所以

$$\begin{aligned} dy &= \cos u du = \cos(2x+1)d(2x+1) \\ &= [\cos(2x+1)]\cdot 2dx = 2\cos(2x+1)dx. \end{aligned}$$

例 2.5.4 设 $y=e^{-ax}\sin bx$,求 dy.

解 $$\begin{aligned} dy &= e^{-ax}\cdot\cos bx d(bx)+(\sin bx)\cdot e^{-ax}d(-ax) \\ &= e^{-ax}\cdot(\cos bx)\cdot b dx+(\sin bx)\cdot e^{-ax}\cdot(-a)dx \\ &= e^{-ax}(b\cos bx-a\sin bx)dx. \end{aligned}$$

例 2.5.5 设 $e^{xy}=a^x b^y$,求 $dy, \frac{dy}{dx}$.

解 方法一. 等式两边同时求微分得

$$d(e^{xy})=d(a^x b^y),$$

整理得

$$e^{xy}d(xy)=b^y d(a^x)+a^x d(b^y),$$

即

$$e^{xy}(xdy+ydx)=a^x b^y[(\ln a)dx+(\ln b)dy],$$

将 $e^{xy}=a^x b^y$ 代入,得

$$xdy+ydx=(\ln a)dx+(\ln b)dy,$$

解得

$$dy=\frac{\ln a-y}{x-\ln b}dx,$$

$$\frac{dy}{dx}=\frac{\ln a-y}{x-\ln b}.$$

方法二. 等式两边取对数得

$$xy=x\ln a+y\ln b,$$

等式两边同时对 x 求导,有

$$y+xy'=\ln a+y'\ln b,$$

解得

$$y'=\frac{\ln a-y}{x-\ln b},$$

$$\mathrm{d}y=\frac{\ln a-y}{x-\ln b}\mathrm{d}x.$$

例 2.5.6 设 $y=f(\sin^2x)$, $y=f(u)$可导,求 $\mathrm{d}y$.

解 $\mathrm{d}y=f'(\sin^2x)\mathrm{d}(\sin^2x)=f'(\sin^2x)\cdot 2\sin x\cdot \mathrm{d}(\sin x)$

$=2\sin x\cdot f'(\sin^2x)\cdot\cos x\mathrm{d}x=\sin 2x\cdot f'(\sin^2x)\mathrm{d}x.$

2.5.6 微分在近似计算中的应用

由微分的定义知,如果函数 $y=f(x)$在点 x_0 处可微,且$|\Delta x|$很小时,有

$$\Delta y\approx A\Delta x \quad 或 \quad \Delta y\approx \mathrm{d}y,$$

即

$$f(x_0+\Delta x)-f(x_0)\approx f'(x_0)\Delta x,$$

也即

$$f(x_0+\Delta x)\approx f(x_0)+f'(x_0)\Delta x.$$

设 $x=x_0+\Delta x$, $\Delta x=x-x_0$,上式可写成

$$f(x)\approx f(x_0)+f'(x_0)(x-x_0).$$

特别地,当 $x_0=0$,且$|x|$充分小时,上式可写成

$$f(x)\approx f(0)+f'(0)x.$$

例 2.5.7 一批半径为 10 厘米的金属球,为了装饰需要,需镀上 0.01 厘米厚的金属漆,镀一只这样的金属球大约需要多少体积的金属漆?

解 金属球的体积 $V=\frac{4}{3}\pi r^3$(r 为半径),令 $r=10$, $\Delta r=0.01$.因为 Δr 相对于 r 较小,所以可以用微分 $\mathrm{d}V$ 近似替代 ΔV.由

$$\Delta V\approx \mathrm{d}V=\left(\frac{4}{3}\pi r^3\right)'\Delta r=4\pi r^2\Delta r,$$

当 $r=10$, $\Delta r=0.01$ 时,得

$$\Delta V\approx 4\pi\times 10^2\times 0.01=4\pi\approx 12.56\ .$$

故所求的一只这样的金属球大约需要的金属漆体积为 12.56 立方厘米.

例 2.5.8 求 $\sin 60^\circ 30'$的近似值.

解 先把 $60^\circ 30'$化为弧度,得

$$60^\circ 30'=\frac{\pi}{3}+\frac{\pi}{360},$$

由于所求的是正弦函数的值,故设 $f(x)=\sin x$,此时,

$$f'(x)=\cos x,$$

取 $x_0=\frac{\pi}{3}$,$\Delta x=\frac{\pi}{360}$,则

$$f\left(\frac{\pi}{3}\right)=\frac{\sqrt{3}}{2},\quad f'\left(\frac{\pi}{3}\right)=\frac{1}{2}.$$

所以

$$\sin 60°30'=\sin\left(\frac{\pi}{3}+\frac{\pi}{360}\right)\approx\sin\frac{\pi}{3}+\cos\frac{\pi}{3}\cdot\frac{\pi}{360}=\frac{\sqrt{3}}{2}+\frac{1}{2}\cdot\frac{\pi}{360}\approx 0.8704.$$

例 2.5.9 证明:当 $|x|$ 很小时,$\ln(1+x)\approx x$.

证 作辅助函数 $f(x)=\ln(1+x)$,取 $x_0=0$,$\Delta x=x$,则

$$f(0)=0,\quad f'(x)=\frac{1}{x+1},\quad f'(0)=1,$$

于是

$$f(x)=\ln(1+x)\approx f(0)+f'(0)\Delta x=0+1\cdot x=x,$$

即

$$\ln(1+x)\approx x.$$

注 类似可证明,当 $|x|$ 很小时,有

(1) $\sqrt[n]{1+x}\approx 1+\frac{1}{n}x$; (2) $\sin x\approx x$;

(3) $\tan x\approx x$; (4) $e^x\approx 1+x$.

习题 2.5

1. 已知 $y=x^2-x$,计算在 $x=3$ 处当 Δx 分别等于 1,0.1,0.01 时的 Δy 及 dy.

2. 求下列函数的微分:

(1) $y=\frac{1}{x^2}+\sqrt{x}$; (2) $y=x\cos 2x$; (3) $y=\ln\sqrt{1+x^3}$;

(4) $y=x^2(e^{-x}+e^x)$; (5) $y=\arcsin(1-x^2)$; (6) $y=\arctan\frac{1}{x}$.

3. 将适当的函数填入下列括号内,使等式成立:

(1) d( )$=3x\,dx$; (2) d( )$=\sin\omega x\,dx$; (3) d( )$=e^{2x}dx$;

(4) d( )$=\frac{1}{\sqrt{x}}dx$; (5) d( )$=\frac{1}{x+3}dx$; (6) d( )$=\sec^2 x\,dx$.

4. 求方程 $xy-\cos(\pi y)=0$ 所确定的函数 $y=y(x)$ 的微分 dy.

5. 有一圆锥,高为 15cm,底半径由 10cm 减少为 9.9cm,问圆锥的体积大约减少了多少?

6. 当 $|x|$ 较小时，证明下列近似公式：

(1) $\sqrt[n]{1+x}\approx 1+\frac{1}{n}x$； (2) $\sin x\approx x$； (3) $e^{x}\approx 1+x$.

7. 计算下列各式的近似值：

(1) $\cos 60^{\circ}30'$； (2) $\sqrt[3]{999.5}$； (3) $\arcsin 0.5002$.

阅读材料

微积分发展简史(一)

微积分学是微分学和积分学的总称，它是一种数学思想，“无限细分”就是微分，“无限求和”就是积分. 微积分的产生一般分为三个阶段：极限概念；求积的无限小方法；积分与微分的互逆关系.

17 世纪，欧洲的社会经济迅猛发展，资本主义工业的大型生产使得力学在科学中的地位越来越重要. 于是，一系列的力学问题以及与此有关的问题便呈现在科学家们的面前. 以力学的需要为中心，产生了大量的数学问题. 例如，由距离和时间的函数关系，如何求物体在任意时刻的速度和加速度；由加速度和时间的函数关系如何求物体的速度和距离，怎样求曲线上任一点处的切线，或确定运动物体在运行轨道上任一点处的运动方向；求函数的最大值和最小值；寻找求曲线的长度、曲线围成的面积、曲面围成的体积以及物体的重心的一般方法等. 微分的概念起源于对曲线切线、函数极值及瞬时变化率问题的处理. 17 世纪的微积分正是围绕着这些问题的解决逐步建立起来的. 微分的概念和方法在欧洲也已经历了一段酝酿的过程.

皮埃尔·德·费马(Pierre de Fermat，1601～1665)是微积分创立的先驱工作者之一，他于 1629 年撰写了《求极大值与极小值的方法》，用与现代方法十分相似的方法求切线和极值. 意大利物理学家、数学家伽利莱·伽利略(Galilei Galileo，1564～1642)通过列表法研究求函数最大和最小值问题，在观察中得出很多重要结果. 1669 年，英国数学家伊萨克·巴罗(Isaac Barrow，1630～1677)首次采用微分三角形来求切线，这种方法非常接近现代微分法，补充了费马求切线方法的不足，为微分理论作出了重要的贡献，进一步推动了微分学概念的产生. 笛卡儿(Rene Descartes，1596～1650)的代数方法对推动微积分的早期发展方向有很大的影响，于 1637 年，在创立了坐标系后，成功地创立了解析几何学. 笛卡儿的解析几何引入了变数，加深了函数的理念. 有了函数才能真正的建立起微积分，他的这一成就为微积分的创立奠定了基础. 从 17 世纪起，欧洲一些天文学家、物理学家和数学家就曾零散地涉猎到微分问题. 当时，微分和积分是作为两类数学问题，分别加以研究的，所以巴罗等得到了的一系列求面积(积分)、求切线斜率(导数)的重要结果都是孤立的、不连贯的.

17 世纪下半叶，在前人工作的基础上，英国大科学家牛顿(Isaac Newton ，1642～

1727)和德国数学家莱布尼茨(Gottfried Wilhelm Leibniz,1646～1716)各自独立创立了微积分.牛顿在1671年写了《流数法和无穷级数》,这本书直到1736年才出版,他在这本书里指出,变量是由点、线、面的连续运动产生的,否定了以前自己认为的变量是无穷小元素的静止集合.他把连续变量叫做流动量,把这些流动量的导数叫做流数.牛顿在流数术中所提出的中心问题是:已知连续运动的路径,求给定时刻的速度(微分法);已知运动的速度求给定时间内经过的路程(积分法).莱布尼茨是一个博才多学的学者,1684年,他发表了现在世界上认为是最早的微积分文献,这篇文章有一个很长而且很古怪的名字:"一种求极大极小值和切线的新方法,它也适用于分式和无理量,以及这种新方法的奇妙类型的计算".文章从几何学的角度论述微分法则,得到微分学的一系列基本结果.1686年他又发表第一篇积分学论文,可以求出原函数.这两篇文献均早于牛顿首次发表的微积分结果(1687年),但他开始从事研究的时间要晚近10年,因此数学史上将他二人并列作为微积分的创立者.

数学家

费马(Pierre de Fermat,1601～1665),法国著名数学家,被誉为"业余数学家之王".费马通晓法语、意大利语、西班牙语、拉丁语和希腊语,而且还颇有研究.语言方面的博学给费马的数学研究提供了语言工具和便利,使他有能力学习和了解阿拉伯和意大利的代数以及古希腊的数学.费马一生从未受过专门的数学教育,数学研究也不过是业余爱好.但他却在《平面与立体轨迹引论》中明确指出方程可以描述曲线,并可通过方程研究推断曲线性质,得到解析几何要旨,与笛卡儿分享这一学科创立的荣誉;在现代微积分中给出函数取极值的必要条件,提出求极大、极小值和拐点的步骤和通过求和过程得到求曲线所围面积的公式,是早期微积分学的先驱之一;他还通过与帕斯卡的通信讨论赌金分配问题,得出正确解答,成为概率论的共同创立者之一.此外,费马对物理学也有重要贡献.但最能显示出他的才华且对后人影响最大的,还是他在数论方面的工作,他在数论中提出了著名的费马大、小定理.在他生命的最后15年里,他几乎把全部精力放到了对数论的研究上.费马在光学中突出的贡献是提出最小作用原理,也叫最短时间作用原理.费马同时讨论了光在逐点变化的介质中行进时,其路径取极小的曲线的情形,并用最小作用原理解释了一些问题.这给许多数学家以很大的鼓舞.一代数学天才费马堪称是17世纪法国最伟大的数学家之一.

第 3 章

CHAPTER 3

中值定理与导数的应用

第 2 章通过分析实际问题中因变量对于自变量的变化快慢，引进了导数的概念，并讨论了导数的计算方法. 本章首先介绍微分学的几个中值定理，并在此基础上运用导数来研究函数以及曲线的某些性态，并利用这些来解决一些实际的问题.

3.1 中值定理

下面先介绍罗尔(Rolle)中值定理，然后根据它推出拉格朗日(Lagrange)中值定理和柯西(Cauchy)中值定理.

3.1.1 罗尔中值定理

定理 3.1.1(罗尔中值定理，Rolle mean value theorem)　若函数 $f(x)$ 满足条件：

(1) 在闭区间 $[a,b]$ 上连续；

(2) 在开区间 (a,b) 内可导；

(3) $f(a)=f(b)$，

则在 (a,b) 内至少存在一点 $\xi(a<\xi<b)$，使得 $f'(\xi)=0$.

证　由条件(1)，函数 $f(x)$ 在闭区间 $[a,b]$ 上连续，根据闭区间上连续函数的最大值和最小值定理(定理 1.10.6)知，$f(x)$ 在 $[a,b]$ 上必有最大值 M 和最小值 m. 下面分两种情况来讨论.

若 $M=m$，则 $f(x)$ 在区间 $[a,b]$ 上必恒为一个常数，即 $f(x)=M=m$，故此时对于任意的 $\xi\in(a,b)$，都有 $f'(\xi)=0$.

若 $M>m$，由条件(3)可知，M 和 m 中至少有一个不等于 $f(a)(=f(b))$，不妨设 $M\neq f(a)$，则在开区间 (a,b) 内至少有一点 ξ 使得 $f(\xi)=M$. 下面来证明 $f'(\xi)=0$.

由条件(2)知，$f'(\xi)$ 存在，即 $\lim\limits_{\Delta x\to 0}\dfrac{f(\xi+\Delta x)-f(\xi)}{\Delta x}$ 存在. 由于 $f(\xi)$ 为最大值，所以

不论 Δx 为正或为负，只要 $\xi+\Delta x\in(a,b)$，总有 $f(\xi+\Delta x)-f(\xi)\leqslant 0$，当 $\Delta x>0$ 时，有

$$\frac{f(\xi+\Delta x)-f(\xi)}{\Delta x}\leqslant 0,$$

根据函数极限的保号性知

$$f'_+(\xi)=\lim_{\Delta x\to 0^+}\frac{f(\xi+\Delta x)-f(\xi)}{\Delta x}\leqslant 0.$$

同样，当 $\Delta x<0$ 时，有

$$\frac{f(\xi+\Delta x)-f(\xi)}{\Delta x}\geqslant 0,$$

所以

$$f'_-(\xi)=\lim_{\Delta x\to 0^-}\frac{f(\xi+\Delta x)-f(\xi)}{\Delta x}\geqslant 0.$$

因为 $f'(\xi)=f'_-(\xi)=f'_+(\xi)$，故有 $f'(\xi)=0$.

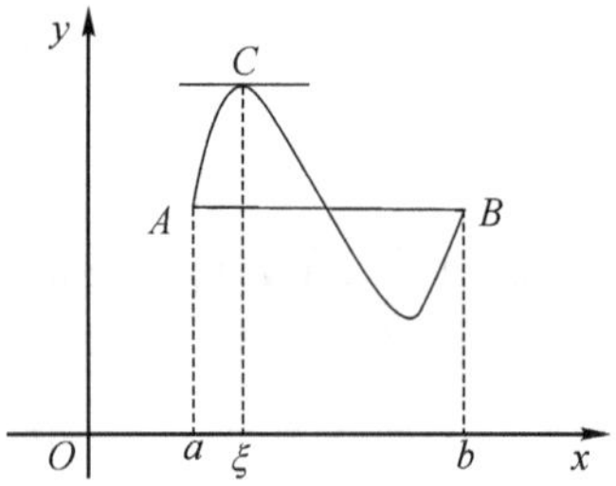

图 3.1.1

罗尔中值定理的几何意义　如果连续光滑曲线 $y=f(x)$ 在点 A,B 处的纵坐标相等，那么，在弧 AB 上至少有一点 C，曲线在点 C 的切线平行于 x 轴，见图 3.1.1.

例 3.1.1　验证函数 $f(x)=2x^3-x^2$ 在区间 $\left[0,\frac{1}{2}\right]$ 上满足罗尔中值定理的条件，并求出定理中的 ξ.

解　(1)因为 $f(x)=2x^3-x^2$ 是初等函数，在其定义域区间 $(-\infty,+\infty)$ 内是连续函数，故在 $\left[0,\frac{1}{2}\right]$ 上连续.

(2) $f'(x)=6x^2-2x$，$\forall x\in(-\infty,+\infty)$，所以函数在 $\left(0,\frac{1}{2}\right)$ 内可导.

(3) $f(0)=0=f\left(\frac{1}{2}\right)$.

所以 $f(x)=2x^3-x^2$ 在区间 $\left[0,\frac{1}{2}\right]$ 上满足罗尔中值定理的三个条件，根据罗尔中值定理的结论，令 $f'(x)=6x^2-2x=0$，得 $x_1=0\notin\left(0,\frac{1}{2}\right)$，$x_2=\frac{1}{3}\in\left(0,\frac{1}{2}\right)$，取 $\xi=\frac{1}{3}$，则在开区间 $\left(0,\frac{1}{2}\right)$ 内存在一点 $\xi=\frac{1}{3}$，使得 $f'(\xi)=0$.

例 3.1.2　不求导数，判断函数 $f(x)=(x-1)(x-2)(x-3)$ 的导数有几个零点以及这些零点所在的范围.

解　因为 $f(1)=f(2)=f(3)$，所以 $f(x)$ 在闭区间[1,2]，[2,3]上满足罗尔中值

定理三个条件，因此，在(1,2)内至少存在一点 ξ_1，使得 $f'(\xi_1)=0$，ξ_1 是 $f'(x)$的一个零点；又在(2,3)内至少存在一点 ξ_2，使得 $f'(\xi_2)=0$，ξ_2 也是 $f'(x)$的一个零点.

又因为 $f'(x)$为二次多项式，最多只能有两个零点，故 $f'(x)$恰好有两个零点分别在区间(1,2)及(2,3)内.

3.1.2 拉格朗日中值定理

定理 3.1.2(拉格朗日中值定理，Lagrange mean value theorem) 若函数 $f(x)$ 满足条件：

(1)在闭区间$[a,b]$上连续；

(2)在开区间(a,b)内可导，

则在(a,b)内至少存在一点 $\xi(a<\xi<b)$，使得

$$f'(\xi)=\frac{f(b)-f(a)}{b-a}. \tag{3.1}$$

在证明之前，先看一下定理的几何意义，见图 3.1.2.

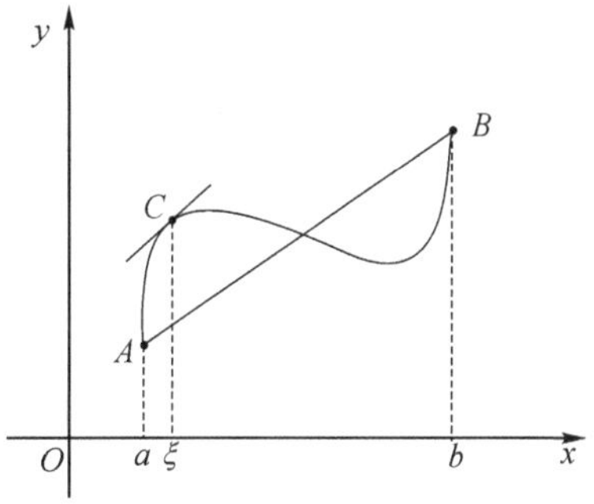

图 3.1.2

式(3.1)中 $\frac{f(b)-f(a)}{b-a}$ 为弦 AB 的斜率，而 $f'(\xi)$为曲线在点 C 处的切线的斜率，因此拉格朗日中值定理表明，在满足定理的条件下，曲线 $y=f(x)$上至少有一点 C，使曲线在点 C 处的切线平行于弦 AB.

从图 3.1.2 也可以看出，罗尔中值定理是拉格朗日中值定理在 $f(a)=f(b)$时的特殊情况.

从上述拉格朗日中值定理与罗尔中值定理的关系，自然会想到用罗尔中值定理来证明拉格朗日中值定理. 为此，我们设想构造一个辅助函数 $F(x)$既与 $f(x)$有密切的联系又满足罗尔中值定理，再把对 $F(x)$所得的结论转化到 $f(x)$上，从而证得所要的结果.

事实上，若设弦 AB 方程为 $\varphi(x)$，则

$$\varphi(x)=f(a)+\frac{f(b)-f(a)}{b-a}(x-a),$$

而曲线 $y=f(x)$与弦 AB 在区间端点处相交，故若令

$$F(x)=f(x)-\varphi(x)=f(x)-\left[f(a)+\frac{f(b)-f(a)}{b-a}(x-a)\right],$$

则 $F(x)$满足罗尔中值定理，下面就利用这个辅助函数 $F(x)$来证明拉格朗日中值定理.

证 构造辅助函数

$$F(x)=f(x)-\left[f(a)+\frac{f(b)-f(a)}{b-a}(x-a)\right].$$

容易验证 $F(x)$ 满足罗尔中值定理的条件，从而在 (a,b) 内至少存在一点 ξ，使得 $F'(\xi)=0$，即

$$f'(\xi)=\frac{f(b)-f(a)}{b-a}\quad 或\quad f(b)-f(a)=f'(\xi)(b-a).$$ 证毕.

设 $x,x+\Delta x\in(a,b)$，在区间 $[x,x+\Delta x]$ 上应用式(3.1)，则有

$$f(x+\Delta x)-f(x)=f'(x+\theta\Delta x)\Delta x\quad(0<\theta<1),$$

即

$$\Delta y=f'(x+\theta\Delta x)\Delta x\quad(0<\theta<1).\tag{3.2}$$

式(3.2)精确地表达了函数在一个区间上的增量与函数在该区间内某点的导数之间的关系，这个公式又称为**有限增量公式**.

由拉格朗日中值定理可以得出下面两个重要的推论：

推论 3.1.1 如果函数 $f(x)$ 在区间 I 上的导数恒为零，那么 $f(x)$ 在区间 I 上是一个常数.

证 在区间 I 上任意取两点 x_1,x_2，应用拉格朗日中值定理，由式(3.1)得

$$f(x_2)-f(x_1)=f'(\xi)(x_2-x_1)\quad(x_1<\xi<x_2).$$

由假设 $f'(\xi)=0$，所以

$$f(x_2)=f(x_1).$$

再由 x_1,x_2 的任意性知，$f(x)$ 在区间 I 上任意点处的函数值都相等，即 $f(x)$ 在区间 I 上是一个常数.

注 从第 2 章知道，常数函数的导数为零，综合推论 3.1.1 可知：函数 $f(x)$ 在区间 I 内恒为常数的充分必要条件是 $f'(x)\equiv 0,\forall x\in I$.

推论 3.1.2 如果函数 $f(x)$ 与 $g(x)$ 在区间 I 上恒有 $f'(x)=g'(x)$，则在区间 I 上

$$f(x)=g(x)+C\quad(C\text{ 为常数}).$$

证明略.

例 3.1.3 证明 $\arcsin x+\arccos x=\frac{\pi}{2}(-1\leqslant x\leqslant 1)$.

证 设 $f(x)=\arcsin x+\arccos x,x\in[-1,1]$，因为

$$f'(x)=\frac{1}{\sqrt{1-x^2}}+\left(-\frac{1}{\sqrt{1-x^2}}\right)=0,$$

所以 $f(x)\equiv C,x\in(-1,1)$. 又因为

$$f(0)=\arcsin 0+\arccos 0=0+\frac{\pi}{2}=\frac{\pi}{2},$$

则 $C=\frac{\pi}{2}$. 又当 $x=\pm 1$ 时，均有 $f(x)=\frac{\pi}{2}$，所以

$$\arcsin x+\arccos x=\frac{\pi}{2}\quad(-1\leqslant x\leqslant 1).$$

例 3.1.4 证明不等式 $\arctan x_2-\arctan x_1\leqslant x_2-x_1\ (x_1<x_2)$.

证 设 $f(x)=\arctan x$,显然 $f(x)$在$[x_1,x_2]$上满足拉格朗日中值定理的条件,因此有

$$\arctan x_2-\arctan x_1=\frac{1}{1+\xi^2}(x_2-x_1)\quad(x_1<\xi<x_2),$$

因为$\frac{1}{1+\xi^2}\leqslant 1$,所以可得

$$\arctan x_2-\arctan x_1\leqslant x_2-x_1.$$

3.1.3 柯西中值定理

定理 3.1.3(柯西中值定理,Cauchy mean value theorem) 若函数 $f(x)$及 $g(x)$满足条件:

(1)在闭区间$[a,b]$上连续;

(2)在开区间(a,b)内可导;

(3)在(a,b)内的任何一点处都有 $g'(x)\neq 0$,

则在(a,b)内至少存在一点 ξ,使得

$$\frac{f(b)-f(a)}{g(b)-g(a)}=\frac{f'(\xi)}{g'(\xi)}.$$

证 构造辅助函数

$$F(x)=f(x)-f(a)-\frac{f(b)-f(a)}{g(b)-g(a)}[g(x)-g(a)],$$

容易验证 $F(x)$满足罗尔中值定理的条件,所以在(a,b)内至少存在一点 ξ,使得 $F'(\xi)=0$,即

$$f'(\xi)-\frac{f(b)-f(a)}{g(b)-g(a)}g'(\xi)=0,$$

即

$$\frac{f(b)-f(a)}{g(b)-g(a)}=\frac{f'(\xi)}{g'(\xi)}.$$

注 容易看出拉格朗日中值定理是柯西中值定理当 $g(x)=x$ 时的特殊情况.

例 3.1.5 设函数 $f(x)$在$\left[0,\frac{\pi}{2}\right]$上连续,在$\left(0,\frac{\pi}{2}\right)$内可导,试证明至少存在一点 $\xi\in\left(0,\frac{\pi}{2}\right)$,使

$$f'(\xi)=\cos\xi\left[f\left(\frac{\pi}{2}\right)-f(0)\right].$$

证 题设结论可变形为

$$\frac{f\left(\frac{\pi}{2}\right)-f(0)}{1-0}=\frac{f'(\xi)}{\cos\xi}=\frac{f'(x)}{\sin' x}\bigg|_{x=\xi}.$$

因此，可设 $g(x)=\sin x$，则 $f(x)$，$g(x)$ 在 $\left[0,\frac{\pi}{2}\right]$ 上满足柯西中值定理的条件，所以在 $\left(0,\frac{\pi}{2}\right)$ 内至少存在一点 ξ，使得

$$\frac{f\left(\frac{\pi}{2}\right)-f(0)}{\sin\frac{\pi}{2}-\sin 0}=\frac{f'(\xi)}{\cos\xi},\quad 即\quad f'(\xi)=\cos\xi\left[f\left(\frac{\pi}{2}\right)-f(0)\right].$$

习题 3.1

1. 验证函数 $f(x)=x\sqrt{4-x}$ 在区间[0,4]上满足罗尔中值定理的条件，并求出使得结论成立的点 ξ.

2. 验证函数 $f(x)=x^3-1$ 在区间[1,2]上满足拉格朗日中值定理的条件，并求出使得结论成立的 ξ.

3. 函数 $f(x)=x^4-1$ 与 $g(x)=x^2$ 在区间[1,2]上是否满足柯西中值定理的所有条件，如满足，求出满足定理的数值 ξ.

4. 若 4 次方程 $a_0x^4+a_1x^3+a_2x^2+a_3x+a_4=0$ 有 4 个不同的实根，证明：

$$4a_0x^3+3a_1x^2+2a_2x+a_3=0$$

的所有根皆为实根.

5. 设 $f(x)$ 在[0,1]上连续，在(0,1)内可导，且 $f(1)=0$，证明：存在 $\xi\in(0,1)$，使得

$$f'(\xi)=-\frac{f(\xi)}{\xi}.$$

6. 试用拉格朗日中值定理证明：

(1) $|\sin x_2-\sin x_1|\leqslant|x_2-x_1|$；　　(2) 当 $x>0$ 时，$\frac{x}{1+x}<\ln(1+x)<x$.

7. 证明等式：$\arctan x+\operatorname{arccot} x=\frac{\pi}{2}$.

8. 设 $f(x)$ 在[1,2]上具有二阶导数 $f''(x)$，且 $f(2)=f(1)=0$. 若 $F(x)=(x-1)f(x)$. 证明：至少存在一点 $\xi\in(1,2)$，使得 $F''(\xi)=0$.

9. 设 $f(x)$ 在 $[a,b]$ 上连续，在 (a,b) 内可导，证明：在 (a,b) 内存在点 ξ 和 η，使得

$$f'(\xi)=\frac{a+b}{2\eta}f'(\eta).$$

3.2 洛必达法则

中值定理的一个重要的应用就是利用它推导出洛必达法则来计算一类特殊函数

的极限. 比如当 $x\to a$(或 $x\to\infty$)时,两个函数 $f(x)$与 $g(x)$都趋向于零或者都趋向于无穷大,那么极限$\lim\limits_{x\to a}\dfrac{f(x)}{g(x)}\left(\text{或}\lim\limits_{x\to\infty}\dfrac{f(x)}{g(x)}\right)$可能存在也可能不存在,通常把这种极限称为**未定式**,并分别记为$\dfrac{0}{0}$或$\dfrac{\infty}{\infty}$. 例如,$\lim\limits_{x\to 0}\dfrac{\sin x}{x}$,$\lim\limits_{x\to 0}\dfrac{\sin x}{x^3}$,$\lim\limits_{x\to\infty}\dfrac{\ln x}{x^n}$等都是未定式. 对于这类极限,不能用"商的极限等于极限的商"这一法则,而洛必达法则是解决这类问题的一个重要可行的方法.

3.2.1 $\dfrac{0}{0}$型与$\dfrac{\infty}{\infty}$型

定理 3.2.1 如果函数 $f(x)$与 $g(x)$都满足以下条件:

(1)当 $x\to a$ 时,函数 $f(x)$与 $g(x)$都趋于零;

(2)在点 a 的某去心邻域内,$f'(x)$与 $g'(x)$都存在且 $g'(x)\neq 0$;

(3)$\lim\limits_{x\to a}\dfrac{f'(x)}{g'(x)}$存在(或为无穷大),

则

$$\lim_{x\to a}\frac{f(x)}{g(x)}=\lim_{x\to a}\frac{f'(x)}{g'(x)}.$$

证 因为极限$\lim\limits_{x\to a}\dfrac{f(x)}{g(x)}$是否存在与 $f(a)$和 $g(a)$的取值无关,所以可以在点 a 处补充定义 $f(a)=g(a)=0$,又由条件(1)可知函数 $f(x)$与 $g(x)$在点 a 的某一邻域内是连续的. 设 x 是该邻域内的任意一点($x\neq a$),则 $f(x)$与 $g(x)$在以 x 与 a 为端点的区间上,满足柯西中值定理的条件,因此存在一点 ξ(ξ 介于 a 与 x 之间),使得

$$\frac{f(x)}{g(x)}=\frac{f(x)-f(a)}{g(x)-g(a)}=\frac{f'(\xi)}{g'(\xi)}.$$

当 $x\to a$ 时,有 $\xi\to a$,所以

$$\lim_{x\to a}\frac{f(x)}{g(x)}=\lim_{x\to a}\frac{f'(\xi)}{g'(\xi)}=\lim_{\xi\to a}\frac{f'(\xi)}{g'(\xi)}=\lim_{x\to a}\frac{f'(x)}{g'(x)}.$$

上述定理给出的这种在一定条件下通过先对分子、分母分别求导再求极限来确定未定式值的方法称为**洛必达法则**(L'Hospital rule).

注 如果$\dfrac{f'(x)}{g'(x)}$当 $x\to a$ 时还是$\dfrac{0}{0}$型,则可以再次使用洛必达法则,如果结果还是$\dfrac{0}{0}$型未定式,则可以继续使用下去,直至它不再是$\dfrac{0}{0}$型未定式为止.

例 3.2.1 求$\lim\limits_{x\to 0}\dfrac{1-\cos x}{x^2}$.

解 这是$\dfrac{0}{0}$型,利用洛必达法则,可得

$$\lim_{x\to 0}\frac{1-\cos x}{x^2}=\lim_{x\to 0}\frac{(1-\cos x)'}{(x^2)'}=\lim_{x\to 0}\frac{\sin x}{2x}=\frac{1}{2}.$$

例 3.2.2　求$\lim\limits_{x\to 1}\dfrac{x^4-4x+3}{2x^3-x^2-4x+3}$.

解　这是$\dfrac{0}{0}$型，连续使用两次洛必达法则，可得

$$\lim_{x\to 1}\frac{x^4-4x+3}{2x^3-x^2-4x+3}=\lim_{x\to 1}\frac{4x^3-4}{6x^2-2x-4}=\lim_{x\to 1}\frac{12x^2}{12x-2}=\frac{6}{5}.$$

注　上式中$\lim\limits_{x\to 1}\dfrac{12x^2}{12x-2}$已经不是未定式，不能再对它用洛必达法则，否则会出现错误.

例 3.2.3　求$\lim\limits_{x\to 0}\dfrac{\ln(1+x)}{x^2}$.

解　$\lim\limits_{x\to 0}\dfrac{\ln(1+x)}{x^2}=\lim\limits_{x\to 0}\dfrac{\frac{1}{x+1}}{2x}=\lim\limits_{x\to 0}\dfrac{1}{2x(x+1)}=\infty$.

注　对于$x\to\infty$时的未定式$\dfrac{0}{0}$，以及$x\to a$或$x\to\infty$时的未定式$\dfrac{\infty}{\infty}$，也有相应的洛必达法则，下面给出这个定理，请读者自己证明.

定理 3.2.2　如果函数$f(x)$与$g(x)$都满足以下条件：

(1)当$x\to\infty$时，函数$f(x)$与$g(x)$都趋向于无穷；

(2)在$|x|$充分大时，$f'(x)$与$g'(x)$都存在，且$g'(x)\neq 0$；

(3)$\lim\limits_{x\to\infty}\dfrac{f'(x)}{g'(x)}$存在(或为无穷大)，

则

$$\lim_{x\to\infty}\frac{f(x)}{g(x)}=\lim_{x\to\infty}\frac{f'(x)}{g'(x)}.$$

例 3.2.4　求$\lim\limits_{x\to 0^+}\dfrac{\ln\cot x}{\ln x}$.

解　
$$\lim_{x\to 0^+}\frac{\ln\cot x}{\ln x}=\lim_{x\to 0^+}\frac{\frac{1}{\cot x}\cdot(-\csc^2 x)}{\frac{1}{x}}=-\lim_{x\to 0^+}\frac{x}{\sin x\cos x}$$
$$=-\lim_{x\to 0^+}\frac{x}{\sin x}\lim_{x\to 0^+}\frac{1}{\cos x}=-1.$$

例 3.2.5　求$\lim\limits_{x\to+\infty}\dfrac{\ln x}{x^n}$.

解　$\lim\limits_{x\to+\infty}\dfrac{\ln x}{x^n}=\lim\limits_{x\to+\infty}\dfrac{\frac{1}{x}}{nx^{n-1}}=\lim\limits_{x\to+\infty}\dfrac{1}{nx^n}=0$.

注　在$\dfrac{0}{0}$或$\dfrac{\infty}{\infty}$未定式中，$\lim\dfrac{f'(x)}{g'(x)}$不存在，不能断言$\lim\dfrac{f(x)}{g(x)}$不存在！此时应

改用其他法求之.

例如,$\lim\limits_{x\to\infty}\dfrac{(\sin x-x)'}{x'}=\lim\limits_{x\to\infty}\dfrac{\cos x-1}{1}$,极限不存在.但实际上

$$\lim_{x\to\infty}\frac{\sin x-x}{x}=\lim_{x\to\infty}\left(\frac{1}{x}\sin x-1\right)=-1.$$

洛必达法则虽然是求未定式的一种有效方法,但若能与其他求极限的方法结合使用,效果则更好.例如能化简时应尽可能先化简,可以应用等价无穷小替换或重要极限时,应尽可能应用,以使运算尽可能简捷.

例 3.2.6 求 $\lim\limits_{x\to0}\dfrac{3x-\sin 3x}{(1-\cos x)\ln(1+2x)}$.

解 当 $x\to0$ 时,$1-\cos x\sim\dfrac{1}{2}x^2$,$\ln(1+2x)\sim2x$,

$$\lim_{x\to0}\frac{3x-\sin 3x}{(1-\cos x)\ln(1+2x)}=\lim_{x\to0}\frac{3x-\sin 3x}{x^3}=\lim_{x\to0}\frac{3-3\cos 3x}{3x^2}=\lim_{x\to0}\frac{3\sin 3x}{2x}=\frac{9}{2}.$$

3.2.2 其他类型的未定式($0\cdot\infty,\infty-\infty,0^0,\infty^0,1^\infty$)

(1)对于 $0\cdot\infty$型,可将乘积化为商的形式,即化为$\dfrac{0}{0}$或$\dfrac{\infty}{\infty}$型的未定式来计算.

例 3.2.7 求 $\lim\limits_{x\to+\infty}x\left(\dfrac{\pi}{2}-\arctan x\right)$.

解 这是 $0\cdot\infty$型,可将它变成$\dfrac{0}{0}$型.

$$\lim_{x\to+\infty}x\left(\frac{\pi}{2}-\arctan x\right)=\lim_{x\to+\infty}\frac{\dfrac{\pi}{2}-\arctan x}{\dfrac{1}{x}}=\lim_{x\to+\infty}\frac{-\dfrac{1}{1+x^2}}{-\dfrac{1}{x^2}}$$

$$=\lim_{x\to+\infty}\frac{x^2}{1+x^2}=1.$$

(2)对于$\infty-\infty$型,可通过通分化成$\dfrac{0}{0}$型或者$\dfrac{\infty}{\infty}$型的未定式来计算.

例 3.2.8 求$\lim\limits_{x\to0}\left(\dfrac{1}{x}-\dfrac{1}{e^x-1}\right)$.

解 $\lim\limits_{x\to0}\left(\dfrac{1}{x}-\dfrac{1}{e^x-1}\right)=\lim\limits_{x\to0}\dfrac{e^x-1-x}{x(e^x-1)}=\lim\limits_{x\to0}\dfrac{e^x-1}{e^x-1+xe^x}$

$$=\lim_{x\to0}\frac{e^x}{2e^x+xe^x}=\frac{1}{2}.$$

(3)对于 $0^0,\infty^0,1^\infty$型,可以先化为以 e 为底的指数函数的极限,再利用指数函数的连续性的性质,将极限符号和函数符号进行互换,先对指数求极限,即

$$\lim_{x\to a}f(x)=\lim_{x\to a}e^{\ln f(x)}=e^{\lim\limits_{x\to a}\ln f(x)}=e^A\quad(\text{设}\lim_{x\to a}\ln f(x)=A),$$

其中 A 是有限的数或者无穷.

例 3.2.9 求 $\lim\limits_{x\to 0^+}(\sin x)^x$.

解 $\lim\limits_{x\to 0^+}(\sin x)^x=\lim\limits_{x\to 0^+}\mathrm{e}^{\ln[(\sin x)^x]}=\lim\limits_{x\to 0^+}\mathrm{e}^{x\ln\sin x}=\mathrm{e}^{\lim\limits_{x\to 0^+}(x\ln\sin x)}$.

因为

$$\lim_{x\to 0^+}(x\ln\sin x)=\lim_{x\to 0^+}\frac{\ln\sin x}{\frac{1}{x}}=\lim_{x\to 0^+}\frac{\frac{\cos x}{\sin x}}{-\frac{1}{x^2}}=-\lim_{x\to 0^+}\frac{x^2\cos x}{\sin x}$$

$$=-\lim_{x\to 0^+}\frac{x^2\cos x}{x}=-\lim_{x\to 0^+}x\cos x=0,$$

所以原式 $=\mathrm{e}^0=1$.

例 3.2.10 求 $\lim\limits_{x\to 0^+}(\cot x)^{\frac{1}{\ln x}}$.

解 $\lim\limits_{x\to 0^+}(\cot x)^{\frac{1}{\ln x}}=\lim\limits_{x\to 0^+}\mathrm{e}^{\ln[(\cot x)^{\frac{1}{\ln x}}]}=\lim\limits_{x\to 0^+}\mathrm{e}^{\frac{\ln\cot x}{\ln x}}=\mathrm{e}^{\lim\limits_{x\to 0^+}\left(\frac{-\tan x\cdot\csc^2 x}{\frac{1}{x}}\right)}$

$$=\mathrm{e}^{\lim\limits_{x\to 0^+}\left(-\frac{1}{\cos x}\cdot\frac{x}{\sin x}\right)}=\mathrm{e}^{-1}.$$

例 3.2.11 求 $\lim\limits_{x\to 1}x^{\frac{1}{1-x}}$.

解 $\lim\limits_{x\to 1}x^{\frac{1}{1-x}}=\lim\limits_{x\to 1}\mathrm{e}^{\frac{1}{1-x}\ln x}=\mathrm{e}^{\lim\limits_{x\to 1}\frac{\ln x}{1-x}}=\mathrm{e}^{\lim\limits_{x\to 1}\frac{\frac{1}{x}}{-1}}=\mathrm{e}^{-1}$.

习题 3.2

1. 用洛必达法则求下列极限:

(1) $\lim\limits_{x\to 0}\dfrac{\sin ax}{\sin bx}$;

(2) $\lim\limits_{x\to 0}\dfrac{x-\sin x}{x^3}$;

(3) $\lim\limits_{x\to 1}\dfrac{x^3-3x+2}{x^3-x^2-x+1}$;

(4) $\lim\limits_{x\to\frac{\pi}{2}}\dfrac{\tan x}{\tan 3x}$;

(5) $\lim\limits_{x\to+\infty}\dfrac{(\ln x)^2}{\sqrt{x}}$;

(6) $\lim\limits_{x\to\frac{\pi}{2}^+}\dfrac{\ln\left(x-\frac{\pi}{2}\right)}{\tan x}$;

(7) $\lim\limits_{x\to 0}x^2\mathrm{e}^{\frac{1}{x^2}}$;

(8) $\lim\limits_{x\to 0}x\cot x$;

(9) $\lim\limits_{x\to\frac{\pi}{2}}(\sec x-\tan x)$;

(10) $\lim\limits_{x\to 1}\left(\dfrac{x}{x-1}-\dfrac{1}{\ln x}\right)$;

(11) $\lim\limits_{x\to 0^+}x^{\tan x}$;

(12) $\lim\limits_{x\to+\infty}x^{\frac{1}{x}}$;

(13) $\lim\limits_{x\to 0}(1+\sin x)^{\frac{1}{x}}$;

(14) $\lim\limits_{x\to 1}x^{\frac{x}{1-x}}$.

2. 验证下列极限存在,但不能用洛必达法则求出.

(1) $\lim\limits_{x\to 0}\dfrac{x^2\sin\frac{1}{x}}{\sin x}$;

(2) $\lim\limits_{x\to\infty}\dfrac{x+\sin x}{x}$.

3. 设 $f(x)$ 在 $x=0$ 处二阶可导，且 $f(0)=0$，试确定 a 的值使 $g(x)$ 在 $x=0$ 处可导，并求 $g'(0)$，其中

$$g(x)=\begin{cases}\dfrac{f(x)}{x}, & x\neq 0,\\ a, & x=0.\end{cases}$$

3.3 泰勒公式

对于一些比较复杂的函数，为了便于研究，往往希望用一些简单的函数来近似表达. 由于用多项式表示的函数，只要对自变量进行有限次加、减、乘三种算术运算，便能求出它的函数值来，因此我们经常用多项式来近似表达函数.

在微分的应用中已经知道，当 $|x|$ 很小时，有如下的近似等式：

$$e^x\approx 1+x,\quad \ln(1+x)\approx x.$$

这些都是用一次多项式来近似表达函数的例子. 但是这种近似表达式存在明显的不足之处：首先是精度不高，它所产生的误差仅是关于 x 的高阶无穷小；其次是用它来作近似计算时，不能具体估算出误差大小. 因此，当精确度要求较高且需要估计误差的时候，就必须用高次多项式来近似表达函数，同时给出误差估计式.

于是，我们要考虑的问题是：设函数 $f(x)$ 在含有 x_0 的开区间内具有直到 $n+1$ 阶导数，能否找出一个关于 $(x-x_0)$ 的 n 次多项式

$$p_n(x)=a_0+a_1(x-x_0)+a_2(x-x_0)^2+\cdots+a_n(x-x_0)^n \tag{3.3}$$

使得

$$f(x)\approx p_n(x), \tag{3.4}$$

且误差 $R_n(x)=f(x)-p_n(x)$ 是比 $(x-x_0)^n$ 高阶的无穷小，并给出误差的具体表达式.

这个问题的答案是肯定的. 假设 $p_n(x)$ 在 x_0 处的函数值及它的直到 n 阶导数在 x_0 处的值依次与 $f(x_0),f'(x_0),\cdots,f^{(n)}(x_0)$ 相等，即满足

$$\begin{aligned}&p_n(x_0)=f(x_0),\quad p_n'(x_0)=f'(x_0),\\&p_n''(x_0)=f''(x_0),\quad \cdots,\quad p_n^{(n)}(x_0)=f^{(n)}(x_0),\end{aligned} \tag{3.5}$$

按这些等式来确定多项式(3.3)的系数 $a_0,a_1,a_2,\cdots,a_n$. 为此，对(3.3)求各阶导数，然后分别代入式(3.5)，得

$$a_0=f(x_0),\quad 1\cdot a_1=f'(x_0),\quad 2!\cdot a_2=f''(x_0),\quad \cdots,\quad n!a_n=f^{(n)}(x_0),$$

即

$$a_0=f(x_0),\quad a_k=\frac{1}{k!}f^{(k)}(x_0)\quad (k=1,2,\cdots,n). \tag{3.6}$$

将所有得到的系数 $a_0,a_1,a_2,\cdots,a_n$ 代入式(3.3)，有

$$p_n(x)=f(x_0)+f'(x_0)(x-x_0)+\frac{f''(x_0)}{2!}(x-x_0)^2+\cdots+\frac{f^{(n)}(x_0)}{n!}(x-x_0)^n. \tag{3.7}$$

下面的定理表明,多项式(3.7)就是所要找出的 n 次多项式.

定理 3.3.1(泰勒(Taylor)中值定理) 如果函数 $f(x)$ 在含有 x_0 的某个开区间 (a,b) 内具有直到 $n+1$ 阶的导数,则对任一 $x\in(a,b)$,有

$$f(x)=f(x_0)+f'(x_0)(x-x_0)+\frac{f''(x_0)}{2!}(x-x_0)^2+\cdots+\frac{f^{(n)}(x_0)}{n!}(x-x_0)^n+R_n(x), \tag{3.8}$$

其中

$$R_n(x)=\frac{f^{(n+1)}(\xi)}{(n+1)!}(x-x_0)^{n+1}, \tag{3.9}$$

这里 ξ 是介于 x_0 与 x 之间的某个值.

证明略.

多项式(3.7)称为函数 $f(x)$ 按 $(x-x_0)$ 的幂展开的 **n 阶泰勒多项式**(n order Taylor polynomial),式(3.8)称为 $f(x)$ 按 $(x-x_0)$ 的幂展开的 **n 阶泰勒公式**(n order Taylor formula),$R_n(x)$ 的表达式(3.9)称为**拉格朗日型余项**(Lagrange's remainder term).

当 $n=0$ 时,泰勒公式变成拉格朗日中值定理:

$$f(x)=f(x_0)+f'(\xi)(x-x_0)\quad(\xi\text{ 在 }x_0\text{ 与 }x\text{ 之间}).$$

因此,泰勒中值定理是拉格朗日中值定理的推广.

如果对于某个固定的 n,当 $x\in(a,b)$ 时,$|f^{(n+1)}(x)|\leqslant M$,则有估计式:

$$|R_n(x)|=\left|\frac{f^{(n+1)}(\xi)}{(n+1)!}(x-x_0)^{n+1}\right|\leqslant\frac{M}{(n+1)!}|x-x_0|^{n+1} \tag{3.10}$$

及

$$\lim_{x\to x_0}\frac{R_n(x)}{(x-x_0)^n}=0.$$

所以,当 $x\to x_0$ 时,误差 $R_n(x)$ 是比 $(x-x_0)^n$ 高阶的无穷小,即

$$R_n(x)=o((x-x_0)^n). \tag{3.11}$$

$R_n(x)$ 的表达式(3.11)称为**佩亚诺型余项**(Peano's remainder term).

这样,我们提出的问题都得到了解决.

在不需要余项的精确表达式时,n 阶泰勒公式也可写成

$$f(x)=f(x_0)+f'(x_0)(x-x_0)+\frac{f''(x_0)}{2!}(x-x_0)^2+\cdots+\frac{f^{(n)}(x_0)}{n!}(x-x_0)^n+o((x-x_0)^n). \tag{3.12}$$

式(3.12)称为 $f(x)$ 按 $(x-x_0)$ 的幂展开的带有佩亚诺型余项的 n 阶泰勒公式.

在泰勒公式(3.8)中,取 $x_0=0$,则 ξ 在 0 与 x 之间,因此,可令 $\xi=\theta x(0<\theta<1)$,由式(3.8)或(3.9),得

$$f(x)=f(0)+f'(0)x+\frac{f''(0)}{2!}x^2+\cdots+\frac{f^{(n)}(0)}{n!}x^n+\frac{f^{(n+1)}(\theta x)}{(n+1)!}x^{n+1}\quad(0<\theta<1).\tag{3.13}$$

式(3.13)称为带有拉格朗日型余项的**麦克劳林公式**(Maclaurin formula).

在泰勒公式(3.12)中,取 $x_0=0$,则得到带有佩亚诺型余项的麦克劳林公式:

$$f(x)=f(0)+f'(0)x+\frac{f''(0)}{2!}x^2+\cdots+\frac{f^{(n)}(0)}{n!}x^n+o(x^n).\tag{3.14}$$

从式(3.13)或式(3.14)可得近似公式

$$f(x)\approx f(0)+f'(0)x+\frac{f''(0)}{2!}x^2+\cdots+\frac{f^{(n)}(0)}{n!}x^n.\tag{3.15}$$

误差估计式(3.10)相应变成

$$|R_n(x)|\leqslant\frac{M}{(n+1)!}|x|^{n+1}.\tag{3.16}$$

例 3.3.1 写出函数 $f(x)=\mathrm{e}^x$ 的带有拉格朗日型余项的 n 阶麦克劳林公式.

解 因为

$$f'(x)=f''(x)=\cdots=f^{(n)}(x)=\mathrm{e}^x,$$

所以

$$f'(0)=f''(0)=\cdots=f^{(n)}(0)=1.$$

注意到 $f^{(n+1)}(\theta x)=\mathrm{e}^{\theta x}$,代入式(3.13)即得所求的麦克劳林公式

$$\mathrm{e}^x=1+x+\frac{x^2}{2!}+\cdots+\frac{x^n}{n!}+\frac{\mathrm{e}^{\theta x}}{(n+1)!}x^{n+1}\quad(0<\theta<1).$$

由此可见,函数 e^x 的 n 阶泰勒多项式为

$$p_n(x)=1+x+\frac{x^2}{2!}+\cdots+\frac{x^n}{n!},$$

用 $p_n(x)$ 近似 e^x 所产生的误差为

$$|R_n(x)|\leqslant\left|\frac{\mathrm{e}^{\theta x}}{(n+1)!}x^{n+1}\right|<\frac{\mathrm{e}^{|x|}}{(n+1)!}|x|^{n+1}\quad(0<\theta<1).$$

若取 $x=1$,则得到无理数 e 的近似表达式为

$$\mathrm{e}\approx1+1+\frac{1}{2!}+\cdots+\frac{1}{n!},$$

其误差

$$|R_n(x)|<\frac{\mathrm{e}}{(n+1)!}<\frac{3}{(n+1)!}.$$

当 $n=10$ 时,可算出 $\mathrm{e}\approx2.718282$,其误差不超过 10^{-6}.

例 3.3.2 求 $f(x)=\sin x$ 的带有拉格朗日型余项的 n 阶麦克劳林公式.

解 因为

$$f'(x)=\cos x,\quad f''(x)=-\sin x,\quad f'''(x)=-\cos x,$$

$$f^{(4)}(x)=\sin x,\quad \cdots,\quad f^{(n)}(x)=\sin\left(x+\frac{n\pi}{2}\right),$$

所以 $f'(0)=1,f''(0)=0,f'''(0)=-1,f^{(4)}(0)=0$,等等. $\sin x$ 的各阶导数依次循环地取四个数 $0,1,0,-1$,于是得(令 $n=2m$)

$$\sin x=x-\frac{x^3}{3!}+\frac{x^5}{5!}-\cdots+(-1)^{m-1}\frac{x^{2m-1}}{(2m-1)!}+R_{2m}(x),$$

其中

$$R_{2m}(x)=\frac{\sin\left(\theta x+(2m+1)\frac{\pi}{2}\right)}{(2m+1)!}x^{2m+1}\quad(0<\theta<1),$$

如果取 $m=1$,则得近似公式 $\sin x\approx x$,其误差为

$$|R_2|=\left|\frac{\sin\left(\theta x+\frac{3\pi}{2}\right)}{3!}x^3\right|\leqslant\frac{|x^3|}{6}\quad(0<\theta<1).$$

如果取 m 分别为 2 和 3,则可分别得到 $\sin x$ 的 3 阶和 5 阶泰勒多项式

$$p_3(x)=x-\frac{1}{3!}x^3,\quad p_5(x)=x-\frac{1}{3!}x^3+\frac{1}{5!}x^5,$$

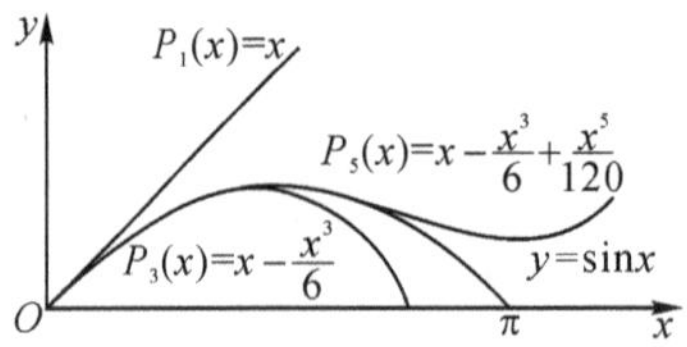

图 3.3.1

其误差的绝对值分别不超过 $\frac{1}{5!}|x|^5$ 和 $\frac{1}{7!}|x|^7$. 以上三个近似多项式及正弦函数的图形如图 3.3.1 所示.

按上述两例的方法,可得到常用的初等函数的麦克劳林公式:

$$e^x=1+x+\frac{x^2}{2!}+\cdots+\frac{x^n}{n!}+o(x^n);$$

$$\sin x=x-\frac{x^3}{3!}+\frac{x^5}{5!}-\cdots+(-1)^n\frac{x^{2n+1}}{(2n+1)!}+o(x^{2n+2});$$

$$\cos x=1-\frac{x^2}{2!}+\frac{x^4}{4!}-\cdots+(-1)^n\frac{x^{2n}}{(2n)!}+o(x^{2n+1});$$

$$\ln(1+x)=x-\frac{x^2}{2}+\frac{x^3}{3}-\cdots+(-1)^{n-1}\frac{x^n}{n}+o(x^n);$$

$$\frac{1}{1-x}=1+x+x^2+\cdots+x^n+o(x^n);$$

$$(1+x)^m=1+mx+\frac{m(m-1)}{2!}x^2+\cdots$$

$$+\frac{m(m-1)\cdots(m-n+1)}{n!}x^n+o(x^n)\quad(m>n).$$

例 3.3.3 利用带有佩亚诺型余项的麦克劳林公式，求极限$\lim\limits_{x\to 0}\dfrac{\sin x - x\cos x}{\sin^3 x}$.

解 因为当 $x\to 0$ 时，$\sin^3 x$ 与 x^3 等价，我们只需将分子中的 $\sin x$ 和 $x\cos x$ 分别用带有佩亚诺型余项的三阶麦克劳林公式表示，即

$$\sin x = x - \frac{x^3}{3!} + o(x^3),\quad x\cos x = x - \frac{x^3}{2!} + o(x^3).$$

于是

$$\lim_{x\to 0}\frac{\sin x - x\cos x}{\sin^3 x} = \lim_{x\to 0}\frac{x - \frac{x^3}{3!} + o(x^3) - \left[x - \frac{x^3}{2!} + o(x^3)\right]}{x^3} = \lim_{x\to 0}\frac{\frac{x^3}{3} + o(x^3)}{x^3} = \frac{1}{3}.$$

习题 3.3

1. 按 $x-4$ 的幂展开多项式 $f(x)=x^4-5x^3+x^2-3x+4$.

2. 求函数 $f(x)=\sqrt{x}$按 $x-4$ 的幂展开的带有拉格朗日型余项的三阶泰勒公式.

3. 求函数 $f(x)=\dfrac{1}{x}$按 $x+1$ 的幂展开的带有拉格朗日型余项的 n 阶泰勒公式.

4. 求函数 $f(x)=xe^x$ 的带有佩亚诺型余项的 n 阶麦克劳林公式.

5. 验证当 $0<x\leqslant\dfrac{1}{2}$时，按公式 $e^x\approx 1+x+\dfrac{x^2}{2}+\dfrac{x^3}{6}$计算 e^x 的近似值时，所产生的误差小于0.01，并求$\sqrt{e}$的近似值，使误差小于 0.01.

6. 利用泰勒公式求下列极限：

(1) $\lim\limits_{x\to+\infty}(\sqrt[3]{x^3+3x}-\sqrt[4]{x^4-2x^2})$；

(2) $\lim\limits_{x\to 0}\dfrac{1+\frac{1}{2}x^2-\sqrt{1+x^2}}{(\cos x - e^{x^2})\sin x^2}$.

3.4 函数的单调性与曲线的凹凸性

函数的单调性和曲线的凹凸性是我们研究函数图形的时候经常考虑的问题，第 1 章已经介绍了函数在某个区间上单调的概念，但是利用定义来判断函数的单调性，对于一般的函数，往往都是有难度的，本节将介绍利用导数来判断函数的单调性和凹凸性的方法.

3.4.1 函数的单调性

如何利用导数研究函数的单调性呢？先考察图 3.4.1.

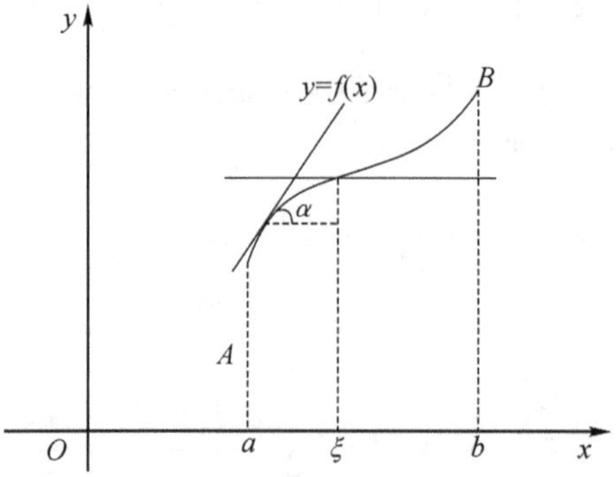

图 3.4.1

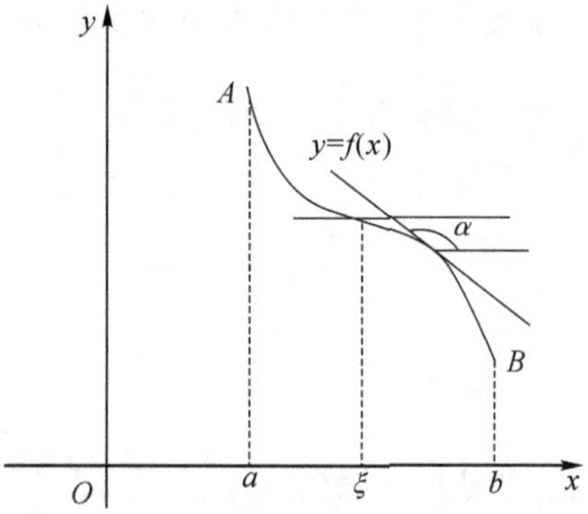

图 3.4.2

从几何直观看，如果函数 $y=f(x)$ 在区间 (a,b) 上单调递增，那么它的图形是一条沿着 x 轴正向上升的曲线，这时曲线上各点的切线斜率都是非负的，即 $y'=f'(x)\geqslant 0$；反之，如图 3.4.2，函数 $y=f(x)$ 在区间 (a,b) 上单调递减，那么它的图形是一条沿着 x 轴正向下降的曲线，这时曲线上各点的切线斜率都是非正的，即 $y'=f'(x)\leqslant 0$. 由此可见，函数的单调性与导数的符号有着密切的联系.

根据拉格朗日中值定理，有如下定理：

定理 3.4.1 设函数 $y=f(x)$ 在 $[a,b]$ 上连续，在 (a,b) 内可导.

(1)若在 (a,b) 内 $f'(x)>0$，则函数在 $[a,b]$ 上单调递增；

(2)若在 (a,b) 内 $f'(x)<0$，则函数在 $[a,b]$ 上单调递减.

证 由于函数满足拉格朗日中值定理的条件，所以在区间 (a,b) 上任取两点 x_1，$x_2\in(a,b)$，不妨设 $x_1<x_2$，则必存在一点 $\xi(x_1<\xi<x_2)$，使得

$$f(x_2)-f(x_1)=f'(\xi)(x_2-x_1).$$

(1)若在 (a,b) 内 $f'(x)>0$，则 $f'(\xi)>0$，所以 $f(x_2)>f(x_1)$，即 $y=f(x)$ 在 $[a,b]$ 上单调递增；

(2)若在 (a,b) 内 $f'(x)<0$，则 $f'(\xi)<0$，所以 $f(x_2)<f(x_1)$，即 $y=f(x)$ 在 $[a,b]$ 上单调递减.

注 将此定理中的闭区间换成其他的各种区间(包括无穷区间)，结论也成立.

例 3.4.1 讨论函数 $y=\arctan x-x$ 在区间 $[0,+\infty)$ 上的单调性.

解 因为在 $(0,+\infty)$ 内，

$$y'=\frac{1}{1+x^2}-1<0,$$

所以由定理 3.4.1 知，函数 $y=\arctan x-x$ 在 $[0,+\infty)$ 上单调递减.

例 3.4.2 讨论函数 $y=e^x-x-1$ 的单调性.

解 函数的定义域为 $(-\infty,+\infty)$，又由

$$y'=e^x-1,$$

所以在$(-\infty,0)$内，$y'<0$，则函数$y=e^x-x-1$在$(-\infty,0]$上单调递减；在$(0,+\infty)$内，$y'>0$，则函数$y=e^x-x-1$在$[0,+\infty)$上单调递增.

例 3.4.3 讨论函数$y=\sqrt[3]{x^2}$的单调性.

解 函数的定义域为$(-\infty,+\infty)$，又由

$$y'=\frac{2}{3\sqrt[3]{x}},$$

当$x=0$时，函数的导数不存在. 在$(-\infty,0)$内，$y'<0$，因此函数$y=\sqrt[3]{x^2}$在$(-\infty,0]$上单调递减；在$(0,+\infty)$内，$y'>0$，因此函数$y=\sqrt[3]{x^2}$在$[0,+\infty)$上单调递增. 函数的图形见图 3.4.3.

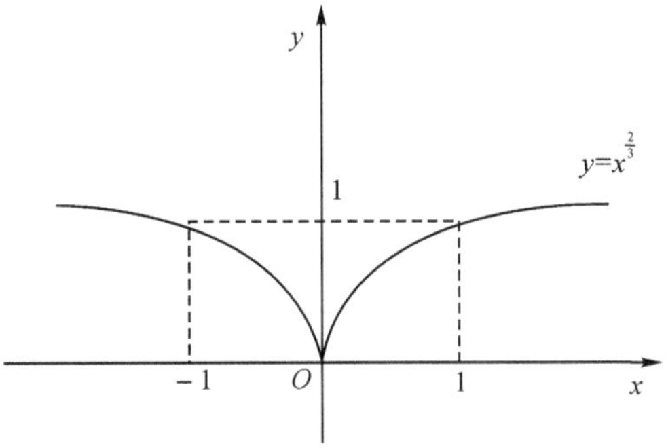

图 3.4.3

注 从例 3.4.2 和例 3.4.3 知道，对函数$y=f(x)$单调性的讨论，应先求出使得函数导数为零的点以及不可导的点，把这些点作为区间的分界点，将定义域划分成若干个区间，然后再分别讨论各个区间函数的导数$f'(x)$的符号，从而确定出函数$y=f(x)$在各个区间的单调性.

例 3.4.4 求函数$y=2x^3-6x^2-18x-7$的单调区间.

解 函数的定义域为$(-\infty,+\infty)$，又

$$y'=6x^2-12x-18=6(x-3)(x+1),$$

解方程$f'(x)=0$得$x_1=-1$，$x_2=3$. 这两个根将定义域$(-\infty,+\infty)$分成了三个区间$(-\infty,-1]$，$[-1,3]$及$[3,+\infty)$.

在$(-\infty,-1)$内，$f'(x)>0$，所以$f(x)$在$(-\infty,-1]$上单调递增.

在$(-1,3)$内，$f'(x)<0$，所以$f(x)$在$[-1,3]$上单调递减.

在$(3,+\infty)$内，$f'(x)>0$，所以$f(x)$在$[3,+\infty)$上单调递增.

所以，$f(x)$的单调递增区间为$(-\infty,-1]$和$[3,+\infty)$，单调递减区间为$[-1,3]$. 函数的图形见图 3.4.4.

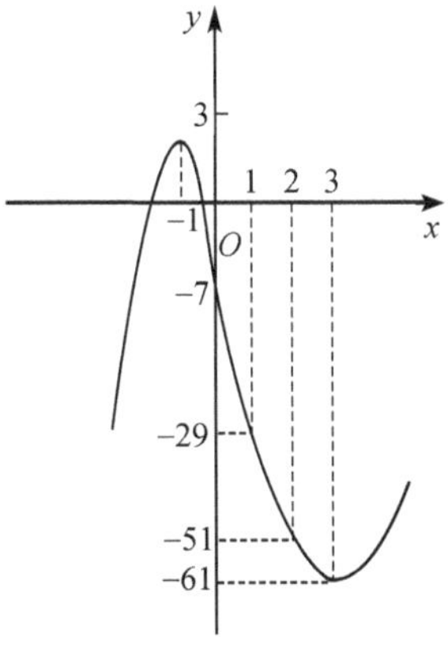

图 3.4.4

例 3.4.5 证明：当$x>0$时，$1+\frac{1}{2}x>\sqrt{1+x}$.

证　令 $f(x)=1+\frac{1}{2}x-\sqrt{1+x}$,则

$$f'(x)=\frac{1}{2}-\frac{1}{2}\frac{1}{\sqrt{1+x}}=\frac{1}{2}\left(1-\frac{1}{\sqrt{1+x}}\right).$$

$f(x)$在$[0,\infty)$上连续,在$(0,\infty)$内 $f'(x)>0$,因此 $f(x)$在$[0,\infty)$上单调递增,从而当 $x>0$ 时,$f(x)>f(0)$.

由于 $f(0)=0$,故 $f(x)>f(0)=0$,即

$$f(x)=1+\frac{1}{2}x-\sqrt{1+x}>0,$$

亦即

$$1+\frac{1}{2}x>\sqrt{1+x}.$$

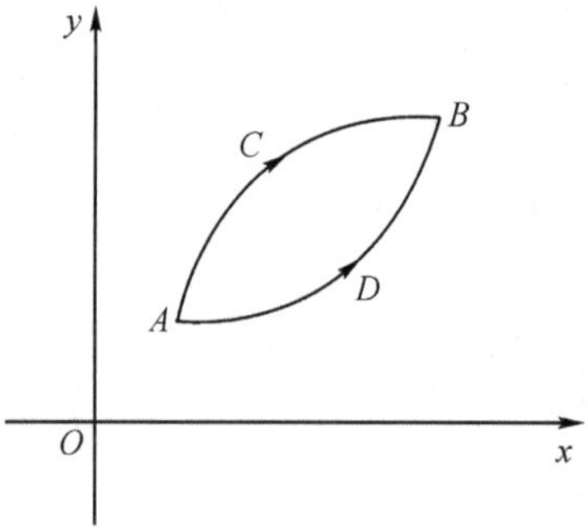

图 3.4.5

3.4.2　函数的凹凸性

函数的单调性反映在图形上,就是曲线的上升或下降.但是,曲线在上升或者下降的过程中,还有一个弯曲方向的问题.例如,图 3.4.5 中有两条曲线弧,虽然都是单调上升的,但曲线弧弯曲的方向却明显不同.ACB 是上凸的曲线弧,而 ADB 则是上凹的曲线弧,它们凹凸性不同.下面我们就来研究曲线的凹凸性及其判定方法.

先从几何直观来分析,在图 3.4.6 中,如果任取两点,则连接这两点的弦总位于这两点间的弧段的上方;而在图 3.4.7 中,则正好相反.因此曲线的凹凸性可以用连接曲线弧上任意两点的弦的中点与曲线弧上相应点的位置关系来描述.

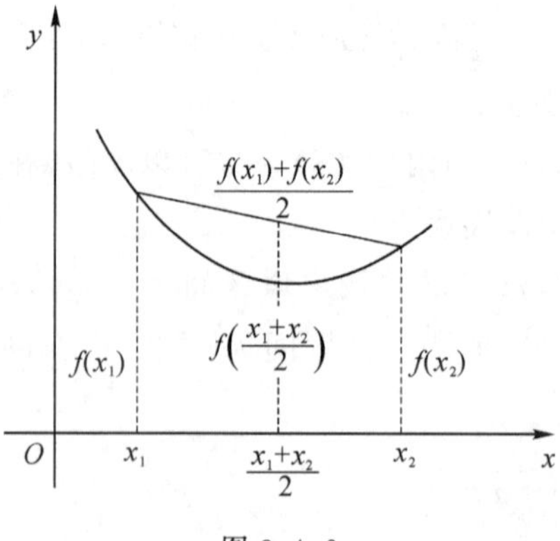

图 3.4.6

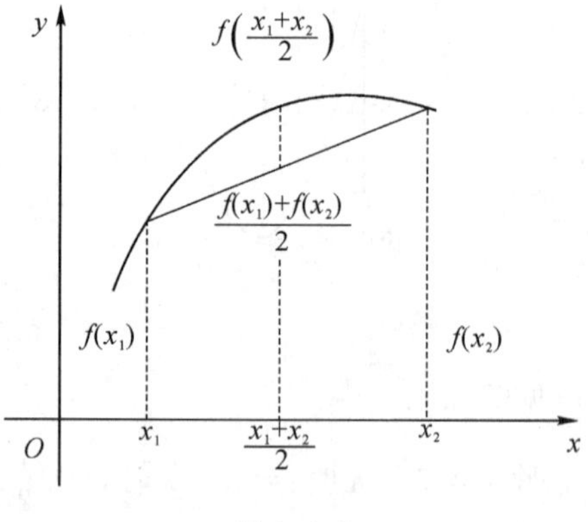

图 3.4.7

定义 3.4.1 设 $f(x)$ 在区间 I 上连续，如果对 I 上任意两点 x_1, x_2，恒有

$$f\left(\frac{x_1+x_2}{2}\right)<\frac{f(x_1)+f(x_2)}{2},$$

则称 $f(x)$ 在 I 上的图形是(向上)**凹的**(或**凹弧**)；如果恒有

$$f\left(\frac{x_1+x_2}{2}\right)>\frac{f(x_1)+f(x_2)}{2},$$

则称 $f(x)$ 在 I 上的图形是(向上)**凸的**(或**凸弧**).

从几何直观上看，对于凹曲线(图 3.4.8)，当 x 逐渐增加时，其上每一点切线的斜率是逐渐增大的，即导数 $f'(x)$ 是单调增加的函数，也即 $f''(x)>0$；而凸曲线(图 3.4.9)上每一点切线的斜率是逐渐减小的，即导数 $f'(x)$ 是单调减少的函数，也即 $f''(x)<0$. 于是，可以利用函数的二阶导数来判断曲线凹凸性.

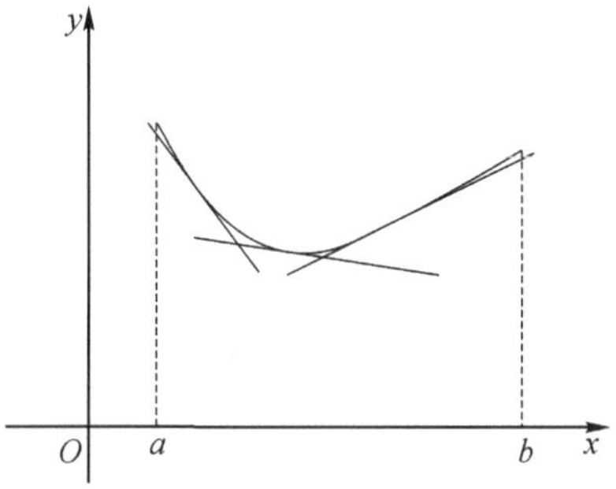

图 3.4.8

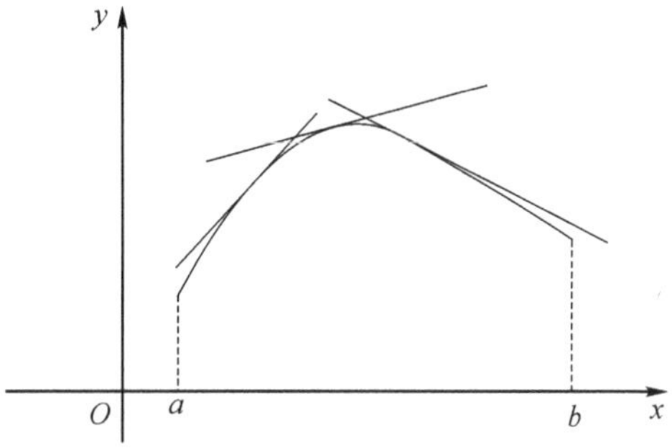

图 3.4.9

定理 3.4.2 设 $f(x)$ 在 $[a,b]$ 上连续，在 (a,b) 内具有一阶和二阶导数，则

(1) 若在 (a,b) 内，$f''(x)>0$，则 $f(x)$ 在 $[a,b]$ 上的图形是凹的；

(2) 若在 (a,b) 内，$f''(x)<0$，则 $f(x)$ 在 $[a,b]$ 上的图形是凸的.

证 在情形(1)中，设 x_1 和 x_2 为 (a,b) 内任意两点，且 $x_1<x_2$，记 $\frac{x_1+x_2}{2}=x_0$，并记

$$x_2-x_0=x_0-x_1=h,$$

则由拉格朗日中值定理，得

$$f(x_0)-f(x_1)=f'(\xi_1)h,\quad \xi_1\in(x_1,x_0),$$
$$f(x_2)-f(x_0)=f'(\xi_2)h,\quad \xi_2\in(x_0,x_2),$$

两式相减，得

$$f(x_2)+f(x_1)-2f(x_0)=[f'(\xi_2)-f'(\xi_1)]h. \tag{3.17}$$

在 (ξ_1,ξ_2) 上对再次用拉格朗日中值定理，得

$$f'(\xi_2)-f'(\xi_1)=f''(\xi)(\xi_2-\xi_1),\quad \xi\in(\xi_1,\xi_2).$$

将上式代入式(3.17)，得

$$f(x_2)+f(x_1)-2f(x_0)=f''(\xi)(\xi_2-\xi_1)h.$$

由题设条件知 $f''(\xi)>0$,并注意到 $\xi_2-\xi_1>0$,则有

$$f(x_2)+f(x_1)-2f(x_0)>0,$$

亦即

$$\frac{f(x_1)+f(x_2)}{2}>f\left(\frac{x_1+x_2}{2}\right),$$

所以 $f(x)$ 在 (a,b) 上的图形是凹的.

类似地可以证明情形(2).

例 3.4.6 判断函数 $y=\ln(1+x)$ 的凹凸性.

解 因为 $y'=\frac{1}{1+x}$,$y''=-\frac{1}{(1+x)^2}<0$,所以,函数在其定义域 $(-1,+\infty)$ 内是凸的.

例 3.4.7 判断函数 $y=x^3$ 的凹凸性.

解 因为 $y'=3x^2$,$y''=6x$,定义域为 $(-\infty,+\infty)$,所以,当 $x<0$ 时,$y''<0$,曲线在 $(-\infty,0]$ 内是凸的;当 $x>0$ 时,$y''>0$,曲线在 $[0,+\infty)$ 内是凹的.

注 在例 3.4.7 中,点 $(0,0)$ 是使得曲线由凸变凹的分界点.一般地,把此类分界点称为拐点.

定义 3.4.2 连续曲线上凹弧和凸弧的分界点称为曲线的**拐点**.

由拐点的概念可知,若函数 $f(x)$ 在点 x_0 左右两侧临近有二阶导数存在且异号,则 $(x_0,f(x_0))$ 就是曲线的一个拐点.所以要寻找拐点,只要找出使得 $f''(x)$ 符号发生变化的分界点即可.如果函数 $f(x)$ 在区间内具有连续的二阶导数,则在这样的分界点处必有 $f''(x)=0$;此外,$f(x)$ 的二阶导数不存在的点,也可能是使 $f''(x)$ 符号发生变化的分界点.

综合上面的分析,判断曲线的凹凸性及其拐点,可以按照以下的步骤进行:

(1)求函数的二阶导数 $f''(x)$;

(2)令 $f''(x)=0$,解出这个方程在区间 I 内的全部实根,并求出二阶导数不存在的点;

(3)对于(2)中的每一个点,检查 $f''(x)$ 在其左右两侧的符号,确定曲线的凹凸区间和拐点.

例 3.4.8 求函数 $y=2x^4-3x^3+1$ 的凹凸区间以及拐点.

解 函数的定义域为 $(-\infty,+\infty)$,

$$y'=8x^3-9x^2,\quad y''=24x^2-18x=6x(4x-3).$$

令 $y''=0$,解得 $x_1=0$,$x_2=\frac{3}{4}$.

$x_1=0$,$x_2=\frac{3}{4}$ 把函数的定义域 $(-\infty,+\infty)$ 分成了三个区间:$(-\infty,0]$,$\left[0,\frac{3}{4}\right]$,$\left[\frac{3}{4},+\infty\right)$.

在$(-\infty,0)$内，$y''>0$，因此曲线在区间$(-\infty,0]$上是凹的.

在$\left(0,\frac{3}{4}\right)$内，$y''<0$，因此曲线在区间$\left[0,\frac{3}{4}\right]$上是凸的.

在$\left(\frac{3}{4},+\infty\right)$内，$y''>0$，因此曲线在区间$\left[\frac{3}{4},+\infty\right)$上是凹的.

又因为 $f(0)=1, f\left(\frac{3}{4}\right)=\frac{47}{128}$，所以点$(0,1)$和$\left(\frac{3}{4},\frac{47}{128}\right)$为曲线的拐点.

例 3.4.9 求函数 $y=x^{\frac{1}{3}}$ 的凹凸区间以及拐点.

解 函数的定义域为$(-\infty,+\infty)$，因为

$$y'=\frac{1}{3\sqrt[3]{x^2}},\quad y''=-\frac{2}{9x\sqrt[3]{x^2}}.$$

当 $x=0$ 时，y'，y''都不存在. 所以 $x=0$ 为 y''不存在的点.

点 $x=0$ 将定义域区间$(-\infty,+\infty)$分成了两个区间：$(-\infty,0]$，$[0,+\infty)$.

在$(-\infty,0)$内，$y''>0$，因此曲线在区间$(-\infty,0]$上是凹的；在$(0,+\infty)$内，$y''<0$，曲线在$[0,+\infty)$上是凸的.

所以点$(0,0)$是曲线的一个拐点.

习题 3.4

1. 讨论函数 $f(x)=x-\sin x$ 在$[0,2\pi]$上的单调性.

2. 求下列函数的单调区间：

(1) $y=2x^3-9x^2+12x-3$；　(2) $y=x-\frac{3}{2}\sqrt[3]{x^2}$；

(3) $y=x^3-3x$；　(4) $y=x^2-\ln(x+1)$；

(5) $y=x^2e^{2x}$；　(6) $y=(x-1)^2(x+1)^3$.

3. 证明下列不等式：

(1) 当 $x>0$ 时，$\ln(1+x)>x-\frac{1}{2}x^2$；

(2) 当 $x>1$ 时，$2\sqrt{x}>3-\frac{1}{x}$；

(3) 当 $0<x<\frac{\pi}{2}$时，$\tan x>x+\frac{1}{3}x^3$；

(4) 当 $x>0$ 时，$1+x\ln(x+\sqrt{1+x^2})>\sqrt{1+x^2}$.

4. 证明方程 $x^5+x+1=0$ 在区间$(-1,0)$内有且只有一个实根.

5. 求下列函数的凹凸区间以及拐点：

(1) $y=3x^4-4x^3+1$；　(2) $y=4-\sqrt[3]{x-9}$；　(3) $y=xe^x$；

(4) $y=x-\ln(1+x)$；　(5) $y=\frac{2x}{1+x^2}$；　(6) $y=e^{\arctan x}$.

6. 利用函数图形的凹凸性，证明下列不等式：

(1) $\frac{1}{2}(x^n+y^n)>\left(\frac{x+y}{2}\right)^n\quad(x>0,y>0,x\neq y,n>1)$；

(2) $\cos\frac{x+y}{2}>\frac{\cos x+\cos y}{2}\quad \left(x,y\in\left(-\frac{\pi}{2},\frac{\pi}{2}\right)\right)$.

7. 问 a 及 b 为何值时，点(1,1)为曲线 $y=ax^3+b\ln x$ 的拐点？

8. 试确定曲线 $y=ax^3+bx^2+cx+d$ 中的 a,b,c,d，使得在 $x=-2$ 处曲线有水平切线，(1，−10)为拐点，且点(−2,44)在曲线上.

3.5 函数的极值与最大值最小值

3.5.1 函数的极值

在例 3.4.4 中，我们看到点 $x=-1$ 及 $x=3$ 是函数

$$y=2x^3-6x^2-18x-7$$

的单调区间的分界点.在点 $x=-1$ 的左侧临近，函数 $f(x)$ 是单调增加的，在点 $x=-1$ 的右侧临近，函数 $f(x)$ 是单调减少的.因此，存在着点 $x=-1$ 的一个去心邻域，对于这个去心邻域内的任何点 x，都有 $f(x)<f(-1)$ 成立.类似地，关于点 $x=3$，也存在着一个去心邻域，对于这去心邻域内的任何点 x，都有 $f(x)>f(3)$ 成立.具有这样性质的点如 $x=-1$ 及 $x=3$，在实际应用中有着重要的意义，因此引入函数极值的概念.

定义 3.5.1 设函数 $f(x)$ 在点 x_0 的某邻域 $U(x_0)$ 内有定义，如果对于去心邻域 $\mathring{U}(x_0)$ 内的任意一点 x，有

$$f(x)<f(x_0)\quad (\text{或 } f(x)>f(x_0)),$$

那么就称函数 $f(x)$ 在点 x_0 处取得**极大值**(maximum)(或**极小值**(minimum))，而称 x_0 为函数的**极大值点**(或**极小值点**).

函数的极大值与极小值统称为**极值**.极大值点与极小值点统称为**极值点**(extreme point).

例如，例 3.4.4 中的函数 $y=2x^3-6x^2-18x-7$ 在 $x=-1$ 处取得极大值 $f(-1)=3$，在 $x=3$ 处取得极小值 $f(3)=-61$，点 $x=-1$ 及 $x=3$ 为函数的极值点.

函数的极值的概念是局部性的.如果 $f(x_0)$ 是函数 $f(x)$ 的一个极大值(或极小值)，那只是就 x_0 附近的一个局部范围来说，$f(x_0)$ 是最大值(最小值)，对于函数 $f(x)$ 的整个定义域来说，$f(x_0)$ 就不一定是最大值(或最小值)了.

在图 3.5.1 中，函数有两个极大值 $f(x_2)$，$f(x_5)$，三个极小值 $f(x_1)$，$f(x_4)$，$f(x_6)$，其中极大值 $f(x_2)$ 比极小值 $f(x_6)$ 还小.在整个定义域区间上，只有 $f(x_1)$ 既是极小值同时也是最小值，而没有一个极大值是最大值，最大值在区间端点 $x=b$ 处取得，为 $f(b)$.从图中还可以看到，在曲线取得极值处，曲线上切线是水平的.但是曲线上有水平切线的地方(比如 $x=x_3$ 处)，函数却不一定取得极值.

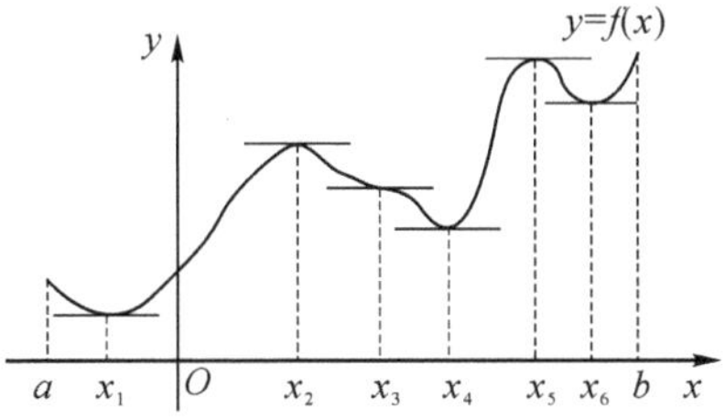

图 3.5.1

定理 3.5.1(极值取得的必要条件) 设函数 $f(x)$在 x_0 处可导,且在 x_0 处取得极值,那么 $f'(x_0)=0$.

证 设 $f(x)$在 x_0 取得极大值 $f(x_0)$,由定义可知,在 x_0 的某个邻域内的任何点 x,只要 $x\neq x_0$,都有 $f(x)<f(x_0)$.

于是

$$\frac{f(x)-f(x_0)}{x-x_0}>0 \quad (\text{当 } x<x_0 \text{ 时}),$$

$$\frac{f(x)-f(x_0)}{x-x_0}<0 \quad (\text{当 } x>x_0 \text{ 时}),$$

因此,根据定理假设 $f(x)$在 x_0 处可导,所以

$$f'_-(x_0)=f'(x_0)=\lim_{x\to x_0^-}\frac{f(x)-f(x_0)}{x-x_0}\geqslant 0,$$

$$f'_+(x_0)=f'(x_0)=\lim_{x\to x_0^+}\frac{f(x)-f(x_0)}{x-x_0}\leqslant 0,$$

所以 $f'(x_0)=0$.

同理可证明极小值的情形.

使得 $f'(x)=0$ 的点,称为函数的**驻点**(stagnation point).根据定理 3.5.1 可知,可导函数的极值点必定是它的驻点.但是反过来,驻点却不一定是极值点.例如,$f(x)=x^3$ 在点 $x=0$ 处的导数等于零,但是显然 $x=0$ 不是 $f(x)=x^3$ 的极值点.因此函数的驻点只是可能的极值点.此外,函数在它的导数不存在的点处也可能取得极值.例如,函数$f(x)=|x|$在点 $x=0$ 处不可导,但是函数在该点取得极小值.函数在它的不可导的点处,也并不一定都能取得极值点,如函数 $f(x)=x^{\frac{1}{3}}$ 在点 $x=0$ 处不可导,但在这点处也没有极值.

从上面的分析可以看到,函数的极值可能在函数的驻点和不可导点处取到,那么怎样判断函数的驻点和不可导点是否为函数的极值点,以及更进一步判断极值点为极大值点还是极小值点呢?下面给出两个判定极值的充分条件.

定理 3.5.2(第一充分条件) 设函数 $f(x)$在点 x_0 的某个邻域$(x_0-\delta,x_0+\delta)$内连续并且可导(导数 $f'(x_0)$可以不存在),那么

(1)若当 $x\in(x_0-\delta,x_0)$ 时,$f'(x)>0$;当 $x\in(x_0,x_0+\delta)$ 时,$f'(x)<0$,则 $f(x)$ 在点 x_0 处取得极大值 $f(x_0)$.

(2)若当 $x\in(x_0-\delta,x_0)$ 时,$f'(x)<0$;当 $x\in(x_0,x_0+\delta)$ 时,$f'(x)>0$,则 $f(x)$ 在点 x_0 处取得极小值 $f(x_0)$.

(3)若当 $x\in(x_0-\delta,x_0)\cup(x_0,x_0+\delta)$ 时,$f'(x)$ 的符号不变,则 $f(x)$ 在点 x_0 处没有极值.

证 就情形(1)来说,当 $x\in(x_0-\delta,x_0)$ 时,$f'(x)>0$,则 $f(x)$ 在 $x\in(x_0-\delta,x_0)$ 内单调增加,所以 $f(x)<f(x_0)$.

当 $x\in(x_0,x_0+\delta)$ 时,$f'(x)<0$,则 $f(x)$ 在 $x\in(x_0,x_0+\delta)$ 内单调减少,所以 $f(x)<f(x_0)$.

即对于 $x\in(x_0-\delta,x_0)\cup(x_0,x_0+\delta)$,总有 $f(x)<f(x_0)$,又因为函数 $f(x)$ 在点 x_0 处连续,故由函数极值的定义可知,$f(x)$ 在点 x_0 处取得极大值(图 3.5.2(a)).

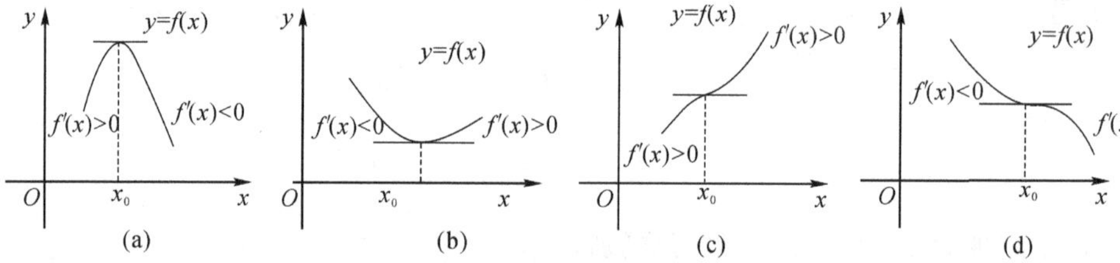

图 3.5.2

类似地,可证明情形(2)(图 3.5.2(b))及情形(3)(图 3.5.2(c)、(d)).

根据定理 3.5.1 和定理 3.5.2,如果函数在所讨论的区间内连续,除个别点外处处可导,则可按照下面的步骤来求函数的极值点和极值:

(1)确定函数 $f(x)$ 的定义域,并求出函数的导数 $f'(x)$;

(2)求出 $f(x)$ 的全部驻点以及不可导的点;

(3)考察在每个驻点以及不可导点左、右两侧临近范围内符号变化的情况,以确定该点是否为极值点;如果是极值点,进一步判断出是极大值点还是极小值点.

(4)求出各个极值点的函数值,就得到了函数 $f(x)$ 的全部极值.

例 3.5.1 求函数 $f(x)=(x-2)\sqrt[3]{(x+3)^2}$ 的极值.

解 (1)函数在 $(-\infty,+\infty)$ 内连续,且 $f'(x)=\dfrac{5(x+1)}{3\sqrt[3]{x+3}}$,除 $x=-3$ 外处处可导.

(2)令 $f'(x)=0$,得驻点 $x=-1$;而 $x=-3$ 为 $f(x)$ 的不可导点.

(3)在 $(-\infty,-3)$ 内,$f'(x)>0$;在 $(-3,-1)$ 内,$f'(x)<0$,故不可导点 $x=-3$ 是 $f(x)$ 一个极大值点;又在 $(-1,+\infty)$ 内,$f'(x)>0$,故驻点 $x=-1$ 是 $f(x)$ 一个极小值点.

(4)极大值为 $f(-3)=0$,极小值为 $f(-1)=-3\sqrt[3]{4}$.

当函数在驻点处的二阶导数存在且不为零时，也可以用下述定理来判断在驻点处取得极大值还是极小值.

定理 3.5.3(第二充分条件) 设函数 $f(x)$在 x_0 处具有二阶导数且 $f'(x_0)=0$，$f''(x_0)\neq 0$，那么

(1)当 $f''(x_0)<0$ 时，函数 $f(x)$在 x_0 处取得极大值；

(2)当 $f''(x_0)>0$ 时，函数 $f(x)$在 x_0 处取得极小值.

证 在情形(1)中，由于 $f''(x_0)<0$，按二阶导数的定义有

$$f''(x_0)=\lim_{x\to x_0}\frac{f'(x)-f'(x_0)}{x-x_0}<0,$$

根据函数极限的局部保号性，当 x 在 x_0 的足够小的去心邻域内时，有

$$\frac{f'(x)-f'(x_0)}{x-x_0}<0,$$

因为 $f'(x_0)=0$，所以上式可变成

$$\frac{f'(x)}{x-x_0}<0,$$

即 $f'(x)$与 $x-x_0$ 异号，即当 $x<x_0$ 时，$f'(x)>0$；当 $x>x_0$ 时，$f'(x)<0$. 根据定理 3.5.2 可知，$f(x)$在点 x_0 处取得极大值.

类似地可证明情形(2).

例 3.5.2 求函数 $f(x)=x^3-3x^2-9x+5$ 的极值.

解 函数 $f(x)$在$(-\infty,+\infty)$内连续，且

$$f'(x)=3x^2-6x-9=3(x+1)(x-3).$$

令 $f'(x)=0$，得驻点 $x=-1$，$x=3$. 又 $f''(x)=6x-6$，因为

$$f''(-1)=-12<0,\quad f''(3)=12>0,$$

所以，极大值 $f(-1)=10$，极小值 $f(3)=-22$.

注 当 $f''(x_0)=0$ 时，定理 3.5.3 失效，$f(x)$在点 x_0 处不一定取得极值，则应用第一充分条件判断.

例 3.5.3 求函数 $f(x)=(x^2-1)^3+1$ 的极值.

解 函数 $f(x)$在$(-\infty,+\infty)$内连续，

$$f'(x)=6x(x^2-1)^2.$$

令 $f'(x)=0$，得驻点 $x_1=-1$，$x_2=0$，$x_3=1$. 又

$$f''(x)=6(x^2-1)(5x^2-1),$$

因为 $f''(0)=6>0$，所以 $f(x)$在 $x=0$ 处取得极小值，极小值为 $f(0)=0$. 又 $f''(-1)=f''(1)=0$，所以定理 3.5.3 失效了，仍然用定理 3.5.2(第一充分条件)来判断. 考察一阶导数 $f'(x)$在驻点 $x_1=-1$ 及 $x_3=1$ 左右邻近处的符号：在$(-\infty,-1)$内，$f'(x)<0$；在$(-1,0)$内，$f'(x)<0$；在$(0,1)$内，$f'(x)>0$；在$(1,+\infty)$内，$f'(x)>0$. 也就是说在 $x_1=-1$ 及 $x_3=1$ 两侧邻近，$f'(x)$的符号没有改变，所以这两个点都不

是极值点.

3.5.2 函数的最大值与最小值

在现实生活的很多实际问题中,比如工农业生产,工程技术,经济管理以及科学实验中,常常会碰到这样一类问题:在一定的条件下,怎样达到“产量最多”、“耗材最省”、“利润最大”、“成本最低”、“效率最高”等问题,这类问题当我们建立一个简单的数学模型时,就归结为求某一个函数(通常称为目标函数)的最大值或最小值的问题.

怎样求一个函数的最大值或者最小值呢?我们先来分析一下:

假设函数 $f(x)$在闭区间$[a,b]$上连续,则函数在该区间上必取得最大值与最小值.函数的最大值与最小值是一个整体的概念,它指的是在整个闭区间$[a,b]$上的所有函数值中最大(小)的,而极值是一个局部性的最大(小)值,它指的是在开区间(a,b)内的某点的某个邻域内的最大(小)值.如果函数 $f(x)$的最大(小)值在开区间(a,b)内的点 x_0 处取到,那么 $f(x_0)$必是 $f(x)$的极大(小)值.当然,函数的最值也可能在区间的端点处取到.

从上面的分析,可以得到求函数 $f(x)$在$[a,b]$上的最大(小)值的步骤:

(1)求出函数 $f(x)$在(a,b)内的所有驻点以及不可导的点.

(2)计算出所有驻点、不可导的点以及端点处的函数值,选最大的那个为函数 $f(x)$最大值,最小的那个为函数 $f(x)$的最小值.

例 3.5.4 求函数 $f(x)=x^4-8x^2+2$ 在$[-1,3]$上的最大值与最小值.

解 因为

$$f'(x)=4x^3-16x=4x(x^2-4),$$

令 $f'(x)=0$,得驻点 $x=0$,$x=-2$ 及 $x=2$.没有不可导的点,因为 $x=-2$ 不在区间$[-1,3]$内,所以舍去.

计算

$$f(0)=2,\quad f(-1)=-5,\quad f(2)=-14,\quad f(3)=11.$$

比较函数值得到:最大值 $f(3)=11$,最小值 $f(2)=-14$.

例 3.5.5 求函数 $f(x)=(x-4)\sqrt[3]{(x+1)^2}$在区间$[-2,3]$上的最大值与最小值.

解 因为

$$f'(x)=\frac{5(x-1)}{3\sqrt[3]{x+1}},$$

令 $f'(x)=0$,得驻点 $x=1$;且 $x=-1$ 为 $f(x)$的不可导点.

计算

$$f(-2)=-6,\quad f(-1)=0,\quad f(1)=-3\sqrt[3]{4},\quad f(3)=-2\sqrt[3]{2}.$$

比较函数值得到:最大值 $f(-1)=0$,最小值 $f(-2)=-6$.

例 3.5.6 铁路线上 AB 段的距离为 100km. 工厂 C 距 A 处 20km, AC 垂直于 AB(图 3.5.3). 为了运输需要,要在 AB 线上选定一点 D 向工厂建筑一条公路. 已知铁路每千米货运的运费与公路上每千米货运的运费之比为 3∶5. 为了使得货运从供应站 B 运到工厂 C 的运费最省,问 D 点应选在何处?

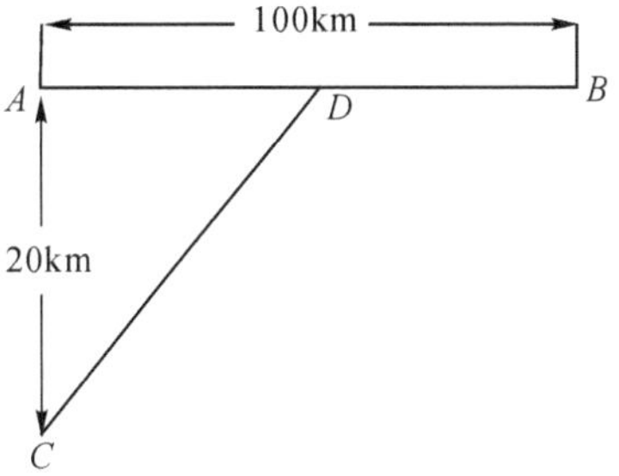

图 3.5.3

解 设 $AD=x$(km),那么

$$DB=100-x,\quad CD=\sqrt{20^2+x^2}=\sqrt{400+x^2}.$$

设铁路上每千米货运的运费为 $3k$,公路上每千米货运的运费为 $5k$(k 为某个正数). 则 B 与 C 之间运费的总运费为

$$y=5k\cdot CD+3k\cdot DB,$$

即

$$y=5k\sqrt{400+x^2}+3k(100-x)\quad(0\leqslant x\leqslant 100).$$

由于

$$y'=k\left(\frac{5x}{\sqrt{400+x^2}}-3\right),$$

解方程 $y'=0$,得 $x=15$(km). 由于 $y|_{x=0}=400k$, $y|_{x=15}=380k$, $y|_{x=100}=100k\sqrt{26}$,其中以 $y|_{x=15}=380k$ 为最小,因此,当 $AD=x=15$(km)时,总运费为最省.

如果在实际问题的应用中碰到这样的情形:在求函数 $f(x)$ 的最大值与最小值的时候,函数 $f(x)$ 在一个区间(有限或无限,开或闭)内可导且只有一个驻点 x_0,并且这个驻点 x_0 是函数 $f(x)$ 的极值点,那么,当 $f(x_0)$ 是极大值时,$f(x_0)$ 就是 $f(x)$ 在该区间上的最大值;当 $f(x_0)$ 是极小值时,$f(x_0)$ 就是 $f(x)$ 在该区间上的最小值(图 3.5.4).

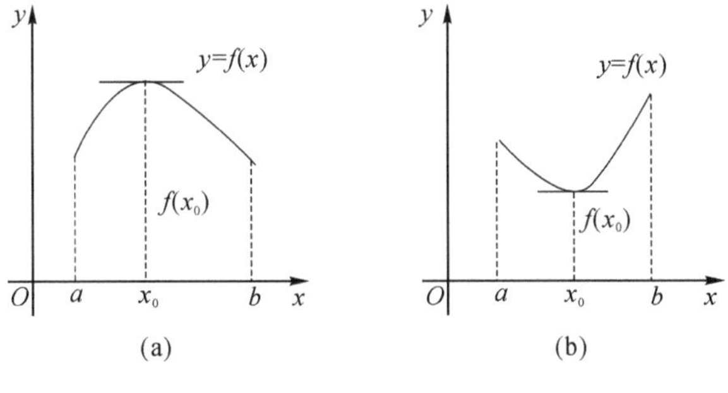

图 3.5.4

例 3.5.7 某电脑销售公司每月有 100 台电脑要销售,当每台电脑定价为 3500 元时,电脑可全部销售出去,但是当电脑的价格每增加 50 元时,就有一台电脑销售不出去,而每一台销售出去的电脑要给出 100 元现金作赠品. 试问每台电脑的价格定为多少时可获得最大收入?

解 设每台电脑的定价为 x 元,则销售出去的电脑为 $100-\dfrac{x-3500}{50}$ 台,每月的总收入为

$$R(x)=(x-100)\left(100-\frac{x-3500}{50}\right)=(x-100)\left(170-\frac{x}{50}\right).$$

由

$$R'(x)=\left(170-\frac{x}{50}\right)+(x-100)\left(-\frac{1}{50}\right)=172-\frac{1}{25}x,$$

解方程 $R'(x)=0$,得唯一驻点 $x=4300$. 所以每月每台电脑定价为 4300 元时收入最大,最大收入为 $R(4300)=352800$ 元.

习题 3.5

1. 求下列函数的极值:

(1) $y=x^3+3x^2-24x-20$; (2) $y=(x-4)\sqrt[3]{(x+1)^2}$; (3) $y=x^2e^{-x}$;

(4) $y=x+\ln(1+x)$; (5) $y=\tan x-x$; (6) $y=1-x^{-\frac{1}{3}}$.

2. 求下列函数的最值:

(1) $y=2x^3-6x^2-18x+11, x\in[-2,4]$; (2) $y=x^{\frac{2}{3}}-(x^2-1)^{\frac{1}{3}}, x\in[0,2]$.

3. 试问 a 为何值时,函数 $f(x)=ae^x+e^{-x}$ 在 $x=0$ 处取得极值? 它是极大值还是极小值? 并求此极值.

4. 一正方形铁皮,边长为 a 厘米,从它的四角截去四个相等的小正方形,剩下的部分做成一个无盖的盒子,问被截去的小正方形的边长为多少厘米时,才能使盒子的容积最大?

5. 某水厂要造一个容积为 V 的圆柱形带盖储水池,问如何确定底半径 r 和高 h,使得所用的材料最省?

6. 某房地产公司有 50 套公寓要出租,当租金为每月 180 元时,公寓可全部出租出去,当每月租金每增加 10 元时,就有一套公寓租不出去,而租出去的公寓每月需花 20 元的维修费用. 试问房租定为多少可获得最大收入?

3.6 函数图形的描绘

在前面几节的讨论中,我们通过讨论函数的一、二阶导数的情况得到了函数的有关单调性、凹凸性、极值点与拐点、极值与最值的性质,而这些性质反映在函数的曲线上,可以确定曲线上升或下降的趋势、曲线的弯曲方向以及曲线局部与整个定义域上的最值,这些性质可以帮助我们大致确定曲线的图形.

有些函数的定义域与值域都是有限区间,此时函数的图形局限于一定的范围之内,如圆、椭圆等. 而有些函数的定义域或值域是无穷区间,此时函数的图形向无穷远处延伸,如双曲线、抛物线等. 有些向无穷远延伸的曲线,呈现出越来越接近某一直线的性态,这种直线就是曲线的渐近线.

下面我们介绍曲线的渐近性,因为它也有助于确定某些曲线的图形.

3.6.1 曲线的渐近线

定义 3.6.1 如果曲线 $y=f(x)$上的一动点沿着曲线趋于无穷远时,该点与某条定直线 L 的距离趋向于零,则直线 L 就称为曲线 $y=f(x)$的一条**渐近线**(asymptote).

渐近线可分为三种:水平渐近线、铅直渐近线与斜渐近线.

1. 水平渐近线

若曲线 $y=f(x)$的定义域是无限区间,且有

$$\lim_{x\to-\infty} f(x)=C \quad 或 \quad \lim_{x\to+\infty} f(x)=C,$$

则称直线 $y=C$ 为曲线 $y=f(x)$的一条**水平渐近线**(horizontal asymptote).

2. 铅直渐近线

若曲线 $y=f(x)$在点 x_0 处间断,且

$$\lim_{x\to x_0^-} f(x)=\infty \quad 或 \quad \lim_{x\to x_0^+} f(x)=\infty,$$

则称直线 $x=x_0$ 为曲线 $y=f(x)$的一条**铅直渐近线**(vertical asymptote).

例 3.6.1 求曲线 $y=\dfrac{1}{x-1}$的水平渐近线和铅直渐近线.

解 因为$\lim\limits_{x\to\infty}\dfrac{1}{x-1}=0$,所以 $y=0$ 为曲线的水平渐近线.

又因为$\lim\limits_{x\to1}\dfrac{1}{x-1}=\infty$,所以 $x=1$ 为曲线的铅直渐近线(图 3.6.1).

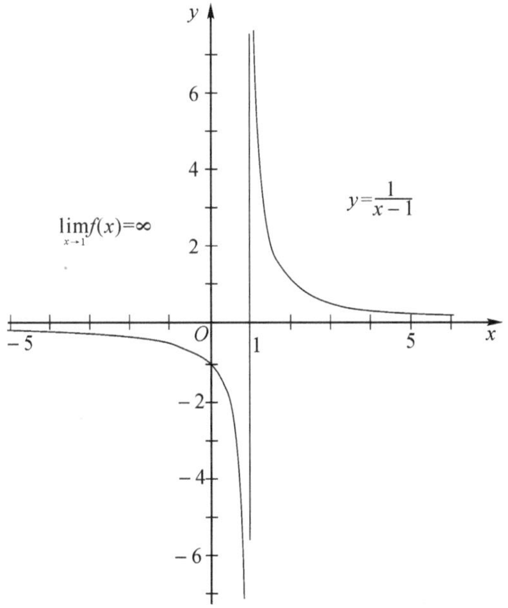

图 3.6.1

3. 斜渐近线

若 $\lim\limits_{x\to-\infty}[f(x)-(kx+b)]=0$ 或 $\lim\limits_{x\to+\infty}[f(x)-(kx+b)]=0$ 成立，则称直线 $y=kx+b$ 为曲线 $y=f(x)$ 的一条**斜渐近线**(skew asymptote).

下面求 k,b 的计算公式，以 $x\to+\infty$ 为例推导：

由 $\lim\limits_{x\to+\infty}[f(x)-(kx+b)]=0$ 有

$$\lim_{x\to+\infty}x\left[\frac{f(x)}{x}-k-\frac{b}{x}\right]=0,$$

因为 $x\to+\infty$，所以有

$$\lim_{x\to+\infty}\left[\frac{f(x)}{x}-k-\frac{b}{x}\right]=\lim_{x\to+\infty}\frac{f(x)}{x}-k=0,$$

即

$$k=\lim_{x\to+\infty}\frac{f(x)}{x},\quad b=\lim_{x\to+\infty}[f(x)-kx].$$

例 3.6.2 求曲线 $y=\dfrac{x^3}{(x-1)^2}$ 的渐近线.

解 函数的定义域为 $(-\infty,1)\cup(1,+\infty)$，因为

$$\lim_{x\to1}\frac{x^3}{(x-1)^2}=+\infty,$$

所以直线 $x=1$ 是曲线的铅直渐近线. 又因为

$$k=\lim_{x\to\infty}\frac{f(x)}{x}=\lim_{x\to\infty}\frac{x^3}{x(x-1)^2}=1,$$

$$b=\lim_{x\to\infty}[f(x)-kx]=\lim_{x\to\infty}\left[\frac{x^3}{(x-1)^2}-x\right]=\lim_{x\to\infty}\frac{2x^2-x}{(x-1)^2}=2,$$

所以直线 $y=x+2$ 是曲线的斜渐近线.

3.6.2 函数图形的描绘

综合上述对于函数各种性态的讨论，可以大致描绘出函数的图形. 其一般步骤如下：

(1)确定函数的定义域，讨论函数的奇偶性、周期性、有界性；

(2)求出函数的一阶和二阶导数，并求出一阶和二阶导数在定义域内的全部零点以及函数的一阶导数、二阶导数不存在的点. 用这些点将定义域划分成若干个区间；

(3)确定函数的一阶和二阶导数在这些区间的符号，并由此确定函数的单调性、凹凸性、极值点以及拐点.

(4)确定函数图形的渐近线；

(5)根据曲线可以适当补充一些辅助点，如曲线与坐标轴的交点，曲线的端点等；

然后根据(2)、(3)的结果，用平滑曲线连接所描出的各个点，从而画出曲线的图形.

例 3.6.3 作函数 $y=x^3-3x^2-9x+2$ 的图形.

解 (1)函数的定义域为$(-\infty,+\infty)$；

(2)$y'=3x^2-6x-9=3(x+1)(x-3)$，$y''=6x-6=6(x-1)$；令 $y'=0$，得 $x_1=-1$，$x_2=3$；令 $y''=0$，得 $x_3=1$.

(3)列表确定函数的单调区间、凹凸区间、极值点和拐点(表 3.6.1).

表 3.6.1

x	$(-\infty,-1)$	-1	$(-1,1)$	1	$(1,3)$	3	$(3,+\infty)$
$f'(x)$	+	0	−	−	−	0	+
$f''(x)$	−	−	−	0	+	+	+
$f(x)$	↗	极大值 $f(-1)=7$	↘	拐点 $(1,-9)$	↘	极小值 $f(3)=-25$	↗

(4)作一些辅助点：$f(-1)=7$，$f(0)=2$，$f(1)=-9$，$f(3)=-25$.

根据以上的信息，用平滑的曲线连接这些点，作出函数的图形(图 3.6.2).

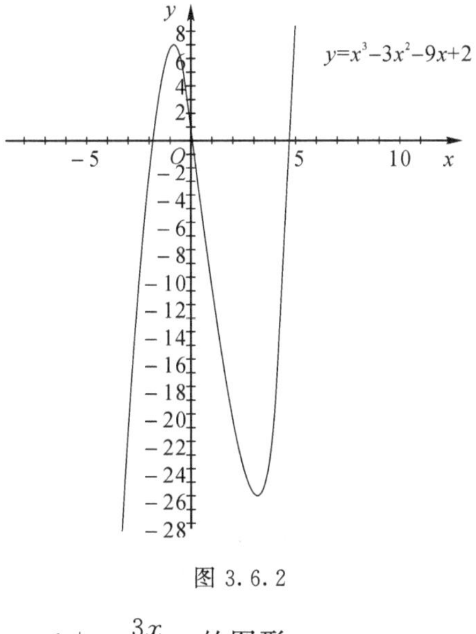

图 3.6.2

例 3.6.4 作函数 $y=1+\dfrac{3x}{(x+2)^2}$ 的图形.

解 (1)函数的定义域为$(-\infty,-2)\cup(2,+\infty)$.

(2)$y'=\dfrac{3(2-x)}{(x+2)^3}$，$y''=\dfrac{6(x-4)}{(x+2)^4}$. 令 $y'=0$，得 $x=2$；令 $y''=0$，得 $x=4$；$x=-2$ 为函数的间断点.

(3)列表确定函数的单调区间、凹凸区间、极值点和拐点(表 3.6.2).

表 3.6.2

x	$(-\infty,-2)$	-2	$(-2,2)$	2	$(2,4)$	4	$(4,+\infty)$
$f'(x)$	$-$		$+$	0	$-$	$-$	$-$
$f''(x)$	$-$		$-$	$-$	$-$	0	$+$
$f(x)$	↘	间断	↗	极大值 $f(2)=\frac{11}{8}$	↘	拐点 $\left(4,\frac{4}{3}\right)$	↘

(4)由于$\lim\limits_{x\to\infty}\left[1+\frac{3x}{(x+2)^2}\right]=1$，$\lim\limits_{x\to-2}\left[1+\frac{3x}{(x+2)^2}\right]=-\infty$，所以函数有一条水平渐近线 $y=1$ 和一条铅直渐近线 $x=-2$.

(5)作一些辅助点：$f(2)=\frac{11}{8}$，$f(4)=\frac{4}{3}$，$f(0)=1$，$f(-1)=-2$，$f(1)=\frac{4}{3}$.

根据以上信息，用平滑的曲线连接这些点，作出函数的图形(图 3.6.3).

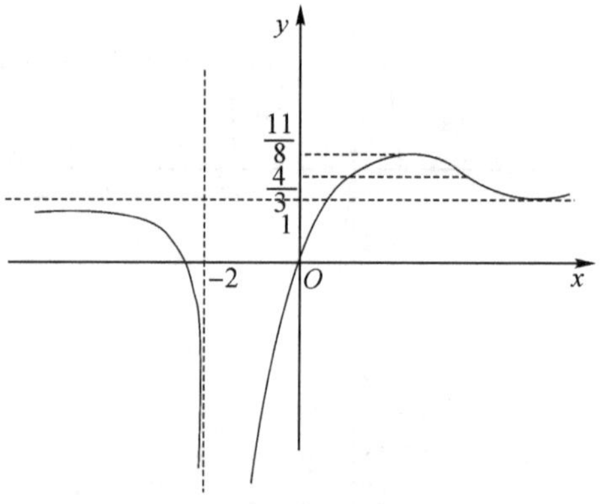

图 3.6.3

习题 3.6

1. 求下列函数的渐近线：

(1)$y=\frac{x^2}{x+1}$；　　(2)$y=e^{-\frac{1}{x}}$；　　(3)$y=\ln(1+x)$.

2. 作出下列函数的图形：

(1)$y=\frac{4(x+1)}{x^2}-2$；　　(2)$y=\frac{1}{2}e^{-\frac{x^2}{2}}$.

3.7 导数在经济中的应用

在经济管理应用中，有一些常用的经济函数，在本节中，我们将介绍利用函数的导数来讨论经济分析中的边际分析、弹性分析、最优化等问题.

3.7.1 边际函数

定义 3.7.1 设经济函数 $y=f(x)$ 是可导函数，则称其导函数 $f'(x)$ 为 $y=f(x)$ 的**边际函数**(marginal function). $y=f(x)$ 在点 x_0 处的导数 $f'(x_0)$ 称为在点 x_0 处的**边际函数值**.

注 根据导数的定义 $\lim\limits_{\Delta x\to 0}\dfrac{\Delta y}{\Delta x}=\lim\limits_{\Delta x\to 0}\dfrac{f(x_0+\Delta x)-f(x_0)}{\Delta x}=f'(x_0)$，当 x 在 x_0 处改变一个单位(即 $\Delta x=1$)时，函数的增量为 $\Delta y=f(x_0+1)-f(x_0)$，但当 x 改变的“单位”很小时，或者说 x 的“一个单位”与 x_0 的值相比很小时，则有 $\Delta y=f(x_0+1)-f(x_0)\approx f'(x_0)$，因而边际值近似地表示函数 $y=f(x)$ 在 x_0 处增加一个单位时，y 改变的大小. 在经济学中，解释边际函数值的具体意义时，通常略去“近似”二字.

将边际函数的概念具体到不同的经济函数，则常用的有边际成本、边际收益、边际利润.

1. 边际成本

成本函数 $C=C(Q)$(Q 是产量)的导数 $C'(Q)$ 称为**边际成本函数**(marginal cost function). 一般成本函数由固定成本 C_0 和可变成本 $C_1(Q)$ 两部分组成，即 $C(Q)=C_0+C_1(Q)$. 且称 $\dfrac{C(Q)}{Q}=\dfrac{C_0+C_1(Q)}{Q}$ 为**平均成本函数**(mean cost function)，记为 $\overline{C}(Q)$.

由边际函数的定义知，边际成本函数值 $C'(Q_0)$ 在经济中的解释意义是：当产量为 Q_0 时，多增加生产一个单位产品增加的成本为 $C'(Q_0)$.

例 3.7.1 已知某商品的总成本函数为 $C=C(Q)=0.5Q^2+10Q+400$(元)，求：

(1)当 $Q=20$ 件时的总成本和平均成本；

(2)当 $Q=20$ 件时的边际成本，并解释其经济意义.

解 (1)当 $Q=20$ 件时的总成本为

$$C(20)=0.5\times 20^2+10\times 20+400=800(\text{元}),$$

平均成本为

$$\overline{C}(20)=\frac{C(20)}{20}=\frac{800}{20}=40(\text{元}).$$

(2)边际成本函数为

$$C'(Q)=Q+10,$$

所以

$$C'(20)=20+10=30(\text{元}).$$

经济意义是：当产量为 20 件时，多生产一件产品，就增加 30 元的成本. 而平均成本是 40 元，说明在固定成本一定时，可以提高产量来降低单位成本.

2. 边际收益

收益函数 $R=R(Q)$ 的导数 $R'=R'(Q)$ 称为**边际收益函数**(marginal income function)，且称 $\overline{R}=\overline{R}(Q)=\dfrac{R(Q)}{Q}$ 为**平均收益**(mean income).

设产品的需求函数为 $Q=f(P)$（P 表示产品的价格），则**总收益函数**(total income function)为

$$R=R(Q)=QP=Qf^{-1}(Q).$$

例 3.7.2 设某产品的需求函数为 $Q=f(P)=1000-2P$（元/件），求销售量为 300 件时的总收益、平均收益与边际收益. 并说明边际收益的经济意义.

解 产品的总收益函数为

$$R=R(Q)=QP=(500-0.5Q)Q=500Q-0.5Q^2,$$

当 $Q=300$ 时，总收益为

$$R(300)=(500-0.5\times300)\times300=105000(\text{元}),$$

平均收益为

$$\overline{R}=\overline{R}(300)=\frac{105000}{300}=350(\text{元}),$$

边际收益为

$$R'\big|_{Q=300}=R'(Q)\big|_{Q=300}=(500Q-0.5Q^2)'\big|_{Q=300}=(500-Q)\big|_{Q=300}=200(\text{元}).$$

$R'(300)$ 的经济意义是：当销售量为 300 件时，多销售出一件产品，所获得的收益为 200 元，即销售第 301 件产品时所增加的收益为 200 元.

3. 边际利润

利润函数 $L=L(Q)$ 的导数 $L'=L'(Q)$ 称为**边际利润函数**(marginal profit function).

利润函数：$L(Q)=R(Q)-C(Q)$；

边际利润函数：$L'(Q)=R'(Q)-C'(Q)$.

例 3.7.3 某产品的总成本函数为 $C(Q)=60+50Q+0.5Q^2$（元），总收益为 $R(Q)=120Q-0.5Q^2$（元），求 $Q=10$ 件时的边际利润，并解释其经济意义.

解 总利润函数为

$$\begin{aligned}L(Q)&=R(Q)-C(Q)=(120Q-0.5Q^2)-(60+50Q+0.5Q^2)\\&=-60+70Q-Q^2,\end{aligned}$$

所以边际利润函数为

$$L'(Q)=(-60+70Q-Q^2)'=70-2Q.$$

当 $Q=10$ 时的边际利润值为

$$L'(10)=70-2\times10=50(\text{元}).$$

其经济意义是：当销售出 10 件产品时，再多售出一件产品所获得的利润为 50 元，即销售第 11 件产品时，增加的利润是 50 元.

3.7.2 弹性函数

1. 函数的弹性

在边际分析中，我们知道边际函数指的是函数的变化率，这个变化率是绝对的，函数的改变量也是绝对的，然而用绝对改变量和绝对变化率的概念并不能更深入地分析经济里面的问题. 例如：现在对两种商品进行涨价. 甲商品原价 1000 元，现涨价 1 元，乙商品原价 10 元，现在同样涨价 1 元，两种商品的绝对改变量都是 1 元，但是哪种商品涨价的幅度更大呢，哪种商品涨价对市场的需求影响大呢？很显然当我们用绝对改变量去和原价进行比较后，发现甲商品的涨幅为 0.1%，而乙商品的涨幅为 10%，一般来说可推测甲商品的涨价对甲商品市场需求影响不大. 因此，我们还有必要来研究函数的相对改变量和相对变化率.

定义 3.7.2 设函数 $y=f(x)$ 在 x 处可导，函数的相对改变量

$$\frac{\Delta y}{y}=\frac{f(x+\Delta x)-f(x)}{f(x)}$$

与自变量的相对改变量 $\frac{\Delta x}{x}$ 之比 $\frac{\frac{\Delta y}{y}}{\frac{\Delta x}{x}}$ 称为函数从 x 到 $x+\Delta x$ **两点间的弹性**(或**平均相对变化率**)；而极限 $\lim\limits_{\Delta x\to0}\frac{\frac{\Delta y}{y}}{\frac{\Delta x}{x}}$ 称为函数 $f(x)$ 在点 x 处的**弹性**(elasticity)(或**相对变化率**(relative variance rate))，记为

$$\frac{Ey}{Ex}=\lim_{\Delta x\to0}\frac{\frac{\Delta y}{y}}{\frac{\Delta x}{x}}=\lim_{\Delta x\to0}\frac{\Delta y}{\Delta x}\cdot\frac{x}{y}=y'\cdot\frac{x}{y}.$$

注 函数 $y=f(x)$ 在点 x 处的弹性 $\frac{Ey}{Ex}$ 反映随 x 的变化 $f(x)$ 变化幅度的大小，即表示 $f(x)$ 在点 x 处，当 x 改变 1% 时，函数近似地改变 $\frac{Ey}{Ex}$%，在具体的经济问题解释时，通常略去"近似"二字.

例 3.7.4 求函数 $y=5+3x$ 的弹性函数 $\frac{Ey}{Ex}$ 及函数在点 $x=2$ 处的弹性.

解 因为 $y'=3$,所以函数的弹性函数为

$$\frac{Ey}{Ex}=y'\cdot\frac{x}{y}=\frac{3x}{5+3x},\quad \left.\frac{Ey}{Ex}\right|_{x=2}=\frac{3\times2}{5+3\times2}=\frac{6}{11}\approx0.55.$$

2. 需求弹性

定义 3.7.3 设商品的需求函数为 $Q=f(P)$,则该商品在价格为 P 时的**需求弹性**(demand elasticity)为

$$\eta=\eta(P)=\lim_{\Delta P\to0}\frac{\frac{\Delta Q}{Q}}{\frac{\Delta P}{P}}=\lim_{\Delta P\to0}\frac{\Delta Q}{\Delta P}\cdot\frac{P}{Q}=f'(P)\cdot\frac{P}{Q}.$$

注 一般来说,由于需求函数是单调递减的函数,则边际需求函数 $f'(P)$ 为负值,所以弹性需求 η 也为负值.它反映了产品的需求量对价格变动反映的强烈程度.其经济意义是:当某商品价格为 P 时,价格上涨(下降)1%时,需求量减少(增加)η%.

3. 需求弹性与收益的关系

设某商品的需求函数为 $Q=f(P)$,则总收益函数为 $R(P)=P\cdot Q=P\cdot f(P)$,所以其关于价格的边际收益函数为

$$R'=f(P)+Pf'(P)=f(P)\left[1+f'(P)\frac{P}{f(P)}\right]=f(P)(1+\eta),$$

可知

(1)当 $|\eta|<1$ 时,即当需求的变化幅度小于价格变化的幅度时,$R'>0$,即 R 递增,也即当价格上涨时,总收益增加;价格下跌,总收益减少.经济学中,这种商品称为**缺乏弹性商品**.

(2)当 $|\eta|>1$ 时,即当需求的变化幅度大于价格变化的幅度时,$R'<0$,即 R 递减,也即当价格上涨时,总收益减少;价格下跌时,总收益增加.经济学中,这种商品称为**富有弹性商品**.

(3)当 $|\eta|=1$ 时,即当需求的变化幅度等于价格变化的幅度时,$R'=0$,即 R 取得最大值.经济学中,这种商品称为**单位弹性商品**.

例 3.7.5 设某商品的需求函数为 $Q=150-2P^2$.

(1)求需求弹性函数 $\eta(P)$;

(2)求当 $P=3$ 时的需求弹性,并说明其经济意义;

(3)当 $P=3$ 时,若价格上涨 1%,总收益变化百分之几?是增加还是减少?

(4)当 $P=6$ 时,若价格上涨 1%,总收益变化百分之几?是增加还是减少?

解 (1)需求弹性函数为

$$\eta(P)=\frac{EQ}{EP}=f'(P)\cdot\frac{P}{Q}=\frac{2P^2}{P^2-75}.$$

(2)当 $P=3$ 时,需求弹性为

$$\eta(3)=\frac{2\times 3^2}{3^2-75}=-\frac{3}{11}\approx -0.27.$$

其经济意义为:当 $P=3$ 时,价格上涨 1%,需求量下降 0.27%.

(3)因为 $|\eta(3)|<1$,所以价格上涨 1%,总收益增加.下面求总收益对价格的弹性函数:

$$\frac{ER}{EP}=R'(P)\frac{P}{R}=[Pf(P)]'\frac{P}{Pf(P)}=1+\eta(P),$$

$$\left.\frac{ER}{EP}\right|_{P=3}=1+\eta(3)\approx 0.73.$$

其经济意义是:当 $P=3$ 时,价格上涨 1%,总收益增加 0.73%;价格下降 1%,总收益减少 0.73%.

(4)当 $P=6$ 时,需求弹性为

$$\eta(6)-\frac{2\times 6^2}{6^2-75}=-1.85.$$

因为 $|\eta(6)|>1$,所以价格上涨 1%,总收益减少.下面求总收益对于价格的弹性函数值:

$$\left.\frac{ER}{EP}\right|_{P=6}=1+\eta(6)\approx -0.85.$$

其经济意义是:当 $P=6$ 时,价格上涨 1%,总收益减少 0.85%;价格下降 1%,总收益增加 0.85%.

3.7.3 最优化问题

在经济生活中,为了达到经济效益的最大化,经常会碰到如何组织生产,使得投入最少、成本最低、利润最大等问题.下面举一些例子进行探讨.

1. 利润最大化问题

设某商品的总收入函数为 $R(Q)$,总成本函数为 $C(Q)$,则总利润函数为

$$L(Q)=R(Q)-C(Q),$$

为了求最大利润,求其一阶导数,

$$L'(Q)=R'(Q)-C'(Q),$$

令 $L'(Q)=0$,得 $R'(Q)=C'(Q)$.

又因为要取得最大值,则要求 $L''(Q)<0$,即 $R''(Q)<C''(Q)$.

所以当 $R'(Q)=C'(Q)$,且 $R''(Q)<C''(Q)$ 时,即当边际收入等于边际成本且边际收入的变化率小于边际成本的变化率时,可以实现最大利润.

例 3.7.6 设某厂生产某种机器的成本函数为 $C(Q)=3Q+150$(万元),得到的收入为 $R(Q)=9Q-0.02Q^2$(万元),问生产并销售多少台机器时,利润达到最大?

解 总利润函数为

$L(Q)=R(Q)-C(Q)=(9Q-0.02Q^2)-(3Q+150)=-0.02Q^2+6Q-150$，

边际利润函数为

$$L'(Q)=-0.04Q+6,$$

令 $L'(Q)=0$，得 $Q=150$，由于

$$L''(Q)=-0.04<0,$$

所以 $L(150)=300$(万元)为极大值，也为最大值. 即销售 150 台机器时，利润达到最大.

2. 成本最小化问题

设某商品的成本函数为 $C(Q)$，平均成本为 $\overline{C}(Q)=\dfrac{C(Q)}{Q}$，令 $\overline{C}'(Q)=\left[\dfrac{C(Q)}{Q}\right]'=\dfrac{QC'(Q)-C(Q)}{Q^2}=0$，得 $C'(Q)=\dfrac{C(Q)}{Q}$. 从上面的式子可知：使平均成本最小的生产水平，即是使边际成本等于平均成本的生产水平.

例 3.7.7 设某产品的成本函数为 $C(Q)=\dfrac{1}{4}Q^2+7Q+36$，求最低平均成本和相应产量的边际成本.

解 平均成本函数为

$$\overline{C}(Q)=\frac{\frac{1}{4}Q^2+7Q+36}{Q}=\frac{1}{4}Q+7+\frac{36}{Q},$$

令 $\overline{C}'(Q)=\left(\dfrac{1}{4}Q+7+\dfrac{36}{Q}\right)'=\dfrac{1}{4}-\dfrac{36}{Q^2}=0$，得 $Q=12$.

又因为 $\overline{C}''(Q)=\dfrac{72}{Q^3}>0$，所以平均成本函数在点 $Q=12$ 处取得极小值为 $\overline{C}(12)=13$，也为最小值.

边际成本函数为

$$C'(Q)=\frac{1}{2}Q+7.$$

当 $Q=12$ 时，边际成本为

$$C'(12)=\frac{1}{2}\times 12+7=13.$$

从上面可以验证：当边际成本等于平均成本时，平均成本最小.

3. 存货成本最小化问题

某批发零售公司要进行进货销售业务，在总需求量一定的条件下，存在订购费用与存货成本费用的问题. 订购批量大，订购次数少，则订购费用小，但是存货保管费就相应增加；而订购次数多，存货保管费用少，但是订购费用就多了. 所以就存在一个如

何确定订购批量使得总费用最小的问题.

例 3.7.8 某商店每年销售某种商品 5000 件,每次订货的手续费为 50 元,商品的进价为 5 元/件,存储费是平均库存商品进价的 10%,平均库存量是批量的一半,求最优订货批量.

解 设订货批量为 Q 件,则年订货成本为 $50\times\frac{5000}{Q}$(元),年存储费为 $\frac{Q}{2}\times5\times0.1=0.25Q$(元),商品成本为 25000 元,于是,全年的总费用为

$$C(Q)=50\times\frac{5000}{Q}+0.25Q+25000.$$

令

$$C'(Q)=\left(50\times\frac{5000}{Q}+0.25Q+25000\right)'=-\frac{250000}{Q^2}+0.25=0,$$

得 $Q=1000$,而 $C''(Q)=\frac{500000}{Q^3}>0$.

所以 $Q=1000$ 是总费用函数的极小值点,也是最小值点,即当每次订货 1000 件时,总费用最小,最小费用为

$$C(1000)=50\times\frac{5000}{1000}+0.25\times1000+25000=25500(\text{元}).$$

习题 3.7

1. 一个公司已估算出产品的成本函数为 $C=C(Q)=0.1Q^2-0.4Q+360$(万元).

(1)求 $Q=10$ 时的总成本;

(2)求 $Q=10$ 时的平均成本、边际成本,并解释当 $Q=10$ 时边际成本的经济意义;

(3)求产量为多大时,平均成本最低?求出最低平均成本,并求出相应产量的边际成本.

2. 某产品的需求函数为 $Q=94-P^2$,求销售 $Q=30$ 件时的总收益与边际收益,并说明边际收益值的经济意义.

3. 设生产某产品的成本函数为 $C=C(Q)=0.1Q^2+60Q+1000$(元),收益函数为 $R=R(Q)=300Q-0.3Q^2$(元).

(1)求当 $Q=10$ 时的总利润,边际利润,并解释当 $Q=10$ 时边际利润的经济意义;

(2)为使利润最大化,公司必须生产并销售多少件产品?并求出最大利润.

4. 设某商品的需求函数为 $Q=75-P^2$.

(1)求需求弹性函数 $\eta(P)$;

(2)求 $\eta(4)$,并说明其经济意义;

(3)当 $P=4$ 时,价格上涨 1%,总收益变化百分之几?是增加还是减少?

5. 设某商品的需求函数为 $Q=20-\frac{P}{4}$,

(1)求需求弹性函数 $\eta(P)$；

(2)求 $P=5$ 时的需求弹性函数，并说明其经济意义；

(3)当 $P=5$ 时，若价格上涨 1%，其总收益变化百分之几？是增加还是减少？

6. 某商店每年销售某种商品 10000 件，每次订货的手续费为 40 元，商品的进价为 2 元/件，存储费是平均库存商品价格的 10%，平均库存量是批量的一半，求最优订货批量.

阅读材料

微分中值定理简史

微分中值定理的研究从微积分建立之初就开始了，可以上溯到古希腊时代. 古希腊数学家在几何研究中，得到如下结论："过抛物线弓形的顶点的切线必平行于抛物线弓形的底"，这正是拉格朗日定理的特殊情况. 希腊著名数学家阿基米德(Archimedes，公元前 287～前 212)正是巧妙地利用这一结论，求出抛物弓形的面积.

意大利的卡瓦列里(Francesco Bonaventura Cavalieri，1598～1647)在 1635 年发表的《不可分量几何学》中给出的其中一条引理：曲线段上必有一点的切线平行于曲线的弦. 这是几何形式的微分中值定理，被称为卡瓦列里定理.

法国数学家费马于 1637 年在《求极大值与极小值的方法》中给出原始形式的费马定理. 在教科书中，人们通常将它作为微分中值定理的第一个定理. 由于当时微积分还处于初级阶段，并没有明确的导数、极限连续的概念，用现代的眼光看，其论断也是不严格的. 现在的费马定理是后人根据微积分理论和费马发现的实质重新给出的.

1691 年法国数学家米歇尔·罗尔(Michel Rolle，1652～1719)在《方程的解法》中给出了多项式形式的罗尔定理. 最初的罗尔定理和现代的罗尔定理内容和证明完全不同，它是罗尔利用纯代数方法证明的，和微积分没什么联系. 现代的罗尔定理是后人根据微积分理论重新证明并推广到一般函数.

1797 年法国数学家约瑟夫·路易斯·拉格朗日(Joseph-Louis Lagrange，1736～1813)在《解析函数论》一书中提出拉格朗日定理，并进行了初步证明. 但是证明建立在直观基础上，并不严格. 随后，柯西给出了拉格朗日中值定理的严格证明，又在《微分计算教程》中将其推广为广义中值定理——柯西定理. 现代形式的拉格朗日定理，是由法国数学家博内(P. O. Bonnet，1819～1892)给出的.

伯努利兄弟：雅各布·伯努利(Jocob Bernoulli，1654～1705)和约翰·伯努利(Johann Bernoulli，1667～1748)，他们的工作构成了现今初等微积分的大部分内容. 其中，约翰给出了求未定式极限的一个定理，这个定理后由约翰的学生洛必达(Guillaume Francis Antoine de L' Hospital，1661～1704)编入其微积分著作《无穷小分析》，现在通称为洛必达法则.

数学家

拉格朗日(Joseph-Louis Lagrange,1736～1813)是法国数学家、力学家及天文学家.少年时,拉格朗日通过阅读爱德蒙·哈雷(Edmund Halley,1656～1742)介绍牛顿有关微积分的短文,而对分析学产生了浓厚的兴趣.18岁时,他研究"等周问题",用纯分析的方法发展了欧拉所创的变分法,奠定了变分法的理论基础.他在数学上最突出的贡献是使数学分析与几何和力学脱离开来,使数学的独立性更为清楚,从此数学不再仅仅是其他学科的工具.拉格朗日在方程论和代数学都做出了卓越的工作,同时他也为力学和天文学的发展作出了巨大贡献.主要贡献有:在《关于方程的代数解法的研究》等论文中,发现置换对解的影响,指出五次方程不可能有根式解,蕴涵群论思想的萌芽;在《分析力学》中用分析学理论建立起完整和谐的力学体系,使力学分析化,是自牛顿之后最重要的经典力学著作;在《解析函数论》和《函数计算讲义》两大分析巨著中尝试重建微积分的基础,采用新的微分符号,成为函数论的起点.他还在数论中得到一系列重要结果,在微分方程理论中作出奇解是积分曲线族的包络的几何解释,提出线性代换的特征值概念等.拉格朗日是天体力学的五个奠基者之一.近百余年来,数学领域的许多新成就都可以直接或间接地溯源于拉格朗日的工作.所以他在数学史上被认为是对分析数学的发展产生全面影响的数学家之一.

CHAPTER 4

第4章 不定积分

前面讨论了求已知函数的导函数问题，本章将讨论它的反问题，即要求一个可导的函数，使其导函数恰好等于某个已知函数. 这是积分学的基本问题之一.

4.1 不定积分的概念与性质

4.1.1 原函数的概念

定义 4.1.1 设 $f(x)$为定义在区间 I 上的函数，若存在函数 $F(x)$，使得对任何 $x\in I$ 均有

$$F'(x)=f(x) \quad 或 \quad \mathrm{d}F(x)=f(x)\mathrm{d}x,$$

则称函数 $F(x)$为 $f(x)$在区间 I 上的**原函数**(primitive function).

例如，$(\sin x)'=\cos x$，所以 $\sin x$ 是 $\cos x$ 的一个原函数. 又因为$(\sin x+5)'=\cos x$，所以 $\sin x+5$ 也是 $\cos x$ 的一个原函数. 由此可以知道：函数的原函数不是唯一的.

事实上，若 $F(x)$为 $f(x)$在区间 I 上的一个原函数，即对任何 $x\in I$ 均有 $F'(x)=f(x)$，则对任意常数 C，显然有$(F(x)+C)'=f(x)$，即 $F(x)+C$ 也是 $f(x)$在区间 I 上的原函数. 这说明，如果 $f(x)$有一个原函数，那么 $f(x)$就有无限多个原函数.

另一方面，如果 $F(x)$为 $f(x)$在区间 I 上的一个原函数，那么 $f(x)$的其他原函数与 $F(x)$有什么关系？

设 $G(x)$也是 $f(x)$在区间 I 上的一个原函数，则对任何 $x\in I$ 显然有

$$(G(x)-F(x))'=G'(x)-F'(x)=f(x)-f(x)=0.$$

由拉格朗日中值定理的推论(推论 3.1.1)知道，在一个区间上，导数恒为零的函数必为常数，所以

$$G(x)-F(x)=C_0 \quad (C_0 \text{ 为某个常数}).$$

这表明，$G(x)$与 $F(x)$仅相差一个常数，即 $f(x)$的其他原函数与 $F(x)$仅相差一

个常数. 所以 $F(x)+C$(C 为任意常数)可以表示 $f(x)$的所有原函数.

综上所述,若 $F(x)$为 $f(x)$在区间 I 上的一个原函数,则函数 $f(x)$的全体原函数为 $F(x)+C$(C 为任意常数).

关于原函数的存在性,我们给出下面的结论,证明将在第 5 章给出.

原函数存在定理 区间 I 上的连续函数一定有原函数.

4.1.2 不定积分的概念

定义 4.1.2 在区间 I 上,若 $f(x)$存在原函数,则称 $f(x)$为可积函数,并记 $f(x)$的全体原函数为

$$\int f(x)\mathrm{d}x,$$

称它是函数 $f(x)$在区间 I 上的**不定积分**(indefinite integral),其中记号 $\int$ 称为**积分号**(integral symbol),$f(x)$称为**被积函数**(integrand),$f(x)\mathrm{d}x$ 称为**被积表达式**(the expression of the integrand),x 称为**积分变量**(integral variable).

由定义可知,如果 $F(x)$为 $f(x)$在区间 I 上的一个原函数,那么 $F(x)+C$ 就是 $f(x)$的不定积分,即

$$\int f(x)\mathrm{d}x=F(x)+C \quad (C\text{ 为任意常数}).$$

因而不定积分 $\int f(x)\mathrm{d}x$ 可以表示 $f(x)$的任一原函数.

例 4.1.1 求 $\int x^3\mathrm{d}x$.

解 因为 $\left(\frac{x^4}{4}\right)'=x^3$,所以 $\frac{x^4}{4}$ 是 x^3 的一个原函数. 因此

$$\int x^3\mathrm{d}x=\frac{x^4}{4}+C.$$

例 4.1.2 求 $\int \frac{1}{x}\mathrm{d}x$.

解 当 $x>0$ 时,因为 $(\ln x)'=\frac{1}{x}$,所以 $\ln x$ 是 $\frac{1}{x}$ 在 $(0,+\infty)$内的一个原函数. 因此,在 $(0,+\infty)$内,有

$$\int \frac{1}{x}\mathrm{d}x=\ln x+C.$$

当 $x<0$ 时,因为 $[\ln(-x)]'=\frac{1}{-x}(-1)=\frac{1}{x}$,所以 $\ln(-x)$是 $\frac{1}{x}$ 在 $(-\infty,0)$内的一个原函数. 因此,在 $(-\infty,0)$内,有

$$\int \frac{1}{x}\mathrm{d}x=\ln(-x)+C.$$

所以,综合 $x>0$ 和 $x<0$ 的结果,可以写作

$$\int \frac{1}{x}\mathrm{d}x=\ln|x|+C.$$

例 4.1.3 已知曲线 $y=f(x)$ 在任一点 x 处的切线斜率为 $2x$,且曲线通过点(1,2),求此曲线的方程.

解 由题设,曲线上任一点的切线斜率为

$$f'(x)=2x,$$

即 $f(x)$ 是 $2x$ 的一个原函数,所以有

$$f(x)=\int 2x\mathrm{d}x=x^2+C.$$

又因为曲线通过点(1,2),所以有

$$1^2+C=2,\quad C=1.$$

因此,所求曲线方程为 $y=x^2+1$.

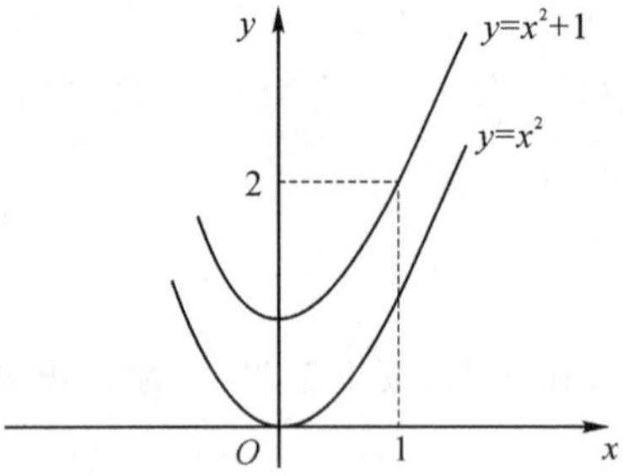

图 4.1.1

注 函数 $f(x)$ 的原函数的图形称为 $f(x)$ 的积分曲线.本例即要求函数 $2x$ 的积分曲线中过点(1,2)的那条(图 4.1.1).

例 4.1.4 假设已知某产品的边际成本函数为 $f(q)=2q+1$,其中 q 表示产量.又已知该产品的固定成本为 7,求生产成本函数.

解 设所求生产成本函数为 $C(q)$,由题设可知,

$$C'(q)=2q+1.$$

易知

$$(q^2+q)'=2q+1,$$

所以 q^2+q 是 $2q+1$ 的一个原函数,即有

$$C(q)=\int (2q+1)\mathrm{d}q=q^2+q+C_0.$$

又已知固定成本为 7,即

$$C(0)=0^2+0+C_0=7,$$

因此,$C_0=7$,即所求生产成本函数为

$$C(q)=q^2+q+7.$$

由不定积分的定义,可知有下述关系:

(1) $\frac{\mathrm{d}}{\mathrm{d}x}\left[\int f(x)\mathrm{d}x\right]=f(x)$ 或 $\mathrm{d}\left[\int f(x)\mathrm{d}x\right]=f(x)\mathrm{d}x$. (4.1)

(2) $\int f'(x)\mathrm{d}x=f(x)+C$,或 $\int \mathrm{d}f(x)=f(x)+C$. (4.2)

上面两式表明,不定积分的运算与微分运算是互逆的.

4.1.3 不定积分的性质

根据不定积分的定义和微分运算法则,可以得到不定积分有如下运算性质:

性质 4.1.1 设函数 $f(x)$和 $g(x)$的原函数都存在,则

$$\int[f(x)\pm g(x)]\mathrm{d}x=\int f(x)\mathrm{d}x\pm\int g(x)\mathrm{d}x. \tag{4.3}$$

证 $\left[\int f(x)\mathrm{d}x\pm\int g(x)\mathrm{d}x\right]'=\left[\int f(x)\mathrm{d}x\right]'\pm\left[\int g(x)\mathrm{d}x\right]'=f(x)\pm g(x).$

这表明,式(4.3)右边是 $f(x)\pm g(x)$的原函数,即有式(4.3)成立. 此性质可推广到有限多个函数代数和的情形.

性质 4.1.2 设函数 $f(x)$的原函数存在,k 为非零常数,则

$$\int kf(x)\mathrm{d}x=k\int f(x)\mathrm{d}x. \tag{4.4}$$

证 $\left[k\int f(x)\mathrm{d}x\right]'=k\left[\int f(x)\mathrm{d}x\right]'=kf(x).$

4.1.4 基本积分表

根据不定积分的定义,积分运算就是微分运算的逆运算. 因此,由导数或微分基本公式可以很自然得到积分基本公式.

例如,因为$\left(\frac{x^{\mu+1}}{\mu+1}\right)'=x^{\mu}$,所以$\frac{x^{\mu+1}}{\mu+1}$是 x^{μ} 的一个原函数,因此有

$$\int x^{\mu}\mathrm{d}x=\frac{x^{\mu+1}}{\mu+1}+C\quad(\mu\neq-1).$$

类似地,可以列出基本积分表.

(1) $\int k\mathrm{d}x=kx+C$(k 为常数);

(2) $\int x^{\mu}\mathrm{d}x=\frac{x^{\mu+1}}{\mu+1}+C\quad(\mu\neq-1)$;

(3) $\int\frac{1}{x}\mathrm{d}x=\ln|x|+C$;

(4) $\int\frac{1}{1+x^2}\mathrm{d}x=\arctan x+C$;

(5) $\int\frac{1}{\sqrt{1-x^2}}\mathrm{d}x=\arcsin x+C$;

(6) $\int a^x\mathrm{d}x=\frac{a^x}{\ln a}+C$;

(7) $\int \mathrm{e}^x\mathrm{d}x=\mathrm{e}^x+C$;

(8) $\int\cos x\mathrm{d}x=\sin x+C$;

(9) $\int\sin x\mathrm{d}x=-\cos x+C$;

(10) $\int\sec^2 x\mathrm{d}x=\tan x+C$;

(11) $\int\csc^2 x\mathrm{d}x=-\cot x+C$;

(12) $\int\sec x\tan x\mathrm{d}x=\sec x+C$;

(13) $\int\csc x\cot x\mathrm{d}x=-\csc x+C$.

利用基本积分表以及不定积分的两个性质,可以求出一些简单函数的不定积分.

例 4.1.5 求 $\int\sqrt{x}(x^2-1)\mathrm{d}x$.

解 $\int\sqrt{x}(x^2-1)\mathrm{d}x=\int(x^{\frac{5}{2}}-x^{\frac{1}{2}})\mathrm{d}x=\int x^{\frac{5}{2}}\mathrm{d}x-\int x^{\frac{1}{2}}\mathrm{d}x=\frac{2}{7}x^{\frac{7}{2}}-\frac{2}{3}x^{\frac{3}{2}}+C.$

例 4.1.6 求 $\int 3^x e^x dx$.

解 $\int 3^x e^x dx = \int (3e)^x dx = \frac{(3e)^x}{\ln(3e)} + C = \frac{(3e)^x}{1+\ln 3} + C.$

例 4.1.7 求 $\int \frac{1+x+x^2}{x(1+x^2)} dx$.

解 基本积分表中没有公式与本题相对应,可以先把被积函数变形,化为可以直接用公式处理的类型,再逐项求积分:

$$\int \frac{1+x+x^2}{x(1+x^2)} dx = \int \frac{x+(1+x^2)}{x(1+x^2)} dx = \int \frac{1}{1+x^2} dx + \int \frac{1}{x} dx$$
$$= \arctan x + \ln|x| + C.$$

例 4.1.8 求 $\int \frac{x^4}{1+x^2} dx$.

解 类似上一题,可以先把被积函数变形,化为可以直接用公式处理的类型,再逐项求积分:

$$\int \frac{x^4}{1+x^2} dx = \int \frac{(x^4-1)+1}{1+x^2} dx = \int \frac{(x^2+1)(x^2-1)+1}{1+x^2} dx$$
$$= \int \left(x^2 - 1 + \frac{1}{1+x^2}\right) dx = \int x^2 dx - \int dx + \int \frac{1}{1+x^2} dx$$
$$= \frac{x^3}{3} - x + \arctan x + C.$$

例 4.1.9 求 $\int \tan^2 x dx$.

解 $\int \tan^2 x dx = \int (\sec^2 x - 1) dx = \int \sec^2 x dx - \int dx = \tan x - x + C.$

例 4.1.10 求 $\int \sin^2 \frac{x}{2} dx$.

解 $\int \sin^2 \frac{x}{2} dx = \int \frac{1}{2}(1-\cos x) dx = \frac{1}{2}\left[\int dx - \int \cos x dx\right] = \frac{1}{2}(x - \sin x) + C.$

注 以上各例题,适当变形后仅利用不定积分的运算性质和基本积分公式就可以直接求出不定积分,这样的方法称为直接积分法. 主要思路为,将被积函数变形为能够用基本积分公式的各项,再逐项求不定积分.

习题 4.1

1. 求下列不定积分:

(1) $\int x \sqrt[3]{x} dx$;

(2) $\int \frac{1}{x\sqrt{x}} dx$;

(3) $\int \left(3^x + \frac{2}{x}\right) dx$;

(4) $\int \sqrt{x\sqrt{x\sqrt{x}}} dx$;

(5) $\int(\sqrt{x}-1)(x+3)\mathrm{d}x$；

(6) $\int\left(\frac{1}{\sqrt{1-x^2}}-\frac{4}{1+x^2}\right)\mathrm{d}x$；

(7) $\int\frac{(1-x)^2}{\sqrt{x}}\mathrm{d}x$；

(8) $\int\frac{3x^4+3x^2+1}{x^2+1}\mathrm{d}x$；

(9) $\int\frac{\mathrm{d}x}{x^2(1+x^2)}$；

(10) $\int\mathrm{e}^x\left(1-\frac{\mathrm{e}^{-x}}{\sqrt{x}}\right)\mathrm{d}x$；

(11) $\int\frac{2\cdot3^x-5\cdot2^x}{3^x}\mathrm{d}x$；

(12) $\int\cot^2x\mathrm{d}x$；

(13) $\int\cos^2\frac{x}{2}\mathrm{d}x$；

(14) $\int\sec x(\sec x-\tan x)\mathrm{d}x$；

(15) $\int\frac{\mathrm{d}x}{1+\cos2x}$；

(16) $\int\frac{\cos2x}{\cos x-\sin x}\mathrm{d}x$；

(17) $\int\frac{\cos2x}{\cos^2x\sin^2x}\mathrm{d}x$；

(18) $\int\frac{1+\cos^2x}{1+\cos2x}\mathrm{d}x$.

2. 一曲线通过点$(\mathrm{e}^2,3)$，且在任一点处的切线斜率等于该点横坐标的倒数，求该曲线的方程.

3. 设 $f(x)$的导函数是 $\sin x$，求 $f(x)$的原函数的全体.

4. 设 $\int xf(x)\mathrm{d}x=\arccos x+C$，求 $f(x)$.

4.2 换元积分法

能直接利用基本积分表与积分性质来计算的不定积分是非常有限的. 本节探讨将复合函数的微分法反过来用于求不定积分. 通过适当的变量代换，将被积函数化成可利用基本积分公式的形式，再计算出所求不定积分. 这种方法称为**换元积分法**(integration by substitution)，简称**换元法**.

4.2.1 第一类换元法(凑微分法)

如果不定积分 $\int f(x)\mathrm{d}x$ 用直接积分法不易求解，但被积函数可分解为

$$f(x)=g(\varphi(x))\varphi'(x),$$

则作变量代换 $u=\varphi(x)$，并注意到 $\varphi'(x)\mathrm{d}x=\mathrm{d}\varphi(x)$，那么可将关于变量 x 的积分转化为关于变量 u 的积分，即

$$\int f(x)\mathrm{d}x=\int g(\varphi(x))\varphi'(x)\mathrm{d}x=\int g(u)\mathrm{d}u\ .$$

若 $\int g(u)\mathrm{d}u$可以求出，则不定积分 $\int f(x)\mathrm{d}x$的计算就解决了.

于是有下述定理：

定理 4.2.1(第一类换元法) 设 $g(u)$的原函数为 $F(u)$，$u=\varphi(x)$可导，则有换元公式

$$\int g(\varphi(x))\,\varphi'(x)\mathrm{d}x=\int g(u)\mathrm{d}u=F(u)+C=F(\varphi(x))+C.$$

由该定理可知，虽然 $\int g(\varphi(x))\,\varphi'(x)\mathrm{d}x$ 是一个整体记号，但从形式上看，被积表达式中的 $\mathrm{d}x$ 也可当作变量 x 的微分来对待，从而微分等式 $\varphi'(x)\mathrm{d}x=\mathrm{d}\varphi(x)$ 可以方便地应用到被积表达式中.

应用第一换元法的过程中，需要将 $\varphi'(x)\mathrm{d}x$ 凑成微分 $\mathrm{d}(\varphi(x))=\mathrm{d}u$，所以该方法也称为**凑微分法**.

例 4.2.1 求 $\int 2\cos2x\mathrm{d}x$.

解 被积函数中，$\cos2x$ 可看作复合函数：$\cos2x=\cos u$，$u=2x$，常数因子 2 恰好是中间变量 u 的导数. 即被积函数可化为 $2\cos2x=\cos2x\cdot(2x)'$，所以作变换 $u=2x$，有

$$\begin{aligned}\int 2\cos2x\mathrm{d}x&=\int\cos2x\cdot(2x)'\mathrm{d}x=\int\cos2x\mathrm{d}(2x)\\&=\int\cos u\mathrm{d}u=\sin u+C.\end{aligned}$$

最后将 $u=2x$ 回代，即得

$$\int 2\cos2x\mathrm{d}x=\sin2x+C.$$

例 4.2.2 求 $\int\frac{1}{4x+1}\mathrm{d}x$.

解 被积函数中，$\frac{1}{4x+1}$ 可以看作复合函数：$\frac{1}{4x+1}=\frac{1}{u}$，$u=4x+1$. 这里缺中间变量 u 的导数 $u'=4$，但由于 u' 是个常数，故可以通过调整系数凑出这个因子：

$$\begin{aligned}\int\frac{1}{4x+1}\mathrm{d}x&=\frac{1}{4}\int\frac{1}{4x+1}\cdot4\,\mathrm{d}x=\frac{1}{4}\int\frac{1}{4x+1}\cdot(4x+1)'\mathrm{d}x\\&=\frac{1}{4}\int\frac{1}{u}\mathrm{d}u=\frac{1}{4}\ln|u|+C=\frac{1}{4}\ln|4x+1|+C.\end{aligned}$$

一般地，有 $\int f(ax+b)\mathrm{d}x=\frac{1}{a}\int f(ax+b)\mathrm{d}(ax+b)=\frac{1}{a}\left[\int f(u)\mathrm{d}u\right]_{u=ax+b}$.

例 4.2.3 求 $\int 2x\sqrt{1-x^2}\mathrm{d}x$.

解 被积函数可化为：$2x\sqrt{1-x^2}=-(1-x^2)^{\frac{1}{2}}(1-x^2)'$，因此，作变换 $u=1-x^2$，便有

$$\begin{aligned}\int 2x\sqrt{1-x^2}\mathrm{d}x&=-\int(1-x^2)^{\frac{1}{2}}(1-x^2)'\mathrm{d}x=-\int(1-x^2)^{\frac{1}{2}}\mathrm{d}(1-x^2)\\&=-\int u^{\frac{1}{2}}\mathrm{d}u=-\frac{2}{3}u^{\frac{3}{2}}+C=-\frac{2}{3}(1-x^2)^{\frac{3}{2}}+C.\end{aligned}$$

例 4.2.4 求 $\int 2x\ \mathrm{e}^{x^2}\mathrm{d}x$.

解 $$\int 2x\mathrm{e}^{x^2}\mathrm{d}x=\int \mathrm{e}^{x^2}\mathrm{d}(x^2)=\int \mathrm{e}^u\mathrm{d}u=\mathrm{e}^u+C=\mathrm{e}^{x^2}+C.$$

一般地，$\int x^{n-1}f(x^n)\mathrm{d}x=\frac{1}{n}\int f(x^n)\mathrm{d}x^n=\frac{1}{n}\left[\int f(u)\mathrm{d}u\right]_{u=x^n}$.

例 4.2.5 求 $\int \frac{1}{x\ln x}\mathrm{d}x$.

解 $$\int \frac{1}{x\ln x}\mathrm{d}x=\int \frac{1}{\ln x}\mathrm{d}(\ln x)=\int \frac{1}{u}\mathrm{d}u=\ln|u|+C=\ln|\ln x|+C.$$

一般地，$\int f(\ln x)\cdot\frac{1}{x}\mathrm{d}x=\int f(\ln x)\mathrm{d}(\ln x)$.

例 4.2.6 求 $\int \frac{\sin\sqrt{x}}{\sqrt{x}}\mathrm{d}x$.

解 由于 $\mathrm{d}\sqrt{x}=\frac{1}{2\sqrt{x}}\mathrm{d}x$，因此，

$$\int \frac{\sin\sqrt{x}}{\sqrt{x}}\mathrm{d}x=2\int \sin\sqrt{x}\mathrm{d}\sqrt{x}=2\int \sin u\mathrm{d}u=-2\cos u+C=-2\cos\sqrt{x}+C.$$

注 在对变量代换比较熟练以后，就不一定要写出中间变量 u，从而省去换元和回代的过程.

例 4.2.7 求下列不定积分：

(1) $\int \frac{1}{a^2+x^2}\mathrm{d}x$； (2) $\int \frac{1}{x^2-8x+25}\mathrm{d}x$.

解 (1) $$\int \frac{1}{a^2+x^2}\mathrm{d}x=\frac{1}{a^2}\int \frac{1}{1+\left(\frac{x}{a}\right)^2}\mathrm{d}x=\frac{1}{a}\int \frac{1}{1+\left(\frac{x}{a}\right)^2}\mathrm{d}\left(\frac{x}{a}\right)=\frac{1}{a}\arctan\frac{x}{a}+C.$$

(2)由于$\frac{1}{x^2-8x+25}=\frac{1}{(x-4)^2+3^2}$，因此该题与上题是一样的类型，可以直接使用现成的结果，也可以模仿上题重新处理.

$$\int \frac{1}{x^2-8x+25}\mathrm{d}x=\int \frac{1}{(x-4)^2+3^2}\mathrm{d}x=\frac{1}{3^2}\int \frac{1}{\left(\frac{x-4}{3}\right)^2+1}\mathrm{d}x$$

$$=\frac{1}{3}\int \frac{1}{\left(\frac{x-4}{3}\right)^2+1}\mathrm{d}\left(\frac{x-4}{3}\right)=\frac{1}{3}\arctan\frac{x-4}{3}+C.$$

例 4.2.8 求 $\int \frac{1}{\sqrt{a^2-x^2}}\mathrm{d}x \quad (a>0)$.

解 $$\int \frac{1}{\sqrt{a^2-x^2}}\mathrm{d}x=\frac{1}{a}\int \frac{\mathrm{d}x}{\sqrt{1-\left(\frac{x}{a}\right)^2}}=\int \frac{\mathrm{d}\left(\frac{x}{a}\right)}{\sqrt{1-\left(\frac{x}{a}\right)^2}}=\arcsin\frac{x}{a}+C.$$

例 4.2.9 求$\int \frac{1}{x^2-a^2}\mathrm{d}x$.

解 $$\int \frac{1}{x^2-a^2}\mathrm{d}x=\frac{1}{2a}\int\left(\frac{1}{x-a}-\frac{1}{x+a}\right)\mathrm{d}x=\frac{1}{2a}\left(\int\frac{1}{x-a}\mathrm{d}x-\int\frac{1}{x+a}\mathrm{d}x\right)$$
$$=\frac{1}{2a}\left[\int\frac{1}{x-a}\mathrm{d}(x-a)-\int\frac{1}{x+a}\mathrm{d}(x+a)\right]$$
$$=\frac{1}{2a}(\ln|x-a|-\ln|x+a|)+C$$
$$=\frac{1}{2a}\ln\left|\frac{x-a}{x+a}\right|+C.$$

下面再举一些被积函数包含三角函数的例子,在计算这类积分的过程中,常要用到一些三角恒等式.

例 4.2.10 求$\int \tan x\mathrm{d}x$.

解 $$\int \tan x\mathrm{d}x=\int\frac{\sin x}{\cos x}\mathrm{d}x=-\int\frac{1}{\cos x}\mathrm{d}(\cos x)=-\ln|\cos x|+C=\ln|\sec x|+C.$$

类似地,$\int\cot x\mathrm{d}x=-\ln|\csc x|+C$.

例 4.2.11 求$\int\sin^3 x\mathrm{d}x$.

解 $$\int\sin^3 x\mathrm{d}x=\int\sin^2 x\sin x\mathrm{d}x=-\int(1-\cos^2 x)\mathrm{d}(\cos x)$$
$$=-\int\mathrm{d}(\cos x)+\int\cos^2 x\mathrm{d}(\cos x)=-\cos x+\frac{1}{3}\cos^3 x+C.$$

例 4.2.12 求$\int\sin^2 x\cos^5 x\mathrm{d}x$.

解 $$\int\sin^2 x\cos^5 x\mathrm{d}x=\int\sin^2 x\cos^4 x\cos x\mathrm{d}x=\int\sin^2 x(1-\sin^2 x)^2\mathrm{d}(\sin x)$$
$$=\int(\sin^2 x-2\sin^4 x+\sin^6 x)\mathrm{d}(\sin x)$$
$$=\frac{1}{3}\sin^3 x-\frac{2}{5}\sin^5 x+\frac{1}{7}\sin^7 x+C.$$

例 4.2.13 求$\int\cos^2 x\mathrm{d}x$.

解 $$\int\cos^2 x\mathrm{d}x=\int\frac{1+\cos 2x}{2}\mathrm{d}x=\frac{1}{2}\left(\int\mathrm{d}x+\int\cos 2x\mathrm{d}x\right)$$
$$=\frac{1}{2}\int\mathrm{d}x+\frac{1}{4}\int\cos 2x\mathrm{d}(2x)=\frac{1}{2}x+\frac{1}{4}\sin 2x+C.$$

注 当被积函数是三角函数的乘积时,常拆开奇次项去凑微分;当被积函数是三角函数的偶数次幂时,常用半角公式来降幂处理.

例 4.2.14 求 $\int \csc x \mathrm{d}x$.

解 $$\int \csc x \mathrm{d}x = \int \frac{\mathrm{d}x}{\sin x} = \int \frac{\mathrm{d}x}{2\sin\frac{x}{2}\cos\frac{x}{2}} = \int \frac{\mathrm{d}\left(\frac{x}{2}\right)}{\tan\frac{x}{2}\cos^2\frac{x}{2}}$$
$$= \int \frac{\mathrm{d}\left(\tan\frac{x}{2}\right)}{\tan\frac{x}{2}} = \ln\left|\tan\frac{x}{2}\right| + C.$$

又因为

$$\tan\frac{x}{2} = \frac{\sin\frac{x}{2}}{\cos\frac{x}{2}} = \frac{2\sin^2\frac{x}{2}}{\sin x} = \frac{1-\cos x}{\sin x} = \csc x - \cot x,$$

所以

$$\int \csc x \mathrm{d}x = \ln|\csc x - \cot x| + C.$$

例 4.2.15 求 $\int \sec x \mathrm{d}x$.

解 $$\int \sec x \mathrm{d}x = \int \frac{\mathrm{d}x}{\cos x} = \int \frac{\mathrm{d}\left(x+\frac{\pi}{2}\right)}{\sin\left(x+\frac{\pi}{2}\right)} = \ln\left|\csc\left(x+\frac{\pi}{2}\right) - \cot\left(x+\frac{\pi}{2}\right)\right| + C$$
$$= \ln|\sec x + \tan x| + C.$$

例 4.2.16 求 $\int \sec^6 x \, \mathrm{d}x$.

解 $$\int \sec^6 x \mathrm{d}x = \int (\sec^2 x)^2 \sec^2 x \mathrm{d}x = \int (1+\tan^2 x)^2 \mathrm{d}(\tan x)$$
$$= \int (1+2\tan^2 x + \tan^4 x) \, \mathrm{d}(\tan x)$$
$$= \tan x + \frac{2}{3}\tan^3 x + \frac{1}{5}\tan^5 x + C.$$

例 4.2.17 求 $\int \sec^2 x \tan x \mathrm{d}x$.

解 方法一.

$$\int \sec^2 x \tan x \mathrm{d}x = \int \sec x \cdot \sec x \tan x \mathrm{d}x = \int \sec x \mathrm{d}\sec x = \frac{1}{2}\sec^2 x + C.$$

方法二.

$$\int \sec^2 x \tan x \mathrm{d}x = \int \tan x \mathrm{d}\tan x = \frac{1}{2}\tan^2 x + C.$$

注 本题两个方法的结果形式上不同. 但经检验,两个结果之间仅相差一个常数，都是正确结果.

上述各例用的都是第一类换元法，即形如 $u=\varphi(x)$ 的变量代换. 下面介绍另一种形式的变量代换 $x=\psi(t)$，即所谓第二类换元法.

4.2.2 第二类换元法

第二类换元法是通过适当的变量代换 $x=\psi(t)$，将原来的积分 $\int f(x)\mathrm{d}x$ 化为 $\int f(\psi(t))\psi'(t)\mathrm{d}t$. 这样，积分目标就换成了关于 t 的一个新函数 $g(t)=f(\psi(t))\psi'(t)$，如果 $g(t)$ 的原函数易于求解，则原来的积分即可算出.

定理 4.2.2（第二类换元法） 设 $x=\psi(t)$ 是单调的、可导的函数，并且 $\psi'(t)\neq 0$. 又设 $f(\psi(t))\psi'(t)$ 具有原函数 $F(t)$，则有换元公式

$$\int f(x)\mathrm{d}x=\int f(\psi(t))\psi'(t)\mathrm{d}t=F(t)+C=F(\psi^{-1}(x))+C,$$

其中 $\psi^{-1}(x)$ 是 $x=\psi(t)$ 的反函数.

证 令 $G(x)=F(\psi^{-1}(x))$. $F(t)$ 是 $f(\psi(t))\psi'(t)$ 的原函数，则由复合函数及反函数求导法则，可得

$$G'(x)=\frac{\mathrm{d}F}{\mathrm{d}t}\cdot\frac{\mathrm{d}t}{\mathrm{d}x}=f(\psi(t))\psi'(t)\cdot\frac{1}{\psi'(t)}=f(\psi(t))=f(x),$$

即 $G(x)$ 是 $f(x)$ 的一个原函数，从而结论得证.

注 两类换元法的思路均是通过适当的变量代换，将原被积函数变形成一个更易求解的新函数. 而第二类换元法的换元和回代过程恰与第一类换元法相反.

例 4.2.18 求 $\int\sqrt{a^2-x^2}\,\mathrm{d}x\quad(a>0)$.

解 求解这个积分的困难在于含有根式 $\sqrt{a^2-x^2}$，可以利用三角公式 $\sin^2 t+\cos^2 t=1$ 化去根式.

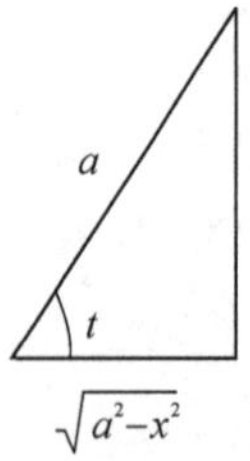

图 4.2.1

设 $x=a\sin t$，$-\frac{\pi}{2}<t<\frac{\pi}{2}$，则 $\mathrm{d}x=\mathrm{d}(a\sin t)=a\cos t\mathrm{d}t$，

$$\begin{aligned}\int\sqrt{a^2-x^2}\mathrm{d}x&=\int\sqrt{a^2-a^2\sin^2 t}\,\mathrm{d}(a\sin t)=\int a\cos t\cdot a\cos t\mathrm{d}t\\&=\frac{a^2}{2}\int(1+\cos 2t)\mathrm{d}t=\frac{a^2}{2}\left(t+\frac{1}{2}\sin 2t\right)+C\\&=\frac{a^2}{2}(t+\sin t\cos t)+C.\end{aligned}$$

为将变量 t 还原为原来的积分变量 x，可以根据 $x=a\sin t$ 作辅助直角三角形（图 4.2.1），可知 $\cos t=\frac{\sqrt{a^2-x^2}}{a}$，$t=\arcsin\frac{x}{a}$，代入上式，得

$$\int \sqrt{a^2-x^2}\,dx = \frac{a^2}{2}\left(\arcsin\frac{x}{a}+\frac{x}{a}\cdot\frac{\sqrt{a^2-x^2}}{a}\right)+C$$
$$=\frac{a^2}{2}\arcsin\frac{x}{a}+\frac{1}{2}x\sqrt{a^2-x^2}+C.$$

例 4.2.19 求 $\int \frac{dx}{\sqrt{x^2+a^2}}(a>0)$.

解 利用三角公式 $1+\tan^2 t=\sec^2 t$ 化去根式.

设 $x=a\tan t, -\frac{\pi}{2}<t<\frac{\pi}{2}$,则 $dx=d(a\tan t)=a\sec^2 t\,dt$,所以

$$\int \frac{dx}{\sqrt{x^2+a^2}}=\int \frac{a\sec^2 t}{a\sec t}dt=\int \sec t\,dt=\ln|\sec t+\tan t|+C_1.$$

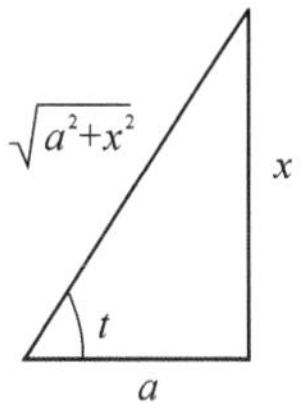

图 4.2.2

根据 $x=a\tan t$ 作辅助直角三角形(图 4.2.2),可得

$$\sec t=\frac{\sqrt{x^2+a^2}}{a},$$

从而有

$$\int \frac{dx}{\sqrt{x^2+a^2}}=\ln\left|\frac{\sqrt{x^2+a^2}}{a}+\frac{x}{a}\right|+C_1=\ln\left|\sqrt{x^2+a^2}+x\right|+C,$$

其中 $C=C_1-\ln a$.

例 4.2.20 求 $\int \frac{dx}{\sqrt{x^2-a^2}}(a>0)$.

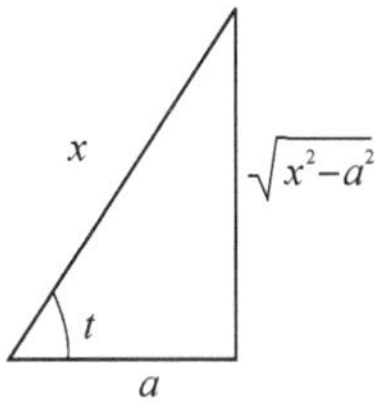

图 4.2.3

解 注意到被积函数的定义域为 $x>a$ 或 $x<-a$. 我们在两个区间分别求不定积分.

当 $x>a$ 时,利用三角公式 $\sec^2 t-1=\tan^2 t$ 化去根式.

设 $x=a\sec t, 0<t<\frac{\pi}{2}, dx=d(a\sec t)=a\sec t\cdot\tan t\,dt$(图 4.2.3),那么

$$\int \frac{dx}{\sqrt{x^2-a^2}}=\int \frac{a\sec t\cdot\tan t}{a\tan t}dt=\int \sec t\,dt$$
$$=\ln|\sec t+\tan t|+C_1=\ln\left|\frac{x}{a}+\frac{\sqrt{x^2-a^2}}{a}\right|+C_1$$
$$=\ln\left(x+\sqrt{x^2-a^2}\right)+C,$$

其中 $C=C_1-\ln a$.

当 $x<-a$ 时,令 $x=-u$,则 $u>a$. 借助前面结果,有

$$\int \frac{dx}{\sqrt{x^2-a^2}}=-\int \frac{du}{\sqrt{u^2-a^2}}=-\ln(u+\sqrt{u^2-a^2})+C_1$$
$$=-\ln(-x+\sqrt{x^2-a^2})+C_1=\ln\frac{1}{-x+\sqrt{x^2-a^2}}+C_1$$

$$=\ln\frac{-x-\sqrt{x^2-a^2}}{a^2}+C_1=\ln(-x-\sqrt{x^2-a^2})+C,$$

其中 $C=C_1-2\ln a$.

综合 $x>a$ 及 $x<-a$ 的结果,可得

$$\int\frac{\mathrm{d}x}{\sqrt{x^2-a^2}}=\ln\left|x+\sqrt{x^2-a^2}\right|+C.$$

注 上面三个例子均使用第二类换元中的三角代换,三角代换的目的是化去根式.一般包括以下情形:如果被积函数中含有 $\sqrt{a^2-x^2}$ 时,可作代换 $x=a\sin t$;如果被积函数中含有 $\sqrt{x^2+a^2}$ 时,可作代换 $x=a\tan t$;如果被积函数中含有 $\sqrt{x^2-a^2}$ 时,可作代换 $x=\pm a\sec t$ 化去根式.但上面给出的只是典型情况,解题时仍需视具体的情况而灵活处理.

例 4.2.21 求 $\int\sqrt{2x-x^2}\,\mathrm{d}x$.

解 本题不是前面的三种典型情况,但 $\sqrt{2x-x^2}$ 可以整理成 $\sqrt{1-(x-1)^2}$,所以可以归为 $\sqrt{a^2-x^2}$ 的类型.

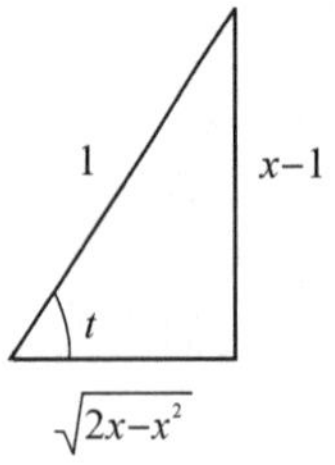

图 4.2.4

令 $x-1=\sin t$, $\mathrm{d}x=\cos t\mathrm{d}t$,所以

$$\begin{aligned}\int\sqrt{2x-x^2}\,\mathrm{d}x&=\int\sqrt{1-(x-1)^2}\,\mathrm{d}x=\int\sqrt{1-\sin^2 t}\,\cos t\mathrm{d}t\\&=\int\cos^2 t\mathrm{d}t=\frac{1}{2}\int(1+\cos 2t)\mathrm{d}t\\&=\frac{1}{2}\left(t+\frac{1}{2}\sin 2t\right)+C\\&=\frac{1}{2}t+\frac{1}{2}\sin t\cos t+C.\end{aligned}$$

根据 $x-1=\sin t$ 作辅助三角形(图 4.2.4),得 $\cos t=\sqrt{2x-x^2}$,从而

$$\int\sqrt{2x-x^2}\,\mathrm{d}x=\frac{1}{2}\arcsin(x-1)+\frac{1}{2}(x-1)\sqrt{2x-x^2}+C.$$

上面介绍的三角代换并不适合于处理所有的根式,有的根式需要借助根式有理化的方法来解决,这种方法也简称为有理代换.

例 4.2.22 求 $\int\frac{\mathrm{d}x}{\sqrt{x}(1+x)}$.

解 令 $\sqrt{x}=t$,即 $x=t^2$, $\mathrm{d}x=2t\mathrm{d}t$,那么

$$\int\frac{\mathrm{d}x}{\sqrt{x}(1+x)}=\int\frac{2t\mathrm{d}t}{t(1+t^2)}=2\int\frac{\mathrm{d}t}{1+t^2}=2\arctan t+C=2\arctan\sqrt{x}+C.$$

例 4.2.23 求 $\int\frac{\mathrm{d}x}{\sqrt{1+\mathrm{e}^x}}$.

解 令 $\sqrt{1+e^x}=t$，即 $e^x=t^2-1, x=\ln(t^2-1), dx=\frac{2tdt}{t^2-1}$，所以

$$\int\frac{dx}{\sqrt{1+e^x}}=\int\frac{1}{t}\cdot\frac{2tdt}{t^2-1}=\int\left(\frac{1}{t-1}-\frac{1}{t+1}\right)dt=\ln\left|\frac{t-1}{t+1}\right|+C$$

$$=\ln\left|\frac{\sqrt{1+e^x}-1}{\sqrt{1+e^x}+1}\right|+C=2\ln(\sqrt{1+e^x}-1)-x+C.$$

当有理分式中分母(多项式)的次数比分子的次数大较多时，常采用倒代换 $x=\frac{1}{t}$.

例 4.2.24 求 $\int\frac{dx}{x(x^7+2)}$.

解 令 $x=\frac{1}{t}, dx=-\frac{1}{t^2}dt$，所以

$$\int\frac{dx}{x(x^7+2)}=\int\frac{t}{\frac{1}{t^7}+2}\left(-\frac{1}{t^2}\right)dt=-\int\frac{t^6}{1+2t^7}dt=-\frac{1}{14}\int\frac{1}{1+2t^7}\,d(1+2t^7)$$

$$=-\frac{1}{14}\ln|1+2t^7|+C=-\frac{1}{14}\ln|2+x^7|+\frac{1}{2}\ln|x|+C.$$

本节中一些例题的结果以后可以作为公式直接使用，现将这些结果罗列如下，作为基本积分表的补充(其中常数 $a>0$)：

(14) $\int\tan x dx=\ln|\sec x|+C$；

(15) $\int\cot x dx=-\ln|\csc x|+C$；

(16) $\int\sec x dx=\ln|\sec x+\tan x|+C$；

(17) $\int\csc x dx=\ln|\csc x-\cot x|+C$；

(18) $\int\frac{1}{a^2+x^2}dx=\frac{1}{a}\arctan\frac{x}{a}+C$；

(19) $\int\frac{1}{x^2-a^2}dx=\frac{1}{2a}\ln\left|\frac{x-a}{x+a}\right|+C$；

(20) $\int\frac{1}{\sqrt{a^2-x^2}}dx=\arcsin\frac{x}{a}+C$；

(21) $\int\frac{1}{\sqrt{x^2\pm a^2}}dx=\ln\left|x+\sqrt{x^2\pm a^2}\right|+C$.

习题 4.2

1. 在括号中填入适当的系数，使下列等式成立：

(1) $dx=(\quad)d(5x+2)$；

(2) $xdx=(\quad)d(7-3x^2)$；

(3) $x^4dx=(\quad)d(2x^5+3)$；

(4) $\frac{1}{\sqrt{x}}dx=(\quad)d(\sqrt{x})$；

(5) $\frac{dx}{x}=(\quad)d(3\ln|x|)$；

(6) $\frac{dx}{\sqrt{1-x^2}}=(\quad)d(2-\arcsin x)$；

(7) $\frac{xdx}{\sqrt{1-x^2}}=(\quad)d(\sqrt{1-x^2})$；

(8) $\frac{dx}{1+9x^2}=(\quad)d(\arctan 3x)$.

2. 求下列不定积分：

(1) $\int (2x+1)^2 \mathrm{d}x$； (2) $\int \frac{1}{1-3x}\mathrm{d}x$； (3) $\int \frac{1}{\sqrt[3]{3-5x}}\mathrm{d}x$；

(4) $\int x\mathrm{e}^{-x^2}\mathrm{d}x$； (5) $\int \frac{2x^3}{1-x^4}\mathrm{d}x$； (6) $\int \tan^{10} x\sec^2 x\mathrm{d}x$；

(7) $\int \frac{\mathrm{e}^{\sqrt{x}}}{\sqrt{x}}\mathrm{d}x$； (8) $\int \frac{x}{\sqrt{2-3x^2}}\mathrm{d}x$； (9) $\int \tan\sqrt{1+x^2}\frac{x}{\sqrt{1+x^2}}\mathrm{d}x$；

(10) $\int \frac{1}{\mathrm{e}^x+\mathrm{e}^{-x}}\mathrm{d}x$； (11) $\int \frac{1}{x\ln x\ln(\ln x)}\mathrm{d}x$； (12) $\int \frac{1}{\mathrm{e}^x+1}\mathrm{d}x$；

(13) $\int \cos^3 x\mathrm{d}x$； (14) $\int \cos^2(2x+1)\mathrm{d}x$； (15) $\int \frac{\sin x}{\cos^3 x}\mathrm{d}x$；

(16) $\int \frac{1}{\sin x\cos x}\mathrm{d}x$； (17) $\int \frac{1}{(x+1)(x-2)}\mathrm{d}x$； (18) $\int \frac{x}{(4-5x)^2}\mathrm{d}x$；

(19) $\int \frac{1-x}{\sqrt{9-4x^2}}\mathrm{d}x$； (20) $\int \frac{1}{2x^2-1}\mathrm{d}x$； (21) $\int \frac{\arctan\sqrt{x}}{\sqrt{x}(1+x)}\mathrm{d}x$；

(22) $\int \frac{1+\ln x}{(x\ln x)^2}\mathrm{d}x$.

3. 求下列不定积分：

(1) $\int \frac{\sqrt{x^2-9}}{x}\mathrm{d}x$； (2) $\int \frac{\mathrm{d}x}{1+\sqrt{1-x^2}}$； (3) $\int \sqrt{5-4x-x^2}\mathrm{d}x$；

(4) $\int \frac{\mathrm{d}x}{\sqrt{(x^2+1)^3}}$； (5) $\int \frac{\mathrm{d}x}{1+\sqrt{2x}}$； (6) $\int \frac{\mathrm{d}x}{\sqrt{1+\sqrt{x}}}$；

(7) $\int \frac{\mathrm{d}x}{\sqrt{x}+\sqrt[3]{x}}$； (8) $\int \frac{\mathrm{d}x}{x^8(1-x^2)}$.

4.3 分部积分法

前面利用复合函数的求导法则得到了换元积分法.现在利用两个函数乘积的求导法则，推出另一个求积分的基本方法——**分部积分法**(integration by parts).

设函数 $u=u(x)$ 与 $v=v(x)$ 具有连续导数.那么，两个函数乘积的求导公式为

$$(uv)'=u'v+uv',$$

移项得到

$$uv'=(uv)'-u'v.$$

对上式两边同时求不定积分，得

$$\int uv'\mathrm{d}x=uv-\int u'v\mathrm{d}x. \quad (4.5)$$

式(4.5)称为**分部积分公式**.如果不定积分 $\int u'v\mathrm{d}x$ 比原来的积分 $\int uv'\mathrm{d}x$ 容易计算，就可以借助分部积分公式，将求 $\int uv'\mathrm{d}x$ 转化为求积分 $\int u'v\mathrm{d}x$.

式(4.5)也可以写成

$$\int u\mathrm{d}v=uv-\int v\mathrm{d}u. \tag{4.6}$$

利用分部积分法求不定积分的关键是将所求积分 $\int f(x)\mathrm{d}x$ 化为 $\int u\mathrm{d}v$ 的形式，即选择恰当的 u,v. 下面我们通过例题来说明如何使用分部积分法.

例 4.3.1 求 $\int x\cos x\mathrm{d}x$.

解 本题应使用分部积分法来解决，但如何选取 u,v 呢？

如果设 $u=x$，$\mathrm{d}v=\cos x\mathrm{d}x$，那么 $\mathrm{d}u=\mathrm{d}x$，$v=\sin x$，应用分部积分公式(4.6)可得

$$\int x\cos x\mathrm{d}x=\int x\mathrm{d}\sin x=x\sin x-\int \sin x\mathrm{d}x,$$

而 $\int v\mathrm{d}u=\int \sin x\mathrm{d}x$ 容易积出，所以有

$$\int x\cos x\mathrm{d}x=x\sin x+\cos x+C.$$

如果设 $u=\cos x$，$\mathrm{d}v=x\mathrm{d}x$，那么 $\mathrm{d}u=-\sin x\mathrm{d}x$，$v=\frac{x^2}{2}$，应用分部积分公式(4.6)可得

$$\int x\cos x\mathrm{d}x=\int \cos x\mathrm{d}\left(\frac{x^2}{2}\right)=\frac{x^2}{2}\cos x+\int \frac{x^2}{2}\sin x\mathrm{d}x.$$

可以看出，使用分部积分公式后得到的新积分 $\int \frac{x^2}{2}\sin x\mathrm{d}x$ 和原积分 $\int x\cos x\mathrm{d}x$ 是相同的类型，而且其中幂函数的次数上升了，使得积分比原积分更不易求解.

由此可见，如果 u,v 选择不恰当，就可能求不出结果，因此应用分部积分法时，选择恰当的 u,v 是关键. 选取 u,v 时一般考虑以下两点：

(1) v 要容易求出；

(2) $\int v\mathrm{d}u$ 要比 $\int u\mathrm{d}v$ 容易积出.

例 4.3.2 求 $\int x\mathrm{e}^x\mathrm{d}x$.

解 设 $u=x$，$\mathrm{d}v=\mathrm{e}^x\mathrm{d}x=\mathrm{d}(\mathrm{e}^x)$，则

$$\int x\mathrm{e}^x\mathrm{d}x=\int x\mathrm{d}\mathrm{e}^x=x\mathrm{e}^x-\int \mathrm{e}^x\mathrm{d}x=x\mathrm{e}^x-\mathrm{e}^x+C=\mathrm{e}^x(x-1)+C.$$

总结以上两个例子可知，如果被积函数是幂函数(指数为正整数)和正(余)弦函数或幂函数(指数为正整数)和指数函数的乘积，可以选择幂函数为 u，而将其余部分凑微分进入微分号作为 v. 这样使用分部积分公式后，幂函数的幂次会降低一次.

例 4.3.3 求 $\int x\ln x\mathrm{d}x$.

解 设 $u=\ln x, dv=xdx=d\left(\frac{x^2}{2}\right)$,则

$$\int x\ln x dx=\int \ln x d\left(\frac{x^2}{2}\right)=\frac{x^2}{2}\ln x-\int \frac{x^2}{2}d(\ln x)$$
$$=\frac{x^2}{2}\ln x-\frac{1}{2}\int x dx=\frac{x^2}{2}\ln x-\frac{x^2}{4}+C.$$

例 4.3.4 求 $\int x\arctan x dx$.

解 设 $u=\arctan x, dv=xdx=d\left(\frac{x^2}{2}\right)$,则

$$\int x\arctan x dx=\int \arctan x d\left(\frac{x^2}{2}\right)=\frac{x^2}{2}\arctan x-\int \frac{x^2}{2}\cdot\frac{1}{1+x^2}dx$$
$$=\frac{x^2}{2}\arctan x-\frac{1}{2}\int\left(1-\frac{1}{1+x^2}\right)dx$$
$$=\frac{x^2}{2}\arctan x-\frac{1}{2}(x-\arctan x)+C.$$

例 4.3.5 求 $\int \arccos x dx$.

解 设 $u=\arccos x, dv=dx$,则

$$\int \arccos x dx=x\arccos x+\int x\cdot\frac{1}{\sqrt{1-x^2}}dx=x\arccos x-\frac{1}{2}\int\frac{d(1-x^2)}{\sqrt{1-x^2}}$$
$$=x\arccos x-\sqrt{1-x^2}+C.$$

总结以上三个例子可知,如果被积函数是幂函数与对数函数或幂函数与反三角函数的乘积,可设对数函数或反三角函数为 u. 使用分部积分公式后,对数函数或反三角函数消失.

例 4.3.6 求 $\int e^x\sin x dx$.

解
$$\int e^x\sin x dx=\int \sin x de^x=e^x\sin x-\int e^x\cos x dx,$$

等式右边的新积分与原积分是同一类型. 对右边的积分再用一次分部积分法,可得

$$\int e^x\sin x dx=e^x\sin x-\int \cos x de^x=e^x\sin x-e^x\cos x-\int e^x\sin x dx,$$

右边出现所求的积分 $\int e^x\sin x dx$,把它移到等号左边,得到

$$\int e^x\sin x dx=\frac{1}{2}e^x(\sin x-\cos x)+C.$$

本题被积函数是指数函数与正(余)弦函数的乘积,此类积分 u,v 可以随意选取,即本题也可以选择 e^x 作为 u. 但在两次使用分部积分公式时,必须选择同类型的 u,以便两次分部积分后能产生循环式,从而解出所求积分.

例 4.3.7 求$\int \sec^3 x\mathrm{d}x$.

解 $\int \sec^3 x\mathrm{d}x=\int \sec x\mathrm{d}\tan x=\sec x\tan x-\int \sec x\tan^2 x\mathrm{d}x$

$$=\sec x\tan x-\int \sec x(\sec^2 x-1)\mathrm{d}x$$

$$=\sec x\tan x-\int \sec^3 x\mathrm{d}x+\int \sec x\mathrm{d}x$$

$$=\sec x\tan x+\ln|\sec x+\tan x|-\int \sec^3 x\mathrm{d}x.$$

将上式右边的$\int \sec^3 x\mathrm{d}x$移到等式左边,得

$$\int \sec^3 x\mathrm{d}x=\frac{1}{2}(\sec x\tan x+\ln|\sec x+\tan x|)+C.$$

例 4.3.8 求$\int \mathrm{e}^{\sqrt{x}}\mathrm{d}x$.

解 令$\sqrt{x}=t$,则 $x=t^2$,$\mathrm{d}x=2t\mathrm{d}t$,于是

$$\int \mathrm{e}^{\sqrt{x}}\mathrm{d}x=2\int t\mathrm{e}^t\mathrm{d}t=2\int t\mathrm{d}\mathrm{e}^t=2t\mathrm{e}^t-2\int \mathrm{e}^t\mathrm{d}t=2t\mathrm{e}^t-2\mathrm{e}^t+C$$

$$=2\mathrm{e}^{\sqrt{x}}(\sqrt{x}-1)+C.$$

习题 4.3

1. 求下列不定积分:

(1) $\int x\sin x\mathrm{d}x$; (2) $\int \arcsin x\mathrm{d}x$; (3) $\int x\ln(x-1)\mathrm{d}x$;

(4) $\int x\mathrm{e}^{-x}\mathrm{d}x$; (5) $\int \mathrm{e}^{-x}\cos x\mathrm{d}x$; (6) $\int x^2\arctan x\mathrm{d}x$;

(7) $\int x\cos\frac{x}{2}\mathrm{d}x$; (8) $\int \ln x\mathrm{d}x$; (9) $\int x\sin x\cos x\mathrm{d}x$;

(10) $\int x\tan^2 x\mathrm{d}x$; (11) $\int \frac{\ln^3 x}{x^2}\mathrm{d}x$; (12) $\int (\arcsin x)^2\mathrm{d}x$;

(13) $\int x^2\mathrm{e}^{-x}\mathrm{d}x$; (14) $\int \mathrm{e}^{\sqrt[3]{x}}\mathrm{d}x$; (15) $\int (x^2-1)\sin 2x\mathrm{d}x$;

(16) $\int \ln(x^2+1)\mathrm{d}x$; (17) $\int \mathrm{e}^{-2x}\sin\frac{x}{2}\mathrm{d}x$; (18) $\int \cos(\ln x)\mathrm{d}x$;

(19) $\int \ln(x+\sqrt{1+x^2})\mathrm{d}x$; (20) $\int \mathrm{e}^x\sin^2 x\mathrm{d}x$.

4.4 有理函数的积分

本节介绍一些特殊类型函数的不定积分,包括有理函数的积分及可化为有理函

数的积分.

4.4.1 有理函数的积分

设 $P(x),Q(x)$分别为关于 x 的 n 次和 m 次实系数多项式,则称形如

$$\frac{P(x)}{Q(x)}=\frac{a_0x^n+a_1x^{n-1}+\cdots+a_{n-1}x+a_n}{b_0x^m+b_1x^{m-1}+\cdots+b_{m-1}x+b_m}$$

的函数为**有理函数**(rational function),又称有理分式.假定其中的 $P(x),Q(x)$没有公因式,则当 $n<m$ 时,称这个有理函数为**真分式**(proper fraction);而当 $n\geqslant m$ 时,称为**假分式**(improper fraction).

利用多项式除法,可以将任一假分式化为一个多项式与一个真分式之和.例如,

$$\frac{x^3+x+1}{x^2+1}=x+\frac{1}{x^2+1}.$$

多项式的不定积分容易求解,以下仅讨论有理真分式的积分.计算真分式的积分用到下列的性质:

如果多项式 $Q(x)$在实数范围内能分解成一次因式和二次质因式的乘积,如

$$Q(x)=b_0(x-a)^\alpha\cdots(x-b)^\beta(x^2+px+q)^\lambda\cdots(x^2+rx+s)^\mu$$

(其中 $p^2-4q<0,\cdots,r^2-4s<0$),则真分式$\frac{P(x)}{Q(x)}$可以分解成如下部分分式之和:

$$\begin{aligned}\frac{P(x)}{Q(x)}=&\frac{A_1}{(x-a)^\alpha}+\frac{A_2}{(x-a)^{\alpha-1}}+\cdots+\frac{A_\alpha}{x-a}+\cdots\\&+\frac{B_1}{(x-b)^\beta}+\frac{B_2}{(x-b)^{\beta-1}}+\cdots+\frac{B_\beta}{x-b}+\cdots\\&+\frac{M_1x+N_1}{(x^2+px+q)^\lambda}+\frac{M_2x+N_2}{(x^2+px+q)^{\lambda-1}}+\cdots+\frac{M_\lambda x+N_\lambda}{x^2+px+q}+\cdots\\&+\frac{R_1x+S_1}{(x^2+rx+s)^\mu}+\frac{R_2x+S_2}{(x^2+rx+s)^{\mu-1}}+\cdots+\frac{R_\mu x+S_\mu}{x^2+rx+s},\end{aligned}$$

其中 $A_i,\cdots,B_i,\cdots,M_i,N_i,\cdots,R_i$ 及 S_i 等都是常数.

在上述有理分式的分解式中,应注意到下列两点:

(1)若分母 $Q(x)$中含有因式$(x-a)^k$,则分解后含有下列 k 个部分分式之和:

$$\frac{A_1}{(x-a)^k}+\frac{A_2}{(x-a)^{k-1}}+\cdots+\frac{A_k}{x-a},$$

其中 $A_1,A_2,\cdots,A_k$ 都是常数.

(2)若分母 $Q(x)$中含有因式$(x^2+px+q)^k$,其中 $p^2-4q<0$,则分解后含有下列 k 个部分分式之和:

$$\frac{M_1x+N_1}{(x^2+px+q)^k}+\frac{M_2x+N_2}{(x^2+px+q)^{k-1}}+\cdots+\frac{M_kx+N_k}{x^2+px+q},$$

其中 M_i,N_i 都是常数.

例如，真分式$\frac{x+3}{x^2-5x+6}=\frac{x+3}{(x-2)(x-3)}$可分解成

$$\frac{x+3}{(x-2)(x-3)}=\frac{A}{x-2}+\frac{B}{x-3},$$

其中 A,B 为待定常数，可以用下面的方法求出.

方法一. 两端去分母后，得

$$x+3=A(x-3)+B(x-2), \tag{4.7}$$

整理得

$$x+3=(A+B)x-(3A+2B).$$

对比等式两端同次幂的系数有

$$\begin{cases}A+B=1,\\-(3A+2B)=3,\end{cases}$$

从而解得 $A=-5,B=6$.

方法二. 在恒等式(4.7)中，代入特殊的 x 值，从而求出待定的系数.

例如，在(4.7)中，令 $x=2$，得 $A=-5$；令 $x=3$，得 $B=6$，同样得到

$$\frac{x+3}{(x-2)(x-3)}=\frac{-5}{x-2}+\frac{6}{x-3}.$$

下面通过几个例题来说明真分式的积分的解决方法.

例 4.4.1 求 $\int\frac{x+3}{x^2-5x+6}\mathrm{d}x$.

解 因为 $\frac{x+3}{(x-2)(x-3)}=\frac{-5}{x-2}+\frac{6}{x-3}$，所以有

$$\begin{aligned}\int\frac{x+3}{x^2-5x+6}\mathrm{d}x&=\int\left(\frac{-5}{x-2}+\frac{6}{x-3}\right)\mathrm{d}x=-5\int\frac{\mathrm{d}x}{x-2}+6\int\frac{\mathrm{d}x}{x-3}\\&=-5\ln|x-2|+6\ln|x-3|+C.\end{aligned}$$

例 4.4.2 求 $\int\frac{1}{x(x-1)^2}\mathrm{d}x$.

解 被积函数可分解成

$$\frac{1}{x(x-1)^2}=\frac{A}{x}+\frac{B}{(x-1)^2}+\frac{C}{x-1},$$

两端去分母后，得

$$1=A(x-1)^2+Bx+Cx(x-1).$$

上式中，令 $x=0$，得 $A=1$；令 $x=1$，得 $B=1$；令 $x=2$，得 $C=-1$. 所以

$$\frac{1}{x(x-1)^2}=\frac{1}{x}+\frac{1}{(x-1)^2}+\frac{-1}{x-1}.$$

从而

$$\int\frac{1}{x(x-1)^2}\mathrm{d}x=\int\left[\frac{1}{x}+\frac{1}{(x-1)^2}+\frac{-1}{x-1}\right]\mathrm{d}x=\int\frac{1}{x}\mathrm{d}x+\int\frac{1}{(x-1)^2}\mathrm{d}x-\int\frac{1}{x-1}\mathrm{d}x$$

$$=\ln|x|-\frac{1}{x-1}-\ln|x-1|+C.$$

例 4.4.3 求 $\int\frac{1}{(1+2x)(1+x^2)}dx$.

解 被积函数可分解成

$$\frac{1}{(1+2x)(1+x^2)}=\frac{A}{1+2x}+\frac{Bx+C}{1+x^2},$$

两端去分母后,得

$$1=A(1+x^2)+(Bx+C)(1+2x),$$

即

$$1=(A+2B)x^2+(B+2C)x+A+C.$$

从而

$$\begin{cases}A+2B=0,\\B+2C=0,\\A+C=1.\end{cases}$$

解得 $A=\frac{4}{5},B=-\frac{2}{5},C=\frac{1}{5}$. 于是

$$\frac{1}{(1+2x)(1+x^2)}=\frac{\frac{4}{5}}{1+2x}+\frac{-\frac{2}{5}x+\frac{1}{5}}{1+x^2}.$$

所以

$$\begin{aligned}\int\frac{1}{(1+2x)(1+x^2)}dx&=\int\frac{\frac{4}{5}}{1+2x}dx+\int\frac{-\frac{2}{5}x+\frac{1}{5}}{1+x^2}dx\\&=\frac{4}{5}\int\frac{1}{1+2x}dx-\frac{1}{5}\int\frac{2x}{1+x^2}dx+\frac{1}{5}\int\frac{1}{1+x^2}dx\\&=\frac{2}{5}\ln|1+2x|-\frac{1}{5}\ln(1+x^2)+\frac{1}{5}\arctan x+C.\end{aligned}$$

4.4.2 可化为有理函数的积分举例

例 4.4.4 求 $\int\frac{\sin x}{1+\sin x+\cos x}dx$.

解 由三角函数的知识知道,$\sin x$ 与 $\cos x$ 都可以用 $\tan\frac{x}{2}$ 的有理式表示,即

$$\sin x=2\sin\frac{x}{2}\cos\frac{x}{2}=\frac{2\tan\frac{x}{2}}{\sec^2\frac{x}{2}}=\frac{2\tan\frac{x}{2}}{1+\tan^2\frac{x}{2}},$$

$$\cos x=\cos^2\frac{x}{2}-\sin^2\frac{x}{2}=\frac{1-\tan^2\frac{x}{2}}{\sec^2\frac{x}{2}}=\frac{1-\tan^2\frac{x}{2}}{1+\tan^2\frac{x}{2}}.$$

所以如果作变换 $u=\tan\frac{x}{2}(-\pi<x<\pi)$，则 $x=2\arctan u$，从而有

$$\sin x=\frac{2u}{1+u^2},\quad \cos x=\frac{1-u^2}{1+u^2},\quad \mathrm{d}x=\frac{2}{1+u^2}\mathrm{d}u.$$

于是

$$\begin{aligned}\int\frac{\sin x}{1+\sin x+\cos x}\mathrm{d}x&=\int\frac{\frac{2u}{1+u^2}}{1+\frac{2u}{1+u^2}+\frac{1-u^2}{1+u^2}}\cdot\frac{2}{1+u^2}\mathrm{d}u=\int\frac{2u}{(1+u)(1+u^2)}\mathrm{d}u\\&=\int\frac{2u+1+u^2-1-u^2}{(1+u)(1+u^2)}\mathrm{d}u=\int\frac{(1+u)^2-(1+u^2)}{(1+u)(1+u^2)}\mathrm{d}u\\&=\int\frac{1+u}{1+u^2}\mathrm{d}u-\int\frac{1}{1+u}\mathrm{d}u\\&=\arctan u+\frac{1}{2}\ln(1+u^2)-\ln|1+u|+C\\&=\frac{x}{2}+\ln\left|\sec\frac{x}{2}\right|-\ln\left|1+\tan\frac{x}{2}\right|+C.\end{aligned}$$

例 4.4.5 求 $\int\frac{1}{\sqrt{x}(1+\sqrt[3]{x})}\mathrm{d}x$.

解 为同时去掉两个根式，令 $x=t^6$，则 $\mathrm{d}x=6t^5\mathrm{d}t$. 所以有

$$\begin{aligned}\int\frac{1}{\sqrt{x}(1+\sqrt[3]{x})}\mathrm{d}x&=\int\frac{6t^5}{t^3(1+t^2)}\mathrm{d}t=6\int\frac{t^2}{1+t^2}\mathrm{d}t=6\int\left(1-\frac{1}{1+t^2}\right)\mathrm{d}t\\&=6(t-\arctan t)+C=6(\sqrt[6]{x}-\arctan\sqrt[6]{x})+C.\end{aligned}$$

例 4.4.6 求 $\int\frac{1}{x}\sqrt{\frac{x+1}{x-1}}\mathrm{d}x$.

解 为去掉根号，令 $t=\sqrt{\frac{x+1}{x-1}}$，则 $x=\frac{t^2+1}{t^2-1}$，$\mathrm{d}x=\frac{-4t\mathrm{d}t}{(t^2-1)^2}$. 所以有

$$\begin{aligned}\int\frac{1}{x}\sqrt{\frac{x+1}{x-1}}\mathrm{d}x&=\int\frac{t^2-1}{t^2+1}\cdot t\cdot\frac{-4t}{(t^2-1)^2}\mathrm{d}t=-4\int\frac{t^2\mathrm{d}t}{(t^2+1)(t^2-1)}\\&=-4\int\frac{(t^2-1+1)\mathrm{d}t}{(t^2+1)(t^2-1)}=\int\left(\frac{1}{t+1}-\frac{1}{t-1}-\frac{2}{(t^2+1)}\right)\mathrm{d}t\\&=\ln\left|\frac{t+1}{t-1}\right|-2\arctan t+C\\&=\ln\left(\sqrt{\frac{x+1}{x-1}}+1\right)-\ln\left|\sqrt{\frac{x+1}{x-1}}-1\right|-2\arctan\sqrt{\frac{x+1}{x-1}}+C.\end{aligned}$$

从上面的例子可以知道，求简单无理函数的积分，基本思路是利用适当的变换将其有理化，转化为有理函数再积分.

习题 4.4

1. 求下列不定积分：

(1) $\int \frac{x+1}{(x-1)^3}dx$； (2) $\int \frac{1}{x^2(1-x)}dx$； (3) $\int \frac{1}{x^2+2x+5}dx$；

(4) $\int \frac{3x+2}{x(x+1)^3}dx$； (5) $\int \frac{1}{(x^2+1)(x^2+x+1)}dx$； (6) $\int \frac{1}{x^4-1}dx$；

(7) $\int \frac{\sqrt{x+1}-1}{\sqrt{x+1}+1}dx$； (8) $\int \sqrt{\frac{1-x}{1+x}}dx$； (9) $\int \frac{1}{3+\cos x}dx$；

(10) $\int \frac{1}{2+\sin x}dx$； (11) $\int \frac{1}{3+\sin^2 x}dx$； (12) $\int \frac{1}{1+\tan x}dx$.

阅读材料

微积分发展简史(二)

纵观历史，微积分创立的过程中，最早出现的不是微分法而是积分法，而且他们的思想基础是极限.

从数学自身的发展历史来说，积分的概念和方法由来已久. 最早可以追溯到古希腊，阿基米德使用包含极限思想的“穷竭法”求由圆周和抛物线围成的图形面积. 后来斯蒂文(Simon Stevin，1548～1620)用一种类似于积分计算的方法确定水对垂直坝体的压力. 不过应用积分思想对求面积、体积和曲线长度进行系统全面研究的就应推德国著名天文学家开普勒(Johannes Kepler，1571～1630)了. 他提出行星运动的三大定律，为以后牛顿发现万有引力定律奠定了基础. 牛顿曾说过：“如果说我比别人看得远些的话，是因为我站在巨人的肩膀上.”开普勒无疑是他所指的巨人之一. 开普勒在研究行星运动时使用了类似微积分的计算方法. 在古代的“穷竭法”中已略见端倪. 古希腊大科学家阿基米德，曾用与积分类似的方法，计算曲线围成的面积和曲面围成的体积.

积分还可以分为两种. 一种是单纯的积分，也就是已知导数求原函数，这就称为不定积分. 而相对于不定积分，还有一种是定积分. 之所以称其为定积分，是因为它积分后得出的值是确定的，是一个数，而不是一个函数. 定积分的本质是把图像无限细分，再累加起来，而不定积分的本质是求一个函数的原函数. 定积分与不定积分看起来风马牛不相及，但是由于一个数学上重要的理论的支撑，它们有了本质的密切关系. 把一个图形无限细分再累加，这似乎是不可能的事情，但是由于这个理论，可以转化为计算积分.这个重要理论就是大名鼎鼎的牛顿-莱布尼茨公式.

牛顿和莱布尼茨虽然各自独立地建立了微积分，但他们所做的创造性工作有很大的不同.牛顿是从物理学观点上来研究数学的，他创立的微积分学原理是与他的力学研究是分不开的.莱布尼茨却是从几何学观点独立发现微积分的.在物理学方向中，速度之类是中心的概念，而几何学却着眼于面积、体积的计算.牛顿和莱布尼茨两人工作的主要区别是，牛顿是以 x 和 y 的无穷小增量作为求导数的手段，当增量越来越小的时候，导数实际上就是增量之比的极限；而莱布尼茨却直接用 x 和 y 的无穷小增量(即微分)求出它们之间的关系.莱布尼茨是伟大的符号创造者，数学分析中的基本概念的记号，如微分、二阶微分、积分、导数等的符号都是他提出来的，并且沿用至今.他们的主要思想是微分和积分在本质上是有关联的.牛顿第一次清楚地说明了求导数问题和求面积问题之间的互逆关系，这就是说牛顿确定的积分实际上是不定积分；而莱布尼茨明确指出的作为求和过程的积分是微分之逆，实际上也就是今天的定积分.

令人遗憾的是，两人在各自创立了微积分后，历史上发生过优先权的争论，从而使数学家分裂成两派，这被认为是“科学史上最不幸的一章”.欧洲大陆的数学家，尤其是瑞士数学家雅各布·伯努利和约翰·伯努利兄弟支持莱布尼茨，而英国数学家捍卫牛顿.两派激烈争吵，甚至尖锐地互相敌对、嘲笑.英国数学在一个时期里闭关锁国，囿于民族偏见，过于拘泥在牛顿的“流数术”中停步不前，因而数学发展整整落后了一百年.因为牛顿的《自然哲学的数学原理》一书使用的是几何方法，英国人差不多一百年中照旧以几何作为主要工具.而欧洲大陆的数学家继续用莱布尼茨的分析法，并且使微积分更加完善.在这一百年中，英国人甚至连欧洲大陆通用的微积分符号都不认识.

数学家

牛顿(Isaac Newton，1642～1727)是英国伟大的数学家、物理学家、天文学家和自然哲学家，其研究领域包括了物理学、数学、天文学、神学、自然哲学和炼金术.1661年6月牛顿考入剑桥大学三一学院.三一学院的巴罗教授是当时改革教育方式主持自然科学新讲座(卢卡斯讲座)的第一任教授，被称为“欧洲最优秀的学者”，对牛顿特别垂青，引导他读了许多前人的优秀著作.1664年牛顿经考试被选为巴罗的助手，1665年大学毕业.同年，刚好22岁的牛顿发现了二项式定理，这对于微积分的发展是必不可少的一步.1669年巴罗推荐26岁的牛顿继任卢卡斯讲座教授.1672年成为皇家学会会员.1703年成为皇家学会终身会长.1704年，发表《三次曲线枚举》.1707年，牛顿的代数讲义经整理后出版，定名为《普遍算术》.他主要讨论了代数基础及其

(通过解方程)在解决各类问题中的应用.牛顿对解析几何与综合几何都有贡献.他在1736年出版的《解析几何》中引入了曲率中心,给出密切线圆(或称曲线圆)概念,提出曲率公式及计算曲线的曲率方法.此外,他的数学工作还涉及数值分析、概率论和初等数论等众多领域.牛顿是经典力学理论的开创者,他发现了万有引力定律,设计并实际制造了第一架反射式望远镜等,牛顿的最主要贡献就是发明了微积分.牛顿的研究领域非常广泛,他在几乎每个他所涉足的科学领域都作出了重要的成绩.他研究过计温学,观测水沸腾或凝固时的固定温度,研究热物体的冷却率,以及其他一些只有在与他自己的主要成就相比较时,才显得逊色的课题.牛顿被誉为人类历史上最伟大,最有影响力的科学家.

CHAPTER 5

第5章 定积分及其应用

本章介绍积分学的另一个基本问题——定积分.定积分起源于实际问题，是从各种计算“和式的极限”的问题抽象出来的数学概念.我们先从几何学和力学中的问题引入定积分的定义，然后讨论定积分的性质、计算方法以及定积分在几何学与经济学中的应用.

5.1 定积分的概念与性质

5.1.1 引例

1. *曲边梯形的面积*

在中学，我们已经学会计算矩形、三角形等以直线为边的图形的面积.但在实际应用中，往往需要求以曲线为边的图形(曲边形)的面积.

设 $y=f(x)$ 在区间 $[a,b]$ 上非负、连续.由直线 $x=a$, $x=b$, $y=0$ 及曲线 $y=f(x)$ 所围成的图形(图 5.1.1)称为**曲边梯形**(trapezoid with curved edge).

任何一个曲边形总可以分割成若干个曲边梯形，因此，求曲边形面积的问题可以归结为求曲边梯形面积的问题.下面我们来讨论如何求曲边梯形的面积.

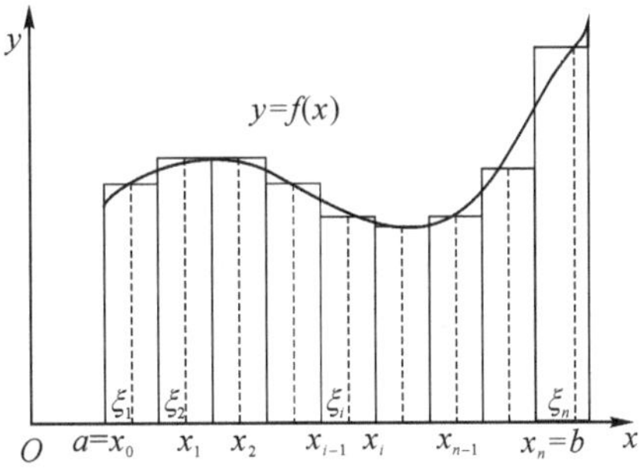

图 5.1.1

我们知道，矩形面积=底×高，而曲边梯形在底边上各点的高 $f(x)$ 在区间 $[a,b]$ 上是变动的，所以它的面积不能直接用矩形面积公式计算.但是，因为曲边梯形的高 $f(x)$ 在区间 $[a,b]$ 上是连续变化的，在很小的一段区间上的变化很小.所以，如果把区间 $[a,b]$ 划分成许多小区间，在每个小区间上用其中某一点处的高来近似代替相应区间的小曲边梯形的高，就可以用小矩形来近似代替小曲边梯形.

这样，我们就可以用小矩形面积的和作为曲边梯形面积的近似值. 当把区间$[a,b]$无限细分下去，使得每个小区间的长度都趋于零，这时所有小矩形的面积之和的极限就可以定义为曲边梯形的面积. 这个定义同时也给出了计算曲边梯形面积的方法：

(1)分割. 在区间$[a,b]$中任意插入 $n-1$ 个分点

$$a=x_0<x_1<x_2<\cdots<x_{n-1}<x_n=b,$$

把$[a,b]$分成 n 个小区间

$$[x_0,x_1],\quad [x_1,x_2],\quad \cdots,\quad [x_{n-1},x_n],$$

它们的长度依次为

$$\Delta x_1=x_1-x_0,\quad \Delta x_2=x_2-x_1,\quad \cdots,\quad \Delta x_n=x_n-x_{n-1}.$$

过每个分点作平行于 y 轴的直线段，把曲边梯形分成 n 个小曲边梯形(图 5.1.1). 在每个小区间$[x_{i-1},x_i]$上任取一点 ξ_i，用以$[x_{i-1},x_i]$为底、$f(\xi_i)$为高的小矩形近似代替第 i 个小曲边梯形，则第 i 个小曲边梯形的面积近似为 $f(\xi_i)\Delta x_i$.

(2)求和. 将这样得到的 n 个小矩形的面积之和作为所求曲边梯形面积 A 的近似值，即

$$A\approx f(\xi_1)\Delta x_1+f(\xi_2)\Delta x_2+\cdots+f(\xi_n)\Delta x_n=\sum_{i=1}^{n}f(\xi_i)\Delta x_i.$$

(3)取极限. 为保证所有小区间的长度都无限缩小，我们要求小区间长度中的最大值趋于零. 若记 $\lambda=\max\{\Delta x_1,\Delta x_2,\cdots,\Delta x_n\}$，则上述条件可表示为 $\lambda\to 0$. 当 $\lambda\to 0$ 时(此时小区间的个数 n 无限增多，即 $n\to\infty$)，取上述和式的极限，得到曲边梯形的面积

$$A=\lim_{\lambda\to 0}\sum_{i=1}^{n}f(\xi_i)\Delta x_i.$$

2. 变速直线运动的路程

考察变速直线运动：设某物体做直线运动，已知速度 $v=v(t)$ 是时间间隔$[T_1,T_2]$上 t 的连续函数，且 $v(t)\geqslant 0$，计算在这段时间内物体所经过的路程 s.

我们知道，对匀速直线运动有下列公式：

$$路程=速度\times时间.$$

但在现在的问题中，速度随时间而变化，不能使用匀速直线运动的路程公式来计算. 然而，由于 $v(t)$ 是连续变化的，在很短的一段时间内，速度的变化很小. 所以，如果把时间间隔分成许多小时间段，在每个小段时间内，以匀速直线运动代替变速运动，那么，就可以算出在每个小时间段内的路程的近似值；再求和，就可以得到整个路程的近似值；最后，通过对时间间隔无限细分求整个路程近似值的极限，就可以求出路程的精确值.

具体计算步骤如下：

(1)分割. 在时间间隔$[T_1,T_2]$中任意插入 $n-1$ 个分点

$$T_1=t_0<t_1<t_2<\cdots<t_{n-1}<t_n=T_2,$$

把$[T_1,T_2]$分成 n 个小时间段

$$[t_0,t_1],\quad [t_1,t_2],\quad \cdots,\quad [t_{n-1},t_n],$$

各小时间段的长度依次为

$$\Delta t_1=t_1-t_0,\quad \Delta t_2=t_2-t_1,\quad \cdots,\quad \Delta t_n=t_n-t_{n-1}.$$

各小时间段内物体经过的路程依次记为

$$\Delta s_1,\quad \Delta s_2,\quad \cdots,\quad \Delta s_n.$$

在每个小时间段$[t_{i-1},t_i]$上任取一个时刻 τ_i，以时刻 τ_i 的速度 $v(\tau_i)$近似代替$[t_{i-1},t_i]$上各个时刻的速度，得到小时间段$[t_{i-1},t_i]$内物体经过的路程 Δs_i 的近似值，即

$$\Delta s_i\approx v(\tau_i)\Delta t_i\quad (i=1,2,\cdots,n).$$

(2)求和.将得到的 n 个小时间段上路程的近似值之和作为所求变速直线运动路程 s 的近似值，即

$$s\approx v(\tau_1)\Delta t_1+v(\tau_2)\Delta t_2+\cdots+v(\tau_n)\Delta t_n=\sum_{i=1}^{n} v(\tau_i)\Delta t_i.$$

(3) 取极限.记 $\lambda=\max\{\Delta t_1,\Delta t_2,\cdots,\Delta t_n\}$，当 $\lambda\to 0$ 时，取上述和式的极限，即得到变速直线运动的路程

$$s=\lim_{\lambda\to 0}\sum_{i=1}^{n} v(\tau_i)\Delta t_i.$$

5.1.2 定积分的定义

从上面两个引例可以看到：求曲边梯形的面积和求变速直线运动的路程虽然实际背景不同，但都可以通过"分割、求和、取极限"转化为形如 $\sum\limits_{i=1}^{n} f(\xi_i)\Delta x_i$ 的和式的极限问题.由此，可以抽象出定积分的定义：

定义 5.1.1 设函数 $f(x)$在$[a,b]$上有界，在$[a,b]$中任意插入若干个分点

$$a=x_0<x_1<x_2<\cdots<x_{n-1}<x_n=b,$$

把$[a,b]$分成 n 个小区间

$$[x_0,x_1],\quad [x_1,x_2],\quad \cdots,\quad [x_{n-1},x_n],$$

各个小区间的长度依次为

$$\Delta x_1=x_1-x_0,\quad \Delta x_2=x_2-x_1,\quad \cdots,\quad \Delta x_n=x_n-x_{n-1}.$$

在每个小区间$[x_{i-1},x_i]$上任取一点 $\xi_i(x_{i-1}\leqslant\xi_i\leqslant x_i)$，作函数值 $f(\xi_i)$与小区间长度 Δx_i 的乘积 $f(\xi_i)\Delta x_i(i=1,2,\cdots,n)$，并作和式

$$S_n=\sum_{i=1}^{n} f(\xi_i)\Delta x_i.\tag{5.1}$$

记 $\lambda=\max\{\Delta x_1,\Delta x_2,\cdots,\Delta x_n\}$，如果不论对$[a,b]$怎样分，也不论在小区间

$[x_{i-1},x_i]$上点 ξ_i 怎么取,只要当 $\lambda\to 0$ 时,S_n 总趋于确定的极限 I,我们就称这个极限 I 为函数在区间$[a,b]$上的**定积分**(definite integral),记作

$$\int_a^b f(x)\mathrm{d}x=I=\lim_{\lambda\to 0}\sum_{i=1}^{n} f(\xi_i)\Delta x_i, \tag{5.2}$$

其中 $f(x)$称为**被积函数**,$f(x)\mathrm{d}x$ 称为**被积表达式**,x 称为**积分变量**,a 称为**积分下限**,b 称为**积分上限**,$[a,b]$称为**积分区间**.

关于定积分的定义,给出以下两点说明:

(1)定积分 $\int_a^b f(x)\mathrm{d}x$ 是和式 $\sum_{i=1}^{n} f(\xi_i)\Delta x_i$ 的极限值,即是一个确定的常数.这个常数仅与被积函数 $f(x)$和积分区间$[a,b]$有关,与积分变量使用哪个字母无关,即

$$\int_a^b f(x)\mathrm{d}x=\int_a^b f(t)\mathrm{d}t=\int_a^b f(u)\mathrm{d}u.$$

(2)和式 $\sum_{i=1}^{n} f(\xi_i)\Delta x_i$ 称为 $f(x)$的**积分和**.如果 $f(x)$在$[a,b]$上的定积分存在,称 $f(x)$在区间$[a,b]$上**可积**.

对于定积分,有一个重要问题:函数 $f(x)$在区间$[a,b]$上满足怎样的条件,$f(x)$在区间$[a,b]$上一定可积?对这个问题本书不作深入探讨,只给出以下两个充分条件.

定理 5.1.1 若 $f(x)$在区间$[a,b]$上连续,则 $f(x)$在区间$[a,b]$上可积.

定理 5.1.2 若 $f(x)$在区间$[a,b]$上有界,且只有有限个间断点,则 $f(x)$在区间$[a,b]$上可积.

利用定积分的定义,前面的两个引例可以重新表述为

(1) 连续曲线 $y=f(x)(f(x)\geqslant 0)$、直线 $x=a,x=b$ 及 x 轴所围成的曲边梯形的面积 A 等于函数 $f(x)$在区间$[a,b]$上的定积分,即

$$A=\int_a^b f(x)\mathrm{d}x.$$

(2)物体以变速 $v=v(t)(v(t)\geqslant 0)$做直线运动,从时刻 $t=T_1$ 到时刻 $t=T_2$ 所经过的路程 s 等于函数 $v(t)$在区间$[T_1,T_2]$上的定积分,即

$$s=\int_{T_1}^{T_2} v(t)\mathrm{d}t.$$

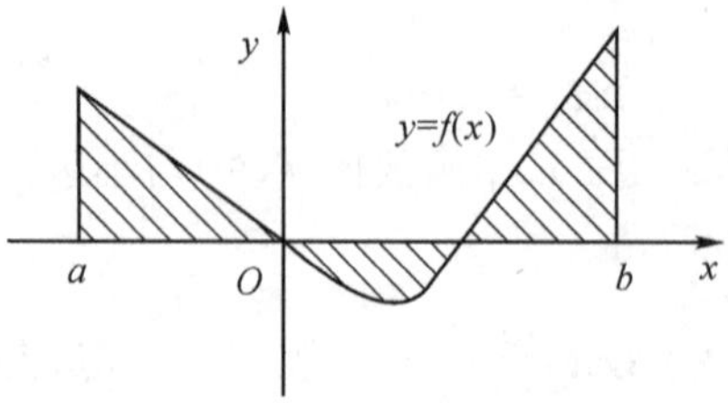

图 5.1.2

下面借助第一个引例讨论定积分的几何意义.我们已经知道,在$[a,b]$上,若 $f(x)\geqslant 0$,定积分 $\int_a^b f(x)\mathrm{d}x$ 在几何上表示由曲线 $y=f(x)$、直线 $x=a,x=b$ 及 x 轴所围成的曲边梯形的面积;若 $f(x)\leqslant 0$,由曲线 $y=f(x)$、直线 $x=a,x=b$ 及 x 轴所围成的曲边梯形位于 x 轴的下方,定积

分 $\int_a^b f(x)\mathrm{d}x$ 在几何上表示上述曲边梯形面积的负值；一般情况下，$f(x)$在$[a,b]$上有正有负，函数 $f(x)$的图像有些在 x 轴的上方，其余在 x 轴的下方(图 5.1.2). 此时定积分 $\int_a^b f(x)\mathrm{d}x$ 在几何上表示 x 轴上方图形面积之和减去 x 轴下方图形面积之和.

例 5.1.1 利用定积分的定义计算定积分 $\int_0^1 x^2\mathrm{d}x$.

解 因为 $f(x)=x^2$ 在积分区间$[0,1]$上连续，而连续函数是可积的，所以积分与区间$[0,1]$的分法及 ξ_i 的取法无关. 因此，为了计算方便，不妨将区间$[0,1]$ n 等分(图 5.1.3)，分点为

$$x_i=\frac{i}{n}\quad(i=1,2,\cdots,n-1);$$

每个小区间$[x_{i-1},x_i]$的长度为

$$\lambda=\Delta x_i=\frac{1}{n}\quad(i=1,2,\cdots,n);$$

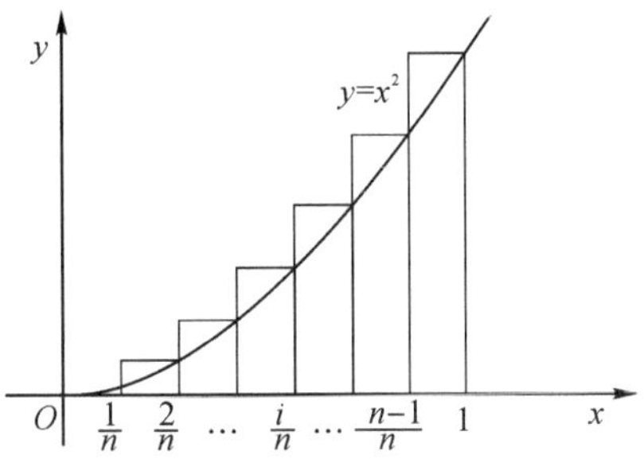

图 5.1.3

取 $\xi_i=x_i(i=1,2,\cdots,n)$，即取每个小区间的右端点. 于是，得和式

$$\sum_{i=1}^{n} f(\xi_i)\Delta x_i=\sum_{i=1}^{n}\xi_i^2\Delta x_i=\sum_{i=1}^{n}x_i^2\Delta x_i=\sum_{i=1}^{n}\left(\frac{i}{n}\right)^2\cdot\frac{1}{n}=\frac{1}{n^3}\sum_{i=1}^{n}i^2$$
$$=\frac{1}{n^3}\cdot\frac{n(n+1)(2n+1)}{6}=\frac{1}{6}\left(1+\frac{1}{n}\right)\left(2+\frac{1}{n}\right).$$

当 $\lambda\to 0$ 即 $n\to\infty$时，取上式右端的极限，即得所求的定积分为

$$\int_0^1 x^2\mathrm{d}x=\lim_{\lambda\to 0}\sum_{i=1}^{n}\xi_i^2\Delta x_i=\lim_{n\to\infty}\frac{1}{6}\left(1+\frac{1}{n}\right)\left(2+\frac{1}{n}\right)=\frac{1}{3}.$$

5.1.3 定积分的近似计算

从例 5.1.1 的计算过程可以看到，对任一确定的自然数 n，积分和

$$\sum_{i=1}^{n}\xi_i^2\Delta x_i=\frac{1}{6}\left(1+\frac{1}{n}\right)\left(2+\frac{1}{n}\right)$$

都是定积分的近似值. 当 n 取不同值时，可以得到定积分 $\int_0^1 x^2\mathrm{d}x$ 精度不同的近似值. 一般来说，n 取得越大，近似程度越高.

下面就一般情形讨论定积分的近似计算问题.

设 $f(x)$在区间$[a,b]$上连续，则定积分 $\int_a^b f(x)\mathrm{d}x$ 存在. 类似于例 5.1.1 的做法，将区间$[a,b]$ n 等分，即在区间中插入分点

$$a=x_0<x_1<x_2<\cdots<x_{n-1}<x_n=b,$$

得到 n 个长度相等的小区间,每个小区间的长度为 $\Delta x=\frac{b-a}{n}$. 在小区间 $[x_{i-1},x_i]$ 上,若取 $\xi_i=x_{i-1}(i=1,2,\cdots,n)$,则有

$$\int_a^b f(x)\mathrm{d}x=\lim_{n\to\infty}\frac{b-a}{n}\sum_{i=1}^{n} f(x_{i-1}).$$

从而对任一确定的自然数 n,有

$$\int_a^b f(x)\mathrm{d}x\approx\frac{b-a}{n}\sum_{i=1}^{n} f(x_{i-1}).$$

记 $f(x_i)=y_i(i=0,1,2,\cdots,n)$,则上式可记作

$$\int_a^b f(x)\mathrm{d}x\approx\frac{b-a}{n}(y_0+y_1+\cdots+y_{n-1}). \tag{5.3}$$

若取 $\xi_i=x_i(i=1,2,\cdots,n)$,则有近似公式

$$\int_a^b f(x)\mathrm{d}x\approx\frac{b-a}{n}(y_1+y_2+\cdots+y_n). \tag{5.4}$$

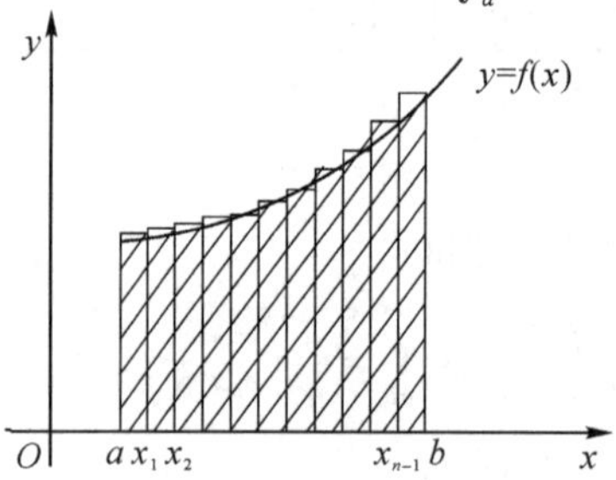

图 5.1.4

以上求定积分近似值的方法称为**矩形法**,式(5.3)称为左矩形公式、式(5.4)称为右矩形公式.

矩形法的几何意义是:用小矩形的面积作为小曲边梯形面积的近似值,整体上用台阶形的面积作为整个曲边梯形面积的近似(图 5.1.4).

计算定积分的近似值的方法很多,这里不再详细介绍.现在已有很多现成的数学软件可用于定积分的近似计算.

5.1.4 定积分的性质

先对定积分作以下两点补充规定:

(1)当 $a=b$ 时,$\int_a^b f(x)\mathrm{d}x=0$;

(2)当 $a>b$ 时,$\int_a^b f(x)\mathrm{d}x=-\int_b^a f(x)\mathrm{d}x$.

根据上述规定,交换定积分的上下限时,定积分的绝对值不变而符号相反.因此,下面我们讨论定积分的性质时,如无特殊说明,对上下限的大小关系不加限制;并假定下列各性质中所涉及的定积分都是存在的.

性质 5.1.1 $\int_a^b [f(x)\pm g(x)]\mathrm{d}x=\int_a^b f(x)\mathrm{d}x\pm\int_a^b g(x)\mathrm{d}x$.

证 $$\begin{aligned}\int_a^b [f(x)\pm g(x)]\mathrm{d}x&=\lim_{\lambda\to 0}\sum_{i=1}^{n}[f(\xi_i)\pm g(\xi_i)]\Delta x_i\\&=\lim_{\lambda\to 0}\sum_{i=1}^{n} f(\xi_i)\Delta x_i\pm\lim_{\lambda\to 0}\sum_{i=1}^{n} g(\xi_i)\Delta x_i\end{aligned}$$

$$= \int_a^b f(x)\mathrm{d}x \pm \int_a^b g(x)\mathrm{d}x.$$

性质 5.1.1 可推广到有限多个函数的情形. 类似地,可以证明:

性质 5.1.2 $\int_a^b kf(x)\mathrm{d}x = k\int_a^b f(x)\mathrm{d}x$($k$ 为常数).

性质 5.1.3(定积分的可加性) $\int_a^b f(x)\mathrm{d}x = \int_a^c f(x)\mathrm{d}x + \int_c^b f(x)\mathrm{d}x.$

证 先证 $a<c<b$ 的情形. 因为函数 $f(x)$ 在区间 $[a,b]$ 上可积,所以不论对 $[a,b]$ 怎么划分,积分和的极限总是不变的. 因此,我们在分区间时,可以将 c 取作一个分点. 那么, $[a,b]$ 上的积分和就等于 $[a,c]$ 上的积分和加上 $[c,b]$ 上的积分和,即

$$\sum_{[a,b]} f(\xi_i)\Delta x_i = \sum_{[a,c]} f(\xi_i)\Delta x_i + \sum_{[c,b]} f(\xi_i)\Delta x_i.$$

令 $\lambda \to 0$,上式两端取极限,即得

$$\int_a^b f(x)\mathrm{d}x = \int_a^c f(x)\mathrm{d}x + \int_c^b f(x)\mathrm{d}x.$$

再证 $a<b<c$ 的情形. 此时,点 b 介于点 a,c 之间,由上面的结论有

$$\int_a^c f(x)\mathrm{d}x = \int_a^b f(x)\mathrm{d}x + \int_b^c f(x)\mathrm{d}x,$$

于是有

$$\int_a^b f(x)\mathrm{d}x = \int_a^c f(x)\mathrm{d}x - \int_b^c f(x)\mathrm{d}x = \int_a^c f(x)\mathrm{d}x + \int_c^b f(x)\mathrm{d}x.$$

同理可证 $c<a<b$ 的情形. 所以不论 a,b,c 的相对位置如何,上述等式总成立.

性质 5.1.4 $\int_a^b 1\cdot \mathrm{d}x = \int_a^b \mathrm{d}x = b-a.$

显然,定积分 $\int_a^b \mathrm{d}x$ 在几何上表示以 $[a,b]$ 为底, $f(x)\equiv 1$ 为高的矩形的面积.

这个性质的严格证明请读者根据定积分的定义自己完成.

性质 5.1.5 如果在区间 $[a,b]$ 上, $f(x)\geqslant 0$,则

$$\int_a^b f(x)\mathrm{d}x \geqslant 0 \quad (a<b).$$

证 因为 $f(x)\geqslant 0$,所以

$$f(\xi_i)\geqslant 0 \quad (i=1,2,\cdots,n).$$

又由于 $\Delta x_i \geqslant 0(i=1,2,\cdots,n)$,因此

$$\sum_{i=1}^n f(\xi_i)\Delta x_i \geqslant 0,$$

于是,根据极限的保号性,有

$$\int_a^b f(x)\mathrm{d}x = \lim_{\lambda\to 0}\sum_{i=1}^n f(\xi_i)\Delta x_i \geqslant 0.$$

推论 5.1.1 如果在区间 $[a,b]$ 上, $f(x)\leqslant g(x)$,则

$$\int_a^b f(x)\mathrm{d}x \leqslant \int_a^b g(x)\mathrm{d}x \quad (a<b).$$

证 因为 $g(x)-f(x)\geqslant 0$,由性质 5.1.5 得

$$\int_a^b [g(x)-f(x)]\mathrm{d}x \geqslant 0.$$

再利用性质 5.1.1,便得到要证的不等式.

推论 5.1.2 $\left|\int_a^b f(x)\mathrm{d}x\right| \leqslant \int_a^b |f(x)|\mathrm{d}x \quad (a<b).$

证 因为

$$-|f(x)| \leqslant f(x) \leqslant |f(x)|,$$

所以由推论 5.1.1 及性质 5.1.2 得

$$-\int_a^b |f(x)|\mathrm{d}x \leqslant \int_a^b f(x)\mathrm{d}x \leqslant \int_a^b |f(x)|\mathrm{d}x,$$

即

$$\left|\int_a^b f(x)\mathrm{d}x\right| \leqslant \int_a^b |f(x)|\mathrm{d}x.$$

性质 5.1.6(估值定理) 设 M 和 m 分别是函数 $f(x)$ 在 $[a,b]$ 上的最大值和最小值,则

$$m(b-a) \leqslant \int_a^b f(x)\mathrm{d}x \leqslant M(b-a) \quad (a<b).$$

证 因为 $m\leqslant f(x)\leqslant M$,所以由性质 5.1.5 的推论 5.1.1,得

$$\int_a^b m\mathrm{d}x \leqslant \int_a^b f(x)\mathrm{d}x \leqslant \int_a^b M\mathrm{d}x.$$

再由性质 5.1.2 及性质 5.1.4,即得所要证的不等式.

这个性质表明,由被积函数在积分区间上的最大值和最小值,可以估计积分值的大致范围.所以上面的不等式称为**估值不等式**.

例 5.1.2 估计定积分 $\int_2^0 x\mathrm{e}^x\mathrm{d}x$ 的值.

解 注意到该定积分的上限小于下限,我们先调换上下限,考虑 $\int_0^2 x\mathrm{e}^x\mathrm{d}x$.

设 $f(x)=x\mathrm{e}^x, x\in[0,2]$,由

$$f'(x)=(x+1)\mathrm{e}^x>0, \quad x\in[0,2]$$

可知 $f(x)$ 在 $[0,2]$ 上单调递增,所以有最小值 $m=f(0)=0$,最大值 $M=f(2)=2\mathrm{e}^2$.由性质 5.1.6 得

$$0\cdot(2-0) \leqslant \int_0^2 x\mathrm{e}^x\mathrm{d}x \leqslant 2\mathrm{e}^2(2-0),$$

即

$$0 \leqslant \int_0^2 x\mathrm{e}^x\mathrm{d}x \leqslant 4\mathrm{e}^2.$$

所以

$$-4e^2 \leqslant \int_2^0 xe^x \mathrm{d}x \leqslant 0.$$

性质 5.1.7(积分中值定理) 如果函数 $f(x)$ 在闭区间 $[a,b]$ 上连续,则在 $[a,b]$ 上至少存在一点 ξ,使

$$\int_a^b f(x)\mathrm{d}x = f(\xi)(b-a) \quad (a \leqslant \xi \leqslant b).$$

这个公式称为**积分中值公式**.

证 因为 $f(x)$ 在闭区间 $[a,b]$ 上连续,所以在 $[a,b]$ 上取得最大值 M 和最小值 m,于是由性质 5.1.6,有

$$m(b-a) \leqslant \int_a^b f(x)\mathrm{d}x \leqslant M(b-a).$$

在上述不等式两端同除以 $b-a$,得

$$m \leqslant \frac{1}{b-a}\int_a^b f(x)\mathrm{d}x \leqslant M.$$

这表明,数值 $\frac{1}{b-a}\int_a^b f(x)\mathrm{d}x$ 介于函数 $f(x)$ 的最小值及最大值之间. 根据闭区间上连续函数的介值定理,在区间 $[a,b]$ 上至少存在一点 ξ,使得

$$\frac{1}{b-a}\int_a^b f(x)\mathrm{d}x = f(\xi) \quad (a \leqslant \xi \leqslant b),$$

即

$$\int_a^b f(x)\mathrm{d}x = f(\xi)(b-a) \quad (a \leqslant \xi \leqslant b).$$

积分中值公式有如下的几何解释:在区间 $[a,b]$ 上至少存在一点 ξ,使得以区间 $[a,b]$ 为底边、曲线 $y=f(x)$ 为边的曲边梯形的面积等于同一底边而高为 $f(\xi)$ 的矩形的面积(图 5.1.5).

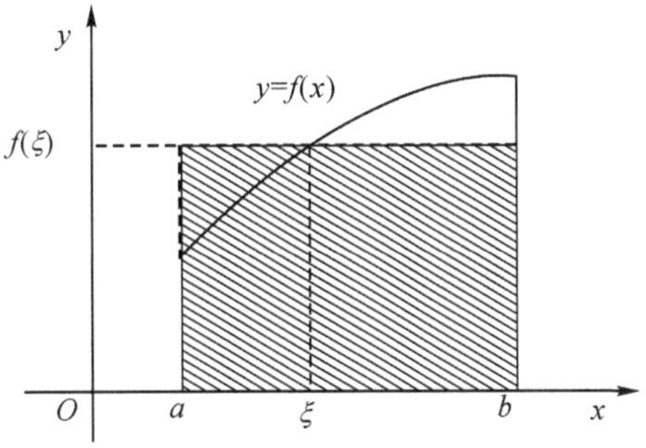

图 5.1.5

由积分中值公式所得的数值

$$\frac{1}{b-a}\int_a^b f(x)\mathrm{d}x$$

表示连续曲线 $f(x)$ 在区间 $[a,b]$ 上的平均高度,称为函数 $f(x)$ 在区间 $[a,b]$ 上的平均值. 这一概念是对有限个数的平均值概念的拓展. 例如,物体以变速 $v(t)$ 做直线运动,在时间区间 $[T_1,T_2]$ 上经过的路程为 $s=\int_{T_1}^{T_2} v(t)\mathrm{d}t$,因此,物体在 $[T_1,T_2]$ 这段时间的平均速度为

$$v(\xi)=\frac{1}{T_2-T_1}\int_{T_1}^{T_2} v(t)\,\mathrm{d}t,\quad \xi\in[T_1,T_2].$$

习题 5.1

*1. 利用定积分的定义计算下列积分：

(1) $\int_a^b x\,\mathrm{d}x\quad(a<b)$；　　(2) $\int_0^1 \mathrm{e}^x\,\mathrm{d}x$.

2. 利用定积分的几何意义，证明下列等式：

(1) $\int_0^1 2x\,\mathrm{d}x=1$；　　(2) $\int_0^1 \sqrt{1-x^2}\,\mathrm{d}x=\frac{\pi}{4}$；

(3) $\int_{-\pi}^{\pi} \sin x\,\mathrm{d}x=0$；　　(4) $\int_{-\frac{\pi}{2}}^{\frac{\pi}{2}} \cos x\,\mathrm{d}x=2\int_0^{\frac{\pi}{2}} \cos x\,\mathrm{d}x$.

3. 已知 $\ln 2=\int_0^1 \frac{1}{1+x}\mathrm{d}x$，试用矩形法公式(5.3)，求出 ln2 的近似值(取 $n=10$，计算时取 4 位小数).

4. 证明定积分性质：

(1) $\int_a^b kf(x)\,\mathrm{d}x=k\int_a^b f(x)\,\mathrm{d}x$；　　(2) $\int_a^b 1\cdot\mathrm{d}x=\int_a^b \mathrm{d}x=b-a$.

5. 估计下列积分的值：

(1) $\int_1^2 (2-x^2)\,\mathrm{d}x$；　　(2) $\int_{\frac{\pi}{4}}^{\frac{5\pi}{4}} (1+\sin^2 x)\,\mathrm{d}x$；

(3) $\int_{\frac{1}{\sqrt{3}}}^{\sqrt{3}} x\arctan x\,\mathrm{d}x$；　　(4) $\int_2^0 \mathrm{e}^{x^2-x}\,\mathrm{d}x$.

6. 设 $f(x)$ 及 $g(x)$ 在闭区间$[a,b]$上连续，证明：

(1)若在$[a,b]$上，$f(x)\geqslant 0$，且 $\int_a^b f(x)\,\mathrm{d}x=0$，则在$[a,b]$上 $f(x)\equiv 0$；

(2)若在$[a,b]$上，$f(x)\geqslant 0$，且 $f(x)\not\equiv 0$，则 $\int_a^b f(x)\,\mathrm{d}x>0$；

(3)若在$[a,b]$上，$f(x)\leqslant g(x)$，且 $\int_a^b f(x)\,\mathrm{d}x=\int_a^b g(x)\,\mathrm{d}x$，则在$[a,b]$上 $f(x)\equiv g(x)$.

7. 根据定积分的性质及上题的结论比较下列各组积分的大小：

(1) $\int_0^1 x^2\,\mathrm{d}x,\int_0^1 x^3\,\mathrm{d}x$；　　(2) $\int_0^1 x\,\mathrm{d}x,\int_0^1 \ln(1+x)\,\mathrm{d}x$；

(3) $\int_0^1 \mathrm{e}^x\,\mathrm{d}x,\int_0^1 (x+1)\,\mathrm{d}x$；　　(4) $\int_{-\frac{\pi}{2}}^0 \sin x\,\mathrm{d}x,\int_0^{\frac{\pi}{2}} \sin x\,\mathrm{d}x$.

5.2 微积分基本公式

5.1 节举过用定积分的定义计算定积分的例子. 从这个例子可以看出，直接按定义计算定积分是十分困难的. 因此，必须寻求计算定积分的新方法.

我们知道,不定积分是作为原函数的概念引入的,而定积分是积分和的极限,这两个概念看起来不相干,但是,牛顿和莱布尼茨发现了这两个概念之间的内在联系,即所谓"微积分基本定理",并由此给出求定积分的新途径——牛顿-莱布尼茨公式.

5.2.1 引例

设有一物体在一直线上运动.在这条直线上取定原点、正向及单位长度,使它成为一条数轴.设时刻 t 时物体所在的位置为 $s(t)$,速度为 $v(t)(v(t)\geqslant 0)$.

由 5.1 节知道,物体在时间间隔 $[T_1,T_2]$ 内经过的路程为定积分

$$s=\int_{T_1}^{T_2} v(t)\,\mathrm{d}t;$$

另一方面,这段路程又可以表示为位置函数 $s(t)$ 在 $[T_1,T_2]$ 上的增量

$$s(T_2)-s(T_1).$$

由此,我们得到位置函数 $s(t)$ 与速度函数 $v(t)$ 有如下关系:

$$\int_{T_1}^{T_2} v(t)\,\mathrm{d}t=s(T_2)-s(T_1). \tag{5.5}$$

因为 $s'(t)=v(t)$,即位置函数 $s(t)$ 是速度函数 $v(t)$ 的原函数,所以,求速度函数 $v(t)$ 在时间间隔 $[T_1,T_2]$ 上的定积分转化为求 $v(t)$ 的原函数 $s(t)$ 在 $[T_1,T_2]$ 上的增量.

这个结论是否具有普遍性呢?事实上,下面将证明,如果函数 $f(x)$ 在区间 $[a,b]$ 上连续,那么 $f(x)$ 在区间 $[a,b]$ 上的定积分就等于 $f(x)$ 的原函数(设为 $F(x)$)在区间 $[a,b]$ 上的增量

$$F(b)-F(a).$$

5.2.2 积分上限的函数及其导数

设函数 $f(x)$ 在区间 $[a,b]$ 上连续,x 为 $[a,b]$ 上的一点.我们来考察 $f(x)$ 在区间 $[a,x]$ 上的定积分

$$\int_a^x f(x)\,\mathrm{d}x.$$

因为 $f(x)$ 在区间 $[a,x]$ 上连续,所以定积分 $\int_a^x f(x)\,\mathrm{d}x$ 存在.又因为定积分与积分变量的记号无关,所以,为明确起见,可以把积分变量换成其他符号,如用 t 表示,则上面的定积分可写成

$$\int_a^x f(t)\,\mathrm{d}t.$$

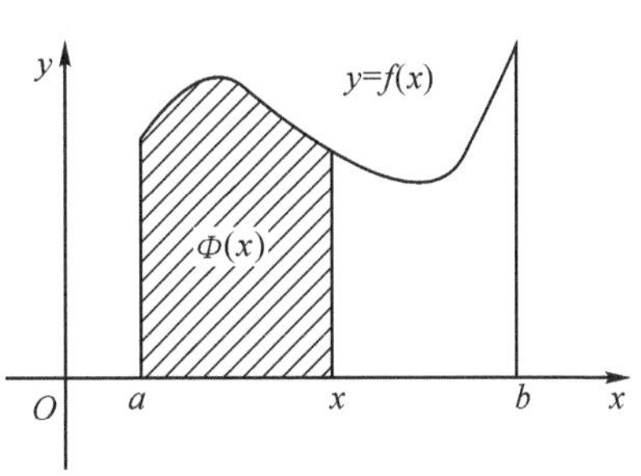

图 5.2.1

对每一个给定的 $x\in[a,b]$,定积分都有一个对应值,所以它在 $[a,b]$ 上定义了一个函数

$$\Phi(x)=\int_a^x f(t)\mathrm{d}t \quad (a\leqslant x\leqslant b).$$

这个函数称为**积分上限的函数**(**或变上限的函数**,upper limit function of integral).

$\Phi(x)$的几何意义是右侧直线可移动的曲边梯形的面积. 如图 5.2.1 所示,曲边梯形的面积$\Phi(x)$随 x 的位置变动而变动,当 x 取定后,面积$\Phi(x)$就随之确定.

关于 $\Phi(x)$的可导性,有:

定理 5.2.1 若函数 $f(x)$在区间$[a,b]$上连续,则积分上限的函数

$$\Phi(x)=\int_a^x f(t)\mathrm{d}t$$

在$[a,b]$上可导,且

$$\Phi'(x)=\frac{\mathrm{d}}{\mathrm{d}x}\int_a^x f(t)\mathrm{d}t=f(x) \quad (a\leqslant x\leqslant b). \tag{5.6}$$

证 若 $x\in(a,b)$,取 $\Delta x\neq 0$,使得 $x+\Delta x\in(a,b)$,则有

$$\begin{aligned}\Delta\Phi &=\Phi(x+\Delta x)-\Phi(x)\\ &=\int_a^{x+\Delta x} f(t)\mathrm{d}t-\int_a^x f(t)\mathrm{d}t\\ &=\int_a^x f(t)\mathrm{d}t+\int_x^{x+\Delta x} f(t)\mathrm{d}t-\int_a^x f(t)\mathrm{d}t\\ &=\int_x^{x+\Delta x} f(t)\mathrm{d}t.\end{aligned}$$

再应用积分中值定理,有

$$\Delta\Phi=\int_x^{x+\Delta x} f(t)\mathrm{d}t=f(\xi)\Delta x, \quad \xi\text{介于}x\text{与}x+\Delta x\text{之间}.$$

上式两端同除以 Δx,得函数增量与自变量增量的比值

$$\frac{\Delta\Phi}{\Delta x}=f(\xi).$$

当 $\Delta x\to 0$ 时,$\xi\to x$. 而函数 $f(x)$在区间$[a,b]$上连续,所以$\lim\limits_{\xi\to x}f(\xi)=f(x)$. 故有

$$\Phi'(x)=\lim_{\Delta x\to 0}\frac{\Delta\Phi}{\Delta x}=\lim_{\Delta x\to 0}f(\xi)=\lim_{\xi\to x}f(\xi)=f(x).$$

若 $x=a$,取 $\Delta x>0$,则同理可证 $\Phi_+'(a)=f(a)$;若 $x=b$,取 $\Delta x<0$,则同理可证 $\Phi_-'(b)=f(b)$.

综上所述,积分上限的函数可导,且

$$\Phi'(x)=\frac{\mathrm{d}}{\mathrm{d}x}\int_a^x f(t)\mathrm{d}t=f(x) \quad (a\leqslant x\leqslant b).$$

定理 5.2.1 揭示了微分(或导数)与定积分这两个概念之间的内在联系,因而称为**微积分基本定理**(fundamental theorem of calculus).

利用复合函数的求导法则,读者自己可以进一步得到下列公式:

(1) $\dfrac{\mathrm{d}}{\mathrm{d}x}\displaystyle\int_a^{\varphi(x)} f(t)\mathrm{d}t=f(\varphi(x))\varphi'(x)$;

(2) $\dfrac{d}{dx}\displaystyle\int_{\psi(x)}^{\varphi(x)} f(t)dt=f(\varphi(x))\varphi'(x)-f(\psi(x))\psi'(x)$.

例 5.2.1 求 $\dfrac{d}{dx}\left(\displaystyle\int_a^x e^{2t}dt\right)$.

解 $\dfrac{d}{dx}\left(\displaystyle\int_a^x e^{2t}dt\right)=e^{2x}$.

例 5.2.2 求 $\dfrac{d}{dx}\left(\displaystyle\int_x^{x^2} \sin t dt\right)$.

解 $\dfrac{d}{dx}\left(\displaystyle\int_x^{x^2} \sin t dt\right)=2x\sin x^2-\sin x$.

例 5.2.3 求 $\lim\limits_{x\to 0}\dfrac{\displaystyle\int_{\cos x}^{1} e^{-t^2}dt}{x^2}$.

解 题设极限式是 $\dfrac{0}{0}$ 型未定式,可应用洛必达法则.

$$\lim_{x\to 0}\frac{\displaystyle\int_{\cos x}^{1} e^{-t^2}dt}{x^2}=\lim_{x\to 0}\frac{\left(\displaystyle\int_{\cos x}^{1} e^{-t^2}dt\right)'}{(x^2)'}=\lim_{x\to 0}\frac{-e^{-\cos^2 x}(\cos x)'}{2x}$$
$$=\lim_{x\to 0}\frac{e^{-\cos^2 x}\sin x}{2x}=\frac{1}{2e}.$$

例 5.2.4 设 $f(x)$ 在 $[0,+\infty)$ 内连续,且 $f(x)>0$. 证明函数

$$F(x)=\frac{\displaystyle\int_0^x tf(t)dt}{\displaystyle\int_0^x f(t)dt}$$

在 $(0,+\infty)$ 内为单调增加函数.

证 根据积分上限的函数的导数公式,有

$$\frac{d}{dx}\int_0^x tf(t)dt=xf(x),\quad \frac{d}{dx}\int_0^x f(t)dt=f(x).$$

于是

$$F'(x)=\frac{xf(x)\displaystyle\int_0^x f(t)dt-f(x)\int_0^x tf(t)dt}{\left(\displaystyle\int_0^x f(t)dt\right)^2}$$
$$=\frac{f(x)\displaystyle\int_0^x (x-t)f(t)dt}{\left(\displaystyle\int_0^x f(t)dt\right)^2}.$$

由题设,当 $0<t<x$ 时,$f(t)>0$,$(x-t)f(t)>0$,于是

$$\int_0^x f(t)dt>0,\quad \int_0^x (x-t)f(t)dt>0,$$

所以 $F'(x)>0(x>0)$，从而 $F(x)$ 在 $(0,+\infty)$ 内为单调增加函数.

5.2.3 牛顿-莱布尼茨公式

定理 5.2.1 是在被积函数连续的条件下证得的，因而也证明了“连续函数必存在原函数”的结论. 所以有下面的原函数存在定理.

定理 5.2.2 若函数 $f(x)$ 在区间 $[a,b]$ 上连续，则函数

$$\Phi(x)=\int_a^x f(t)\mathrm{d}t$$

就是 $f(x)$ 在 $[a,b]$ 上的一个原函数.

定理 5.2.2 肯定了连续函数的原函数是存在的，同时初步揭示了积分学中的定积分与原函数之间的联系. 这样就有可能通过原函数来计算定积分.

定理 5.2.3 如果函数 $F(x)$ 是连续函数 $f(x)$ 在区间 $[a,b]$ 上的一个原函数，则

$$\int_a^b f(x)\mathrm{d}x=F(b)-F(a). \tag{5.7}$$

证 已知函数 $F(x)$ 是连续函数 $f(x)$ 的一个原函数，又由定理 5.2.2 知道，积分上限的函数

$$\Phi(x)=\int_a^x f(t)\mathrm{d}t$$

也是 $f(x)$ 的一个原函数，于是

$$F(x)-\Phi(x)=C,\quad x\in[a,b].$$

在上式中令 $x=a$，得 $F(a)-\Phi(a)=C$. 又

$$\Phi(a)=\int_a^a f(t)\mathrm{d}t=0,$$

所以 $F(a)=C$，从而

$$\int_a^x f(t)\mathrm{d}t=F(x)-F(a).$$

在上式中再令 $x=b$，即得式(5.7). 该公式也常记作

$$\int_a^b f(t)\mathrm{d}t=F(x)\Big|_a^b=F(b)-F(a).$$

式(5.7)称为**牛顿**(Newton)-**莱布尼茨**(Leibniz)**公式**. 它表明：一个连续函数在区间 $[a,b]$ 上的定积分等于它的任一原函数在区间 $[a,b]$ 上的增量. 这就给定积分提供了一个有效而简便的计算方法. 式(5.7)也称为**微积分基本公式**.

例 5.2.5 求 $\int_0^1 x^2\mathrm{d}x$.

解 因为 $\frac{x^3}{3}$ 是 x^2 的一个原函数，所以由牛顿-莱布尼茨公式，有

$$\int_0^1 x^2\mathrm{d}x=\frac{x^3}{3}\Big|_0^1=\frac{1}{3}-0=\frac{1}{3}.$$

例 5.2.6 求 $\int_{-2}^{-1}\frac{dx}{x}$.

解 当 $x<0$ 时，$\ln|x|$ 是 $\frac{1}{x}$ 的一个原函数，所以

$$\int_{-2}^{-1}\frac{dx}{x}=[\ln|x|]_{-2}^{-1}=\ln 1-\ln 2=-\ln 2.$$

例 5.2.7 求 $\int_{-1}^{\sqrt{3}}\frac{dx}{1+x^2}$.

解 $\arctan x$ 是 $\frac{1}{1+x^2}$ 的一个原函数，所以

$$\int_{-1}^{\sqrt{3}}\frac{dx}{1+x^2}=\arctan x\Big|_{-1}^{\sqrt{3}}=\arctan\sqrt{3}-\arctan(-1)=\frac{7}{12}\pi.$$

例 5.2.8 求 $\int_0^1|2x-1|dx$.

解 本题中，积分区间为$[0,1]$，而被积函数

$$|2x-1|=\begin{cases}1-2x, & x\leqslant\frac{1}{2},\\ 2x-1, & x>\frac{1}{2},\end{cases}$$

即被积函数在积分区间上是分段函数. 对这类积分须根据定积分的可加性，将定积分分段处理：

$$\begin{aligned}\int_0^1|2x-1|dx&=\int_0^{\frac{1}{2}}|2x-1|dx+\int_{\frac{1}{2}}^1|2x-1|dx\\&=\int_0^{\frac{1}{2}}(1-2x)dx+\int_{\frac{1}{2}}^1(2x-1)dx\\&=(x-x^2)\Big|_0^{\frac{1}{2}}+(x^2-x)\Big|_{\frac{1}{2}}^1=\frac{1}{2}.\end{aligned}$$

例 5.2.9 计算曲线 $y=\sin x$ 在$[0,\pi]$上与 x 轴所围成的图形(图 5.2.2)的面积.

解 由定积分的几何意义，所求面积

$$A=\int_0^{\pi}\sin x dx=-\cos x\Big|_0^{\pi}=-\cos\pi-(-\cos 0)=2.$$

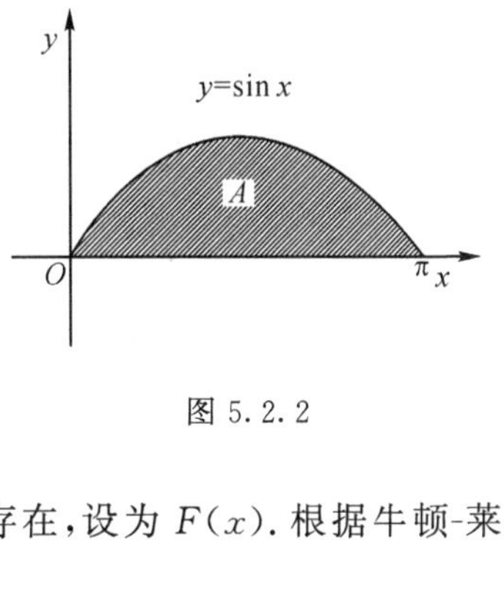

图 5.2.2

例 5.2.10 设函数 $f(x)$ 在闭区间$[a,b]$上连续，证明：在开区间(a,b)内至少存在一点 ξ，使

$$\int_a^b f(x)dx=f(\xi)(b-a)\quad(a<\xi<b).$$

证 因为 $f(x)$ 在$[a,b]$上连续，所以它的原函数存在，设为 $F(x)$. 根据牛顿-莱布尼茨公式，有

$$\int_a^b f(x)\mathrm{d}x=F(b)-F(a).$$

显然，函数 $F(x)$ 在区间 $[a,b]$ 上满足微分中值定理的条件，因此，按微分中值定理，在开区间 (a,b) 内至少存在一点 ξ，使

$$F(b)-F(a)=F'(\xi)(b-a),\quad \xi\in(a,b),$$

故

$$\int_a^b f(x)\mathrm{d}x=f(\xi)(b-a),\quad \xi\in(a,b).$$

本例的结论是积分中值定理的改进. 从本例不难看出积分中值定理与微分中值定理之间的联系.

习题 5.2

1. 设函数 $y=\int_0^x \cos t\mathrm{d}t$，求 $y'(0)$，$y'\left(\frac{\pi}{4}\right)$.

2. 计算下列各导数：

(1) $\frac{\mathrm{d}}{\mathrm{d}x}\int_0^{x^2}\sqrt{1+t^2}\mathrm{d}t$；　(2) $\frac{\mathrm{d}}{\mathrm{d}x}\int_{\sqrt{x}}^1 \mathrm{e}^t\mathrm{d}t$；

(3) $\frac{\mathrm{d}}{\mathrm{d}x}\int_{\sin x}^{\cos x}\cos(\pi t^2)\mathrm{d}t$；　(4) $\frac{\mathrm{d}}{\mathrm{d}x}\int_{\ln x}^{x^2}\frac{1}{t}\mathrm{d}t$.

3. 设函数 $y=y(x)$ 由方程 $\int_0^y \mathrm{e}^t\mathrm{d}t+\int_0^x \cos t\mathrm{d}t=0$ 所确定，求 $\frac{\mathrm{d}y}{\mathrm{d}x}$.

4. 设 $x=\int_0^t \sin u\mathrm{d}u$，$y=\int_0^t \cos u\mathrm{d}u$，求 $\frac{\mathrm{d}y}{\mathrm{d}x}$.

5. 求下列极限：

(1) $\lim\limits_{x\to 0}\frac{\int_0^x \cos t^2\mathrm{d}t}{x}$；　(2) $\lim\limits_{x\to 0}\frac{\int_0^x \arctan t\mathrm{d}t}{x^2}$；

(3) $\lim\limits_{x\to 0}\frac{\int_0^{x^2}\sqrt{1+t^2}\mathrm{d}t}{x^2}$；　(4) $\lim\limits_{x\to 0}\frac{\left(\int_0^x \mathrm{e}^{t^2}\mathrm{d}t\right)^2}{\int_0^x t\mathrm{e}^{2t^2}\mathrm{d}t}$.

6. 当 x 为何值时，函数 $I(x)=\int_0^x t\mathrm{e}^{-t^2}\mathrm{d}t$ 有极值？

7. 计算下列定积分：

(1) $\int_1^2\left(x^2+\frac{1}{x^4}\right)\mathrm{d}x$；　(2) $\int_4^9\sqrt{x}(1+\sqrt{x})\mathrm{d}x$；　(3) $\int_{\frac{1}{\sqrt{3}}}^{\sqrt{3}}\frac{1}{1+x^2}\mathrm{d}x$；

(4) $\int_0^{\sqrt{3}a}\frac{1}{a^2+x^2}\mathrm{d}x$；　(5) $\int_{-1}^0\frac{3x^4+3x^2+1}{x^2+1}\mathrm{d}x$；　(6) $\int_0^{\mathrm{e}-1}\frac{1}{1+x}\mathrm{d}x$；

(7) $\int_0^{\frac{\pi}{4}}\tan^2 x\mathrm{d}x$；　(8) $\int_0^{\frac{\pi}{4}}\cos^2\left(\frac{x}{2}\right)\mathrm{d}x$；　(9) $\int_{-1}^2|2x|\mathrm{d}x$；

(10) $\int_0^{2\pi}|\sin x|\mathrm{d}x$；　(11) $\int_0^{\frac{3\pi}{4}}\sqrt{1+\cos 2x}\mathrm{d}x$；

(12) $\int_0^2 f(x)\mathrm{d}x$,其中 $f(x)=\begin{cases}x+1, & x\leqslant 1,\\ \frac{1}{2}x^2, & x>1.\end{cases}$

8. 设 $f(x)=\begin{cases}x^2, & x\in[0,1),\\ x, & x\in[1,2],\end{cases}$ 求 $\Phi(x)=\int_0^x f(t)\mathrm{d}t$ 在$[0,2]$上的表达式,并讨论$\Phi(x)$在$(0,2)$内的连续性.

9. 设 $f(x)=\begin{cases}\frac{1}{2}\sin x, & 0\leqslant x\leqslant \pi,\\ 0, & x<0 \text{ 或 } x>\pi,\end{cases}$ 求 $\Phi(x)=\int_0^x f(t)\mathrm{d}t$ 在$(-\infty,+\infty)$内的表达式.

10. 设 $f(x)=\frac{1}{1+x^2}+x^3\int_0^1 f(x)\mathrm{d}x$,求 $\int_0^1 f(x)\mathrm{d}x$.

11. 已知 $f(x)=x^2-x\int_0^2 f(x)\mathrm{d}x+2\int_0^1 f(x)\mathrm{d}x$,求 $f(x)$.

12. 设 $f(x)=\int_1^x \frac{x\ln(t)}{t}\mathrm{d}t\,(x>0)$,求 $f(x)$.

13. 设 $f(x)$连续,若 $f(x)$满足 $\int_0^1 xf(t)\mathrm{d}t=f(x)+x\mathrm{e}^x$,求 $f(x)$.

14. 设函数 $f(x)$在区间$[a,b]$上连续,在(a,b)内可导且 $f'(x)\leqslant 0$,

$$F(x)=\frac{1}{x-a}\int_a^x f(t)\mathrm{d}t.$$

证明:在(a,b)内有 $F'(x)\leqslant 0$.

5.3 定积分的换元法和分部积分法

从 5.2 节的结果知道,求定积分 $\int_a^b f(x)\mathrm{d}x$ 可以转化为求被积函数 $f(x)$的原函数在区间$[a,b]$上的增量.而在不定积分中,我们已经学会了用换元积分法和分部积分法求一些函数的原函数.因此,在一定条件下,换元积分法和分部积分法在求定积分时仍适用.下面就来讨论这两种方法在定积分计算中的应用.

5.3.1 定积分的换元法

定理 5.3.1 设函数 $f(x)$在区间$[a,b]$上连续,函数 $x=\varphi(t)$满足条件:

(1)$\varphi(\alpha)=a,\varphi(\beta)=b$;

(2)$\varphi(t)$在$[\alpha,\beta]$(或$[\beta,\alpha]$)上具有连续导数,且 $a\leqslant\varphi(t)\leqslant b$,则有

$$\int_a^b f(x)\mathrm{d}x=\int_\alpha^\beta f(\varphi(t))\varphi'(t)\mathrm{d}t. \tag{5.8}$$

式(5.8)称为定积分的**换元公式**.

证 因为函数 $f(x)$在区间$[a,b]$上连续,所以它在$[a,b]$上可积,且原函数存在.设 $F(x)$是 $f(x)$的一个原函数,则

$$\int_a^b f(x)\mathrm{d}x = F(b) - F(a).$$

另一方面，$\Phi(t)=F(\varphi(t))$可以看成是由 $F(x)$与 $x=\varphi(t)$复合而成. 因此，由复合函数的求导法则，得

$$\Phi'(t) = \frac{\mathrm{d}F}{\mathrm{d}x} \cdot \frac{\mathrm{d}x}{\mathrm{d}t} = f(x)\varphi'(t) = f(\varphi(t))\varphi'(t),$$

即 $\Phi(t)$是 $f(\varphi(t))\varphi'(t)$的一个原函数. 因此有

$$\int_\alpha^\beta f(\varphi(t))\varphi'(t)\mathrm{d}t = \Phi(\beta) - \Phi(\alpha).$$

又由 $\Phi(t)=F(\varphi(t))$及 $\varphi(\alpha)=a$，$\varphi(\beta)=b$ 可知

$$\Phi(\beta) - \Phi(\alpha) = F(\varphi(\beta)) - F(\varphi(\alpha)) = F(b) - F(a).$$

所以

$$\int_a^b f(x)\mathrm{d}x = F(b) - F(a) = \Phi(\beta) - \Phi(\alpha) = \int_\alpha^\beta f(\varphi(t))\varphi'(t)\mathrm{d}t.$$

式(5.8)得证.

在应用定积分换元公式时应注意以下两点：

(1)用 $x=\varphi(t)$把原变量 x 换成新变量 t 时，积分限也要换成相应于新变量 t 的积分限；

(2)求出 $f(\varphi(t))\varphi'(t)$的一个原函数 $\Phi(t)$后，不必像求不定积分那样再把 $\Phi(t)$变换成原来的变量 x 的函数，而只需把新变量 t 的上、下限分别代入 $\Phi(t)$中，求得增量即可.

例 5.3.1 求 $\int_0^a \sqrt{a^2-x^2}\mathrm{d}x \quad (a>0)$.

解 令 $x=a\sin t$，则 $\mathrm{d}x=a\cos t\mathrm{d}t$，且当 $x=0$ 时，取 $t=0$；当 $x=a$ 时，取 $t=\frac{\pi}{2}$. 从而

$$\sqrt{a^2-x^2} = a\sqrt{1-\sin^2 t} = a|\cos t| = a\cos t.$$

于是

$$\begin{aligned}\int_0^a \sqrt{a^2-x^2}\mathrm{d}x &= \int_0^{\frac{\pi}{2}} a\cos t \cdot a\cos t\mathrm{d}t = a^2\int_0^{\frac{\pi}{2}} \cos^2 t\mathrm{d}t \\ &= \frac{a^2}{2}\int_0^{\frac{\pi}{2}} (1+\cos 2t)\mathrm{d}t \\ &= \frac{a^2}{2}\left(t+\frac{1}{2}\sin 2t\right)\Big|_0^{\frac{\pi}{2}} = \frac{\pi a^2}{4}.\end{aligned}$$

注 本题也可以利用定积分的几何意义直接得到结果.

换元公式也可以反过来使用，类似于不定积分的第一换元法，作变换 $\varphi(x)=t$. 把换元公式(5.8)左右两边对调，同时把 t 和 x 对调，即可得换元公式

$$\int_a^b f(\varphi(x))\varphi'(x)\mathrm{d}x=\int_\alpha^\beta f(t)\mathrm{d}t.$$

例 5.3.2 求 $\int_0^{\frac{\pi}{2}} \cos^5 x\sin x\mathrm{d}x$.

解 令 $t=\cos x$，则 $\mathrm{d}t=-\sin x\mathrm{d}x$，且当 $x=0$ 时，$t=1$；当 $x=\frac{\pi}{2}$时，$t=0$. 于是

$$\int_0^{\frac{\pi}{2}} \cos^5 x\sin x\mathrm{d}x=-\int_1^0 t^5\mathrm{d}t=\int_0^1 t^5\mathrm{d}t=\frac{1}{6}t^6\Big|_0^1=\frac{1}{6}.$$

本例中，如果不明显写出新变量 t，那么定积分的上、下限就不需要变更. 重新计算如下：

$$\begin{aligned}\int_0^{\frac{\pi}{2}} \cos^5 x\sin x\mathrm{d}x &=-\int_0^{\frac{\pi}{2}} \cos^5 x\mathrm{d}(\cos x)\\ &=-\frac{1}{6}\cos^6 x\Big|_0^{\frac{\pi}{2}}=-\left(0-\frac{1}{6}\right)=\frac{1}{6}.\end{aligned}$$

例 5.3.3 求 $\int_0^{\pi} \sqrt{\sin^3 x-\sin^5 x}\mathrm{d}x$.

解 因为 $\sqrt{\sin^3 x-\sin^5 x}=\sqrt{\sin^3 x(1-\sin^2 x)}=(\sin x)^{\frac{3}{2}}|\cos x|$，在$\left[0,\frac{\pi}{2}\right]$上，$|\cos x|=\cos x$，在$\left[\frac{\pi}{2},\pi\right]$上，$|\cos x|=-\cos x$，所以

$$\begin{aligned}\int_0^{\pi} \sqrt{\sin^3 x-\sin^5 x}\mathrm{d}x &=\int_0^{\frac{\pi}{2}} (\sin x)^{\frac{3}{2}}\cos x\mathrm{d}x+\int_{\frac{\pi}{2}}^{\pi} (\sin x)^{\frac{3}{2}}(-\cos x)\mathrm{d}x\\ &=\int_0^{\frac{\pi}{2}} (\sin x)^{\frac{3}{2}}\mathrm{d}(\sin x)-\int_{\frac{\pi}{2}}^{\pi} (\sin x)^{\frac{3}{2}}\mathrm{d}(\sin x)\\ &=\frac{2}{5}(\sin x)^{\frac{5}{2}}\Big|_0^{\frac{\pi}{2}}-\frac{2}{5}(\sin x)^{\frac{5}{2}}\Big|_{\frac{\pi}{2}}^{\pi}\\ &=\frac{2}{5}-\left(-\frac{2}{5}\right)=\frac{4}{5}.\end{aligned}$$

例 5.3.4 求 $\int_0^4 \frac{x+2}{\sqrt{2x+1}}\mathrm{d}x$.

解 令 $\sqrt{2x+1}=t$，则 $x=\frac{t^2-1}{2}$，$\mathrm{d}x=t\mathrm{d}t$，且当 $x=0$ 时，$t=1$；当 $x=4$ 时，$t=3$. 于是

$$\begin{aligned}\int_0^4 \frac{x+2}{\sqrt{2x+1}}\mathrm{d}x &=\int_1^3 \frac{\frac{t^2-1}{2}+2}{t}t\mathrm{d}t=\frac{1}{2}\int_1^3 (t^2+3)\mathrm{d}t=\frac{1}{2}\left(\frac{t^3}{3}+3t\right)\Big|_1^3\\ &=\frac{1}{2}\left[\left(\frac{27}{3}+9\right)-\left(\frac{1}{3}+3\right)\right]=\frac{22}{3}.\end{aligned}$$

例 5.3.5 证明：

(1) 若函数 $f(x)$在$[-a,a]$上连续且为偶函数，则

$$\int_{-a}^{a} f(x)\mathrm{d}x=2\int_{0}^{a} f(x)\mathrm{d}x;$$

(2)若函数 $f(x)$在$[-a,a]$上连续且为奇函数，则

$$\int_{-a}^{a} f(x)\mathrm{d}x=0.$$

证 因为

$$\int_{-a}^{a} f(x)\mathrm{d}x=\int_{-a}^{0} f(x)\mathrm{d}x+\int_{0}^{a} f(x)\mathrm{d}x,$$

对积分 $\int_{-a}^{0} f(x)\mathrm{d}x$ 作代换 $x=-t$，得

$$\int_{-a}^{0} f(x)\mathrm{d}x=-\int_{a}^{0} f(-t)\mathrm{d}t=\int_{0}^{a} f(-t)\mathrm{d}t=\int_{0}^{a} f(-x)\mathrm{d}x.$$

于是

$$\int_{-a}^{a} f(x)\mathrm{d}x=\int_{0}^{a} f(-x)\mathrm{d}x+\int_{0}^{a} f(x)\mathrm{d}x=\int_{0}^{a}[f(-x)+f(x)]\mathrm{d}x.$$

(1)若 $f(x)$为偶函数，即 $f(-x)=f(x)$，则

$$\int_{-a}^{a} f(x)\mathrm{d}x=2\int_{0}^{a} f(x)\mathrm{d}x.$$

(2)若 $f(x)$为奇函数，即 $f(-x)=-f(x)$，则

$$\int_{-a}^{a} f(x)\mathrm{d}x=0.$$

例 5.3.6 求 $\int_{-1}^{1}(|x|+\sin x)x^2\mathrm{d}x$.

解 因为积分区间关于原点对称，且$|x|x^2$ 为偶函数，$\sin x\cdot x^2$ 为奇函数，所以

$$\int_{-1}^{1}(|x|+\sin x)x^2\mathrm{d}x=\int_{-1}^{1}|x|x^2\mathrm{d}x+0=2\int_{0}^{1}x^3\mathrm{d}x=2\cdot\frac{x^4}{4}\bigg|_0^1=\frac{1}{2}.$$

例 5.3.7 若函数 $f(x)$在$[0,1]$上连续，证明：

(1) $\int_{0}^{\frac{\pi}{2}} f(\sin x)\mathrm{d}x=\int_{0}^{\frac{\pi}{2}} f(\cos x)\mathrm{d}x$;

(2) $\int_{0}^{\pi} xf(\sin x)\mathrm{d}x=\frac{\pi}{2}\int_{0}^{\pi} f(\sin x)\mathrm{d}x$，由此计算 $\int_{0}^{\pi}\frac{x\sin x}{1+\cos^2 x}\mathrm{d}x$.

证 (1)令 $x=\frac{\pi}{2}-t$，则 $\mathrm{d}x=-\mathrm{d}t$，且当 $x=0$ 时，$t=\frac{\pi}{2}$；当 $x=\frac{\pi}{2}$时，$t=0$. 于是

$$\int_{0}^{\frac{\pi}{2}} f(\sin x)\mathrm{d}x=-\int_{\frac{\pi}{2}}^{0} f\left(\sin\left(\frac{\pi}{2}-t\right)\right)\mathrm{d}t=\int_{0}^{\frac{\pi}{2}} f(\cos t)\mathrm{d}t=\int_{0}^{\frac{\pi}{2}} f(\cos x)\mathrm{d}x.$$

(2)令 $x=\pi-t$，则 $\mathrm{d}x=-\mathrm{d}t$，且当 $x=0$ 时，$t=\pi$；当 $x=\pi$ 时，$t=0$. 于是

$$\int_{0}^{\pi} xf(\sin x)\mathrm{d}x=-\int_{\pi}^{0}(\pi-t)f(\sin(\pi-t))\mathrm{d}t$$

$$=\int_0^{\pi}(\pi-t)f(\sin t)\mathrm{d}t$$

$$=\pi\int_0^{\pi}f(\sin t)\mathrm{d}t-\int_0^{\pi}tf(\sin t)\mathrm{d}t$$

$$=\pi\int_0^{\pi}f(\sin x)\mathrm{d}x-\int_0^{\pi}xf(\sin x)\mathrm{d}x,$$

所以

$$\int_0^{\pi}xf(\sin x)\mathrm{d}x=\frac{\pi}{2}\int_0^{\pi}f(\sin x)\mathrm{d}x.$$

利用上述结论,得

$$\int_0^{\pi}\frac{x\sin x}{1+\cos^2 x}\mathrm{d}x=\frac{\pi}{2}\int_0^{\pi}\frac{\sin x}{1+\cos^2 x}\mathrm{d}x=-\frac{\pi}{2}\int_0^{\pi}\frac{\mathrm{d}(\cos x)}{1+\cos^2 x}$$

$$=-\frac{\pi}{2}\arctan(\cos x)\Big|_0^{\pi}=-\frac{\pi}{2}\left(-\frac{\pi}{4}-\frac{\pi}{4}\right)=\frac{\pi^2}{4}.$$

5.3.2 定积分的分部积分法

依据不定积分的分部积分法,可得

$$\int_a^b u(x)v'(x)\mathrm{d}x=\left[\int u(x)v'(x)\mathrm{d}x\right]_a^b$$

$$=\left[u(x)v(x)-\int v(x)u'(x)\mathrm{d}x\right]_a^b$$

$$=u(x)v(x)\Big|_a^b-\int_a^b v(x)u'(x)\mathrm{d}x,$$

简记为

$$\int_a^b uv'\mathrm{d}x=uv\Big|_a^b-\int_a^b vu'\mathrm{d}x$$

或

$$\int_a^b u\mathrm{d}v=uv\Big|_a^b-\int_a^b v\mathrm{d}u.$$

这就是定积分的分部积分公式.与不定积分的分部积分公式不同的是,这里原函数已经积出的部分可以先用上、下限代入.

例 5.3.8 求 $\int_0^{\frac{1}{2}}\arcsin x\mathrm{d}x$.

解 $\int_0^{\frac{1}{2}}\arcsin x\mathrm{d}x=x\arcsin x\Big|_0^{\frac{1}{2}}-\int_0^{\frac{1}{2}}\frac{x\mathrm{d}x}{\sqrt{1-x^2}}$

$$=\frac{1}{2}\cdot\frac{\pi}{6}+\frac{1}{2}\int_0^{\frac{1}{2}}\frac{\mathrm{d}(1-x^2)}{\sqrt{1-x^2}}$$

$$=\frac{\pi}{12}+\sqrt{1-x^2}\Big|_0^{\frac{1}{2}}=\frac{\pi}{12}+\frac{\sqrt{3}}{2}-1.$$

例 5.3.9 求 $\int_0^1 e^{\sqrt{x}}dx$.

解 先用换元法. 令 $\sqrt{x}=t$，则 $x=t^2$，$dx=2tdt$，且当 $x=0$ 时，$t=0$；当 $x=1$ 时，$t=1$. 从而有

$$\begin{aligned}\int_0^1 e^{\sqrt{x}}dx &= 2\int_0^1 te^t dt = 2\int_0^1 tde^t = 2\left(te^t\Big|_0^1 - \int_0^1 e^t dt\right)\\ &= 2\left(e - e^t\Big|_0^1\right) = 2[e-(e-1)] = 2.\end{aligned}$$

例 5.3.10 求 $\int_0^{\frac{\pi}{4}} \frac{xdx}{1+\cos 2x}$.

解
$$\begin{aligned}\int_0^{\frac{\pi}{4}} \frac{xdx}{1+\cos 2x} &= \int_0^{\frac{\pi}{4}} \frac{xdx}{2\cos^2 x} = \int_0^{\frac{\pi}{4}} \frac{x}{2}d(\tan x)\\ &= \frac{1}{2}x\tan x\Big|_0^{\frac{\pi}{4}} - \frac{1}{2}\int_0^{\frac{\pi}{4}} \tan x dx\\ &= \frac{\pi}{8} - \frac{1}{2}\ln|\sec x|\Big|_0^{\frac{\pi}{4}} = \frac{\pi}{8} - \frac{\ln 2}{4}.\end{aligned}$$

例 5.3.11 推导 $I_n = \int_0^{\frac{\pi}{2}} \sin^n x\,dx$（$n$ 为非负整数）的递推公式.

证 易知

$$I_0 = \int_0^{\frac{\pi}{2}} dx = \frac{\pi}{2}, \quad I_1 = \int_0^{\frac{\pi}{2}} \sin x dx = 1.$$

当 $n \geqslant 2$ 时，设 $u = \sin^{n-1}x$，$dv = \sin x dx$，则

$$du = (n-1)\sin^{n-2}x\cos x dx, \quad v = -\cos x,$$

于是

$$\begin{aligned}I_n &= -\int_0^{\frac{\pi}{2}} \sin^{n-1}x d\cos x\\ &= [-\sin^{n-1}x\cos x]\Big|_0^{\frac{\pi}{2}} + (n-1)\int_0^{\frac{\pi}{2}} \sin^{n-2}x\cos^2 x dx\\ &= (n-1)\int_0^{\frac{\pi}{2}} \sin^{n-2}x(1-\sin^2 x)dx\\ &= (n-1)\int_0^{\frac{\pi}{2}} \sin^{n-2}x dx - (n-1)\int_0^{\frac{\pi}{2}} \sin^n x\,dx\\ &= (n-1)I_{n-2} - (n-1)I_n.\end{aligned}$$

由此得递推公式

$$I_n = \frac{n-1}{n}I_{n-2}.$$

当 n 为偶数时，设 $n=2m$，则有

$$I_{2m} = \frac{2m-1}{2m}\cdot\frac{2m-3}{2m-2}\cdot\frac{2m-5}{2m-4}\cdot\cdots\cdot\frac{5}{6}\cdot\frac{3}{4}\cdot\frac{1}{2}I_0$$

$$=\frac{2m-1}{2m}\cdot\frac{2m-3}{2m-2}\cdot\frac{2m-5}{2m-4}\cdot\cdots\cdot\frac{5}{6}\cdot\frac{3}{4}\cdot\frac{1}{2}\cdot\frac{\pi}{2}.$$

当 n 为奇数时,设 $n=2m+1$,则有

$$I_{2m+1}=\frac{2m}{2m+1}\cdot\frac{2m-2}{2m-1}\cdot\frac{2m-4}{2m-3}\cdot\cdots\cdot\frac{6}{7}\cdot\frac{4}{5}\cdot\frac{2}{3}I_1$$
$$=\frac{2m}{2m+1}\cdot\frac{2m-2}{2m-1}\cdot\frac{2m-4}{2m-3}\cdot\cdots\cdot\frac{6}{7}\cdot\frac{4}{5}\cdot\frac{2}{3}.$$

注 由例 5.3.7 中(1)的结果,有

$$\int_0^{\frac{\pi}{2}}\cos^n x\,dx=\int_0^{\frac{\pi}{2}}\sin^n x\,dx.$$

在计算定积分时,本例的结果可作为已知结果直接使用.

习题 5.3

1. 计算下列定积分:

(1) $\int_{\frac{\pi}{3}}^{\pi}\sin\left(x+\frac{\pi}{3}\right)dx$; (2) $\int_{-2}^{1}\frac{dx}{(11+5x)^3}$; (3) $\int_0^{\frac{\pi}{2}}\sin\varphi\cos^3\varphi d\varphi$;

(4) $\int_0^{\pi}(1-\sin^3\theta)d\theta$; (5) $\int_{\frac{\pi}{6}}^{\frac{\pi}{2}}\cos^2 u du$; (6) $\int_0^{\sqrt{2}}\sqrt{2-x^2}dx$;

(7) $\int_{\frac{1}{\sqrt{2}}}^{1}\frac{\sqrt{1-x^2}}{x^2}dx$; (8) $\int_0^a x^2\sqrt{a^2-x^2}dx\,(a>0)$; (9) $\int_1^{\sqrt{3}}\frac{dx}{x^2\sqrt{1+x^2}}$;

(10) $\int_0^1\sqrt{2x-x^2}dx$; (11) $\int_1^4\frac{dx}{1+\sqrt{x}}$; (12) $\int_{\frac{3}{4}}^{1}\frac{dx}{\sqrt{1-x}-1}$;

(13) $\int_{-1}^{1}\frac{xdx}{\sqrt{5-4x}}$; (14) $\int_1^2\frac{e^{\frac{1}{x}}}{x^2}dx$; (15) $\int_0^1 te^{-\frac{t^2}{2}}dt$;

(16) $\int_1^{e^2}\frac{dx}{x\sqrt{1+\ln x}}$; (17) $\int_{-2}^{0}\frac{(x+2)dx}{x^2+2x+2}$; (18) $\int_0^2\frac{dx}{\sqrt{x+1}+\sqrt{(x+1)^3}}$;

(19) $\int_{-\frac{\pi}{2}}^{\frac{\pi}{2}}\sqrt{\cos x-\cos^3 x}dx$; (20) $\int_0^{\pi}\sqrt{1+\cos 2x}dx$.

2. 利用函数的奇偶性计算下列定积分:

(1) $\int_{-\pi}^{\pi}x^4\sin x dx$; (2) $\int_{-\frac{\pi}{2}}^{\frac{\pi}{2}}4\cos^4\theta d\theta$;

(3) $\int_{-\frac{1}{2}}^{\frac{1}{2}}\frac{(\arcsin x)^2}{\sqrt{1-x^2}}dx$; (4) $\int_{-\frac{1}{2}}^{\frac{1}{2}}\frac{x\arcsin x}{\sqrt{1-x^2}}dx$.

3. 证明: $\int_x^1\frac{dt}{1+t^2}=\int_1^{\frac{1}{x}}\frac{dt}{1+t^2}\,(x>0)$.

4. 证明: $\int_0^{\pi}\sin^n x\,dx=2\int_0^{\frac{\pi}{2}}\sin^n x\,dx$.

5. 设 $f(t)$ 为连续函数,证明:

(1)当 $f(t)$ 是偶函数时,$\varphi(x)=\int_0^x f(t)dt$ 为奇函数;

(2)当 $f(t)$是奇函数时,$\varphi(x)=\int_0^x f(t)\mathrm{d}t$ 为偶函数.

6. 设 $f(x)$是以 T 为周期的连续函数,证明:对任意的常数 a,有

$$\int_a^{a+T} f(x)\mathrm{d}x=\int_0^T f(x)\mathrm{d}x.$$

7. 计算下列定积分:

(1) $\int_0^1 x\mathrm{e}^{-x}\mathrm{d}x$;　(2) $\int_1^{\mathrm{e}} x\ln x\mathrm{d}x$;　(3) $\int_0^1 x\arctan x\mathrm{d}x$;

(4) $\int_0^{\frac{\pi}{2}} x\sin 2x\mathrm{d}x$;　(5) $\int_1^4 \frac{\ln x}{\sqrt{x}}\mathrm{d}x$;　(6) $\int_{\frac{\pi}{4}}^{\frac{\pi}{3}} \frac{x}{\sin^2 x}\mathrm{d}x$;

(7) $\int_0^{\frac{\pi}{2}} \mathrm{e}^{2x}\cos x\mathrm{d}x$;　(8) $\int_1^2 x\log_2 x\mathrm{d}x$;　(9) $\int_0^{2\pi} x\cos^2 x\mathrm{d}x$;

(10) $\int_1^{\mathrm{e}} \sin(\ln x)\mathrm{d}x$;　(11) $\int_{\frac{1}{\mathrm{e}}}^{\mathrm{e}} |\ln x|\mathrm{d}x$;　(12) $\int_0^{\sqrt{\ln 2}} x^3\mathrm{e}^{x^2}\mathrm{d}x$.

8. 设 $f(x)=\int_1^{x^2}\frac{\sin t}{t}\mathrm{d}t$,求 $\int_0^1 xf(x)\mathrm{d}x$.

9. 设 $f(x)=x-\int_0^{\pi} f(x)\cos x\mathrm{d}x$,求 $f(x)$.

5.4 广 义 积 分

前面介绍的定积分有两个最基本的约束条件:积分区间的有限性和被积函数的有界性.但是在一些实际问题中,常需要突破这两个约束条件.因此,还要研究无穷区间上的积分和无界函数的积分.这两类积分通称为**广义积分**(improper integral)或**反常积分**,相应地,前面所说的定积分称为**常义积分**或**正常积分**.

5.4.1 无穷限的广义积分

定义 5.4.1 设函数 $f(x)$在区间$[a,+\infty)$上连续,取 $t>a$,如果极限

$$\lim_{t\to+\infty}\int_a^t f(x)\mathrm{d}x$$

存在,则称此极限为函数 $f(x)$在无穷区间$[a,+\infty)$上的广义积分,记作 $\int_a^{+\infty} f(x)\mathrm{d}x$,即

$$\int_a^{+\infty} f(x)\mathrm{d}x=\lim_{t\to+\infty}\int_a^t f(x)\mathrm{d}x. \tag{5.9}$$

这时也称广义积分 $\int_a^{+\infty} f(x)\mathrm{d}x$ 收敛;如果上述极限不存在,函数 $f(x)$在区间$[a,+\infty)$上的广义积分 $\int_a^{+\infty} f(x)\mathrm{d}x$ 就没有意义,习惯上称为**广义积分** $\int_a^{+\infty} f(x)\mathrm{d}x$ **发散**.

类似地,设函数 $f(x)$在区间$(-\infty,b]$上连续,取 $t<b$,如果极限

$$\lim_{t\to-\infty}\int_t^b f(x)\mathrm{d}x$$

存在，则称此极限为函数 $f(x)$ 在无穷区间 $(-\infty,b]$ 上的广义积分，记作 $\int_{-\infty}^b f(x)\mathrm{d}x$，即

$$\int_{-\infty}^b f(x)\mathrm{d}x=\lim_{t\to-\infty}\int_t^b f(x)\mathrm{d}x. \tag{5.10}$$

这时也称广义积分 $\int_{-\infty}^b f(x)\mathrm{d}x$ 收敛；如果上述极限不存在，则称广义积分 $\int_{-\infty}^b f(x)\mathrm{d}x$ 发散.

函数 $f(x)$ 在区间 $(-\infty,+\infty)$ 上的广义积分定义为

$$\int_{-\infty}^{+\infty} f(x)\mathrm{d}x=\int_{-\infty}^a f(x)\mathrm{d}x+\int_a^{+\infty} f(x)\mathrm{d}x, \tag{5.11}$$

其中 a 为任意实数，当上式右端两个积分都收敛时，称广义积分 $\int_{-\infty}^{+\infty} f(x)\mathrm{d}x$ 收敛，否则称广义积分 $\int_{-\infty}^{+\infty} f(x)\mathrm{d}x$ 发散.

上述广义积分统称为**无穷限的广义积分**.

由上述定义及牛顿-莱布尼茨公式，有如下结果：

设 $F(x)$ 为 $f(x)$ 在区间 $[a,+\infty)$ 上的一个原函数，若 $\lim\limits_{x\to+\infty}F(x)$ 存在，则广义积分

$$\int_a^{+\infty} f(x)\mathrm{d}x=\lim_{x\to+\infty}F(x)-F(a);$$

若 $\lim\limits_{x\to+\infty}F(x)$ 不存在，则广义积分 $\int_a^{+\infty} f(x)\mathrm{d}x$ 发散.

如果记 $F(+\infty)=\lim\limits_{x\to+\infty}F(x)$，则当 $F(+\infty)$ 存在时，

$$\int_a^{+\infty} f(x)\mathrm{d}x=F(x)\Big|_a^{+\infty}=F(+\infty)-F(a);$$

若 $F(+\infty)$ 不存在，则广义积分 $\int_a^{+\infty} f(x)\mathrm{d}x$ 发散.

类似地，设 $F(x)$ 为 $f(x)$ 在 $(-\infty,b]$ 上的一个原函数，若 $F(-\infty)$ 存在，则广义积分

$$\int_{-\infty}^b f(x)\mathrm{d}x=F(x)\Big|_{-\infty}^b=F(b)-F(-\infty);$$

若 $F(-\infty)$ 不存在，则广义积分 $\int_{-\infty}^b f(x)\mathrm{d}x$ 发散.

若 $F(x)$ 为 $f(x)$ 在 $(-\infty,+\infty)$ 上的一个原函数，则当 $F(-\infty)$ 与 $F(+\infty)$ 都存在时，

$$\int_{-\infty}^{+\infty} f(x)\mathrm{d}x=F(x)\Big|_{-\infty}^{+\infty}=F(+\infty)-F(-\infty);$$

当 $F(-\infty)$ 与 $F(+\infty)$ 有一个不存在时，广义积分 $\int_{-\infty}^{+\infty} f(x)\mathrm{d}x$ 发散.

例 5.4.1 计算广义积分 $\int_0^{+\infty} \mathrm{e}^{-x}\mathrm{d}x$.

解 $\int_0^{+\infty} \mathrm{e}^{-x}\mathrm{d}x = -\mathrm{e}^{-x}\Big|_0^{+\infty} = \lim\limits_{x\to+\infty}(-\mathrm{e}^{-x}) - (-1) = 1.$

例 5.4.2 计算广义积分 $\int_{-\infty}^{+\infty} \frac{\mathrm{d}x}{1+x^2}$.

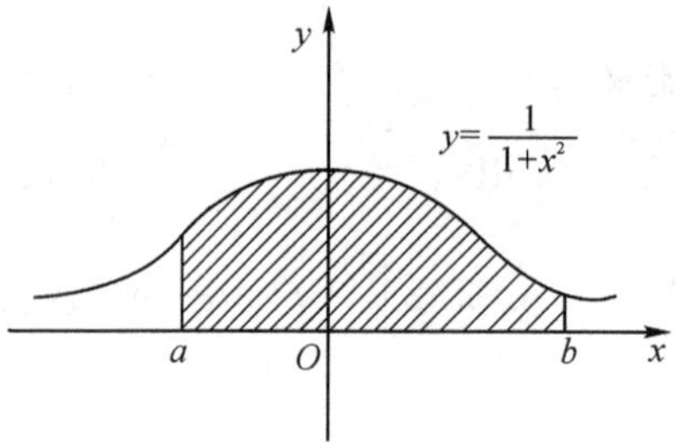

图 5.4.1

解
$$\int_{-\infty}^{+\infty} \frac{\mathrm{d}x}{1+x^2} = \arctan x\Big|_{-\infty}^{+\infty} = \lim_{x\to+\infty}\arctan x - \lim_{x\to-\infty}\arctan x = \frac{\pi}{2} - \left(-\frac{\pi}{2}\right) = \pi.$$

这个广义积分的几何意义是：当 $a\to-\infty$，$b\to+\infty$ 时，虽然图 5.4.1 中阴影部分向左、右无限延伸，但其面积却有极限值 π. 或者简单地说，它是位于曲线 $y=\frac{1}{1+x^2}$ 的下方，x 轴上方的图形面积.

例 5.4.3 计算广义积分 $\int_0^{+\infty} t\mathrm{e}^{-pt}\mathrm{d}t$（$p$ 是常数，且 $p>0$）.

解
$$\begin{aligned}\int_0^{+\infty} t\mathrm{e}^{-pt}\mathrm{d}t &= -\frac{1}{p}\int_0^{+\infty} t\mathrm{d}\mathrm{e}^{-pt} = -\frac{1}{p}t\mathrm{e}^{-pt}\Big|_0^{+\infty} + \frac{1}{p}\int_0^{+\infty} \mathrm{e}^{-pt}\mathrm{d}t \\ &= -\frac{1}{p}t\mathrm{e}^{-pt}\Big|_0^{+\infty} - \frac{1}{p^2}\mathrm{e}^{-pt}\Big|_0^{+\infty} \\ &= -\frac{1}{p}\lim_{t\to+\infty} t\mathrm{e}^{-pt} - 0 - \frac{1}{p^2}\left(\lim_{t\to+\infty}\mathrm{e}^{-pt} - 1\right) = \frac{1}{p^2}.\end{aligned}$$

注 式中的极限 $\lim\limits_{t\to+\infty} t\mathrm{e}^{-pt}$ 是未定式，可用洛必达法则确定.

$$\lim_{t\to+\infty} t\mathrm{e}^{-pt} = \lim_{t\to+\infty}\frac{t}{\mathrm{e}^{pt}} = \lim_{t\to+\infty}\frac{1}{p\mathrm{e}^{pt}} = 0.$$

例 5.4.4 讨论广义积分 $\int_a^{+\infty} \frac{1}{x^p}\mathrm{d}x$（$a>0$）的敛散性.

解 当 $p=1$ 时，

$$\int_a^{+\infty} \frac{1}{x^p}\mathrm{d}x = \int_a^{+\infty} \frac{1}{x}\mathrm{d}x = \ln x\Big|_a^{+\infty} = \lim_{x\to+\infty}\ln x - \ln a = +\infty;$$

当 $p\neq1$ 时，

$$\int_a^{+\infty} \frac{1}{x^p}\mathrm{d}x = \frac{x^{1-p}}{1-p}\Big|_a^{+\infty} = \begin{cases} +\infty, & p<1, \\ \dfrac{a^{1-p}}{p-1}, & p>1. \end{cases}$$

因此，当 $p>1$ 时，该广义积分收敛到 $\frac{a^{1-p}}{p-1}$；当 $p\leqslant1$ 时，该广义积分发散.

5.4.2 无界函数的广义积分

另一类广义积分是将定积分推广到被积函数是无界函数的情形.

如果函数 $f(x)$在点 a 的任一邻域内都无界,则点 a 称为函数 $f(x)$的**瑕点**(也称为**无界间断点**).无界函数的广义积分称为**瑕积分**.

定义 5.4.2 设函数 $f(x)$在$(a,b]$上连续,点 a 是 $f(x)$的瑕点,取 $t>a$,如果极限

$$\lim_{t\to a^+}\int_t^b f(x)\mathrm{d}x$$

存在,则称此极限为函数 $f(x)$在$(a,b]$上的广义积分,记作 $\int_a^b f(x)\mathrm{d}x$,即

$$\int_a^b f(x)\mathrm{d}x=\lim_{t\to a^+}\int_t^b f(x)\mathrm{d}x, \tag{5.12}$$

此时称**广义积分** $\int_a^b f(x)\mathrm{d}x$ **收敛**.如果上述极限不存在,就称**广义积分** $\int_a^b f(x)\mathrm{d}x$ **发散**.

类似地,设函数 $f(x)$在$[a,b)$上连续,点 b 是 $f(x)$的瑕点,取 $t<b$,如果极限

$$\lim_{t\to b^-}\int_a^t f(x)\mathrm{d}x$$

存在,则定义

$$\int_a^b f(x)\mathrm{d}x=\lim_{t\to b^-}\int_a^t f(x)\mathrm{d}x; \tag{5.13}$$

否则,称广义积分 $\int_a^b f(x)\mathrm{d}x$ 发散.

设函数 $f(x)$在$[a,b]$上除点 $c(a<c<b)$外连续,点 c 为 $f(x)$的瑕点.如果两个广义积分

$$\int_a^c f(x)\mathrm{d}x \text{ 与 } \int_c^b f(x)\mathrm{d}x$$

均收敛,则定义

$$\begin{aligned}\int_a^b f(x)\mathrm{d}x &= \int_a^c f(x)\mathrm{d}x+\int_c^b f(x)\mathrm{d}x\\ &=\lim_{t\to c^-}\int_a^t f(x)\mathrm{d}x+\lim_{t\to c^+}\int_t^b f(x)\mathrm{d}x;\end{aligned} \tag{5.14}$$

否则,称广义积分 $\int_a^b f(x)\mathrm{d}x$ 发散.

计算无界函数的广义积分,也可借助牛顿-莱布尼茨公式.

设点 a 是 $f(x)$的瑕点,在$(a,b]$上 $F'(x)=f(x)$,如果极限 $\lim\limits_{x\to a^+}F(x)$存在,则广义积分

$$\int_a^b f(x)\mathrm{d}x=F(b)-\lim_{x\to a^+}F(x)=F(b)-F(a^+)=F(x)\Big|_a^b;$$

如果极限 $\lim\limits_{x\to a^+}F(x)$ 不存在,则广义积分 $\int_a^b f(x)\mathrm{d}x$ 发散.

对瑕点在其他位置的情形,有类似的计算公式.

例 5.4.5 计算广义积分 $\int_0^a \frac{\mathrm{d}x}{\sqrt{a^2-x^2}}(a>0)$.

解 因为

$$\lim_{x\to a^-}\frac{1}{\sqrt{a^2-x^2}}=+\infty,$$

所以点 a 是瑕点,于是

$$\int_0^a \frac{\mathrm{d}x}{\sqrt{a^2-x^2}}=\arcsin\frac{x}{a}\Big|_0^a=\lim_{x\to a^-}\arcsin\frac{x}{a}-0=\frac{\pi}{2}.$$

例 5.4.6 计算广义积分 $\int_1^2 \frac{\mathrm{d}x}{x\ln x}$.

解 因为

$$\lim_{x\to 1^+}\frac{1}{x\ln x}=+\infty,$$

所以 $x=1$ 是瑕点,于是

$$\int_1^2 \frac{\mathrm{d}x}{x\ln x}=\int_1^2 \frac{\mathrm{d}\ln x}{\ln x}=\ln(\ln x)\Big|_1^2=\ln(\ln 2)-\lim_{x\to 1^+}\ln(\ln x)=+\infty.$$

故原广义积分发散.

例 5.4.7 讨论广义积分 $\int_0^1 \frac{1}{x^q}\mathrm{d}x$ 的敛散性.

解 当 $q=1$ 时,

$$\int_0^1 \frac{1}{x^q}\mathrm{d}x=\int_0^1 \frac{1}{x}\mathrm{d}x=\ln x\Big|_0^1=0-\lim_{x\to 0^+}\ln x=+\infty;$$

当 $q\neq 1$ 时,

$$\int_0^1 \frac{1}{x^q}\mathrm{d}x=\frac{x^{1-q}}{1-q}\Bigg|_0^1=\begin{cases}+\infty, & q>1,\\ \dfrac{1}{1-q}, & q<1.\end{cases}$$

因此,当 $q<1$ 时广义积分收敛,其值为 $\frac{1}{1-q}$;当 $q\geqslant 1$ 时广义积分发散.

例 5.4.8 求广义积分 $\int_0^{+\infty} \frac{1}{\sqrt{x(x+1)^3}}\mathrm{d}x$.

解 该广义积分的上限为 $+\infty$,而下限 $x=0$ 为被积函数的瑕点.所以此题为混合型的广义积分.

令 $\sqrt{x}=t$,则 $x=t^2$,$x\to 0^+$ 时 $t\to 0^+$,$x\to+\infty$ 时 $t\to+\infty$.于是

$$\int_0^{+\infty}\frac{1}{\sqrt{x(x+1)^3}}\mathrm{d}x=\int_0^{+\infty}\frac{2t\mathrm{d}t}{t(t^2+1)^{\frac{3}{2}}}=2\int_0^{+\infty}\frac{\mathrm{d}t}{(t^2+1)^{\frac{3}{2}}}.$$

再令 $t=\tan u$,则 $u=\arctan t$,$t=0$ 时 $u=0$,$t\to+\infty$时 $u\to\frac{\pi}{2}$. 于是

$$\int_0^{+\infty}\frac{1}{\sqrt{x(x+1)^3}}\mathrm{d}x=2\int_0^{\frac{\pi}{2}}\frac{\sec^2 u\mathrm{d}u}{\sec^3 u}=2\int_0^{\frac{\pi}{2}}\cos u\mathrm{d}u=2.$$

本例如果用变换$\frac{1}{x}=t$ 或$\frac{1}{x+1}=t$,计算会更简便些,请读者尝试一下.

习题 5.4

1. 判断下列广义积分的敛散性,若收敛,计算其值:

(1) $\int_1^{+\infty}\frac{\mathrm{d}x}{x^4}$; (2) $\int_1^{+\infty}\frac{\mathrm{d}x}{\sqrt{x}}$; (3) $\int_0^{+\infty}\mathrm{e}^{-ax}\mathrm{d}x(a>0)$;

(4) $\int_e^{+\infty}\frac{\ln x}{x}\mathrm{d}x$; (5) $\int_0^1\frac{x\mathrm{d}x}{\sqrt{1-x^2}}$; (6) $\int_{-\infty}^{+\infty}\frac{\mathrm{d}x}{x^2+2x+2}$;

(7) $\int_0^2\frac{\mathrm{d}x}{(1-x)^2}$; (8) $\int_1^2\frac{x\mathrm{d}x}{\sqrt{x-1}}$.

2. 当 k 为何值时,广义积分 $\int_2^{+\infty}\frac{\mathrm{d}x}{x(\ln x)^k}$收敛?当 k 为何值时,这个广义积分发散?当 k 为何值时,这个广义积分取得最小值?

*3. 利用递推公式计算广义积分 $I_n=\int_0^{+\infty}x^n\mathrm{e}^{-x}\mathrm{d}x(n\in\mathbf{N}^+)$.

5.5 定积分的应用

本节将介绍定积分在几何学及经济分析中的应用.在学习这部分内容时,我们不仅要掌握计算各种量的公式,更重要的是还要领会运用定积分求某种总量的方法,从而为用定积分解决各方面的问题打下基础.

5.5.1 微元法

定积分的应用中,经常要采用微元法.为了说明这种方法,先回顾一下引入定积分概念时讨论过的曲边梯形面积的问题.

设 $y=f(x)$在区间$[a,b]$上连续且 $f(x)\geqslant 0$,求直线 $x=a$,$x=b$,$y=0$ 及曲线 $y=f(x)$所围成的曲边梯形的面积 A.将这个面积 A 表示成定积分

$$A=\int_a^b f(x)\mathrm{d}x$$

的步骤为

(1)分割.用任意一组分点把区间$[a,b]$分成长度为$\Delta x_i(i=1,2,\cdots,n)$的$n$个小区间,相应地把曲边梯形分成$n$个小曲边梯形.第$i$个小曲边梯形的面积记为$\Delta A_i$,则有

$$\Delta A_i \approx f(\xi_i)\Delta x_i \quad (x_{i-1}\leqslant \xi_i \leqslant x_i).$$

(2)求和.将这样得到的n个小矩形的面积之和作为所求曲边梯形面积A的近似值

$$A=\sum_{i=1}^{n}\Delta A_i \approx \sum_{i=1}^{n} f(\xi_i)\Delta x_i.$$

(3)取极限.取上述和式的极限,得到曲边梯形的面积

$$A=\lim_{\lambda\to 0}\sum_{i=1}^{n} f(\xi_i)\Delta x_i=\int_a^b f(x)\mathrm{d}x,$$

其中$\lambda=\max\{\Delta x_1,\Delta x_2,\cdots,\Delta x_n\}$.

从上述过程中可以看到,当把区间$[a,b]$分割成许多部分区间时,所求总量也相应分成许多部分量(即ΔA_i),而所求总量等于部分量之和(即$A=\sum\limits_{i=1}^{n}\Delta A_i$).这一性质称为所求总量对于区间$[a,b]$具有可加性.此外,以$f(\xi_i)\Delta x_i$近似代替部分量$\Delta A_i$时,要求它们仅相差一个比$\Delta x_i$高阶的无穷小,以使得$\sum\limits_{i=1}^{n} f(\xi_i)\Delta x_i$的极限是$A$的精确值.

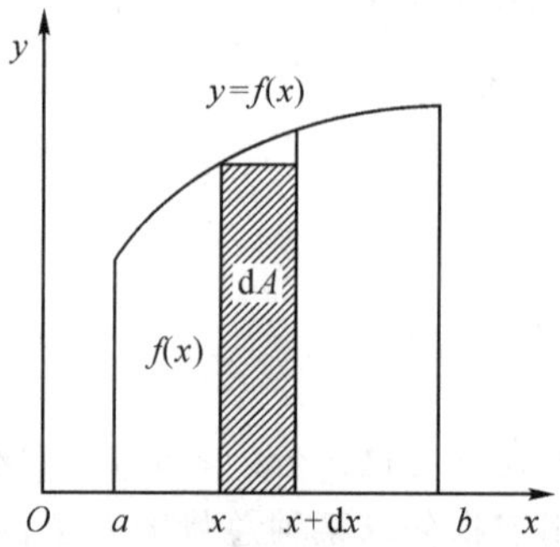

图 5.5.1

上述过程中,关键是确定ΔA_i的近似值$f(\xi_i)\Delta x_i$.在实用中,为方便起见,可以省略下标,用ΔA表示$[x,x+\mathrm{d}x]$(区间微元)上小曲边梯形的面积,则所求面积

$$A=\sum \Delta A.$$

取$[x,x+\mathrm{d}x]$的左端点x为ξ,用以x处的函数值$f(x)$为高、$\mathrm{d}x$为底的小矩形的面积$f(x)\mathrm{d}x$作为ΔA的近似值(图 5.5.1),即

$$\Delta A \approx f(x)\mathrm{d}x.$$

$f(x)\mathrm{d}x$称为面积微元,记作$\mathrm{d}A=f(x)\mathrm{d}x$.于是

$$A\approx \sum \mathrm{d}A=\sum f(x)\mathrm{d}x.$$

因此

$$A=\lim\sum f(x)\mathrm{d}x=\int_a^b f(x)\mathrm{d}x=\int_a^b \mathrm{d}A.$$

由上述分析,可以抽象概括出在应用学科中广泛使用的**微元法**(或元素法).设某实际问题所求量为U,则微元法可概括为以下两个主要步骤:

(1)由分割写出微元.根据具体问题,选取一个积分变量,例如x为积分变量,并确定它的变化区间$[a,b]$.任取$[a,b]$的一个区间微元$[x,x+\mathrm{d}x]$,求出相应于这个区

间微元的部分量 ΔU 的近似值,即求出所求量 U 的微元

$$\mathrm{d}U=f(x)\mathrm{d}x.$$

(2)由微元写出积分.根据 $\mathrm{d}U=f(x)\mathrm{d}x$ 写出表示所求量 U 的定积分

$$U=\int_a^b \mathrm{d}U=\int_a^b f(x)\mathrm{d}x.$$

一般地,用微元法解决实际问题,所求量 U 应满足以下条件:

(1)U 是与一个变量 x 的变化区间$[a,b]$有关的量;

(2)U 对于区间$[a,b]$具有可加性;

(3)部分量 ΔU_i 的近似值可表示为 $f(\xi_i)\Delta x_i$.

5.5.2 平面图形的面积

1. 直角坐标情形

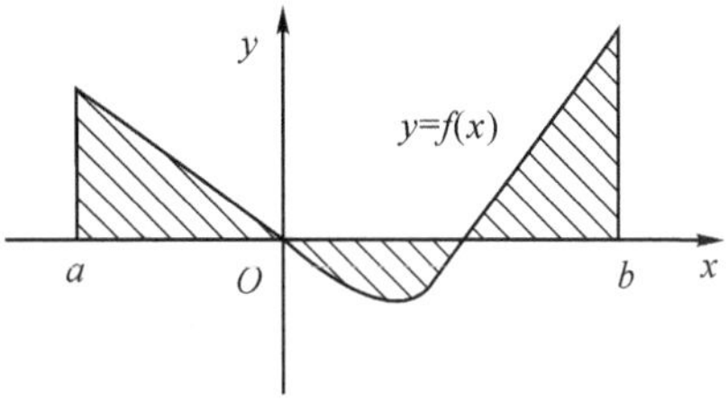

图 5.5.2

根据定积分的几何意义,由曲线 $y=f(x)$ $(f(x)\geqslant 0)$及直线 $x=a,x=b(a<b)$与 x 轴所围成的曲边梯形的面积 A 是定积分 $A=\int_a^b f(x)\mathrm{d}x$,其中被积表达式 $f(x)\mathrm{d}x$ 就是直角坐标系下的面积微元 $\mathrm{d}A$,它表示高为 $f(x)$、底为 $\mathrm{d}x$ 的一个矩形面积.

如果 $f(x)$有正有负,围成如图 5.5.2 所示的图形,则面积应为

$$A=\int_a^b |f(x)|\mathrm{d}x.$$

如果图形是由两条曲线 $y=f(x),y=g(x)$与直线 $x=a,x=b$ 所围成的如图 5.5.3(a)、(b)所示的情形,则面积为

$$A=\int_a^b |f(x)-g(x)|\mathrm{d}x.$$

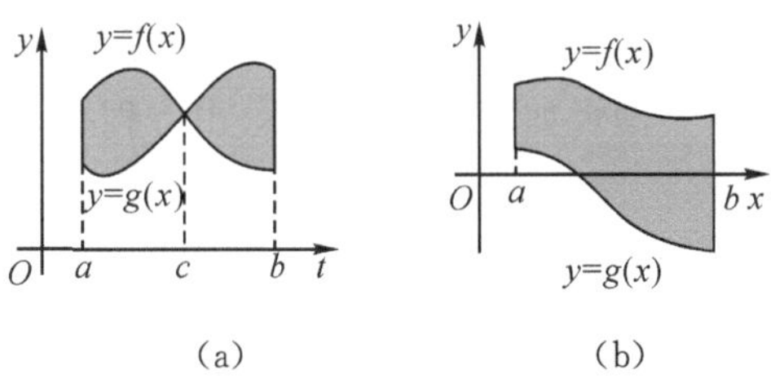

(a)　　(b)

图 5.5.3

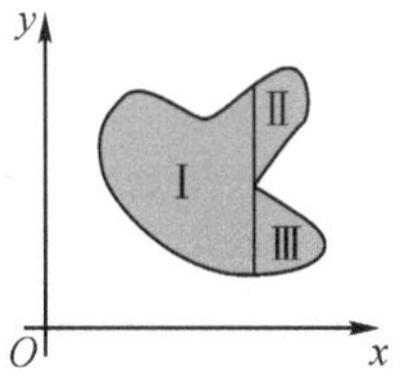

图 5.5.4

任意曲线所围成的图形,可以用平行于坐标轴的直线将其分割成适当的几部分,使每部分的图形都可以利用上面的公式来计算面积(图 5.5.4).

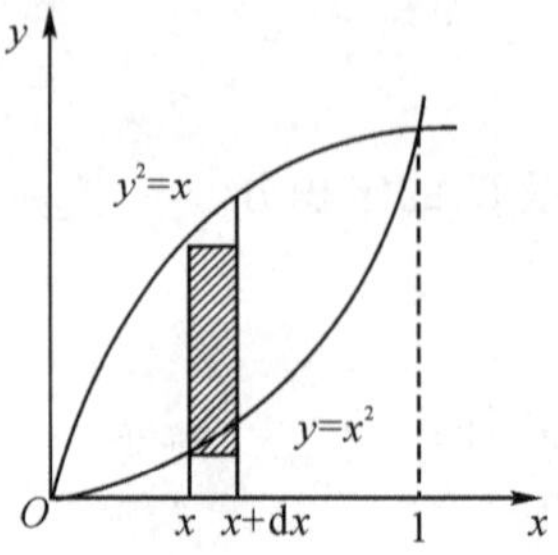

图 5.5.5

例 5.5.1　求由 $y^2=x$ 和 $y=x^2$ 所围成图形的面积.

解　这两条抛物线围成的图形如图 5.5.5 所示. 由方程组

$$\begin{cases} y^2=x, \\ y=x^2, \end{cases}$$

解得它们的交点为(0,0),(1,1),从而可以确定图形在直线 $x=0$ 与 $x=1$ 之间.

取 x 为积分变量,它的变化区间为[0,1]. 任取其上的一个区间微元$[x,x+dx]$,则相应于$[x,x+dx]$的面积微元为

$$dA=(\sqrt{x}-x^2)dx.$$

于是,所求的面积为

$$A=\int_0^1(\sqrt{x}-x^2)dx=\left(\frac{2}{3}x^{\frac{3}{2}}-\frac{x^3}{3}\right)\Bigg|_0^1=\frac{1}{3}.$$

例 5.5.2　求由抛物线 $y+1=x^2$ 与直线 $y=1+x$ 所围成的图形的面积.

解　图形如图 5.5.6 所示. 由方程组

$$\begin{cases} y+1=x^2, \\ y=1+x \end{cases}$$

解得它们的交点为(−1,0),(2,3).

取 x 为积分变量,它的变化区间为[−1,2]. 任取其上的一个区间微元$[x,x+dx]$,则相应于$[x,x+dx]$的面积微元为

$$dA=[(1+x)-(x^2-1)]dx.$$

从而,所求的面积为

$$A=\int_{-1}^2[(1+x)-(x^2-1)]dx=\frac{9}{2}.$$

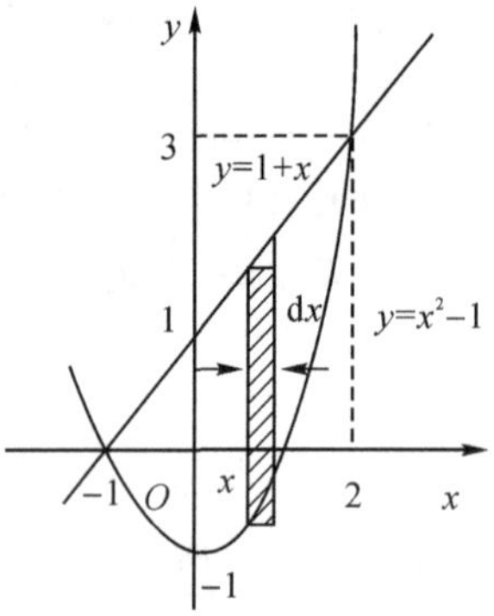

图 5.5.6

例 5.5.3　求由抛物线 $y^2=2x$ 与直线 $y=x-4$ 所围成的图形的面积.

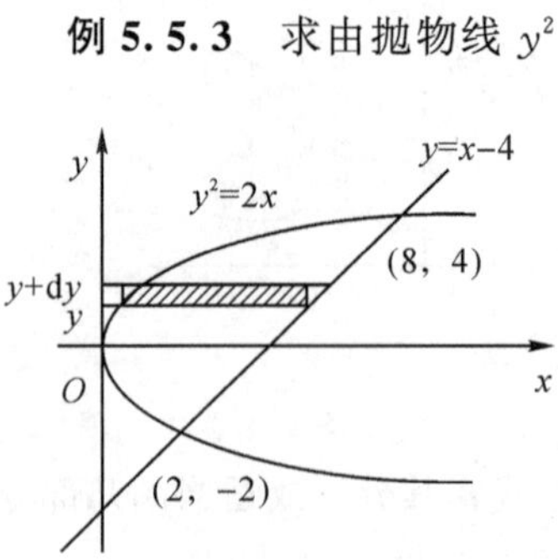

图 5.5.7

解　图形如图 5.5.7 所示. 由方程组

$$\begin{cases} y^2=2x, \\ y=x-4 \end{cases}$$

解得它们的交点为(2,−2),(8,4).

取 y 为积分变量,则 y 的变化区间为[−2,4]. 任取其上的一个区间微元$[y,y+dy]$,则相应于$[y,y+dy]$的面积微元为

$$dA=\left(y+4-\frac{y^2}{2}\right)dy.$$

从而,所求的面积为

$$A=\int_{-2}^{4}\left(y+4-\frac{y^2}{2}\right)dy=\left(\frac{y^2}{2}+4y-\frac{y^3}{6}\right)\Big|_{-2}^{4}=18.$$

注 本题也可以选 x 为积分变量,但面积必须作恰当的分割才能计算,所以过程相对复杂很多.因此,在实际应用中,应根据具体情况选择合适的积分变量.

例 5.5.4 求椭圆$\frac{x^2}{a^2}+\frac{y^2}{b^2}=1$所围成的面积.

解 椭圆如图 5.5.8 所示.设 A_1 为椭圆第一象限部分与两坐标轴所围图形的面积,因为椭圆关于两个坐标轴都对称,所以椭圆的面积为

$$A=4A_1=4\int_0^a y\,dx.$$

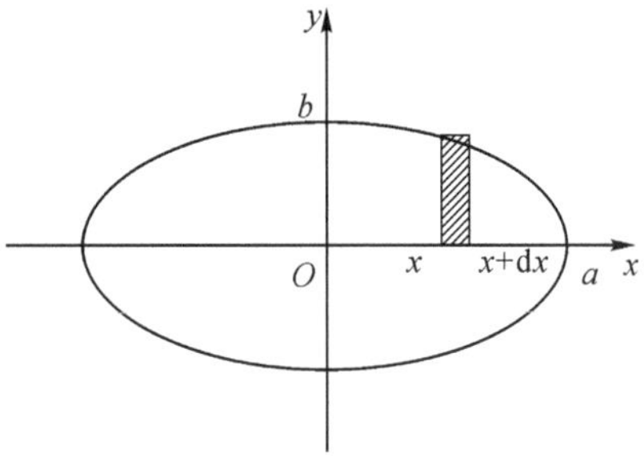

图 5.5.8

利用椭圆的参数方程

$$\begin{cases}x=a\cos t,\\ y=b\sin t\end{cases}\quad(0\leqslant t\leqslant 2\pi)$$

进行定积分换元,令 $x=a\cos t$,则 $y=b\sin t$,$dx=-a\sin t\,dt$.且当 x 由 0 变到 a 时,t 由 $\frac{\pi}{2}$变到 0,所以

$$\begin{aligned}A&=4\int_0^a y\,dx=4\int_{\frac{\pi}{2}}^{0} b\sin t(-a\sin t)\,dt\\&=4ab\int_0^{\frac{\pi}{2}}\sin^2 t\,dt=4ab\cdot\frac{1}{2}\cdot\frac{\pi}{2}=\pi ab.\end{aligned}$$

当 $a=b$ 时,就是大家熟悉的圆的面积公式 $A=\pi a^2$.

2. 极坐标情形

设曲线的方程由极坐标形式给出

$$r=r(\theta)\quad(\alpha\leqslant\theta\leqslant\beta).$$

现在计算由曲线 $r=r(\theta)$ 及射线 $\theta=\alpha,\theta=\beta$ 所围成的曲边扇形的面积 A(图 5.5.9).用微元法来解决.

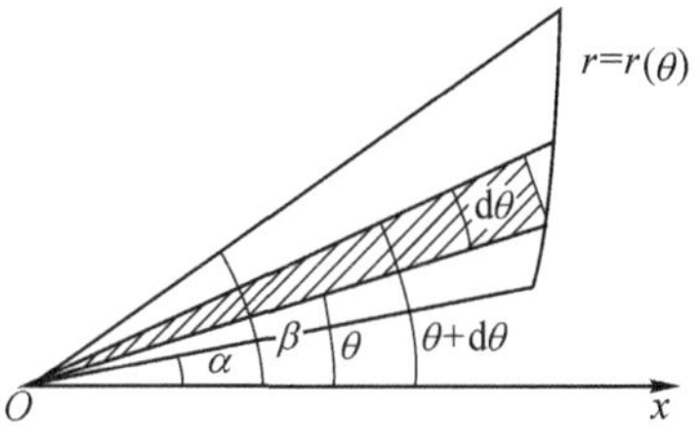

图 5.5.9

选极角 θ 为积分变量,其变化区间为$[\alpha,\beta]$.任取一个区间微元$[\theta,\theta+d\theta]$,则相应于$[\theta,\theta+d\theta]$的小曲边扇形的面积可以用半径为$r(\theta)$、中心角为 $d\theta$ 的圆扇形的面积来近似代替,即曲边扇形的面积微元

$$dA=\frac{1}{2}[r(\theta)]^2 d\theta.$$

从而曲边扇形的面积

$$A=\int_\alpha^\beta \frac{1}{2}[r(\theta)]^2 d\theta.$$

例 5.5.5　求双纽线 $r^2=a^2\cos 2\theta$ 所围图形的面积.

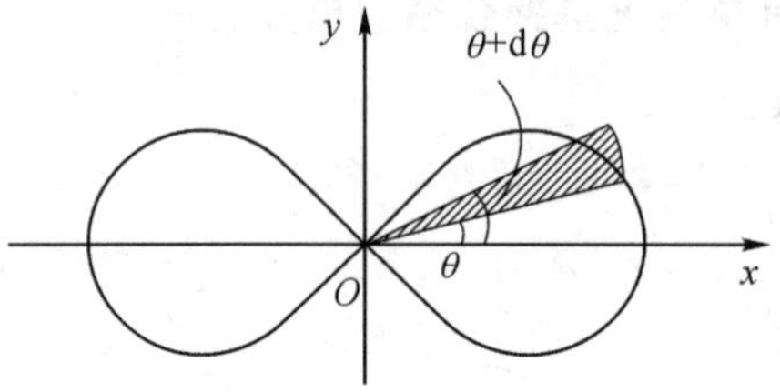

图 5.5.10

解　因为 $r^2\geqslant 0$,所以 θ 的变化范围是

$$\left[-\frac{\pi}{4},\frac{\pi}{4}\right],\quad \left[\frac{3\pi}{4},\frac{5\pi}{4}\right].$$

如图 5.5.10 所示,图形关于极点和极轴均对称,所以,只需计算 $\left[0,\frac{\pi}{4}\right]$ 上的图形面积,再乘以 4 倍即可.任取其上的一个区间微元 $[\theta,\theta+d\theta]$,相应的面积微元

$$dA=\frac{1}{2}a^2\cos 2\theta d\theta,$$

从而,所求面积为

$$A=4\int_0^{\frac{\pi}{4}} dA=4\int_0^{\frac{\pi}{4}} \frac{1}{2}a^2\cos 2\theta d\theta=a^2.$$

例 5.5.6　求心形线 $r=a(1+\cos\theta)(a>0)$ 所围图形的面积.

解　图形如图 5.5.11 所示.图形关于极轴对称,因此,只需求极轴以上部分图形面积,再乘以 2 倍即可.

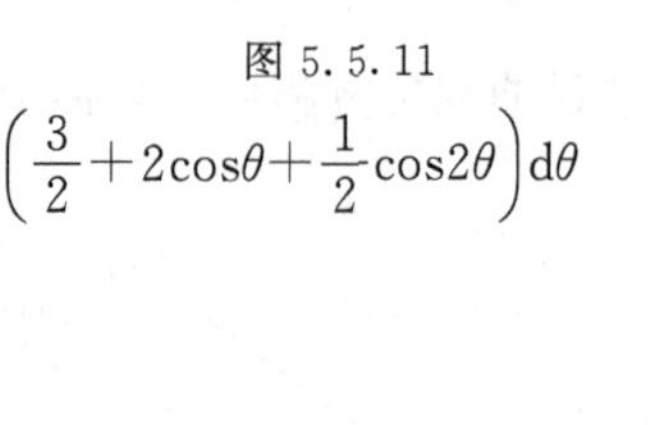

图 5.5.11

极轴以上部分,θ 的变化范围是 $[0,\pi]$.任取其上的一个区间微元 $[\theta,\theta+d\theta]$,相应的面积微元为

$$dA=\frac{1}{2}a^2(1+\cos\theta)^2 d\theta,$$

从而,所求面积

$$A=2\int_0^\pi dA=a^2\int_0^\pi(1+2\cos\theta+\cos^2\theta)d\theta=a^2\int_0^\pi\left(\frac{3}{2}+2\cos\theta+\frac{1}{2}\cos 2\theta\right)d\theta$$

$$=a^2\left(\frac{3}{2}\theta+2\sin\theta+\frac{1}{4}\sin 2\theta\right)\Big|_0^\pi=\frac{3}{2}\pi a^2.$$

5.5.3　体积

1. 旋转体的体积

由一个平面图形绕其所在平面内的一条直线旋转一周而成的立体称为**旋转体**.这条直线叫做**旋转轴**.

例如,圆柱体可以看成是由矩形绕它的一条边旋转一周而成的立体,圆锥可以看成是由直角三角形绕它的一条直角边旋转一周而成的立体，而球体可以看成是由半圆绕它的直径旋转一周而成的旋转体.

设旋转体是由连续曲线 $y=f(x)$、直线 $x=a,x=b$ 及 x 轴所围成的曲边梯形绕 x 轴旋转一周而成的. 现在我们考虑用定积分来计算旋转体的体积.

取 x 为积分变量，其变化区间为 $[a,b]$. 在其上任取一区间微元 $[x,x+dx]$，相应于 $[x,x+dx]$ 的小曲边梯形绕 x 轴旋转成的小薄片的体积近似于以 $f(x)$ 为底半径、dx 为高的扁圆柱体的体积（图5.5.12），即旋转体的体积微元

$$dV=\pi[f(x)]^2dx.$$

从而，所求旋转体体积为

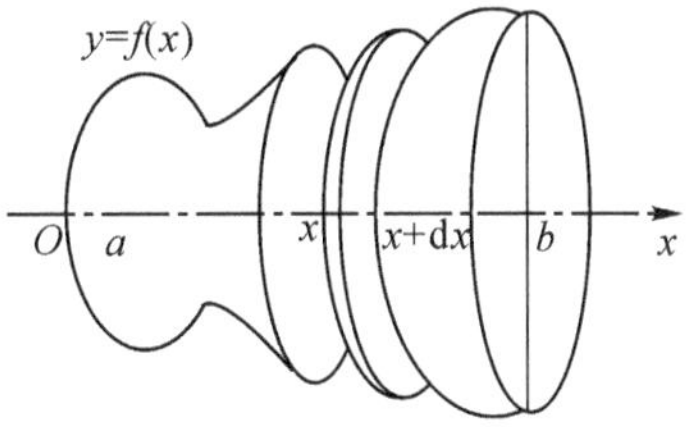

图 5.5.12

$$V=\int_a^b \pi[f(x)]^2dx.$$

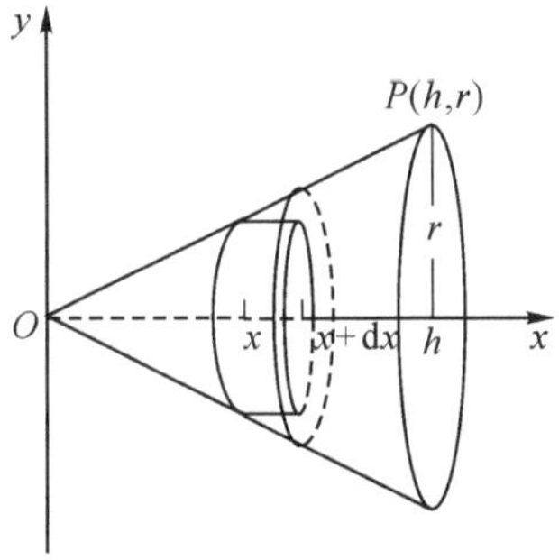

图 5.5.13

例 5.5.7 求高为 h、底半径为 r 的正圆锥体的体积.

解 此圆锥体可看成是由直线 $y=\frac{r}{h}x$，$y=0$ 和 $x=h$ 所围成的三角形绕 x 轴旋转一周而成的旋转体（图5.5.13).

取 x 为积分变量，其变化区间为 $[0,h]$. 任取其上一区间微元 $[x,x+dx]$，相应的体积微元为

$$dV=\pi\left(\frac{r}{h}x\right)^2dx,$$

从而，所求旋转体的体积

$$V=\int_0^h \pi\left(\frac{r}{h}x\right)^2dx=\frac{\pi r^2}{h^2}\left(\frac{x^3}{3}\right)\Big|_0^h=\frac{\pi r^2 h}{3}.$$

例 5.5.8 求由椭圆 $\frac{x^2}{a^2}+\frac{y^2}{b^2}=1$ 围成的平面图形绕 x 轴旋转而成的旋转椭球体的体积.

解 此旋转体可看成是由上半椭圆 $y=\frac{b}{a}\sqrt{a^2-x^2}$ 与 x 轴所围成的图形绕 x 轴旋转而成的立体.

取 x 为积分变量，其变化区间为 $[-a,a]$. 任取其上一区间微元 $[x,x+dx]$，相应于该区间微元的小薄片的体积近似等于底半径为 $\frac{b}{a}\sqrt{a^2-x^2}$、高为 dx 的扁圆柱体的体积（图5.5.14)，即体积微元

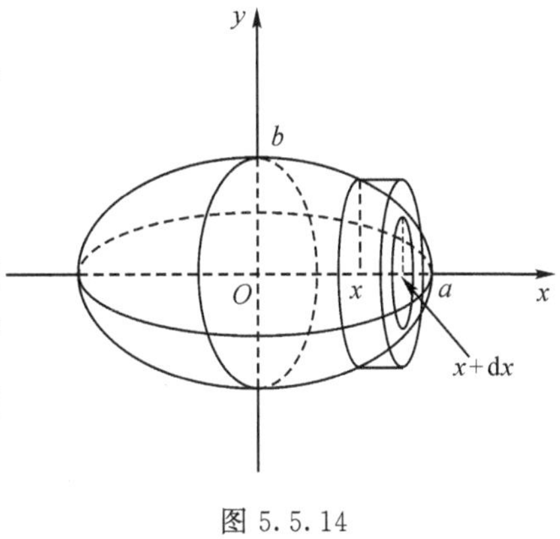

图 5.5.14

$$dV=\pi\left(\frac{b}{a}\sqrt{a^2-x^2}\right)^2dx,$$

从而,所求旋转椭球体的体积为

$$V=\int_{-a}^{a}\pi\left(\frac{b}{a}\sqrt{a^2-x^2}\right)^2dx=2\pi\frac{b^2}{a^2}\int_0^a(a^2-x^2)dx$$
$$=2\pi\frac{b^2}{a^2}\left(a^2x-\frac{x^3}{3}\right)\Big|_0^a=\frac{4}{3}\pi ab^2.$$

特别地,当 $a=b=R$ 时,可得半径为 R 的球体的体积

$$V=\frac{4}{3}\pi R^3.$$

用类似方法可以推出:由连续曲线 $x=\varphi(y)$、直线 $y=c$、$y=d(c<d)$ 及 y 轴所围成的曲边梯形绕 y 轴旋转一周而成的旋转体(图 5.5.15)的体积为

$$V=\int_c^d\pi[\varphi(y)]^2dy.$$

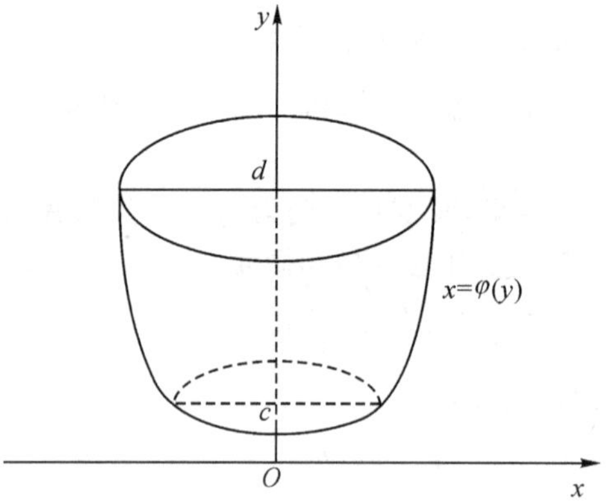

图 5.5.15

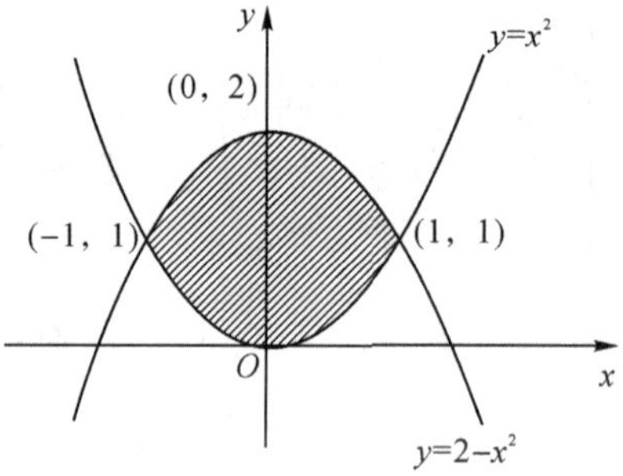

图 5.5.16

例 5.5.9 求由曲线 $y=x^2$,$y=2-x^2$ 所围成的平面图形分别绕 x 轴和 y 轴旋转而成的旋转体的体积.

解 两抛物线围成的图形如图 5.5.16 所示.由方程组

$$\begin{cases}y=x^2,\\y=2-x^2,\end{cases}$$

解得交点为$(-1,1)$和$(1,1)$.于是,所求绕 x 轴旋转而成的旋转体的体积

$$V_x=\pi\int_{-1}^{1}(2-x^2)^2dx-\pi\int_{-1}^{1}x^4dx$$
$$=2\pi\int_0^1(4-4x^2)dx=8\pi\left(x-\frac{x^3}{3}\right)\Big|_0^1=\frac{16}{3}\pi.$$

所求绕 y 轴旋转而成的旋转体的体积

$$V_y=\pi\int_0^1(\sqrt{y})^2dy+\pi\int_1^2(\sqrt{2-y})^2dy$$

$$=\pi\left(\frac{y^2}{2}\right)\bigg|_0^1+\pi\left(2y-\frac{y^2}{2}\right)\bigg|_1^2=\pi.$$

2. 平行截面面积为已知的立体的体积

如果一个立体不是旋转体，但知道该立体上垂直于一个定轴的各个截面的面积，那么，这个立体的体积也可以借助定积分来计算.

如图 5.5.17 所示，取上述定轴为 x 轴，并设该立体在过点 $x=a$，$x=b$ 且垂直于 x 轴的两平面之间. 以 $A(x)$ 表示过点 x 且垂直于 x 轴的截面面积，并假定 $A(x)$ 为关于 x 的已知的连续函数.

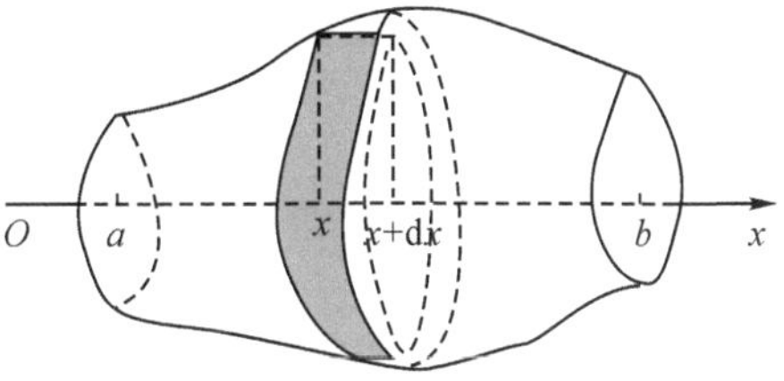

图 5.5.17

取 x 为积分变量，它的变化区间为 $[a,b]$，任取其中一个区间微元 $[x,x+dx]$. 相应于该微元的一薄片的体积近似于底面积为 $A(x)$、高为 dx 的扁柱体的体积，即体积微元

$$dV=A(x)dx,$$

从而，所求立体的体积

$$V=\int_a^b A(x)dx.$$

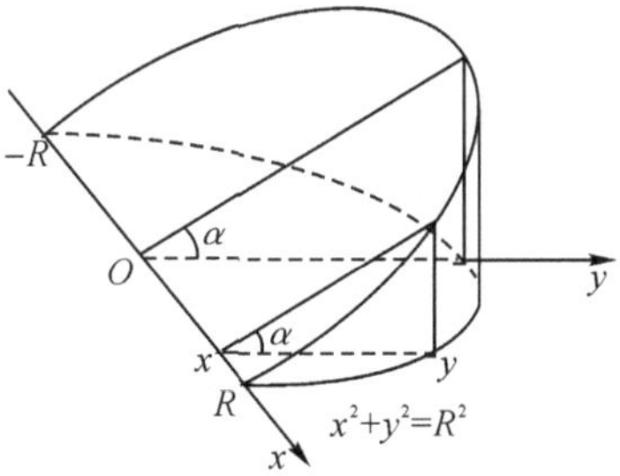

图 5.5.18

例 5.5.10 一平面经过半径为 R 的圆柱体的底圆中心，并与底面交成角 α（图 5.5.18），求该平面截圆柱体所得立体的体积.

解 取该平面与圆柱体底面的交线为 x 轴，底面上过圆中心且垂直于 x 轴的直线为 y 轴，则底圆的方程为

$$x^2+y^2=R^2.$$

立体中过点 x 且垂直于 x 轴的截面是一个直角三角形. 它的两条直角边的长分别为 y 及 $y\tan\alpha$，即 $\sqrt{R^2-x^2}$ 和 $\sqrt{R^2-x^2}\tan\alpha$，从而，截面面积为

$$A(x)=\frac{1}{2}(R^2-x^2)\tan\alpha,$$

故所求立体的体积为

$$V=\frac{1}{2}\int_{-R}^{R}(R^2-x^2)\tan\alpha dx=\frac{2}{3}R^3\tan\alpha.$$

5.5.4 定积分的经济应用举例

由前面的边际分析知道，对一个已知的经济函数 $F(x)$（如总成本函数 $C(x)$、总收益函数 $R(x)$、利润函数 $L(x)$ 等），它的边际函数就是它的导函数 $F'(x)$. 反之，若已知边际函数 $F'(x)$，则可以通过不定积分求得原经济函数

$$F(x)=\int F'(x)\mathrm{d}x+C,$$

其中产生的积分常数 C 由经济函数的具体条件确定.

也可以运用牛顿-莱布尼茨公式求原经济函数

$$F(x)=\int_0^x F'(x)\mathrm{d}x+F(0),$$

并可求出原经济函数从 a 到 b 的增量

$$\Delta F=F(b)-F(a)=\int_a^b F'(x)\mathrm{d}x.$$

例 5.5.11 设一企业生产某产品的边际成本是产量 x 的函数

$$C'(x)=2\mathrm{e}^{0.2x},$$

固定成本 $C_0=90$,求总成本函数.

解 $$C(x)=\int C'(x)\mathrm{d}x=\int 2\mathrm{e}^{0.2x}\mathrm{d}x=\frac{2}{0.2}\mathrm{e}^{0.2x}+C.$$

又固定成本 $C_0=90$,即 $x=0$ 时,$C(0)=90$. 代入上式,得 $C=80$,即得总成本函数为

$$C(x)=10\mathrm{e}^{0.2x}+80.$$

例 5.5.12 已知生产某商品 x 单位时的边际收益函数为 $R'(x)=100-2x$(元/单位),求生产 40 单位时的总收益,并求再多生产 10 个单位时所增加的总收益.

解 可以利用积分上限的函数表示式直接求

$$R(40)=\int_0^{40} R'(x)\mathrm{d}x+R(0)=\int_0^{40}(100-2x)\mathrm{d}x+0$$

$$=(100x-x^2)\Big|_0^{40}=2400(\text{元}).$$

在生产 40 单位后再生产 10 个单位时所增加的总收益可以用增量公式求得

$$\Delta R=R(50)-R(40)=\int_{40}^{50}(100-2x)\mathrm{d}x$$

$$=(100x-x^2)\Big|_{40}^{50}=100(\text{元}).$$

习题 5.5

1. 求由下列各曲线所围成的图形的面积:

(1) $y=\sqrt{x}$ 与 $y=x$; (2) $y=\dfrac{1}{x}$, $y=x$ 及 $x=2$;

(3) $y=3-x^2$ 与 $y=2x$; (4) $y=\mathrm{e}^x$, $x=0$ 及 $y=\mathrm{e}$;

(5) $y=\ln x$, $x=0$ 及 $y=\ln a$, $y=\ln b(b>a>0)$;

(6) $y=\dfrac{1}{2}x^2$ 与 $x^2+y^2=8$(两部分都要计算).

2. 求位于曲线 $y=\mathrm{e}^x$ 下方,该曲线过原点的切线的左方及 x 轴上方之间的图形的面积.

3. 求抛物线 $y=-x^2+4x-3$ 及其在点 $(0,-3)$ 和 $(3,0)$ 处的切线所围成的图形的面积.

4. 求在区间$\left[0,\frac{\pi}{2}\right]$上，曲线 $y=\sin x$，直线 $x=0$ 及 $y=1$ 所围图形的面积.

5. 求下列平面图形分别绕 x 轴、y 轴旋转产生的立体的体积：

(1)曲线 $y=\sqrt{x}$与直线 $x=1$，$x=4$，$y=0$ 所围成的图形；

(2)$\left[0,\frac{\pi}{2}\right]$上，曲线 $y=\sin x$ 与直线 $x=\frac{\pi}{2}$及 $y=0$ 所围成的图形；

(3) 曲线 $y=x^3$ 与直线 $x=2$ 及 $y=0$ 所围成的图形.

6. 计算 $y=e^{-x}$与直线 $y=0$ 之间位于第一象限内的平面图形绕 x 轴旋转一周所产生的旋转体的体积.

7. 计算曲线 $y=x^2$，$x=y^2$ 所围成的图形绕 y 轴旋转一周所产生的旋转体的体积.

8. 计算圆 $x^2+(y-5)^2=16$ 绕 x 轴旋转一周而成的环体的体积.

9. 计算曲线 $y=\sin x(0\leqslant x\leqslant\pi)$与 x 轴围成的平面图形绕 y 轴旋转一周所产生的旋转体的体积.

10. 已知某产品总产量的变化率是时间 t(年)的函数

$$f(t)=2t+5 \quad (t\geqslant 0).$$

求第一个五年和第二个五年的总产量各是多少？

11. 已知某产品生产 x(百台)单位时，边际成本函数为 $C'(x)=1$(万元/百台)，边际收益函数为 $R'(x)=5-x$(万元/百台).

(1)求产量等于多少时，总利润最大？

(2)达到利润最大的产量后又生产了 1(百台)，总利润减少了多少？

阅读材料

微积分发展简史(三)

定积分的发展大致可以分为三个阶段：古希腊数学的准备阶段，17 世纪的创立阶段以及 19 世纪的完成阶段. 整个 16 世纪，积分思想一直围绕着“求积问题”发展，它包括两个方面：一个是求平面图形的面积和由曲面包围的体积；一个是静力学中计算物体重心和液体压力.

1635 年，意大利著名科学家伽利略的学生卡瓦列里在《不可分连续量的几何学》一书中，把源出于经典哲学的“不可分量”观念应用于求积问题，其方法的精髓是“面由条数不定的等距离的平行线构成，体由等距离的平行平面所构成”，这些平行线段和平行平面就是卡瓦列里心目中的“不可分量”. 虽然他克服了开普勒求积法中的缺点，但是他的方法也有明显的不足. 因为按照不可分量方法，图形的面积或体积分别是由比它低一维的几何元素的总和来确定的，但是“总和”指的是什么？为什么从低一维的几何元素的总和就能得出高一维的几何元素？这些问题当时他并没有明确解决. 17 世纪中叶，法国数学家费马、帕斯卡(Blaise Pascal，1623～1662)均利用了“分割求和”及无穷小的性质的观点求积，更加接近现代的求定积分的方法. 可见，利用“分割求和”及无穷小的方法，已被当时的数学家普遍采用.

微积分学创立之后,有许多概念和理论是不完善的,特别是在无穷和无穷小量这个问题上,在运算上有时候是零,有时候不是零而是有限的小量,出现了逻辑上的漏洞,受到了多方面的质疑和批评,其中最著名的要数英国的贝克莱(George Berkeley, 1685～1753)大主教关于无穷小量的"贝克莱悖论":"这些消失的增量究竟是什么? 它们既不是有限量,也不是无限小,又不是零,难道我们不能称它们为消失量的鬼魂吗?"这些基础方面的缺陷,最终导致了第二次数学危机的产生.

18世纪,许多科学家对建立微积分的严格基础作出了重要尝试,达朗贝尔(Jean Le Rond D'Alembert,1717～1783)在1754年指出,必须用可靠的理论去代替当时使用的不完善的极限理论,定性地给出了极限的定义,并以此作为微积分的基础.欧拉、拉格朗日也作出了重要贡献.虽然微积分的基础还不稳固,但是已经显示出其强大的生命力.微积分的发展,推动了整个数学的发展,也带动了微积分的其他分支,如无穷级数、微分方程、微分几何、变分法、复变函数等学科的发展.

19世纪的前20年,微积分的逻辑基础仍然不够完善.1821年柯西提出极限定义的方法,把极限过程用不等式来刻画,后经魏尔斯特拉斯等的改进,给出了极限、收敛概念的精确定义,确立了以极限论为基础的数学分析体系之后,才使微积分克服了逻辑上的困难,并使之建立在严格的理论基础之上.柯西完全摆脱了微积分对几何和物理意义的依赖,引入了严格的分析表述和理论,形成了现代体系.另外,在19世纪70年代尤利乌斯·威廉·理查德·戴德金(Julius Wilhelm Richard Dedekind,1831～1916)实数理论的建立,以及80年代康托尔(Georg Cantor,1845～1918)集合论的建立,才彻底完成了微积分理论的奠基工作,并使微积分真正成为一门具有完整科学体系的学科.

数学家

莱布尼茨(Gottfried Wilhelm Leibniz,1646～1716),德国最重要的自然科学家、数学家、物理学家、历史学家和哲学家,一位举世罕见的科学天才.他的研究涉及逻辑学、数学、力学、地质学、法学、历史、语言及神学等多种领域,其目的是寻求一种可以获得知识和创造发明的普遍方法.在数学中以独立创立微积分学而著称.他创设的数学符号非常优良,对微积分的发展有极大影响,直到现在仍在使用.他的研究及成果渗透到高等数学的许多领域.他的一系列重要数学理论的提出,为后来的数学理论奠定了基础. 莱布尼茨曾讨论过负数和复数的性质,得出复数的对数并不存在,共轭复数的和是实数的结论.在后来的研究中,莱布尼茨证明了自己的结论是正确的.他还对线性方程组进行研究,对消元法从理论上进行了探讨,并首先引入了行列式的概念,提出行列式的某些理论.此外,莱布尼茨还创立了符号逻辑学的基本概念,发明了能够进行加、减、乘、除及开方运算的计算机和二进制,为计算机的现代发展奠定了坚实的基础.莱布尼茨的物理学成就也是非凡的.他发表了《物理学新假说》,提出了具体运动原理和抽象运动原理,认为运动着的物体,不论多么渺小,它将带着处于完全静止状态的物体的部分一起运动.他还对笛卡儿提出的动量守恒原理进行了认真的探讨,提出了能量守恒原理的雏形.莱布尼茨对中国的科学,文化和哲学思想十分关注,是最早研究中国文化和中国哲学的德国人,为促进中西文化交流作出了毕生的努力,产生了广泛而深远的影响.

第 6 章

CHAPTER 6

多元函数微积分

前面几章讨论的函数都只有一个自变量，这种函数称为一元函数. 但在实际问题中，我们往往会遇到一个变量依赖于多个变量的情况，这就产生了多元函数的概念. 本章将在一元函数微积分学的基础上，进一步讨论多元函数的微积分学. 讨论中将以二元函数为主，这不仅因为有关的概念和方法大都有比较直观的解释，便于理解，而且因为从一元函数到二元函数所产生新的问题，可以类推到二元以上的多元函数. 在学习中应重点掌握一元函数与二元函数在许多知识点上的相同点和不同点.

6.1 空间解析几何简介

我们知道，通过平面直角坐标系，可以将坐标平面上的点与一对有序实数对应起来，从而可用代数方法来讨论几何问题，也可以用几何方法解决代数问题. 现将这种思想加以推广，引进空间直角坐标系，从而将空间中的点用一个有序数组来表示.

本节仅简单介绍空间解析几何的一些基本概念，它们包括空间直角坐标系、空间两点间的距离、空间曲面及其方程等概念. 这些内容对我们学习多元函数的微分学和积分学将起到重要的作用.

6.1.1 空间直角坐标系

在空间中取定一点 O 作为原点，通过该点作三条相互垂直的数轴，分别称为 x 轴(**横轴**)、y 轴(**纵轴**)和 z 轴(**竖轴**)，统称为**坐标轴**(coordinate axis). 三个坐标轴上的单位长度通常都相同(这些长度单位也可以不同，但本章中，如无特别声明，则三个轴上都取相同的长度单位). 它们构成一个**空间直角坐标系** $Oxyz$.

通常将 x 轴和 y 轴置于水平面上，z 轴取铅直方向. 三个坐标轴的次序和方向一般按右手法则来排列. 用右手握住 z 轴，四个手指从 x 轴的正向旋转 $90°$ 到 y 轴的正向时，拇指的指向就是 z 轴的正向. 按右手法则确定的坐标系称为**右手系**(图 6.1.1).

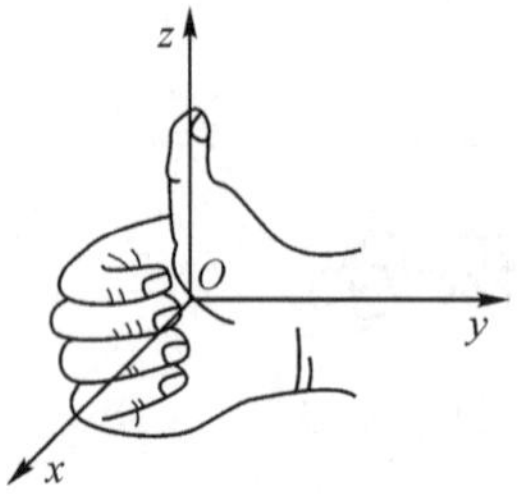

图 6.1.1

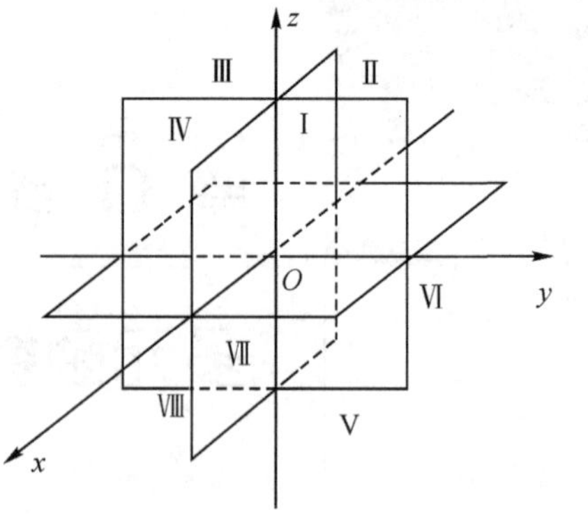

图 6.1.2

由任意两条坐标轴所确定的平面称为**坐标面**(coordinate surface). 三个坐标轴确定了三个坐标面. x 轴和 y 轴所在的平面称为 xOy 坐标面,另外两个坐标面分别是 yOz 坐标面和 zOx 坐标面.

三个坐标面将整个空间分为 8 个部分,每一部分称为一个卦限. 含有 x 轴、y 轴和 z 轴的正半轴的那个卦限称为第一卦限,其他第二、第三、第四卦限都在 xOy 面的上方,按逆时针方向确定. 第五卦限在第一卦限下方,第六、第七、第八卦限也都在 xOy 面的下方,按逆时针方向确定. 这八个卦限分别用罗马数字Ⅰ、Ⅱ、Ⅲ、Ⅳ、Ⅴ、Ⅵ、Ⅶ、Ⅷ来表示(图 6.1.2). 在上面建立的坐标系中,坐标轴、坐标面都是两两垂直的,故称为**空间直角坐标系**(rectangular coordinates system in space).

6.1.2　空间中点的坐标

有了空间直角坐标系,就可以建立空间中的点和有序数组之间的对应关系. 设 M 为空间中的一点(图 6.1.3),过该点作三个分别垂直于 x 轴、y 轴和 z 轴的平面,它们与 x 轴、y 轴和 z 轴分别交于 P,Q,R 三点. 这三个点在 x 轴、y 轴和 z 轴上的坐标分别是 x,y,z. 从而空间中的一点 M 就唯一确定了一个有序数组 (x,y,z). 反之,给定了一个有序数组 (x,y,z),则可分别在 x 轴、y 轴和 z 轴上取坐标为 x,y,z 的三个点 P,Q,R,过这三个点各作一个分别与 x 轴、y 轴和 z 轴垂直的平面,这三个平面有唯一的交点,这个交点就是有序数组 (x,y,z) 所确定的点 M. 这样,利用空间直角坐标系,就在有序数组 (x,y,z) 与空间中的点 M 之间建立了一一对应关系. 有序数组 (x,y,z) 称为点 M 的**坐标**(coordinate),其中 x、y 和 z 分别称为点 M 的**横坐标**(abscissa)、**纵坐标**(longitudinal coordinates)和**竖坐标**(ordinate). 在以后的表述中,常把一个点和表示这个点的坐标不加区别. 所说的给定一点,就是给定

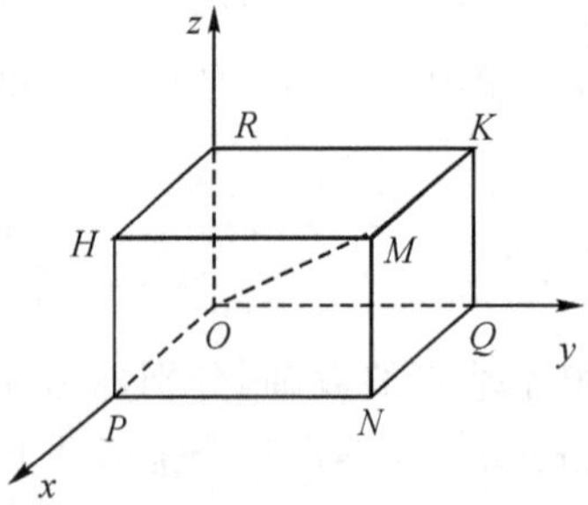

图 6.1.3

这个点的坐标. 所说的求一个点,就是求一个点的坐标.

坐标面、坐标轴上的点的坐标有一定特点. 如 xOy 面上的点,有 $z=0$;zOx 面上的点,有 $y=0$;yOz 面上的点,有 $x=0$. z 轴上的点一定有 $x=0,y=0$. 同样,x 轴上的点有 $y=0,z=0$. y 轴上的点有 $x=0,z=0$. 原点的三个坐标均为零.

从点 $M(x,y,z)$ 引垂直于 xOy 面的直线,直线与 xOy 面的交点 $N(x,y,0)$ 称为点 M 在 xOy 面上的投影. 在 MN 延长线上取一点 M',使点 M' 到 xOy 面的距离等于点 M 到 xOy 面的距离,称点 M' 是点 M 关于 xOy 面的**对称点**,点 M' 的坐标为 $(x,y,-z)$. 完全类似,点 M 关于 x 轴的对称点的坐标为 $(x,-y,-z)$. 关于原点的对称点的坐标为 $(-x,-y,-z)$. 点 M 关于其他坐标面、坐标轴的对称点与此完全类似.

6.1.3 空间两点间的距离

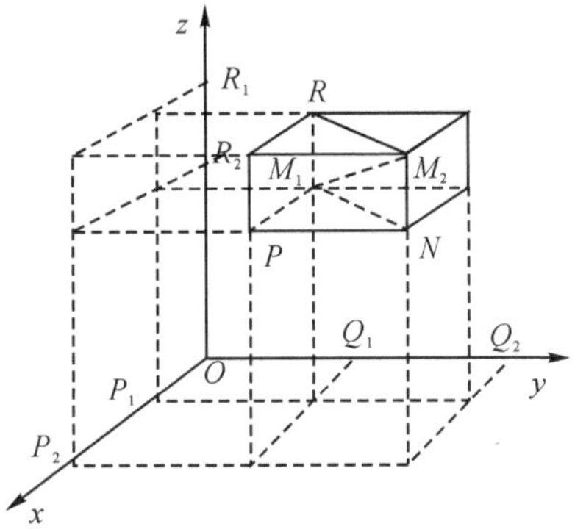

图 6.1.4

对空间中两点 $M_1(x_1,y_1,z_1)$ 和 $M_2(x_2,y_2,z_2)$,可用其坐标表示它们间的距离.

过 M_1,M_2 两点各作三个分别垂直于三条坐标轴的平面. 这 6 个平面围成以线段 M_1M_2 为一条体对角线的长方体(图 6.1.4).

由于 $\triangle M_1PN$, $\triangle M_1NM_2$ 为直角三角形,所以

$$|M_1M_2|^2=|M_1N|^2+|NM_2|^2=|M_1P|^2+|PN|^2+|NM_2|^2.$$

因为 $|M_1P|=|P_1P_2|=|x_2-x_1|$, $|PN|=|Q_1Q_2|=|y_2-y_1|$, $|NM_2|=|R_1R_2|=|z_2-z_1|$,所以得到空间两点之间的距离公式:

$$|M_1M_2|=\sqrt{(x_2-x_1)^2+(y_2-y_1)^2+(z_2-z_1)^2}.$$

特殊地,点 $M(x,y,z)$ 到原点 $O(0,0,0)$ 的距离为

$$|OM|=\sqrt{x^2+y^2+z^2}.$$

如果 M_1,M_2 均位于 xOy 平面上,即 $z_1=z_2=0$,则在 xOy 平面上任意两点 $M_1(x_1,y_1,0)$ 和 $M_2(x_2,y_2,0)$ 间的距离

$$|M_1M_2|=\sqrt{(x_2-x_1)^2+(y_2-y_1)^2}.$$

进一步,数轴上(如 x 轴上)两点的距离为 $|M_1M_2|=\sqrt{(x_2-x_1)^2}=|x_2-x_1|$.

例 6.1.1 在 z 轴上求一点 M,使点 M 到点 $A(1,0,2)$ 和到点 $B(1,-3,1)$ 的距离相等.

解 因为所求的点 M 在 z 轴上,故 M 的坐标应为 $(0,0,z)$,根据题意,有

$$\sqrt{(0-1)^2+(0-0)^2+(z-2)^2}=\sqrt{(0-1)^2+(0+3)^2+(z-1)^2},$$

解得 $z=-3$,即点 M 的坐标是 $(0,0,-3)$.

6.1.4　曲面及其方程

1. 曲面方程的概念

定义 6.1.1　在空间直角坐标系中，如果曲面 S 上任一点坐标都满足方程 $F(x,y,z)=0$，而不在曲面 S 上的任何点的坐标都不满足该方程，则方程 $F(x,y,z)=0$ 称为**曲面 S 的方程**，而曲面 S 就称为方程 $F(x,y,z)=0$ 的图形（图 6.1.5）.

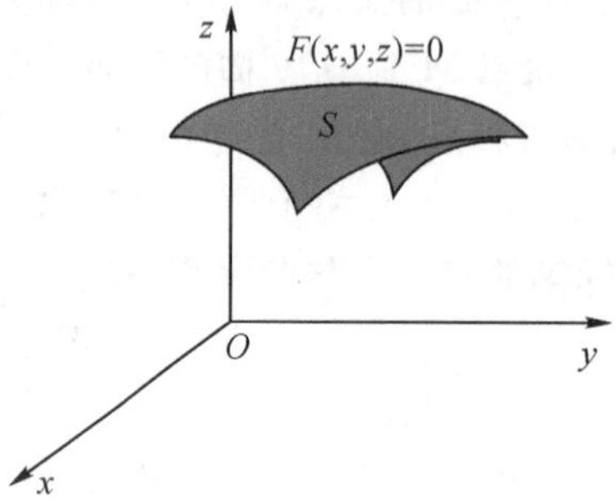

图 6.1.5

空间曲面研究的两个基本问题是：

(1)已知曲面上的点所满足的几何条件，建立曲面的方程；

(2)已知曲面方程，研究曲面的几何形状.

下面介绍一些常见的曲面及其方程.

2. 几种常见的曲面及其方程

1)球面

下面我们建立球心为点 $M_0(x_0,y_0,z_0)$、半径为 R 的球面方程.

设 $M(x,y,z)$ 是球面上任一点，根据题意有 $|MM_0|=R$，

$$\sqrt{(x-x_0)^2+(y-y_0)^2+(z-z_0)^2}=R.$$

于是得到**球面的标准方程**为

$$(x-x_0)^2+(y-y_0)^2+(z-z_0)^2=R^2.$$

特别地，球心在原点时方程为 $x^2+y^2+z^2=R^2$.

例 6.1.2　方程 $x^2+y^2+z^2-2x+4y=0$ 表示怎样的曲面？

解　通过配方，有

$$(x-1)^2+(y+2)^2+z^2=5.$$

故原方程表示球心在点 $M_0(1,-2,0)$、半径为 $R=\sqrt{5}$ 的球面.

一般地，设有三元二次方程

$$Ax^2+Ay^2+Az^2+Dx+Ey+Fz+G=0.$$

这个方程的特点是缺少混合项 xy,yz,zx，而且平方项系数相同，只要将方程经过配方，如果可以化成球面的标准方程，那么它的图形就是一个球面.

2)平面

平面是空间中最简单而且最重要的曲面. 可以证明空间中任一平面都可以用三元一次方程

$$Ax+By+Cz+D=0 \tag{6.1}$$

来表示，反之亦然，其中 A,B,C,D 是不全为零的常数. 方程(6.1)称为**平面的一般**

方程.

例 6.1.3 已知一动点 $M(x,y,z)$ 到两个点 $A(1,2,3)$ 和 $B(2,-1,4)$ 的距离总是相等,求点 M 的坐标所满足的方程.

解 由已知条件,有

$$\sqrt{(x-1)^2+(y-2)^2+(z-3)^2}=\sqrt{(x-2)^2+(y+1)^2+(z-4)^2},$$

两端平方后整理,得

$$2x-6y+2z-7=0,$$

即动点坐标应满足这个平面方程.

下面再引入一种平面方程.

若已知一个平面与 x 轴、y 轴和 z 轴分别交于 $P(a,0,0)$,$Q(0,b,0)$,$R(0,0,c)$ 三点,其中 $a\neq 0,b\neq 0,c\neq 0$,求这个平面方程.

为此,设所求平面的一般方程为 $Ax+By+Cz+D=0$,将 $P(a,0,0)$,$Q(0,b,0)$,$R(0,0,c)$ 三点分别代入方程,得

$$aA+D=0,\quad bB+D=0,\quad cC+D=0,$$

解得 $A=-\dfrac{D}{a}$,$B=-\dfrac{D}{b}$,$C=-\dfrac{D}{c}$. 代入平面方程中,得

$$\frac{x}{a}+\frac{y}{b}+\frac{z}{c}=1.$$

这个方程称为**平面的截距式方程**,其中 a,b,c 分别称为平面在 x 轴、y 轴和 z 轴上的**截距**(intercept)(图 6.1.6).

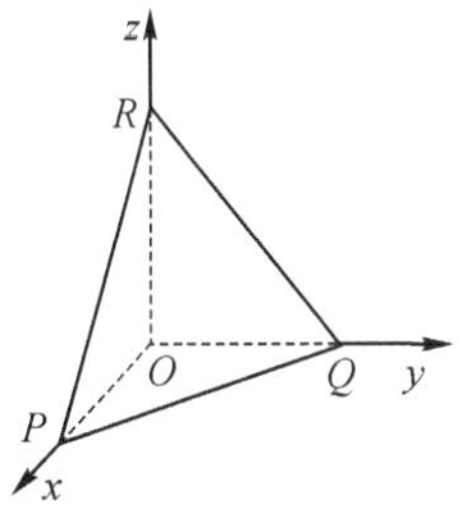

图 6.1.6

3)柱面

定义 6.1.2 一直线沿一已知曲线 C 平行移动所形成的曲面称为**柱面**(cylinder),沿 C 移动的直线称为柱面的**母线**(generatrix),曲线 C 称为柱面的**准线**(directrix)(图 6.1.7).

这里我们只讨论母线平行于坐标轴的柱面.

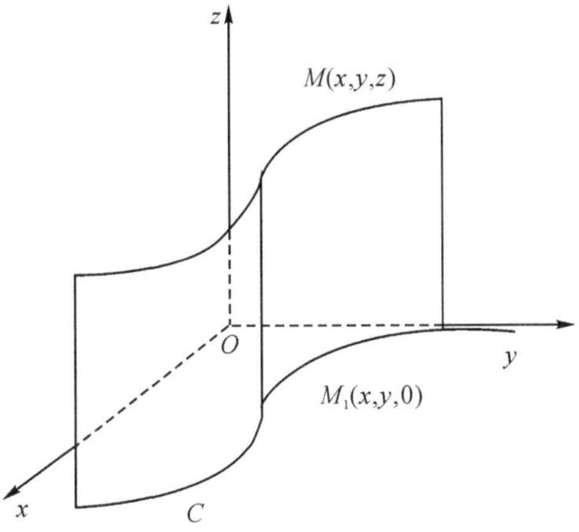

图 6.1.7

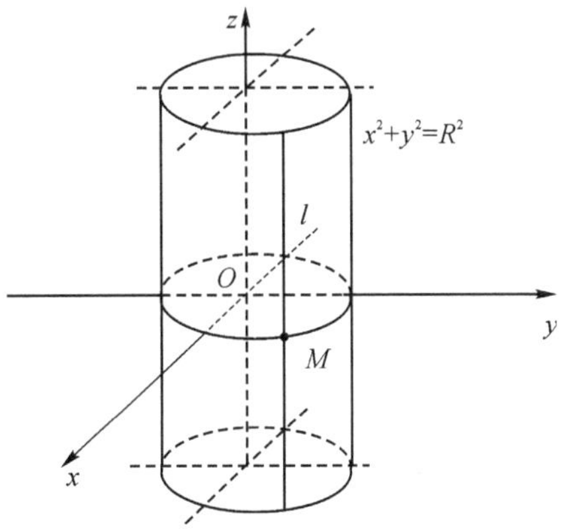

图 6.1.8

例 6.1.4 方程 $x^2+y^2=R^2$ 表示怎样的曲面？

解 方程 $x^2+y^2=R^2$，在 xOy 平面上表示圆心在原点、半径为 R 的圆. 在空间直角坐标系中，由于方程不含有坐标 z，意味着 z 可取任意值，只要前两个坐标 x,y 满足方程 $x^2+y^2=R^2$，那么这些点就在这曲面上，这就是说，凡是通过 xOy 平面内圆 $x^2+y^2=R^2$ 上一点 $M(x,y,0)$，且平行于 z 轴的直线 l 都在这曲面上，因此，这曲面可以看成是由平行于 z 轴的直线 l 沿 xOy 面上的圆 $x^2+y^2=R^2$ 平行移动而形成的. 这曲面叫做**圆柱面**(图 6.1.8)，xOy 平面上的圆 $x^2+y^2=R^2$ 就是它的准线，这平行于 z 轴的直线 l 就是它的母线.

一般地，一个仅含 x 和 y 而不含 z 的方程

$$F(x,y)=0 \tag{6.2}$$

在空间中的图形是一个母线平行于 z 轴的柱面. 柱面与 xOy 平面的交线 C 为 $F(x,y)=0$. 为强调 C 是 xOy 平面上曲线，C 的方程可写成 $\begin{cases}F(x,y)=0,\\ z=0.\end{cases}$

如上面已提到 $x^2+y^2=R^2$ 在空间中的图形是一个母线平行于 z 轴的圆柱面. 该圆柱面与 xOy 平面的交线 C 为

$$\begin{cases}x^2+y^2=R^2,\\ z=0.\end{cases}$$

同理，在空间中方程 $F(x,z)=0$ 及 $F(y,z)=0$ 分别表示母线平行于 y 轴及母线平行于 x 轴的柱面.

如 $z=x^2$ 表示一个母线平行于 y 轴的抛物柱面；$\frac{y^2}{b^2}+\frac{z^2}{c^2}=1$ 表示一个母线平行于 x 轴的椭圆柱面.

4)二次曲面

与平面解析几何中规定的二次曲线相类似，我们把三元二次方程 $F(x,y,z)=0$ 所表示的曲面称为**二次曲面**(conicoid). 而把平面称为**一次曲面**.

二次曲面有九种，适当选取空间直角坐标系，可得它们的标准方程. 下面介绍常用的截痕法，并仅介绍几个常见的二次曲面.

在空间直角坐标系中，我们采用一系列平行于坐标面的平面去截割曲面，从而得到平面与曲面一系列的交线(即截痕)，通过综合分析这些截痕的形状和性质来认识曲面形状的全貌. 这种研究曲面的方法称为平面截割法，简称为**截痕法**(method of cross section).

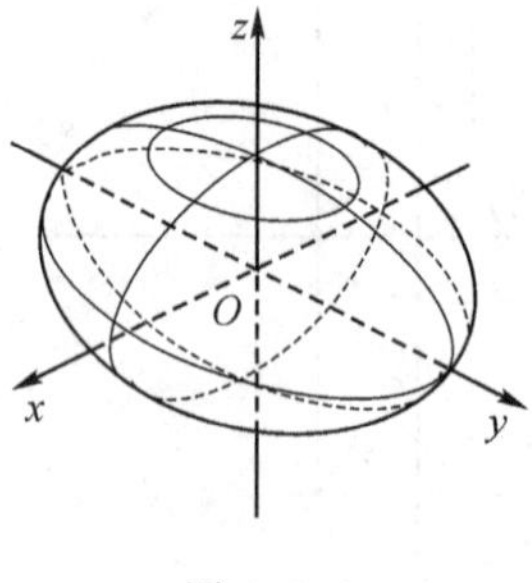

图 6.1.9

椭球面 $\frac{x^2}{a^2}+\frac{y^2}{b^2}+\frac{z^2}{c^2}=1\ (a>0,b>0,c>0)$(图 6.1.9).

用 $z=t$ 的平面截此曲面，当 $t=0$ 时，截得 xOy 平面上的椭圆$\frac{x^2}{a^2}+\frac{y^2}{b^2}=1$；当 $0<t<c$时，得平面 $z=t$ 上的椭圆$\frac{x^2}{a^2\left(1-\frac{t^2}{c^2}\right)}+\frac{y^2}{b^2\left(1-\frac{t^2}{c^2}\right)}=1$，当 t 从 0 趋向 c 时，截痕椭圆逐渐由大变小，当 $t=c$ 时，截得 z 轴上的一点$(0,0,c)$. 由于方程是关于 z 的偶函数，所以当$-c<t<0$ 时，图形关于 xOy 平面对称. 类似地，再用平面 $x=t$，$y=t$ 去截曲面，也有类似的结果. 综合上述讨论，得到方程表示的图形如图 6.1.9 所示，由于截痕主要是椭圆，所以称为**椭球面**.

再利用截痕法可得下面几个方程的图形.

椭圆抛物面 $z=\frac{x^2}{a^2}+\frac{y^2}{b^2}$(图 6.1.10). 特别地，当 $a=b$ 时，称为旋转抛物面.

双曲抛物面(马鞍面) $z=\frac{y^2}{b^2}-\frac{x^2}{a^2}$(图 6.1.11).

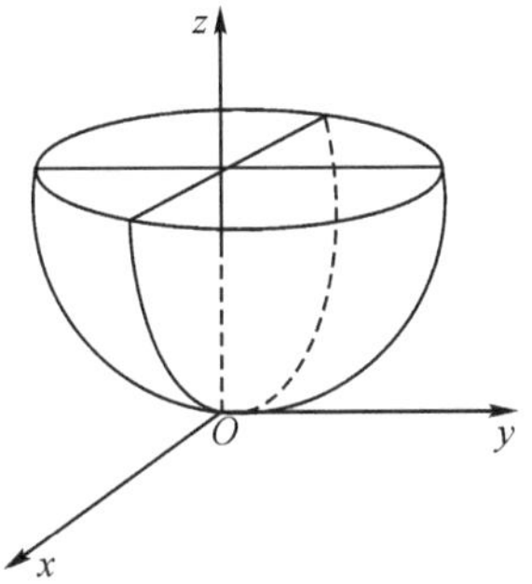

图 6.1.10

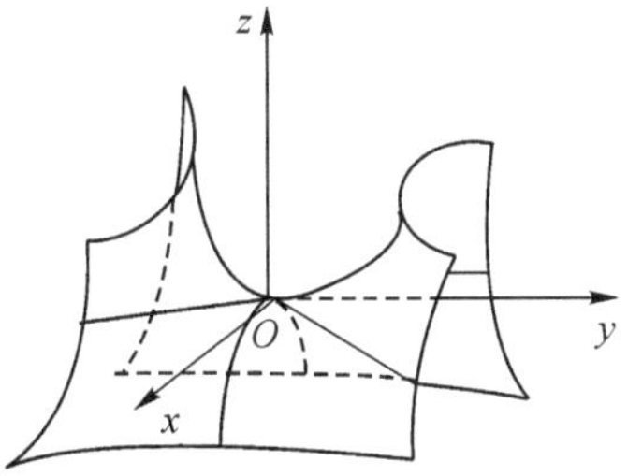

图 6.1.11

单叶双曲面 $\frac{x^2}{a^2}+\frac{y^2}{b^2}-\frac{z^2}{c^2}=1\ (a>0,b>0,c>0)$(图 6.1.12).

双叶双曲面 $\frac{x^2}{a^2}-\frac{y^2}{b^2}-\frac{z^2}{c^2}=1\ (a>0,b>0,c>0)$(图 6.1.13).

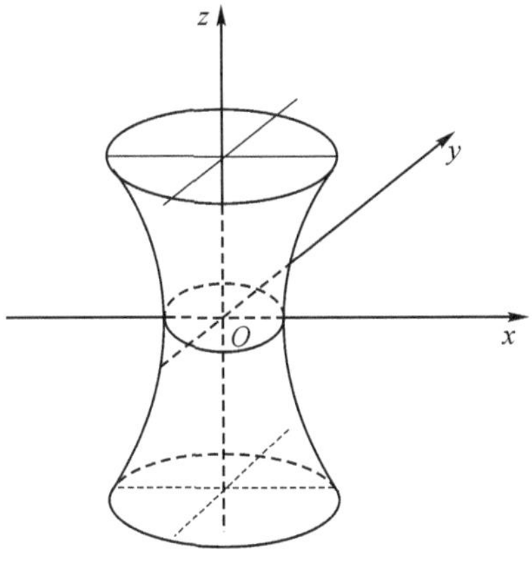

图 6.1.12

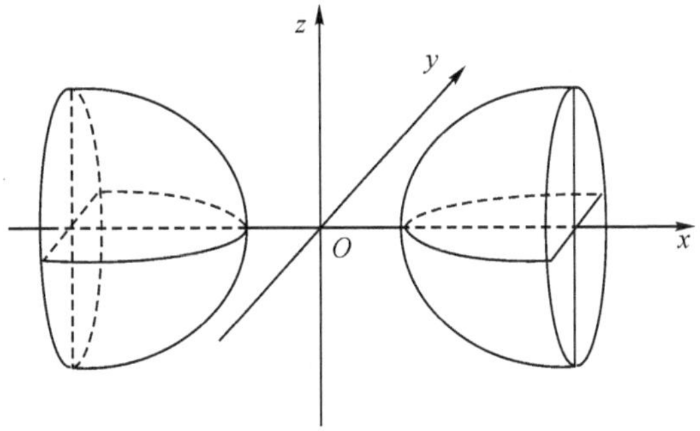

图 6.1.13

习题 6.1

1. 求通过坐标原点，以点(1,3,−2)为球心的球面方程.

2. 在空间直角坐标中，$x=1$，$x+y=1$，$x^2+y^2=1$ 分别表示什么图形？

3. 指出下列各方程表示哪种曲面？

(1) $x^2+y^2-3z=0$；　　(2) $x^2-y^2=0$；

(3) $x^2-y^2=1$；　　(4) $x^2=4y$.

4. 在空间直角坐标中，

(1) $\begin{cases} z=x^2+y^2, \\ z=1 \end{cases}$ 表示什么图形？

(2) $z=x^2+y^2$ 与 $z=1$ 围成什么样的图形？

5. 求满足下列条件的平面方程：

(1) 经过点(2,−5,3)且平行于 zOx 平面；

(2) 经过 z 轴和点(3,1,−2)；

(3) 经过两点(5,1,7)，(4,0,−2)且平行于 x 轴.

6.2　多元函数的基本概念

6.2.1　平面点集

讨论一元函数时，经常用到邻域和区间的概念. 由于讨论多元函数的需要，需将邻域和区间的概念加以推广.

1. 邻域

设 $P_0(x_0,y_0)$ 是 xOy 平面上的一个点，δ 是某一正数. 与点 $P_0(x_0,y_0)$ 距离小于 δ 的点 $P(x,y)$ 的全体，称为点 P_0 的 **δ 邻域**，记为 $U(P_0,\delta)$，即

$$U(P_0,\delta)=\{P\mid |PP_0|<\delta\}$$

或

$$U(P_0,\delta)=\{(x,y)\mid \sqrt{(x-x_0)^2+(y-y_0)^2}<\delta\}.$$

点 P_0 的**去心 δ 邻域**，记作 $\mathring{U}(P_0,\delta)$，即

$$\mathring{U}(P_0,\delta)=\{P\mid 0<|P_0P|<\delta\}.$$

在几何上，$U(P_0,\delta)$ 表示 xOy 平面上以点 $P_0(x_0,y_0)$ 为中心、$\delta>0$ 为半径的圆的内部的点 $P(x,y)$ 的全体.

如果不需要强调邻域的半径 δ，则用 $U(P_0)$ 表示点 P_0 的某个邻域，点 P_0 的去心邻域记作 $\mathring{U}(P_0)$.

下面利用邻域来描述平面上的一个点与点集之间的关系.

2. 平面上的点与点集之间的关系

设已知点 $P\in\mathbf{R}^2$ 与点集 $E\subset\mathbf{R}^2$，则

(1)如果存在点 P 的某个邻域 $U(P)$，使得 $U(P)\subset E$，则称 P 为 E 的**内点**(interior point)(图 6.2.1 中，P_1 为 E 的内点)；

(2)如果存在点 P 的某个邻域 $U(P)$，使得 $U(P)\cap E=\varnothing$，则称 P 为 E 的**外点**(outer point)(图 6.2.1 中，P_2 为 E 的外点)；

(3)如果点 P 的任一邻域内既有属于 E 的点，也有不属于 E 的点，则称 P 点为 E 的**边界点**(boundary point)(图 6.2.1 中，P_3 为 E 的边界点).

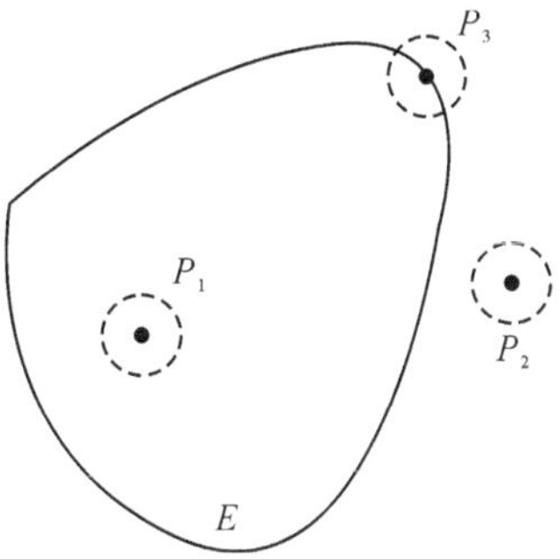

图 6.2.1

E 的边界点的全体，称为 E 的**边界**，记作 ∂E.

由定义可知 E 的内点必属于 E；E 的外点必定不属于 E；而 E 的边界点可能属于 E，也可能不属于 E.

任意一点 P 与一个点集之间除了必有上述三种关系的一种，还有另一种关系，这就是下面定义的聚点.

(4)如果对于任意给定的 $\delta>0$，点 P 的去心邻域 $\mathring{U}(P,\delta)$ 内总有 E 中的点，则称 P 是 E 的**聚点**(accumulation point)(图 6.2.1 中，P_1，P_3 为 E 的聚点).

由聚点的定义可知，点集 E 的聚点 P 本身，可能属于 E，也可能不属于 E.

例如，设平面点集

$$E=\{(x,y)\mid 1<x^2+y^2\leqslant 2\}$$

满足 $1<x^2+y^2<2$ 的一切点 (x,y) 都是 E 的内点；满足 $x^2+y^2=1$ 的一切点 (x,y) 都是 E 的边界点，它们都不属于 E；满足 $x^2+y^2=2$ 的一切点 (x,y) 也是 E 的边界点，它们都属于 E；点集 E 以及它的边界 ∂E 上的一切点都是 E 的聚点.

根据点集所属点的特征，再来定义一些重要的平面点集.

3. 几个重要的平面点集

(1)开集：如果点集 E 的点都是内点，则称 E 为**开集**(open set).

(2)闭集：如果点集 E 的边界 $\partial E\subset E$，则称 E 为**闭集**(closed set).

例如，$E=\{(x,y)\mid 1<x^2+y^2<2\}$ 为开集；$E=\{(x,y)\mid 1\leqslant x^2+y^2\leqslant 2\}$ 为闭集. 集合 $E=\{(x,y)\mid 1<x^2+y^2\leqslant 2\}$ 既非开集，也非闭集.

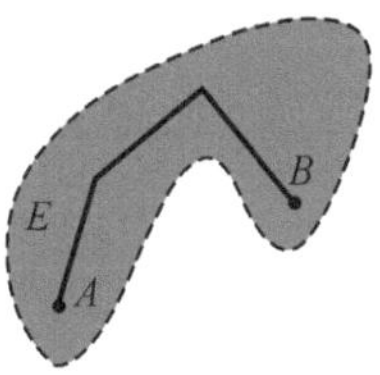

图 6.2.2

(3)连通集：如果点集 E 内任何两点，都可用折线连接起来，且该折线上的点都属于 E，则称 E 为**连通集**(connected set)(图 6.2.2).

(4)区域(或开区域)：连通的开集称为**区域**(region)或**开区域**. 例如，$E=\{(x,y)\mid 1<x^2+y^2<2\}$.

(5)闭区域：开区域连同它的边界一起所构成的点集称为**闭区**

域(closed region). 例如,$E=\{(x,y)\mid 1\leqslant x^2+y^2\leqslant 2\}$.

(6)有界集:对于平面点集 E,如果存在某一正数 r,使得 $E\subset U(O,r)$,其中 O 是坐标原点,则称 E 为**有界集**(bounded set).

(7)无界集:一个集合如果不是有界集,就称这集合为**无界集**(unbounded set).

例如,集合 $E=\{(x,y)\mid 1\leqslant x^2+y^2\leqslant 2\}$是有界闭区域;集合 $E=\{(x,y)\mid x+y>2\}$是无界开区域;集合 $E=\{(x,y)\mid x+y\geqslant 2\}$是无界闭区域.

6.2.2　二元函数的概念

1. 二元函数概念

定义 6.2.1　设 D 是平面上的一个非空点集,如果对于 D 内的任一点(x,y),按照某个确定的对应法则 f,都有唯一确定的实数 z 与之对应,则称 f 是D 上的**二元函数**(binary function),它在(x,y)处的函数值记为 $f(x,y)$,即

$$z=f(x,y),$$

其中 x,y 称为**自变量**, z 称为**因变量**. 点集 D 称为该函数的**定义域**,数集

$$\{z\mid z=f(x,y),(x,y)\in D\}$$

称为该函数的**值域**.

类似地,可定义三元及三元以上函数. 当 $n\geqslant 2$ 时,n 元函数统称为**多元函数**(function of several variables).

关于多元函数定义域的约定:实际问题中定义域由问题的实际意义所确定. 在一般地讨论用解析式表达的多元函数时,就以使这个解析表达式有意义的所有点组成的集合为这个函数的自然定义域. 因而,对这类函数,它的定义域不再特别标出. 例如,函数 $z=\ln(x+y)$的定义域为$\{(x,y)\mid x+y>0\}$,是无界开区域. 函数 $z=\arcsin(x^2+y^2)$的定义域为$\{(x,y)\mid x^2+y^2\leqslant 1\}$,是有界闭区域.

例 6.2.1　求函数 $z=\ln x+\dfrac{\arcsin(x^2+y^2)}{\sqrt{x^2-y}}$的定义域.

解　定义域 D 中的点(x,y)应满足条件

$$\begin{cases}x>0,\\x^2+y^2\leqslant 1,\\y<x^2,\end{cases}$$

故所求定义域为 $D=\{(x,y)\mid x^2+y^2\leqslant 1,y<x^2,x>0\}$.

例 6.2.2　已知函数 $f(x+y,x-y)=\dfrac{x^2-y^2}{x^2+y^2}$,求 $f(x,y)$.

解　设 $u=x+y,v=x-y$,则 $x=\dfrac{u+v}{2},y=\dfrac{u-v}{2}$,故得

$$f(u,v)=\frac{\left(\frac{u+v}{2}\right)^2-\left(\frac{u-v}{2}\right)^2}{\left(\frac{u+v}{2}\right)^2+\left(\frac{u-v}{2}\right)^2}=\frac{2uv}{u^2+v^2},$$

即有

$$f(x,y)=\frac{2xy}{x^2+y^2}.$$

2. 二元函数的几何意义

设 $z=f(x,y)$ 是定义在区域 D 上的一个二元函数,空间点集

$$S=\{(x,y,z)\mid z=f(x,y),(x,y)\in D\}$$

称为二元函数 $z=f(x,y)$ 的图形,一般二元函数的图形是空间的一张曲面,这个曲面在坐标平面 xOy 上的投影就是函数的定义域 D(图 6.2.3).

例如,$x+y+z=1$ 是一张平面,而函数 $z=x^2+y^2$ 的图形是旋转抛物面,它们的定义域 D 都是整个 xOy 平面.

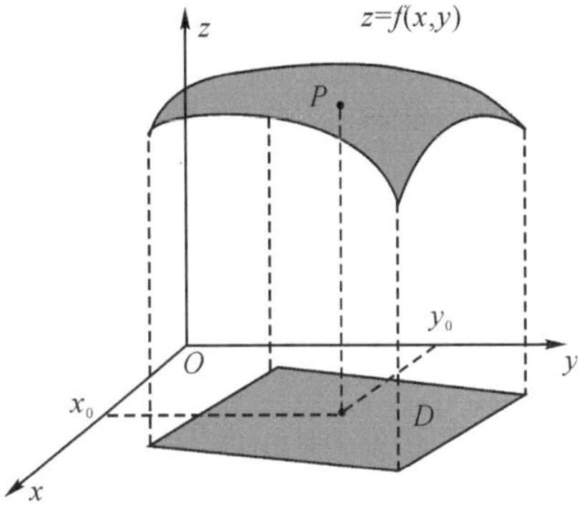

图 6.2.3

6.2.3 二元函数的极限

与一元函数的极限概念类似,如果在 $P(x,y)\to P_0(x_0,y_0)$ 的过程中,对应的函数值 $f(x,y)$ 无限接近于一个确定的常数 A,则称 A 是函数 $f(x,y)$ 当 $(x,y)\to(x_0,y_0)$ 时的极限.

定义 6.2.2 设二元函数 $z=f(x,y)$ 在点 $P_0(x_0,y_0)$ 的某一去心邻域内有定义,如果当点 $P(x,y)$ 无限趋向于定点 $P_0(x_0,y_0)$ 时,函数 $f(x,y)$ 无限趋于一个常数 A,则称 A 为**函数 $z=f(x,y)$ 当 $(x,y)\to(x_0,y_0)$ 时的极限**,记为

$$\lim_{\substack{x\to x_0\\ y\to y_0}} f(x,y)=A \quad 或 \quad f(x,y)\to A\ ((x,y)\to(x_0,y_0)).$$

也记作

$$\lim_{P\to P_0} f(P)=A \quad 或 \quad f(P)\to A\ (P\to P_0).$$

上述定义的极限也称为**二重极限**(double limit). 二元函数的极限与一元函数的极限具有相同的性质和运算法则,在此不再详述.

这里需要特别强调指出:

(1)定义中动点 $P(x,y)$ 无限趋向于定点 $P_0(x_0,y_0)$ 的方式是任意的(图 6.2.4). 即若 $\lim\limits_{\substack{x\to x_0\\ y\to y_0}} f(x,y)=A$,则无论动点 P 以任何方式,任何方向趋于 P_0,都有

$f(P) \to A$.

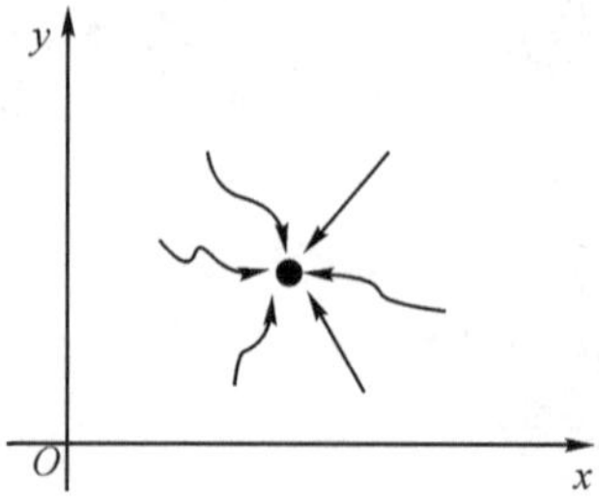

图 6.2.4

(2)如果动点仅以某种特殊的方式,如沿着某些固定的直线或曲线趋于定点时,即使函数 $f(x,y)$ 无限接近于一个确定的常数 A,也不能断定函数的二重极限存在. 但反过来,如果动点 P 以不同的方式,或不同的方向趋于 P_0 时,$f(x,y)$ 趋于不同的值,则可以肯定函数的二重极限不存在.

例 6.2.3 求 $\lim\limits_{\substack{x\to 0\\ y\to 0}}(x^2+y^2)\sin\dfrac{1}{x^2+y^2}$.

证 令 $t=x^2+y^2$,则

$$\lim_{\substack{x\to 0\\ y\to 0}}(x^2+y^2)\sin\frac{1}{x^2+y^2}=\lim_{t\to 0}t\sin\frac{1}{t}=0.$$

注 若通过换元,变成一元函数的极限,所有一元函数求极限的方法都可以用,如洛必达法则、重要极限等. 二元函数也可通过放缩法,利用两边夹准则求极限.

例 6.2.4 求 $\lim\limits_{\substack{x\to 0\\ y\to 2}}\dfrac{\sin(xy)}{x}$.

解

$$\lim_{\substack{x\to 0\\ y\to 2}}\frac{\sin(xy)}{x}=\lim_{\substack{x\to 0\\ y\to 2}}\frac{\sin(xy)}{xy}\cdot y=\lim_{\substack{x\to 0\\ y\to 2}}\frac{\sin(xy)}{xy}\cdot\lim_{\substack{x\to 0\\ y\to 2}}y=2,$$

其中

$$\lim_{\substack{x\to 0\\ y\to 2}}\frac{\sin(xy)}{xy}\overset{u=xy}{=\!=\!=}\lim_{u\to 0}\frac{\sin u}{u}=1.$$

例 6.2.5 讨论函数 $f(x,y)=\begin{cases}\dfrac{xy}{x^2+y^2}, & x^2+y^2\neq 0,\\ 0, & x^2+y^2=0\end{cases}$ 在点(0,0)有无极限?

解 方法一. 当点 $P(x,y)$ 沿 x 轴趋于点(0,0)时,

$$\lim_{\substack{x\to 0\\ y\to 0}}f(x,y)=\lim_{x\to 0}f(x,0)=\lim_{x\to 0}0=0;$$

当点 $P(x,y)$ 沿 y 轴趋于点(0,0)时,

$$\lim_{\substack{x\to 0\\ y\to 0}}f(x,y)=\lim_{y\to 0}f(0,y)=\lim_{y\to 0}0=0.$$

虽然点 $P(x,y)$ 沿上述两种方式趋于点(0,0)时,函数的极限存在且相等,但不能由此得出 $\lim\limits_{\substack{x\to 0\\ y\to 0}}f(x,y)$ 存在. 事实上,当点 $P(x,y)$ 沿直线 $y=x$ 趋于点(0,0)时,

$$\lim_{\substack{x\to 0\\ y=x\to 0}}\frac{xy}{x^2+y^2}=\lim_{x\to 0}\frac{x^2}{x^2+x^2}=\frac{1}{2}.$$

故 $f(x,y)$在点(0,0)极限不存在.

方法二. 当点 $P(x,y)$沿直线 $y=kx$ 有

$$\lim_{\substack{x\to 0\\ y=kx\to 0}}\frac{xy}{x^2+y^2}=\lim_{x\to 0}\frac{kx^2}{x^2+k^2x^2}=\frac{k}{1+k^2}.$$

上述极限随 k 的变化而变化,因此函数 $f(x,y)$在(0,0)极限不存在.

方法三. 利用极坐标代换. 令 $x=\rho\cos\theta,y=\rho\sin\theta$,则

$$\lim_{\substack{x\to 0\\ y\to 0}}f(x,y)=\lim_{\rho\to 0}\frac{\rho\cos\theta\cdot\rho\sin\theta}{\rho^2}=\cos\theta\sin\theta.$$

上述极限随 θ 的变化而变化,因此函数 $f(x,y)$在(0,0)极限不存在.

6.2.4 二元函数的连续性

定义 6.2.3 设二元函数 $z=f(x,y)$在点 $P_0(x_0,y_0)$的某一邻域内有定义,如果

$$\lim_{\substack{x\to x_0\\ y\to y_0}}f(x,y)=f(x_0,y_0),$$

则称函数 $f(x,y)$在点 $P_0(x_0,y_0)$**连续**(continuous). 如果函数 $f(x,y)$在点 $P_0(x_0,y_0)$不连续,则称函数 $f(x,y)$在点 $P_0(x_0,y_0)$**间断**(discontinuous).

如果函数 $f(x,y)$在 D 的每一点都连续,那么就称函数 $f(x,y)$在 D 上连续、或者称 $f(x,y)$是 D 上的**连续函数**. 在区域 D 内连续的二元函数图形是空间中区域 D 上的一张连续曲面.

例如,函数 $f(x,y)=\begin{cases}\dfrac{xy}{x^2+y^2}, & x^2+y^2\neq 0,\\ 0, & x^2+y^2=0,\end{cases}$ 其定义域 $D=\mathbf{R}^2$,由例 6.2.5 知道 $f(x,y)$在点(0,0)极限不存在,所以点(0,0)是该函数的一个间断点.

又如,函数 $z=\sin\dfrac{1}{x^2+y^2-1}$,其定义域为 $D=\{(x,y)\mid x^2+y^2\neq 1\}$,圆周 $C=\{(x,y)\mid x^2+y^2=1\}$上的点都是 D 的聚点,而 $f(x,y)$在 C 上没有定义,当然 $f(x,y)$在 C 上各点都不连续,所以圆周 C 上各点都是该函数的间断点.

注 (1)二元连续函数的和、差、积仍为连续函数;连续函数的商在分母不为零处仍连续;二元连续函数的复合函数也是连续函数.

(2)与一元初等函数类似,由 x 和 y 的基本初等函数经过有限次的四则运算和复合运算而得到的可用一个式子所表示的二元函数称为**二元初等函数**. 事实上,一切二元初等函数在其定义区域内是连续的. 这里所说的定义区域是指包含在定义域内的区域或闭区域. 利用这个结论,当求某个二元初等函数在其定义区域内一点的极限时,只要算出函数在该点的函数值即可.

例 6.2.6 求$\lim\limits_{\substack{x\to 0\\ y\to 1}}\dfrac{e^x+y}{x+y}$.

解 因初等函数 $f(x,y)=\dfrac{e^x+y}{x+y}$ 在 $(0,1)$ 处连续，故 $\lim\limits_{\substack{x\to 0\\ y\to 1}}\dfrac{e^x+y}{x+y}=\dfrac{e^0+1}{0+1}=2.$

例 6.2.7 求 $\lim\limits_{(x,y)\to(0,0)}\dfrac{\sqrt{xy+1}-1}{xy}$.

解
$$\lim_{(x,y)\to(0,0)}\frac{\sqrt{xy+1}-1}{xy}=\lim_{(x,y)\to(0,0)}\frac{(\sqrt{xy+1}-1)(\sqrt{xy+1}+1)}{xy(\sqrt{xy+1}+1)}$$
$$=\lim_{(x,y)\to(0,0)}\frac{1}{\sqrt{xy+1}+1}=\frac{1}{2}.$$

特别地，在有界闭区域 D 上连续的二元函数也有类似于一元连续函数在闭区间上所满足的性质. 下面我们不加证明地列出这些性质.

性质 6.2.1（有界性定理） 在有界闭区域 D 上的二元连续函数，必定在 D 上有界.

性质 6.2.2（最大值最小值定理） 在有界闭区域 D 上的二元连续函数，在 D 上至少取得到它的最大值和最小值各一次.

性质 6.2.3（介值定理） 在有界闭区域 D 上的二元连续函数必取得介于最大值和最小值之间的任何值至少一次.

习题 6.2

1. 已知 $f\left(x+y,\dfrac{y}{x}\right)=x^2-y^2$，求 $f(x,y)$.

2. 求下列各函数的定义域：

(1) $z=\dfrac{1}{\sqrt{\ln(x+y)}}$；　　(2) $z=\dfrac{1}{\sqrt{2-x^2-y^2}}$；

(3) $z=\sqrt{1-x^2}+\sqrt{y^2-1}$；　　(4) $z=\ln(y-x)+\dfrac{\sqrt{x}}{\sqrt{1-x^2-y^2}}$；

(5) $u=\sqrt{R^2-x^2-y^2-z^2}+\dfrac{1}{\sqrt{x^2+y^2+z^2-r^2}}$　$(R>r>0)$.

3. 求下列函数的极限：

(1) $\lim\limits_{\substack{x\to 0\\ y\to 1}}\dfrac{1+xy}{x^2+y^2}$；　　(2) $\lim\limits_{\substack{x\to 0\\ y\to 0}}\dfrac{1-\cos\sqrt{x^2+y^2}}{x^2+y^2}$；

(3) $\lim\limits_{\substack{x\to 0\\ y\to 0}}\dfrac{xy}{\sqrt{x^2+y^2}}$；　　(4) $\lim\limits_{\substack{x\to 0\\ y\to 0}}x\sin\dfrac{1}{x+y}$.

4. 证明下列极限不存在：

(1) $\lim\limits_{\substack{x\to 0\\ y\to 0}}\dfrac{x+y}{x-y}$；　　(2) $\lim\limits_{\substack{x\to 0\\ y\to 0}}\dfrac{xy}{x+y}$.

5. 讨论下列函数的连续性：

(1) $f(x,y)=\dfrac{y^2+x}{y^2-x}$；

(2) $f(x,y)=\begin{cases} x\sin y\cos\dfrac{1}{x}, & x\neq 0, \\ 0, & x=0. \end{cases}$

*6. 证明 $\lim\limits_{\substack{x\to 0\\ y\to 0}}\dfrac{x^3y}{x^6+y^2}$不存在.

6.3 偏导数

6.3.1 偏导数的定义及其计算方法

在研究一元函数时，我们从研究函数的变化率引入了导数概念. 对于多元函数同样需要讨论它的变化率. 但多元函数的自变量不止一个，因变量与自变量的关系要比一元函数复杂得多. 在这里，首先考虑多元函数关于一个自变量的变化率. 以二元函数 $z=f(x,y)$为例，如果只有自变量 x 变化，而自变量 y 固定(即看作常量)，这时它就是 x 的一元函数，这函数对 x 的导数，就称为二元函数 $z=f(x,y)$对于 x 的偏导数.

1. 偏导数的定义

定义 6.3.1 设函数 $z=f(x,y)$在点(x_0,y_0)的某一邻域内有定义，当 y 固定在 y_0，而 x 在 x_0 处有增量 Δx 时，相应地函数有增量 $f(x_0+\Delta x,y_0)-f(x_0,y_0)$，如果

$$\lim_{\Delta x\to 0}\frac{f(x_0+\Delta x,y_0)-f(x_0,y_0)}{\Delta x}$$

存在，则称此极限为函数 $z=f(x,y)$在点(x_0,y_0)处**对 x 的偏导数**，记为

$$\left.\frac{\partial z}{\partial x}\right|_{\substack{x=x_0\\ y=y_0}},\quad \left.\frac{\partial f}{\partial x}\right|_{\substack{x=x_0\\ y=y_0}},\quad \left.z_x\right|_{\substack{x=x_0\\ y=y_0}}\quad 或\quad f_x(x_0,y_0).$$

类似地，函数 $z=f(x,y)$在点(x_0,y_0)处**对 y 的偏导数**定义为

$$\lim_{\Delta y\to 0}\frac{f(x_0,y_0+\Delta y)-f(x_0,y_0)}{\Delta y},$$

记为

$$\left.\frac{\partial z}{\partial y}\right|_{\substack{x=x_0\\ y=y_0}},\quad \left.\frac{\partial f}{\partial y}\right|_{\substack{x=x_0\\ y=y_0}},\quad \left.z_y\right|_{\substack{x=x_0\\ y=y_0}}\quad 或\quad f_y(x_0,y_0).$$

如果函数 $z=f(x,y)$在区域 D 内每一点(x,y)处对 x 的偏导数都存在，那么这个偏导数就是 x,y 的函数，它就称为函数 $z=f(x,y)$**对自变量 x 的偏导函数**，记作

$$\frac{\partial z}{\partial x},\quad \frac{\partial f}{\partial x},\quad z_x\quad 或\quad f_x(x,y).$$

类似地,可定义函数 $z=f(x,y)$ 对自变量 y 的偏导函数,记为

$$\frac{\partial z}{\partial y},\quad \frac{\partial f}{\partial y},\quad z_y \quad 或 \quad f_y(x,y).$$

像一元函数的导函数一样,以后在不至于混淆的地方也把偏导函数简称为**偏导数**(partial derivative).

至于实际求多元函数的偏导数,并不需要用新的方法.上述定义表明,在求多元函数对某个自变量的偏导数时,只需把其余自变量看作常数,然后直接利用一元函数的求导公式及复合函数求导法则来计算.

注 对一元函数而言,导数$\frac{\mathrm{d}y}{\mathrm{d}x}$可看作函数的微分 $\mathrm{d}y$ 与自变量的微分 $\mathrm{d}x$ 的商.但偏导数的记号$\frac{\partial z}{\partial x}$是一个整体.

讨论 下列求函数 $z=f(x,y)$ 在点 (x_0,y_0) 处的偏导数的方法是否正确?

$$f_x(x_0,y_0)=f_x(x,y)\Big|_{\substack{x=x_0\\y=y_0}},\quad f_y(x_0,y_0)=f_y(x,y)\Big|_{\substack{x=x_0\\y=y_0}},$$

$$f_x(x_0,y_0)=\left[\frac{\mathrm{d}}{\mathrm{d}x}f(x,y_0)\right]\Big|_{x=x_0},\quad f_y(x_0,y_0)=\left[\frac{\mathrm{d}}{\mathrm{d}y}f(x_0,y)\right]\Big|_{y=y_0}.$$

偏导数的概念可以推广到二元以上的函数.例如,三元函数 $u=f(x,y,z)$ 在点 (x,y,z) 处对 x 的偏导数定义为

$$f_x(x,y,z)=\lim_{\Delta x\to 0}\frac{f(x+\Delta x,y,z)-f(x,y,z)}{\Delta x},$$

其中 (x,y,z) 是函数 $u=f(x,y,z)$ 的定义域的内点.它们的求法也仍旧是一元函数的微分法问题.

例 6.3.1 求 $z=x^2+3xy+y^2$ 在点 $(1,2)$ 处的偏导数.

解 把 y 看作常数,对 x 求导得

$$\frac{\partial z}{\partial x}=2x+3y.$$

把 x 看作常数,对 y 求导得到

$$\frac{\partial z}{\partial y}=3x+2y.$$

故所求偏导数

$$\frac{\partial z}{\partial x}\Big|_{\substack{x=1\\y=2}}=2\cdot 1+3\cdot 2=8,$$

$$\frac{\partial z}{\partial y}\Big|_{\substack{x=1\\y=2}}=3\cdot 1+2\cdot 2=7.$$

例 6.3.2 求 $z=x^2\sin 2y$ 的偏导数?

解 $\frac{\partial z}{\partial x}=2x\sin 2y,\frac{\partial z}{\partial y}=2x^2\cos 2y.$

例 6.3.3 设 $z=x^y(x>0,x\neq 1)$，求证：$\dfrac{x}{y}\dfrac{\partial z}{\partial x}+\dfrac{1}{\ln x}\dfrac{\partial z}{\partial y}=2z$.

证
$$\frac{\partial z}{\partial x}=yx^{y-1},\quad \frac{\partial z}{\partial y}=x^y\ln x.$$
$$\frac{x}{y}\frac{\partial z}{\partial x}+\frac{1}{\ln x}\frac{\partial z}{\partial y}=\frac{x}{y}yx^{y-1}+\frac{1}{\ln x}x^y\ln x=x^y+x^y=2z.$$

2. 偏导数的几何意义

设曲面的方程为 $z=f(x,y)$，$M_0(x_0,y_0,f(x_0,y_0))$ 是该曲面上一点，过点 M_0 作平面 $y=y_0$，截此曲面得一条曲线，其方程为
$$\begin{cases}z=f(x,y_0),\\ y=y_0,\end{cases}$$
则偏导数 $f_x(x_0,y_0)$ 表示上述曲线在点 M_0 处的切线 M_0T_x 对 x 轴正向的斜率(图 6.3.1). 同理，偏导数 $f_y(x_0,y_0)$ 就是曲面被平面 $x=x_0$ 所截得的曲线在点 M_0 处的切线 M_0T_y 对 y 轴正向的斜率.

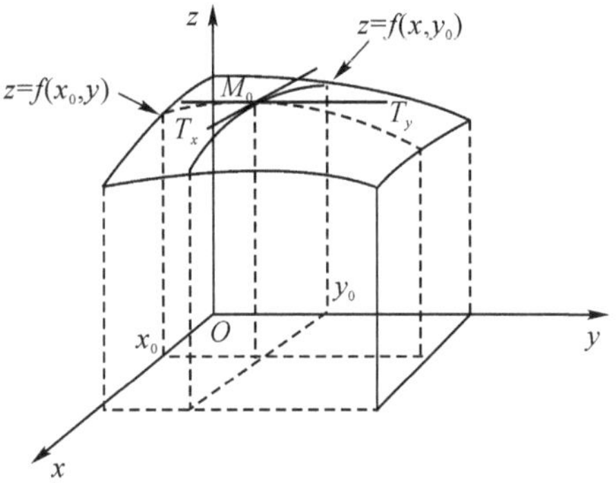

图 6.3.1

在一元函数微分学中，我们知道，如果函数在某点存在导数，则它在该点必定连续. 但对多元函数而言，即使函数的各个偏导数都存在，也不能保证函数在该点连续. 这是因为各偏导数存在只能保证点 (x,y) 沿着平行于坐标轴的方向趋于 (x_0,y_0) 时，函数值 $f(x,y)$ 趋于 $f(x_0,y_0)$，但不能保证点 (x,y) 按任何方式趋于 (x_0,y_0) 时，函数值都趋于 $f(x_0,y_0)$.

例 6.3.4 讨论二元函数
$$f(x,y)=\begin{cases}\dfrac{xy}{x^2+y^2}, & (x,y)\neq(0,0),\\ 0, & (x,y)=(0,0)\end{cases}$$
在点 $(0,0)$ 的偏导数存在性和函数在点 $(0,0)$ 的连续性.

解
$$f_x(0,0)=\lim_{\Delta x\to 0}\frac{f(0+\Delta x,0)-f(0,0)}{\Delta x}=\lim_{\Delta x\to 0}\frac{0}{\Delta x}=0,$$
$$f_y(0,0)=\lim_{\Delta y\to 0}\frac{f(0,0+\Delta y)-f(0,0)}{\Delta y}=\lim_{\Delta y\to 0}\frac{0}{\Delta y}=0.$$
但从例 6.2.5 已经知道这函数在点 $(0,0)$ 处极限 $\lim\limits_{\substack{x\to 0\\ y\to 0}}\dfrac{xy}{x^2+y^2}$ 不存在，故 $f(x,y)$ 在 $(0,0)$ 点不连续.

注 与一元函数类似，对于分段函数在分段点的偏导数要利用偏导数的定义来求.

3. 偏导数的经济意义

设某产品的需求量 $Q=Q(p,y)$，其中 p 为该产品的价格，y 为消费者收入. 记需求量 Q 对于价格 p、消费者收入 y 的偏改变量分别为

$$\Delta_p Q=Q(p+\Delta p,y)-Q(p,y) \quad 和 \quad \Delta_y Q=Q(p,y+\Delta y)-Q(p,y).$$

易见，$\dfrac{\Delta_p Q}{\Delta p}$表示 Q 对价格 p 由 p 变到 $p+\Delta p$ 的平均变化率. 而

$$\frac{\partial Q}{\partial p}=\lim_{\Delta p\to 0}\frac{\Delta_p Q}{\Delta p}$$

表示当价格为 p、消费者收入为 y 时，Q 对于 p 的变化率. 称

$$E_p=-\lim_{\Delta p\to 0}\frac{\Delta_p Q/Q}{\Delta p/p}=-\frac{\partial Q}{\partial p}\cdot\frac{p}{Q}$$

为**需求 Q 对价格 p 的偏弹性**(partial elasticity).

同理，$\dfrac{\Delta_y Q}{\Delta y}$表示 Q 对收入 y 由 y 变到 $y+\Delta y$ 的平均变化率. 而

$$\frac{\partial Q}{\partial y}=\lim_{\Delta y\to 0}\frac{\Delta_y Q}{\Delta y}$$

表示当价格 p、消费者收入为 y 时，Q 对于 y 的变化率. 称

$$E_y=\lim_{\Delta y\to 0}\frac{\Delta_y Q/Q}{\Delta y/y}=\frac{\partial Q}{\partial y}\cdot\frac{y}{Q}$$

为**需求 Q 对收入 y 的偏弹性**.

例 6.3.5 某体育用品公司的某种产品有下列的生产函数(科布-道格拉斯生产函数)：

$$p(x,y)=240x^{0.4}y^{0.6},$$

其中 p 是由 x 个人力单位和 y 个资本单位生产出的产品数量.

(1)求由 32 个人力单位和 1024 个资本单位生产出的产品数量；

(2)求边际生产力；

(3)计算在 $x=32$ 和 $y=1024$ 时的边际生产力.

解 (1) $p(32,1024)=240\cdot 32^{0.4}\cdot 1024^{0.6}=61440.$

(2) $\dfrac{\partial p}{\partial x}=240\cdot 0.4x^{-0.6}y^{0.6}=96x^{-0.6}y^{0.6},$

$$\frac{\partial p}{\partial y}=240\cdot 0.6x^{0.4}y^{-0.4}=144x^{0.4}y^{-0.4}.$$

(3) $\left.\dfrac{\partial p}{\partial x}\right|_{(32,1024)}=96\cdot 32^{-0.6}\cdot 1024^{0.6}=768,$

$$\left.\frac{\partial p}{\partial y}\right|_{(32,1024)}=144\cdot 32^{0.4}\cdot 1024^{-0.4}=36.$$

如何理解这些边际生产力？假设所花费的资本总数固定为1024，则如果人力的总数由32改变了一个单位，那么，产量将会改变768个单位. 假设人力的总数固定为32，则如果花费的资本总数由1024改变一个单位，那么，产量将会改变36个单位.

6.3.2 高阶偏导数

设函数 $z=f(x,y)$ 在区域 D 内具有偏导数

$$\frac{\partial z}{\partial x}=f_x(x,y),\quad \frac{\partial z}{\partial y}=f_y(x,y),$$

则在 D 内 $f_x(x,y)$ 和 $f_y(x,y)$ 都是 x,y 的函数. 如果这两个函数的偏导数也存在，则称它们是函数 $z=f(x,y)$ 的**二阶偏导数**(second-order partial derivative). 按照对变量求导次序的不同，共有下列4个二阶偏导数：

$$\frac{\partial}{\partial x}\left(\frac{\partial z}{\partial x}\right)=\frac{\partial^2 z}{\partial x^2}=f_{xx}(x,y),\quad \frac{\partial}{\partial y}\left(\frac{\partial z}{\partial x}\right)=\frac{\partial^2 z}{\partial x\partial y}=f_{xy}(x,y),$$

$$\frac{\partial}{\partial x}\left(\frac{\partial z}{\partial y}\right)=\frac{\partial^2 z}{\partial y\partial x}=f_{yx}(x,y),\quad \frac{\partial}{\partial y}\left(\frac{\partial z}{\partial y}\right)=\frac{\partial^2 z}{\partial y^2}=f_{yy}(x,y),$$

其中第二、第三两个偏导数称为**混合偏导数**(mixed partial derivative). 同样可以定义三阶、四阶……以及 n 阶偏导数. 我们把二阶及二阶以上的偏导数统称为**高阶偏导数**(higher-order partial derivative).

例 6.3.6 设 $z=x^3y^2-3xy^3-xy+\mathrm{e}$，求 $\frac{\partial^2 z}{\partial x^2},\frac{\partial^2 z}{\partial y^2},\frac{\partial^2 z}{\partial x\partial y},\frac{\partial^2 z}{\partial y\partial x},\frac{\partial^3 z}{\partial x^3}$.

解

$$\frac{\partial z}{\partial x}=3x^2y^2-3y^3-y,\quad \frac{\partial z}{\partial y}=2x^3y-9xy^2-x;$$

$$\frac{\partial^2 z}{\partial x^2}=6xy^2,\quad \frac{\partial^2 z}{\partial y^2}=2x^3-18xy;$$

$$\frac{\partial^2 z}{\partial x\partial y}=6x^2y-9y^2-1,\quad \frac{\partial^2 z}{\partial y\partial x}=6x^2y-9y^2-1,\quad \frac{\partial^3 z}{\partial x^3}=6y^2.$$

由例6.3.6观察到 $\frac{\partial^2 z}{\partial y\partial x}=\frac{\partial^2 z}{\partial x\partial y}$，这不是偶然的，事实上，有下述定理.

定理 6.3.1 如果函数 $z=f(x,y)$ 的两个二阶混合偏导数 $\frac{\partial^2 z}{\partial y\partial x}$ 及 $\frac{\partial^2 z}{\partial x\partial y}$ 在区域 D 内连续，则在该区域内有 $\frac{\partial^2 z}{\partial y\partial x}=\frac{\partial^2 z}{\partial x\partial y}$.

此定理说明，二阶混合偏导数在连续的条件下与求导次序无关. 这个性质还可以进一步推广，高阶混合偏导数在连续的条件下与求导次序无关.

例 6.3.7 验证函数 $z=\ln\sqrt{x^2+y^2}$ 满足拉普拉斯(Laplace)方程 $\frac{\partial^2 z}{\partial x^2}+\frac{\partial^2 z}{\partial y^2}=0$.

证 因为 $z=\ln\sqrt{x^2+y^2}=\dfrac{1}{2}\ln(x^2+y^2)$，所以

$$\frac{\partial z}{\partial x}=\frac{x}{x^2+y^2},\quad \frac{\partial z}{\partial y}=\frac{y}{x^2+y^2},$$

$$\frac{\partial^2 z}{\partial x^2}=\frac{(x^2+y^2)-x\cdot 2x}{(x^2+y^2)^2}=\frac{y^2-x^2}{(x^2+y^2)^2},$$

$$\frac{\partial^2 z}{\partial y^2}=\frac{(x^2+y^2)-y\cdot 2y}{(x^2+y^2)^2}=\frac{x^2-y^2}{(x^2+y^2)^2}.$$

因此

$$\frac{\partial^2 z}{\partial x^2}+\frac{\partial^2 z}{\partial y^2}=\frac{x^2-y^2}{(x^2+y^2)^2}+\frac{y^2-x^2}{(x^2+y^2)^2}=0.$$

拉普拉斯方程是数学物理方程中一种很重要的方程.

习题 6.3

1. 求下列各函数的偏导数：

(1) $z=e^{xy}-x^2$； (2) $z=\ln\dfrac{y}{x}$； (3) $z=\dfrac{x}{\sqrt{x^2+y^2}}$；

(4) $z=e^{-\sin\frac{x}{y}}$； (5) $z=\arctan\dfrac{x+y}{x-y}$； (6) $u=\sin(x+y^2-e^z)$.

2. 求下列函数在指定点处的偏导数：

(1) $z=x+(y-1)\arcsin\sqrt[3]{\dfrac{x}{y}}$，点(0,1)； (2) $z=x^2e^y+(x-1)\arcsin\dfrac{y}{x}$，点(1,0).

3. 设 $z=e^{-\left(\frac{1}{x}+\frac{1}{y}\right)}$，证明 $x^2\dfrac{\partial z}{\partial x}+y^2\dfrac{\partial z}{\partial y}=2z$.

4. 求下列函数的$\dfrac{\partial^2 z}{\partial x^2}$，$\dfrac{\partial^2 z}{\partial y^2}$，$\dfrac{\partial^2 z}{\partial x\partial y}$：

(1) $z=x\ln(x+y)$； (2) $z=\arctan\dfrac{y}{x}$.

5. 求下列函数的指定阶偏导数：

(1) $z=x\ln(xy)$，求$\dfrac{\partial^3 z}{\partial x\partial y^2}$； (2) $u=e^{xyz}$，求$\dfrac{\partial^3 u}{\partial x\partial y\partial z}$.

6.4 全 微 分

我们已经知道一元函数增量、微分与导数之间的关系为

$$\Delta y=f(x+\Delta x)-f(x)\approx dy=f'(x)dx=f'(x)\Delta x.$$

而二元函数对某个自变量的偏导数表示当其中一个自变量固定时，因变量对另一个自变量的变化率. 根据一元函数增量、微分与导数之间的关系，可得

$$f(x+\Delta x,y)-f(x,y)\approx f_x(x,y)\Delta x,$$
$$f(x,y+\Delta y)-f(x,y)\approx f_y(x,y)\Delta y.$$

上面两式左端分别称为二元函数对 x 和对 y 的**偏增量**(partial increment),而右端分别称为二元函数对 x 和对 y 的**偏微分**(partial differential).

6.4.1 全微分的概念

在许多实际问题中,往往需要研究多元函数中各个自变量都取得增量时因变量所获得的增量,即所谓全增量的问题.下面以二元函数为例进行讨论.

设函数 $z=f(x,y)$ 在点 $P(x,y)$ 的某邻域内有定义,$P'(x+\Delta x,y+\Delta y)$ 为该邻域内的任意一点,则称这两点的函数之差,即

$$f(x+\Delta x,y+\Delta y)-f(x,y)$$

为函数 $z=f(x,y)$ 在点 $P(x,y)$ 对应于自变量增量 $\Delta x,\Delta y$ 的**全增量**(total increment),记为 Δz,即

$$\Delta z=f(x+\Delta x,y+\Delta y)-f(x,y). \tag{6.3}$$

一般地,计算全增量 Δz 比较复杂.与一元函数的情形类似,我们也希望利用关于自变量增量 $\Delta x,\Delta y$ 的线性函数来近似地代替函数的全增量 Δz,从而引入关于二元函数全微分的定义.

定义 6.4.1 如果函数 $z=f(x,y)$ 在点 (x,y) 的某邻域内有定义,且函数在点 (x,y) 处的全增量

$$\Delta z=f(x+\Delta x,y+\Delta y)-f(x,y)$$

可以表示为

$$\Delta z=A\Delta x+B\Delta y+o(\rho), \tag{6.4}$$

其中 A,B 仅是 x,y 的函数,与 $\Delta x,\Delta y$ 无关,$\rho=\sqrt{(\Delta x)^2+(\Delta y)^2}$,则称函数 $z=f(x,y)$ 在点 (x,y) 可微分,而 $A\Delta x+B\Delta y$ 称为函数 $z=f(x,y)$ 在点 (x,y) 的**全微分**(total differential),记为 $\mathrm{d}z$ 或 $\mathrm{d}f(x,y)$ 即

$$\mathrm{d}z=\mathrm{d}f(x,y)=A\Delta x+B\Delta y. \tag{6.5}$$

若函数在区域 D 内各点处可微分,则称这函数**在 D 内可微分**.

由 6.3 节可知,多元函数在某点的偏导数都存在,并不能保证函数在该点连续.那么多元函数在某点可微,是否在该点连续呢?可微与偏导数有何关系?函数可微分的条件是什么?下面就逐一讨论.

6.4.2 函数可微的条件

定理 6.4.1(可微的必要条件) 如果函数 $z=f(x,y)$ 在点 (x,y) 处可微分,则

(1) 函数 $z=f(x,y)$ 在点 (x,y) 处连续;

(2) 函数 $z=f(x,y)$ 在点 (x,y) 的偏导数 $\dfrac{\partial z}{\partial x},\dfrac{\partial z}{\partial y}$ 必存在,且 $z=f(x,y)$ 在点 $(x,$

y)处的全微分为

$$dz=\frac{\partial z}{\partial x}\Delta x+\frac{\partial z}{\partial y}\Delta y. \tag{6.6}$$

证 如果函数 $z=f(x,y)$ 在点 (x,y) 处可微分,则

$$\Delta z=f(x+\Delta x,y+\Delta y)-f(x,y)=A\Delta x+B\Delta y+o(\rho). \tag{6.7}$$

(1)由式(6.7)可得 $\lim\limits_{\rho\to 0}\Delta z=0$,从而

$$\lim_{\substack{\Delta x\to 0\\ \Delta y\to 0}}f(x+\Delta x,y+\Delta y)=\lim_{\rho\to 0}[f(x,y)+\Delta z]=f(x,y).$$

所以,函数 $z=f(x,y)$ 在点 (x,y) 处连续.

(2)如果函数 $z=f(x,y)$ 在点 (x,y) 处可微分,则式(6.7)对任意 $\Delta x,\Delta y$ 都成立,所以当 $\Delta y=0$ 时(此时 $\rho=|\Delta x|$),有

$$\Delta z=f(x+\Delta x,y)-f(x,y)=A\Delta x+o(|\Delta x|),$$

上式两端除以 Δx,再令 $\Delta x\to 0$ 得

$$\lim_{\Delta x\to 0}\frac{f(x+\Delta x,y)-f(x,y)}{\Delta x}=A,$$

从而偏导数 $\frac{\partial z}{\partial x}$ 存在,且 $\frac{\partial z}{\partial x}=A$. 同理可证偏导数 $\frac{\partial z}{\partial y}$ 存在,且 $\frac{\partial z}{\partial y}=B$. 所以式(6.6)成立,证毕.

考虑函数 $z=x$,有 $dz=dx=\Delta x$,即自变量的微分等于自变量的增量. 同样可得 $dy=\Delta y$. 故在任意点 (x,y),函数 $z=f(x,y)$ 的全微分就可以表示为

$$dz=\frac{\partial z}{\partial x}dx+\frac{\partial z}{\partial y}dy$$

或

$$dz=f_x(x,y)dx+f_y(x,y)dy.$$

这就是二元函数全微分的计算公式. 通常把二元函数的全微分等于它的两个偏微分之和这件事称为二元函数的微分符合**叠加原理**(superposition principle).

与一元函数一样,二元函数在一点连续是它在该点可微的必要条件,不是充分条件. 但要特别注意的是,一元函数在某点可导是在该点可微的充要条件. 但对于多元函数则不然. 即使二元函数在某点的各偏导数都存在,也不能保证函数在该点连续,更不要说可微性了. 即偏导数都存在是全微分存在的必要条件而不是充分条件.

例如,由例 6.3.4 类似可知,函数 $f(x,y)=\begin{cases}\dfrac{xy}{\sqrt{x^2+y^2}}, & x^2+y^2\neq 0,\\ 0, & x^2+y^2=0\end{cases}$ 在点(0,0)处虽然有 $f_x(0,0)=0,f_y(0,0)=0$,且 $f(x,y)$ 在(0,0)点连续. 但 $f(x,y)$ 在(0,0)点不可微. 事实上,

$$\frac{\Delta z-[f_x(0,0)\cdot\Delta x+f_y(0,0)\cdot\Delta y]}{\rho}=\frac{\Delta x\cdot\Delta y}{(\Delta x)^2+(\Delta y)^2},$$

而$\lim\limits_{\substack{\Delta x\to 0\\ \Delta y\to 0}}\dfrac{\Delta x\cdot\Delta y}{(\Delta x)^2+(\Delta y)^2}=\lim\limits_{\substack{x\to 0\\ y\to 0}}\dfrac{x\cdot y}{x^2+y^2}$. 若令 $P'(x,y)$沿着直线 $y=x$ 趋于(0,0),则有

$$\lim_{\substack{x\to 0\\ y=x\to 0}}\frac{x\cdot y}{x^2+y^2}=\lim_{x\to 0}\frac{x^2}{x^2+x^2}=\frac{1}{2},$$

它不随 $\rho\to 0$ 而趋于 0,所以 $\Delta z-[f_x(0,0)\cdot\Delta x+f_y(0,0)\cdot\Delta y]$不是 ρ 的高阶无穷小量,故 $f(x,y)$在(0,0)点不可微.

由此可见,对于多元函数而言,偏导数存在并不一定可微. 因为函数的偏导数仅描述了函数在一点处沿坐标轴的变化率,而全微分描述了函数沿各个方向的变化情况. 但如果对偏导数再加些条件,就可以保证函数的可微性.

定理 6.4.2(可微的充分条件) 如果函数 $z=f(x,y)$的偏导数$\dfrac{\partial z}{\partial x},\dfrac{\partial z}{\partial y}$在点$(x,y)$连续,则函数在该点处可微分.

证明略.

综上,我们得到二元函数的连续性、偏导数的存在性、可微性和偏导数的连续性它们之间的相互关系如图 6.4.1 所示.

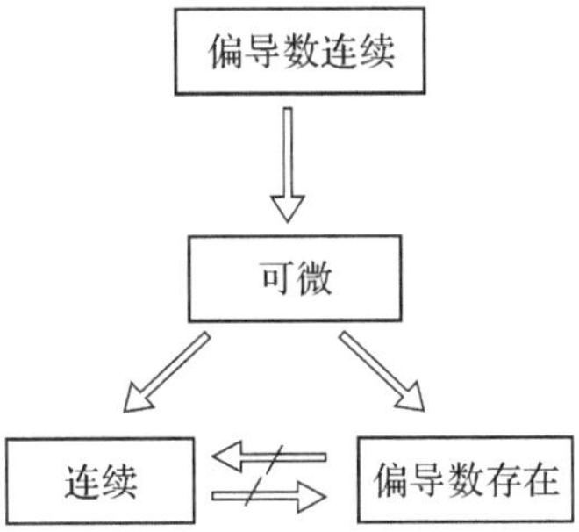

图 6.4.1

以上关于二元函数全微分的定义、可微的必要条件及可微的充分条件可完全类似地推广到三元及三元以上函数,例如,函数 $u=f(x,y,z)$的全微分为

$$du=\frac{\partial u}{\partial x}dx+\frac{\partial u}{\partial y}dy+\frac{\partial u}{\partial z}dz.$$

例 6.4.1 求函数 $z=x^2y+y^2$ 的全微分.

解 因为$\dfrac{\partial z}{\partial x}=2xy,\dfrac{\partial z}{\partial y}=x^2+2y$,所以

$$dz=2xydx+(x^2+2y)dy.$$

例 6.4.2 计算函数 $z=x^y$ 在点(1,2)处的全微分.

解 因为 $f_x(x,y)=yx^{y-1},f_y(x,y)=x^y\ln x$,所以

$$f_x(1,2)=2,\quad f_y(1,2)=0,$$

从而所求全微分为 $dz=2dx$.

例 6.4.3 计算函数 $u=x+\sin\dfrac{y}{2}+e^{yz}$ 的全微分.

解 因为$\dfrac{\partial u}{\partial x}=1,\dfrac{\partial u}{\partial y}=\dfrac{1}{2}\cos\dfrac{y}{2}+ze^{yz},\dfrac{\partial u}{\partial z}=ye^{yz}$,所以

$$du=dx+\left(\frac{1}{2}\cos\frac{y}{2}+ze^{yz}\right)dy+ye^{yz}dz.$$

6.4.3 全微分在近似计算中的应用

多元函数的全微分在近似计算中有一定的应用.实际上,当二元函数 $z=f(x,y)$ 在点 (x,y) 可微,且 $|\Delta x|$, $|\Delta y|$ 都较小时,则根据全微分定义, $\Delta z-\mathrm{d}z=o(\rho)$ 是一个比 ρ 高阶的无穷小量,所以有近似公式

$$\Delta z\approx \mathrm{d}z,$$

即

$$\Delta z\approx f_x(x,y)\Delta x+f_y(x,y)\Delta y. \tag{6.8}$$

由 $\Delta z=f(x+\Delta x,y+\Delta y)-f(x,y)$,即可得近似计算公式

$$f(x+\Delta x,y+\Delta y)\approx f(x,y)+f_x(x,y)\Delta x+f_y(x,y)\Delta y. \tag{6.9}$$

与一元函数的情形相类似,可以利用式(6.8)或式(6.9)对二元函数作近似计算和误差估计.

例 6.4.4 计算 $(1.04)^{2.02}$ 的近似值.

解 设函数 $f(x,y)=x^y$, $x=1$, $y=2$, $\Delta x=0.04$, $\Delta y=0.02$,则有

$$f(1,2)=1,\quad f_x(x,y)=yx^{y-1},\quad f_y(x,y)=x^y\ln x,$$

从而

$$f_x(1,2)=2,\quad f_y(1,2)=0.$$

由二元函数全微分近似计算公式得

$$(1.04)^{2.02}\approx 1+2\times 0.04+0\times 0.02=1.08.$$

例 6.4.5 如果测得某矩形盒的边长为 75cm,60cm 以及 40cm,且可能的最大测量误差为 0.2cm.试用全微分估计利用这些测量值计算盒子体积时可能带来的最大误差.

解 以 x,y,z 为边长的矩形盒的体积为 $V=xyz$,所以

$$\mathrm{d}V=\frac{\partial V}{\partial x}\Delta x+\frac{\partial V}{\partial y}\Delta y+\frac{\partial V}{\partial z}\Delta z=yz\Delta x+xz\Delta y+xy\Delta z.$$

由于已知 $|\Delta x|\leqslant 0.2$, $|\Delta y|\leqslant 0.2$, $|\Delta z|\leqslant 0.2$,为了求体积的最大误差,取 $\Delta x=\Delta y=\Delta z=0.2$,再结合 $x=75$, $y=60$, $z=40$,得

$$\Delta V\approx \mathrm{d}V=60\times 40\times 0.2+75\times 40\times 0.2+75\times 60\times 0.2=1980,$$

即每边仅 0.2cm 的误差可以导致体积的计算误差达到 1980cm^3.

习题 6.4

1. 求当 $x=2$, $y=-1$, $\Delta x=0.02$, $\Delta y=-0.01$ 时,函数 $z=x^2y^3$ 的全微分及全增量的值.

2. 求下列各函数的全微分:

(1) $z=\mathrm{e}^{xy}+\ln(x+y)$; (2) $z=\sin(xy)$; (3) $u=\arctan(x-y)^2$; (4) $u=x^{yz}$.

3. 求下列函数在给定点处的全微分：

(1) $z=\ln(1+x^2+y^2)$，点$(1,2)$；　　(2) $z=x\sin(x+y)+e^{x-y}$，点$\left(\frac{\pi}{4},\frac{\pi}{4}\right)$；

(3) $z=xe^{x+y}+(x+1)\ln(1+y)$，点$(1,0)$.

4. 计算 $\sqrt{(1.02)^3+(1.97)^3}$ 的近似值.

5. 设矩形的边长 $x=6\text{m}$，$y=8\text{m}$. 若 x 边增加 2mm，而 y 边减少 5mm，求矩形的对角线和面积变化的近似值.

6.5　复合函数微分法与隐函数微分法

在一元复合函数中，我们研究了复合函数求导法则，即"链式法则"，这一法则可推广到多元复合函数的情形. 多元复合函数的求导法则在多元函数微分学中也起着重要作用. 下面按照多元复合函数不同的复合情形，分几种情况来讨论.

6.5.1　多元复合函数的求导法则

1. 复合函数的中间变量均为一元函数的情形

设函数 $z=f(u,v)$，$u=u(t)$，$v=v(t)$ 构成复合函数 $z=f(u(t),v(t))$，其变量间的依赖关系可用图 6.5.1 表达，这种函数关系锁链图以后还会用到.

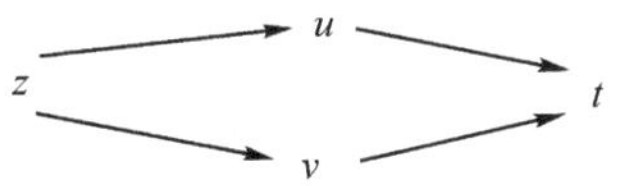

图 6.5.1

定理 6.5.1　如果函数 $u=u(t)$，$v=v(t)$ 都在点 t 可导，函数 $z=f(u,v)$ 在对应点 (u,v) 具有连续偏导数，则复合函数 $z=f(u(t),v(t))$ 在点 t 可导，且有

$$\frac{dz}{dt}=\frac{\partial z}{\partial u}\frac{du}{dt}+\frac{\partial z}{\partial v}\frac{dv}{dt}. \tag{6.10}$$

证　设 t 获得增量 Δt，这时 $u=u(t)$，$v=v(t)$ 的对应增量为

$$\Delta u=u(t+\Delta t)-u(t),\quad \Delta v=v(t+\Delta t)-v(t).$$

函数 $z=f(u,v)$ 相应地获得增量 Δz. 由于函数 $z=f(u,v)$ 在点 (u,v) 具有连续偏导数，所以函数 $z=f(u,v)$ 在点 (u,v) 处可微，即有

$$\Delta z=\frac{\partial z}{\partial u}\Delta u+\frac{\partial z}{\partial v}\Delta v+\varepsilon_1\Delta u+\varepsilon_2\Delta v,$$

这里，当 $\Delta u\to 0$，$\Delta v\to 0$ 时，$\varepsilon_1\to 0$，$\varepsilon_2\to 0$.

在上式两端除以 Δt，得

$$\frac{\Delta z}{\Delta t}=\frac{\partial z}{\partial u}\frac{\Delta u}{\Delta t}+\frac{\partial z}{\partial v}\frac{\Delta v}{\Delta t}+\varepsilon_1\frac{\Delta u}{\Delta t}+\varepsilon_2\frac{\Delta v}{\Delta t}.$$

又因为当 $\Delta t\to 0$ 时，$\Delta u\to 0$，$\Delta v\to 0$，且

$$\lim_{\Delta t\to 0}\frac{\Delta u}{\Delta t}=\frac{du}{dt},\quad \lim_{\Delta t\to 0}\frac{\Delta v}{\Delta t}=\frac{dv}{dt},$$

所以

$$\frac{\mathrm{d}z}{\mathrm{d}t}=\lim_{\Delta t\to 0}\frac{\Delta z}{\Delta t}=\frac{\partial z}{\partial u}\cdot\frac{\mathrm{d}u}{\mathrm{d}t}+\frac{\partial z}{\partial v}\cdot\frac{\mathrm{d}v}{\mathrm{d}t}.$$

定理 6.5.1 的结论可推广到中间变量多于两个的情形.例如,设 $z=f(u,v,w)$, $u=u(t)$, $v=v(t)$, $w=w(t)$,则 $z=f(u(t),v(t),w(t))$对 t 的导数为

$$\frac{\mathrm{d}z}{\mathrm{d}t}=\frac{\partial z}{\partial u}\frac{\mathrm{d}u}{\mathrm{d}t}+\frac{\partial z}{\partial v}\frac{\mathrm{d}v}{\mathrm{d}t}+\frac{\partial z}{\partial w}\frac{\mathrm{d}w}{\mathrm{d}t}. \tag{6.11}$$

式(6.10)与式(6.11)中的导数$\frac{\mathrm{d}z}{\mathrm{d}t}$称为**全导数**(total derivative).

2. 复合函数的中间变量均为多元函数的情形

定理 6.5.2 如果函数 $u=u(x,y)$, $v=v(x,y)$都在点(x,y)处具有对 x 及 y 的偏导数,函数 $z=f(u,v)$ 在对应点(u,v)具有连续偏导数,则复合函数 $z=f(u(x,y),v(x,y))$(图 6.5.2)在点(x,y)处对 x 及 y 的偏导数都存在,且有

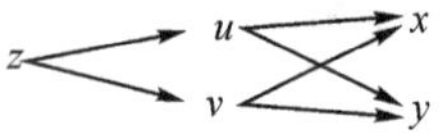

图 6.5.2

$$\frac{\partial z}{\partial x}=\frac{\partial z}{\partial u}\frac{\partial u}{\partial x}+\frac{\partial z}{\partial v}\frac{\partial v}{\partial x}, \tag{6.12}$$

$$\frac{\partial z}{\partial y}=\frac{\partial z}{\partial u}\frac{\partial u}{\partial y}+\frac{\partial z}{\partial v}\frac{\partial v}{\partial y}. \tag{6.13}$$

定理 6.5.2 的结论可推广到中间变量多于两个的情形.如 $z=f(u,v,w)$, $u=u(x,y)$, $v=v(x,y)$, $w=w(x,y)$,则在满足与定理 6.5.2 相类似的条件下,$z=f(u(x,y),v(x,y),w(x,y))$在点$(x,y)$的两个偏导数存在,且有

$$\frac{\partial z}{\partial x}=\frac{\partial z}{\partial u}\frac{\partial u}{\partial x}+\frac{\partial z}{\partial v}\frac{\partial v}{\partial x}+\frac{\partial z}{\partial w}\frac{\partial w}{\partial x}, \tag{6.14}$$

$$\frac{\partial z}{\partial y}=\frac{\partial z}{\partial u}\frac{\partial u}{\partial y}+\frac{\partial z}{\partial v}\frac{\partial v}{\partial y}+\frac{\partial z}{\partial w}\frac{\partial w}{\partial y}. \tag{6.15}$$

注 公式的记忆方法.

总原则:“联线相乘,分线相加”,具体为

(1)几条路线,就是几项的和;

(2)对于每一项,路线上有几步,就是几步的乘积;

(3)对于每一步,从前向后有分支,说明是多元函数,前面变量就对后面变量求偏导;没分支,说明是一元函数,前面变量就对后面变量求导数.

3. 复合函数的中间变量既有一元函数,又有多元函数的情形

定理 6.5.3 如果函数 $u=u(x,y)$在点(x,y)具有对 x 及对 y 的偏导数,函数 $v=v(y)$在点 y 可导,函数 $z=f(u,v)$在对应点(u,v)具有连续偏导数,则复合函数 $z=f(u(x,y),v(y))$在对应点(x,y)的两个偏导数存在,且有

$$\frac{\partial z}{\partial x}=\frac{\partial z}{\partial u}\frac{\partial u}{\partial x}, \tag{6.16}$$

$$\frac{\partial z}{\partial y}=\frac{\partial z}{\partial u}\frac{\partial u}{\partial y}+\frac{\partial z}{\partial v}\frac{\mathrm{d}v}{\mathrm{d}y}. \tag{6.17}$$

上述结论实际上是定理 6.5.2 的一种特例,即变量 v 与 x 无关,从而$\frac{\partial v}{\partial x}=0$;在 v 对 y 求导时,由于 $v=v(y)$是一元函数,故$\frac{\partial v}{\partial y}$换成了$\frac{\mathrm{d}v}{\mathrm{d}y}$,这就得上述结果.

在情形 3 中,还会遇到这样的情形:复合函数的某些中间变量本身又是复合函数的自变量.例如,设 $z=f(u,x,y)$具有连续偏导数,而 $u=u(x,y)$具有偏导数,则复合函数 $z=f(u(x,y),x,y)$可看作情形 2 中当 $v=x,w=y$ 的特殊情形(图 6.5.3).

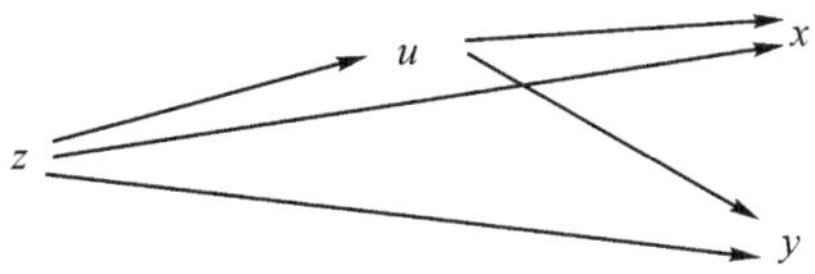

图 6.5.3

因此,由公式(6.14),(6.15)得

$$\frac{\partial z}{\partial x}=\frac{\partial f}{\partial u}\frac{\partial u}{\partial x}+\frac{\partial f}{\partial x}, \tag{6.18}$$

$$\frac{\partial z}{\partial y}=\frac{\partial f}{\partial u}\frac{\partial u}{\partial y}+\frac{\partial f}{\partial y}. \tag{6.19}$$

注 这里$\frac{\partial z}{\partial x}$与$\frac{\partial f}{\partial x}$是不同的,$\frac{\partial z}{\partial x}$是把复合函数 $z=f(u(x,y),x,y)$中的 y 看作不变而对 x 的偏导数,$\frac{\partial f}{\partial x}$是把函数 $z=f(u,x,y)$中的 u 及 y 看作不变而对 x 的偏导数.$\frac{\partial z}{\partial y}$与$\frac{\partial f}{\partial y}$也有类似的区别.

例 6.5.1 设 $z=\mathrm{e}^u\sin v$,而 $u=xy,v=x+y$,求$\frac{\partial z}{\partial x}$和$\frac{\partial z}{\partial y}$.

解
$$\begin{aligned}\frac{\partial z}{\partial x}&=\frac{\partial z}{\partial u}\frac{\partial u}{\partial x}+\frac{\partial z}{\partial v}\frac{\partial v}{\partial x}=\mathrm{e}^u\sin v\cdot y+\mathrm{e}^u\cos v\cdot 1\\&=\mathrm{e}^u(y\sin v+\cos v)=\mathrm{e}^{xy}[y\sin(x+y)+\cos(x+y)],\\\frac{\partial z}{\partial y}&=\frac{\partial z}{\partial u}\frac{\partial u}{\partial y}+\frac{\partial z}{\partial v}\frac{\partial v}{\partial y}=\mathrm{e}^u\sin v\cdot x+\mathrm{e}^u\cos v\cdot 1\\&=\mathrm{e}^u(x\sin v+\cos v)=\mathrm{e}^{xy}[x\sin(x+y)+\cos(x+y)].\end{aligned}$$

例 6.5.2 设 $u=f(x,y,z)=\mathrm{e}^{x^2+y^2+z^2}$,而 $z=x^2\sin y$. 求$\frac{\partial u}{\partial x}$和$\frac{\partial u}{\partial y}$.

解
$$\begin{aligned}\frac{\partial u}{\partial x}&=\frac{\partial f}{\partial x}+\frac{\partial f}{\partial z}\cdot\frac{\partial z}{\partial x}=2x\mathrm{e}^{x^2+y^2+z^2}+2z\mathrm{e}^{x^2+y^2+z^2}\cdot 2x\sin y\\&=2x(1+2x^2\sin^2 y)\mathrm{e}^{x^2+y^2+x^4\sin^2 y},\\\frac{\partial u}{\partial y}&=\frac{\partial f}{\partial y}+\frac{\partial f}{\partial z}\cdot\frac{\partial z}{\partial y}=2y\mathrm{e}^{x^2+y^2+z^2}+2z\mathrm{e}^{x^2+y^2+z^2}\cdot x^2\cos y\\&=2(y+x^4\sin y\cos y)\mathrm{e}^{x^2+y^2+x^4\sin^2 y}.\end{aligned}$$

例 6.5.3 设 $z=uv+\sin t$,而 $u=\mathrm{e}^t,v=\cos t$,求全导数$\frac{\mathrm{d}z}{\mathrm{d}t}$.

解 $$\frac{dz}{dt}=\frac{\partial z}{\partial u}\cdot\frac{du}{dt}+\frac{\partial z}{\partial v}\cdot\frac{dv}{dt}+\frac{\partial z}{\partial t}=ve^t-u\sin t+\cos t$$
$$=e^t\cos t-e^t\sin t+\cos t=e^t(\cos t-\sin t)+\cos t.$$

在多元函数的复合求导中，为了简便起见，常采用以下记号：

$$f_1'=\frac{\partial f(u,v)}{\partial u},\quad f_2'=\frac{\partial f(u,v)}{\partial v},\quad f_{12}''=\frac{\partial^2 f(u,v)}{\partial u\partial v},\quad \cdots,$$

这里下标 1 表示对第一个变量 u 求偏导数，下标 2 表示对第二个变量 v 求偏导数，同理有 f_{11}''，f_{22}''，等等.

例 6.5.4 设 $w=f(x+y+z,xyz)$，其中函数 f 有二阶连续偏导数，求 $\frac{\partial w}{\partial x}$ 和 $\frac{\partial^2 w}{\partial x\partial z}$.

解 令 $u=x+y+z$，$v=xyz$，则 $w=f(u,v)$，

$$\frac{\partial w}{\partial x}=\frac{\partial f}{\partial u}\cdot\frac{\partial u}{\partial x}+\frac{\partial f}{\partial v}\cdot\frac{\partial v}{\partial x}=f_1'+yzf_2',$$

$$\frac{\partial^2 w}{\partial x\partial z}=\frac{\partial}{\partial z}(f_1'+yzf_2')=\frac{\partial f_1'}{\partial z}+yf_2'+yz\frac{\partial f_2'}{\partial z}.$$

求 $\frac{\partial f_1'}{\partial z}$ 和 $\frac{\partial f_2'}{\partial z}$ 时，应注意 $f_1'(u,v)$ 及 $f_2'(u,v)$ 仍旧是复合函数，u，v 是中间变量，根据复合函数求导法则，有

$$\frac{\partial f_1'}{\partial z}=\frac{\partial f_1'}{\partial u}\cdot\frac{\partial u}{\partial z}+\frac{\partial f_1'}{\partial v}\cdot\frac{\partial v}{\partial z}=f_{11}''+xyf_{12}'',$$

$$\frac{\partial f_2'}{\partial z}=\frac{\partial f_2'}{\partial u}\cdot\frac{\partial u}{\partial z}+\frac{\partial f_2'}{\partial v}\cdot\frac{\partial v}{\partial z}=f_{21}''+xyf_{22}''.$$

所以

$$\frac{\partial^2 w}{\partial x\partial z}=f_{11}''+xyf_{12}''+yf_2'+yzf_{21}''+xy^2zf_{22}''$$
$$=f_{11}''+y(x+z)f_{12}''+yf_2'+xy^2zf_{22}'',$$

其中，由于函数 f 有二阶连续偏导数，所以 $f_{12}''=f_{21}''$.

6.5.2 全微分形式的不变性

根据复合函数求导的链式法则，可得到重要的全微分形式不变性. 下面以二元函数为例.

设 $z=f(u,v)$ 具有连续偏导数，则有全微分

$$dz=\frac{\partial z}{\partial u}du+\frac{\partial z}{\partial v}dv.$$

如果 u，v 又是中间变量，即 $u=u(x,y)$，$v=v(x,y)$，且这两个函数也具有连续偏导数，则复合函数 $z=f(u(x,y),v(x,y))$ 的全微分为

$$dz=\frac{\partial z}{\partial x}dx+\frac{\partial z}{\partial y}dy=\left(\frac{\partial z}{\partial u}\cdot\frac{\partial u}{\partial x}+\frac{\partial z}{\partial v}\cdot\frac{\partial v}{\partial x}\right)dx+\left(\frac{\partial z}{\partial u}\cdot\frac{\partial u}{\partial y}+\frac{\partial z}{\partial v}\cdot\frac{\partial v}{\partial y}\right)dy$$

$$=\frac{\partial z}{\partial u}\left(\frac{\partial u}{\partial x}dx+\frac{\partial u}{\partial y}dy\right)+\frac{\partial z}{\partial v}\left(\frac{\partial v}{\partial x}dx+\frac{\partial v}{\partial y}dy\right)$$

$$=\frac{\partial z}{\partial u}du+\frac{\partial z}{\partial v}dv.$$

由此可见,无论 u,v 是自变量还是中间变量,函数 $z=f(u,v)$ 的全微分形式是一样的,这个性质叫做**全微分形式不变性**(invariance of total differential forms). 适当应用这个性质,会大大简化计算.

例 6.5.5 利用全微分形式不变性解例 6.5.1.

解 $dz=d(e^u\sin v)=e^u\sin v\,du+e^u\cos v\,dv$,因

$$du=d(xy)=y\,dx+x\,dy,\quad dv=d(x+y)=dx+dy,$$

代入后合并含 dx 及 dy 的项,得

$$dz=(e^u\sin v\cdot y+e^u\cos v)dx+(e^u\sin v\cdot x+e^u\cos v)dy,$$

即

$$\frac{\partial z}{\partial x}dx+\frac{\partial z}{\partial y}dy=e^{xy}[y\sin(x+y)+\cos(x+y)]dx+e^{xy}[x\sin(x+y)+\cos(x+y)]dy.$$

比较上式两边的 dx,dy 的系数,就同时得到两个偏导数

$$\frac{\partial z}{\partial x}=e^{xy}[y\sin(x+y)+\cos(x+y)],$$

$$\frac{\partial z}{\partial y}=e^{xy}[x\sin(x+y)+\cos(x+y)].$$

它们与例 6.5.1 的结果是完全一样的.

例 6.5.6 利用全微分形式的不变性求函数 $u=\dfrac{x}{x^2+y^2+z^2}$ 的偏导数.

解
$$du=\frac{(x^2+y^2+z^2)dx-x\,d(x^2+y^2+z^2)}{(x^2+y^2+z^2)^2}$$

$$=\frac{(x^2+y^2+z^2)dx-x(2x\,dx+2y\,dy+2z\,dz)}{(x^2+y^2+z^2)^2}$$

$$=\frac{(y^2+z^2-x^2)dx-2xy\,dy-2xz\,dz}{(x^2+y^2+z^2)^2},$$

所以

$$\frac{\partial u}{\partial x}=\frac{y^2+z^2-x^2}{(x^2+y^2+z^2)^2},\quad \frac{\partial u}{\partial y}=\frac{-2xy}{(x^2+y^2+z^2)^2},\quad \frac{\partial u}{\partial z}=\frac{-2xz}{(x^2+y^2+z^2)^2}.$$

例 6.5.7 已知 $e^{-xy}-2z+e^z=0$,求$\dfrac{\partial z}{\partial x}$和$\dfrac{\partial z}{\partial y}$.

解 由于 $d(e^{-xy}-2z+e^z)=0$,则 $e^{-xy}d(-xy)-2dz+e^z dz=0$,

$$(e^z-2)dz=e^{-xy}(x\,dy+y\,dx),$$

$$dz=\frac{ye^{-xy}}{e^z-2}dx+\frac{xe^{-xy}}{e^z-2}dy.$$

故所求偏导数为 $\frac{\partial z}{\partial x}=\frac{ye^{-xy}}{e^z-2},\frac{\partial z}{\partial y}=\frac{xe^{-xy}}{e^z-2}$.

6.5.3　隐函数的微分法

在一元微分学中，我们曾用一元复合函数求导的方法，求出了由方程

$$F(x,y)=0 \tag{6.20}$$

所确定的隐函数 $y=f(x)$ 的导数 $\frac{dy}{dx}$. 下面给出利用偏导数求上述导数的方法.

定理 6.5.4(隐函数存在定理)　设函数 $F(x,y)$ 在点 $P(x_0,y_0)$ 的某一邻域内具有连续的偏导数，且 $F(x_0,y_0)=0$，$F_y(x_0,y_0)\neq 0$，则方程 $F(x,y)=0$ 在点 $P(x_0,y_0)$ 的某一邻域内恒能唯一确定一个具有连续导数的函数 $y=f(x)$，且满足 $y_0=f(x_0)$，并有

$$\frac{dy}{dx}=-\frac{F_x}{F_y}. \tag{6.21}$$

式(6.21)就是隐函数的求导公式.

这个定理我们不作严格证明，下面仅对式(6.21)给出如下推导.

将方程 $F(x,y)=0$ 所确定的隐函数 $y=f(x)$ 代入原方程得恒等式

$$F(x,f(x))\equiv 0.$$

其左端可以看成是关于 x 的一个复合函数，求这个函数的全导数，由于恒等式两端求导后仍然恒等，即

$$\frac{\partial F}{\partial x}+\frac{\partial F}{\partial y}\cdot\frac{dy}{dx}=0.$$

由于 F_y 连续，且 $F_y(x_0,y_0)\neq 0$，所以存在点 (x_0,y_0) 的一个邻域，在这个邻域内 $F_y\neq 0$，于是有

$$\frac{dy}{dx}=-\frac{F_x}{F_y}.$$

例 6.5.8　求由方程 $xy-e^x+e^y=0$ 所确定的隐函数 y 的导数 $\frac{dy}{dx},\left.\frac{dy}{dx}\right|_{x=0}$.

解　虽然采用两边求导的方法可以做，但这里我们直接用公式求之.

令 $F(x,y)=xy-e^x+e^y$，则

$$F_x=y-e^x,\quad F_y=x+e^y,$$

$$\frac{dy}{dx}=-\frac{F_x}{F_y}=\frac{e^x-y}{x+e^y},$$

由原方程知 $x=0$ 时，$y=0$，所以

$$\left.\frac{dy}{dx}\right|_{x=0}=\left.\frac{e^x-y}{x+e^y}\right|_{\substack{x=0\\y=0}}=1.$$

既然二元方程可确定一元隐函数,那么三元方程就可以确定二元隐函数,若满足相应条件,类似地可将定理 6.5.4 推广,从而导出二元隐函数的偏导数公式.

定理 6.5.5 设函数 $F(x,y,z)$ 在点 $P(x_0,y_0,z_0)$ 的某一邻域内有连续的偏导数,且

$$F(x_0,y_0,z_0)=0, \quad F_z(x_0,y_0,z_0)\neq 0,$$

则方程 $F(x,y,z)=0$ 在点 $P(x_0,y_0,z_0)$ 的某一邻域内恒能唯一确定一个连续且具有连续偏导数的函数 $z=f(x,y)$,它满足条件 $z_0=f(x_0,y_0)$,并有

$$\frac{\partial z}{\partial x}=-\frac{F_x}{F_z}, \quad \frac{\partial z}{\partial y}=-\frac{F_y}{F_z}. \tag{6.22}$$

这个定理也不作严格证明,与定理 6.5.4 类似,下面仅对式(6.22)作如下推导.

设方程 $F(x,y,z)=0$ 确定了 z 是关于 x,y 的二元函数 $z=f(x,y)$,将它代入原方程得恒等式

$$F(x,y,f(x,y))\equiv 0.$$

利用复合函数求导法则,将恒等式两边分别对 x 和 y 求偏导数,得

$$F_x+F_z\frac{\partial z}{\partial x}=0, \quad F_y+F_z\frac{\partial z}{\partial y}=0.$$

由于 F_z 连续,且 $F_z(x_0,y_0,z_0)\neq 0$,所以存在点 (x_0,y_0,z_0) 的一个邻域,在这个邻域内 $F_z\neq 0$,所以

$$\frac{\partial z}{\partial x}=-\frac{F_x}{F_z}, \quad \frac{\partial z}{\partial y}=-\frac{F_y}{F_z}.$$

例 6.5.9 求由方程 $\frac{x}{z}=\ln\frac{z}{y}$ 所确定的隐函数 $z=f(x,y)$ 的偏导数 $\frac{\partial z}{\partial x},\frac{\partial z}{\partial y}$.

解 设 $F(x,y,z)=\frac{x}{z}-\ln\frac{z}{y}=\frac{x}{z}-\ln z+\ln y$,则

$$\frac{\partial F}{\partial x}=\frac{1}{z}, \quad \frac{\partial F}{\partial y}=\frac{1}{y}, \quad \frac{\partial F}{\partial z}=-\frac{x}{z^2}-\frac{1}{z}=-\frac{x+z}{z^2}.$$

利用隐函数求导公式,得

$$\frac{\partial z}{\partial x}=-\frac{F_x}{F_z}=\frac{z}{x+z}, \quad \frac{\partial z}{\partial y}=-\frac{F_y}{F_z}=\frac{z^2}{y(x+z)}.$$

例 6.5.10 设 $x^2+y^2+z^2-4z=0$,求 $\frac{\partial^2 z}{\partial x^2}$.

解 令 $F(x,y,z)=x^2+y^2+z^2-4z$,则 $F_x=2x$, $F_z=2z-4$,利用公式(6.22),得

$$\frac{\partial z}{\partial x}=-\frac{F_x}{F_z}=\frac{x}{2-z},$$

$$\frac{\partial^2 z}{\partial x^2}=\frac{(2-z)+x\frac{\partial z}{\partial x}}{(2-z)^2}=\frac{(2-z)+x\cdot\frac{x}{2-z}}{(2-z)^2}=\frac{(2-z)^2+x^2}{(2-z)^3}.$$

注 在实际应用中，求方程所确定的多元函数的偏导数时，不一定非得套公式，尤其在方程中含有抽象函数时，利用求偏导或求微分的过程则更为清楚.

例 6.5.11 设 $z=f(x+y+z,xyz)$，求 $\dfrac{\partial z}{\partial x}$.

解 z 看成 x,y 的函数，对 x 求偏导数得

$$\frac{\partial z}{\partial x}=f_1'\cdot\left(1+\frac{\partial z}{\partial x}\right)+f_2'\cdot\left(yz+xy\frac{\partial z}{\partial x}\right),$$

解方程得

$$\frac{\partial z}{\partial x}=\frac{f_1'+yzf_2'}{1-f_1'-xyf_2'}.$$

例 6.5.12 设方程 $x+y+z=e^z$ 确定了隐函数 $z=z(x,y)$，求 $\dfrac{\partial^2 z}{\partial x^2}$.

解 方程两边对 x 求偏导数有

$$1+\frac{\partial z}{\partial x}=e^z\frac{\partial z}{\partial x},$$

解方程得 $\dfrac{\partial z}{\partial x}=\dfrac{1}{e^z-1}$. 从而

$$\frac{\partial^2 z}{\partial x^2}=\frac{\partial}{\partial x}\left(\frac{\partial z}{\partial x}\right)=-\frac{1}{(e^z-1)^2}\cdot e^z\cdot\frac{\partial z}{\partial x}=-\frac{e^z}{(e^z-1)^2}\cdot\frac{1}{e^z-1}=-\frac{e^z}{(e^z-1)^3}.$$

习题 6.5

1. 设 $z=u^2\ln v$，而 $u=\dfrac{x}{y}$，$v=3x-2y$，求 $\dfrac{\partial z}{\partial x},\dfrac{\partial z}{\partial y}$.

2. 设 $z=\arctan(x-y)$，$x=3t$，$y=4t^3$，求 $\dfrac{dz}{dt}$.

3. 设 $z=u^2v-uv^2$，$u=x\cos y$，$v=x\sin y$，求 $\dfrac{\partial z}{\partial x},\dfrac{\partial z}{\partial y}$.

4. 设 $z=\arctan\dfrac{x}{y}$，$x=u+v$，$y=u-v$，证明：$\dfrac{\partial z}{\partial u}+\dfrac{\partial z}{\partial v}=\dfrac{u-v}{u^2+v^2}$.

5. 求下列函数的一阶偏导数(其中 f 具有一阶连续偏导数)

(1) $u=f(x^2-y^2,e^{xy})$； (2) $u=f(x,xy,xyz)$.

6. 设 $z=f(xy,y)$，其中 f 具有二阶连续偏导数. 求 $\dfrac{\partial^2 z}{\partial x^2},\dfrac{\partial^2 z}{\partial y^2},\dfrac{\partial^2 z}{\partial x\partial y}$.

7. 设 $xy+\ln\dfrac{y}{x}=0$，求 $\dfrac{dy}{dx}$.

8. 设 $\ln\sqrt{x^2+y^2}=\arctan\dfrac{y}{x}$，求 $\dfrac{dy}{dx}$.

9. 设 $e^z=xyz$，求 $\dfrac{\partial^2 z}{\partial x^2}$.

10. 设 $F(u,v)$ 有连续的偏导数，方程 $F(x+y+z,x^2+y^2+z^2)=0$ 确定函数 $z=$

$f(x,y)$. 求$\frac{\partial z}{\partial x},\frac{\partial z}{\partial y}$.

11. 设$F(u,v)$有连续的偏导数,方程$F(cx-az,cy-bz)=0$确定函数$z=f(x,y)$. 证明:

$$a\frac{\partial z}{\partial x}+b\frac{\partial z}{\partial y}=c.$$

6.6 多元函数的极值及其求法

在实际问题中,往往会遇到多元函数的最大值、最小值问题. 与一元函数相类似,多元函数的最值与极值有密切联系,因此我们以二元函数为例来讨论多元函数的极值问题.

6.6.1 多元函数的极值及最大值、最小值

1. 极值

定义 6.6.1 设函数$z=f(x,y)$在点(x_0,y_0)的某一邻域内有定义,对于该邻域内异于(x_0,y_0)的任意一点(x,y),如果总有

$$f(x,y)<f(x_0,y_0),$$

则称函数在(x_0,y_0)有**极大值**(maximal value);如果总有

$$f(x,y)>f(x_0,y_0),$$

则称函数在(x_0,y_0)有**极小值**(minimum value); 极大值、极小值统称为**极值**(extremum). 使函数取得极值的点称为**极值点**(extreme point).

例 6.6.1 函数$z=3x^2+4y^2$在点$(0,0)$处有极小值. 因为当$(x,y)=(0,0)$时,$z=0$,当$(x,y)\neq(0,0)$时,$z>0$. 因此$z=0$是函数的极小值. 从几何上看,$z=3x^2+4y^2$表示一开口向上的椭圆抛物面,点$(0,0,0)$是它的顶点.

例 6.6.2 函数$z=-\sqrt{x^2+y^2}$在点$(0,0)$处有极大值. 因为当$(x,y)=(0,0)$时,$z=0$,当$(x,y)\neq(0,0)$时,$z<0$. 因此$z=0$是函数的极大值. 从几何上看,$z=-\sqrt{x^2+y^2}$表示一开口向下的半圆锥面,点$(0,0,0)$是它的顶点.

例 6.6.3 函数$z=y^2-x^2$在点$(0,0)$处无极值. 这是因为当$(x,y)=(0,0)$时,$z=0$,而在点$(0,0)$的任一邻域内,总有使函数值为正的点,也有使函数值为负的点. 从几何上看,它表示双曲抛物面(马鞍面)(图 6.6.1).

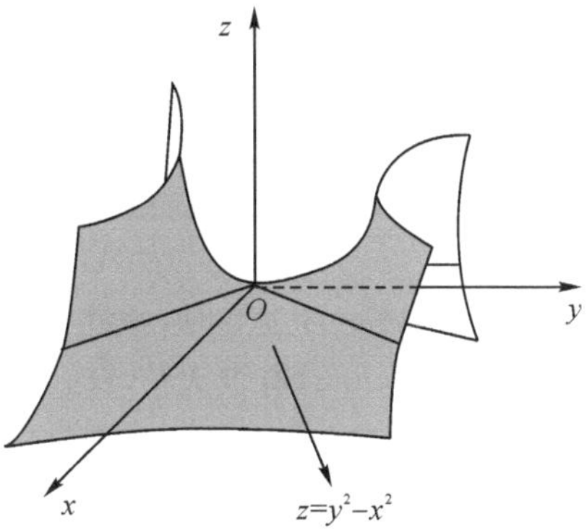

图 6.6.1

以上关于二元函数的极值概念，可推广到 n 元函数. 设 n 元函数 $u=f(P)$ 在点 P_0 的某一邻域内有定义. 如果对于该邻域内任何异于 P_0 的点 P，都有

$$f(P)<f(P_0) \quad (\text{或 } f(P)>f(P_0)),$$

则称函数 $f(P)$ 在点 P_0 有极大值(或极小值) $f(P_0)$.

二元函数的极值问题，一般可以利用偏导数来解决. 下面的两个定理就是关于这问题的结论.

定理 6.6.1(必要条件) 设函数 $z=f(x,y)$ 在点 (x_0,y_0) 具有偏导数，且在点 (x_0,y_0) 处有极值，则它在该点的偏导数必然为零，即

$$f_x(x_0,y_0)=0, \quad f_y(x_0,y_0)=0. \tag{6.23}$$

证 不妨设 $z=f(x,y)$ 在点 (x_0,y_0) 处有极大值. 依极大值的定义，对于点 (x_0, y_0) 的某邻域内异于 (x_0,y_0) 的点 (x,y)，都有不等式

$$f(x,y)<f(x_0,y_0).$$

特殊地，在该邻域内取 $y=y_0$ 而 $x\neq x_0$ 的点，也应有不等式

$$f(x,y_0)<f(x_0,y_0).$$

这表明一元函数 $f(x,y_0)$ 在 $x=x_0$ 处取得极大值，因而必有

$$f_x(x_0,y_0)=0.$$

类似地可证 $f_y(x_0,y_0)=0$.

与一元函数的情形类似，对于多元函数，凡是能使一阶偏导数同时为零的点称为函数的**驻点**.

类似地可推得，如果三元函数 $u=f(x,y,z)$ 在点 (x_0,y_0,z_0) 具有偏导数，则它在点 (x_0,y_0,z_0) 处具有极值的必要条件为

$$f_x(x_0,y_0,z_0)=0, \quad f_y(x_0,y_0,z_0)=0, \quad f_z(x_0,y_0,z_0)=0.$$

从定理 6.6.1 可知，具有偏导数的函数的极值点必定是驻点，但函数的驻点不一定是极值点.

例如，函数 $z=y^2-x^2$ 在点 $(0,0)$ 处的两个偏导数都是零，函数在 $(0,0)$ 既不取得极大值也不取得极小值.

如何判定一个驻点是否为极值点呢？下面的定理部分地回答了这个问题.

定理 6.6.2(充分条件) 设函数 $z=f(x,y)$ 在点 (x_0,y_0) 的某邻域内有直到二阶的连续偏导数，又 $f_x(x_0,y_0)=0, f_y(x_0,y_0)=0$. 令

$$f_{xx}(x_0,y_0)=A, \quad f_{xy}(x_0,y_0)=B, \quad f_{yy}(x_0,y_0)=C.$$

(1) 当 $AC-B^2>0$ 时，函数 $f(x,y)$ 在 (x_0,y_0) 处有极值，且当 $A>0$ 时有极小值 $f(x_0,y_0)$；$A<0$ 时有极大值 $f(x_0,y_0)$；

(2) 当 $AC-B^2<0$ 时，函数 $f(x,y)$ 在 (x_0,y_0) 处没有极值；

(3) 当 $AC-B^2=0$ 时，函数 $f(x,y)$ 在 (x_0,y_0) 处可能有极值，也可能没有极值. 还需另作讨论.

证明略.

根据定理 6.6.1 与定理 6.6.2，如果函数 $f(x,y)$ 具有二阶连续偏导数，则求 $z=f(x,y)$ 的极值的一般步骤为：

(1)解方程组 $f_x(x,y)=0$，$f_y(x,y)=0$，求得一切实数解，即求出 $f(x,y)$ 的一切驻点.

(2)求出函数 $f(x,y)$ 的二阶偏导数，依次确定各驻点处 A,B,C 的值.

(3)根据 $AC-B^2$ 的符号判定驻点是否为极值点、是极大值还是极小值. 最后求出函数 $f(x,y)$ 在极值点处的极值.

例 6.6.4 求函数 $f(x,y)=x^3-y^3+3x^2+3y^2-9x$ 的极值.

解 先解方程组

$$\begin{cases} f_x(x,y)=3x^2+6x-9=0, \\ f_y(x,y)=-3y^2+6y=0, \end{cases}$$

求得驻点为(1,0)，(1,2)，(−3,0)，(−3,2). 再求出二阶偏导数

$$f_{xx}(x,y)=6x+6, \quad f_{xy}(x,y)=0, \quad f_{yy}(x,y)=-6y+6.$$

在点 (1,0) 处，$AC-B^2=12\times 6>0$，又 $A>0$，故函数在该点处有极小值

$$f(1,0)=-5;$$

在点 (1,2) ，(−3,0)处，$AC-B^2=-12\times 6<0$，故函数在这两点处没有极值；

在点(−3,2)处，$AC-B^2=-12\times(-6)>0$，又 $A<0$，故函数在该点处有极大值

$$f(-3,2)=31.$$

注 在讨论一元函数极值时，我们知道，函数的极值既可能在驻点处取得，也可能在导数不存在的点取得. 同样，多元函数的极值也可能在偏导数不存在的点取得.

例如，在例 6.6.2 中，函数 $z=-\sqrt{x^2+y^2}$ 在点(0,0)处有极大值，但函数在(0,0)处的偏导数不存在，即不是函数的驻点. 因此，在考虑函数的极值问题时，除了考虑函数的驻点外，如果有偏导数不存在的点，那么对这些点也应当考虑.

2. 最大值与最小值

与一元函数类似，可以利用函数的极值来求函数的最大值和最小值. 如果 $f(x,y)$ 在有界闭区域 D 上连续，则 $f(x,y)$ 在 D 上必定能取得最大值和最小值. 这种使函数取得最大值或最小值的点既可能在 D 的内部，也可能在 D 的边界上，因此只需求出 $f(x,y)$ 在各驻点和偏导数不存在的点的函数值以及在边界上的最大值和最小值，然后加以比较即可.

我们假定，函数 $f(x,y)$ 在 D 上连续、偏导数存在且只有有限个驻点，则求函数 $f(x,y)$ 的最大值和最小值的一般步骤是：

(1)求函数 $f(x,y)$ 在 D 内所有驻点处的函数值；

(2)求 $f(x,y)$ 在 D 的边界上的最大值和最小值；

(3)将前两步得到的所有函数值进行比较，其中最大者即为最大值，最小者即为

最小值.

在通常遇到的实际问题中,如果根据问题的性质,知道函数 $f(x,y)$ 的最大值(最小值)一定在 D 的内部取得,而函数 $f(x,y)$ 在 D 内只有一个驻点,那么可以肯定该驻点处的函数值就是函数 $f(x,y)$ 在 D 上的最大值(最小值).

例 6.6.5 某厂要用铁板做成一个体积为 8m^3 的有盖长方体水箱.问当长、宽、高各取多少时,才能使用料最省.

解 设水箱的长为 xm,宽为 ym,则其高应为$\frac{8}{xy}$m.此水箱所用材料的面积

$$A=2\left(xy+y\cdot\frac{8}{xy}+x\cdot\frac{8}{xy}\right)=2\left(xy+\frac{8}{x}+\frac{8}{y}\right)\quad(x>0,y>0).$$

令 $A_x=2\left(y-\frac{8}{x^2}\right)=0, A_y=2\left(x-\frac{8}{y^2}\right)=0$,得 $x=2$, $y=2$.

根据题意可知,水箱所用材料面积的最小值一定存在,并在区域 $x>0,y>0$ 内取得,因为函数 A 在 $D=\{(x,y)\mid x>0,y>0\}$ 内只有一个驻点,所以此驻点一定是 A 的最小值点,即当水箱的长为 2m、宽为 2m、高为$\frac{8}{2\cdot 2}=2$(m)时,水箱所用的材料最省.

从这个例子还可看出,在体积一定的长方体中,以立方体的表面积为最小.

例 6.6.6 设 q_1 为商品 A 的需求量,q_2 为商品 B 的需求量,其需求函数分别为

$$q_1=16-2p_1+4p_2,\quad q_2=20+4p_1-10p_2,$$

总成本函数为 $C=3q_1+2q_2$,其中 p_1,p_2 为商品 A 和 B 的价格,试问价格 p_1,p_2 取何值时可使利润最大?

解 按题意,总收益函数为

$$R=p_1q_1+p_2q_2,$$

于是总利润函数为

$$\begin{aligned}L&=R-C=(p_1-3)q_1+(p_2-2)q_2\\&=(p_1-3)(16-2p_1+4p_2)+(p_2-2)(20+4p_1-10p_2).\end{aligned}$$

为使总利润最大,求一阶偏导数,并令其为零:

$$\frac{\partial L}{\partial p_1}=14-4p_1+8p_2=0,$$

$$\begin{aligned}\frac{\partial L}{\partial p_2}&=4(p_1-3)+(20+4p_1-10p_2)-10(p_2-2)\\&=28+8p_1-20p_2=0,\end{aligned}$$

由此解得唯一驻点 $p_1=\frac{63}{2}, p_2=14$.

根据题意,所求利润的最大值一定在区域 $D=\{(p_1,p_2)\mid p_1>0,p_2>0\}$ 内取得,又函数在 D 内有唯一的驻点.因此该驻点即为所求最大值点.从而当价格 $p_1=\frac{63}{2}$,

$p_2=14$时，利润可达到最大，而此时的产量为 $q_1=9$，$q_2=6$.

事实上，$L''_{p_1p_2}=8$，$L''_{p_1p_1}=-4$，$L''_{p_2p_2}=-20$. 又因

$$(L''_{p_1p_2})^2-L''_{p_1p_1}\cdot L''_{p_2p_2}=8^2-(-4)(-20)<0,$$

$L''_{p_1p_1}=-4<0$，由极值的充分条件可得唯一驻点 $p_1=\frac{63}{2}$，$p_2=14$ 确实为区域 D 上的极大值点，从而是区域 D 上的最大值点.

6.6.2 条件极值与拉格朗日乘数法

前面所讨论的极值问题，对于函数的自变量一般只要求落在定义域内，两个自变量 x 与 y 是互相独立的，并无其他限制条件，这类极值称为**无条件极值**. 但在实际问题中，常会遇到对函数的自变量 x 与 y 还有附加条件的极值问题. 如 x 与 y 还要满足一定的条件 $g(x,y)=0$，称为**约束条件**(constraint condition)或**约束方程**(constraint equation)，这时对自变量有附加条件的极值称为**条件极值**(extremum with a condition).

例如，前面的例 6.6.5 求体积为 $8\mathrm{m}^3$，问怎样设计才能使用料最省？即表面积最小的问题. 若设长方体的长、宽、高分别为 x,y,z，则表面积 $A=2(xy+yz+xz)$，又因体积为 $8\mathrm{m}^3$，所以自变量 x,y,z 还必须满足附加条件 $xyz=8$. 因此例 6.6.5 的问题就是求函数 $A=2(xy+yz+xz)$ 在条件 $xyz=8$ 下的最大值问题，这是一个条件极值问题.

对于有些实际问题，可以把条件极值问题化为无条件极值问题.

例如上述问题，由条件 $xyz=8$，解得 $z=\frac{8}{xy}$，于是得

$$A=2\left(xy+y\cdot\frac{8}{xy}+x\cdot\frac{8}{xy}\right)=2\left(xy+\frac{8}{x}+\frac{8}{y}\right).$$

只需求 A 的无条件极值问题.

但在很多情形下，将条件极值化为无条件极值并不容易. 甚至有些附加条件是无法显化的，无法将条件极值转化成无条件极值，因此需要寻求另一种求条件极值的专用方法，这就是**拉格朗日乘数法**(Lagrange multiplier method).

求目标函数 $z=f(x,y)$在区域 D 内满足附加条件 $\varphi(x,y)=0$ 的极值问题，可以转化为求拉格朗日函数

$$L(x,y,\lambda)=f(x,y)+\lambda\varphi(x,y)$$

(其中 λ 为某一常数)的无条件极值问题.

现在来寻求函数 $z=f(x,y)$在条件 $\varphi(x,y)=0$ 下取得极值的必要条件.

如果函数 $z=f(x,y)$在(x_0,y_0)取得所求的极值，那么有

$$\varphi(x_0,y_0)=0.$$

假定在(x_0,y_0)的某一邻域内 $f(x,y)$与 $\varphi(x,y)$均有连续的一阶偏导数，而 $\varphi_y(x_0,$

$y_0)\neq 0$.由隐函数存在定理知,由方程 $\varphi(x,y)=0$ 确定一个连续且具有连续导数的函数 $y=\psi(x)$,将其代入目标函数 $z=f(x,y)$,结果得到关于一个变量 x 的一元函数

$$z=f(x,\psi(x)).$$

于是函数 $z=f(x,y)$ 在 (x_0,y_0) 取得所求的极值,也就相当于 $x=x_0$ 是一元函数 $z=f(x,\psi(x))$ 的极值点,由一元可导函数取得极值的必要条件,有

$$\left.\frac{\mathrm{d}z}{\mathrm{d}x}\right|_{x=x_0}=f_x(x_0,y_0)+f_y(x_0,y_0)\left.\frac{\mathrm{d}y}{\mathrm{d}x}\right|_{x=x_0}=0, \tag{6.24}$$

而 $\varphi(x,y)=0$,由隐函数的求导公式有

$$\left.\frac{\mathrm{d}y}{\mathrm{d}x}\right|_{x=x_0}=-\frac{\varphi_x(x_0,y_0)}{\varphi_y(x_0,y_0)}.$$

将其代入式(6.24)有

$$f_x(x_0,y_0)-f_y(x_0,y_0)\frac{\varphi_x(x_0,y_0)}{\varphi_y(x_0,y_0)}=0.$$

从而函数 $z=f(x,y)$ 在条件 $\varphi(x,y)=0$ 下在 (x_0,y_0) 取得极值的必要条件是

$$f_x(x_0,y_0)-f_y(x_0,y_0)\frac{\varphi_x(x_0,y_0)}{\varphi_y(x_0,y_0)}=0 \text{ 与 } \varphi(x_0,y_0)=0 \text{ 同时成立.}$$

设 $\dfrac{f_y(x_0,y_0)}{\varphi_y(x_0,y_0)}=-\lambda$,上述必要条件变为

$$\begin{cases} f_x(x_0,y_0)+\lambda\varphi_x(x_0,y_0)=0, \\ f_y(x_0,y_0)+\lambda\varphi_y(x_0,y_0)=0, \\ \varphi(x_0,y_0)=0. \end{cases}$$

由以上讨论,可以得到以下结论.

求函数 $z=f(x,y)$ 在约束条件 $\varphi(x,y)=0$ 下的极值的拉格朗日乘数法的基本步骤为:

(1)构造拉格朗日函数

$$L(x,y,\lambda)=f(x,y)+\lambda\varphi(x,y),$$

其中 λ 为某一常数;

(2)由方程组

$$\begin{cases} L_x=f_x(x,y)+\lambda\varphi_x(x,y)=0, \\ L_y=f_y(x,y)+\lambda\varphi_y(x,y)=0, \\ L_\lambda=\varphi(x,y)=0 \end{cases}$$

解出 x,y,λ,其中 x,y 就是所求条件极值的可能的极值点.

注 拉格朗日乘数法只给出函数取得极值的必要条件,至于如何确定所求的点是否是极值点,在实际问题中往往可根据问题本身的性质来判定.

这种方法可以推广到自变量多于两个而条件多于一个的情形.

例如,求 $u=f(x,y,z)$ 在约束条件 $g(x,y,z)=0,h(x,y,z)=0$ 下的极值.

构造拉格朗日函数

$$L(x,y,z,\lambda,\mu)=f(x,y,z)+\lambda g(x,y,z)+\mu h(x,y,z),$$

其中 λ,μ 均为常数. 由方程组

$$\begin{cases}L_x=f_x(x,y,z)+\lambda g_x(x,y,z)+\mu h_x(x,y,z)=0,\\ L_y=f_y(x,y,z)+\lambda g_y(x,y,z)+\mu h_y(x,y,z)=0,\\ L_z=f_z(x,y,z)+\lambda g_z(x,y,z)+\mu h_z(x,y,z)=0,\\ L_\lambda=g(x,y,z)=0,\\ L_\mu=h(x,y,z)=0\end{cases}$$

解出 x,y,z,λ,μ,其中 x,y,z 就是所求条件极值的可能的极值点.

例 6.6.7 求表面积为 a^2 而体积为最大的长方体的体积.

解 设长方体的三棱的长为 x,y,z,则问题就是在条件

$$2(xy+yz+xz)=a^2$$

下求函数 $V=xyz(x>0,y>0,z>0)$ 的最大值.

构造拉格朗日函数

$$L(x,y,z)=xyz+\lambda(2xy+2yz+2xz-a^2),$$

解方程组

$$\begin{cases}L_x(x,y,z)=yz+2\lambda(y+z)=0,\\ L_y(x,y,z)=xz+2\lambda(x+z)=0,\\ L_z(x,y,z)=xy+2\lambda(y+x)=0,\\ 2xy+2yz+2xz=a^2\end{cases}$$

得 $\dfrac{x}{y}=\dfrac{x+z}{y+z},\dfrac{y}{z}=\dfrac{x+y}{x+z}$,进一步得 $x=y=z=\dfrac{\sqrt{6}}{6}a$,这是唯一可能的极值点. 因为由问题本身可知最大值一定存在,所以最大值就在这个可能的值点处取得. 也就是说,表面积为 a^2 的长方体中,以棱长为$\dfrac{\sqrt{6}}{6}a$ 的正方体的体积为最大,最大体积 $V=\dfrac{\sqrt{6}}{36}a^3$.

例 6.6.8 求函数 $u=xyz$ 在附加条件

$$\frac{1}{x}+\frac{1}{y}+\frac{1}{z}=\frac{1}{a}\quad(x>0,y>0,z>0,a>0)\tag{6.25}$$

下的极值.

解 作拉格朗日函数

$$L(x,y,z,\lambda)=xyz+\lambda\left(\frac{1}{x}+\frac{1}{y}+\frac{1}{z}-\frac{1}{a}\right).$$

由

$$\begin{cases}L_x=yz-\dfrac{\lambda}{x^2}=0\Rightarrow xyz=\dfrac{\lambda}{x},\\ L_y=xz-\dfrac{\lambda}{y^2}=0\Rightarrow xyz=\dfrac{\lambda}{y},\\ L_z=xy-\dfrac{\lambda}{z^2}=0\Rightarrow xyz=\dfrac{\lambda}{z},\end{cases}$$

则有

$$3xyz=\lambda\left(\frac{1}{x}+\frac{1}{y}+\frac{1}{z}\right)=\frac{\lambda}{a},$$

$$x=y=z=3a,$$

故$(3a,3a,3a)$是函数 $u=xyz$ 在条件(6.25)下唯一驻点.

把条件(6.25)确定的隐函数记作 $z=z(x,y)$，将目标函数看作 $u=xy\cdot z(x,y)=F(x,y)$，再应用二元函数极值的充分条件判断，知点$(3a,3a,3a)$是函数 $u=xyz$ 在条件(6.25)下的极小值点.而所求极值为 $27a^3$.

例 6.6.9　设销售收入 R(单位:万元)与花费在两种广告宣传的费用 x,y(单位:万元)之间的关系为

$$R=\frac{200x}{x+5}+\frac{100y}{10+y}.$$

利润额相当五分之一的销售收入，并要扣除广告费用.已知广告费用总预算金是 25 万元，试问如何分配两种广告费用使利润最大?

解　设利润为 L，有

$$L=\frac{1}{5}R-x-y=\frac{40x}{x+5}+\frac{20y}{10+y}-x-y,$$

限制条件为 $x+y=25$.这是条件极值问题.令

$$L(x,y,\lambda)=\frac{40x}{x+5}+\frac{20y}{10+y}-x-y+\lambda(x+y-25).$$

由于

$$L_x=\frac{200}{(5+x)^2}-1+\lambda=0,\quad L_y=\frac{200}{(10+y)^2}-1+\lambda=0,$$

得$(5+x)^2=(10+y)^2$.又 $x+y=25$，解得 $x=15,y=10$.根据问题本身的意义及驻点的唯一性即知，当投入两种广告的费用分别为 15 万元和 10 万元时，可使利润最大.

*6.6.3　最小二乘法

数理统计中常用到回归分析，也就是根据实际测量得到的一组数据来找出变量间的函数关系的近似表达式.通常把这样得到的函数的近似表达式叫做**经验公式**(empirical formula).这是一种广泛采用的数据处理方法.经验公式建立后，就可以把生产或实践中所积累的某些经验提高到理论上加以分析，并由此作出某些预测和规划.下面通过实例来介绍一种常用的建立经验公式的方法.

例 6.6.10　测定刀具的磨损速度，按每隔一小时测量一次刀具厚度的方式，得到如表 6.6.1 所示的实测数据.

表 6.6.1

顺序编号 i	0	1	2	3	4	5	6	7
时间 t_i/h	0	1	2	3	4	5	6	7
刀具厚度 y_i/mm	27.0	26.8	26.5	26.3	26.1	25.7	25.3	24.8

试根据这组实测数据建立变量 y 和 t 之间的经验公式 $y=f(t)$.

解 为确定 $y=f(t)$ 的类型,利用所给数据在坐标纸上画出时间 t 与刀具厚度 y 的观察散点图(图 6.6.2),易发现所求函数 $y=f(t)$ 可近似看作线性函数,因此可设 $f(t)=at+b$,其中 a 和 b 是待定常数,但因为图中各点并不在同一条直线上,因此希望要使偏差 $y_i-f(t_i)(i=0,1,2,\cdots,7)$ 都很小. 为了保证每个这样的偏差都很小,可考虑选取常数 a,b,使 $M=\sum\limits_{i=0}^{7}[y_i-(at_i+b)]^2$ 最小. 这种根据偏差的平方和为最小的条件来选择常数 a,b 的方法叫做**最小二乘法**(method of minimum squares).

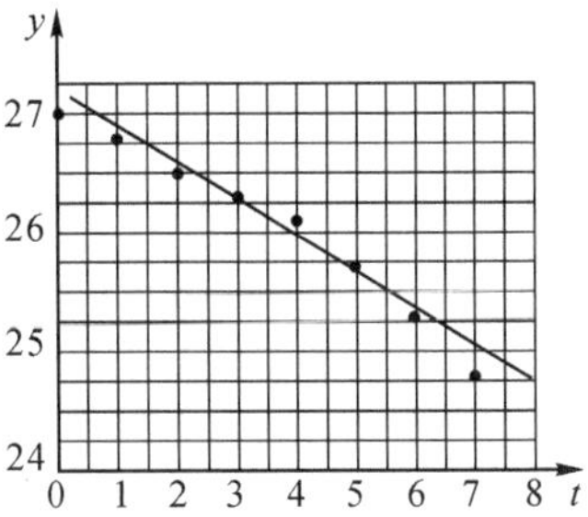

图 6.6.2

因此,为求解本例,可考虑选取常数 a,b,使 $M=\sum\limits_{i=0}^{7}[y_i-(at_i+b)]^2$ 最小. 把 M 看成自变量 a 和 b 的一个二元函数,那么问题就可归结为求函数 $M=M(a,b)$ 在哪些点处取得最小值. 令

$$\begin{cases}\dfrac{\partial M}{\partial a}=-2\sum\limits_{i=0}^{7}[y_i-(at_i+b)]t_i=0,\\ \dfrac{\partial M}{\partial b}=-2\sum\limits_{i=0}^{7}[y_i-(at_i+b)]=0,\end{cases}\quad 即\quad \begin{cases}\sum\limits_{i=0}^{7}[y_i-(at_i+b)]t_i=0,\\ \sum\limits_{i=0}^{7}[y_i-(at_i+b)]=0.\end{cases}$$

整理得

$$\begin{cases}a\sum\limits_{i=0}^{7}t_i^2+b\sum\limits_{i=0}^{7}t_i=\sum\limits_{i=0}^{7}y_it_i,\\ a\sum\limits_{i=0}^{7}t_i+8b=\sum\limits_{i=0}^{7}y_i.\end{cases}\tag{6.26}$$

计算得

$$\sum_{i=0}^{7}t_i=28,\quad \sum_{i=0}^{7}t_i^2=140,\quad \sum_{i=0}^{7}y_i=208.5,\quad \sum_{i=0}^{7}y_it_i=717.0.$$

代入式(6.26),得 $\begin{cases}140a+28b=717,\\ 28a+8b=208.5,\end{cases}$ 解得 $a=-0.3036,b=27.125$. 于是,所求经验公式为

$$y=f(t)=-0.3036t+27.125.\tag{6.27}$$

根据式(6.27)算出的 $f(t_i)$ 与实测的 y_i 有一定的偏差,如表 6.6.2 所示.

表 6.6.2

t_i	0	1	2	3	4	5	6	7
实测 y_i	27.0	26.8	26.5	26.3	26.1	25.7	25.3	24.8
计算 $f(t_i)$	27.125	26.821	26.518	26.214	25.911	25.607	25.303	25.000
偏差	−0.125	−0.021	−0.018	−0.086	0.189	0.093	−0.003	−0.200

注 偏差的平方和 $M=0.108165$,其平方根 $\sqrt{M}=0.329$. 我们把 $\sqrt{M}$ 称为**均方误差**(mean square error),它的大小在一定程度上反映了用经验公式近似表达原来函数关系的近似程度的好坏.

另外本例中实测数据的图形近似为一条直线,因而认为所求函数关系可近似看作线性函数关系,这类问题的求解比较简便. 有些实际问题中,经验公式的类型虽然不是线性函数,但我们可以设法把它转化成线性函数的类型来讨论.

习题 6.6

1. 求下列函数的极值,并判断极大与极小:

(1) $f(x,y)=x^3+y^3-3x-12y+20$; (2) $f(x,y)=4(x-y)-x^2-y^2$;

(3) $f(x,y)=e^{2x}(x+y^2+2y)$.

2. 讨论函数 $z=x^3+y^3$ 及 $z=(x^2+y^2)^2$ 在原点(0,0)处是否取得极值.

3. 求棱长之和为 $12l(l>0)$,且具有最大体积的长方体体积.

4. 某公司可通过电台及报纸两种方式做销售某商品的广告. 根据统计资料,销售收入 R(万元)与电台广告费用 x_1(万元)及报纸广告费用 x_2(万元)之间的关系有如下的经验公式:

$$R=15+14x_1+32x_2-8x_1x_2-2x_1^2-10x_2^2.$$

(1)在广告费用不限的情况下,求最优广告策略;

(2)若提供的广告费用为 1.5 万元,求相应的最优广告策略.

5. 设某工厂生产甲产品数量 S(吨)与所用两种原料 A,B 的数量 x,y(吨)间的关系式 $S(x,y)=0.005x^2y$,现准备向银行贷款 150 万元购原料,已知 A,B 原料每吨单价分别为 1 万元和 2 万元,问怎样购进两种原料,才能使生产的数量最多?

6.7 二重积分的概念与性质

二重积分是多元函数积分学的重要组成部分,可以看成是定积分的推广. 其中的数学思想与定积分一样,也是一种“和式的极限”. 但不同的是:定积分中的被积函数是一元函数,积分范围是坐标轴上的一个区间;而二重积分的被积函数是二元函数,积分范围是坐标平面上的一个区域. 它们之间也存在着密切的联系,二重积分可以通过定积分来计算.

6.7.1 二重积分的概念

二重积分的概念也是从实践中抽象出来的.

引例 6.7.1 求曲顶柱体的体积.

设有一立体,它的底是 xOy 平面上的闭区域 D[①],它的侧面是以 D 的边界曲线为准线而母线平行于 z 轴的柱面,它的顶是曲面 $z=f(x,y)$,这里 $f(x,y)\geqslant 0$ 且在 D 上连续. 这种立体叫做**曲顶柱体**(图 6.7.1). 现在来讨论如何计算曲顶柱体的体积. 下面我们用微元法来解决.

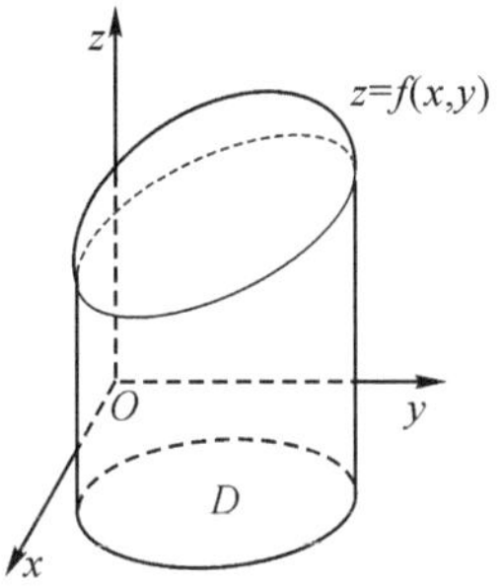

图 6.7.1

(1) 分割. 用任意一组曲线网把 D 分成 n 个小闭区域 $\Delta\sigma_1,\Delta\sigma_2,\cdots,\Delta\sigma_n$,分别以这些小闭区域的边界曲线为准线,作母线平行于 z 轴的柱面,这些柱面把原来的曲顶柱体分为 n 个小的曲顶柱体. 记第 i 个小曲顶柱体的体积为 ΔV_i. 在每个小闭区域 $\Delta\sigma_i$ 中任取一点 (ξ_i,η_i),以 $f(\xi_i,\eta_i)$ 为高而底为 $\Delta\sigma_i$ 的平顶柱体(图 6.7.2)的体积为 $f(\xi_i,\eta_i)\Delta\sigma_i$,即 $\Delta V_i\approx f(\xi_i,\eta_i)\Delta\sigma_i\ (i=1,2,\cdots,n)$.

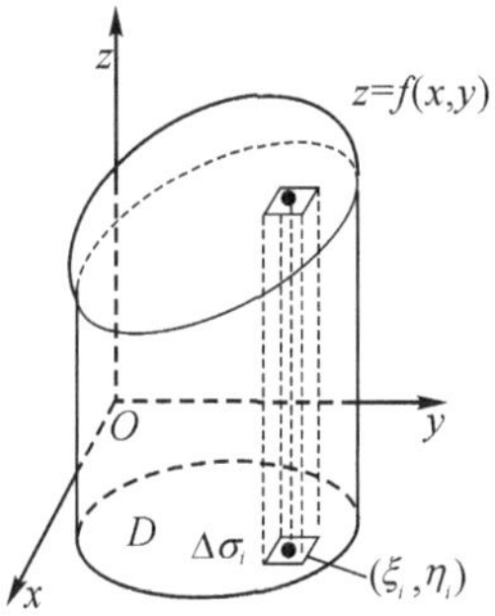

图 6.7.2

(2) 近似求和. 对 n 个小曲顶柱体的体积求和,可以认为是整个曲顶柱体体积的近似值

$$V=\sum_{i=1}^{n}\Delta V_i\approx\sum_{i=1}^{n}f(\xi_i,\eta_i)\Delta\sigma_i.$$

(3) 取极限. 为求得曲顶柱体体积的精确值,让分割越来越细,只需取极限,即

$$V=\lim_{\lambda\to 0}\sum_{i=1}^{n}f(\xi_i,\eta_i)\Delta\sigma_i, \tag{6.28}$$

其中 λ 是各小闭区域的直径中的最大值(即该小闭区域上任意两点间距离的最大者).

引例 6.7.2 平面薄片的质量.

设有一平面薄片占有 xOy 平面上的闭区域 D(图 6.7.3),它在点 (x,y) 处的面密度为 $\rho(x,y)$,这里 $\rho(x,y)>0$ 且在 D 上连续. 现在要计算该薄片的质量 M.

我们知道,如果薄片是均匀的,即面密度是常数,则薄片的质量可以用公式

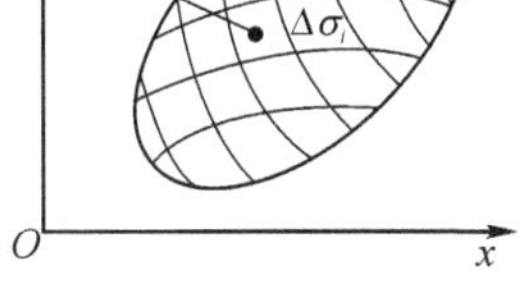

图 6.7.3

① 为简便起见,本章以后除特别说明外,都假设平面闭区域是有界的,且平面闭区域有有限面积.

$$质量=面密度\times面积$$

来计算. 现在面密度 $\rho(x,y)$ 是变量,薄片的质量就不能直接用上式来计算. 但是上面用来处理曲顶柱体体积问题的方法完全适用于本问题.

(1)分割. 用一组曲线网把 D 分成 n 个小闭区域 $\Delta\sigma_1,\Delta\sigma_2,\cdots,\Delta\sigma_n$,把各小块的质量近似地看作均匀薄片,在 $\Delta\sigma_i$ 上任取一点 (ξ_i,η_i),则第 i 个小块的质量的近似值为 $\rho(\xi_i,\eta_i)\Delta\sigma_i$.

(2)近似求和. 各小块质量的和作为平面薄片的质量的近似值:

$$M\approx\sum_{i=1}^{n}\rho(\xi_i,\eta_i)\Delta\sigma_i.$$

(3)取极限. 将分割加细,取极限,得到平面薄片的质量

$$M=\lim_{\lambda\to 0}\sum_{i=1}^{n}\rho(\xi_i,\eta_i)\Delta\sigma_i,$$

其中 λ 是各小区域的直径中的最大值.

对上述两个引例,如果不考虑其实际含义,只观察其数字特征,它们有相似之处,均为同一形式的和式的极限. 在物理、几何、力学和工程技术中,有许多物理量或几何量都可以归结为这一形式的和的极限. 因此我们要一般地研究这种和的极限,这一极限可被抽象并定义为二重积分.

定义 6.7.1　设 $f(x,y)$ 是有界闭区域 D 上的有界函数. 将闭区域 D 任意分成 n 个小闭区域 $\Delta\sigma_1,\Delta\sigma_2,\cdots,\Delta\sigma_n$,其中 $\Delta\sigma_i$ 表示第 i 个小闭区域,也表示它的面积,在每个 $\Delta\sigma_i$ 上任取一点 (ξ_i,η_i),作乘积

$$f(\xi_i,\eta_i)\Delta\sigma_i\quad(i=1,2,\cdots,n),$$

并作和

$$\sum_{i=1}^{n}f(\xi_i,\eta_i)\Delta\sigma_i,$$

当各小闭区域的直径中的最大值 λ 趋近于零时,如果该和式的极限存在,则称此极限为函数 $f(x,y)$ 在闭区域 D 上的**二重积分**(double integral),记为 $\iint\limits_D f(x,y)\mathrm{d}\sigma$,即

$$\iint\limits_D f(x,y)\mathrm{d}\sigma=\lim_{\lambda\to 0}\sum_{i=1}^{n}f(\xi_i,\eta_i)\Delta\sigma_i,$$

其中 $f(x,y)$ 称为**被积函数**,$f(x,y)\mathrm{d}\sigma$ 称为**被积表达式**,$\mathrm{d}\sigma$ 称为**面积微元**(area element),x 和 y 称为**积分变量**,D 称为**积分区域**(domain of integration),并称

$\sum_{i=1}^{n} f(\xi_i,\eta_i)\Delta\sigma_i$ 为**积分和**(integral sum).

对二重积分定义的说明：

(1)二重积分的存在性.如果二重积分 $\iint_D f(x,y)\mathrm{d}\sigma$ 存在,则称函数 $f(x,y)$ 在区域 D 上是**可积的**(integrable).可以证明,如果函数 $f(x,y)$ 在闭区域 D 上连续,则 $f(x,y)$ 在区域 D 上是可积的.今后,总假定被积函数 $f(x,y)$ 在积分区域 D 上是连续的.

(2)根据定义,如果函数 $f(x,y)$ 在区域 D 上可积,则二重积分的值与对积分区域的分割方法无关,因此,在直角坐标系中,常用平行于 x 轴和 y 轴的两组直线来分割积分区域 D,这样除了包含边界点的一些小闭区域外,其余的小闭区域都是矩形闭区域.设矩形闭区域 $\Delta\sigma_i$ 的边长为 Δx_i 和 Δy_j,于是 $\Delta\sigma_i=\Delta x_i\Delta y_j$.故在直角坐标系中,面积微元 $\mathrm{d}\sigma$ 可记为 $\mathrm{d}x\mathrm{d}y$,即 $\mathrm{d}\sigma=\mathrm{d}x\mathrm{d}y$.进而把二重积分记为 $\iint_D f(x,y)\mathrm{d}x\mathrm{d}y$,这里把 $\mathrm{d}x\mathrm{d}y$ 称为直角坐标系下的**面积微元**.

(3)二重积分的几何意义.如果 $f(x,y)\geqslant 0$,被积函数 $f(x,y)$ 可解释为曲顶柱体在点 (x,y) 处的竖坐标,所以二重积分的几何意义就是曲顶柱体的体积.如果 $f(x,y)<0$,柱体就位于 xOy 平面的下方,二重积分的绝对值仍等于曲顶柱体的体积,但二重积分的值是负的,即是曲顶柱体的体积的负值.如果 $f(x,y)$ 在区域 D 上的若干部分为正,其余部分为负,则可以把 xOy 上方的二重积分取为曲顶柱体体积,是正的,在下方的二重积分取为曲顶柱体体积的负值.于是,函数 $f(x,y)$ 在区域 D 上的二重积分就等于 xOy 平面上方的曲顶柱体体积减去 xOy 平面下方的曲顶柱体体积所得之差,即是曲顶柱体体积的代数和.

例 6.7.1 利用二重积分的几何意义求 $\iint_D \sqrt{1-x^2-y^2}\,\mathrm{d}\sigma$ 的值,其中 D 是区域 $x^2+y^2\leqslant 1$.

解 由二重积分的几何意义有:由于被积函数

$$z=\sqrt{1-x^2-y^2}\geqslant 0,$$

所以 $\iint_D \sqrt{1-x^2-y^2}\,\mathrm{d}\sigma$ 在数值上等于以曲面 $z=\sqrt{1-x^2-y^2}$ 为顶,以 D 为底的曲顶柱体的体积,它实际上是一个半径为 1 的上半球体的体积,所以

$$\iint_D \sqrt{1-x^2-y^2}\,\mathrm{d}\sigma=\frac{1}{2}V_{\text{球}}=\frac{1}{2}\cdot\frac{4}{3}\pi=\frac{2}{3}\pi.$$

6.7.2　二重积分的性质

比较定积分与二重积分的概念，可以想到二重积分也有与定积分类似性质，且其证明也与定积分性质的证明类似.

性质 6.7.1　设 c_1,c_2 为常数，则

$$\iint_D [c_1 f(x,y)+c_2 g(x,y)]\mathrm{d}\sigma=c_1\iint_D f(x,y)\mathrm{d}\sigma+c_2\iint_D g(x,y)\mathrm{d}\sigma.$$

性质 6.7.2（对积分区域的有限可加性）　如果闭区域 D 被有限条曲线分为有限个部分闭区域，则在 D 上的二重积分等于在各部分闭区域上的二重积分的和. 例如，D 分为两个闭区域 D_1 与 D_2，则

$$\iint_D f(x,y)\mathrm{d}\sigma=\iint_{D_1} f(x,y)\mathrm{d}\sigma+\iint_{D_2} f(x,y)\mathrm{d}\sigma.$$

性质 6.7.3　如果在闭区域 D 上，$f(x,y)=1$，σ 为 D 的面积，则

$$\iint_D 1\mathrm{d}\sigma=\iint_D \mathrm{d}\sigma=\sigma.$$

这个性质的几何意义是很明显的，因为高为 1 的平顶柱体的体积在数值上就等于柱体的底面积.

性质 6.7.4（不等式性）　如果在 D 上，$f(x,y)\leqslant g(x,y)$，则有不等式

$$\iint_D f(x,y)\mathrm{d}\sigma\leqslant\iint_D g(x,y)\mathrm{d}\sigma.$$

特殊地，有

$$\left|\iint_D f(x,y)\mathrm{d}\sigma\right|\leqslant\iint_D |f(x,y)|\mathrm{d}\sigma.$$

性质 6.7.5（估值不等式）　设 M,m 分别是 $f(x,y)$ 在闭区域 D 上的最大值和最小值，σ 为 D 的面积，则有

$$m\sigma\leqslant\iint_D f(x,y)d\sigma\leqslant M\sigma.$$

性质 6.7.6（二重积分的中值定理）　设函数 $f(x,y)$ 在闭区域 D 上连续，σ 为 D 的面积，则在 D 上至少存在一点 (ξ,η) 使得

$$\iint_D f(x,y)\mathrm{d}\sigma=f(\xi,\eta)\sigma.$$

二重积分中值定理的几何意义为：在闭区域 D 上以曲面 $f(x,y)$ 为顶的曲顶柱体的体积总可以等于以区域 D 内某一点 (ξ,η) 的函数值 $f(\xi,\eta)$ 为高的平顶柱体的体积.

注 由上述性质可得$\frac{1}{\sigma}\iint\limits_D f(x,y)\mathrm{d}\sigma=f(\xi,\eta)$，通常把数值$\frac{1}{\sigma}\iint\limits_D f(x,y)\mathrm{d}\sigma$称为函数$f(x,y)$在区域$D$上的**平均值**(medium value).

例 6.7.2 不作计算，估计$I=\iint\limits_D \mathrm{e}^{(x^2+y^2)}\mathrm{d}\sigma$的值，其中

$$D=\{(x,y)\mid x^2+y^2\leqslant a^2\},(0<a).$$

解 区域D的面积$\sigma=\pi a^2$，在D上，因为$0\leqslant x^2+y^2\leqslant a^2$，故

$$1=\mathrm{e}^0\leqslant \mathrm{e}^{x^2+y^2}\leqslant \mathrm{e}^{a^2},$$

由性质 6.7.5 知$\sigma\leqslant\iint\limits_D \mathrm{e}^{(x^2+y^2)}\mathrm{d}\sigma\leqslant\sigma\cdot\mathrm{e}^{a^2}$，即

$$\pi a^2\leqslant\iint\limits_D \mathrm{e}^{(x^2+y^2)}\mathrm{d}\sigma\leqslant\pi a^2\mathrm{e}^{a^2}.$$

例 6.7.3 估计二重积分$I=\iint\limits_D\frac{\mathrm{d}\sigma}{\sqrt{x^2+y^2+2xy+16}}$的值，其中积分区域$D$为矩形闭区域$\{(x,y)\mid 0\leqslant x\leqslant 1,0\leqslant y\leqslant 2\}$.

解 因为$f(x,y)=\frac{1}{\sqrt{(x+y)^2+16}}$，积分区域面积$\sigma=2$，又由于$0\leqslant x+y\leqslant 3$，则在$D$上$f(x,y)$的最大值$M=\frac{1}{4}(x=y=0)$，最小值$m=\frac{1}{\sqrt{3^2+4^2}}=\frac{1}{5}(x=1,y=2)$，故

$$\frac{2}{5}\leqslant I\leqslant\frac{2}{4},$$

即$0.4\leqslant I\leqslant 0.5$.

例 6.7.4 比较积分$\iint\limits_D\ln(x+y)\mathrm{d}\sigma$与$\iint\limits_D[\ln(x+y)]^2\mathrm{d}\sigma$的大小，其中区域$D$是三角形闭区域，三顶点各为(1,0)，(1,1)，(2,0).

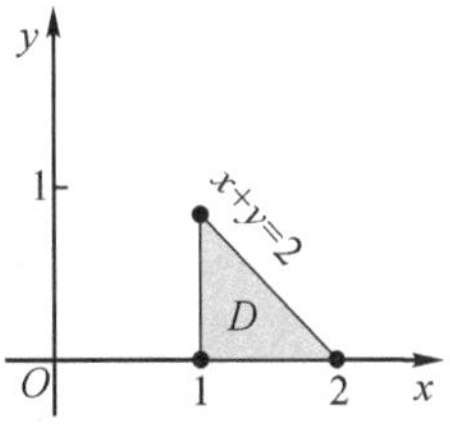

图 6.7.4

解 如图 6.7.4 所示，三角形斜边方程为$x+y=2$，在积分区域D内有$1\leqslant x+y\leqslant 2<\mathrm{e}$，故$0\leqslant\ln(x+y)<1$，于是$\ln(x+y)>[\ln(x+y)]^2$，因此

$$\iint\limits_D\ln(x+y)\mathrm{d}\sigma>\iint\limits_D[\ln(x+y)]^2\mathrm{d}\sigma.$$

习题 6.7

1. 利用二重积分定义证明：$\iint\limits_D kf(x,y)\mathrm{d}\sigma=k\iint\limits_D f(x,y)\mathrm{d}\sigma$.

2. 利用二重积分的几何意义说明：$\iint\limits_D k\mathrm{d}\sigma=k\sigma$（$k\in\mathbf{R}$ 为常数，σ 为积分区域 D 的面积）.

3. 利用二重积分的性质估计下列积分的值：

(1) $\iint\limits_D xy(x+y)\mathrm{d}\sigma$，其中积分区域 $D=\{(x,y)\mid 0\leqslant x\leqslant 1,0\leqslant y\leqslant 1\}$；

(2) $\iint\limits_D (x+y+1)\mathrm{d}\sigma$，其中积分区域 $D=\{(x,y)\mid 0\leqslant x\leqslant 1,0\leqslant y\leqslant 2\}$；

(3) $\iint\limits_D (x^2+4y^2+9)\mathrm{d}\sigma$，其中积分区域 $D=\{(x,y)\mid x^2+y^2\leqslant 4\}$.

4. 利用二重积分的性质比较下列积分的大小：

(1) $\iint\limits_D (x+y)^2\mathrm{d}\sigma$ 与 $\iint\limits_D (x+y)^3\mathrm{d}\sigma$，其中积分区域 D 由 x 轴，y 轴与直线 $x+y=1$ 所围成；

(2) $\iint\limits_D \ln(x+y)\mathrm{d}\sigma$ 与 $\iint\limits_D [\ln(x+y)]^2\mathrm{d}\sigma$，其中 $D=\{(x,y)\mid 3\leqslant x\leqslant 5,0\leqslant y\leqslant 1\}$.

5. 若 $\iint\limits_D 1\mathrm{d}\sigma=1$，则积分区域 D 可以是(　　).

(A) 由 x 轴，y 轴与直线 $x+y=2$ 所围成的区域；

(B) 由 $x=1$，$x=2$ 及 $y=2$，$y=4$ 所围成的区域；

(C) 由 $|x|=\dfrac{1}{2}$，$|y|=\dfrac{1}{2}$ 所围成的区域；

(D) 由 $|x+y|=1$，$|x-y|=1$ 所围成的区域.

6.8 在直角坐标系下二重积分的计算

按照二重积分的定义来计算二重积分，对少数特别简单的被积函数和积分区域来说是可行的，但对一般的函数和积分区域来说，这不是一种切实可行的方法. 这里介绍一种方法，把二重积分化为两次定积分来计算，转化后的这种两次定积分常称为**二次积分**或**累次积分**(repeated integral). 本节先在直角坐标系下讨论二重积分的计算.

6.8.1 利用直角坐标计算二重积分

在具体讨论二重积分的计算之前，先介绍两种特殊的积分区域.

X 型区域（图 6.8.1）：$D=\{(x,y)\mid a\leqslant x\leqslant b,\varphi_1(x)\leqslant y\leqslant\varphi_2(x)\}$，其中函数 $\varphi_1(x)$，$\varphi_2(x)$ 在区间 $[a,b]$ 上连续. 这种区域的特点是：穿过区域且平行于 y 轴的直线与区域的边界相交不多于两个交点.

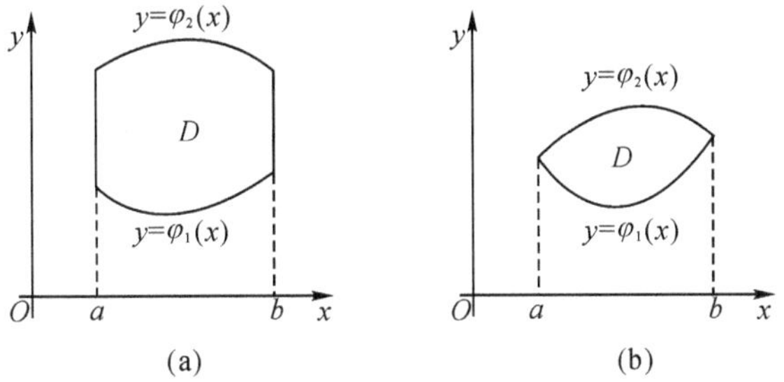

图 6.8.1

Y 型区域(图 6.8.2):$D=\{(x,y)\mid c\leqslant y\leqslant d,\psi_1(y)\leqslant x\leqslant\psi_2(y)\}$,其中函数 $\psi_1(y)$,$\psi_2(y)$在区间$[c,d]$上连续.这种区域的特点是:穿过区域且平行于 x 轴的直线与区域的边界相交不多于两个交点.

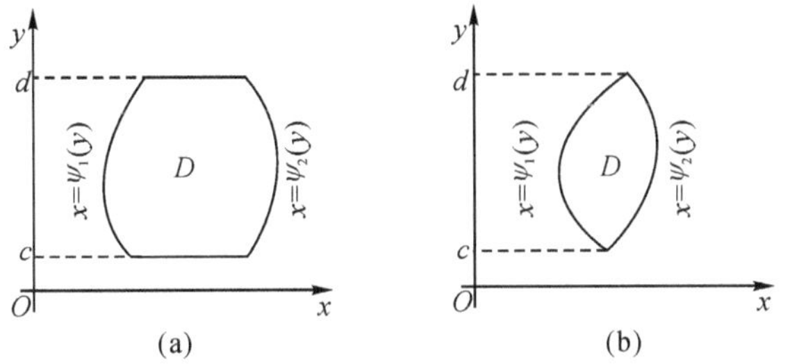

图 6.8.2

假定积分区域 D 为如下 X 型区域:

$$\{(x,y)\mid a\leqslant x\leqslant b,\varphi_1(x)\leqslant y\leqslant\varphi_2(x)\}.$$

设 $f(x,y)\geqslant 0$,此时二重积分 $\iint\limits_D f(x,y)\mathrm{d}\sigma$ 在几何上表示以曲面 $z=f(x,y)$ 为顶,以区域 D 为底的曲顶柱体(图 6.8.3)的体积.应用“平行截面面积为已知的立体的体积”的方法,来计算这个曲顶柱体的体积.

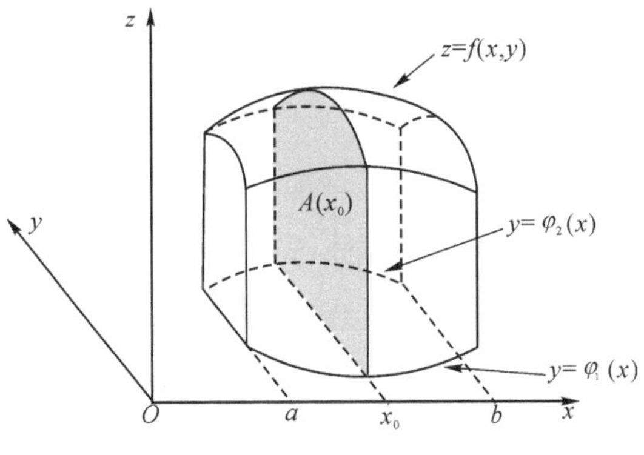

图 6.8.3

先计算截面面积.为此在区间$[a,b]$上任意取定一点x_0,作平行于yOz平面的平面$x=x_0$.这平面截曲顶柱体所得截面是一个以区间$[\varphi_1(x_0),\varphi_2(x_0)]$为底、曲线$z=f(x_0,y)$为曲边的曲边梯形(图6.8.3中阴影部分),所以这截面的面积为

$$A(x_0)=\int_{\varphi_1(x_0)}^{\varphi_2(x_0)} f(x_0,y)\mathrm{d}y.$$

一般地,过区间$[a,b]$上任一点x且平行于yOz平面的平面截曲顶柱体所得截面的面积为

$$A(x)=\int_{\varphi_1(x)}^{\varphi_2(x)} f(x,y)\mathrm{d}y.$$

于是,得曲顶柱体的体积为

$$V=\int_a^b A(x)\mathrm{d}x=\int_a^b \left[\int_{\varphi_1(x)}^{\varphi_2(x)} f(x,y)\mathrm{d}y\right]\mathrm{d}x.$$

这个体积也就是所求二重积分的值,从而有等式

$$\iint_D f(x,y)\mathrm{d}\sigma=\int_a^b \left[\int_{\varphi_1(x)}^{\varphi_2(x)} f(x,y)\mathrm{d}y\right]\mathrm{d}x.$$

上式右端的积分叫做先对y、后对x的二次积分.就是说,先把x看作常数,把$f(x,y)$只看作y的函数,并对y计算从$\varphi_1(x)$到$\varphi_2(x)$的定积分;然后把算得的结果(是x的函数)再对x计算在区间$[a,b]$上的定积分.这个先对y、后对x的二次积分也常记作

$$\int_a^b \mathrm{d}x\int_{\varphi_1(x)}^{\varphi_2(x)} f(x,y)\mathrm{d}y.$$

因此,所求二重积分的值也写成

$$\iint_D f(x,y)\mathrm{d}\sigma=\int_a^b \mathrm{d}x\int_{\varphi_1(x)}^{\varphi_2(x)} f(x,y)\mathrm{d}y. \tag{6.29}$$

在上述讨论中,假定$f(x,y)\geqslant 0$,这只是为几何上说明方便而引入的条件,实际上,式(6.29)的成立并不受此条件限制.

类似地,如果区域D为Y型区域:

$$\{(x,y)\mid c\leqslant y\leqslant d,\psi_1(y)\leqslant x\leqslant\psi_2(y)\},$$

则有

$$\iint_D f(x,y)\mathrm{d}\sigma=\int_c^d \mathrm{d}y\int_{\psi_1(y)}^{\psi_2(y)} f(x,y)\mathrm{d}x. \tag{6.30}$$

上式右端的积分叫做先对x、后对y的二次积分.

如果积分区域如图6.8.4那样,既不是X型区域,也不是Y型区域,则可以将其分割成若干X型区域或Y型区域,在每小块区域上应用式(6.29)或式(6.30),再由二重积分对积分区域的可加性,即求得所给的二重积分.

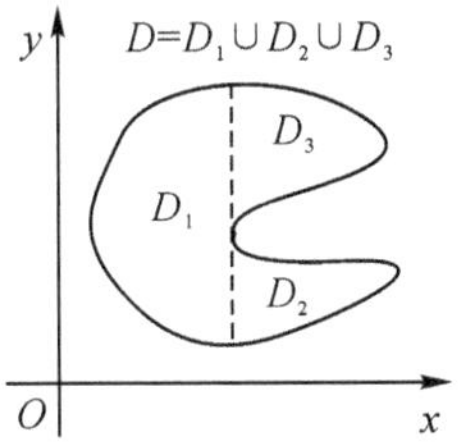

图 6.8.4

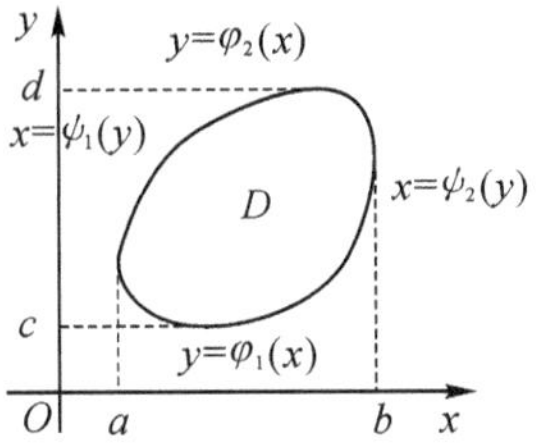

图 6.8.5

如果积分区域如图 6.8.5 那样，既是 X 型区域，也是 Y 型区域，则积分区域既可以用不等式

$$a\leqslant x\leqslant b,\quad \varphi_1(x)\leqslant y\leqslant \varphi_2(x)$$

表示，也可以用不等式

$$c\leqslant y\leqslant d,\quad \psi_1(y)\leqslant x\leqslant \psi_2(y)$$

表示，则分别应用式(6.29)和式(6.30)，就得

$$\iint_D f(x,y)\mathrm{d}\sigma=\int_a^b \mathrm{d}x\int_{\varphi_1(x)}^{\varphi_2(x)} f(x,y)\mathrm{d}y=\int_c^d \mathrm{d}y\int_{\psi_1(y)}^{\psi_2(y)} f(x,y)\mathrm{d}x,$$

上式表明，这两个不同次序的二次积分相等，因此我们在具体计算一个二重积分时，可以有选择地将其化为其中的一种二次积分，使其计算尽可能简单.

将二重积分化为二次积分，确定积分限是最关键的. 积分限是根据积分区域 D 来确定的，先正确画出积分区域的图形. 假如积分区域 D 如图 6.8.6 所示，则可按下述方法确定表示区域 D 的不等式：在区间 $[a,b]$ 上任取一点 x，过点 x 作平行于 y 轴的直线交区域 D 的边界于点 $\varphi_1(x)$ 和 $\varphi_2(x)$，这就是把 x 看成常量，而把 $\varphi_1(x)$ 和 $\varphi_2(x)$ 看成是积分变量 y 的上限和下限，因此积分区域 D 可表示为

$$a\leqslant x\leqslant b,\quad \varphi_1(x)\leqslant y\leqslant \varphi_2(x).$$

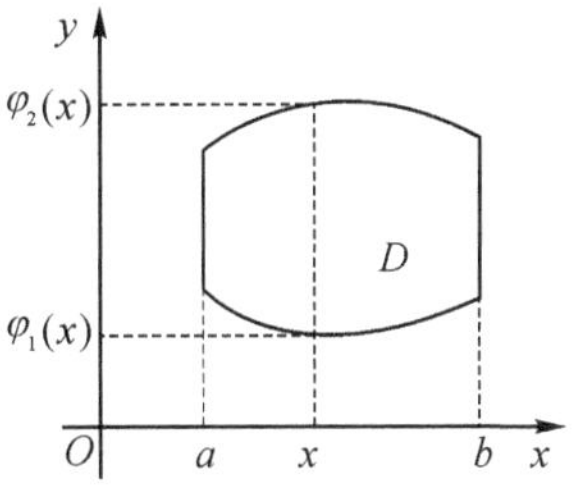

图 6.8.6

例 6.8.1 计算二重积分 $\iint\limits_D \mathrm{e}^{x+y}\mathrm{d}x\mathrm{d}y$，其中区域 D 是由 $x=0,x=1,y=0,y=1$ 所围成的矩形.

解 因为 D 是矩形区域，且 $\mathrm{e}^{x+y}=\mathrm{e}^x\cdot\mathrm{e}^y$，所以

$$\iint_D \mathrm{e}^{x+y}\mathrm{d}x\mathrm{d}y=\left(\int_0^1 \mathrm{e}^x\mathrm{d}x\right)\left(\int_0^1 \mathrm{e}^y\mathrm{d}y\right)=(\mathrm{e}^x\big|_0^1)(\mathrm{e}^y\big|_0^1)=(\mathrm{e}-1)^2.$$

例 6.8.2 计算 $\iint\limits_D xy\,\mathrm{d}\sigma$，其中 D 是由直线 $y=1,x=2$ 及 $y=x$ 所围成的闭区域.

解 方法一. 画出区域 D(图 6.8.7)，将积分区域视为 X 型，

$$\iint_D xy\,\mathrm{d}\sigma=\int_1^2\left[\int_1^x xy\mathrm{d}y\right]\mathrm{d}x=\int_1^2\left[x\cdot\frac{y^2}{2}\right]_1^x\mathrm{d}x=\int_1^2\left[\frac{x^3}{2}-\frac{x}{2}\right]\mathrm{d}x$$

$$=\left[\frac{x^4}{8}-\frac{x^2}{4}\right]_1^2=1\frac{1}{8}.$$

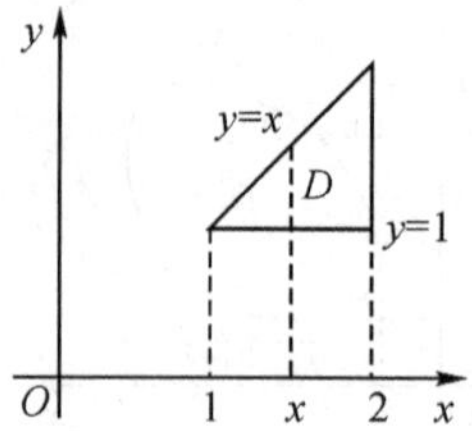

图 6.8.7

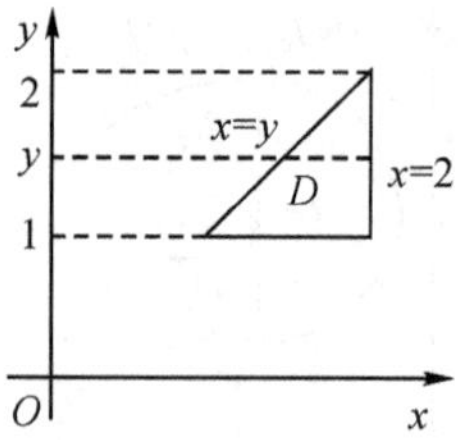

图 6.8.8

方法二. 将积分区域 D 视为 Y 型(图 6.8.8),

$$\iint_D xy\,d\sigma=\int_1^2\left[\int_y^2 xy\,dx\right]dy=\int_1^2\left[y\cdot\frac{x^2}{2}\right]_y^2 dy=\int_1^2\left[2y-\frac{y^3}{2}\right]dy$$

$$=\left[y^2-\frac{y^4}{8}\right]_1^2=1\frac{1}{8}.$$

例 6.8.3 计算 $\iint\limits_D xy\,d\sigma$,其中 D 是由直线 $y=x+2$ 及抛物线 $y=x^2$ 所围成的闭区域.

解 画出积分区域 D 如图 6.8.9 所示,D 既是 X 型区域,也是 Y 型区域.

方法一. 若将 D 看成是 X 型区域,则 D 可以表示为

$$D=\{(x,y)\mid x^2\leqslant y\leqslant x+2,-1\leqslant x\leqslant 2\},$$

于是有

$$I=\int_{-1}^2 dx\int_{x^2}^{x+2} xy\,dy=\int_{-1}^2\left[x\cdot\frac{y^2}{2}\right]_{x^2}^{x+2}dx=\frac{1}{2}\int_{-1}^2 x[(x+2)^2-x^4]dx=5\frac{5}{8}.$$

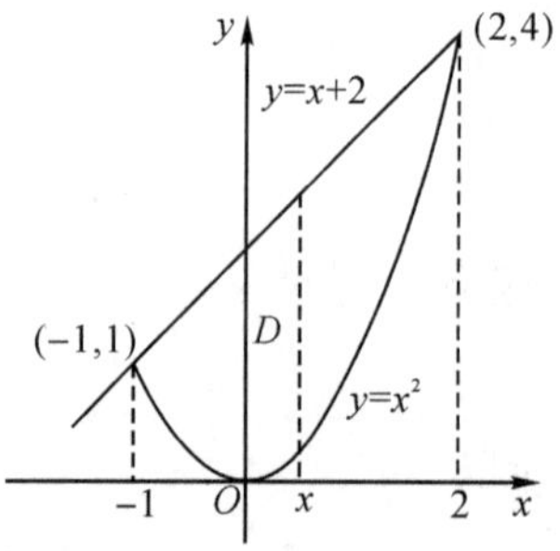

图 6.8.9

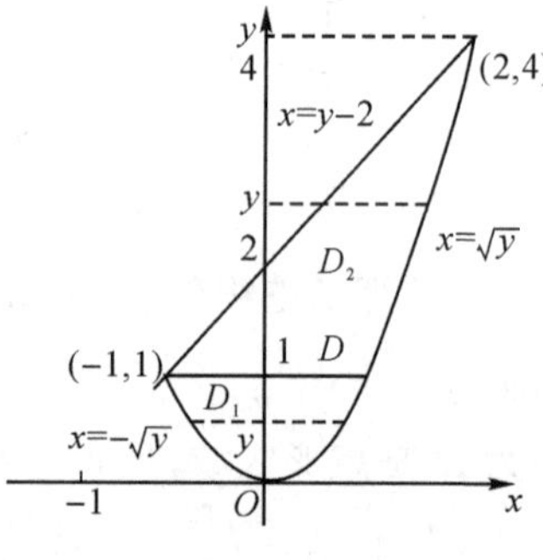

图 6.8.10

方法二. 若将 D 看成是 Y 型区域,则由于在区间$[0,1]$及$[1,4]$上 x 的积分限不同,所以要用直线 $y=1$ 把区域 D 分成 D_1 和 D_2 两部分(图 6.8.10):

$$D_1=\{(x,y)\mid -\sqrt{y}\leqslant x\leqslant\sqrt{y},0\leqslant y\leqslant 1\},\quad D_2=\{(x,y)\mid y-2\leqslant x\leqslant\sqrt{y},1\leqslant y\leqslant 4)\},$$

于是

$$I=\int_0^1 dy\int_{-\sqrt{y}}^{\sqrt{y}} xy\,dx+\int_1^4 dy\int_{y-2}^{\sqrt{y}} xy\,dx=5\frac{5}{8}.$$

易见,将积分区域看成 X 型的计算比较简单.

上述几个例子说明，在化二重积分为二次积分时，为了计算简便，需要选择恰当的二次积分的次序。这时，既要考虑积分区域 D 的形状，又要考虑被积函数 $f(x,y)$ 的特性。尽可能做到分割得少，且计算积分容易。

练习 将上述例题的积分区域 D 改成是由直线 $y=x-2$ 及抛物线 $y^2=x$ 所围成的闭区域，结果又怎样？

思考 求例 6.8.3 中积分区域的面积？

6.8.2 交换二次积分次序的步骤

由于计算二重积分时，选择不同的积分次序，计算的难度不同，甚至有的积分次序选择不当，无法计算出结果。因此，对给定的二次积分，交换其积分次序是常见的一种题型。

例 6.8.4 计算 $I=\int_0^1 \mathrm{d}y\int_y^1 \frac{\sin x}{x}\mathrm{d}x$.

解 虽然题目给了积分次序，但由于 $\int \frac{\sin x}{x}\mathrm{d}x$ 不能表示成初等函数形式，所以要变换积分次序。题设二次积分的积分限为 $0\leqslant y\leqslant 1, y\leqslant x\leqslant 1$，由积分区域 D 的图形(图 6.8.11)。可将 D 表成 X 型区域，得 $D: 0\leqslant x\leqslant 1, 0\leqslant y\leqslant x$,

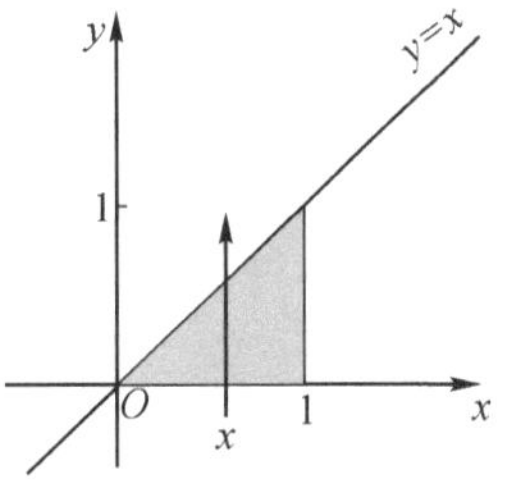

图 6.8.11

$$I=\int_0^1 \mathrm{d}y\int_y^1 \frac{\sin x}{x}\mathrm{d}x=\int_0^1 \mathrm{d}x\int_0^x \frac{\sin x}{x}\mathrm{d}y=\int_0^1 \frac{\sin x}{x}\cdot x\mathrm{d}x$$

$$=\int_0^1 \sin x\mathrm{d}x=-\cos x\Big|_0^1=1-\cos 1.$$

一般地，交换给定二次积分的积分次序的步骤为

(1) 对于给定的二重积分 $\int_a^b \mathrm{d}x\int_{\varphi_1(x)}^{\varphi_2(x)} f(x,y)\mathrm{d}y$，先根据其积分限

$$a\leqslant x\leqslant b,\quad \varphi_1(x)\leqslant y\leqslant \varphi_2(x),$$

画出积分区域 D 的图形。

(2) 根据积分区域的形状，按新的次序确定积分区域 D 的积分限

$$c\leqslant y\leqslant d,\quad \psi_1(y)\leqslant x\leqslant \psi_2(y).$$

(3) 写出结果

$$\int_a^b \mathrm{d}x\int_{\varphi_1(x)}^{\varphi_2(x)} f(x,y)\mathrm{d}y=\int_c^d \mathrm{d}y\int_{\psi_1(y)}^{\psi_2(y)} f(x,y)\mathrm{d}x.$$

例 6.8.5 交换二次积分 $I=\int_0^1 \mathrm{d}x\int_0^x f(x,y)\mathrm{d}y+\int_1^2 \mathrm{d}x\int_0^{2-x} f(x,y)\mathrm{d}y$ 的积分次序。

分析 计算二次积分的一般方法是将其转化为二重积分，然后再化为另一种顺序下的二次积分，必要时还应转化坐标系(见 6.9 节)。注意将二次积分转化为二重积分时，二重积分的区域 D 应是一个整体。

解 由

$D_1=\{(x,y)\,|\,0\leqslant x\leqslant 1,0\leqslant y\leqslant x\}$， $D_2=\{(x,y)\,|\,1\leqslant x\leqslant 2,0\leqslant y\leqslant 2-x\}$，则 D 可表示为 $D=\{(x,y)\,|\,0\leqslant y\leqslant 1,y\leqslant x\leqslant 2-y\}$(图 6.8.12).

$$I=\iint\limits_{D_1\cup D_2} f(x,y)\mathrm{d}\sigma=\int_0^1 \mathrm{d}y\int_y^{2-y} f(x,y)\mathrm{d}x.$$

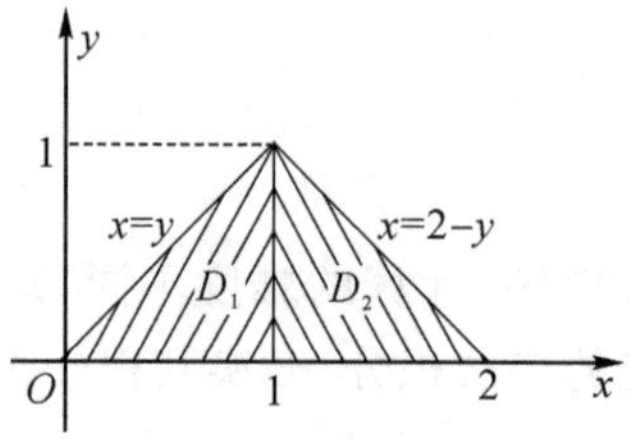

图 6.8.12

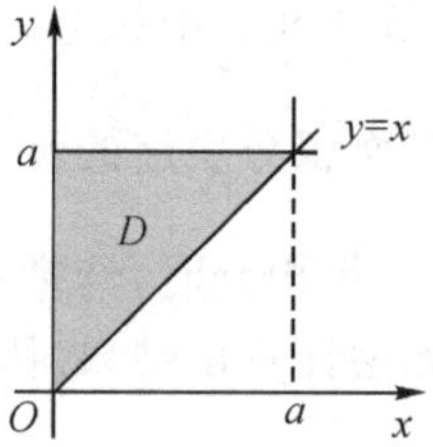

图 6.8.13

例 6.8.6 证明 $\int_0^a \mathrm{d}y\int_0^y \mathrm{e}^{b(x-a)}f(x)\mathrm{d}x=\int_0^a (a-x)\mathrm{e}^{b(x-a)}f(x)\mathrm{d}x$，其中 a,b 均为常数，且 $a>0$.

证 等式左端二次积分的积分限为 $0\leqslant y\leqslant a,0\leqslant x\leqslant y$，画出积分区域 D 的图形如图 6.8.13 所示，积分限可改写为 $0\leqslant x\leqslant a,x\leqslant y\leqslant a$，所以

$$\int_0^a \mathrm{d}y\int_0^y \mathrm{e}^{b(x-a)}f(x)\mathrm{d}x=\int_0^a \mathrm{d}x\int_x^a \mathrm{e}^{b(x-a)}f(x)\mathrm{d}y=\int_0^a\left[\mathrm{e}^{b(x-a)}f(x)\int_x^a \mathrm{d}y\right]\mathrm{d}x$$

$$=\int_0^a (a-x)\mathrm{e}^{b(x-a)}f(x)\mathrm{d}x.$$

6.8.3 利用对称性和奇偶性化简二重积分的计算

利用被积函数的奇偶性及积分区域 D 的对称性，常常会大大化简二重积分的计算. 如同在处理关于原点对称的区间上的奇(偶)函数的定积分一样，在利用这一方法时，要同时兼顾到被积函数 $f(x,y)$ 的奇偶性和积分区域 D 的对称性两方面. 为应用方便，总结如下：

(1) 如果积分区域 D 关于 y 轴对称，则

①当 $f(-x,y)=-f(x,y)\;((x,y)\in D)$ 时，有 $\iint\limits_D f(x,y)\mathrm{d}x\mathrm{d}y=0$；

②当 $f(-x,y)=f(x,y)\;((x,y)\in D)$ 时，有 $\iint\limits_D f(x,y)\mathrm{d}x\mathrm{d}y=2\iint\limits_{D_1} f(x,y)\mathrm{d}x\mathrm{d}y$，

其中 $D_1=\{(x,y)\,|\,(x,y)\in D,x\geqslant 0\}$.

(2) 如果积分区域 D 关于 x 轴对称，则

①当 $f(x,-y)=-f(x,y)\;((x,y)\in D)$ 时，有 $\iint\limits_D f(x,y)\mathrm{d}x\mathrm{d}y=0$；

②当 $f(x,-y)=f(x,y)\;((x,y)\in D)$ 时，有 $\iint\limits_D f(x,y)\mathrm{d}x\mathrm{d}y=2\iint\limits_{D_2} f(x,y)\mathrm{d}x\mathrm{d}y$，

其中 $D_2=\{(x,y)\mid(x,y)\in D,y\geqslant 0\}$.

例 6.8.7 计算 $I=\iint\limits_D(xy+1)\mathrm{d}x\mathrm{d}y$,其中 $D:4x^2+y^2\leqslant 4$.

解 积分域 D 为椭圆,关于 x 轴、y 轴对称,利用对称性,

$$I=\iint\limits_D xy\,\mathrm{d}x\mathrm{d}y+\iint\limits_D \mathrm{d}x\mathrm{d}y.$$

因为积分域 D 关于 y 轴对称,且函数 $f(x,y)=xy$ 关于 x 是奇函数,所以 $\iint\limits_D xy\,\mathrm{d}x\mathrm{d}y=0$. 又 $\iint\limits_D \mathrm{d}x\mathrm{d}y=2\pi$. 故 $I=2\pi$.(椭圆$\dfrac{x^2}{a^2}+\dfrac{y^2}{b^2}=1$ 的面积为 πab)

例 6.8.8 计算下列二重积分:

(1)$I=\iint\limits_D(x+|y|)\mathrm{d}x\mathrm{d}y$,其中 D 由 $|x|+|y|\leqslant 1$ 围成;

(2)计算 $\iint\limits_D|y-x^2|\mathrm{d}x\mathrm{d}y$,其中 D 为 $-1\leqslant x\leqslant 1,0\leqslant y\leqslant 1$.

分析 计算被积函数含有绝对值符号的二重积分,与一元函数的定积分类似,关键是设法去掉绝对值符号,一种方法是利用对称性;另一种方法是把积分区域分割成若干个使被积函数不变号的区域,利用二重积分对区域的可加性计算.

解 (1)利用对称性计算. $I=\iint\limits_D x\,\mathrm{d}x\mathrm{d}y+\iint\limits_D|y|\mathrm{d}x\mathrm{d}y$. 对于 $\iint\limits_D x\,\mathrm{d}x\mathrm{d}y$,因为区域 D(图 6.8.14)关于 y 轴对称且被积函数关于 x 为奇函数,所以 $\iint\limits_D x\,\mathrm{d}x\mathrm{d}y=0$,又

$$\iint\limits_D|y|\mathrm{d}x\mathrm{d}y=4\iint\limits_{D_1}y\,\mathrm{d}x\mathrm{d}y=4\int_0^1\mathrm{d}y\int_0^{1-y}y\,\mathrm{d}x=4\int_0^1 y(1-y)\mathrm{d}y=\frac{2}{3},$$

所以 $I=\iint\limits_D|y|\mathrm{d}x\mathrm{d}y+\iint\limits_D x\,\mathrm{d}x\mathrm{d}y=\dfrac{2}{3}$.

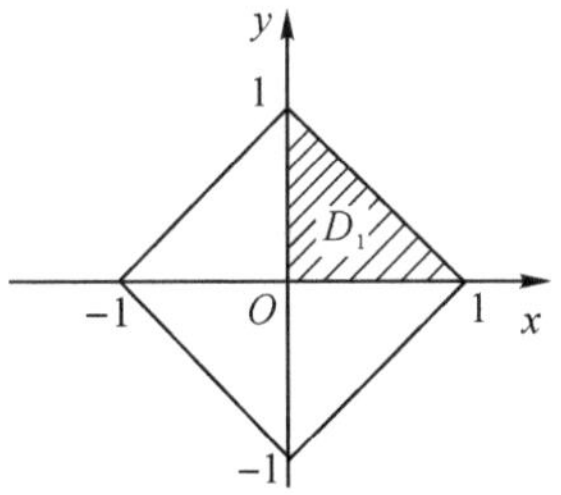

图 6.8.14

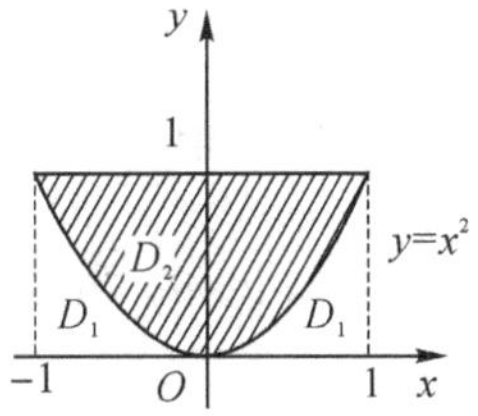

图 6.8.15

(2)为去掉绝对值符号,令其被积函数 $y-x^2=0$,则曲线 $y=x^2$ 将积分区域 D 分为两个部分 D_1 和 D_2(图 6.8.15),其中

$D_1=\{(x,y)\mid -1\leqslant x\leqslant 1,0\leqslant y\leqslant x^2\}$, $D_2=\{(x,y)\mid -1\leqslant x\leqslant 1,x^2\leqslant y\leqslant 1\}$.

且被积函数 $y-x^2$ 在 D_1 与 D_2 上符号相反,于是

$$\iint\limits_{D}|y-x^2|\mathrm{d}x\mathrm{d}y=\iint\limits_{D_1}(x^2-y)\mathrm{d}x\mathrm{d}y+\iint\limits_{D_2}(y-x^2)\mathrm{d}x\mathrm{d}y$$
$$=\int_{-1}^{1}\mathrm{d}x\int_{0}^{x^2}(x^2-y)\mathrm{d}y+\int_{-1}^{1}\mathrm{d}x\int_{x^2}^{1}(y-x^2)\mathrm{d}y$$
$$=\int_{-1}^{1}\frac{1}{2}x^4\mathrm{d}x+\int_{-1}^{1}\left(\frac{1}{2}-x^2+\frac{1}{2}x^4\right)\mathrm{d}x=\frac{11}{15}.$$

习题 6.8

1. 判断对错：

(1) $\iint\limits_{1\leqslant x^2+y^2\leqslant 2}\sqrt{x^2+y^2-1}\mathrm{d}\sigma=\iint\limits_{x^2+y^2\leqslant 2}\sqrt{x^2+y^2-1}\mathrm{d}\sigma-\iint\limits_{x^2+y^2\leqslant 1}\sqrt{x^2+y^2-1}\mathrm{d}\sigma$； (　　)

(2) $\iint\limits_{a\leqslant x,y\leqslant b}f(x)f(y)\mathrm{d}x\mathrm{d}y=\left(\int_a^b f(x)\mathrm{d}x\right)^2$. (　　)

2. 计算下列二重积分：

(1) $\iint\limits_{D}\mathrm{e}^{x+y}\mathrm{d}\sigma$，其中积分区域 D 为 $|x|+|y|\leqslant 1$；

(2) $\iint\limits_{D}(3x+2y)\mathrm{d}\sigma$，其中积分区域 D 由坐标轴与 $x+y=2$ 所围成.

3. 按照下列指定的区域 D 将二重积分 $\iint\limits_{D}f(x,y)\mathrm{d}\sigma$ 化为两种积分次序的累次积分：

(1) D 由 $x+y=1,x-y=1,x=0$ 所围成的闭区域；

(2) D 由 $y=x,y=3x,x=1,x=3$ 所围成的闭区域；

(3) D 由 $y-2x=0,2y-x=0,xy=2$ 在第一象限中所围成的闭区域.

4. 画出积分区域，计算下列二重积分：

(1) $\iint\limits_{D}x\sqrt{y}\mathrm{d}\sigma$，其中 D 由 $y=x^2,y=\sqrt{x}$ 所围成的闭区域；

(2) $\iint\limits_{D}(x^2+y^2-x)\mathrm{d}\sigma$，其中 D 由 $y=x,y=2x$ 及 $y=2$ 所围成的闭区域；

(3) $\iint\limits_{D}\frac{y}{x}\mathrm{d}x\mathrm{d}y$，$D$ 由 $y=2x,y=x$ 及 $x=1,x=2$ 所围成的闭区域；

(4) $\iint\limits_{D}y\sqrt{1+x^2-y^2}\mathrm{d}\sigma$，其中 D 由直线 $y=x,x=-1$ 和 $y=1$ 所围成的闭区域；

(5) $\iint\limits_{D}y[1+xf(x^2+y^2)]\mathrm{d}x\mathrm{d}y$，其中 D 由曲线 $y=x^2$ 与 $y=1$ 所围成的闭区域；

(6) $\iint\limits_{D}x^2y^2\mathrm{d}x\mathrm{d}y$，其中区域 D：$|x|+|y|\leqslant 1$.

5. 改变 $\int_0^1\mathrm{d}x\int_0^{1-x}f(x,y)\mathrm{d}y$ 积分次序，则下列正确的是(　　).

(A) $\int_0^1\mathrm{d}y\int_0^{1-x}f(x,y)\mathrm{d}x$；　(B) $\int_0^{1-x}\mathrm{d}y\int_0^1 f(x,y)\mathrm{d}x$；

(C) $\int_0^1\mathrm{d}y\int_0^{1-y}f(x,y)\mathrm{d}x$；　(D) $\int_0^1\mathrm{d}y\int_0^1 f(x,y)\mathrm{d}x$.

6. 改变下列二次积分的积分次序：

(1) $\int_1^e dx\int_0^{\ln x} f(x,y)dy$； (2) $\int_0^1 dx\int_{x^2}^{x} f(x,y)dy$；

(3) $\int_0^1 dx\int_0^{\sqrt{2x-x^2}} f(x,y)dy+\int_1^2 dx\int_0^{2-x} f(x,y)dy$； (4) $\int_{-1}^0 dx\int_{x+1}^{\sqrt{1-x^2}} f(x,y)dy$.

7. 计算下列二次积分：

(1) $\int_0^1 dx\int_x^1 e^{y^2}dy$； (2) $\int_{\frac{1}{4}}^{\frac{1}{2}} dy\int_{\frac{1}{2}}^{\sqrt{y}} e^{\frac{y}{x}}dx+\int_{\frac{1}{2}}^{1} dy\int_y^{\sqrt{y}} e^{\frac{y}{x}}dx$.

8. 证明：

(1) $\int_0^1 dy\int_0^{\sqrt{y}} e^y f(x)dx=\int_0^1 (e-e^{x^2})f(x)dx$；

(2) $\int_0^a dy\int_0^y f(x)g'(y)dx=\int_0^a f(x)[g(a)-g(x)]dx$.

9. 计算下列曲线所围成的图形的面积：

(1) $y=x^2, y=x+2$； (2) $y=x^2, y=x, y=2x$.

*10. 求两个直交圆柱面 $x^2+y^2=R^2$ 及 $x^2+z^2=R^2$ 所围成的立体的体积.

*11. 求 $\iint\limits_D \max\{xy,1\}dxdy$，其中 D 由 $x=0, x=2, y=0$ 和 $y=2$ 所围成的闭区域.

*12. 设 $f(x)$ 在 $[a,b]$ 上连续，证明：$\left[\int_a^b f(x)dx\right]^2\leqslant(b-a)\int_a^b f^2(x)dx$.

6.9 在极坐标系下二重积分的计算

有些二重积分，积分区域 D 的边界曲线用极坐标方程来表示比较方便，如圆形、扇形的边界等，且被积函数用极坐标变量 r,θ 表达比较简单. 这时就可以考虑利用极坐标来计算二重积分 $\iint\limits_D f(x,y)d\sigma$.

按二重积分的定义 $\iint\limits_D f(x,y)d\sigma=\lim\limits_{\lambda\to 0}\sum\limits_{i=1}^{n} f(\xi_i,\eta_i)\Delta\sigma_i$. 下面来研究这个和的极限在极坐标系中的形式.

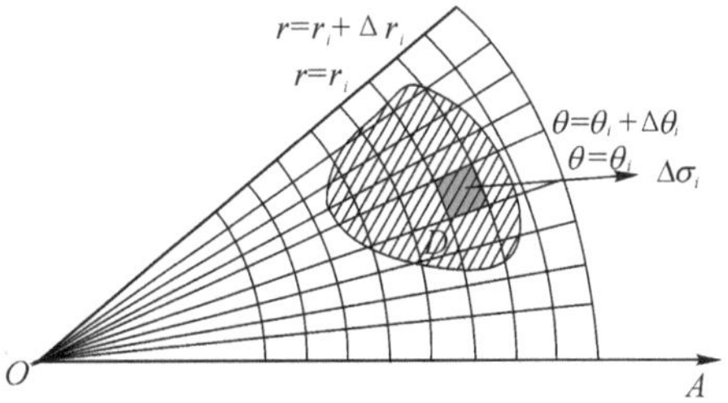

图 6.9.1

假设区域 D 的边界与过极点的射线相交不多于两点. 所给函数 $f(x,y)$ 在区域 D 上为连续的. 以从极点 O 出发的一族射线：$\theta=$常数，以及以极点为中心的一族同心圆：$r=$常数，构成的网将区域 D 分为 n 个小闭区域(图 6.9.1). 小闭区域的面积为

$$\Delta\sigma_i=\frac{1}{2}(r_i+\Delta r_i)^2\cdot\Delta\theta_i-\frac{1}{2}\cdot r_i^2\cdot\Delta\theta_i=\frac{1}{2}(2r_i+\Delta r_i)\Delta r_i\cdot\Delta\theta_i$$

$$=\frac{r_i+(r_i+\Delta r_i)}{2}\cdot\Delta r_i\cdot\Delta\theta_i=\bar{r}_i\Delta r_i\Delta\theta_i,$$

其中$\bar{r}_i$表示相邻两圆弧的半径的平均值.

在 $\Delta\sigma_i$ 内取点$(\bar{r}_i,\bar{\theta}_i)$,设该点的直角坐标为$(\xi_i,\eta_i)$,则由直角坐标与极坐标之间的关系有 $\xi_i=\bar{r}_i\cos\bar{\theta}_i$,$\eta_i=\bar{r}_i\sin\bar{\theta}_i$. 于是

$$\lim_{\lambda\to 0}\sum_{i=1}^{n} f(\xi_i,\eta_i)\Delta\sigma_i=\lim_{\lambda\to 0}\sum_{i=1}^{n} f(\bar{r}_i\cos\bar{\theta}_i,\bar{r}_i\sin\bar{\theta}_i)\bar{r}_i\Delta r_i\Delta\theta_i,$$

即

$$\iint_D f(x,y)\mathrm{d}\sigma=\iint_D f(r\cos\theta,r\sin\theta)r\mathrm{d}r\mathrm{d}\theta.$$

这里把点(r,θ)看成是同一平面上的点(x,y)的极坐标表示,所以上式右端的积分区域仍然记作 D. 由于直角坐标系中$\iint\limits_D f(x,y)\mathrm{d}\sigma$ 也常记作$\iint\limits_D f(x,y)\mathrm{d}x\mathrm{d}y$,所以上式又可以写成

$$\iint_D f(x,y)\mathrm{d}x\mathrm{d}y=\iint_D f(r\cos\theta,r\sin\theta)r\mathrm{d}r\mathrm{d}\theta, \tag{6.31}$$

这就是二重积分的变量从直角坐标变换为极坐标的变换公式,其中 $r\mathrm{d}r\mathrm{d}\theta$ 就是**极坐标系中的面积微元**.

式(6.31)表明,要把二重积分中的变量从直角坐标变换为极坐标,只要把被积函数中的 x,y 分别换成 $r\cos\theta$,$r\sin\theta$,并把直角坐标系中的面积元素 $\mathrm{d}x\mathrm{d}y$ 换成极坐标系中的面积元素 $r\mathrm{d}r\mathrm{d}\theta$.

极坐标系中的二重积分,同样可以化为二次积分来计算.

下面分三种情况来讨论.

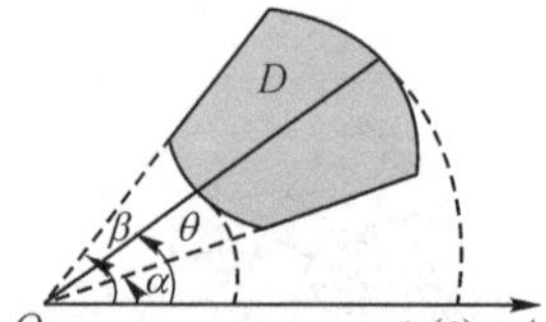

图 6.9.2

(1)极点 O 在区域 D 之外(图 6.9.2),则积分区域 D 可表示为

$$\varphi_1(\theta)\leqslant r\leqslant\varphi_2(\theta),\quad \alpha\leqslant\theta\leqslant\beta,$$

则

$$\iint_D f(r\cos\theta,r\sin\theta)r\mathrm{d}r\mathrm{d}\theta=\int_\alpha^\beta \mathrm{d}\theta\int_{\varphi_1(\theta)}^{\varphi_2(\theta)} f(r\cos\theta,r\sin\theta)r\mathrm{d}r.$$

具体计算时,内层积分的上下限确定方式为:从极点 O 出发在区间(α,β)上任意作一条极角为 θ 的射线穿透区域 D,则进入点与穿出点的极径 $\varphi_1(\theta)$,$\varphi_2(\theta)$就分别为内层积分的下限与上限.

(2)极点 O 在区域 D 的边界上(图 6.9.3),则积分区域 D 可表示为

$$0\leqslant r\leqslant\varphi(\theta),\quad \alpha\leqslant\theta\leqslant\beta.$$

则

$$\iint\limits_D f(r\cos\theta,r\sin\theta)r\mathrm{d}r\mathrm{d}\theta=\int_\alpha^\beta \mathrm{d}\theta\int_0^{\varphi(\theta)} f(r\cos\theta,r\sin\theta)r\mathrm{d}r.$$

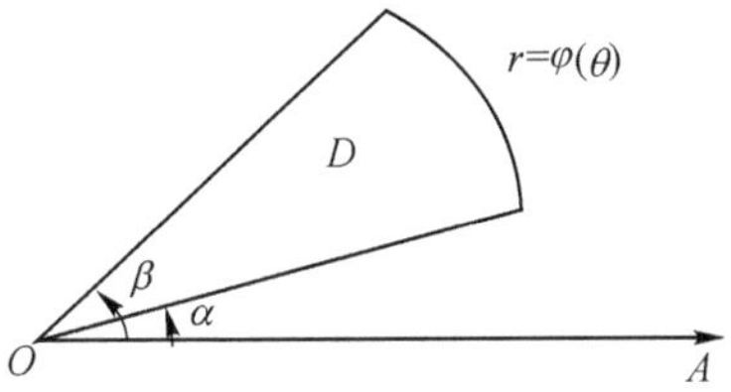

图 6.9.3

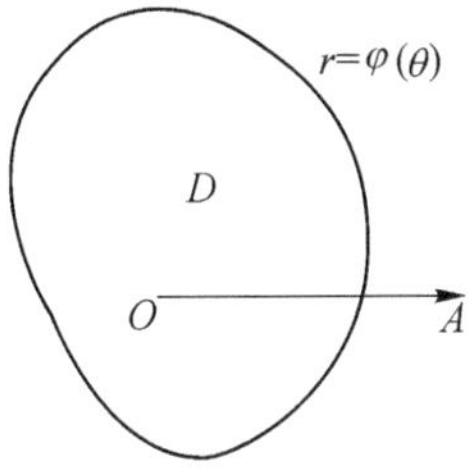

图 6.9.4

(3)极点 O 在区域 D 内部(图 6.9.4),则积分区域 D 可表示为

$$0\leqslant r\leqslant\varphi(\theta),\quad 0\leqslant\theta\leqslant 2\pi,$$

则

$$\iint\limits_D f(r\cos\theta,r\sin\theta)r\mathrm{d}r\mathrm{d}\theta=\int_0^{2\pi} \mathrm{d}\theta\int_0^{\varphi(\theta)} f(r\cos\theta,r\sin\theta)r\mathrm{d}r.$$

注 根据二重积分的性质 6.7.3,闭区域 D 的面积 σ 在极坐标系下可表示为

$$\sigma=\iint\limits_D \mathrm{d}\sigma=\iint\limits_D r\mathrm{d}r\mathrm{d}\theta.$$

如果区域 D 如图 6.9.3 所示,则有

$$\sigma=\iint\limits_D r\mathrm{d}r\mathrm{d}\theta=\int_\alpha^\beta\mathrm{d}\theta\int_0^{\varphi(\theta)} r\mathrm{d}r=\frac{1}{2}\int_\alpha^\beta\varphi^2(\theta)\mathrm{d}\theta. \tag{6.32}$$

例 6.9.1 计算 $\iint\limits_D \frac{\mathrm{d}x\mathrm{d}y}{1+x^2+y^2}$,其中 D 是由 $x^2+y^2\leqslant 1$ 所确定的圆域.

解 区域 D 在极坐标下可表示为 $0\leqslant r\leqslant 1,0\leqslant\theta\leqslant 2\pi$,故

$$\iint\limits_D \frac{\mathrm{d}x\mathrm{d}y}{1+x^2+y^2}=\int_0^{2\pi}\mathrm{d}\theta\int_0^1\frac{r\mathrm{d}r}{1+r^2}=\int_0^{2\pi}\frac{1}{2}[\ln(1+r^2)]\Big|_0^1\mathrm{d}\theta$$
$$=\int_0^{2\pi}\frac{1}{2}\ln 2\mathrm{d}\theta=\frac{1}{2}\ln 2\cdot\theta\Big|_0^{2\pi}=\pi\ln 2.$$

例 6.9.2 计算 $\iint\limits_D \mathrm{e}^{-x^2-y^2}\mathrm{d}x\mathrm{d}y$,其中 D 是由中心在原点、半径为 a 的圆周所围成的闭区域.

解 在极坐标系中,闭区域 D 可表示为 $0\leqslant r\leqslant a,0\leqslant\theta\leqslant 2\pi$,于是

$$\iint\limits_D \mathrm{e}^{-x^2-y^2}\mathrm{d}x\mathrm{d}y=\iint\limits_D \mathrm{e}^{-r^2}r\mathrm{d}r\mathrm{d}\theta=\int_0^{2\pi}\left(\int_0^a \mathrm{e}^{-r^2}r\mathrm{d}r\right)\mathrm{d}\theta=\int_0^{2\pi}\left[-\frac{1}{2}\mathrm{e}^{-r^2}\right]_0^a\mathrm{d}\theta$$
$$=\frac{1}{2}(1-\mathrm{e}^{-a^2})\int_0^{2\pi}\mathrm{d}\theta=\pi(1-\mathrm{e}^{-a^2}).$$

注 本例如果用直角坐标计算,由于 $\int\mathrm{e}^{-x^2}\mathrm{d}x$ 不能用初等函数表示,所以算不

出来. 现在可以利用 $\iint\limits_{x^2+y^2\leqslant a^2} e^{-x^2-y^2}\,dxdy=\pi(1-e^{-a^2})$ 来计算概率统计中常用的广义积分(泊松积分) $\int_0^{+\infty} e^{-x^2}\,dx$.

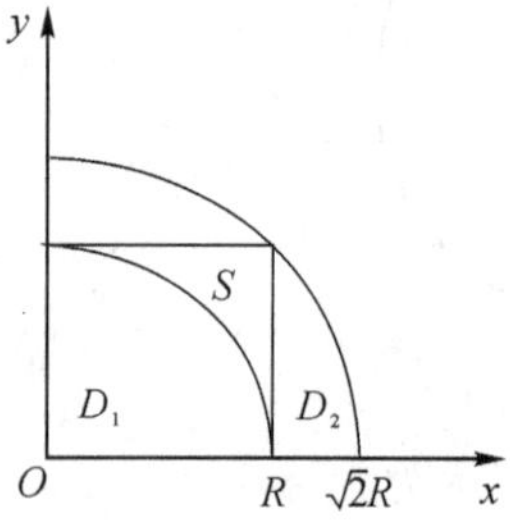

图 6.9.5

设

$$D_1=\{(x,y)\,|\,x^2+y^2\leqslant R^2,x\geqslant 0,y\geqslant 0\},$$
$$D_2=\{(x,y)\,|\,x^2+y^2\leqslant 2R^2,x\geqslant 0,y\geqslant 0\},$$
$$S=\{(x,y)\,|\,0\leqslant x\leqslant R,0\leqslant y\leqslant R\}.$$

显然 $D_1\subset S\subset D_2$(图 6.9.5). 由于 $e^{-x^2-y^2}>0$,从而在这些闭区域上的二重积分之间有不等式

$$\iint\limits_{D_1} e^{-x^2-y^2}\,dxdy<\iint\limits_{S} e^{-x^2-y^2}\,dxdy<\iint\limits_{D_2} e^{-x^2-y^2}\,dxdy.$$

因为

$$\iint\limits_{S} e^{-x^2-y^2}\,dxdy=\int_0^R e^{-x^2}\,dx\cdot\int_0^R e^{-y^2}\,dy=\left(\int_0^R e^{-x^2}\,dx\right)^2,$$

又应用上面已得的结果有

$$\iint\limits_{D_1} e^{-x^2-y^2}\,dxdy=\frac{\pi}{4}(1-e^{-R^2}),\quad \iint\limits_{D_2} e^{-x^2-y^2}\,dxdy=\frac{\pi}{4}(1-e^{-2R^2}).$$

于是上面的不等式可写成

$$\frac{\pi}{4}(1-e^{-R^2})<\left(\int_0^R e^{-x^2}\,dx\right)^2<\frac{\pi}{4}(1-e^{-2R^2}).$$

令 $R\to+\infty$,上式两端趋于同一极限 $\frac{\pi}{4}$,从而 $\int_0^{+\infty} e^{-x^2}\,dx=\frac{\sqrt{\pi}}{2}$.

例 6.9.3 计算 $\iint\limits_D \frac{y^2}{x^2}dxdy$,其中 D 是由曲线 $x^2+y^2=2x$ 所围成的平面区域.

解 积分区域 D 如图 6.9.6 所示,是以点(1,0)为圆心,1 为半径的圆域. 其边界曲线的极坐标方程为 $r=2\cos\theta$. 于是区域 D 的积分限为 $-\frac{\pi}{2}\leqslant\theta\leqslant\frac{\pi}{2}$,$0\leqslant r\leqslant 2\cos\theta$. 所以

$$\iint\limits_D \frac{y^2}{x^2}dxdy=\int_{-\frac{\pi}{2}}^{\frac{\pi}{2}} d\theta\int_0^{2\cos\theta}\frac{r^2\sin^2\theta}{r^2\cos^2\theta}r\,dr=\int_{-\frac{\pi}{2}}^{\frac{\pi}{2}} 2\sin^2\theta d\theta$$
$$=\int_{-\frac{\pi}{2}}^{\frac{\pi}{2}}(1-\cos2\theta)\,d\theta=\pi.$$

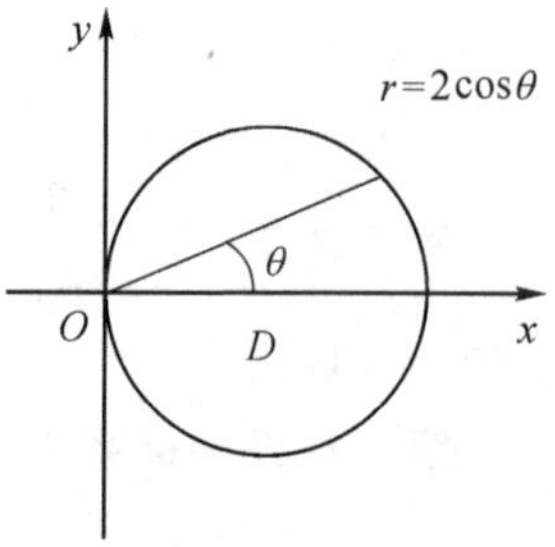

图 6.9.6

注 由上面例题可知,计算二重积分时,选择坐标系直接涉及计算的难易程度. 一般坐标系的选择根据两点. 一是积分区域的形状. 如果积分区域是圆形、扇形,环形或类似圆形、类似扇形,类似环形可考虑极坐标系. 二是根

据被积函数 $f(x,y)$. 如果被积函数形如 $f(x^2+y^2)$ 或 $f\left(\dfrac{y}{x}\right)$,则也常考虑极坐标,二者条件都具备,更应首选利用极坐标系计算二重积分.

例 6.9.4 写出在极坐标系下二重积分 $\iint\limits_D f(x,y)\mathrm{d}x\mathrm{d}y$ 的二次积分,其中区域

$$D=\{(x,y)\mid 1-x\leqslant y\leqslant \sqrt{1-x^2},0\leqslant x\leqslant 1\}.$$

解 积分区域 D 如图 6.9.7 所示. 利用极坐标变换 $x=r\cos\theta,y=r\sin\theta$,易见直线方程 $x+y=1$ 的极坐标形式为

$$r=\frac{1}{\sin\theta+\cos\theta},$$

故积分区域 D 的积分限为 $0\leqslant\theta\leqslant\dfrac{\pi}{2},\dfrac{1}{\sin\theta+\cos\theta}\leqslant r\leqslant 1$,所以

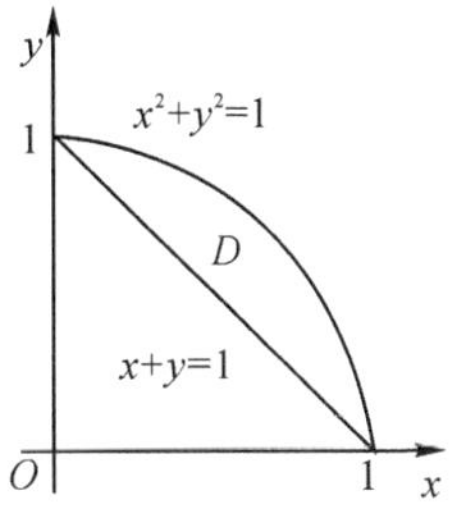

图 6.9.7

$$\iint\limits_D f(x,y)\mathrm{d}x\mathrm{d}y=\int_0^{\frac{\pi}{2}}\mathrm{d}\theta\int_{\frac{1}{\sin\theta+\cos\theta}}^1 f(r\cos\theta,r\sin\theta)r\mathrm{d}r.$$

例 6.9.5 求以 xOy 平面上的圆域 $D=\{(x,y)\mid x^2+y^2\leqslant 1\}$ 为底,圆柱面 $x^2+y^2=1$ 为侧面,抛物面 $z=2-x^2-y^2$ 为顶的曲顶柱体的体积.

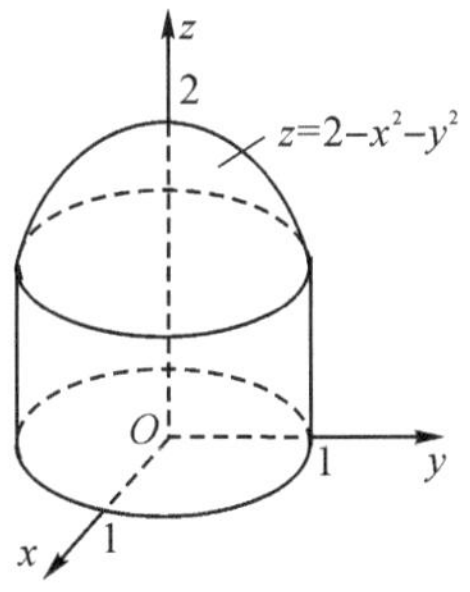

图 6.9.8

解 如图 6.9.8 所示,所求曲顶柱体的体积为

$$V=\iint\limits_D f(x,y)\mathrm{d}\sigma=\iint\limits_D(2-x^2-y^2)\mathrm{d}\sigma.$$

在极坐标系中,积分区域 D 可表示为不等式

$$0\leqslant\theta\leqslant 2\pi,\quad 0\leqslant r\leqslant 1.$$

于是所求曲顶柱体的体积

$$V=\int_0^{2\pi}\mathrm{d}\theta\int_0^1(2-r^2)r\mathrm{d}r=\int_0^{2\pi}\left[r^2-\frac{r^4}{4}\right]_0^1\mathrm{d}\theta$$

$$=\frac{3}{4}\int_0^{2\pi}\mathrm{d}\theta=\frac{3}{2}\pi.$$

习题 6.9

1. 把 $\iint\limits_D f(x,y)\mathrm{d}x\mathrm{d}y$ 表示为极坐标形式的二次积分,其中积分区域 D 是

(1) $a^2\leqslant x^2+y^2\leqslant b^2$,其中 $0<a<b$; (2) $x^2+y^2\leqslant 2x$.

2. 化下列二次积分为极坐标形式的二次积分:

(1) $\int_0^2\mathrm{d}x\int_x^{\sqrt{3}x}f(\sqrt{x^2+y^2})\mathrm{d}y$; (2) $\int_0^1\mathrm{d}x\int_{1-x}^{\sqrt{1-x^2}}f(x,y)\mathrm{d}y$.

3. 利用极坐标计算下列二重积分:

(1) $\iint\limits_D\dfrac{\sin(\pi\sqrt{x^2+y^2})}{\sqrt{x^2+y^2}}\mathrm{d}x\mathrm{d}y$,其中积分区域 D 为由 $1\leqslant x^2+y^2\leqslant 4$ 所确定的圆环域.

(2) $\iint\limits_D e^{-(x^2+y^2)}\mathrm{d}\sigma$,其中积分区域 D 为由 $x^2+y^2=4$ 所围成的闭区域;

(3) $\iint\limits_D \sqrt{x^2+y^2}\mathrm{d}\sigma$,$D$ 为圆 $x^2+y^2=2y$ 所围成的闭区域;

(4) $\iint\limits_D \ln(1+x^2+y^2)\mathrm{d}x\mathrm{d}y$,$D$ 为圆 $x^2+y^2=1$ 所围在第一象限中的闭区域;

(5) $\iint\limits_D \arctan\dfrac{y}{x}\mathrm{d}\sigma$,$D$ 为圆周 $x^2+y^2=1$,$x^2+y^2=4$ 及直线 $y=0$,$y=x$ 所围的在第一象限内的闭区域.

4. 把下列积分化为极坐标形式,并计算积分值:

(1) $\int_0^a \mathrm{d}y\int_0^{\sqrt{a^2-y^2}}(x^2+y^2)\mathrm{d}x$;　　(2) $\int_0^{2a}\mathrm{d}x\int_0^{\sqrt{2ax-x^2}}(x^2+y^2)\mathrm{d}y$.

5. 计算 $\iint\limits_D (x^2+y^2)\mathrm{d}x\mathrm{d}y$,其中 D 为由圆 $x^2+y^2=2y$,$x^2+y^2=4y$ 及直线 $x-\sqrt{3}y=0$,$y-\sqrt{3}x=0$ 所围成的平面闭区域.

阅读材料

多元函数微积分简史

牛顿和莱布尼茨创造了微积分的基本方法,但他们留下了大量的事情要后人去解决,首先就是微积分的主要内容的扩展,其次是微积分还缺少逻辑基础.

多元函数微积分学,是微积分学的一个重要组成部分.多元微积分是在一元微积分的基本思想的发展和应用中自然而然地形成的.其基本概念都是在描述和分析物理现象和规律中,与一元微积分的基本概念合为一体而产生的.将微积分算法推广到多元函数而建立偏导数理论和多重积分理论的主要是18世纪的数学家.这方面的贡献主要应归功于尼古拉·伯努利(Nicholaus Bernoulli,1687～1759)、欧拉和拉格朗日等数学家.

18世纪,伯努利、欧拉、拉格朗日、让·勒朗·达朗贝尔(Jean Le Rond D'Alembert,1717～1783)、麦克劳林(Colin Maclaurin,1698～1746)等数学家,随着对函数和极限研究的深入,把定积分概念推广到二重积分、三重积分,也对微积分基础作了深刻的研究,并且无穷级数、微分方程、变分法等微积分分支学科也初具规模.

1769年,欧拉建立了平面有界区域上二重积分理论,拉格朗日在关于旋转椭球的引力的著作中,用三重积分表示引力.为了克服计算的困难,他转用球坐标,建立了有关的积分变换公式,开始了多重积分变换的研究.与此同时,拉普拉斯(Pierre-Simon Marquis de Laplace,1749～1827)也使用了球坐标变换.

偏导数的理论是由欧拉和法国数学家方丹(Alexis Fontaine des Bertins,1705～

1771)、克莱罗(Alexis-Claude Clairaut,1713～1765)与达朗贝尔在早期偏微分方程的研究中建立起来的.欧拉在关于流体力学的一系列文章中给出了偏导数运算法则、复合函数偏导数、偏导数反演和函数行列式等有关运算.1739年,克莱罗在关于地球形状的研究论文中首次提出全微分的概念.达朗贝尔在1743年的著作《动力学》和1747年关于弦振动的研究中,推广了偏导数的演算.不过当时一般都用同一个记号d表示通常导数与偏导数,现在用的专门的偏导数记号直到19世纪40年代才由雅可比(Carl Gustav Jacob Jacobi,1804～1851)在其行列式理论中正式创用并逐渐普及.

数学家

欧拉(Leonhard Euler,1707～1783),1707年出生在瑞士的巴塞尔城.18世纪最优秀的数学家,也是历史上最伟大的数学家之一,被称为"分析的化身".欧拉是18世纪科学界的代表人物,是那个时代的巨人.他是历来最有才华、最博学的人物之一,也是历史上最多产的一位数学家.他从19岁开始发表论文,直到76岁,半个多世纪写下856篇论文,专著32部,其中分析、代数、数论占40%,几何占18%,物理和力学占28%,天文学占11%,弹道学、航海学、建筑学等占3%,彼得堡科学院为了整理他的著作,足足忙碌了47年.现在几乎每一个数学领域都可以看到欧拉的名字,从初等几何的欧拉线、多面体的欧拉定理、立体解析几何的欧拉变换公式、四次方程的欧拉解法到数论中的欧拉函数、微分方程的欧拉方程、级数论的欧拉常数、变分学的欧拉方程、复变函数的欧拉公式等数不胜数.欧拉生活、工作过的三个国家:瑞士、俄国、德国,都把欧拉作为自己的数学家,为有他而感到骄傲.后人将他与阿基米德、牛顿、高斯并列为数学史上的"四杰".

CHAPTER 7

第7章 无穷级数

无穷级数是数与函数的一种重要表达形式,也是微积分理论研究与实际应用中极其有力的工具.无穷级数在表达函数、研究函数的性质、计算函数值以及求解微分方程等方面都有着重要的应用.研究级数及其和,可以说是研究数列及其极限的另一种形式,但无论在研究极限的存在性还是在计算这种极限的时候,这种形式都显示出很大的优越性.本章先讨论常数项级数,介绍无穷级数的一些基本内容,然后讨论函数项级数,并着重讨论如何将函数展开成幂级数与三角级数的问题.

7.1 常数项级数的概念和性质

7.1.1 常数项级数的概念

人们认识事物在数量方面的特性,往往有一个由近似到精确的过程.在这种认识过程中,会遇到由有限个数量相加到无穷多个数量相加的问题.

一般地,如果给定一个数列

$$u_1, u_2, u_3, \cdots, u_n, \cdots,$$

则由这数列构成的表达式

$$u_1 + u_2 + u_3 + \cdots + u_n + \cdots$$

叫做**(常数项)无穷级数**(infinite series),简称**(常数项)级数**(series),记为 $\sum\limits_{n=1}^{\infty} u_n$,即

$$\sum_{n=1}^{\infty} u_n = u_1 + u_2 + u_3 + \cdots + u_n + \cdots, \tag{7.1}$$

其中第 n 项 u_n 叫做级数的**一般项**或**通项**(general term).

上述级数的定义只是一个形式上的定义,只是形式上表达了无穷多个数的和.怎样理解无穷级数中无穷多个数量相加呢? 由于有限项的和是完全可以确定的,因此我们可以通过考察无穷级数的前 n 项和随着 n 的变化趋势来理解无穷多个数相加的

含义.

作级数(7.1)的前 n 项和

$$s_n=u_1+u_2+u_3+\cdots+u_n=\sum_{i=1}^{n}u_i, \tag{7.2}$$

称为级数(7.1)的**部分和**(partial sum). 当 n 依次取 1,2,3,…时,它们构成一个新的数列 $\{s_n\}$:

$$s_1,s_2,\cdots,s_n,\cdots.$$

数列 $\{s_n\}$ 称为部分和数列. 根据这个数列是否有极限,引入无穷级数的收敛与发散的概念.

定义 7.1.1 如果级数 $\sum\limits_{n=1}^{\infty}u_n$ 的部分和数列 $\{s_n\}$ 有极限 s,即 $\lim\limits_{n\to\infty}s_n=s$,则称无穷级数 $\sum\limits_{n=1}^{\infty}u_n$ **收敛**(converge),这时极限 s 叫做这级数的和,并写成

$$s=\sum_{n=1}^{\infty}u_n=u_1+u_2+u_3+\cdots+u_n+\cdots;$$

如果 $\{s_n\}$ 没有极限,则称无穷级数 $\sum\limits_{n=1}^{\infty}u_n$ **发散**(diverge).

显然,当级数收敛时,其部分和 s_n 是级数的和 s 的近似值,它们之间的差值

$$r_n=s-s_n=u_{n+1}+u_{n+2}+\cdots$$

叫做级数 $\sum\limits_{n=1}^{\infty}u_n$ 的余项. 用 s_n 作为 s 的近似值所产生的误差,就是余项的绝对值,即 $|r_n|$.

例 7.1.1 证明级数 $1+2+3+\cdots+n+\cdots$ 是发散的.

证 此级数的部分和为

$$s_n=1+2+3+\cdots+n=\frac{n(n+1)}{2}.$$

显然,$\lim\limits_{n\to\infty}s_n=\infty$,因此所给级数是发散的.

例 7.1.2 判别无穷级数 $\dfrac{1}{1\cdot 2}+\dfrac{1}{2\cdot 3}+\dfrac{1}{3\cdot 4}+\cdots+\dfrac{1}{n(n+1)}+\cdots$ 的收敛性.

解 由于 $u_n=\dfrac{1}{n(n+1)}=\dfrac{1}{n}-\dfrac{1}{n+1}$,所以

$$\begin{aligned}s_n&=\frac{1}{1\cdot 2}+\frac{1}{2\cdot 3}+\frac{1}{3\cdot 4}+\cdots+\frac{1}{n(n+1)}\\&=\left(1-\frac{1}{2}\right)+\left(\frac{1}{2}-\frac{1}{3}\right)+\cdots+\left(\frac{1}{n}-\frac{1}{n+1}\right)=1-\frac{1}{n+1},\end{aligned}$$

从而

$$\lim_{n\to\infty}s_n=\lim_{n\to\infty}\left(1-\frac{1}{n+1}\right)=1,$$

因此所给级数收敛，它的和是 1.

例 7.1.3 讨论**等比级数**（又称为**几何级数**（geometric series））

$$\sum_{n=0}^{\infty} aq^n = a + aq + aq^2 + \cdots + aq^n + \cdots \quad (a \neq 0) \tag{7.3}$$

的敛散性.

解 如果 $q \neq 1$，则部分和

$$s_n = a + aq + aq^2 + \cdots + aq^{n-1} = \frac{a(1-q^n)}{1-q}.$$

当 $|q|<1$ 时，由于 $\lim\limits_{n\to\infty} q^n = 0$，从而 $\lim\limits_{n\to\infty} s_n = \dfrac{a}{1-q}$，所以此时级数(7.3)收敛，其和为 $\dfrac{a}{1-q}$.

当 $|q|>1$ 时，由于 $\lim\limits_{n\to\infty} q^n = \infty$，从而 $\lim\limits_{n\to\infty} s_n = \infty$，所以此时级数(7.3)发散.

如果 $|q|=1$，则当 $q=1$ 时，$s_n = na \to \infty$，因此级数(7.3)发散；

当 $q=-1$ 时，级数(7.3)成为

$$a - a + a - a + \cdots,$$

显然 s_n 随着 n 为奇数或为偶数而等于 a 或等于零，从而 s_n 的极限不存在，这时级数(7.3)也发散.

综上所述，如果 $|q|<1$，则级数 $\sum\limits_{n=0}^{\infty} aq^n$ 收敛，其和为 $\dfrac{a}{1-q}$；如果 $|q| \geqslant 1$，则级数 $\sum\limits_{n=0}^{\infty} aq^n$ 发散.

注 几何级数是收敛级数中最著名的一个级数. 今后它在判断无穷级数的收敛性、求无穷级数的和以及将一个函数展开为无穷级数等方面都有广泛而重要的应用. 因此我们应记住它的结论.

7.1.2 收敛级数的基本性质

性质 7.1.1 如果级数 $\sum\limits_{n=1}^{\infty} u_n$ 收敛于和 s，则级数 $\sum\limits_{n=1}^{\infty} ku_n$ 也收敛，且其和为 ks.

证 设 $\sum\limits_{n=1}^{\infty} u_n$ 与 $\sum\limits_{n=1}^{\infty} ku_n$ 的部分和分别为 s_n 与 σ_n，则

$$\lim_{n\to\infty} \sigma_n = \lim_{n\to\infty}(ku_1 + ku_2 + \cdots + ku_n) = k\lim_{n\to\infty}(u_1 + u_2 + \cdots + u_n) = k\lim_{n\to\infty} s_n = ks.$$

这表明级数 $\sum\limits_{n=1}^{\infty} ku_n$ 收敛，且和为 ks.

性质 7.1.2 如果级数 $\sum\limits_{n=1}^{\infty} u_n$，$\sum\limits_{n=1}^{\infty} v_n$ 分别收敛于和 s，σ，则级数 $\sum\limits_{n=1}^{\infty} (u_n \pm v_n)$ 也收敛，且其和为 $s \pm \sigma$.

证 设 $\sum_{n=1}^{\infty}u_n$，$\sum_{n=1}^{\infty}v_n$，$\sum_{n=1}^{\infty}(u_n\pm v_n)$的部分和分别为 s_n,σ_n,τ_n，则

$$\begin{aligned}\lim_{n\to\infty}\tau_n&=\lim_{n\to\infty}[(u_1\pm v_1)+(u_2\pm v_2)+\cdots+(u_n\pm v_n)]\\&=\lim_{n\to\infty}[(u_1+u_2+\cdots+u_n)\pm(v_1+v_2+\cdots+v_n)]\\&=\lim_{n\to\infty}(s_n\pm\sigma_n)=s\pm\sigma.\end{aligned}$$

性质 7.1.2 也说成:两个收敛级数可以逐项相加与逐项相减.

性质 7.1.3 在级数中去掉、加上或改变有限项,不会改变级数的收敛性.

证 我们只需证明“在级数的前面部分去掉或加上有限项,不会改变级数的收敛性”,因为其他情形(即在级数中任意去掉、加上或改变有限项的情形)都可以看成在级数的前面部分先去掉有限项,然后再加上有限项的结果.

设将级数

$$u_1+u_2+u_3+\cdots+u_k+u_{k+1}+\cdots+u_{k+n}+\cdots$$

的前 k 项去掉,则得级数

$$u_{k+1}+u_{k+2}+\cdots+u_{k+n}+\cdots,$$

于是新得的级数的部分和为

$$\sigma_n=u_{k+1}+u_{k+2}+\cdots+u_{k+n}=s_{k+n}-s_k,$$

其中 s_{k+n}是原来级数的前 $k+n$ 项的和. 因为 s_k 是常数,所以当 $n\to\infty$时,σ_n 与 s_{k+n}或者同时具有极限,或同时没有极限.

类似地,可以证明在级数的前面加上有限项,不会改变级数的收敛性.

性质 7.1.4 如果级数 $\sum_{n=1}^{\infty}u_n$ 收敛,则对这级数的项任意加括号后所成的级数仍收敛,且其和不变.

证 设级数 $\sum_{n=1}^{\infty}u_n=s$,其部分和为 s_n. 将此级数的项任意加括号后所成的级数的部分和为 A_k,则

$$A_1=u_1+\cdots+u_{n_1}=s_{n_1},$$

$$A_2=(u_1+\cdots+u_{n_1})+(u_{n_1+1}+\cdots+u_{n_2})=s_{n_2},$$

……

$$A_k=(u_1+\cdots+u_{n_1})+(u_{n_1+1}+\cdots+u_{n_2})+\cdots+(u_{n_{k-1}+1}+\cdots+u_{n_k})=s_{n_k},$$

……

可见,数列$\{A_k\}$是数列$\{s_n\}$的一个子数列. 由数列$\{s_n\}$的收敛性以及收敛数列与其子数列的关系可知,数列$\{A_k\}$必定收敛,且有$\lim_{k\to\infty}A_k=\lim_{n\to\infty}s_n$,即加括号后所成的级数仍收敛,且其和不变.

注 如果加括号后所成的级数收敛,但不能断定去括号后原来的级数也收敛. 例如,级数

$$(1-1)+(1-1)+\cdots+(1-1)+\cdots$$

收敛于零,但去掉括号后的级数

$$1-1+1-1+\cdots=\sum_{n=1}^{\infty}(-1)^{n-1}$$

却是发散的.

然而由性质 7.1.4 可直接得到如下推论.

推论 7.1.1 如果加括号后所成的级数发散,则原来的级数也发散.

事实上,若原来的级数收敛,则根据性质 7.1.4 知道,加括号后的级数就应该收敛了.

性质 7.1.5(级数收敛的必要条件) 如果 $\sum_{n=1}^{\infty} u_n$ 收敛,则 $\lim_{n\to\infty} u_n=0$.

证 设级数 $\sum_{n=1}^{\infty} u_n$ 的部分和为 s_n,且 $\lim_{n\to\infty} s_n=s$,则

$$\lim_{n\to\infty} u_n=\lim_{n\to\infty}(s_n-s_{n-1})=\lim_{n\to\infty} s_n-\lim_{n\to\infty} s_{n-1}=s-s=0.$$

注 级数的一般项趋于零并不是级数收敛的充分条件.但如果 $\lim_{n\to\infty} u_n\neq 0$,则该级数必定发散.

例 7.1.4 判定级数 $\sum_{n=1}^{\infty}\frac{n^2+n+1}{n^2}$ 的敛散性.

解 因为

$$\lim_{n\to\infty} u_n=\lim_{n\to\infty}\frac{n^2+n+1}{n^2}=1\neq 0,$$

所以该级数是发散的.

例 7.1.5 证明**调和级数**(harmonic progression)

$$\sum_{n=1}^{\infty}\frac{1}{n}=1+\frac{1}{2}+\frac{1}{3}+\cdots+\frac{1}{n}+\cdots$$

是发散的.

证 方法一.在区间 $[n,n+1]$ 上对函数 $y=\ln x$ 使用拉格朗日微分中值定理,有

$$\ln(n+1)-\ln n=\frac{1}{\xi_n}<\frac{1}{n}\quad (n<\xi_n<n+1).$$

利用不等式可得

$$\begin{aligned} s_n&=1+\frac{1}{2}+\cdots+\frac{1}{n}>(\ln 2-\ln 1)+(\ln 3-\ln 2)+\cdots+[\ln(n+1)-\ln n]\\ &=\ln(n+1).\end{aligned}$$

从而可以推得 $\lim_{n\to\infty} s_n=+\infty$,因此调和级数 $\sum_{n=1}^{\infty}\frac{1}{n}$ 发散.

方法二.假若已知级数是收敛的,设它的部分和为 s_n,且 $\lim_{n\to\infty} s_n=s$,则 $\lim_{n\to\infty} s_{2n}=s$.

$$\lim_{n\to\infty}(s_{2n}-s_n)=s-s=0.$$

但另一方面，

$$s_{2n}-s_n=\frac{1}{n+1}+\frac{1}{n+2}+\cdots+\frac{1}{n+n}>\underbrace{\frac{1}{2n}+\frac{1}{2n}+\cdots+\frac{1}{2n}}_{n\text{项}}=\frac{1}{2},$$

故$\lim\limits_{n\to\infty}(s_{2n}-s_n)\neq 0$,与假设级数收敛矛盾,这说明已知级数必定发散.

习题 7.1

1. 写出下列级数的一般项：

(1)$\frac{1}{2}+\frac{3}{4}+\frac{5}{6}+\frac{7}{8}+\cdots$；

(2)$\frac{1}{2}+\frac{1}{3}+\frac{1}{4}+\frac{1}{9}+\frac{1}{8}+\frac{1}{27}+\cdots$；

(3)$2-\frac{3}{2}+\frac{4}{3}-\frac{5}{4}+\frac{6}{5}-\cdots$.

2. 根据级数收敛与发散的定义判断下列级数的敛散性：

(1) $\sum\limits_{n=1}^{\infty}\frac{1}{(2n-1)(2n+1)}$；

(2) $\sum\limits_{n=1}^{\infty}\frac{1}{\sqrt{n+1}+\sqrt{n}}$；

(3) $\sum\limits_{n=1}^{\infty}\ln\frac{n+1}{n}$；

(4) $\sum\limits_{n=1}^{\infty}(\sqrt{n+2}-2\sqrt{n+1}+\sqrt{n})$.

3. 判断下列级数的敛散性,若级数收敛,求其和：

(1) $\sum\limits_{n=1}^{\infty}\frac{(-1)^{n-1}}{2^{n-1}}$；

(2) $\sum\limits_{n=0}^{\infty}\frac{(\ln 3)^n}{2^n}$；

(3) $\sum\limits_{n=1}^{\infty}e^n$；

(4) $\sum\limits_{n=1}^{\infty}\left(\frac{1}{2^{n-1}}+\frac{2^n}{3^{n-1}}\right)$；

(5)$\frac{4}{5}-\frac{4^2}{5^2}+\frac{4^3}{5^3}-\frac{4^4}{5^4}+\cdots+(-1)^{n-1}\frac{4^n}{5^n}+\cdots$；

(6)$\left(\frac{1}{2}+\frac{1}{3}\right)+\left(\frac{1}{4}+\frac{1}{9}\right)+\left(\frac{1}{8}+\frac{1}{27}\right)+\cdots$.

4. 求级数 $\sum\limits_{n=1}^{\infty}\left(\frac{1}{2^n}+\frac{3}{n(n+1)}\right)$的和.

5. 判断下列级数的敛散性：

(1)$0.001+\sqrt{0.001}+\sqrt[3]{0.001}+\cdots+\sqrt[n]{0.001}+\cdots$；

(2)$\frac{1}{2}+\frac{2}{3}+\frac{3}{4}+\frac{4}{5}+\cdots$；

(3) $\sum\limits_{n=1}^{\infty}\frac{(-1)^n\cdot n}{2n+1}$.

6. 设级数 $\sum\limits_{n=1}^{\infty}u_n$ 收敛，$\sum\limits_{n=1}^{\infty}v_n$ 发散,证明:级数 $\sum\limits_{n=1}^{\infty}(u_n+v_n)$发散.

7. 判别级数 $\frac{1}{2}+\frac{1}{10}+\frac{1}{2^2}+\frac{1}{2\times 10}+\cdots+\frac{1}{2^n}+\frac{1}{10n}+\cdots$是否收敛.

*8. 求级数 $\sum\limits_{n=1}^{\infty}\frac{1}{n(n+1)(n+2)}$的和.

9. 已知级数 $\sum\limits_{n=1}^{\infty}u_n$ 的前 n 项的部分和 $s_n=\frac{8^n-1}{7\times 8^{n-1}}$,求这个级数.

10. 设级数 $\sum_{n=1}^{\infty} u_n$ 的第 n 次部分和为 $s_n=\dfrac{n}{2n-1}$,判断级数 $\sum_{n=1}^{\infty} u_{n+2}$ 的敛散性. 若级数收敛,求它的和.

11. 证明:$0.\dot{9}=1$.

7.2 正项级数的判别法

一般情况下,利用定义来判断级数的收敛性是很困难的,为找到简单有效的判别方法,先研究最简单的一类级数——正项级数. 这种级数特别重要,以后将看到许多级数的收敛性问题可归结为正项级数的收敛性问题.

7.2.1 正项级数及其基本性质

定义 7.2.1 如果级数 $\sum_{n=1}^{\infty} u_n$ 的每一项 $u_n \geqslant 0(n=1,2,\cdots)$,就称它为**正项级数**(positive series).

显然,正项级数 $\sum_{n=1}^{\infty} u_n$ 的部分和数列$\{s_n\}$是单调增加数列,即 $s_1 \leqslant s_2 \leqslant \cdots \leqslant s_n \leqslant \cdots$,由数列极限的存在准则知道:若数列$\{s_n\}$有上界,则它是收敛的;否则,它就是发散的. 因此得到如下重要的结论:

定理 7.2.1(基本定理) 正项级数 $\sum_{n=1}^{\infty} u_n$ 收敛的充分必要条件它的部分和数列$\{s_n\}$有界.

由这个定理可以建立判定正项级数收敛性的一系列常用判别法.

7.2.2 正项级数收敛性的常用判别法

定理 7.2.2(比较判别法) 设 $\sum_{n=1}^{\infty} u_n$ 和 $\sum_{n=1}^{\infty} v_n$ 都是正项级数,且 $u_n \leqslant v_n(n=1,2,\cdots)$.

(1)若级数 $\sum_{n=1}^{\infty} v_n$ 收敛,则级数 $\sum_{n=1}^{\infty} u_n$ 收敛;

(2)若级数 $\sum_{n=1}^{\infty} u_n$ 发散,则级数 $\sum_{n=1}^{\infty} v_n$ 发散.

证 设级数 $\sum_{n=1}^{\infty} v_n$ 收敛于和 σ,则级数 $\sum_{n=1}^{\infty} u_n$ 的部分和

$$s_n=u_1+u_2+u_3+\cdots+u_n \leqslant v_1+v_2+v_3+\cdots+v_n \leqslant \sigma \quad (n=1,2,\cdots),$$

即部分和数列$\{s_n\}$有界,由定理 7.2.1 知级数 $\sum_{n=1}^{\infty} u_n$ 收敛.

反之,设级数 $\sum_{n=1}^{\infty} u_n$ 发散,则级数 $\sum_{n=1}^{\infty} v_n$ 必发散. 因为若级数 $\sum_{n=1}^{\infty} v_n$ 收敛,由上已证明的结论,将有级数 $\sum_{n=1}^{\infty} u_n$ 也收敛,与假设矛盾.

由级数的性质 7.1.3 可知:上述定理中的条件 $u_n \leqslant v_n (n=1,2,\cdots)$ 可减弱为 $u_n \leqslant v_n (n=k,k+1,\cdots)$,即不等式 $u_n \leqslant v_n$ 从级数的某项开始成立即可.

再注意到级数的每一项同乘不为零的常数 k 不会影响级数的收敛性,我们可得如下推论:

推论 7.2.1 设 $\sum_{n=1}^{\infty} u_n$ 和 $\sum_{n=1}^{\infty} v_n$ 都是正项级数,且存在正整数 N,使当 $n \geqslant N$ 时有 $u_n \leqslant k v_n (k>0)$ 成立.

(1) 如果级数 $\sum_{n=1}^{\infty} v_n$ 收敛,则级数 $\sum_{n=1}^{\infty} u_n$ 收敛;

(2) 如果级数 $\sum_{n=1}^{\infty} u_n$ 发散,则级数 $\sum_{n=1}^{\infty} v_n$ 发散.

例 7.2.1 讨论 p 级数

$$\sum_{n=1}^{\infty} \frac{1}{n^p} = 1 + \frac{1}{2^p} + \frac{1}{3^p} + \frac{1}{4^p} + \cdots + \frac{1}{n^p} + \cdots$$

的敛散性,其中常数 $p>0$.

解 (1) 当 $p \leqslant 1$ 时. 有 $\frac{1}{n^p} \geqslant \frac{1}{n}$,而调和级数 $\sum_{n=1}^{\infty} \frac{1}{n}$ 发散,由比较审敛法知,当 $p \leqslant 1$ 时级数 $\sum_{n=1}^{\infty} \frac{1}{n^p}$ 发散.

(2) 当 $p>1$ 时. 因为当 $k-1 \leqslant x \leqslant k$ 时,有 $\frac{1}{k^p} \leqslant \frac{1}{x^p}$,所以

$$\frac{1}{k^p} = \int_{k-1}^{k} \frac{1}{k^p} \mathrm{d}x \leqslant \int_{k-1}^{k} \frac{1}{x^p} \mathrm{d}x \quad (k=2,3,\cdots).$$

从而其部分和

$$\begin{aligned} s_n &= 1 + \sum_{k=2}^{n} \frac{1}{k^p} \leqslant 1 + \sum_{k=2}^{n} \int_{k-1}^{k} \frac{1}{x^p} \mathrm{d}x. \\ &= 1 + \int_{1}^{n} \frac{1}{x^p} \mathrm{d}x = 1 + \frac{1}{p-1}\left(1 - \frac{1}{n^{p-1}}\right). \\ &< 1 + \frac{1}{p-1} \quad (n=2,3,\cdots), \end{aligned}$$

所以部分和数列 $\{s_n\}$ 有上界,从而级数 $\sum_{n=1}^{\infty} \frac{1}{n^p}$ 当 $p>1$ 时收敛.

综上所述,p 级数 $\sum_{n=1}^{\infty} \frac{1}{n^p}$ 当 $p>1$ 时收敛,当 $p \leqslant 1$ 时发散.

例 7.2.2 讨论级数 $\sum\limits_{n=1}^{\infty}\dfrac{1}{\sqrt{n(n+1)}}$ 的敛散性.

证 因为 $\dfrac{1}{\sqrt{n(n+1)}}>\dfrac{1}{\sqrt{(n+1)^2}}=\dfrac{1}{n+1}$，而级数

$$\sum_{n=1}^{\infty}\frac{1}{n+1}=\frac{1}{2}+\frac{1}{3}+\cdots+\frac{1}{n+1}+\cdots$$

是发散的，根据比较审敛法可知所给级数也是发散的.

在用比较判别法判别一个正项级数的收敛性时，总是通过适当放大或缩小这个级数的一般项，找到一个已知收敛性的正项级数(称为**比较级数**(comparison series))，从而作出判断. 等比级数 $\sum\limits_{n=0}^{\infty}aq^n$、调和级数 $\sum\limits_{n=1}^{\infty}\dfrac{1}{n}$ 以及 p 级数 $\sum\limits_{n=1}^{\infty}\dfrac{1}{n^p}$ 是常用的比较级数. 因此，记住这些级数何时收敛，何时发散，是十分必要的.

由上面例题可知要应用比较判别法来判别给定级数的收敛性，就必须给定级数的一般项与某一已知级数的一般项之间的不等式. 但有时直接建立这样的不等式相当困难，为应用方便，我们给出比较判别法的极限形式.

定理 7.2.3(比较判别法的极限形式) 设 $\sum\limits_{n=1}^{\infty}u_n$ 和 $\sum\limits_{n=1}^{\infty}v_n$ 都是正项级数，如果

$$\lim_{n\to\infty}\frac{u_n}{v_n}=l.$$

(1) 当 $0<l<+\infty$ 时，则级数 $\sum\limits_{n=1}^{\infty}u_n$ 和级数 $\sum\limits_{n=1}^{\infty}v_n$ 同时收敛或同时发散；

(2) 当 $l=0$ 时，若级数 $\sum\limits_{n=1}^{\infty}v_n$ 收敛，则级数 $\sum\limits_{n=1}^{\infty}u_n$ 收敛；

(3) 当 $l=+\infty$ 时，若级数 $\sum\limits_{n=1}^{\infty}v_n$ 发散，则级数 $\sum\limits_{n=1}^{\infty}u_n$ 发散.

证 (1) 由 $\lim\limits_{n\to\infty}\dfrac{u_n}{v_n}=l>0$ 的定义可知，对 $\varepsilon=\dfrac{1}{2}l$，存在正整数 N，当 $n>N$ 时，有不等式

$$\left|\frac{u_n}{v_n}-l\right|<\frac{1}{2}l\text{ ，}\quad 即\ l-\frac{1}{2}l<\frac{u_n}{v_n}<l+\frac{1}{2}l,\quad 从而\ \frac{1}{2}lv_n<u_n<\frac{3}{2}lv_n,$$

再根据比较审敛法的推论知 $\sum\limits_{n=1}^{\infty}u_n$ 和 $\sum\limits_{n=1}^{\infty}v_n$ 同时收敛或同时发散.

类似地可证(2)与(3). 定理得证.

注 在情形(1)中，当 $0<l<+\infty$ 时，可表述为若 u_n 与 lv_n 是 $n\to\infty$ 时的等价无穷小，则级数 $\sum\limits_{n=1}^{\infty}u_n$ 与 $\sum\limits_{n=1}^{\infty}v_n$ 有相同的敛散性.

如果将所给级数与 p 级数比较，即可得到下列常用结论.

推论 7.2.2 设 $\sum\limits_{n=1}^{\infty} u_n$ 是正项级数.

(1)如果$\lim\limits_{n\to\infty} nu_n = l > 0$ 或$\lim\limits_{n\to\infty} nu_n = +\infty$,则级数 $\sum\limits_{n=1}^{\infty} u_n$ 发散;

(2)如果 $p>1$,而$\lim\limits_{n\to\infty} n^p u_n = l(0 \leqslant l < +\infty)$,则级数 $\sum\limits_{n=1}^{\infty} u_n$ 收敛.

例 7.2.3 判别级数 $\sum\limits_{n=1}^{\infty} \sin\frac{1}{n}$的敛散性.

解 因为当 $n\to\infty$时,$\sin\frac{1}{n}\sim\frac{1}{n}$,故

$$\lim_{n\to\infty}\frac{\sin\frac{1}{n}}{\frac{1}{n}} = 1 > 0,$$

而级数 $\sum\limits_{n=1}^{\infty}\frac{1}{n}$发散,根据比较判别法的极限形式知级数 $\sum\limits_{n=1}^{\infty}\sin\frac{1}{n}$发散.

例 7.2.4 判定级数 $\sum\limits_{n=1}^{\infty}\ln\left(1+\frac{1}{n^2}\right)$的敛散性.

解 因当 $n\to\infty$时,$\ln\left(1+\frac{1}{n^2}\right)\sim\frac{1}{n^2}$,故

$$\lim_{n\to\infty} n^2 u_n = \lim_{n\to\infty} n^2 \ln\left(1+\frac{1}{n^2}\right) = \lim_{n\to\infty} n^2 \cdot \frac{1}{n^2} = 1,$$

根据极限判别法知所给级数收敛.

例 7.2.5 判定级数 $\sum\limits_{n=1}^{\infty}\sqrt{n+1}\left(1-\cos\frac{\pi}{n}\right)$的敛散性.

解 因为 $1-\cos\frac{\pi}{n}\sim\frac{1}{2}\left(\frac{\pi}{n}\right)^2 (n\to\infty)$,而

$$\lim_{n\to\infty} n^{3/2} u_n = \lim_{n\to\infty} n^{3/2}\sqrt{n+1}\left(1-\cos\frac{\pi}{n}\right) = \lim_{n\to\infty} n^2\sqrt{\frac{n+1}{n}}\cdot\frac{1}{2}\left(\frac{\pi}{n}\right)^2 = \frac{1}{2}\pi^2,$$

根据极限判别法知所给级数收敛.

使用比较判别法或其极限形式,都要借助另外的已知级数.事实上,利用比较判别法还可以推出完全利用级数自身的特点,来判别级数的收敛性的判别法.

定理 7.2.4(比值判别法,达朗贝尔(D'Alembert)判别法) 若正项级数 $\sum\limits_{n=1}^{\infty} u_n$ 满足$\lim\limits_{n\to\infty}\frac{u_{n+1}}{u_n} = \rho$,则

(1)当 $\rho<1$ 时,级数收敛;

(2)当 $\rho>1$ (或 $\rho=+\infty$)时,级数发散;

(3)当 $\rho=1$ 时,级数可能收敛也可能发散.

证 由$\lim\limits_{n\to\infty}\frac{u_{n+1}}{u_n}=\rho$可知，对任意的$\varepsilon>0$，存在正整数$N$，使得当$n>N$时，有

$$\rho-\varepsilon<\frac{u_{n+1}}{u_n}<\rho+\varepsilon.$$

(1)当$\rho<1$时，取$\varepsilon=\frac{1-\rho}{2}>0$，存在正整数$N$，使得当$n>N$时，有

$$\frac{u_{n+1}}{u_n}<\rho+\varepsilon=\frac{1+\rho}{2}=q<1,$$

即当$n>N$时，有

$$u_{N+2}<u_{N+1}q,\quad u_{N+3}<u_{N+2}q<u_{N+1}q^2,\quad \cdots,\quad u_{N+n}<u_{N+1}q^{n-1},\quad \cdots.$$

由于$0<q<1$时，等比级数$\sum\limits_{n=1}^{\infty}u_{N+1}q^{n-1}$收敛，由比较判别法知$\sum\limits_{n=1}^{\infty}u_{N+n}$收敛，从而$\sum\limits_{n=1}^{\infty}u_n$收敛.

(2)当$\rho>1$（或$\rho=+\infty$）时，取$\varepsilon=\frac{\rho-1}{2}>0$，存在正整数$N$，使得当$n>N$时，有

$$\frac{u_{n+1}}{u_n}>\rho-\varepsilon=\frac{1+\rho}{2}>1,$$

即当$n>N$时，有

$$0<u_N<u_{N+1}<u_{N+2}<\cdots<u_n<u_{n+1}<\cdots.$$

所以当$n>N$时，级数的一般项u_n是逐渐增大的，即$\lim\limits_{n\to\infty}u_n\neq0$，据极限收敛的必要条件知$\sum\limits_{n=1}^{\infty}u_n$发散.

类似地，可以证明$\rho=+\infty$时，级数$\sum\limits_{n=1}^{\infty}u_n$发散.

(3)当$\rho=1$时，级数可能收敛也可能发散. 例如p级数$\sum\limits_{n=1}^{\infty}\frac{1}{n^p}$，总有

$$\lim_{n\to\infty}\frac{u_{n+1}}{u_n}=\lim_{n\to\infty}\frac{\frac{1}{(n+1)^p}}{\frac{1}{n^p}}=\lim_{n\to\infty}\left(\frac{n}{n+1}\right)^p=1.$$

但我们知道，p级数$\sum\limits_{n=1}^{\infty}\frac{1}{n^p}$当$p>1$时收敛，当$p\leqslant1$时发散.

例 7.2.6 判别下列级数的敛散性：

(1) $\sum\limits_{n=1}^{\infty}\frac{1}{n!}$； (2) $\sum\limits_{n=1}^{\infty}\frac{n^n}{n!}$； (3) $\sum\limits_{n=1}^{\infty}\frac{1}{(n+1)n}$.

解 (1)由于$\lim\limits_{n\to\infty}\frac{u_{n+1}}{u_n}=\lim\limits_{n\to\infty}\frac{\frac{1}{(n+1)!}}{\frac{1}{n!}}=\lim\limits_{n\to\infty}\frac{1}{n+1}=0$，故级数$\sum\limits_{n=1}^{\infty}\frac{1}{n!}$收敛.

(2)由于

$$\lim_{n\to\infty}\frac{u_{n+1}}{u_n}=\lim_{n\to\infty}\frac{\dfrac{(n+1)^{n+1}}{(n+1)!}}{\dfrac{n^n}{n!}}=\lim_{n\to\infty}\frac{(n+1)^n}{n^n}=\lim_{n\to\infty}\left(1+\frac{1}{n}\right)^n=\mathrm{e}>1,$$

故级数 $\sum\limits_{n=1}^{\infty}\frac{n^n}{n!}$发散.

(3) $\lim\limits_{n\to\infty}\frac{u_{n+1}}{u_n}=\lim\limits_{n\to\infty}\frac{(n+1)n}{(n+2)(n+1)}=1$，这时 $\rho=1$，比值判别法失效，必须用其他方法来判别级数的收敛性.

因为$\frac{1}{(n+1)n}<\frac{1}{n^2}$，而级数 $\sum\limits_{n=1}^{\infty}\frac{1}{n^2}$收敛，因此由比较审敛法可知所给级数收敛.

* **定理 7.2.5**(根值判别法或柯西(Cauchy)判别法)　若 $\sum\limits_{n=1}^{\infty}u_n$ 是正项级数，且 $\lim\limits_{n\to\infty}\sqrt[n]{u_n}=\rho$，则

(1)当 $\rho<1$ 时，级数收敛；

(2)当 $\rho>1$ (或 $\rho=+\infty$)时，级数发散；

(3)当 $\rho=1$ 时，级数可能收敛也可能发散.

此定理的证明与定理 7.2.4 相仿，这里从略.

根值判别法适合 u_n 中含有表达式的 n 次幂，且 $\lim\limits_{n\to\infty}\sqrt[n]{u_n}=\rho$ 或等于 $+\infty$ 的情形.

例 7.2.7　判别级数 $\sum\limits_{n=1}^{\infty}\left(1-\frac{1}{n}\right)^{n^2}$ 的敛散性.

解　一般项含有 n 次方，故可采用根值判别法. 因为

$$\lim_{n\to\infty}\sqrt[n]{u_n}=\lim_{n\to\infty}\sqrt[n]{\left(1-\frac{1}{n}\right)^{n^2}}=\lim_{n\to\infty}\left(1-\frac{1}{n}\right)^n=\frac{1}{\mathrm{e}}<1,$$

故所给级数收敛.

习题 7.2

1. 用比较判别法或极限判别法判别下列级数的敛散性：

(1) $1+\frac{1}{3}+\frac{1}{5}+\cdots+\frac{1}{2n-1}+\cdots$；　(2) $\frac{1}{2\cdot5}+\frac{1}{3\cdot6}+\cdots+\frac{1}{(n+1)(n+4)}+\cdots$；

(3) $\sum\limits_{n=1}^{\infty}\frac{1+n}{1+n^2}$；　(4) $\sum\limits_{n=1}^{\infty}\frac{1}{n\sqrt{n+1}}$；

(5) $\sum\limits_{n=1}^{\infty}\sin\frac{\pi}{3^n}$；　(6) $\sum\limits_{n=1}^{\infty}\frac{1}{1+a^n}(a>0)$.

2. 判别级数 $\sum\limits_{n=1}^{\infty}\frac{2n+1}{(n+1)^2(n+2)^2}$的敛散性.

3. 用比值判别法判别下列级数的敛散性：

(1) $\sum_{n=1}^{\infty} \frac{3^n}{n \cdot 2^n}$；　(2) $\sum_{n=1}^{\infty} \frac{5^{n-1}}{n!}$；　(3) $\sum_{n=1}^{\infty} \frac{2^n \cdot n!}{n^n}$；

(4) $\sum_{n=1}^{\infty} n\tan \frac{\pi}{2^{n+1}}$；　(5) $\sum_{n=1}^{\infty} \frac{4^n}{5^n - 3^n}$；　(6) $\sum_{n=1}^{\infty} \frac{n!}{10^n}$.

*4. 用根值判别法判别下列级数的敛散性：

(1) $\sum_{n=1}^{\infty} \left(\frac{n}{2n+1}\right)^n$；　(2) $\sum_{n=1}^{\infty} \left(\frac{n}{3n-1}\right)^{2n-1}$；　(3) $\sum_{n=1}^{\infty} \frac{1}{[\ln(n+1)]^n}$；

(4) $\sum_{n=1}^{\infty} \left(1+\frac{1}{n}\right)^{n^2}$；　(5) $\sum_{n=1}^{\infty} 2^{-n-(-1)^n}$.

5. 判断下列级数的敛散性：

(1) $\sum_{n=1}^{\infty} n\left(\frac{3}{4}\right)^n$；　(2) $\sum_{n=0}^{\infty} \frac{n^4}{n!}$；　(3) $\sum_{n=1}^{\infty} \frac{n+2}{(n+1)(n+3)}$；

(4) $\sum_{n=1}^{\infty} 2^n \sin \frac{\pi}{3^n}$；　(5) $\sum_{n=1}^{\infty} \sqrt{\frac{n+1}{n}}$；　(6) $\sum_{n=1}^{\infty} \frac{1}{3n-2}$；

(7) $\sum_{n=1}^{\infty} \frac{2+(-1)^n}{2^n}$.

6. 设 $a_n \leqslant c_n \leqslant b_n (n=1,2,\cdots)$，且 $\sum_{n=1}^{\infty} a_n$ 及 $\sum_{n=1}^{\infty} b_n$ 均收敛，证明级数 $\sum_{n=1}^{\infty} c_n$ 收敛.

7.3 任意项级数的绝对收敛与条件收敛

7.2 节讨论了正项级数收敛性的判别法. 本节讨论任意项级数(即各项可以为正数、零、负数的级数)的收敛法. 首先讨论一种特殊形式.

7.3.1 交错级数

定义 7.3.1 各项是正负交错的级数称为**交错级数**(alternating series). 它的一般形式为

$$\sum_{n=1}^{\infty} (-1)^{n-1} u_n = u_1 - u_2 + u_3 - u_4 + \cdots \tag{7.4}$$

或

$$\sum_{n=1}^{\infty} (-1)^n u_n = -u_1 + u_2 - u_3 + u_4 - \cdots, \tag{7.5}$$

其中 $u_n > 0 (n=1,2,3,\cdots)$.

由于级数(7.5)可以由级数(7.4)乘上 −1 得到，所以我们按形式(7.4)来证明关于交错级数的判别法.

例如，$\sum_{n=1}^{\infty} (-1)^{n-1} \frac{1}{n}$ 是交错级数，但 $\sum_{n=1}^{\infty} (-1)^{n-1} \frac{1-\cos n\pi}{n}$ 不是交错级数.

定理 7.3.1(莱布尼茨(Leibniz)定理) 如果交错级数 $\sum_{n=1}^{\infty}(-1)^{n-1}u_n$ 满足条件：

(1) $u_n \geqslant u_{n+1}(n=1,2,3,\cdots)$；

(2) $\lim_{n\to\infty} u_n=0$，

则级数收敛，且其和 $s\leqslant u_1$，其余项 r_n 的绝对值 $|r_n|\leqslant u_{n+1}$.

证 设前 n 项部分和为 s_n. 由

$$s_{2n}=(u_1-u_2)+(u_3-u_4)+\cdots+(u_{2n-1}-u_{2n})$$

及

$$s_{2n}=u_1-(u_2-u_3)-(u_4-u_5)-\cdots-(u_{2n-2}-u_{2n-1})-u_{2n}.$$

由条件(1)知所有括号中的差都是非负的，由第一种形式可知数列 $\{s_{2n}\}$ 是单调增加的，由第二种形式知数列 $\{s_{2n}\}$ 是有界的($s_{2n}\leqslant u_1$). 于是根据单调有界数列必有极限的准则知道 $\lim_{n\to\infty} s_{2n}$ 存在. 设 $\lim_{n\to\infty} s_{2n}=s$.

由条件(2)可知 $\lim_{n\to\infty} u_n=0$，从而

$$\lim_{n\to\infty} s_{2n+1}=\lim_{n\to\infty}(s_{2n}+u_{2n+1})=\lim_{n\to\infty} s_{2n}=s.$$

由此可知，$\lim_{n\to\infty} s_n$ 存在，从而交错级数 $\sum_{n=1}^{\infty}(-1)^{n-1}u_n$ 收敛，且其和 $s\leqslant u_1$.

最后，因为 $|r_n|=u_{n+1}-u_{n+2}+\cdots$ 也是一个交错级数，且它也满足收敛的两个条件，所以其和小于级数的第一项，即 $|r_n|\leqslant u_{n+1}$.

例 7.3.1 证明级数 $\sum_{n=1}^{\infty}(-1)^{n-1}\frac{1}{n}$ 收敛，并估计和及余项.

证 这是一个交错级数. 易见题设级数的一般项为 $(-1)^{n-1}u_n=\frac{(-1)^{n-1}}{n}$. 因为此级数满足：

(1) $u_n=\frac{1}{n}>\frac{1}{n+1}=u_{n+1}(n=1,2,\cdots)$； (2) $\lim_{n\to\infty} u_n=\lim_{n\to\infty}\frac{1}{n}=0$，

由莱布尼茨定理，所给级数是收敛的，且其和 $s<u_1=1$，余项 $|r_n|\leqslant u_{n+1}=\frac{1}{n+1}$.

注 判别交错级数 $\sum_{n=1}^{\infty}(-1)^{n-1}f(n)$(其中 $f(n)>0$)的收敛性时，如果数列 $\{f(n)\}$ 单调减少不容易判断，可通过验证当 x 充分大时 $f'(x)\leqslant 0$，来判断当 n 充分大时数列 $\{f(n)\}$ 的单调减少；如果直接求极限 $\lim_{n\to\infty} f(n)$ 有困难，亦可通过求 $\lim_{x\to+\infty} f(x)$ 来求 $\lim_{n\to\infty} f(n)$.

例 7.3.2 判断 $\sum_{n=1}^{\infty}(-1)^n\frac{\ln(n+1)}{n+1}$ 的收敛性.

解 由于 $u_n=\frac{\ln(n+1)}{n+1}>0$，所以 $\sum_{n=1}^{\infty}(-1)^n\frac{\ln(n+1)}{n+1}$ 是交错级数. 为判定 $u_n\geqslant$

$u_{n+1}(n=1,2,3,\cdots)$，考察函数 $f(x)=\dfrac{\ln(x+1)}{x+1}(x\geqslant 3)$，有 $f'(x)=\dfrac{1-\ln(x+1)}{(x+1)^2}<0$ $(x\geqslant 3)$，因此 $n\geqslant 3$ 时，$u_n=\dfrac{\ln(n+1)}{n+1}$是递减数列.

又利用洛必达法则有 $\lim\limits_{n\to\infty}\dfrac{\ln(n+1)}{n+1}=\lim\limits_{x\to+\infty}\dfrac{\ln(x+1)}{x+1}=\lim\limits_{x\to+\infty}\dfrac{1}{x+1}=0$，则由莱布尼茨定理知所给级数收敛.

7.3.2 绝对收敛与条件收敛

现在讨论一般的级数

$$\sum_{n=1}^{\infty}u_n=u_1+u_2+u_3+\cdots+u_n+\cdots, \tag{7.6}$$

它的各项为任意实数.则级数 $\sum\limits_{n=1}^{\infty}u_n$ 各项的绝对值所构成的正项级数

$$\sum_{n=1}^{\infty}|u_n|=|u_1|+|u_2|+|u_3|+\cdots+|u_n|+\cdots \tag{7.7}$$

称为(7.6)的**绝对值级数**.

上述两个级数的收敛性有如下关系.

定理 7.3.2 如果级数 $\sum\limits_{n=1}^{\infty}|u_n|$收敛，则级数 $\sum\limits_{n=1}^{\infty}u_n$ 必定收敛.

证 令 $v_n=\dfrac{1}{2}(u_n+|u_n|)$，则有 $0\leqslant v_n\leqslant|u_n|$.

于是，由级数 $\sum\limits_{n=1}^{\infty}|u_n|$收敛，可知正项级数 $\sum\limits_{n=1}^{\infty}v_n$ 也收敛.又 $u_n=2v_n-|u_n|$，由级数收敛的基本性质可知，级数 $\sum\limits_{n=1}^{\infty}u_n$ 必定收敛.证毕.

注 (1)根据这个结果，可以将许多一般常数项级数的收敛性判别问题转化为正项级数的收敛性判别问题；

(2)如果级数 $\sum\limits_{n=1}^{\infty}|u_n|$发散，我们不能断定级数 $\sum\limits_{n=1}^{\infty}u_n$ 也发散.但是，如果用比值法判定级数 $\sum\limits_{n=1}^{\infty}|u_n|$发散，则可以断定级数 $\sum\limits_{n=1}^{\infty}u_n$ 必定发散.这是因为，此时$|u_n|$不趋向于零，从而 u_n 也不趋向于零，因此级数 $\sum\limits_{n=1}^{\infty}u_n$ 也是发散的.

定义 7.3.2 如果级数 $\sum\limits_{n=1}^{\infty}|u_n|$收敛，则称级数 $\sum\limits_{n=1}^{\infty}u_n$ **绝对收敛**；若级数 $\sum\limits_{n=1}^{\infty}u_n$ 收敛，而级数 $\sum\limits_{n=1}^{\infty}|u_n|$发散，则称级数 $\sum\limits_{n=1}^{\infty}u_n$ **条件收敛**.

例如，级数 $\sum_{n=1}^{\infty}(-1)^{n-1}\frac{1}{n^2}$是绝对收敛的，而级数 $\sum_{n=1}^{\infty}(-1)^{n-1}\frac{1}{n}$是条件收敛的.

例 7.3.3 判别级数 $\sum_{n=1}^{\infty}\frac{\sin na}{n^2+1}$的收敛性.

解 因为$\left|\frac{\sin na}{n^2+1}\right|\leqslant\frac{1}{n^2}$，而级数 $\sum_{n=1}^{\infty}\frac{1}{n^2}$是收敛的，所以级数 $\sum_{n=1}^{\infty}\left|\frac{\sin na}{n^2+1}\right|$也收敛，从而级数 $\sum_{n=1}^{\infty}\frac{\sin na}{n^2+1}$绝对收敛.

例 7.3.4 判别级数 $\sum_{n=1}^{\infty}\frac{(-1)^{n-1}}{n^p}(p>0)$的收敛性.

解 由 $\sum_{n=1}^{\infty}\left|\frac{(-1)^{n-1}}{n^p}\right|=\sum_{n=1}^{\infty}\frac{1}{n^p}$，则

当 $p>1$ 时，题设级数绝对收敛；

当 $0<p\leqslant1$ 时，由

$$u_n=\frac{1}{n^p}>\frac{1}{(n+1)^p}=u_{n+1}\quad(n=1,2,\cdots),$$

$$\lim_{n\to\infty}u_n=\lim_{n\to\infty}\frac{1}{n^p}=0\quad(0<p\leqslant1),$$

则由莱布尼茨定理知 $\sum_{n=1}^{\infty}\frac{(-1)^{n-1}}{n^p}$收敛，但 $\sum_{n=1}^{\infty}\frac{1}{n^p}$发散，故知题设级数条件收敛.

例 7.3.5 判别级数 $\sum_{n=1}^{\infty}(-1)^n\frac{n^{n+1}}{(n+1)!}$的收敛性.

解 这是一个交错级数，令 $u_n=(-1)^n\frac{n^{n+1}}{(n+1)!}$，利用比值判别法

$$\begin{aligned}\lim_{n\to\infty}\frac{|u_{n+1}|}{|u_n|}&=\lim_{n\to\infty}\frac{(n+1)^{n+2}}{[(n+1)+1]!}\frac{(n+1)!}{n^{n+1}}\\&=\lim_{n\to\infty}\left(\frac{n+1}{n}\right)^n\cdot\frac{(n+1)^2}{n(n+2)}=\lim_{n\to\infty}\left(1+\frac{1}{n}\right)^n=\mathrm{e}>1,\end{aligned}$$

所以级数 $\sum_{n=1}^{\infty}|u_n|$发散，故所给级数非绝对收敛.

又由$\lim_{n\to\infty}\frac{|u_{n+1}|}{|u_n|}>1$，可知当 n 充分大时，有$|u_{n+1}|>|u_n|$，故$\lim_{n\to\infty}u_n\neq0$，所以所给级数发散.

习题 7.3

1. 判别下列级数的收敛性，若收敛，是条件收敛还是绝对收敛？

(1) $\sum_{n=1}^{\infty}(-1)^{n-1}\frac{1}{\sqrt{n}}$； (2) $\sum_{n=1}^{\infty}(-1)^{n-1}\frac{n}{3^{n-1}}$； (3) $\sum_{n=1}^{\infty}(-1)^{n-1}\frac{\ln n}{n}$；

(4) $\sum_{n=1}^{\infty}(-1)^{n-1}\frac{1}{\ln(n+1)}$； (5) $\sum_{n=1}^{\infty}(-1)^{n-1}\frac{2^{n^2}}{n!}$； (6) $\sum_{n=1}^{\infty}\frac{\sin n}{n^2}$.

*2. 判定级数 $\sum_{n=1}^{\infty}(-1)^n\frac{1}{2^n}\left(1+\frac{1}{n}\right)^{n^2}$ 的敛散性.

3. 判别级数 $\sum_{n=1}^{\infty}(-1)^{n-1}\frac{n}{n^2+1}$的敛散性.

4. 级数 $\sum_{n=2}^{\infty}(-1)^n\sin\frac{1}{\ln n}$是绝对收敛,条件收敛,还是发散?

5. 设 $\sum_{n=1}^{\infty}u_n$ 和 $\sum_{n=1}^{\infty}v_n$ 绝对收敛,证明 $\sum_{n=1}^{\infty}(u_n+v_n)$也绝对收敛.

7.4 幂 级 数

7.4.1 函数项级数的概念

如果给定一个定义在区间 I 上的函数列$\{u_n(x)\}$,由这函数列构成的表达式

$$\sum_{n=1}^{\infty}u_n(x)=u_1(x)+u_2(x)+\cdots+u_n(x)+\cdots \tag{7.8}$$

称为定义在区间 I 上的(**函数项**)**无穷级数**,简称(**函数项**)**级数**(series with function terms).

对于区间 I 内的一定点 x_0,若常数项级数 $\sum_{n=1}^{\infty}u_n(x_0)$收敛,则称点 x_0 是级数 $\sum_{n=1}^{\infty}u_n(x)$的**收敛点**(point of convergence).若常数项级数 $\sum_{n=1}^{\infty}u_n(x_0)$发散,则称点 x_0 是级数 $\sum_{n=1}^{\infty}u_n(x)$的**发散点**(point of divergence).函数项级数 $\sum_{n=1}^{\infty}u_n(x)$的所有收敛点的全体称为它的**收敛域**(convergence domain),所有发散点的全体称为它的**发散域**(divergence domain).

在收敛域上,函数项级数 $\sum_{n=1}^{\infty}u_n(x)$的和是 x 的函数 $s(x)$,通常 $s(x)$称为函数项级数 $\sum_{n=1}^{\infty}u_n(x)$的**和函数**(sum function),这函数的定义域就是级数的收敛域,并写成$s(x)=\sum_{n=1}^{\infty}u_n(x)$, $\sum u_n(x)$是 $\sum_{n=1}^{\infty}u_n(x)$的简便记法,以下不再重述.

函数项级数 $\sum_{n=1}^{\infty}u_n(x)$的前 n 项的部分和记作 $s_n(x)$,即

$$s_n(x)=u_1(x)+u_2(x)+\cdots+u_n(x).$$

在收敛域上有$\lim_{n\to\infty}s_n(x)=s(x)$. $r_n(x)=s(x)-s_n(x)$叫做函数项级数 $\sum_{n=1}^{\infty}u_n(x)$

的**余项**(remainder term). 在收敛域上有$\lim\limits_{n\to\infty} r_n(x)=0$.

7.4.2 幂级数及其收敛性

函数项级数中简单而常见的一类级数就是各项都是幂函数的函数项级数,这种形式的级数称为**幂级数**(power series),它的形式是

$$\sum_{n=0}^{\infty} a_n x^n = a_0 + a_1 x + a_2 x^2 + \cdots + a_n x^n + \cdots, \tag{7.9}$$

其中常数 $a_0, a_1, a_2, \cdots, a_n, \cdots$叫做**幂级数的系数**(coefficient of power series).

例如,$1+x+\frac{1}{2!}x^2+\cdots+\frac{1}{n!}x^n+\cdots$是幂级数.

注 幂级数的一般形式是

$$\sum_{n=0}^{\infty} a_n (x-x_0)^n = a_0 + a_1(x-x_0) + a_2(x-x_0)^2 + \cdots + a_n(x-x_0)^n + \cdots, \tag{7.10}$$

经变换 $t=x-x_0$ 就得 $a_0+a_1t+a_2t^2+\cdots+a_nt^n+\cdots$. 所以今后主要针对形如(7.9)的级数展开讨论.

现在我们来讨论:对于一个给定的幂级数,它的收敛域与发散域是怎样的? 即 x 取数轴上哪些点时幂级数收敛,取哪些点时幂级数发散? 这就是幂级数的收敛性问题.

例如,幂级数

$$1+x+x^2+x^3+\cdots+x^n+\cdots$$

可以看成是公比为 x 的几何级数. 当 $|x|<1$ 时,它是收敛的;当 $|x|\geqslant 1$ 时,它是发散的. 因此它的收敛域为$(-1,1)$,在收敛域内有

$$\frac{1}{1-x}=1+x+x^2+x^3+\cdots+x^n+\cdots.$$

在这个例子中我们得到的收敛域是一个以原点为中心的对称区间,对于一般的幂级数,结论也是正确的,并有如下定理.

定理 7.4.1(阿贝尔(Abel)定理) (1)如果幂级数 $\sum\limits_{n=0}^{\infty} a_n x^n$ 当 $x=x_0(x_0\neq 0)$时收敛,则适合不等式$|x|<|x_0|$的一切 x 使这幂级数绝对收敛.

(2)如果幂级数 $\sum\limits_{n=0}^{\infty} a_n x^n$ 当 $x=x_0$ 时发散,则适合不等式$|x|>|x_0|$的一切 x 使这幂级数发散.

证 (1)设 x_0 是幂级数 $\sum\limits_{n=0}^{\infty} a_n x^n$ 的收敛点. 即级数 $\sum\limits_{n=0}^{\infty} a_n x_0^n$ 收敛,根据级数收敛的必要条件,有$\lim\limits_{n\to\infty} a_n x_0^n=0$,于是存在一个常数 M,使

$$|a_n x_0^n|\leqslant M \quad (n=0,1,2,\cdots).$$

这样级数 $\sum_{n=0}^{\infty} a_n x^n$ 的一般项的绝对值

$$|a_n x^n| = \left|a_n x_0^n \cdot \frac{x^n}{x_0^n}\right| = |a_n x_0^n| \cdot \left|\frac{x}{x_0}\right|^n \leqslant M \cdot \left|\frac{x}{x_0}\right|^n.$$

因为当 $|x|<|x_0|$ 时,等比级数 $\sum_{n=0}^{\infty} M\left|\frac{x}{x_0}\right|^n$ 收敛,所以级数 $\sum_{n=0}^{\infty} |a_n x^n|$ 收敛,也就是级数 $\sum_{n=0}^{\infty} a_n x^n$ 绝对收敛.

(2)可用反证法证明.倘若幂级数当 $x=x_0$ 时发散而有一点 x_1 适合 $|x_1|>|x_0|$ 使级数收敛,则根据本定理的第一部分,级数当 $x=x_0$ 时应收敛,这与所设矛盾.证毕.

由上述定理可知,如果幂级数 $\sum_{n=0}^{\infty} a_n x^n$ 在 $x_0 \neq 0$ 处收敛,而在点 x_1 处发散,则必有 $|x_0|<|x_1|$,且存在常数 $R>0$,$|x_0| \leqslant R \leqslant |x_1|$,使得 $|x|<R$ 时,幂级数 $\sum_{n=0}^{\infty} a_n x^n$ 收敛,且是绝对收敛的;$|x|>R$ 时,幂级数 $\sum_{n=0}^{\infty} a_n x^n$ 发散.称 R 为幂级数 $\sum_{n=0}^{\infty} a_n x^n$ 的**收敛半径**.开区间 $(-R,R)$ 叫做幂级数 $\sum_{n=0}^{\infty} a_n x^n$ 的**收敛区间**(interval of convergence),再由幂级数在 $x=\pm R$ 处的收敛性就可以决定它的收敛域.幂级数 $\sum_{n=0}^{\infty} a_n x^n$ 的收敛域是 $(-R,R)$ 或 $[-R,R)$,$(-R,R]$,$[-R,R]$ 之一.

为明确起见,规定:若幂级数 $\sum_{n=0}^{\infty} a_n x^n$ 只在 $x=0$ 收敛,则规定收敛半径 $R=0$,这时收敛区间退化为一点,即原点 $x=0$.若幂级数 $\sum_{n=0}^{\infty} a_n x^n$ 对一切 x 都收敛,则规定收敛半径 $R=+\infty$,这时收敛域为 $(-\infty,+\infty)$.

关于幂级数的收敛半径的求法,我们有下面的定理.

定理 7.4.2 设幂级数 $\sum_{n=0}^{\infty} a_n x^n$ 的所有系数 $a_n \neq 0$,如果 $\lim\limits_{n\to\infty}\left|\frac{a_{n+1}}{a_n}\right|=\rho$,则这幂级数的收敛半径

$$R=\begin{cases} +\infty, & \rho=0, \\ \dfrac{1}{\rho}, & \rho\neq 0, \\ 0, & \rho=+\infty. \end{cases}$$

证 因为

$$\lim_{n\to\infty}\left|\frac{u_{n+1}}{u_n}\right| = \lim_{n\to\infty}\left|\frac{a_{n+1}x^{n+1}}{a_n x^n}\right| = \lim_{n\to\infty}\left|\frac{a_{n+1}}{a_n}\right| \cdot |x| = \rho|x|.$$

(1)当 $\rho|x|<1$ 时，即 $|x|<\dfrac{1}{\rho}$时，题设幂级数绝对收敛. 当 $\rho|x|>1$ 时，即 $|x|>\dfrac{1}{\rho}$时，幂级数 $\sum\limits_{n=0}^{\infty}|a_nx^n|$发散，且当 n 充分大时，有

$$|a_{n+1}x^{n+1}|>|a_nx^n|.$$

因此$\lim\limits_{n\to\infty}|a_nx^n|\neq 0$，从而$\lim\limits_{n\to\infty}a_nx^n\neq 0$，题设级数发散，即收敛半径 $R=\dfrac{1}{\rho}$.

(2)当 $\rho=0$ 时，则对任意 $x\neq 0$，有$\lim\limits_{n\to\infty}\left|\dfrac{a_{n+1}x^{n+1}}{a_nx^n}\right|=0$，所以幂级数 $\sum\limits_{n=0}^{\infty}|a_nx^n|$是收敛的，故 $\sum\limits_{n=0}^{\infty}a_nx^n$ 绝对收敛，于是 $R=+\infty$.

(3)当 $\rho=+\infty$时，则对于除 $x=0$ 外的其他一切 x，$\rho|x|=+\infty$，级数 $\sum\limits_{n=0}^{\infty}a_nx^n$ 必发散，否则由定理 7.4.1 知道将存在点 $x\neq 0$ 使级数 $\sum\limits_{n=0}^{\infty}|a_nx^n|$收敛. 于是 $R=0$.

例 7.4.1 求幂级数

$$\sum_{n=1}^{\infty}(-1)^n\frac{x^n}{n}=x-\frac{x^2}{2}+\frac{x^3}{3}-\cdots+(-1)^n\frac{x^n}{n}+\cdots$$

的收敛半径与收敛域.

解 因为

$$\rho=\lim_{n\to\infty}\left|\frac{a_{n+1}}{a_n}\right|=\lim_{n\to\infty}\frac{\frac{1}{n+1}}{\frac{1}{n}}=1,$$

所以收敛半径 $R=\dfrac{1}{\rho}=1$.

当 $x=1$ 时，幂级数成为交错级数 $\sum\limits_{n=1}^{\infty}(-1)^n\dfrac{1}{n}$，此级数是收敛的.

当 $x=-1$ 时，幂级数成为调和级数 $\sum\limits_{n=1}^{\infty}\dfrac{1}{n}$，是发散的. 因此，收敛域为$(-1,1]$.

注 求幂级数 $\sum\limits_{n=0}^{\infty}a_nx^n$ 收敛域的基本步骤如下：

(1)求出收敛半径 R；

(2)判别常数项级数 $\sum\limits_{n=0}^{\infty}a_nR^n$，$\sum\limits_{n=0}^{\infty}a_n(-R)^n$ 的敛散性；

(3)写出幂级数的收敛域.

例 7.4.2 求下列幂级数的收敛域：

(1) $\sum\limits_{n=0}^{\infty}\dfrac{1}{n!}x^n$；　　(2) $\sum\limits_{n=0}^{\infty}n!\,x^n$.

解 (1)因为

$$\rho=\lim_{n\to\infty}\left|\frac{a_{n+1}}{a_n}\right|=\lim_{n\to\infty}\frac{\frac{1}{(n+1)!}}{\frac{1}{n!}}=\lim_{n\to\infty}\frac{1}{n+1}=0,$$

所以收敛半径 $R=+\infty$,故收敛域是$(-\infty,+\infty)$.

(2)因为

$$\rho=\lim_{n\to\infty}\left|\frac{a_{n+1}}{a_n}\right|=\lim_{n\to\infty}\frac{(n+1)!}{n!}=+\infty,$$

所以收敛半径为 $R=0$,即级数仅在 $x=0$ 处收敛,故收敛区间不存在,收敛域为$\{0\}$.

例 7.4.3 求幂级数 $\sum\limits_{n=0}^{\infty}\frac{x^{2n}}{2^n}$的收敛域.

解 题设级数缺少奇数次幂,记 a_n 为所给幂级数的 x^n 项的系数,则 $a_{2n+1}=0$.于是这个幂级数的收敛半径不能用定理 7.4.2 的公式计算.此时可直接利用比值判别法:

$$\lim_{n\to\infty}\left|\frac{u_{n+1}(x)}{u_n(x)}\right|=\lim_{n\to\infty}\frac{x^{2n+2}}{2^{n+1}}\cdot\frac{2^n}{x^{2n}}=\frac{1}{2}|x|^2.$$

当$\frac{1}{2}|x^2|<1$ 即$|x|<\sqrt{2}$时,级数收敛;

当$\frac{1}{2}|x|^2>1$ 即$|x|>\sqrt{2}$时,级数发散,所以收敛半径 $R=\sqrt{2}$.

当 $x=\pm\sqrt{2}$时,级数均成为 $\sum\limits_{n=0}^{\infty}1$,该级数发散.故所求收敛域为$(-\sqrt{2},\sqrt{2})$.

注 求幂级数的收敛半径时,应根据幂级数的系数的形式,当幂级数的各项是依幂次 n 连续的时候,即所有系数 $a_n\neq0$,可对其系数应用比值判别法直接求出收敛半径,即有

$$\lim_{n\to\infty}\left|\frac{a_{n+1}}{a_n}\right|=\rho.$$

如果幂级数有缺项,如缺少奇数次幂的项等,则应将幂级数视为函数项级数直接利用比值判别法或根植判别法求幂级数的收敛半径.

例 7.4.4 求幂级数 $\sum\limits_{n=1}^{\infty}\frac{1}{n}\cdot\left(\frac{x-1}{2}\right)^n$ 的收敛域.

解 令 $t=\frac{x-1}{2}$,上述级数变为 $\sum\limits_{n=1}^{\infty}\frac{t^n}{n}$.因为

$$\rho=\lim_{n\to\infty}\left|\frac{a_{n+1}}{a_n}\right|=\lim_{n\to\infty}\frac{n}{n+1}=1,$$

所以收敛半径 $R=1$.

当 $t=1$ 时,级数成为 $\sum\limits_{n=1}^{\infty}\frac{1}{n}$,此级数发散;当 $t=-1$ 时,级数成为 $\sum\limits_{n=1}^{\infty}\frac{(-1)^n}{n}$,此

级数收敛. 因此级数 $\sum\limits_{n=1}^{\infty}\frac{t^n}{n}$ 的收敛域为 $-1\leqslant t<1$, $-1\leqslant\frac{x-1}{2}<1$, 即 $-1\leqslant x<3$, 所以原级数的收敛域为 $[-1,3)$.

7.4.3 幂级数的运算

设幂级数 $\sum\limits_{n=0}^{\infty}a_nx^n$ 及 $\sum\limits_{n=0}^{\infty}b_nx^n$ 分别在区间 $(-R_1,R_1)$ 及 $(-R_2,R_2)$ 内收敛, 取 $R=\min\{R_1,R_2\}$, 则在 $(-R_1,R_1)$ 和 $(-R_2,R_2)$ 中较小的区间 $(-R,R)$ 内可进行下列代数运算:

(1) 加减法

$$\sum_{n=0}^{\infty}a_nx^n\pm\sum_{n=0}^{\infty}b_nx^n=\sum_{n=0}^{\infty}(a_n\pm b_n)x^n.$$

(2) 乘法

$$\left(\sum_{n=0}^{\infty}a_nx^n\right)\cdot\left(\sum_{n=0}^{\infty}b_nx^n\right)=\sum_{n=0}^{\infty}c_nx^n,$$

其中 $c_n=a_0\cdot b_n+a_1\cdot b_{n-1}+\cdots+a_n\cdot b_0$, $x\in(-R,R)$.

关于幂级数的和函数有下列重要的分析运算性质(证明从略).

性质 7.4.1 幂级数 $\sum\limits_{n=0}^{\infty}a_nx^n$ 的和函数 $s(x)$ 在其收敛域 I 上连续.

性质 7.4.2 幂级数 $\sum\limits_{n=0}^{\infty}a_nx^n$ 的和函数 $s(x)$ 在其收敛区间 $(-R,R)$ 内可导, 并且有逐项求导公式

$$s'(x)=\left(\sum_{n=0}^{\infty}a_nx^n\right)'=\sum_{n=0}^{\infty}(a_nx^n)'=\sum_{n=1}^{\infty}na_nx^{n-1}\quad(|x|<R),$$

逐项求导后所得到的幂级数和原级数有相同的收敛半径.

注 反复应用上述结论可得: 幂级数的和函数 $s(x)$ 在其收敛区间 $(-R,R)$ 内具有任意阶导数.

性质 7.4.3 幂级数 $\sum\limits_{n=0}^{\infty}a_nx^n$ 的和函数 $s(x)$ 在其收敛域 I 上可积, 并且有逐项积分公式

$$\int_0^x s(x)\mathrm{d}x=\int_0^x\left(\sum_{n=0}^{\infty}a_nx^n\right)\mathrm{d}x=\sum_{n=0}^{\infty}\int_0^x a_nx^n\mathrm{d}x=\sum_{n=0}^{\infty}\frac{a_n}{n+1}x^{n+1}\quad(x\in I).$$

逐项积分后所得到的幂级数和原级数有相同的收敛半径.

上述三个性质表明: 在幂级数的收敛范围内, 极限号 lim、求导号 $\frac{\mathrm{d}}{\mathrm{d}x}$, 以及积分号 $\int$ 均可以与级数号 $\sum$ 交换次序. 通常利用这三个性质求幂级数的和函数.

例 7.4.5 求幂级数 $\sum_{n=0}^{\infty}\frac{(-1)^n}{n+1}x^{n+1}$ 的和函数.

解 因为

$$\rho=\lim_{n\to\infty}\left|\frac{a_{n+1}}{a_n}\right|=\lim_{n\to\infty}\frac{\frac{1}{n+2}}{\frac{1}{n+1}}=1,$$

则收敛半径 $R=1$.

当 $x=-1$ 时,幂级数成为级数 $\sum_{n=0}^{\infty}(-1)\frac{1}{n+1}$,是发散的;

当 $x=1$ 时,幂级数成为交错级数 $\sum_{n=0}^{\infty}(-1)^n\frac{1}{n+1}$,此级数是收敛的;故求得幂级数的收敛域为(−1,1).

设和函数为 $s(x)$,即 $s(x)=\sum_{n=0}^{\infty}\frac{(-1)^n}{n+1}x^{n+1}$,$x\in(-1,1]$. 显然 $s(0)=0$.

在 $s(x)=\sum_{n=0}^{\infty}\frac{(-1)^n}{n+1}x^{n+1}$ 的两边求导得

$$s'(x)=\sum_{n=0}^{\infty}\left[\frac{(-1)^n}{n+1}x^{n+1}\right]'=\sum_{n=0}^{\infty}(-1)^nx^n=\frac{1}{1+x},\quad x\in(-1,1].$$

对上式从 0 到 x 积分,得

$$s(x)=\int_0^x\frac{1}{1+x}\mathrm{d}x=\ln(1+x),$$

于是,$s(x)=\ln(1+x)$,$x\in(-1,1]$.

注 几何级数的和函数

$$1+x+x^2+\cdots+x^n+\cdots=\frac{1}{1-x}\quad(-1<x<1)$$

是幂级数求和中的一个基本的结果. 我们所讨论的许多级数求和的问题都可以利用幂级数的运算性质转化为几何级数的求和问题来解决.

例 7.4.6 求幂级数 $\sum_{n=1}^{\infty}nx^{n-1}$ 的收敛域及和函数,并求级数 $\sum_{n=1}^{\infty}\frac{n}{2^n}$ 的和.

解 因为

$$\rho=\lim_{n\to\infty}\left|\frac{a_{n+1}}{a_n}\right|=\lim_{n\to\infty}\frac{n+1}{n}=1,$$

则收敛半径 $R=1$.

当 $x=1$ 时,幂级数成为级数 $\sum_{n=1}^{\infty}n$,通项不趋于 0,因此它是发散的;

当 $x=-1$ 时,幂级数成为级数 $\sum_{n=1}^{\infty}(-1)^{n-1}n$,通项不趋于 0,因此它也是发

散的.

故求得幂级数的收敛域为$(-1,1)$.

设和函数为$s(x)$,即$s(x)=\sum\limits_{n=1}^{\infty}nx^{n-1}$,$x\in(-1,1)$.显然$s(0)=0$.

在$s(x)=\sum\limits_{n=1}^{\infty}nx^{n-1}$的两边从0到$x$积分,得

$$\begin{aligned}\int_0^x s(x)\mathrm{d}x&=\int_0^x\sum_{n=1}^{\infty}nx^{n-1}\mathrm{d}x=\sum_{n=1}^{\infty}\int_0^x nx^{n-1}\mathrm{d}x\\&=\sum_{n=1}^{\infty}x^n=\frac{x}{1-x}=\frac{1}{1-x}-1.\end{aligned}$$

上式两边对x求导,得

$$s(x)=\frac{\mathrm{d}}{\mathrm{d}x}\int_0^x s(x)\mathrm{d}x=\left(\frac{1}{1-x}-1\right)'=\frac{1}{(1-x)^2}.$$

于是,$s(x)=\sum\limits_{n=1}^{\infty}nx^{n-1}=\dfrac{1}{(1-x)^2}$.

取$x=\dfrac{1}{2}$,则有$\sum\limits_{n=1}^{\infty}n\left(\dfrac{1}{2}\right)^{n-1}=\dfrac{1}{\left(1-\dfrac{1}{2}\right)^2}=4$.所以$\sum\limits_{n=1}^{\infty}\dfrac{n}{2^n}=\dfrac{1}{2}\cdot 4=2$.

注 上面例题是借助幂级数的和函数来求常数项级数的和,这种方法称为**阿贝尔方法**.

习题 7.4

1. 求下列幂级数的收敛域:

(1) $\sum\limits_{n=1}^{\infty}(-nx)^n$; (2) $\sum\limits_{n=1}^{\infty}\dfrac{x^n}{2\cdot 4\cdots(2n)}$; (3) $\sum\limits_{n=1}^{\infty}(-1)^n\dfrac{x^n}{n^2}$;

(4) $\sum\limits_{n=1}^{\infty}\dfrac{(2x)^n}{n^2+1}$; (5) $\sum\limits_{n=1}^{\infty}\dfrac{(x-5)^n}{\sqrt{n}}$; (6) $\sum\limits_{n=1}^{\infty}(-1)^n\dfrac{x^{2n-1}}{2n-1}$;

(7) $\sum\limits_{n=1}^{\infty}(-1)^n\dfrac{2^n}{\sqrt{n}}\left(x-\dfrac{1}{2}\right)^n$; (8) $\sum\limits_{n=1}^{\infty}\left[\dfrac{(-1)^n}{n}+\dfrac{1}{4^n}\right]x^n$.

2. 求级数$\sum\limits_{n=1}^{\infty}\dfrac{(-1)^n}{n}\left(\dfrac{1}{1+x}\right)^n$的收敛域.

3. 求下列幂级数的和函数:

(1) $\sum\limits_{n=1}^{\infty}nx^{n-1}$; (2) $\sum\limits_{n=1}^{\infty}\dfrac{x^{2n-1}}{2n-1}$; (3) $\sum\limits_{n=1}^{\infty}\dfrac{x^n}{n(n+1)}$.

*4. 求幂级数$\sum\limits_{n=1}^{\infty}(n+1)^2x^n$的和函数.

5. 求级数$\dfrac{1}{1\cdot 3}+\dfrac{1}{2\cdot 3^2}+\dfrac{1}{3\cdot 3^3}+\dfrac{1}{4\cdot 3^4}+\cdots+\dfrac{1}{n\cdot 3^n}+\cdots$的和.

7.5 函数展开成幂级数

前面讨论了幂级数的收敛域以及幂级数在收敛域上的和函数. 现在我们要考虑相反的问题,即对给定的函数 $f(x)$,要确定它能否在某一区间上"展开成幂级数",就是说,是否能找到这样一个幂级数,它在某区间内收敛,且其和恰好就是给定的函数 $f(x)$. 如果能找到这样的幂级数,我们就说,函数 $f(x)$在该区间内能展开成幂级数,或简单地说**函数 $f(x)$ 能展开成幂级数**,而该级数在收敛区间内就表达了函数 $f(x)$.

7.5.1 泰勒级数

由泰勒公式可知,如果 $f(x)$在点 x_0 的某邻域内具有 $n+1$ 阶导数,则在该邻域内的任意一点有

$$f(x)=f(x_0)+f'(x_0)(x-x_0)+\frac{f''(x_0)}{2!}(x-x_0)^2+\cdots+\frac{f^{(n)}(x_0)}{n!}(x-x_0)^n+R_n(x),$$

其中 $R_n(x)=\frac{f^{(n+1)}(\xi)}{(n+1)!}(x-x_0)^{n+1}$($\xi$ 介于 x 与 x_0 之间).

定义 7.5.1 如果 $f(x)$在点 x_0 的某邻域内具有各阶导数 $f'(x),f''(x),\cdots,f^{(n)}(x),\cdots$, 则当 $n\to\infty$时,$f(x)$在点 x_0 能展成幂级数

$$f(x_0)+f'(x_0)(x-x_0)+\frac{f''(x_0)}{2!}(x-x_0)^2+\frac{f'''(x_0)}{3!}(x-x_0)^3+\cdots$$
$$+\frac{f^{(n)}(x_0)}{n!}(x-x_0)^n+\cdots,$$

这一幂级数称为函数 $f(x)$在 $x=x_0$ 处的**泰勒级数**(Taylor series). 显然,当 $x=x_0$ 时,$f(x)$的泰勒级数收敛于 $f(x_0)$.

需回答的问题,除了 $x=x_0$ 外,$f(x)$的泰勒级数是否收敛? 如果收敛,它是否一定收敛于 $f(x)$?

定理 7.5.1 设函数 $f(x)$在点 x_0 的某一邻域 $U(x_0)$内具有各阶导数,则 $f(x)$在该邻域内能展开成泰勒级数的充分必要条件是 $f(x)$的泰勒公式中的余项 $R_n(x)$当 $n\to\infty$时的极限为零,即

$$\lim_{n\to\infty}R_n(x)=0,\quad x\in U(x_0).$$

证 先证必要性,设 $f(x)$在 $U(x_0)$内能展开为泰勒级数,即

$$f(x)=f(x_0)+f'(x_0)(x-x_0)+\frac{f''(x_0)}{2!}(x-x_0)^2+\cdots+\frac{f^{(n)}(x_0)}{n!}(x-x_0)^n+\cdots,$$

又设 $s_{n+1}(x)$是 $f(x)$的泰勒级数的前 $n+1$ 项的和,则在 $U(x_0)$内,根据级数收敛的定义有

$$s_{n+1}(x)\to f(x)\quad(n\to\infty),$$

而 $f(x)$的 n 阶泰勒公式可写成 $f(x)=s_{n+1}(x)+R_n(x)$，于是

$$R_n(x)=f(x)-s_{n+1}(x)\to 0 \quad (n\to\infty).$$

再证充分性，设$\lim\limits_{n\to\infty}R_n(x)=0(x\in U(x_0))$.

因为 $f(x)$的 n 阶泰勒公式可写成 $f(x)=s_{n+1}(x)+R_n(x)$，于是

$$s_{n+1}(x)=f(x)-R_n(x)\to f(x),$$

即 $f(x)$的泰勒级数在$U(x_0)$内收敛，并且收敛于 $f(x)$.

在泰勒级数中取 $x_0=0$，得

$$f(0)+f'(0)x+\frac{f''(0)}{2!}x^2+\cdots+\frac{f^{(n)}(0)}{n!}x^n+\cdots,$$

此级数称为 $f(x)$的**麦克劳林级数**(Maclaurin series).

下面证明，如果 $f(x)$能展开成 x 的幂级数，那么这个展式是唯一的，它一定与 $f(x)$的麦克劳林级数一致. 这是因为，如果 $f(x)$在点 $x_0=0$ 的某邻域$(-R,R)$内能展开成 x 的幂级数，即

$$f(x)=a_0+a_1x+a_2x^2+\cdots+a_nx^n+\cdots,$$

那么根据幂级数在收敛区间内可以逐项求导，有

$$f'(x)=a_1+2a_2x+3a_3x^2+\cdots+na_nx^{n-1}+\cdots,$$

$$f''(x)=2!\,a_2+3\cdot 2a_3x+\cdots+n\cdot(n-1)a_nx^{n-2}+\cdots,$$

$$f'''(x)=3!\,a_3+\cdots+n\cdot(n-1)\cdot(n-2)a_nx^{n-3}+\cdots,$$

$$\cdots\cdots$$

$$f^{(n)}(x)=n!\,a_n+(n+1)\cdot n\cdot(n-1)\cdot(n-2)\cdot\cdots\cdot 2a_{n+1}x+\cdots.$$

于是令 $x=0$ 得

$$a_0=f(0),\quad a_1=f'(0),\quad a_2=\frac{f''(0)}{2!},\quad \cdots,\quad a_n=\frac{f^{(n)}(0)}{n!},\quad \cdots.$$

下面具体讨论把函数 $f(x)$展开成 x 的幂级数的方法.

7.5.2 函数展开成幂级数

1. 直接法

例 7.5.1 将函数 $f(x)=\mathrm{e}^x$ 展开成 x 的幂级数.

解 由 $f^{(n)}(x)=\mathrm{e}^x$，得 $f^{(n)}(0)=1(n=0,1,2,\cdots)$，于是 $f(x)$的麦克劳林级数为

$$1+x+\frac{1}{2!}x^2+\cdots+\frac{1}{n!}x^n+\cdots,$$

该级数的收敛半径为 $R=+\infty$.

对于任何有限的数 x，ξ(ξ 介于 0 与 x 之间)，有

$$|R_n(x)|=\left|\frac{\mathrm{e}^{\xi}}{(n+1)!}x^{n+1}\right|<\mathrm{e}^{|x|}\cdot\frac{|x|^{n+1}}{(n+1)!}.$$

因 $e^{|x|}$ 有限,而 $\frac{|x|^{n+1}}{(n+1)!}$ 是收敛级数 $\sum_{n=0}^{\infty}\frac{|x|^{n+1}}{(n+1)!}$ 的一般项,故 $\lim_{n\to\infty}\frac{|x|^{n+1}}{(n+1)!}=0$,所以 $e^{|x|}\cdot\frac{|x|^{n+1}}{(n+1)!}\to 0(n\to\infty)$,即有 $\lim_{n\to\infty}R_n(x)=0$,于是

$$e^x=1+x+\frac{1}{2!}x^2+\cdots+\frac{1}{n!}x^n+\cdots,\quad x\in(-\infty,+\infty).$$

例 7.5.2 将函数 $f(x)=\sin x$ 展开成 x 的幂级数.

解 因为

$$f^{(n)}(x)=\sin\left(x+n\cdot\frac{\pi}{2}\right)\quad(n=0,1,2,\cdots),$$

所以 $f^{(n)}(0)$ 顺序循环地取 $0,1,0,-1,\cdots(n=0,1,2,\cdots)$,于是得麦克劳林级数为

$$x-\frac{x^3}{3!}+\frac{x^5}{5!}-\cdots+(-1)^{n-1}\frac{x^{2n-1}}{(2n-1)!}+\cdots,$$

该级数的收敛半径为 $R=+\infty$.

对于任何有限的数 x,ξ(ξ 介于 0 与 x 之间),有

$$|R_n(x)|=\left|\frac{\sin\left(\xi+\frac{(n+1)\pi}{2}\right)}{(n+1)!}x^{n+1}\right|\leqslant\frac{|x|^{n+1}}{(n+1)!}\to 0\quad(n\to\infty).$$

因此得展开式

$$\sin x=x-\frac{x^3}{3!}+\frac{x^5}{5!}-\cdots+(-1)^{n-1}\frac{x^{2n-1}}{(2n-1)!}+\cdots,\quad x\in(-\infty,+\infty).$$

例 7.5.3 将函数 $f(x)=(1+x)^a(a\in\mathbf{R})$ 展开成 x 的幂级数.

解 $f'(x)=a(1+x)^{a-1}$,

$f''(x)=a(a-1)(1+x)^{a-2}$,

……

$f^{(n)}(x)=a(a-1)(a-2)\cdots(a-n+1)(1+x)^{a-n}$,

……

所以

$$f(0)=1,\quad f'(0)=a,\quad f''(0)=a(a-1),\quad\cdots,$$
$$f^{(n)}(0)=a(a-1)\cdots(a-n+1),\quad\cdots,$$

于是 $f(x)$ 的麦克劳林级数为

$$1+ax+\frac{a(a-1)}{2!}x^2+\cdots+\frac{a(a-1)\cdots(a-n+1)}{n!}x^n+\cdots.\tag{7.11}$$

该级数相邻两项的系数之比的绝对值

$$\left|\frac{a_{n+1}}{a_n}\right|=\left|\frac{a-n}{n+1}\right|\to 1(n\to\infty),$$

因此,该级数的收敛半径 $R=1$,收敛区间为 $(-1,1)$.

设级数(7.11)的和函数为 $s(x)$,则可证得 $s(x)=(1+x)^a$,$x\in(-1,1)$(证明

略)，即

$$(1+x)^a=1+ax+\cdots+\frac{a(a-1)\cdots(a-n+1)}{n!}x^n+\cdots,\quad x\in(-1,1).\quad(7.12)$$

在区间的端点 $x=\pm1$ 处，展开式(7.12)是否成立要看 a 的取值而定.

可证明：当 $a\leqslant-1$ 时，收敛域为 $(-1,1)$；当 $-1<a<0$ 时，收敛域为 $(-1,1]$；当 $a>0$ 时，收敛域为 $[-1,1]$. 式(7.12)称为**牛顿二项展开式**(Newton binomial expansion). 特别地，当 a 为正整数时，级数成为 x 的 a 次多项式，它就是初等代数中的二项式定理.

例如，对应 $a=\frac{1}{2}$，$a=-\frac{1}{2}$ 的二项展开式分别为

$$\sqrt{1+x}=1+\frac{1}{2}x-\frac{1}{2\cdot4}x^2+\frac{1\cdot3}{2\cdot4\cdot6}x^3+\cdots,\quad x\in[-1,1],$$

$$\frac{1}{\sqrt{1+x}}=1-\frac{1}{2}x+\frac{1\cdot3}{2\cdot4}x^2-\frac{1\cdot3\cdot5}{2\cdot4\cdot6}x^3+\cdots,\quad x\in(-1,1].$$

以上将函数展开成幂级数的方法，通常称为直接展开法. 函数展开成幂级数的一般步骤：

(1)求出 $f(x)$ 的各阶导数：$f'(x),f''(x),\cdots,f^{(n)}(x),\cdots$.

(2)求函数及其各阶导数在 $x=0$ 处的值.

$$f(0),\quad f'(0),\quad f''(0),\quad \cdots,\quad f^{(n)}(0),\quad \cdots.$$

(3)写出幂级数

$$f(0)+f'(0)x+\frac{f''(0)}{2!}x^2+\cdots+\frac{f^{(n)}(0)}{n!}x^n+\cdots,$$

并求出收敛半径 R.

(4)考察在区间 $(-R,R)$ 内时.

$$\lim_{n\to\infty}R_n(x)=\lim_{n\to\infty}\frac{f^{(n+1)}(\xi)}{(n+1)!}x^{n+1}$$

是否为零，如果 $\lim\limits_{n\to\infty}R_n(x)=0$，则 $f(x)$ 在 $(-R,R)$ 内有展开式

$$f(x)=f(0)+f'(0)x+\frac{f''(0)}{2!}x^2+\cdots+\frac{f^{(n)}(0)}{n!}x^n+\cdots,\quad x\in(-R,R).$$

2. 间接法

由于直接展开法运算量很大，余项也不易研究，实际计算时常常利用已知函数的幂级数展开式和幂级数的运算公式来推导，如通过线性运算法则、变量代换、恒等变形、逐项求导或逐项积分等方法间接地求得幂级数的展开式，后者又称为**间接展开法**.

结合前面例题，先得到下面几个常用的麦克劳林展开式：

(1) $\frac{1}{1-x}=1+x+x^2+\cdots+x^n+\cdots\quad(-1<x<1)$；

(2) $\frac{1}{1+x}=1-x+x^2-\cdots+(-1)^n x^n+\cdots \quad (-1<x<1)$;

(3) $e^x=1+x+\frac{1}{2!}x^2+\cdots+\frac{1}{n!}x^n+\cdots \quad (-\infty<x<+\infty)$;

(4) $\sin x=x-\frac{x^3}{3!}+\frac{x^5}{5!}-\cdots+(-1)^{n-1}\frac{x^{2n-1}}{(2n-1)!}+\cdots \quad (-\infty<x<+\infty)$;

(5) $(1+x)^m=1+mx+\frac{m(m-1)}{2!}x^2+\cdots+\frac{m(m-1)\cdots(m-n+1)}{n!}x^n+\cdots \quad (-1<x<1)$.

例 7.5.4 将函数 $f(x)=\cos x$ 展开成 x 的幂级数.

解 已知

$$\sin x=x-\frac{x^3}{3!}+\frac{x^5}{5!}-\cdots+(-1)^{n-1}\frac{x^{2n-1}}{(2n-1)!}+\cdots \quad (-\infty<x<+\infty).$$

对上式两边求导得

$$\cos x=1-\frac{x^2}{2!}+\frac{x^4}{4!}-\cdots+(-1)^n\frac{x^{2n}}{(2n)!}+\cdots \quad (-\infty<x<+\infty).$$

例 7.5.5 将函数 $f(x)=\frac{1}{1+x^2}$ 展开成 x 的幂级数.

解 因为

$$\frac{1}{1-x}=1+x+x^2+\cdots+x^n+\cdots \quad (-1<x<1),$$

把 x 换成 $-x^2$，得

$$\frac{1}{1+x^2}=1-x^2+x^4-\cdots+(-1)^n x^{2n}+\cdots \quad (-1<x<1).$$

注 收敛半径的确定. 由 $-1<-x^2<1$ 得 $-1<x<1$.

例 7.5.6 将函数 $f(x)=\ln(1+x)$ 展开成 x 的幂级数.

解 因为 $f'(x)=\frac{1}{1+x}$，而 $\frac{1}{1+x}$ 是收敛的等比级数 $\sum_{n=0}^{\infty}(-1)^n x^n \ (-1<x<1)$ 的和函数，即

$$\frac{1}{1+x}=1-x+x^2-x^3+\cdots+(-1)^n x^n+\cdots.$$

所以将上式从 0 到 x 逐项积分，得

$$f(x)=\ln(1+x)=\int_0^x[\ln(1+x)]'\mathrm{d}x=\int_0^x\frac{1}{1+x}\mathrm{d}x$$

$$=\int_0^x\left[\sum_{n=0}^{\infty}(-1)^n x^n\right]\mathrm{d}x=\sum_{n=0}^{\infty}(-1)^n\frac{x^{n+1}}{n+1},$$

即

$$\ln(1+x)=x-\frac{x^2}{2}+\frac{x^3}{3}-\frac{x^4}{4}+\cdots+(-1)^n\frac{x^{n+1}}{n+1}+\cdots \quad (-1<x\leqslant 1).$$

上述展开式对 $x=1$ 也成立，这是因为上式右端的幂级数当 $x=1$ 时收敛，而 $\ln(1+x)$ 在 $x=1$ 处有定义且连续.

因此，又得到以下几个常用函数的麦克劳林展开式：

(6) $\cos x=1-\dfrac{x^2}{2!}+\dfrac{x^4}{4!}-\cdots+(-1)^n\dfrac{x^{2n}}{(2n)!}+\cdots\quad(-\infty<x<+\infty)$；

(7) $\ln(1+x)=x-\dfrac{x^2}{2}+\dfrac{x^3}{3}-\dfrac{x^4}{4}+\cdots+(-1)^n\dfrac{x^{n+1}}{n+1}+\cdots\quad(-1<x\leqslant 1)$.

例 7.5.7 将函数 $f(x)=\dfrac{1}{4}\ln\dfrac{1+x}{1-x}+\dfrac{1}{2}\arctan x-x$ 展开成 x 的幂级数.

解 由于 $f'(x)=\dfrac{1}{4}\left(\dfrac{1}{1+x}+\dfrac{1}{1-x}\right)+\dfrac{1}{2}\cdot\dfrac{1}{1+x^2}-1=\dfrac{1}{1-x^4}-1$，而

$$\frac{1}{1-x^4}-1=\sum_{n=0}^{\infty}x^{4n}-1=\sum_{n=1}^{\infty}x^{4n},$$

且 $f(0)=0$，所以

$$f(x)=\int_0^x f'(x)\mathrm{d}x=\int_0^x\left(\sum_{n=1}^{\infty}x^{4n}\right)\mathrm{d}x=\sum_{n=1}^{\infty}\frac{x^{4n+1}}{4n+1},\quad x\in(-1,1).$$

掌握了函数展开成麦克劳林级数的方法后，当要把函数展开成 $x-x_0$ 的幂级数时，只需要把 $f(x)$ 转化成 $x-x_0$ 的表达式，把 $x-x_0$ 看成变量 t，展开成 t 的幂级数，将 t 再回代，就得到 $x-x_0$ 的幂级数. 对于较复杂的函数，可作变量替换 $x-x_0=t$，于是

$$f(x)=f(x_0+t)=\sum_{n=0}^{\infty}a_nt^n=\sum_{n=0}^{\infty}a_n(x-x_0)^n.$$

例 7.5.8 将函数 $f(x)=\dfrac{1}{x^2+4x+3}$ 展开成 $(x-1)$ 的幂级数.

解
$$f(x)=\frac{1}{x^2+4x+3}=\frac{1}{(x+1)(x+3)}=\frac{1}{2(1+x)}-\frac{1}{2(3+x)}$$
$$=\frac{1}{4\left(1+\dfrac{x-1}{2}\right)}-\frac{1}{8\left(1+\dfrac{x-1}{4}\right)},$$

而

$$\frac{1}{4\left(1+\dfrac{x-1}{2}\right)}=\frac{1}{4}\sum_{n=0}^{\infty}\frac{(-1)^n}{2^n}(x-1)^n\quad(-1<x<3),$$

$$\frac{1}{8\left(1+\dfrac{x-1}{4}\right)}=\frac{1}{8}\sum_{n=0}^{\infty}\frac{(-1)^n}{4^n}(x-1)^n\quad(-3<x<5),$$

故

$$\frac{1}{x^2+4x+3}=\sum_{n=0}^{\infty}(-1)^n\left(\frac{1}{2^{n+2}}-\frac{1}{2^{2n+3}}\right)(x-1)^n\quad(-1<x<3).$$

*7.5.3 函数的幂级数展开式的应用

级数的主要应用之一是利用它来进行数值计算，在函数的幂级数展开式中，取前面有限项，就可得到函数的近似公式，这对于计算复杂函数的函数值是非常方便的，可以把函数近似表为 x 的多项式，而多项式的计算只需用到四则运算，非常简便. 常用的三角函数、对数函数等都是利用级数计算出来的.

1. 函数值的近似计算

例 7.5.9 计算 $\sqrt[5]{240}$的近似值(误差不超过 10^{-4}).

解 因为 $\sqrt[5]{240}=\sqrt[5]{243-3}=3\left(1-\frac{1}{3^4}\right)^{1/5}$，所以在二项展开式中取 $m=\frac{1}{5}$，$x=-\frac{1}{3^4}$，即得

$$\sqrt[5]{240}=3\left(1-\frac{1}{5}\cdot\frac{1}{3^4}-\frac{1\cdot 4}{5^2\cdot 2!}\cdot\frac{1}{3^8}-\frac{1\cdot 4\cdot 9}{5^3\cdot 3!}\cdot\frac{1}{3^{12}}-\cdots\right).$$

这个级数收敛很快. 取前两项的和作为 $\sqrt[5]{240}$的近似值，其误差(也叫做截断误差)为

$$\begin{aligned}|r_2|&=3\left(\frac{1\cdot 4}{5^2\cdot 2!}\cdot\frac{1}{3^8}+\frac{1\cdot 4\cdot 9}{5^3\cdot 3!}\cdot\frac{1}{3^{12}}+\frac{1\cdot 4\cdot 9\cdot 14}{5^4\cdot 4!}\cdot\frac{1}{3^{16}}+\cdots\right)\\&<3\cdot\frac{1\cdot 4}{5^2\cdot 2!}\cdot\frac{1}{3^8}\left[1+\frac{1}{81}+\left(\frac{1}{81}\right)^2+\cdots\right]\\&=\frac{6}{25}\cdot\frac{1}{3^8}\cdot\frac{1}{1-\frac{1}{81}}=\frac{1}{25\cdot 27\cdot 40}<\frac{1}{20000}.\end{aligned}$$

于是取近似式为 $\sqrt[5]{240}\approx 3\left(1-\frac{1}{5}\cdot\frac{1}{3^4}\right)$.

为了使“四舍五入”引起的误差(叫做舍入误差)与截断误差之和不超过 10^{-4}，计算时应取五位小数，然后四舍五入. 因此最后得

$$\sqrt[5]{240}\approx 2.9926.$$

例 7.5.10 利用 $\sin x\approx x-\frac{1}{3!}x^3$ 求 $\sin 9°$的近似值，并估计误差.

解 首先把角度化成弧度，

$$9°=\frac{\pi}{180}\times 9(\text{弧度})=\frac{\pi}{20}(\text{弧度}),$$

从而

$$\sin\frac{\pi}{20}\approx\frac{\pi}{20}-\frac{1}{3!}\left(\frac{\pi}{20}\right)^3.$$

其次，估计这个近似值的精确度. 在 $\sin x$ 的幂级数展开式中令 $x=\frac{\pi}{20}$，得

$$\sin\frac{\pi}{20}=\frac{\pi}{20}-\frac{1}{3!}\left(\frac{\pi}{20}\right)^3+\frac{1}{5!}\left(\frac{\pi}{20}\right)^5-\frac{1}{7!}\left(\frac{\pi}{20}\right)^7+\cdots.$$

等式右端是一个收敛的交错级数，且各项的绝对值单调减少. 取它的前两项之和作为 $\sin\frac{\pi}{20}$的近似值，其误差为

$$|r_2|\leqslant\frac{1}{5!}\left(\frac{\pi}{20}\right)^5<\frac{1}{120}\cdot(0.2)^5<\frac{1}{300000}.$$

因此取 $\frac{\pi}{20}\approx0.157080$，$\left(\frac{\pi}{20}\right)^3\approx0.003876$，于是得 $\sin9^\circ\approx0.156434$. 这时误差不超过 10^{-5}.

2. 计算定积分

例 7.5.11 计算 $\int_0^1\frac{\sin x}{x}\mathrm{d}x$ 的近似值(误差不超过 10^{-4}).

解 由于 $\lim\limits_{x\to0}\frac{\sin x}{x}=1$，因此所给积分不是反常积分. 如果定义被积函数在 $x=0$ 处的值为 1，则它在积分区间[0,1]上连续.

展开被积函数，有

$$\frac{\sin x}{x}=1-\frac{x^2}{3!}+\frac{x^4}{5!}-\frac{x^6}{7!}+\cdots\quad(-\infty<x<+\infty).$$

在区间[0,1]上逐项积分，得

$$\int_0^1\frac{\sin x}{x}\mathrm{d}x=1-\frac{1}{3\cdot3!}+\frac{1}{5\cdot5!}-\frac{1}{7\cdot7!}+\cdots.$$

因为第四项

$$\frac{1}{7\cdot7!}<\frac{1}{30000},$$

所以取前三项的和作为积分的近似值：

$$\int_0^1\frac{\sin x}{x}\mathrm{d}x\approx1-\frac{1}{3\cdot3!}+\frac{1}{5\cdot5!}\approx0.9461.$$

注 许多函数，如 e^{-x^2}，$\frac{\sin x}{x}$，$\frac{1}{\ln x}$等，其原函数不能用初等函数表示，但若被积函数在积分区间上能展开成幂级数，则可通过幂级数展开式的逐项积分，用积分后的级数近似计算所给定积分.

习题 7.5

1. 将下列函数展开成 x 的幂级数，并求展开式成立的区间：

(1) $f(x)=\ln(a+x)\ (a>0)$；　　(2) $f(x)=a^x$；

(3) $f(x)=\arctan x$；　　(4) $f(x)=(1+x)\ln(1+x)$；

(5) $f(x)=\dfrac{x}{\sqrt{1+x^2}}$；　　(6) $f(x)=3^{\frac{x+1}{2}}$；

(7) $f(x)=\ln(4-3x-x^2)$.

*2. 将函数 $f(x)=\dfrac{1}{x^2}$ 展开成 $x-2$ 的幂级数.

3. 将 $f(x)=\dfrac{x-1}{4-x}$ 展开成 $x-1$ 的幂级数，并求 $f^{(n)}(1)$.

4. 把 $\int_0^x \sqrt{x}e^x dx$ 展成关于 x 的幂级数.

*5. 利用函数的幂级数展开式求下列各数的近似值：

(1) $\sqrt[9]{522}$（精确到 0.00001）；　　(2) $\cos 2°$（精确到 0.0001）.

阅读材料

无穷级数简史

无穷级数概念的起源是很早的，我国魏晋时期的刘徽就已经利用级数的概念进行面积的计算. 古希腊时期的亚里士多德（Aristotle，公元前 384～前 322），就知道公比小于 1 大于 0 的几何级数可以求出和数. 14 世纪的法国数学家奥雷姆（Nicole Oresme，约 1320～1382）证明了调和级数的和为无穷，并把一些收敛级数和发散级数区别开来. 但直到微积分发明的时代，人们才把级数作为独立的概念. 无穷级数是用来表示函数、研究函数性质，以及进行数值计算的一种工具，对微积分的进一步发展及其在各种实际问题上的应用起着非常重要的作用.

将一个函数展开成无穷级数的概念最早来自 14 世纪印度的马德哈瓦（Madhava）. 他首先发展了幂级数的概念，对泰勒级数、麦克劳林级数、无穷级数的有理逼近以及无穷连分数作了研究. 他发现了正弦、余弦、正切函数等的泰勒展开，还用幂级数计算了 π 的值. 他的学生继承和发展了他关于级数的工作.

17 世纪，詹姆斯·格里高利（James Gregory，1638～1675）也开始研究无穷级数，并发表了若干函数的麦克劳林展开式. 18 世纪，级数方法的研究取得了很多的成就. 1715 年，布鲁克·泰勒（Brook Taylor，1685～1731）提出了构造一般解析函数的泰勒级数的方法. 在 1810 年前后，数学家们开始确切的表述无穷级数. 高斯在其《无穷级数的一般研究》（1812 年）中，对级数的收敛性作出重要而严密的探讨，提出了一些简单的收敛准则，并对余项和收敛半径进行了讨论. 1821 年，柯西给出了级数收敛和发散的确切定义，并建立了判别级数收敛的柯西准则以及正项级数收敛的根值判别法和比值判别法，他证明了两个收敛级数的乘积不一定是收敛的. 欧拉和高斯各自给出了各种收敛法则. 柯西更研究了复函数的幂级数展开. 1826 年，阿贝尔在他的关于二项式级数的论文中更正了柯西的若干个结论，并给出了二项式级数的严格的求和方法，指出了连续性在收敛问题中的重要性.

函数项级数的一致收敛性概念是由英国数学家斯托克斯(George Gabriel Stokes，1819～1903)和德国数学家赛德尔(Philipp Ludwig von Seidel，1821～1896)认识到的. 1842 年，魏尔斯特拉斯给出了一致收敛概念的表述，并建立了逐项积分和微分的条件. 狄利克雷(Peter Gustav Lejeune Dirichlet，1805～1859)在 1837 年证明了绝对收敛级数的性质，并和黎曼(Georg Friedrich Bernhard Riemann，1826～1866)分别举出例子，说明条件收敛级数通过重新排序使其和不相同或等于任何已知数. 到 19 世纪末，无穷级数收敛的许多法则都是刚建立起来.

对普遍的收敛法则的研究由恩斯特·库默尔(Ernst Eduard Kummer，1810～1893)开始，之后的艾森斯坦(Ferdinand Gotthold Max Eisenstein，1823～1852)、魏尔斯特拉斯、迪尼(Ulisse Dini，1845～1918)等都曾致力于这一领域. 普林希姆(Alfred Pringsheim，1850～1941)于 1889 年发表的论文阐述了完整的普遍收敛理论.

数学家

高斯(Johann Carl Friedrich Gauss，1777～1855)，生于不伦瑞克，卒于哥廷根，德国著名数学家、物理学家、天文学家、大地测量学家. 幼时家境贫困，但聪敏异常，受一贵族资助才进学校受教育. 1795～1798 年在哥廷根大学学习，1798 年转入黑尔姆施泰特大学，翌年因证明代数基本定理获博士学位. 从 1807 年起担任哥廷根大学教授兼哥廷根天文台台长直至逝世. 高斯的数学研究几乎遍及所有领域，在数论、代数学、非欧几何、复变函数和微分几何等方面都作出了开创性的贡献. 他还把数学应用于天文学、大地测量学和磁学的研究，发明了最小二乘法原理. 高斯的数论研究总结在《算术研究》中，这本书奠定了近代数论的基础，它不但是数论方面的划时代之作，也是数学史上不可多得的经典著作之一. 高斯对代数学的重要贡献是证明了代数基本定理，他的存在性证明开创了数学研究的新途径. 高斯在 1816 年左右就得到非欧几何的原理. 他还深入研究复变函数，建立了一些基本概念并发现了著名的柯西积分定理. 他还发现椭圆函数的双周期性，但这些工作在他生前都没发表出来. 1828 年高斯出版了《关于曲面的一般研究》，全面系统地阐述了空间曲面的微分几何学，并提出内蕴曲面理论. 高斯的曲面理论后来由黎曼发展. 高斯一生共发表 155 篇论文，他对待学问十分严谨，只是把他自己认为是十分成熟的作品发表出来. 其著作还有《地磁概论》和《论与距离平方成反比的引力和斥力的普遍定律》等.

第8章

CHAPTER 8

微分方程与差分方程

在科学技术和生产实践中，经常要寻求变量之间的函数关系.但在大量实际问题中，遇到的量与量之间的关系往往较复杂，不能直接写出来，但比较容易建立这些变量和它们的导数(或微分)之间的关系式，称为微分方程.通过微分方程求出所寻求的未知函数，求满足微分方程的未知函数的过程就是解微分方程.

8.1　微分方程的基本概念

我们先看一个例子.

例 8.1.1　设曲线 $y=f(x)$ 在其上任一点 (x,y) 处的切线斜率为 $2x$，且曲线经过(0,1)，求曲线的方程.

解　由导数的几何意义知在曲线上的点 (x,y) 处有

$$\frac{dy}{dx}=2x.$$

在上式两端作不定积分，得

$$y=\int 2x\mathrm{d}x=x^2+C,$$

其中 C 为任意常数.又有

$$y(0)=1,$$

解得 $C=1$.故所求曲线方程为

$$y=x^2+1.$$

从例 8.1.1 可以看出，我们是从所建立的含有未知函数导数的关系式 $y'=2x$ 中来解出未知函数的，这种含有未知函数导数的关系式称之为微分方程，求未知函数的过程称为解微分方程.

定义 8.1.1　含有未知函数的导数(微分或偏导数)的方程称为**微分方程**(differential equation).特别地，未知函数为一元函数的微分方程称为**常微分方程**(ordinary differential equation)；未知函数是多元函数的微分方程称为**偏微分方程**(partial differential equation).

例如,微分方程

$$\frac{\mathrm{d}y}{\mathrm{d}x}=x^2, \tag{8.1}$$

$$\frac{\mathrm{d}^2y}{\mathrm{d}x^2}+b\frac{\mathrm{d}y}{\mathrm{d}x}+cy=f(x), \tag{8.2}$$

$$(y')^2+xy'+y=0 \tag{8.3}$$

就是常微分方程.

$$\frac{\partial^2 T}{\partial x^2}+\frac{\partial^2 T}{\partial y^2}+\frac{\partial^2 T}{\partial z^2}=0, \tag{8.4}$$

$$\frac{\partial^2 T}{\partial x^2}=4\frac{\partial^2 T}{\partial t^2} \tag{8.5}$$

都是偏微分方程.

定义 8.1.2 在一个微分方程中,未知函数的导数(或偏导数)的最高阶数 n 称为该微分方程的**阶**(order),也称该方程为 n 阶微分方程.

n 阶微分方程的一般形式为

$$F(x,y,y',y'',\cdots,y^{(n)})=0,$$

则式(8.1)、式(8.3)为一阶常微分方程;式(8.2)为二阶常微分方程;式(8.4)、式(8.5)为二阶偏微分方程.

定义 8.1.3 在一个微分方程中,如果关于未知函数以及它的导数都是线性的(即一次的),则称该方程为**线性微分方程**(linear differential equation);否则称为**非线性微分方程**(nonlinear differential equation).

可见,式(8.1)、式(8.2)、式(8.4)、式(8.5)都是线性微分方程;式(8.3)是非线性微分方程.

定义 8.1.4 如果把某个函数代入微分方程后,使该方程成为恒等式,则这个函数就称为该微分方程的**解**(solution).

例如,$y=x^2$ 是微分方程 $y'=2x$ 的一个解,$y=x^2+C$(C 为任意常数)也是微分方程 $y'=2x$ 的解.

可见,微分方程的解并不唯一.如果微分方程的解中含有任意常数,且相互独立的任意常数的个数与方程的阶数相同,这样的解通常称为微分方程的**通解**(general solution);确定了通解中任意常数以后得到的解称为**特解**(particular solution).如上式 $y=x^2+C$(C 为任意常数)是微分方程 $y'=2x$ 的通解;$y=x^2$ 是微分方程 $y'=2x$ 的一个特解.

一般说来,特解是按照实际问题所给出的特定条件,确定出通解中任意常数的特定值而得出的.因此,我们把那种用于确定通解中任意常数的条件称为**定解条件**或**初始条件**(initial condition).

例 8.1.2　验证函数 $y=(C_1+C_2x)e^{-x}$（C_1,C_2 是任意常数）是方程

$$y''+2y'+y=0$$

的通解，并求满足定解条件 $y|_{x=0}=4$，$y'|_{x=0}=-2$ 的特解.

解　求出所给函数的导数

$$y'=C_2e^{-x}-(C_1+C_2x)e^{-x},$$
$$y''=(C_1+C_2x)e^{-x}-2C_2e^{-x}.$$

把 y'，y'' 以及 y 的表达式代入原方程，得

$$[(C_1+C_2x)e^{-x}-2C_2e^{-x}]+2[C_2e^{-x}-(C_1+C_2x)e^{-x}]+(C_1+C_2x)e^{-x}\equiv 0,$$

即把函数 y'，y'' 以及 y 的表达式代入原方程后成为一个恒等式. 因此该函数是方程的通解.

将条件 $y|_{x=0}=4$，$y'|_{x=0}=-2$ 代入通解得 $C_1=4$，$C_2=2$. 把 C_1，C_2 的值代入通解，得到所求特解为

$$y=2(2+x)e^{-x}.$$

例 8.1.3　求微分方程 $y'''=xe^x$ 的通解.

解　方程两边积分一次，得

$$y''=\int xe^x\,dx=xe^x-e^x+C_1.$$

将上式两边积分，得

$$y'=\int (xe^x-e^x+C_1)\,dx=xe^x-2e^x+C_1x+C_2.$$

将上式两边再积分，得

$$y=\int (xe^x-2e^x+C_1x+C_2)\,dx=xe^x-3e^x+\frac{C_1}{2}x^2+C_2x+C_3.$$

此即所求通解.

常微分方程的任意一个解是一个一元函数，所以，总是一条平面上的曲线. 特别将一阶微分方程的解称为**积分曲线**（integral curve），而它的通解叫**积分曲线族**（family of integral curves），一个特解则是经过某给定点的一条积分曲线.

例如，$y'=2x$ 的通解 $y=x^2+C$（$C\in\mathbf{R}$）是一族互不相交的抛物线，过原点的积分曲线为 $y=x^2$.

习题 8.1

1. 指出下列微分方程的阶数，并指出哪些方程是线性微分方程：

(1) $x(y')^2-2yy'+xy=0$；　　(2) $x^2y-xy'+y=0$；

(3) $x^2y'''+4y''+(\sin x)y=0$；　　(4) $\dfrac{dp}{d\theta}+p=\sin^2\theta$.

2. 验证下列函数是否是所给微分方程的解：

(1) $xy'+y=\cos x$，$y=\dfrac{\sin x}{x}$；

(2) $(1-x^2)y'+xy=2x, y=2+C\sqrt{1-x^2}$ (C 为任意常数)；

(3) $y''-2y'+y=0, y=Ce^x$ (C 为任意常数)；

(4) $y''-(\lambda_1+\lambda_2)y'+\lambda_1\lambda_2 y=0, y=C_1e^{\lambda_1 x}+C_2e^{\lambda_2 x}$ (C_1, C_2 为任意常数)；

(5) $(x-2y)y'=2x-y, x^2-xy+y^2=C$ (C 为任意常数)；

(6) $(xy-x)y''+xy'^2+yy'-2y'=0, y=\ln(xy)$.

3. 求下列微分方程的解：

(1) $\dfrac{dy}{dx}=2$；　　(2) $\dfrac{d^2y}{dx^2}=\cos x$；

(3) $(1+y)dx-(1-y)dy=0$；　　(4) $y'=\dfrac{(1+y^2)x}{(1+x^2)y}$.

4. 已知曲线 $y=f(x)$ 经过原点，并且它在点 (x,y) 处的切线的斜率等于 $2x^2$，试求这条曲线的方程.

8.2 可分离变量的微分方程

8.2.1 可分离变量的微分方程

形如

$$\frac{dy}{dx}=f(x)g(y) \tag{8.6}$$

的方程称为**可分离变量的微分方程**(variable separable differential equation)，这里 $f(x), g(y)$ 分别是 x, y 的连续函数.

在方程(8.6)中，若 $g(y)\neq 0$，则(8.6)可改写成

$$\frac{dy}{g(y)}=f(x)dx, \tag{8.7}$$

即把两个不同的变量分离在等式两侧. 再对两边分别积分，设 $G(y)$ 及 $F(x)$ 依次为 $\dfrac{1}{g(y)}$ 与 $f(x)$ 的原函数，于是有

$$G(y)=F(x)+C,$$

即可求得微分方程的通解，其中 C 为任意常数.

例 8.2.1 求微分方程 $\dfrac{dy}{dx}=-\dfrac{x}{y}$ 的通解.

解 分离变量得

$$ydy=-xdx.$$

两端同时积分

$$\int ydy=-\int xdx,$$

得

$$\frac{1}{2}y^2=-\frac{1}{2}x^2+C_1,$$

$$x^2+y^2=2C_1\quad(C_1>0).$$

令 $C^2=2C_1$，得原方程的通解

$$x^2+y^2=C^2\quad(C\text{ 为任意常数}).$$

例 8.2.2 求微分方程 $\sqrt{1-y^2}=3x^2yy'$ 的通解.

解 这是可分离变量的微分方程，分离变量后，得

$$\frac{y\mathrm{d}y}{\sqrt{1-y^2}}=\frac{\mathrm{d}x}{3x^2}.$$

两端积分，得

$$-\sqrt{1-y^2}=-\frac{1}{3x}+C,$$

即

$$\sqrt{1-y^2}-\frac{1}{3x}+C=0$$

为原方程的通解.

例 8.2.3 求微分方程 $(xy^2+x)\mathrm{d}x+(y-x^2y)\mathrm{d}y=0$ 满足初始条件 $y|_{x=0}=1$ 的特解.

解 分离变量得

$$\frac{y}{1+y^2}\mathrm{d}y=-\frac{x}{1-x^2}\mathrm{d}x,$$

两边积分得

$$\frac{1}{2}\ln(1+y^2)=\frac{1}{2}\ln|1-x^2|+\ln|C_1|,$$

即

$$\frac{1}{2}\ln\left|\frac{1+y^2}{1-x^2}\right|=\ln|C_1|.$$

令 $C=\pm C_1^2$，得 $\frac{1+y^2}{1-x^2}=C$. 由 $y|_{x=0}=1$ 可得 $C=2$，故所求特解为

$$\frac{1+y^2}{1-x^2}=2.$$

8.2.2 齐次微分方程

形如

$$\frac{\mathrm{d}y}{\mathrm{d}x}=f\left(\frac{y}{x}\right)\tag{8.8}$$

的微分方程,称为**齐次微分方程**(homogeneous differential equation).

齐次微分方程可通过变量代换化为可分离变量的微分方程来求解.

设 $u=\frac{y}{x}$,则 $y=ux$,故有$\frac{dy}{dx}=u+x\frac{du}{dx}$,代入(8.8)得

$$u+x\frac{du}{dx}=f(u) \quad 或 \quad x\frac{du}{dx}=f(u)-u.$$

分离变量,得

$$\frac{1}{f(u)-u}du=\frac{1}{x}dx.$$

两端积分即可求出通解,再将 $u=\frac{y}{x}$代入,即得原方程的通解.

例 8.2.4 求微分方程 $y'=\frac{y}{x}+\tan\frac{y}{x}$的通解.

解 令 $u=\frac{y}{x}$,代入方程得

$$xu'=\tan u,$$

分离变量得

$$\cot u du=\frac{1}{x}dx,$$

两端积分,得

$$\ln|\sin u|=\ln|x|+\ln|C|,$$

即 $\sin u=Cx$. 将 $u=\frac{y}{x}$回代,即得原方程通解

$$\sin\frac{y}{x}=Cx \quad (C 为任意常数).$$

例 8.2.5 试求微分方程 $xy\frac{dy}{dx}=x^2+y^2$ 满足条件 $y(e)=2e$ 的特解.

解 原方程可写为

$$\frac{dy}{dx}=\frac{x}{y}+\frac{y}{x}.$$

令 $u=\frac{y}{x}$,代入方程得

$$x\frac{du}{dx}=\frac{1}{u},$$

分离变量得

$$udu=\frac{dx}{x},$$

两边积分得

$$\frac{1}{2}u^2=\ln|x|+C.$$

将 $u=\frac{y}{x}$ 回代，即得原方程通解

$$y^2=2x^2(\ln|x|+C).$$

再将初始条件 $y(\mathrm{e})=2\mathrm{e}$ 代入，得 $C=1$. 故所求特解为

$$y^2=2x^2(\ln|x|+1).$$

习题 8.2

1. 用分离变量法求下列微分方程的解：

(1) $y'=4x\sqrt{y}$；　(2) $xy'-y\ln y=0$；

(3) $y'=10^{x+y}$；　(4) $\sec^2 x\tan y\mathrm{d}x+\sec^2 y\tan x\mathrm{d}y=0$；

(5) $\frac{x}{1+y}\mathrm{d}x-\frac{y}{1+x}\mathrm{d}y=0,\ y|_{x=0}=1$；　(6) $y'=\mathrm{e}^{2x+y},\ y|_{x=0}=0$.

2. 求下列齐次方程的解：

(1) $xy'=y\ln\frac{y}{x}$；　(2) $\frac{\mathrm{d}y}{\mathrm{d}x}=\frac{x+y}{x-y}$；

(3) $xy'-y-\sqrt{y^2-x^2}=0$；　(4) $x^2\mathrm{d}y=(y^2-xy+x^2)\mathrm{d}x$；

(5) $y^2+(x^2-xy)\frac{\mathrm{d}y}{\mathrm{d}x}=0$；　(6) $x(x+2y)y'-y^2=0,\ y|_{x=1}=1$.

8.3　一阶线性微分方程

形如

$$\frac{\mathrm{d}y}{\mathrm{d}x}+P(x)y=Q(x) \tag{8.9}$$

的方程称为**一阶线性微分方程**(linear differential equation of first order). 这里 $P(x)$，$Q(x)$ 均为 x 的连续函数. 如果 $Q(x)\equiv 0$，则称方程为**齐次的**(homogeneous)，否则，称方程为**非齐次的**(non-homogeneous).

若 $Q(x)\equiv 0$，则

$$\frac{\mathrm{d}y}{\mathrm{d}x}+P(x)y=0. \tag{8.10}$$

方程(8.10)是可分离变量的微分方程，分离变量后可得

$$\frac{\mathrm{d}y}{y}=-P(x)\mathrm{d}x,$$

两边积分得

$$\ln|y|=-\int P(x)\mathrm{d}x+C_1,$$

即得通解为

$$y=Ce^{-\int P(x)\mathrm{d}x}. \tag{8.11}$$

下面用“常数变易法”求解方程(8.9).

在(8.9)对应齐次方程(8.10)的通解中,将任意常数 C 换成待定函数 $C(x)$,即设

$$y=C(x)e^{-\int P(x)\mathrm{d}x} \tag{8.12}$$

为方程(8.9)的解,如果代入方程(8.9)后能求出 $C(x)$,也就求出了方程(8.9)的解.

为此,对(8.12)两端求导,得

$$\frac{\mathrm{d}y}{\mathrm{d}x}=C'(x)e^{-\int P(x)\mathrm{d}x}-P(x)C(x)e^{-\int P(x)\mathrm{d}x}. \tag{8.13}$$

将式(8.12)、式(8.13)代入式(8.9)得

$$C'(x)e^{-\int P(x)\mathrm{d}x}-P(x)C(x)e^{-\int P(x)\mathrm{d}x}+P(x)C(x)e^{-\int P(x)\mathrm{d}x}=Q(x),$$

即

$$C'(x)e^{-\int P(x)\mathrm{d}x}=Q(x).$$

因此

$$C(x)=\int Q(x)e^{\int P(x)\mathrm{d}x}\mathrm{d}x+C.$$

将上式代入式(8.12),即得方程(8.9)的通解为

$$y=e^{-\int P(x)\mathrm{d}x}\left[\int Q(x)e^{\int P(x)\mathrm{d}x}\mathrm{d}x+C\right]. \tag{8.14}$$

将式(8.14)变形为

$$y=Ce^{-\int P(x)\mathrm{d}x}+e^{-\int P(x)\mathrm{d}x}\int Q(x)e^{\int P(x)\mathrm{d}x}\mathrm{d}x\cdot$$

可见,方程(8.9)的通解为对应齐次方程(8.10)的通解与方程(8.9)的一个特解之和.

例 8.3.1 解方程$\frac{\mathrm{d}y}{\mathrm{d}x}-\frac{y}{x}=x^2$.

解 这是一阶非齐次线性微分方程,先求对应的齐次方程

$$\frac{\mathrm{d}y}{\mathrm{d}x}-\frac{y}{x}=0$$

的通解.分离变量得

$$\frac{\mathrm{d}y}{y}=\frac{\mathrm{d}x}{x},$$

两端同时积分,得

$$\ln|y|=\ln|x|+\ln|C|,$$

得通解为

$$y=Cx.$$

用常数变易法,把 C 换成 $C(x)$,即

$$y=C(x)x,$$

两边对 x 求导,得

$$\frac{dy}{dx}=C'(x)x+C(x),$$

代入原方程,得

$$C'(x)=x,$$

两端同时积分,得

$$C(x)=\frac{1}{2}x^2+C,$$

故所求微分方程通解为

$$y=\left(\frac{1}{2}x^2+C\right)x=\frac{x^3}{2}+Cx,$$

其中 C 为任意常数.

例 8.3.2 求微分方程$\frac{dy}{dx}-\frac{2y}{x+1}=(x+1)^{\frac{3}{2}}$的通解.

解 此方程为一阶线性非齐次方程,先求对应的齐次方程的通解

$$\frac{dy}{dx}-\frac{2y}{x+1}=0,$$

分离变量,得

$$\frac{dy}{y}=\frac{2}{x+1}dx,$$

两边同时积分,得

$$y=C(x+1)^2 \quad (C\text{ 为任意常数}).$$

用常数变易法,设原方程的通解为

$$y=C(x)(x+1)^2,$$

则

$$\frac{dy}{dx}=C'(x)(x+1)^2+2C(x)(x+1).$$

将 y 及$\frac{dy}{dx}$的表达式代入原方程,得

$$C'(x)=(x+1)^{-\frac{1}{2}},$$

两端积分,得

$$C(x)=2(x+1)^{\frac{1}{2}}+C,$$

故所求微分方程通解为

$$y=(x+1)^2\left[2(x+1)^{\frac{1}{2}}+C\right].$$

注 亦可直接利用公式(8.14),此处 $P(x)=-\frac{2}{x+1}$,$Q(x)=(x+1)^{\frac{3}{2}}$,则

$$y=e^{-\int\left(-\frac{2}{x+1}\right)dx}\left[\int (x+1)^{\frac{3}{2}}e^{\int\left(-\frac{2}{x+1}\right)dx}dx+C\right]$$

$$=e^{2\ln|x+1|}\left[\int (x+1)^{\frac{3}{2}}e^{-2\ln|x+1|}dx+C\right]$$
$$=(x+1)^2\left[\int (x+1)^{\frac{3}{2}}\frac{1}{(x+1)^2}dx+C\right]$$
$$=(x+1)^2\left[\int (x+1)^{-\frac{1}{2}}dx+C\right]$$
$$=(x+1)^2[2(x+1)^{\frac{1}{2}}+C]=2(x+1)^{\frac{5}{2}}+C(x+1)^2.$$

此即所求方程通解.

例 8.3.3 求微分方程$\frac{dy}{dx}=\frac{y}{2x-y^2}$的通解.

解 原方程不是未知函数 y 的线性方程,改写为

$$\frac{dx}{dy}-\frac{2}{y}x=-y.$$

将 x 作为 y 的函数,该方程是线性的,这时 $P(y)=-\frac{2}{y}$,$Q(y)=-y$,于是有

$$\int P(y)dy=-\int\frac{2dy}{y}=-\ln y^2+C_1,$$
$$\int Q(y)e^{\int P(y)dy}dy=-\int\frac{dy}{y}=-\ln|y|+C,$$

所以原方程通解为

$$x=y^2(C-\ln|y|),$$

其中 C 为任意常数.

习题 8.3

1. 求下列微分方程的通解:

(1) $y'+y=e^{-x}$;

(2) $xy'+y=x^2+3x+2$;

(3) $(x^2+1)y'+2xy=4x^2$;

(4) $y'+\frac{1-2x}{x^2}y=1$;

(5) $y\ln y dx+(x-\ln y)dy=0$;

(6) $(2x-y^2)y'=2y$.

2. 某种商品的消费量 X 随收入 I 的变化满足方程

$$\frac{dX}{dI}=X+ae^I \quad (a\text{ 是常数}).$$

当 $I=0$ 时,$X=X_0$,求函数 $X=X(I)$的表达式.

*8.4 一阶微分方程在经济学中的综合应用

8.4.1 商品价格与需求量(或供给量)的关系

例 8.4.1 某商品的需求量 Q 对价格 P 的弹性为$-P\ln 3$,若该商品的最大需求

量为 1200(即 $P=0$ 时,$Q=1200$),(P 的单位为元,Q 的单位为 kg). 试求

(1)需求量 Q 与价格 P 的函数关系;

(2)当价格为 1 元时,市场对该商品的需求量;

(3)当 $P\to\infty$时,需求量的变化趋势.

解 (1)依题意,有

$$\frac{\mathrm{d}Q}{\mathrm{d}P}\frac{P}{Q}=-P\ln 3,$$

即

$$\frac{\mathrm{d}Q}{\mathrm{d}P}=-Q\ln 3.$$

方程通解为

$$Q=C\mathrm{e}^{-P\ln 3}=C3^{-P}.$$

由于 $P=0$ 时,$Q=1200$,代入得 $C=1200$,于是 $Q=1200\cdot 3^{-P}$.

(2)当价格 $P=1$(元)时,市场对该商品的需求量为

$$Q=1200\cdot 3^{-1}=400(\mathrm{kg}).$$

(3)由于

$$\lim_{P\to+\infty}Q=\lim_{P\to+\infty}(1200\cdot 3^{-P})=0.$$

其经济意义为随着价格的无限增大,需求量将趋于 0.

例 8.4.2 设某商品的需求量 D 和供给量 S 各自对价格 P 的函数为 $D(P)=\frac{a}{P^2}$,$S(P)=bP$,且 P 是时间 t 的函数,并满足方程$\frac{\mathrm{d}P}{\mathrm{d}t}=k[D(P)-S(P)]$($a,b,k$ 为正的常数),求:

(1)需求量与供给量相等时的均衡价格 P_{e};

(2)当 $t=0,P=1$ 时的价格函数 $P(t)$;

(3) $\lim\limits_{t\to+\infty}P(t)$.

解 (1)由 $D(P)=S(P)$可得均衡价格 P_{e} 满足

$$\frac{a}{P^2}=bP,$$

即

$$P_{\mathrm{e}}=\sqrt[3]{\frac{a}{b}}.$$

(2)把 $D(P)$和 $S(P)$的解析式代入方程,得

$$\frac{\mathrm{d}P}{\mathrm{d}t}=k[D(P)-S(P)]=k\left(\frac{a}{P^2}-bP\right)=\frac{k(a-bP^3)}{P^2},$$

分离变量得

$$\frac{P^2\mathrm{d}P}{a-bP^3}=k\mathrm{d}t,$$

两边同时求积分得

$$-\frac{1}{3b}\ln|a-bP^3|=kt+C_1,$$

解出 P 得

$$P=\sqrt[3]{\frac{1}{b}(a+Ce^{-3bkt})},$$

其中 $C=\pm e^{-3bC_1}$.

利用初始条件 $P(0)=1$,可得

$$1=\sqrt[3]{\frac{1}{b}(a+C)},$$

即 $C=b-a$.

于是所求的价格函数

$$P(t)=\sqrt[3]{\frac{a}{b}+\left(1-\frac{a}{b}\right)e^{-3bkt}}.$$

(3) $\lim\limits_{t\to+\infty}P(t)=\lim\limits_{t\to+\infty}\sqrt[3]{\frac{a}{b}+\left(1-\frac{a}{b}\right)e^{-3bkt}}=\sqrt[3]{\frac{a}{b}}=P_e$.

其经济意义为随着时间 t 的无限增加,商品的价格将趋向于均衡价格.

由此可得

(1)当 $P_0=P_e$ 时,$P(t)=P_e$,商品价格始终为均衡价格;

(2)当 $P_0>P_e$ 时,$P(t)>P_e$,商品价格始终大于 P_e 但趋向于均衡价格;

(3)当 $P_0<P_e$ 时,$P(t)<P_e$,商品价格始终小于 P_e 但趋向于均衡价格.

8.4.2 弹性问题

例 8.4.3 设商品的需求价格弹性为 $\varepsilon=-k$(k 为正常数),求该商品的需求函数 $Q=f(P)$.

解 由题意

$$\frac{P}{Q}\cdot\frac{dQ}{dP}=\varepsilon=-k,$$

即

$$\frac{dQ}{dP}=-k\frac{Q}{P},$$

分离变量得

$$\frac{dQ}{Q}=-k\frac{dP}{P},$$

两边积分得

$$\ln Q=-k\ln P+\ln C=\ln(C\cdot P^{-k}),$$

解得需求函数为

$$Q=C\cdot P^{-k}\quad (C>0,k>0).$$

8.4.3 成本分析

例 8.4.4 某商场的销售成本 y 和存储费用 S 都是时间 t 的函数,即

$$\frac{\mathrm{d}y}{\mathrm{d}t}=\frac{1}{S}+5,\quad \frac{\mathrm{d}S}{\mathrm{d}t}=-\frac{1}{3}S,$$

若当 $t=0$ 时,销售成本 $y=0$,存储费用 $S=10$,试求销售成本与时间的函数关系及存储费用与时间的函数关系.

解 由 $\frac{\mathrm{d}S}{\mathrm{d}t}=-\frac{1}{3}S$,得

$$S=C_1\mathrm{e}^{-\frac{1}{3}t}.$$

因为 $S|_{t=0}=10$,所以 $C_1=10$,即 $S=10\mathrm{e}^{-\frac{1}{3}t}$.

将上式代入 $\frac{\mathrm{d}y}{\mathrm{d}t}=\frac{1}{S}+5$ 得

$$\frac{\mathrm{d}y}{\mathrm{d}t}=\frac{1}{10}\mathrm{e}^{\frac{1}{3}t}+5,$$

解得

$$y=\frac{3}{10}\mathrm{e}^{\frac{1}{3}t}+5t+C_2.$$

把 $y|_{t=0}=0$ 代入上式,得 $C_2=-\frac{3}{10}$. 所以

$$y=\frac{3}{10}\mathrm{e}^{\frac{1}{3}t}+5t-\frac{3}{10}.$$

例 8.4.5 某汽车公司在长期运营中发现,每辆汽车的总维修成本 y 随汽车大修的时间间隔 x 的变化率等于总维修成本的两倍与大修的时间间隔之比减去常数 81 与大修时间间隔平方之比. 已知当大修时间间隔 $x=1$(年)时,总维修成本 $y=27.5$(百元),试求每辆汽车的总维修成本与大修的时间间隔 x 的函数关系,并问每辆汽车多少年大修一次,可使每辆汽车的总维修成本最低?

解 依题意有

$$\frac{\mathrm{d}y}{\mathrm{d}x}=\frac{2y}{x}-\frac{81}{x^2},\quad 且\ y|_{x=1}=27.5,$$

解得通解为

$$y=\mathrm{e}^{\int\frac{2}{x}\mathrm{d}x}\left[\int-\frac{81}{x^2}\mathrm{e}^{-\int\frac{2}{x}\mathrm{d}x}\mathrm{d}x+C\right]=\frac{27}{x}+Cx^2.$$

把初始条件 $y|_{x=1}=27.5$ 代入,得 $C=\frac{1}{2}$,即

$$y=\frac{27}{x}+\frac{x^2}{2}.$$

令 $y'=-\frac{27}{x^2}+x=0$,解得唯一驻点 $x=3$. 又 $y''(3)=3>0$,所以 y 在 $x=3$ 处取极小值,即最小值,即每辆汽车 3 年大修一次可使总维修成本最低.

习题 8.4

1. 某商品的需求函数与供给函数分别为

$$Q_d=a-bP,\quad Q_s=-c+dP \quad (\text{其中 } a,b,c,d, \text{均为正常数}).$$

假设商品价格 P 是时间 t 的函数,已知初始价格 $P(0)=P_0$,且在任一时刻 t,价格 $P(t)$ 的变化率与这一时刻的超额需求 Q_d-Q_s 成正比(比例常数为 $k>0$).

(1)求供需相等时的价格 P_e(均衡价格);

(2)求价格 $P(t)$ 的表达式;

(3)分析价格 $P(t)$ 随时间的变化情况.

2. 已知某种商品的需求价格弹性为 $\varepsilon=\frac{p}{Q}e^p-1$,其中 p 为价格,Q 为需求量,且当 $p=1$ 时,需求量 $Q=1$,试求需求函数关系.

3. 设某厂生产某种产品,随产量的增加,其总成本的增长率正比于产量与常数 2 之和,反比于总成本,当产量为 0 时,成本为 1,求总成本函数.

4. 在宏观经济研究中,发现某地区的国民收入 y,国民储蓄 S 和投资 I 均是时间 t 的函数,且储蓄额 S 是国民收入的 $\frac{1}{10}$,投资额为国民收入增长率的 $\frac{1}{3}$. 若当 $t=0$ 时,国民收入为 5 亿元,试求国民收入函数(假定在时间 t 的储蓄额全部用于投资).

8.5 可降阶的二阶微分方程

二阶及二阶以上的微分方程称为**高阶微分方程**(differential equation of higher order). 对于某些高阶微分方程,我们可以通过适当的代换将它化为较低阶的方程来求解.

8.5.1 $y^{(n)}=f(x)$ 型的微分方程

微分方程

$$y^{(n)}=f(x) \tag{8.15}$$

可经过连续 n 次的积分,即可求得原方程的通解,其通解中含有 n 个任意常数.

例 8.5.1 求方程 $y''=xe^x$ 的通解.

解 对所给方程连续积分两次,得

$$y'=\int xe^x\,dx=xe^x-e^x+C_1,$$

$$y=\int (xe^x-e^x+C_1)\,dx=xe^x-2e^x+C_1x+C_2 \quad (C_1,C_2\text{ 为任意常数}).$$

此即所求通解.

8.5.2 $y''=f(x,y')$型的微分方程

这是一个不显含未知函数 y 的二阶微分方程.

令 $y'=p(x)$，$y''=p'(x)$，原方程降阶为

$$\frac{dp}{dx}=f(x,p),$$

这是一个以 p 为未知函数，x 为自变量的一阶微分方程，设其通解为

$$p=\varphi(x,C_1).$$

又 $p=\frac{dy}{dx}$，因此又得到一个微分方程

$$\frac{dy}{dx}=\varphi(x,C_1).$$

对它进行积分，得原方程通解为

$$y=\int\varphi(x,C_1)dx+C_2\quad(C_1,C_2 \text{ 为任意常数}).$$

例 8.5.2 求微分方程$(1+x)y''+y'=0$ 的通解.

解 令 $y'=p$，$y''=p'$，原方程降阶为

$$(1+x)\frac{dp}{dx}+p=0,$$

分离变量得

$$\frac{dp}{p}=-\frac{1}{1+x}dx,$$

两边积分得

$$\ln|p|=-\ln|1+x|+\ln|C_1|,$$

$$p=\frac{C_1}{1+x},$$

即

$$y'=\frac{C_1}{1+x},$$

所以

$$y=\int\frac{C_1}{1+x}dx=C_1\ln|1+x|+C_2\quad(C_1,C_2 \text{ 为任意常数}).$$

8.5.3 $y''=f(y,y')$型的微分方程

这是一个不显含自变量 x 的微分方程. 为了求出它的解，令 $y'=p(y)$，则

$$y''=\frac{dp}{dx}=\frac{dp}{dy}\cdot\frac{dy}{dx}=p\frac{dp}{dy},$$

则原方程降阶为

$$p\frac{\mathrm{d}p}{\mathrm{d}y}=f(y,p),$$

这是一个关于变量 y,p 的一阶微分方程.设它的通解为

$$y'=p=\varphi(y,C_1),$$

分离变量积分,便得原方程通解

$$\int\frac{\mathrm{d}y}{\varphi(y,C_1)}=x+C_2.$$

例 8.5.3 $yy''+(y')^2=0$ 的通解.

解 设 $y'=p(y)$,则 $y''=p\frac{\mathrm{d}p}{\mathrm{d}y}$,代入原方程,得

$$yp\frac{\mathrm{d}p}{\mathrm{d}y}+p^2=0,$$

解得

$$p=0\quad 或\quad y\frac{\mathrm{d}p}{\mathrm{d}y}+p=0.$$

由 $y\frac{\mathrm{d}p}{\mathrm{d}y}+p=0$,分离变量积分得

$$p=\frac{C_1}{y},\quad 即\ y'=\frac{C_1}{y}.$$

再积分一次,可得通解

$$y^2=C_1x+C_2,$$

其中 C_1,C_2 为任意常数.

若 $p=y'=0$,得 $y=C$(C 为任意常数),此解显然包含在上面的通解

$$y^2=C_1x+C_2$$

之中.

习题 8.5

1. 求下列微分方程通解:

(1) $y''=2$;　　(2) $y''=\sin x$;

(3) $y''-(y')^2=0$;　　(4) $(x^2+1)y''-2xy'=0$.

2. 求解初值问题:

(1) $\begin{cases}y''=\frac{3}{2}y^2,\\ y(3)=1,y'(3)=1;\end{cases}$　　(2) $\begin{cases}(1+x)y''+y'=\ln(x+1),\\ y(0)=0,y'(0)=0.\end{cases}$

8.6 二阶常系数线性微分方程

形如

$$y''+py'+qy=f(x) \tag{8.16}$$

的微分方程称为二阶常系数线性微分方程，其中 p,q 均为已知常数. 当 $f(x)\equiv 0$ 时，上述方程为

$$y''+py'+qy=0, \tag{8.17}$$

称为**二阶常系数齐次线性微分方程**(second order homogeneous linear differential equation with constant coefficient)，否则称为**二阶常系数非齐次线性微分方程**(second order non-homogeneous linear differential equation with constant coefficient).

8.6.1 二阶常系数齐次线性微分方程

1. $y''+py'+qy=0$ 通解的结构

定理 8.6.1 如果函数 $y_1(x)$ 与 $y_2(x)$ 是方程(8.17)的两个线性无关的解，即 $\frac{y_1}{y_2}\neq k$(k 是常数)，则

$$y(x)=C_1y_1(x)+C_2y_2(x) \tag{8.18}$$

是方程(8.17)的通解，其中 C_1,C_2 是任意常数.

证 将式(8.18)代入方程(8.17)的左端，得

$$\begin{aligned}&(C_1y''_1+C_2y''_2)+p(C_1y'_1+C_2y'_2)+q(C_1y_1+C_2y_2)\\&=C_1(y''_1+py'_1+qy_1)+C_2(y''_2+py'_2+qy_2)\\&=C_1\cdot 0+C_2\cdot 0=0,\end{aligned}$$

于是(8.18)是方程(8.17)的解.

由于 $y_1(x)$ 与 $y_2(x)$ 线性无关，所以 $y(x)=C_1y_1(x)+C_2y_2(x)$ 中含有两个独立的任意常数 C_1,C_2，故(8.18)是方程(8.17)的通解.

由定理 8.6.1 知，求方程(8.17)的通解可归结为求它的两个线性无关的特解.

2. 求 $y''+py'+qy=0$ 通解的方法

为求出方程(8.17)的两个线性无关的特解，考察方程左端是 y'',py',qy 三项之和，右端为零，要满足(8.17)的函数必须具备：它与它的一阶、二阶导数的线性组合为零. 考虑指数函数 $y=e^{\lambda x}$，当 λ 为常数时，$y=e^{\lambda x}$ 和它的各阶导数都只相差一个常数因子. 由于指数函数有这个特点，因此我们用 $y=e^{\lambda x}$ 来尝试，看能否选取适当的常数 λ，使 $y=e^{\lambda x}$ 满足方程(8.17).

将 $y=e^{\lambda x}$ 代入方程(8.17)中，得

$$(\lambda^2+p\lambda+q)e^{\lambda x}=0.$$

因为 $e^{\lambda x}\neq 0$，所以 $\lambda^2+p\lambda+q=0$，即 $e^{\lambda x}$ 是方程(8.17)的解的充要条件是

$$\lambda^2+p\lambda+q=0, \tag{8.19}$$

式(8.19)称为齐次线性微分方程 $y''+py'+qy=0$ 的**特征方程**(characteristic equation)，它的根称为微分方程的**特征根**(characteristic root).

下面就特征方程的根的三种情况，分别加以讨论.

(1)特征方程有两个相异实根 $\lambda_1\neq\lambda_2$ 时，方程(8.17)有两个线性无关的特解 $y_1=e^{\lambda_1 x}$ 和 $y_2=e^{\lambda_2 x}$. 此时方程(8.17)有通解

$$y=C_1e^{\lambda_1 x}+C_2e^{\lambda_2 x}.$$

(2)特征方程有两个相同的实根 $\lambda_1=\lambda_2=\lambda$ 时，$y_1=e^{\lambda x}$ 是方程(8.17)的一个特解. 可验证 $y_2=xe^{\lambda x}$ 也是方程(8.17)的一个特解，且 $y_1(x)$ 与 $y_2(x)$ 线性无关. 此时方程(8.17)有通解

$$y=C_1e^{\lambda x}+C_2xe^{\lambda x}=(C_1+C_2x)e^{\lambda x}.$$

(3)特征方程有一对共轭复根，即 $\lambda_1=\alpha+i\beta,\lambda_2=\alpha-i\beta$ 时，得到方程(8.17)的两个线性无关的特解 $y_1=e^{(\alpha+i\beta)x}$ 和 $y_2=e^{(\alpha-i\beta)x}$，根据欧拉公式得

$$e^{i\beta x}=\cos\beta x+i\sin\beta x.$$

于是

$$y_1=e^{\alpha x}(\cos\beta x+i\sin\beta x),\quad y_2=e^{\alpha x}(\cos\beta x-i\sin\beta x).$$

不难验证，特解之代数和仍为特解，因此

$$\bar{y}_1=\frac{y_1+y_2}{2}=e^{\alpha x}\cos\beta x,\quad \bar{y}_2=\frac{y_1-y_2}{2i}=e^{\alpha x}\sin\beta x$$

是方程的两个特解，且线性无关，从而方程(8.17)有通解

$$y=C_1\bar{y}_1+C_2\bar{y}_2=(C_1\cos\beta x+C_2\sin\beta x)e^{\alpha x}.$$

综上所述，求二阶常系数齐次线性微分方程(8.17)的通解，只需先求出其特征方程(8.19)的根，再根据根的情况确定其通解，现列表总结如下(表 8.1).

表 8.1

特征方程 $\lambda^2+p\lambda+q=0$ 的根	微分方程 $y''+py'+qy=0$ 的通解
有两个不相等的实根 λ_1,λ_2	$y=C_1e^{\lambda_1 x}+C_2e^{\lambda_2 x}$
有二重根　$\lambda_1=\lambda_2$	$y=(C_1+C_2x)e^{\lambda_1 x}$
有一对共轭复根　$\lambda_1=\alpha+i\beta,\lambda_2=\alpha-i\beta$	$y=e^{\alpha x}(C_1\cos\beta x+C_2\sin\beta x)$

这种根据二阶常系数齐次线性方程的特征方程的根直接确定其通解的方法称为**特征方程法**.

例 8.6.1　求方程 $y''+y'-2y=0$ 的通解.

解　特征方程为

$$\lambda^2+\lambda-2=0,$$

其特征根 $\lambda_1=1,\lambda_2=-2$ 为两个相异实根，所求方程的通解为

$$y=C_1\mathrm{e}^{x}+C_2\mathrm{e}^{-2x},$$

其中 C_1,C_2 是任意常数.

例 8.6.2 求方程 $y''+2y'+y=0$ 的通解.

解 特征方程为

$$\lambda^2+2\lambda+1=0,$$

其特征根 $\lambda_1=\lambda_2=-1$ 为二重实根,所求方程通解为

$$y=(C_1+C_2x)\mathrm{e}^{-x},$$

其中 C_1,C_2 是任意常数.

例 8.6.3 求微分方程 $y''-2y'+5y=0$ 的通解.

解 特征方程为

$$\lambda^2-2\lambda+5=0,$$

解得两个共轭虚根 $\lambda_1=1+2\mathrm{i},\lambda_2=1-2\mathrm{i}$,所求方程通解为

$$y=(C_1\cos2x+C_2\sin2x)\mathrm{e}^{x},$$

其中 C_1,C_2 是任意常数.

8.6.2 二阶常系数非齐次线性微分方程

1. $y''+py'+qy=f(x)$的通解的结构

定理 8.6.2 若 y^* 是 $y''+py'+qy=f(x)$的一个特解,而 $\bar{y}$ 是它对应的齐次线性方程 $y''+py'+qy=0$ 的通解,则 $y=y^*+\bar{y}$ 是 $y''+py'+qy=f(x)$的通解.

证 因为

$$(y^*)''+p(y^*)'+qy^*=f(x),$$
$$(\bar{y})''+p(\bar{y})'+q\bar{y}=0.$$

所以

$$\begin{aligned}&(y^*+\bar{y})''+p(y^*+\bar{y})'+q(y^*+\bar{y})\\=&((y^*)''+p(y^*)'+qy^*)+((\bar{y})''+p(\bar{y})'+q\bar{y})\\=&f(x).\end{aligned}$$

又因为 $y=y^*+\bar{y}$ 中已经含有两个独立的任意常数,所以 $y=y^*+\bar{y}$ 是非齐次线性微分方程 $y''+py'+qy=f(x)$的通解.

由定理 8.6.2 可知,求非齐次线性微分方程的通解归结为求它的一个特解和它对应的齐次线性微分方程的通解. 下面仅对方程(8.16)中 $f(x)$取两种常见的形式讨论,求解方法采取待定系数法.

2. $y''+py'+qy=f(x)$的解的求法

1) $f(x)=P_n(x)\mathrm{e}^{\mu x}$

其中 μ 是常数,$P_n(x)$是 x 的一个 n 次多项式,$P_n(x)=a_0x^n+a_1x^{n-1}+\cdots+a_n$,此时方程为

$$y''+py'+qy=P_n(x)e^{\mu x}. \tag{8.20}$$

方程(8.20)右边是多项式与指数函数乘积的形式，考虑到 p,q 为常数，而多项式与指数函数的乘积求导以后仍为同一类型的函数，因此我们设想方程(8.20)有形如的 $y^*=Q(x)e^{\mu x}$ 的一个特解，其中 $Q(x)$ 是一个待定多项式.

将 $y^*=Q(x)e^{\mu x}$ 代入方程(8.20)，得

$$Q''(x)+(2\mu+p)Q'(x)+(\mu^2+p\mu+q)Q(x)=P_n(x). \tag{8.21}$$

下面根据式(8.21)分三种情形来讨论待定多项式 $Q(x)$.

(1)当 $\mu^2+p\mu+q\neq 0$ 时，即 μ 不是特征方程 $\lambda^2+p\lambda+q=0$ 的特征根时，式(8.21)中 $Q(x)$ 和 $P_n(x)$ 的次数相同，因此，可设

$$Q(x)=Q_n(x)=b_0x^n+b_1x^{n-1}+\cdots+b_n, \tag{8.22}$$

其中 $b_0,b_1,\cdots,b_n$ 为 $n+1$ 个待定系数. 将式(8.22)代入式(8.21)，比较两边同次幂的系数，就可以得到以 $b_0,b_1,\cdots,b_n$ 为未知数的 $n+1$ 个线性方程的线性方程组，从而求出 $b_0,b_1,\cdots,b_n$，确定 $Q(x)$.

(2)当 $\mu^2+p\mu+q=0$，但 $2\mu+p\neq 0$ 时，即 μ 是特征方程 $\lambda^2+p\lambda+q=0$ 的单根时，式(8.21)成为

$$Q''(x)+(2\mu+p)Q'(x)=P_n(x),$$

由此可见 $Q'(x)$ 与 $P_n(x)$ 的次数相同. 故可设

$$Q(x)=xQ_n(x)=b_0x^{n+1}+b_1x^n+\cdots+b_nx, \tag{8.23}$$

将式(8.23)代入式(8.21)，与情形(1)一样可以求出 $b_0,b_1,\cdots,b_n$，从而确定 $Q(x)$.

(3)当 $\mu^2+p\mu+q=0$，但 $2\mu+p=0$ 时，即 μ 是特征方程 $\lambda^2+p\lambda+q=0$ 的重根时，式(8.21)成为 $Q''(x)=P_n(x)$，故可设

$$Q(x)=x^2Q_n(x)=b_0x^{n+2}+b_1x^{n+1}+\cdots+b_nx^2, \tag{8.24}$$

将式(8.24)代入(8.21)，可以求出 $b_0,b_1,\cdots,b_n$，从而确定 $Q(x)$.

例 8.6.4 求方程 $y''+y'=x$ 的一个特解.

解 $f(x)=x=xe^{0x}$，其中 $n=1,\mu=0$ 是特征方程 $\lambda^2+\lambda=0$ 的一个单根，故可设

$$y^*=x(ax+b)e^{0x}=ax^2+bx$$

为所给方程的一个特解，直接将 y^* 代入原方程，得

$$2a+(2ax+b)=x,$$

比较系数得

$$\begin{cases}2a=1,\\ 2a+b=0,\end{cases}$$

解得 $a=\dfrac{1}{2},b=-1$. 所以 $y^*=\dfrac{1}{2}x^2-x$ 即为所求特解.

例 8.6.5 求方程 $y''-6y'+9y=e^{3x}$ 的通解.

解 原方程对应的齐次线性方程为

$$y''-6y'+9y=0,$$

其特征方程为

$$\lambda^2-6\lambda+9=0,$$

其特征根为 $\lambda_1=\lambda_2=3$. 故齐次方程通解为

$$\bar{y}=(C_1+C_2x)\mathrm{e}^{3x},$$

其中 C_1,C_2 是任意常数.

又因为 $f(x)=\mathrm{e}^{3x}$,其中 $n=0,\mu=3$ 是二重特征根,故可设

$$y^*=x^2\cdot a\cdot\mathrm{e}^{3x}=ax^2\mathrm{e}^{3x}$$

为原方程的一个特解. 直接将 y^* 代入原方程,得

$$2a=1,\quad a=\frac{1}{2},$$

于是

$$y^*=\frac{1}{2}x^2\mathrm{e}^{3x}$$

为原方程的一个特解,因此

$$y=\bar{y}+y^*=(C_1+C_2x)\mathrm{e}^{3x}+\frac{1}{2}x^2\mathrm{e}^{3x}$$

为原方程的通解.

2) $f(x)=\mathrm{e}^{\alpha x}(\alpha_1\cos\beta x+\alpha_2\sin\beta x)$

若 $\alpha\pm\mathrm{i}\beta$ 不是特征方程的特征根,则特解可设为

$$y^*=\mathrm{e}^{\alpha x}(A_1\cos\beta x+A_2\sin\beta x).$$

若 $\alpha\pm\mathrm{i}\beta$ 是特征方程的特征根,则特解可设为

$$y^*=x\mathrm{e}^{\alpha x}(A_1\cos\beta x+A_2\sin\beta x),$$

其中 A_1,A_2 为待定常数.

例 8.6.6　求方程 $y''+2y'+2y=10\sin2x$ 的通解.

解　对应齐次方程为

$$y''+2y'+2y=0,$$

它的特征方程 $\lambda^2+2\lambda+2=0$ 有共轭复根

$$\lambda_1=-1+\mathrm{i},\quad \lambda_2=-1-\mathrm{i},$$

故对应齐次方程的通解为

$$\bar{y}=\mathrm{e}^{-x}(C_1\cos x+C_2\sin x).$$

由于 $0\pm2\mathrm{i}$ 不是特征根,因此设所给方程的特解为

$$y^*=a\sin2x+b\cos2x,$$

代入原方程得

$$-(a+2b)\sin2x+(2a-b)\cos2x=5\sin2x.$$

比较系数得

$$\begin{cases}-(a+2b)=5,\\2a-b=0,\end{cases}$$

解得 $a=-1,b=-2$，因此 $y^*=-\sin 2x-2\cos 2x$ 为所给方程的一个特解，从而通解为

$$y=e^{-x}(C_1\cos x+C_2\sin x)-\sin 2x-2\cos 2x.$$

习题 8.6

1. 求下列方程通解：

(1) $y''-2y'-3y=0$；　　(2) $y''+7y'+12y=0$；

(3) $y''-6y'+9y=0$；　　(4) $y''+y'+y=0$.

2. 求方程 $y''+2y'+3y=0$ 满足初始条件 $y|_{x=0}=1, y'|_{x=0}=1$ 的特解.
3. 求方程 $y''-2y'-3y=3x+1$ 的一个特解.
4. 求方程 $y''-2y'+y=12xe^x$ 的通解.
5. 求方程 $y''+4y'+4y=\cos 2x$ 的通解.

8.7 数学建模——微分方程的应用举例

微分方程在物理学、力学、经济学和管理科学等实际问题中具有广泛的应用，本节我们将重点讨论微分方程在经济学中的实际应用.

8.7.1 逻辑斯谛方程

逻辑斯谛方程(logistic equation)是一种在许多领域有着广泛应用的数学模型.

假设在 $t=0$ 时，某一项目有 $N(N>1)$ 个企业可以做. 设 $p(t)$ 表示 t 时刻采用该项目的企业的数量. 我们可以作最简单的实际假设：对于一个尚未采用该项目的企业来说，只有当一个已经采用了该项目的企业与其联系过之后，这个企业才可能采纳它. 于是在很短的时间区间 Δt 内采用这个项目的企业数 Δp 与之前已经采用这个项目的企业数 p 以及还不知道这个项目的企业数 $N-p$ 成正比. 因此，对于某个正数 c 有

$$\Delta p=cp(N-p)\Delta t$$

或

$$\frac{\Delta p}{\Delta t}=cp(N-p).$$

令 $\Delta t\to 0$，得微分方程

$$\frac{dp}{dt}=cp(N-p). \tag{8.25}$$

方程(8.25)称为逻辑斯谛模型. 设 $p(0)=1$,即在 $t=0$ 时有一个企业采用了这个项目,则 $p(t)$解为

$$p(t)=\frac{N}{1+(N-1)\mathrm{e}^{-cNt}}. \tag{8.26}$$

通解表达式(8.26)称为**逻辑斯谛曲线**(logistic curve)或**增长曲线**(building-up curve).

由

$$\frac{\mathrm{d}p}{\mathrm{d}t}=\frac{cN^2(N-1)\mathrm{e}^{-cNt}}{[1+(N-1)\mathrm{e}^{-cNt}]^2},$$

以及

$$\frac{\mathrm{d}^2p}{\mathrm{d}t^2}=\frac{N^3c^2(N-1)\mathrm{e}^{-cNt}[(N-1)\mathrm{e}^{-cNt}-1]}{[1+(N-1)\mathrm{e}^{-cNt}]^3}$$

容易看出,$\frac{\mathrm{d}p}{\mathrm{d}t}>0$,即 $p(t)$单调增加. 由 $p''(t_0)=0$ 可以得出$(N-1)\mathrm{e}^{-cNt_0}=1$,此时,$p(t_0)=\frac{N}{2}$. 当 $t<t_0$ 时,$p''(t)>0$,即 $p'(t)$单调增加;当 $t>t_0$ 时,$p''(t)<0$,即 $p'(t)$单调减少. 这表明采用过程加速到有半数企业都知道了这个项目时,便开始减速,直到最终达到 0.

8.7.2 价格调整模型

设某种产品价格变化主要服从市场的供求关系. 一般情况下,商品供给量 S 是价格 P 的单调递增函数,商品需求量 Q 是价格 P 的单调递减函数,为简单起见,分别设该商品的供给函数与需求函数分别为

$$S(P)=a+bP,\quad Q(P)=\alpha-\beta P, \tag{8.27}$$

其中 a,b,α,β 均为常数,且 $b>0,\beta>0$.

当供给量和需求量相等时,由(8.27)可得供求平衡时的价格

$$P_e=\frac{\alpha-a}{\beta+b},$$

并称 P_e 为均衡价格.

一般地,当某种商品供不应求,即 $S<Q$ 时,该商品价格要上涨;当供大于求,即 $S>Q$ 时,该商品价格要降低. 因此,假设 t 时刻的价格 $P(t)$的变化率与超额需求量 $Q-S$成正比,于是方程

$$\frac{\mathrm{d}P}{\mathrm{d}t}=k[Q(P)-S(P)],$$

其中 $k>0$,用来反映价格的调整速度.

将式(8.27)代入方程,可得

$$\frac{\mathrm{d}P}{\mathrm{d}t}=\lambda(P_e-P), \tag{8.28}$$

其中常数 $\lambda=(b+\beta)k>0$，方程(8.28)的通解为

$$P(t)=P_e+Ce^{-\lambda t}.$$

假设初始价格 $P(0)=P_0$，代入上式，得 $C=P_0-P_e$，于是上述价格模型的解为

$$P(t)=P_e+(P_0-P_e)e^{-\lambda t}.$$

由 $\lambda>0$ 知，$t\to+\infty$ 时，$P(t)\to P_e$. 说明随着时间不断推延，实际价格 $P(t)$ 将逐渐趋近均衡价格 P_e.

8.7.3 经济增长问题模型

国民收入通常分为消费和储蓄两部分，储蓄用于投资，可以增加生产，生产增加后消费、储蓄增加，为建立数学模型，分析如下：

产出转化为储蓄，储蓄转化为投资，投资增加产出，任一时刻产出都与前一时刻产出状态有关，设国民收入为 $Y(t)$（产出），消费为 $C(t)$，储蓄为 $I(t)$，k 为边际资本产出（即单位边际产出所需资本），s 为边际储蓄倾向（单位产出产生的储蓄），$1-s$ 为边际消费倾向（单位产出用于消费的量）.

假设产出增长率与资本投入成正比，储蓄全部用于投资，消费、储蓄比例不变，产出增长速度与储蓄成正比，即

$$Y=C+I,\quad I=sY,\quad C=(1-s)Y.$$

根据假设

$$\frac{dY}{dt}=\frac{I}{k},$$

代入前式得微分方程：

$$\begin{cases}\dfrac{dY}{dt}=\dfrac{s}{k}Y,\\ Y(0)=Y_0,\end{cases}$$

方程解为 $Y=Y_0e^{\frac{s}{k}t}$.

这是一个持续增长的生产函数，要求增加的产出全部被需求吸收（包括消费需求和投资需求）.

习题 8.7

1. 设某种产品就要推向市场，t 时刻的销量为 $x(t)$，由于产品良好性能，每个产品都是一个宣传品，t 时刻产品销售的增长率 $\frac{dx}{dt}$ 与 $x(t)$ 成正比，同时，考虑到产品销售存在一定的市场容量 N，统计表明 $\frac{dx}{dt}$ 与尚未购买该产品的潜在顾客的数量 $N-x(t)$ 也成正比，试给出 $x(t)$ 的方程，并求销量达到多少时最为畅销.

2. 某商品的价格由供求关系决定，若供给量 S 与需求量 Q 均是价格 P 的线性函数：

$$S=-1+3P,\quad Q=4-P,$$

若价格 P 是时间 t(年)的函数,且已知在时刻 t 时,价格 P 的变化率与过剩需求 $Q-S$ 成正比,比例系数为 2,试求价格 P 与时间 t(年)的函数关系,且已知初始价格 $P_0=2$ 元,问当 $t=0.3$ 年时价格应为多少?

8.8 差分方程

8.8.1 差分

定义 8.8.1 设函数 $y=f(n)$ 是定义在非负整数集上的函数,简记为 y_n,则差 $y_{n+1}-y_n$ 称为函数 y_n 的**差分**(difference),也称为**一阶差分**(first-order difference),记为 Δy_n,即

$$\Delta y_n=y_{n+1}-y_n.$$

函数 y_n 的一阶差分的差分称为**二阶差分**(second-order difference),即

$$\Delta^2 y_n=\Delta y_{n+1}-\Delta y_n=y_{n+2}-2y_{n+1}+y_n.$$

同样可以定义三阶差分、四阶差分.

一般地,k 阶差分定义为

$$\Delta^k y_n=\Delta(\Delta^{k-1}y_n)=\Delta^{k-1}y_{n+1}-\Delta^{k-1}y_n=\sum_{i=0}^{k}(-1)^i C_k^i y_{n+k-i}.$$

二阶及二阶以上的差分统称为**高阶差分**(difference of higher order).

由定义可知,差分具有下列性质:

(1) $\Delta C=0$(C 为常数);

(2) $\Delta(Cy_n)=C\Delta y_n$(C 为常数);

(3) $\Delta(y_n+z_n)=\Delta y_n+\Delta z_n$;

(4) $\Delta(y_n z_n)=y_{n+1}\Delta z_n+z_{n+1}\Delta y_n$;

(5) $\Delta\left(\dfrac{y_n}{z_n}\right)=\dfrac{z_n\Delta y_n-y_n\Delta z_n}{z_{n+1}z_n}$.

例 8.8.1 求 $\Delta(n^2),\Delta^2(n^2),\Delta^3(n^2)$.

解 设 $y_n=n^2$,则

$$\Delta y_n=\Delta(n^2)=(n+1)^2-n^2=2n+1,$$

$$\Delta^2 y_n=\Delta(\Delta y_n)=\Delta(\Delta(n^2))=\Delta(2n+1)=(2(n+1)+1)-(2n+1)=2,$$

$$\Delta^3 y_n=\Delta(\Delta^2 y_n)=\Delta(2)=0.$$

由此例可以得出:

若 y_n 是一个次数不大于 k 的代数多项式,则 Δy_n 为一个次数不大于 $k-1$ 的多项式,并且 $\Delta^{k+1}y_n=0$.

8.8.2 差分方程的基本概念

定义 8.8.2 含有自变量 n,未知函数 y_n,以及 y_n 的差分 $\Delta y_n, \Delta^2 y_n, \cdots$ 的函数方程,称为**常差分方程**(ordinary difference equation),简称为**差分方程**(difference equation),出现在差分方程中的差分的最高阶数,称为差分方程的**阶**(order).

k 阶差分方程的一般形式为

$$F(n, y_n, \Delta y_n, \cdots, \Delta^k y_n)=0, \tag{8.29}$$

其中 $F(n, y_n, \Delta y_n, \cdots, \Delta^k y_n)$ 为 $n, y_n, \Delta y_n, \cdots, \Delta^k y_n$ 的已知函数,且至少 $\Delta^k y_n$ 要在式中出现.

利用差分公式,差分方程(8.29)可转化为函数 y_n 在不同时刻的取值的关系式,于是差分方程可以定义如下:

定义 8.8.3 含有自变量 n 和两个或两个以上函数值 $y_n, y_{n+1}, \cdots$ 的函数方程,称为**(常)差分方程**,出现在差分方程中未知函数下标的最大差,称为差分方程的**阶**(order).

由定义 8.8.3,k 阶差分方程的一般形式为

$$F(n, y_n, y_{n+1}, \cdots, y_{n+k})=0, \tag{8.30}$$

其中 $F(n, y_n, y_{n+1}, \cdots, y_{n+k})=0$ 是 $n, y_n, y_{n+1}, \cdots, y_{n+k}$ 的已知函数,且 y_n 和 y_{n+k} 一定要出现.

例如,由定义 8.8.2,方程

$$\Delta^2 y_n+n^2 y_n=5, \qquad \Delta^2 y_n+\Delta y_n=0,$$
$$\Delta^2 y_n+2\Delta y_n+y_n=0, \qquad \Delta^2 y_n=n$$

均为二阶差分方程. 由定义 8.8.3,方程

$$y_{n+2}+y_{n+1}+y_n=2, \qquad y_{n+3}+3y_{n+1}=n^2+1,$$
$$y_{n+2}+2y_{n+1}+y_n=0, \qquad y_{n+4}+2^n y_{n+2}=4n$$

也是二阶差分方程,而关系式

$$\Delta^2 y_n=y_{n+2}-2y_{n+1}+y_n, \quad y_n=2^{n+1}$$

按定义都不是差分方程.

需要说明的是,差分方程的两个定义不是完全等价的,例如方程

$$\Delta^2 y_n-y_n=0,$$

按照定义 8.8.2,为二阶差分方程,若改写为

$$\Delta^2 y_n-y_n=y_{n+2}-2y_{n+1}+y_n-y_n=y_{n+2}-2y_{n+1}=0,$$

按照定义 8.8.3,则应为一阶差分方程.

在经济学和管理学中遇到的通常是形如(8.30)的方程,本节将只按照定义 8.8.3 来讨论对应的差分方程.

定义 8.8.4 若一个函数代入差分方程后,方程两边恒等,则称此函数为该差分

方程的**解**(solution).

若差分方程的解中含有相互独立的任意常数的个数恰好等于方程的阶数,则称它为差分方程的**通解**(general solution).

若对差分方程附加初始条件,将满足初始条件的解称为**特解**(particular solution).

8.8.3 一阶和二阶常系数线性差分方程

1. 一阶常系数线性差分方程

形如

$$y_{n+1}+ay_n=f(n) \tag{8.31}$$

的方程为**一阶常系数线性差分方程**(first order linear difference equation with constant coefficient),其中 a 为非零常数,$f(n)$为已知函数.

若 $f(n)\neq 0$,则该方程称为**一阶常系数非齐次线性差分方程**(first order nonhomogeneous linear difference equation with constant coefficient),否则称它为一阶常系数齐次线性差分方程,即

$$y_{n+1}+ay_n=0. \tag{8.32}$$

常系数线性差分方程解的结构与相应的解法和常系数线性微分方程相类似,因此有

1)齐次差分方程的解法:

设 y_0 已知,将 $n=0,1,2,\cdots$依次代入 $y_{n+1}=-ay_n$ 中得

$$y_1=-ay_0,\quad y_2=-ay_1=(-a)^2y_0,\quad y_3=(-a)^3y_0,\quad \cdots.$$

一般地,

$$y_n=(-a)^ny_0\quad (n=0,1,2,\cdots).$$

可以证明,$y_n=C(-a)^n$(其中 C 为任意常数)满足差分方程,因此是差分方程的通解.

2)非齐次差分方程的解法:

若 y_n^* 是非齐次方程(8.31)的一个特解,即

$$y_{n+1}^*+ay_n^*=f(n),$$

将此式两边与非齐次方程(8.31)两边相减得

$$(y_{n+1}-y_{n+1}^*)+a(y_n-y_n^*)=0.$$

令 $Y_n=y_n-y_n^*$,得

$$Y_{n+1}+aY_n=0,$$

即 Y_n 是齐次方程(8.32)的解.

可以验证 AY_n(A 是任意常数)也是齐次方程(8.32)的解.

由通解定义知 $\bar{y}_n=AY_n$ 是齐次方程(8.32)的通解,而 y_n^* 是非齐次方程(8.31)

的一个特解,因此非齐次方程的通解为

$$y_n = y_n^* + AY_n.$$

下面求齐次方程的通解及非齐次方程的特解.

设 $Y_n=\lambda^n(\lambda\neq 0)$是齐次方程(8.32)的一个特解,代入齐次方程得

$$\lambda^{n+1}+a\lambda^n=0 \quad (\lambda\neq 0),$$

$$\lambda+a=0.$$

将 $\lambda+a=0$ 称为齐次方程(8.32)的**特征方程**,此方程的根 $\lambda=-a$ 称为齐次方程(8.32)的**特征根**,故 $Y_n=(-a)^n$ 是齐次方程的一个非零特解,因此 $\bar{y}_n=A(-a)^n$(A为任意常数)是齐次差分方程的通解.

下面针对 $f(n)$的几个特殊形式的函数,列出非齐次方程特解的求法.

(1) $f(n)=P_m(n)$,$P_m(n)$为 m 次多项式,则方程(8.31)为

$$y_{n+1}+ay_n=P_m(n). \tag{8.33}$$

根据 $f(n)$ 的形式,可设 $y^*(n)=Q(n)$ 为特解,$Q(n)$ 为多项式,代入方程(8.33)有

$$Q(n+1)+aQ(n)=P_m(n).$$

于是,若 $a\neq -1$,要使方程恒等,则应设

$$y^*(n) = a_0n^m+a_1n^{m-1}+\cdots+a_{m-1}n+a_m,$$

其中 $a_0,a_1,\cdots,a_m$为待定系数,代入方程后,可以解得待定系数.

若 $a=-1$,要使方程恒等,则应设

$$y^*(n)=nQ(n)=a_0n^{m+1}+a_1n^m+\cdots+a_{m-1}n^2+a_mn,$$

代入方程,解得 $a_0,a_1,\cdots,a_m$.

例 8.8.2 求 $y_{n+1}-y_n=n^2$ 的通解.

解 因 $a=-1$,对应齐次方程通解为

$$y=C\cdot 1^n=C \quad (C\text{ 为任意常数}).$$

设 $y^*(n) = a_0n^3+a_1n^2+a_2n$ 代入原方程,有

$$a_0(n+1)^3+a_1(n+1)^2+a_2(n+1)-a_0n^3-a_1n^2-a_2n = n^2,$$

比较系数得

$$a_0=\frac{1}{3},\quad a_1=-\frac{1}{2},\quad a_2=\frac{1}{6},$$

故有 $y^*(n)=\frac{1}{3}n^3-\frac{1}{2}n^2+\frac{1}{6}n$.

所求方程通解为

$$y(n)=C+\frac{1}{3}n^3-\frac{1}{2}n^2+\frac{1}{6}n.$$

例 8.8.3 求差分方程 $y_{n+1}+2y_n=n^2-1$ 的通解.

解 因 $a=2$,对应齐次方程通解为

$$y=C\cdot(-2)^n \quad (C\text{为任意常数}).$$

设 $y^*(n)=a_0n^2+a_1n+a_2$ 代入原方程，有

$$a_0(n+1)^2+a_1(n+1)+a_2+2a_0n^2+2a_1n+2a_2=n^2-1,$$

比较系数得

$$a_0=\frac{1}{3},\quad a_1=-\frac{2}{9},\quad a_2=-\frac{10}{27},$$

故有 $y^*(n)=\frac{1}{3}n^2-\frac{2}{9}n-\frac{10}{27}$.

所求方程通解为

$$y(n)=C(-2)^n+\frac{1}{3}n^2-\frac{2}{9}n-\frac{10}{27}.$$

(2) $f(n)=bd^n$，即 $f(n)$ 为指数函数，这时方程(8.31)为

$$y_{n+1}+ay_n=bd^n, \tag{8.34}$$

其中 a,b 为非零常数.

根据 $f(n)$ 的形式，可设 $y^*(n)=An^kd^n$，A 为待定数，代入方程有

$$(n+1)^kAd+n^kAa=b,$$

于是，当 $a\neq -d$ 时，要等式恒成立，应取 $k=0$，从而得到

$$y^*(n)=Ad^n,$$

代入方程，解得 $A=\frac{b}{a+d}$，于是方程(8.34)的特解为

$$y^*(n)=\frac{b}{a+d}d^n.$$

当 $a=-d$ 时，要等式恒成立，应取 $k=1$，从而得到

$$y^*(n)=And^n,$$

代入方程，解得 $A=\frac{b}{d}$，于是方程(8.34)的特解为

$$y^*(n)=\frac{b}{d}nd^n.$$

例 8.8.4　求方程 $y_{n+1}-y_n=2^n$ 的通解.

解　因 $a=-1$，故齐次方程通解为

$$y=C\cdot 1^n=C \quad (C\text{为任意常数}).$$

又 $f(n)=2^n$，即 $b=1,d=2$，且 $a+d=1\neq 0$，因此，原方程的特解为

$$y^*(n)=\frac{b}{a+d}d^n=2^n,$$

故原方程通解为

$$y(n)=2^n+C.$$

2. 二阶常系数线性差分方程

形如

$$y_{n+2}+ay_{n+1}+by_n=f(n) \tag{8.35}$$

(其中 a,b 均为常数,且 $b\neq 0$,$f(x)$为已知函数)的差分方程,称为**二阶常系数线性差分方程**(second order linear difference equation with constant coefficient). $f(n)\neq 0$ 时,(8.35)称为**非齐次的**(non-homogeneous),否则称为**齐次的**(homogeneous),即

$$y_{n+2}+ay_{n+1}+by_n=0. \tag{8.36}$$

与一阶情形相似,二阶常系数线性差分方程的通解等于其任一特解与相应齐次方程的通解之和.

1)齐次方程的通解

与二阶齐次线性微分方程类似,差分方程(8.36)具有性质:若 $y_1(n)$,$y_2(n)$是(8.36)的两个特解,且$\frac{y_1(n)}{y_2(n)}$不是常数,则 $y_n=C_1y_1(n)+C_2y_2(n)$(其中 C_1,C_2 是任意常数)是(8.36)的通解,由此,求(8.36)的通解最后归结为求(8.36)的两个特解.

设 $y_n=\lambda^n$ 为方程(8.36)的特解,其中 λ 为非零待定常数,代入方程后,有

$$\lambda^n(\lambda^2+a\lambda+b)=0.$$

因 $\lambda^n\neq 0$,故函数 $y_n=\lambda^n$ 是方程(8.36)的特解的充要条件是 λ 满足方程

$$\lambda^2+a\lambda+b=0. \tag{8.37}$$

方程(8.37)称为方程(8.36)的特征方程. 特征方程的解称为**特征值**或**特征根**. 根据(8.37)解的三种情况,可以给出方程(8.36)的通解.

(1)$\Delta=a^2-4b>0$,特征方程有两个相异实根

$$\lambda_1=\frac{1}{2}(-a-\sqrt{a^2-4b}),\quad \lambda_2=\frac{1}{2}(-a+\sqrt{a^2-4b}),$$

于是方程(8.36)有两个特解

$$y_1(n)=\lambda_1^n,\quad y_2(n)=\lambda_2^n,$$

且由

$$\frac{y_1(n)}{y_2(n)}=\frac{\lambda_1^n}{\lambda_2^n}\neq \text{常数}$$

知 $y_1(n)$与 $y_2(n)$线性无关,从而得到方程(8.36)的通解

$$y_n=C_1\lambda_1^n+C_2\lambda_2^n,$$

其中 C_1,C_2 为任意常数.

(2)$\Delta=a^2-4b=0$,特征方程有重根:

$$\lambda_1=\lambda_2=-\frac{1}{2}a,$$

于是方程(8.36)有特解

$$y_1(n)=\left(-\frac{1}{2}a\right)^n,$$

可以验证方程(8.36)有另一特解

$$y_2(n)=n\left(-\frac{1}{2}a\right)^n,$$

且由

$$\frac{y_1(n)}{y_2(n)}=\frac{1}{n}\neq\text{常数}$$

知 $y_1(n)$ 与 $y_2(n)$ 线性无关，从而得到方程(8.36)的通解

$$y_n=(C_1+C_2n)\left(-\frac{1}{2}a\right)^n,$$

其中 C_1,C_2 为任意常数.

(3) $\Delta=a^2-4b<0$，特征方程有两个共轭复根：

$$\lambda_1=\frac{1}{2}(-a-\mathrm{i}\sqrt{4b-a^2}),\quad \lambda_2=\frac{1}{2}(-a+\mathrm{i}\sqrt{4b-a^2})$$

知方程有两个特解

$$y_1(n)=r^n\cos\beta n,\quad y_2(n)=r^n\sin\beta n,$$

其中

$$r=\sqrt{\left(-\frac{a}{2}\right)^2+\left(\frac{\sqrt{4b-a^2}}{2}\right)^2}=\sqrt{b},\quad \tan\beta=-\frac{1}{a}\sqrt{4b-a^2},\quad \beta\in(0,\pi).$$

且由

$$\frac{y_1(n)}{y_2(n)}=\cot\beta n\neq\text{常数}$$

知 $y_1(n)$ 与 $y_2(n)$ 线性无关，从而得到方程(8.36)的通解

$$y(n)=r^n(C_1\cos\beta n+C_2\sin\beta n),$$

其中 C_1,C_2 为任意常数.

例 8.8.5 求差分方程 $y_{n+2}+y_{n+1}-2y_n=0$ 的通解.

解 原方程对应的特征方程为

$$\lambda^2+\lambda-2=0,$$

特征方程有两个相异实根

$$\lambda_1=1,\quad \lambda_2=-2,$$

从而得到方程的通解

$$y_n=C_1+C_2(-2)^n,$$

其中 C_1,C_2 为任意常数.

例 8.8.6 求差分方程 $y_{n+2}+2y_{n+1}+y_n=0$ 的通解.

解 原方程对应的特征方程为

$$\lambda^2+2\lambda+1=0,$$

解得重根 $\lambda_1=\lambda_2=-1$，于是原方程通解为

$$y_n=(C_1+C_2n)(-1)^n,$$

其中 C_1, C_2 为任意常数.

例 8.8.7 求 $y_{n+2}-y_{n+1}+y_n=0$ 的通解.

解 原方程对应的特征方程为

$$\lambda^2-\lambda+1=0,$$

特征方程有两个共轭复根

$$\lambda_1=\frac{1}{2}(1-\sqrt{3}\mathrm{i}), \quad \lambda_2=\frac{1}{2}(1+\sqrt{3}\mathrm{i}),$$

且

$$r=1, \quad \tan\beta=\sqrt{3}, \quad 即\ \beta=\frac{\pi}{3},$$

知方程有两个特解

$$y_1(n)=\cos\frac{\pi}{3}n, \quad y_2(n)=\sin\frac{\pi}{3}n,$$

于是原方程通解为

$$y(n)=C_1\cos\frac{\pi}{3}n+C_2\sin\frac{\pi}{3}n,$$

其中 C_1, C_2 为任意常数.

2)非齐次方程的通解

这里仅介绍(8.35)右端函数为 $f(n)=P_m(n)q^n$ 时求特解的方法,即

$$y_{n+2}+ay_{n+1}+by_n=P_m(n)q^n, \tag{8.38}$$

其中 $P_m(n)$是 m 次多项式,q 为非零常数. 于是方程(8.38)有形如 $y^*(n)=n^kQ_m(n)q^n$ 的特解,其中 $Q_m(n)$与 $P_m(n)$是同次多项式,系数待定,k 取值分别按 q 不是特征根、是特征根的单根、是特征根的重根分别取 0,1,2,系数用待定系数法.

例 8.8.8 求差分方程 $y_{n+2}+2y_{n+1}+y_n=3\cdot\left(\frac{1}{2}\right)^n$ 的通解.

解 特征方程为 $\lambda^2+2\lambda+1=0$,解得重根 $\lambda_1=\lambda_2=-1$,于是原方程通解为

$$y_n=(C_1+C_2n)(-1)^n,$$

其中 C_1, C_2 为任意常数.

下面求非齐次方程的特解.

因为 $f(n)=3\cdot\left(\frac{1}{2}\right)^n$,则 $q=\frac{1}{2}$,且不是特征根,则形式特解为 $y^*(n)=A_1n^0\left(\frac{1}{2}\right)^n$,

代入原方程

$$A_1\left(\frac{1}{2}\right)^{n+2}+2A_1\left(\frac{1}{2}\right)^{n+1}+A_1\left(\frac{1}{2}\right)^n=3\cdot\left(\frac{1}{2}\right)^n,$$

比较系数得 $A_1=\frac{4}{3}$,于是 $y^*(n)=\frac{4}{3}\left(\frac{1}{2}\right)^n$. 原方程通解为

$$y(n)=y^*(n)+\bar{y}(n)=\frac{4}{3}\left(\frac{1}{2}\right)^n+(C_1+C_2n)(-1)^n,$$

其中 C_1,C_2 为任意常数.

习题 8.8

1. 计算下列各题的差分：

(1) $y_n=f(n)=n^2\cdot 3^n$；　　(2) $y_n=n(n-1)(n-2)\cdots(n-m+1)$.

2. 求下列差分方程的通解：

(1) $y_{n+1}-y_n=n+3$；　　(2) $y_{n+1}-2y_n=2n^2-1$；

(3) $y_{n+1}+2y_n=3\cdot 2^n$；　　(4) $y_{n+1}+5y_n=1$.

3. 求下列二阶差分方程的通解：

(1) $2y_{n+2}+y_{n+1}-y_n=0$；　　(2) $y_{n+2}-2y_{n+1}+2y_n=0$；

(3) $y_{n+2}+2y_{n+1}+y_n=3$；　　(4) $4y_{n+2}-4y_{n+1}+y_n=5\left(\frac{1}{2}\right)^n$.

阅读材料

微分方程与差分方程简史

常微分方程是与微积分一起发展起来的.从17世纪末开始，摆的运动、弹性理论以及天体力学等实际问题的研究引出了一系列常微分方程，在当时的数学家之间，以挑战的形式提出这些问题，引起激烈的争论.牛顿、莱布尼茨和伯努利兄弟等都曾讨论过低阶常微分方程.到1740年左右，几乎所有的求解一阶方程的初等方法都已经知道.后来瑞士数学家雅各布·伯努利、欧拉、法国数学家克雷洛、达朗贝尔、拉格朗日等又不断地研究和丰富了微分方程的理论.

常微分方程的形成与发展是和力学、天文学、物理学，以及其他科学技术的发展密切相关的.数学的其他分支的新发展，如复变函数、李群、组合拓扑学等，都对常微分方程的发展产生了深刻的影响，当前计算机的发展更是为常微分方程的应用及理论研究提供了非常有力的工具.

1728年，约翰·伯努利(Johann Bernoulli, 1667～1748)向欧拉提出测地线问题，欧拉给出了曲面上测地线微分方程的解，引进了著名的指数代换将二阶常微分方程化为一阶方程，开始了对二阶常微分方程的系统研究.欧拉在1743年发表的论文中，给出了任意阶常系数线性齐次方程的古典解法，最早引入了“通解”和“特解”的名词.1774～1775年，拉格朗日发表《关于微分方程的特解研究》，系统研究了一阶常微分方程的特解与通解间的关系，解出了一般阶变系数非齐次常微分方程，这一工作是18世纪常微分方程求解的最高成就.在18世纪，常微分方程已成为有自己的目标和方向的新数学分支.

对18、19世纪建立起来的众多的微分方程，数学家们求显式解的努力往往归于失败，这种情况促使他们转向证明解的存在性，这也是微分方程发展史上的一个重要转折点.最先考虑微分方程解的存在性问题的数学家是柯西，18世纪20年代，他给出了常微分方程的解的第一个存在性定理.

19世纪后半叶，常微分方程的研究在两个大的方向上开拓了新局面.第一个方向是由柯西开创的常微分方程解析理论.另一个方向，是由庞加莱(Jules Henri Poincaré，1854～1912)创立的定性理论.

牛顿研究天体力学和机械力学的时候，利用了微分方程这个工具，从理论上得到了行星运动规律.后来，法国和英国天文学家使用微分方程各自计算出那时尚未发现的海王星的位置.这些都使数学家更加深信微分方程在认识自然、改造自然方面的巨大力量.微分方程的理论逐步完善的时候，只要列出相应的微分方程，有解方程的方法，利用它就可以精确地表述事物变化所遵循的基本规律.微分方程也就成了最有生命力的数学分支.差分方程是微分方程的离散化.一个微分方程不一定可以解出精确的解，把它变成差分方程，就可以求出近似的解来.

数学家

伯努利家族是瑞士数学家族，祖孙三代出过十余位数学家和物理学家.原籍比利时安特卫普.1583年迁居德国法兰克福，最后定居瑞士巴塞尔.其中有三个人成就最大：

雅各布·伯努利(Jocob Bernoulli，1654～1705)生于瑞士巴塞尔，1671年17岁时获艺术硕士学位.1687年，雅各布在《教师学报》上发表数学论文《用两相互垂直的直线将三角形的面积四等分的方法》，同年成为巴塞尔大学的数学教授，直至1705年8月16日逝世.雅各布对数学最重大的贡献是在概率论研究方面.他从1685年起发表关于赌博游戏中输赢次数问题的论文，后来写成巨著《猜度术》.主要贡献有：1690年首先使用数学意义下的“积分”一词，同年提出悬链线问题，后又改变条件，解决了更复杂的悬链问题并应用于设计吊桥；1694年首先给出直角坐标和极坐标下的曲率半径公式，讨论了“伯努利双纽线”的性质；1695年提出“伯努利方程”；1713年出版《猜度术》，给出“伯努利数”、“伯努利大数定律”等结果.他还研究了对数螺线，发现该线经过变换仍为对数螺线的奇妙性质.

约翰·伯努利(Johann Bernoulli，1667～1748)生于瑞士巴塞尔.约翰于1685年18岁时获巴塞尔大学艺术硕士学位.他一直向雅各布学习数学，并颇有造诣.1695年，28岁的约翰取得了他的第一个学术职位——荷兰格罗宁根大学数学教授.约翰的数学成果比雅各布还要多.例如，解决悬链线问题(1691年)，提出洛必达法则(1694年)、最速降线(1696年)和测地线问题(1697年)，给出求积分的变量替换法(1699年)，研究弦振动问题(1727年)，出版《积分学教程》(1742年)等.约翰的另一大功绩是培养了一大批出色的数学家，其中包括18世纪最著名的数学家欧拉、法国数学家洛必达，以及他自己的儿子丹尼尔和侄子尼古拉二世等.

丹尼尔·伯努利(Daniel Bernoulli，1700～1782) 瑞士物理学家、数学家、医学家. 生于荷兰格罗宁根. 著名的伯努利家族中最杰出的一位. 他在25岁时(1725年)就应聘为圣彼得堡科学院的数学院士. 8年后回到瑞士的巴塞尔，先任解剖学教授，后任动力学教授，1750年成为物理学教授. 他于1724年解决了微分方程中的“里卡蒂”方程；1728年与欧拉一起研究弹性力学；1738年出版《流体动力学》，给出“伯努利定理”等流体动力学的基础理论. 在1725～1749年，他曾十次荣获法国科学院的年度奖，能与他媲美的只有大数学家欧拉.

部分习题参考答案与提示

第 1 章　函数、极限与连续

习题 1.1

1. (1) $[-1,0)\cup(0,1]$；　(2) $[2,4]$；
   (3) $(-\infty,0)\cup(0,3]$；
   (4) $(-\infty,-1)\cup(1,3)$；
   (5) $(-\infty,0)\cup(0,+\infty)$；
   (6) $(1,2)\cup(2,4)$.
2. $[-3,-1]$.
5. (1)既是偶函数也是奇函数；
   (2)偶函数；
   (3)奇函数；
   (4)既非偶函数也非奇函数.
6. 偶函数.
7. (1)是周期函数，最小正周期为 2π；
   (2)是周期函数，最小正周期为 π；
   (3)不是周期函数.
8. $f(x+2(b-a))=f(2b-(2a-x))$
   $=f(2a-x)=f(x)$.
9. $D\left(-\frac{7}{5}\right)=1, D(1-\sqrt{2})=0, D(D(x))\equiv 1$，函数是单值、有界的、偶函数，但不是单调函数；是周期函数，但无最小正周期.
10. $P(x)=\frac{ab}{x}+\frac{cx}{2}$. 定义域为 $(0,a]$，x（台数）只取定义域中的正整数因子.
11. $m=\begin{cases} ks, & 0<s\leqslant a, \\ ka+\frac{4}{5}k(s-a), & a<s, \end{cases}$
    定义域为 $(0,+\infty)$.

习题 1.2

1. (1) $y=\frac{1-x}{1+x}$；　(2) $y=\log_2\frac{x}{1-x}$；
   (3) $y=-\frac{x}{(1+x)^2}$.
2. (1) $y=\sin u, u=3x$；
   (2) $y=e^u, u=v^2, v=\sin x$；
   (3) $y=\ln u, u=\ln v, v=\ln x$；
   (4) $y=\sqrt{u}, u=\lg v, v=\sqrt{x}$；
   (5) $y=u^3, u=1+v^2, v=\ln x$；
   (6) $y=\sqrt[3]{u}, u=\arctan v, v=\cos w, w=e^t$,
   $t=2x$；
   (7) $y=\log_a u, u=\sin v, v=2^w, w=x+1$；
   (8) $y=\arcsin u, u=\sqrt{v}, v=\lg w, w=x-1$；
   (9) $y=\cos u, u=v^2, v=e^x-1$；
   (10) $y=u^2, u=\cos v, v=\ln w$,
   $w=x^2-2x+1$.
3. (1) $[-1,1]$；　(2) $[1,e]$.
4. $f(x)=x^2-2$.
5. (C).
6. (1)是；　(2)是；　(3)不是；　(4)是；
   (5)是.

习题 1.3

1. (1)收敛，0；　(2)收敛，0；　(3)收敛，1；
   (4)收敛，1；　(5)发散；　(6)收敛，0.
6. (1)发散；　(2)发散；　(3)收敛，0.

习题 1.4

1. 不一定. 如 $\lim\limits_{x\to\infty}\frac{1}{x}=0$，$\lim\limits_{x\to\infty}\sin x$ 不存在，但 $\lim\limits_{x\to\infty}\frac{\sin x}{x}=0$.
4. 不存在.
5. $\lim\limits_{x\to 0}f(x)=1$.

习题 1.5

1. 不一定. 如 $\lim\limits_{x\to 0}x=0$，$\lim\limits_{x\to 0}2x=0$，但 $\lim\limits_{x\to 0}\frac{2x}{x}=2$.
2. (1)是无穷小；
   (2)既不是无穷小，也不是无穷大；

(3)是无穷大.

3. (1)3；(2)2.

4. (1)0；(2)0.

5. $y=x\cos x$ 在$(-\infty,+\infty)$内无界.

但当 $x\to+\infty$时，函数不是无穷大.

习题 1.6

1. (1)1；(2)1；(3)0；(4)∞；(5)2；

(6)$\frac{2}{3}$；(7)3；(8)0；(9)∞；

(10)$\frac{1}{5}$；(11)$\frac{2}{3}$；(12)∞；

(13)0；(14)$\left(\frac{3}{2}\right)^{20}$；(15)0；(16)0；

(17)0；(18)$\frac{3}{2}$；(19)$\frac{a+b}{2}$；

(20)$\frac{1}{2}$；(21)1.

2. (1)3；(2)$\frac{1}{2}$；(3)2；(4)$\frac{1}{2}$；

(5)若 $a=1$，则有$\lim\limits_{n\to\infty}\frac{a^n}{a^n+1}=\frac{1}{2}$，

若$|a|<1$，则$\lim\limits_{n\to\infty}\frac{a^n}{a^n+1}=0$，

若$|a|>1$，则$\lim\limits_{n\to\infty}\frac{a^n}{a^n+1}=1$.

3. (1)$f(x)=\begin{cases}-1, & x>2 \text{ 或 } x<-2,\\ 0, & x=2,\\ 1, & -2<x<2,\end{cases}$

$f(x)$的定义域为 $x\neq-2$；

(2)$\lim\limits_{x\to-2}f(x)$不存在.

4. $a=1,b=-1$.

5. $m=3,n=-1$.

习题 1.7

1. (1)3；(2)1；(3)1；(4)2；(5)1；

(6)$\sqrt{2}$；(7)0；(8)x.

2. (1)e^{-1}；(2)e^2；(3)e^{-k}；(4)e^{-1}；

(5)e；(6)e^{2a}.

3. $c=\ln 3$.

4. (1)提示：$\frac{n^2}{n^2+n\pi}$

$\leqslant n\left(\frac{1}{n^2+\pi}+\frac{1}{n^2+2\pi}+\cdots+\frac{1}{n^2+n\pi}\right)$

$\leqslant\frac{n^2}{n^2+\pi}$；

(2)提示：当 $x>0$ 时，$1<\sqrt[n]{1+x}<1+x$；

当$-1<x<0$时，$1+x<\sqrt[n]{1+x}<1$.

5. 2.

习题 1.8

1. (1)等价无穷小；(2)低阶无穷小；

(3)同阶无穷小.

2. 三阶无穷小.

4. (1)$\frac{2}{5}$；(2)3；

(3)$0(m<n),1(m=n),\infty(m>n)$；

(4)$\frac{1}{2}$；(5)2；(6)$\frac{1}{2}$.

习题 1.9

1. (1)$f(x)$在$[0,2]$上连续；

(2)$f(x)$在$(-\infty,-1)$与$(-1,+\infty)$内连续，$x=-1$ 为跳跃间断点.

2. (1)连续；(2)间断.

3. (1)$x=1$ 为第一类的可去间断点，补充 $y(1)=-2$；$x=2$ 为第二类的无穷间断点.

(2)$x=1$ 为第一类的跳跃间断点.

(3)$x=0$ 为第二类的振荡间断点.

(4)$x=0$，$x=k\pi+\frac{\pi}{2}$为第一类的可去间断点；$x=k\pi(k\neq0)$为第二类的无穷间断点.

4. $a=1$.

5. (1)补充 $f(0)=1$；(2)补充 $f(0)=km$.

6. $a=1$.

7. 右连续，左不连续.

习题 1.10

1. (1)$\sqrt{5}$；(2)0；(3)0；(4)$\frac{1}{2}$；

(5)0； (6)1.

5. 提示：$m\leqslant\frac{f(x_1)+f(x_2)+\cdots+f(x_n)}{n}\leqslant M$，其中 m,M 分别为函数 $f(x)$ 在 $[x_1,x_n]$ 上的最小值和最大值.

第 2 章 导数与微分

习题 2.1

1. (1) $\Delta y=2\Delta x+(\Delta x)^2$；

(2) $\frac{\Delta y}{\Delta x}=2+\Delta x$； (3) 2.

2. 12m/s.

3. 切线方程为 $y-3=2(x-1)$，

法线方程为 $y-3=-\frac{1}{2}(x-1)$.

4. (1) $-f'(x_0)$； (2) $2f'(x_0)$；

(3) $\frac{3}{2}f'(x_0)$.

5. 1.

6. 函数 $f(x)$ 在 $x=0$ 处连续且可导.

7. $x=0$，连续但不可导；$x=1$，连续且可导；$x=2$，不连续且不可导.

习题 2.2

1. (1) $y'=2+\frac{3}{2}\frac{1}{\sqrt{x}}-2^x\ln 2$；

(2) $y'=e^x\sin x+e^x\cos x$；

(3) $y'=(x+2)(x-3)+(x-1)(x-3)+(x-1)(x+2)$；

(4) $y'=\frac{1-\ln x}{x^2}$；

(5) $y'=\frac{(x+5)(x+1)}{(x+3)^2}$；

(6) $y'=\sec^2 x$.

2. 切线方程为 $y=2x$，

法线方程为 $y=-\frac{1}{2}x$.

3. (1) $y'=3\left(x+\frac{1}{x^2}\right)^2\left(1-\frac{2}{x^3}\right)$；

(2) $y'=-6xe^{-3x^2}$；

(3) $y'=\frac{-\tan\sqrt{x}}{2\sqrt{x}}$；

(4) $y'=10^{x^2\tan x}(2x\tan x+x^2\sec^2 x)\ln 10$；

(5) $y'=\frac{1}{1+x^2}$；

(6) $y'=\frac{1}{2}\sqrt{a^2-x^2}-\frac{x^2}{2}\frac{1}{\sqrt{a^2-x^2}}+\frac{1}{\sqrt{1-x^2}}$.

4. (1) $y'=[f'(\ln x)]\cdot\frac{1}{x}$；

(2) $y'=e^{f(x)}f'(x)f(e^x)+e^{f(x)}[f'(e^x)]e^x$；

(3) $y'=-\frac{1}{|x|\sqrt{x^2-1}}f'\left(\arcsin\frac{1}{x}\right)$.

5. $f'(x)=\begin{cases}2\sec^2 x, & x<0,\\ e^x, & x>0.\end{cases}$

6. $f'(x)=(1-x^2)e^{-(x+1)}$.

习题 2.3

1. (1) $y'=4x+e^x$，$y''=4+e^x$；

(2) $y'=\frac{-2x}{1-x^2}$，$y''=\frac{-2(x^2+1)}{(1-x^2)^2}$；

(3) $y'=e^{-t}(\cos t-\sin t)$，

$y''=-2e^{-t}\cos t$；

(4) $y'=-\frac{1}{2\sqrt{x(1-x)}}$，

$y''=\frac{1-2x}{4[x(1-x)]^{\frac{3}{2}}}$；

(5) $y'=\frac{-2x}{(1+x^2)^2}$，$y''=\frac{-2+6x^2}{(1+x^2)^3}$；

(6) $y'=\frac{1}{x\ln x}$，$y''=\frac{-\ln x-1}{(x\ln x)^2}$.

2. 90000.

4. (1) $y^{(4)}=\frac{2}{x^3}$； (2) $y^{(n)}=n!$；

(3) $y^{(n)}=\frac{(-1)^n n!a^n}{(ax+b)^{n+1}}$.

习题 2.4

1. (1) $y'=\frac{2xy}{y-x^2}$； (2) $y'=\frac{-y}{x+\pi\sin(\pi y)}$；

(3) $y'=\dfrac{\cos(x-y)+y\sin x}{\cos(x-y)+\cos x}$;

(4) $y'=-\dfrac{e^x+y}{x}$;　(5) $y'=\dfrac{x+y}{x-y}$.

2. (1) $\dfrac{d^2y}{dx^2}=\dfrac{e^{2y}(2-xe^y)}{(1-xe^y)^3}$;

(2) $\dfrac{d^2y}{dx^2}=\dfrac{-1}{y^3}$.

3. 切线方程为 $y+1=2x$,

法线方程为 $\dfrac{1}{2}x+y+1=0$.

4. (1) $y'=(x+1)^{\tan x}\left[\sec^2 x\ln(x+1)+\dfrac{\tan x}{x+1}\right]$;

(2) $y'=\dfrac{\sqrt[4]{x+3}(5-x)^3}{(x^2+1)}\cdot\left[\dfrac{1}{4(x+3)}-\dfrac{3}{5-x}-\dfrac{2x}{x^2+1}\right]$;

(3) $y'=\sqrt{x\sin x\sqrt{1+e^x}}\cdot\left[\dfrac{1}{2x}+\dfrac{\cos x}{2\sin x}+\dfrac{e^x}{4(1+e^x)}\right]$.

5. (1) $\dfrac{dy}{dx}=\dfrac{9}{4}t$;　(2) $\dfrac{dy}{dx}=-\dfrac{1}{3}e^{2t}$;

(3) $\dfrac{dy}{dx}=\dfrac{t\sqrt{1-4t^2}}{1+t^2}$.

6. (1) $\dfrac{d^2y}{dx^2}=\dfrac{-2}{e^t(\sin t+\cos t)^3}$;

(2) $\dfrac{d^2y}{dx^2}=\dfrac{t\sin t+\cos t-1}{4t^3}$.

习题 2.5

1. $\Delta x=1$ 时, $\Delta y=6$, $dy=5$;

$\Delta x=0.1$ 时, $\Delta y=0.51$, $dy=0.5$;

$\Delta x=0.01$ 时, $\Delta y=0.0501$, $dy=0.05$.

2. (1) $dy=\left(-\dfrac{2}{x^3}+\dfrac{1}{2\sqrt{x}}\right)dx$;

(2) $dy=(\cos 2x-2x\sin 2x)dx$;

(3) $dy=\dfrac{3x^2dx}{2(1+x^3)}$;

(4) $dy=[2x(e^x+e^{-x})+x^2(e^x-e^{-x})]dx$;　(5) $dy=-\dfrac{2xdx}{\sqrt{2x^2-x^4}}$;

(6) $dy=-\dfrac{dx}{1+x^2}$.

3. (4) $2\sqrt{x}+C$;　(5) $\ln(x+3)+C$;

(6) $\tan x+C$.

4. $dy=\dfrac{-y}{x+\pi\sin(\pi y)}dx$.

5. $31.4cm^3$.

7. (1) 0.492;　(2) 9.998;

(3) 0.52383(或 $30°47'$).

第 3 章　中值定理与导数的应用

习题 3.1

1. $\xi=\dfrac{8}{3}$.

2. $\xi=\sqrt{\dfrac{7}{3}}$.

3. $\xi=\sqrt{\dfrac{5}{2}}$.

5. 提示:构造辅助函数 $F(x)=xf(x)$.

9. 提示:构造辅助函数 $g(x)=x^2$.

习题 3.2

1. (1) $\dfrac{a}{b}$;　(2) $\dfrac{1}{6}$;　(3) $\dfrac{3}{2}$;　(4) 3;

(5) 0;　(6) 0;　(7) ∞;　(8) 1;　(9) 0;

(10) $\dfrac{1}{2}$;　(11) 1;　(12) 1　(13) e;

(14) $\dfrac{1}{e}$.

2. (1) 0;　(2) 1.

3. $a=f'(0)$, $g'(0)=\dfrac{f''(0)}{2}$.

习题 3.3

1. $p(x)=(x-4)^4+11(x-4)^3+37(x-4)^2+21(x-4)-56$.

2. $\sqrt{x}=2+\dfrac{1}{4}(x-4)-\dfrac{1}{64}(x-4)^2+\dfrac{1}{512}(x-4)^3-\dfrac{5}{128}\dfrac{(x-4)^4}{[4+\theta(x-4)]^{\frac{7}{2}}}$

$(0<\theta<1)$.

3\. $\frac{1}{x}=-[1+(x+1)+(x+1)^2+\cdots+(x+1)^n]+(-1)^{n+1}\frac{(x+1)^{n+1}}{[-1+\theta(x+1)]^{n+2}}$

$(0<\theta<1)$.

4\. $xe^x=x+x^2+\frac{x^3}{2!}+\cdots+\frac{x^n}{(n-1)!}+o(x^n)$.

5\. 1.646　　6.(1)0；　(2)$-\frac{1}{12}$.

习题 3.4

1.单调递增.

2.(1)在$[1,2]$上单调递减，

在$(-\infty,1]$、$[2,+\infty)$内单调递增；

(2)在$[0,1]$上单调递减，

在$(-\infty,0]$、$[1,+\infty)$内单调递增；

(3)在$(-\infty,-1]$内单调递增，

在$[-1,1]$上单调递减，

在$[1,+\infty)$内单调递增；

(4)在$\left(-1,\frac{-1+\sqrt{3}}{2}\right]$内单调递减，

在$\left[\frac{-1+\sqrt{3}}{2},+\infty\right)$内单调递增；

(5)在$(-\infty,-1]$内单调递增，

在$[-1,0]$上单调递减，

在$[0,+\infty)$内单调递增；

(6)在$\left(-\infty,\frac{1}{5}\right]$内单调递增，

在$\left[\frac{1}{5},1\right]$上单调递减，

在$[1,+\infty)$内单调递增.

5.(1)在$(-\infty,0)$内是凹的；在$\left(0,\frac{2}{3}\right)$内是凸的；在$\left(\frac{2}{3},+\infty\right)$内是凹的.

点$(0,1)$和点$\left(\frac{2}{3},\frac{11}{27}\right)$是曲线的拐点.

(2)$x<9$时是凸的；$x>9$时是凹的.

点$(9,4)$为曲线的拐点.

(3)$x<-2$时是凸的；$x>-2$时是凹的.

点$(-2,-2e^{-2})$为曲线的拐点.

(4)当$x>-1$时，$y''>0$曲线是凹的.

(5)在$(-\infty,-\sqrt{3})$内是凸的；

在$(\sqrt{3},0)$内是凹的；

在$(0,\sqrt{3})$内是凸的；

在$(\sqrt{3},+\infty)$内是凹的.

点$\left(-\sqrt{3},-\frac{\sqrt{3}}{2}\right)$，$(0,0)$，$\left(\sqrt{3},\frac{\sqrt{3}}{2}\right)$是曲线的拐点.

(6)当$x>\frac{1}{2}$时是凸的；当$x<\frac{1}{2}$时是凹的.点$\left(\frac{1}{2},e^{\arctan\frac{1}{2}}\right)$是曲线的拐点.

7\. $a=1,b=6$.

8\. $a=1,b=-3,c=-24,d=16$.

习题 3.5

1.(1)极大值$f(-4)=60$，

极小值$f(2)=-48$；

(2)极大值$f(-1)=0$，

极小值$f(1)=-3\sqrt[3]{4}$；

(3)极大值$f(2)=4e^{-2}$，

极小值$f(0)=0$.

(4)没有极值点；

(5)没有极值点；

(6)没有极值点.

2.(1)最大值$f(-1)=21$，

最小值$f(3)=-43$；

(2)最大值$f\left(\frac{1}{\sqrt{2}}\right)=\sqrt[3]{4}$，

最小值$f(2)=\sqrt[3]{4}-\sqrt[3]{3}$.

3\. $a=1$，极小值，$f(0)=2$.

4\. $\frac{a}{6}$cm.

5\. $r=\sqrt[3]{\frac{V}{2\pi}},h=2\sqrt[3]{\frac{V}{2\pi}}$.

6\. 350元.

习题 3.6

1.(1)$x=-1$ 是曲线的铅直渐近线，
$y=x-1$ 是曲线的斜渐近线；
(2)$y=1$ 是曲线的水平渐近线，
$x=0$ 是曲线的铅直渐近线；
(3)$x=-1$ 是曲线的铅直渐近线.

习题 3.7

1.(1)366 万元；
(2)$\overline{C}(10)=36.6$，
$C'(10)=1.6$，经济意义是：当产品数量为 10 个单位的时候，再多生产一个单位的产品，所耗费的成本是 1.6 万元；
(3)60，11.6，11.6.

2.240，6.125，经济意义是：当销售了 30 件时，多销售一件产品所获得的收入为 6.125.

3.(1)1360 元，232 元，经济意义是：当销售 10 件产品时，再多销售出去一件产品所获得的利润是 232 元；
(2)300 件，35000 元.

4.(1)$\eta(P)=\dfrac{2P^2}{P^2-75}$；
(2)-0.54，其经济意义为：当 $P=4$ 时，价格上涨 1%，需求量下降 0.54%；
(3)当 $P=4$ 时，价格上涨 1%，总收益增加0.46%；价格下降 1%，总收益减少 0.46%.

5.(1)$\eta(P)=\dfrac{P}{P-80}$；
(2)-0.07，当 $P=5$ 时，价格上涨 1%，需求量下降 0.07%；
(3)当 $P=5$ 时，价格上涨 1%，总收益增加0.93%；价格下降 1%，总收益减少 0.93%.

6.2000 件.

第 4 章　不定积分

习题 4.1

1.(1)$\dfrac{3}{7}x^{\frac{7}{3}}+C$；
(2)$-2x^{-\frac{1}{2}}+C$；
(3)$\dfrac{3^x}{\ln 3}+2\ln|x|+C$；　(4)$\dfrac{8}{15}x^{\frac{15}{8}}+C$；
(5)$\dfrac{2}{5}x^{\frac{5}{2}}-\dfrac{1}{2}x^2+2x^{\frac{3}{2}}-3x+C$；
(6)$\arcsin x-4\arctan x+C$；
(7)$2\sqrt{x}-\dfrac{4}{3}x^{\frac{3}{2}}+\dfrac{2}{5}x^{\frac{5}{2}}+C$；
(8)$x^3+\arctan x+C$；
(9)$-\dfrac{1}{x}-\arctan x+C$；
(10)$e^x-2\sqrt{x}+C$；
(11)$2x-\dfrac{5\left(\dfrac{2}{3}\right)^x}{\ln 2-\ln 3}+C$；
(12)$-\cot x-x+C$；　(13)$\dfrac{x+\sin x}{2}+C$；
(14)$\tan x-\sec x+C$；　(15)$\dfrac{1}{2}\tan x+C$；
(16)$\sin x-\cos x+C$；
(17)$-\cot x-\tan x+C$；
(18)$\dfrac{1}{2}\tan x+\dfrac{1}{2}x+C$.

2.$y=\ln|x|+1$.

3.$-\sin x+C_1x+C_2$.

4.$-\dfrac{1}{x\sqrt{1-x^2}}$.

习题 4.2

1.(1)$\dfrac{1}{5}$；　(2)$-\dfrac{1}{6}$；　(3)$\dfrac{1}{10}$；　(4)2；
(5)$\dfrac{1}{3}$；　(6)-1；　(7)-1；　(8)$\dfrac{1}{3}$.

2.(1)$\dfrac{1}{6}(2x+1)^3+C$；
(2)$-\dfrac{1}{3}\ln|1-3x|+C$；

(3) $-\frac{3}{10}(3-5x)^{\frac{2}{3}}+C$；

(4) $-\frac{1}{2}e^{-x^2}+C$；

(5) $-\frac{1}{2}\ln|1-x^4|+C$；

(6) $\frac{1}{11}\tan^{11}x+C$；　(7) $2e^{\sqrt{x}}+C$；

(8) $-\frac{1}{3}(2-3x^2)^{\frac{1}{2}}+C$；

(9) $\ln|\sec\sqrt{1+x^2}|+C$；

(10) $\arctan e^x+C$；

(11) $\ln|\ln\ln x|+C$；

(12) $x-\ln(1+e^x)+C$；

(13) $\sin x-\frac{\sin^3 x}{3}+C$；

(14) $\frac{1}{2}x+\frac{1}{8}\sin 2(2x+1)+C$；

(15) $\frac{1}{2\cos^2 x}+C$；　(16) $\ln|\tan x|+C$；

(17) $\frac{1}{3}\ln\left|\frac{x-2}{x+1}\right|+C$；

(18) $\frac{1}{25}\ln|4-5x|+\frac{4}{25}\cdot\frac{1}{4-5x}+C$；

(19) $\frac{1}{2}\arcsin\frac{2}{3}x+\frac{1}{4}\sqrt{9-4x^2}+C$；

(20) $\frac{1}{2\sqrt{2}}\ln\left|\frac{\sqrt{2}x-1}{\sqrt{2}x+1}\right|+C$；

(21) $(\arctan\sqrt{x})^2+C$；

(22) $-\frac{1}{x\ln x}+C$.

3. (1) $\sqrt{x^2-9}-3\arccos\frac{3}{|x|}+C$；

(2) $\arcsin x-\frac{x}{1+\sqrt{1-x^2}}+C$；

(3) $\frac{9}{2}\arcsin\frac{x+2}{3}+\frac{x+2}{2}\sqrt{5-4x-x^2}+C$；

(4) $\frac{x}{\sqrt{x^2+1}}+C$；

(5) $\sqrt{2x}-\ln(1+\sqrt{2x})+C$；

(6) $\frac{4}{3}(1+\sqrt{x})^{\frac{3}{2}}-4(1+\sqrt{x})^{\frac{1}{2}}+C$；

(7) $2\sqrt{x}-3\sqrt[3]{x}+6\sqrt[6]{x}-6\ln(1+\sqrt[6]{x})+C$；

(8) $-\frac{1}{7x^7}-\frac{1}{5x^5}-\frac{1}{3x^3}-\frac{1}{x}-\frac{1}{2}\ln\left|\frac{1-x}{1+x}\right|+C$.

习题 4.3

1. (1) $-x\cos x+\sin x+C$；

(2) $x\arcsin x+\sqrt{1-x^2}+C$；

(3) $\frac{1}{2}(x^2-1)\ln(x-1)-\frac{1}{4}x^2-\frac{1}{2}x+C$；

(4) $-e^{-x}(x+1)+C$；

(5) $\frac{1}{2}e^{-x}(\sin x-\cos x)+C$；

(6) $\frac{1}{3}x^3\arctan x-\frac{1}{6}x^2+\frac{1}{6}\ln(1+x^2)+C$；

(7) $2x\sin\frac{x}{2}+4\cos\frac{x}{2}+C$；

(8) $x(\ln x-1)+C$；

(9) $-\frac{1}{4}x\cos 2x+\frac{1}{8}\sin 2x+C$；

(10) $-\frac{1}{2}x^2+x\tan x+\ln|\cos x|+C$；

(11) $-\frac{1}{x}(\ln^3 x+3\ln^2 x+6\ln x+6)+C$；

(12) $x(\arcsin x)^2+2\sqrt{1-x^2}\arcsin x-2x+C$；

(13) $-e^{-x}(x^2+2x+2)+C$；

(14) $3e^{\sqrt[3]{x}}(\sqrt[3]{x^2}-2\sqrt[3]{x}+2)+C$；

(15) $-\frac{1}{2}\left(x^2-\frac{3}{2}\right)\cos 2x+\frac{x}{2}\sin 2x+C$；

(16) $x\ln(x^2+1)-2x+2\arctan x+C$；

(17) $-\frac{2}{17}e^{-2x}\left(\cos\frac{x}{2}+4\sin\frac{x}{2}\right)+C$；

(18) $\frac{x}{2}(\cos\ln x+\sin\ln x)+C$；

(19) $x\ln(x+\sqrt{1+x^2})-\sqrt{1+x^2}+C$；

(20) $\frac{1}{2}e^x-\frac{1}{5}e^x\sin 2x-\frac{1}{10}e^x\cos 2x+C$.

习题 4.4

1. (1) $-\dfrac{1}{x-1}-\dfrac{1}{(x-1)^2}+C$；

(2) $-\dfrac{1}{x}-\ln\left|\dfrac{1-x}{x}\right|+C$；

(3) $\dfrac{1}{2}\arctan\dfrac{x+1}{2}+C$；

(4) $2\ln\left|\dfrac{x}{x+1}\right|+\dfrac{4x+3}{2(x+1)^2}+C$；

(5) $-\dfrac{1}{2}\ln\dfrac{x^2+1}{x^2+x+1}+\dfrac{\sqrt{3}}{3}\arctan\dfrac{2x+1}{\sqrt{3}}+C$；

(6) $\dfrac{1}{4}\ln\left|\dfrac{x-1}{x+1}\right|-\dfrac{1}{2}\arctan x+C$；

(7) $x-4\sqrt{x+1}+4\ln(\sqrt{x+1}+1)+C$；

(8) $\arcsin x+\sqrt{1-x^2}+C$；

(9) $\dfrac{1}{\sqrt{2}}\arctan\dfrac{\tan\frac{x}{2}}{\sqrt{2}}+C$；

(10) $\dfrac{2}{\sqrt{3}}\arctan\dfrac{2\tan\frac{x}{2}+1}{\sqrt{3}}+C$；

(11) $\dfrac{1}{2\sqrt{3}}\arctan\dfrac{2\tan x}{\sqrt{3}}+C$；

(12) $\dfrac{1}{2}\left[\ln|1+\tan x|+x-\dfrac{1}{2}\ln(1+\tan^2 x)\right]+C$.

第 5 章　定积分及其应用

习题 5.1

*1. (1) $\dfrac{b^2-a^2}{2}$；　(2) $e-1$.

3. 0.7188.

5. (1) $-2\leqslant\int_1^2(2-x^2)dx\leqslant 1$；

(2) $\pi\leqslant\int_{\frac{\pi}{4}}^{\frac{5\pi}{4}}(1+\sin^2 x)dx\leqslant 2\pi$；

(3) $\dfrac{\pi}{9}\leqslant\int_{\frac{1}{\sqrt{3}}}^{\sqrt{3}}x\arctan x\,dx\leqslant\dfrac{2}{3}\pi$；

(4) $-2e^2\leqslant\int_2^0 e^{x^2-x}dx\leqslant -2e^{-\frac{1}{4}}$.

7. (1) $\int_0^1 x^2dx>\int_0^1 x^3dx$；

(2) $\int_0^1 x\,dx>\int_0^1\ln(1+x)dx$；

(3) $\int_0^1 e^x dx>\int_0^1(x+1)dx$；

(4) $\int_{-\frac{\pi}{2}}^0\sin x\,dx<\int_0^{\frac{\pi}{2}}\sin x\,dx$.

习题 5.2

1. $y'(0)=1, y'\left(\dfrac{\pi}{4}\right)=\dfrac{\sqrt{2}}{2}$.

2. (1) $2x\sqrt{1+x^4}$；　(2) $-\dfrac{1}{2\sqrt{x}}e^{\sqrt{x}}$；

(3) $\cos(\pi\sin^2 x)(\sin x-\cos x)$；

(4) $\dfrac{1}{x}\left(2-\dfrac{1}{\ln x}\right)$.

3. $\dfrac{dy}{dx}=\dfrac{\cos x}{\sin x-1}$.

4. $\dfrac{dy}{dx}=\dfrac{\cos t}{\sin t}$.

5. (1) 1；　(2) $\dfrac{1}{2}$；　(3) 1；　(4) 2.

6. 当 $x=0$ 时，$I(x)$ 取得极小值.

7. (1) $\dfrac{21}{8}$；　(2) $\dfrac{271}{6}$；　(3) $\dfrac{\pi}{6}$；　(4) $\dfrac{\pi}{3a}$；

(5) $\dfrac{\pi}{4}+1$；　(6) 1；　(7) $1-\dfrac{\pi}{4}$；

(8) $\dfrac{\pi}{8}+\dfrac{\sqrt{2}}{4}$；　(9) 5；　(10) 4；

(11) $2\sqrt{2}-1$；　(12) $\dfrac{8}{3}$.

8. $\Phi(x)=\begin{cases}\dfrac{1}{3}x^3, & x\in[0,1),\\ \dfrac{1}{2}x^2-\dfrac{1}{6}, & x\in[1,2],\end{cases}$

$\Phi(x)$ 在 $(0,2)$ 内连续.

9. $\Phi(x)=\begin{cases}0, & x<0,\\ \dfrac{1}{2}(1-\cos x), & 0\leqslant x\leqslant\pi,\\ 1, & x>\pi.\end{cases}$

10. $\frac{\pi}{3}$.

11. $f(x)=x^2-\frac{4}{3}x+\frac{2}{3}$.

12. $\frac{x}{2}(\ln x)^2$.

13. $f(x)=-2x-xe^x$.

习题 5.3

1. (1)0； (2)$\frac{51}{512}$； (3)$\frac{1}{4}$； (4)$\pi-\frac{4}{3}$；

(5)$\frac{\pi}{6}-\frac{\sqrt{3}}{8}$； (6)$\frac{\pi}{2}$； (7)$1-\frac{\pi}{4}$；

(8)$\frac{\pi}{16}a^4$； (9)$\sqrt{2}-\frac{2\sqrt{3}}{3}$； (10)$\frac{\pi}{4}$；

(11)$2+2\ln\frac{2}{3}$； (12)$1-2\ln 2$；

(13)$\frac{1}{6}$； (14)$e-e^{\frac{1}{2}}$； (15)$1-e^{-\frac{1}{2}}$；

(16)$2(\sqrt{3}-1)$； (17)$\frac{\pi}{2}$； (18)$\frac{\pi}{6}$；

(19)$\frac{4}{3}$； (20)$2\sqrt{2}$.

2. (1)0； (2)$\frac{3\pi}{2}$； (3)$\frac{\pi^3}{324}$； (4)$1-\frac{\sqrt{3}}{6}\pi$.

7. (1)$1-\frac{2}{e}$； (2)$\frac{1}{4}(e^2+1)$； (3)$\frac{\pi}{4}-\frac{1}{2}$；

(4)$\frac{\pi}{4}$； (5)$4(2\ln 2-1)$；

(6)$\left(\frac{1}{4}-\frac{\sqrt{3}}{9}\right)\pi+\frac{1}{2}\ln\frac{3}{2}$；

(7)$\frac{1}{5}(e^{\pi}-2)$； (8)$2-\frac{3}{4\ln 2}$；

(9)π^2； (10)$\frac{1}{2}(e\sin 1-e\cos 1+1)$；

(11)$2\left(1-\frac{1}{e}\right)$； (12)$\ln 2-\frac{1}{2}$.

8. $\frac{1}{2}(\cos 1-1)$.

9. $x+2$.

习题 5.4

1. (1)$\frac{1}{3}$； (2)发散； (3)$\frac{1}{a}$； (4)发散；

(5)1； (6)π； (7)发散； (8)$\frac{8}{3}$.

2. 当 $k>1$ 时，收敛于 $\frac{1}{(k-1)(\ln 2)^{k-1}}$；当 $k\leqslant 1$时发散. 当 $k=1-\frac{1}{\ln\ln 2}$时取得最小值.

*3. $n!$

习题 5.5

1. (1)$\frac{1}{6}$； (2)$\frac{3}{2}-\ln 2$； (3)$\frac{32}{3}$； (4)1；

(5)$b-a$； (6)$2\pi+\frac{4}{3}$, $6\pi-\frac{4}{3}$.

2. $\frac{e}{2}$.

3. $\frac{9}{4}$.

4. $\frac{\pi}{2}-1$.

5. (1)$V_x=\frac{15}{2}\pi$, $V_y=\frac{124}{5}\pi$；

(2)$V_x=\frac{\pi^2}{4}$, $V_y=2\pi$；

(3)$V_x=\frac{128}{7}\pi$, $V_y=\frac{64}{5}\pi$.

6. $\frac{\pi}{2}$.

7. $\frac{3\pi}{10}$.

8. $160\pi^2$.

9. $2\pi^2$.

10. 50,100.

11. (1)400 台； (2)5000 元.

第 6 章 多元函数微积分

习题 6.1

1. $x^2+y^2+z^2-2x-6y+4z=0$.

2. 与 yOz 平面平行的平面；与 z 轴平行的平面；圆柱面.

3. (1)旋转抛物面； (2)两相交平面；

(3)母线平行于 z 轴的双曲柱面；

(4)抛物柱面.

4.(1)平面 $z=1$ 上的圆 $x^2+y^2=1$；

(2)旋转抛物面 $z=x^2+y^2$ 与平面 $z=1$ 围成的立体.

5.(1)平面 $y=-5$； (2)平面 $x-3y=0$；

(3)平面 $9y-z-2=0$.

习题 6.2

1. $\dfrac{x^2(1-y)}{1+y}$.

2.(1)定义域为 $D=\{(x,y)\mid x+y>1\}$；

(2)定义域为 $D=\{(x,y)\mid x^2+y^2<2\}$；

(3)定义域为

$D=\{(x,y)\mid |x|\leqslant 1,|y|\geqslant 1\}$；

(4)定义域为

$D=\{(x,y)\mid y>x\geqslant 0,x^2+y^2<1\}$；

(5)定义域为

$D=\{(x,y,z)\mid r^2<x^2+y^2+z^2\leqslant R^2\}$.

3.(1)1； (2)$\dfrac{1}{2}$； (3)0； (4)0.

5.(1)间断点集$\{(x,y)\mid y^2-x=0\}$；

(2)在整个 xOy 平面上连续.

*6.提示:取 $y=kx^3$ 路径.

习题 6.3

1.(1)$\dfrac{\partial z}{\partial x}=ye^{xy}-2x,\dfrac{\partial z}{\partial y}=xe^{xy}$；

(2)$z=\ln y-\ln x,\dfrac{\partial z}{\partial x}=-\dfrac{1}{x},\dfrac{\partial z}{\partial y}=\dfrac{1}{y}$；

(3)$\dfrac{\partial z}{\partial x}=\dfrac{y^2}{(x^2+y^2)^{\frac{3}{2}}},\dfrac{\partial z}{\partial y}=-\dfrac{xy}{(x^2+y^2)^{\frac{3}{2}}}$；

(4)$\dfrac{\partial z}{\partial x}=-\dfrac{1}{y}e^{-\sin\frac{x}{y}}\cos\dfrac{x}{y}$,

$\dfrac{\partial z}{\partial y}=\dfrac{x}{y^2}e^{-\sin\frac{x}{y}}\cos\dfrac{x}{y}$；

(5)$\dfrac{\partial z}{\partial x}=-\dfrac{y}{x^2+y^2},\dfrac{\partial z}{\partial y}=\dfrac{x}{x^2+y^2}$；

(6)$\dfrac{\partial u}{\partial x}=\cos(x+y^2-e^z)$,

$\dfrac{\partial u}{\partial y}=2y\cos(x+y^2-e^z)$,

$\dfrac{\partial u}{\partial z}=-e^z\cos(x+y^2-e^z)$.

2.(1)$\left.\dfrac{\partial z}{\partial x}\right|_{\substack{x=0\\y=1}}=1,\left.\dfrac{\partial z}{\partial y}\right|_{\substack{x=0\\y=1}}=0$；

(2)$\left.\dfrac{\partial z}{\partial x}\right|_{\substack{x=1\\y=0}}=2,\left.\dfrac{\partial z}{\partial y}\right|_{\substack{x=1\\y=0}}=1$.

4.(1)$\dfrac{\partial^2 z}{\partial x^2}=\dfrac{x+2y}{(x+y)^2},\dfrac{\partial^2 z}{\partial y^2}=-\dfrac{x}{(x+y)^2}$,

$\dfrac{\partial^2 z}{\partial x\partial y}=\dfrac{y}{(x+y)^2}$；

(2)$\dfrac{\partial^2 z}{\partial x^2}=\dfrac{2xy}{(x^2+y^2)^2},\dfrac{\partial^2 z}{\partial y^2}=-\dfrac{2xy}{(x^2+y^2)^2}$,

$\dfrac{\partial^2 z}{\partial x\partial y}=\dfrac{y^2-x^2}{(x^2+y^2)^2}$.

5.(1)$\dfrac{\partial^3 z}{\partial x\partial y^2}=-\dfrac{1}{y^2}$；

(2)$\dfrac{\partial^3 u}{\partial x\partial y\partial z}=(1+3xyz+x^2y^2z^2)e^{xyz}$.

习题 6.4

1. $dz=-0.20,\Delta z\approx-0.20404$.

2.(1)$dz=\left(ye^{xy}+\dfrac{1}{x+y}\right)dx+\left(xe^{xy}+\dfrac{1}{x+y}\right)dy$；

(2)$dz=(xdy+ydx)\cos(xy)$；

(3)$du=\dfrac{2(x-y)(dx-dy)}{1+(x-y)^4}$；

(4)$du=yzx^{yz-1}dx+zx^{yz}\ln x dy+yx^{yz}\ln x dz$.

3.(1)$dz=\dfrac{1}{3}dx+\dfrac{2}{3}dy$；

(2)$dz=2dx-dy$；

(3)$dz=2edx+(e+2)dy$.

4. 2.95.

5. $-2.8\text{mm},-14000\text{mm}^2$.

习题 6.5

1. $\dfrac{\partial z}{\partial x}=\dfrac{2x}{y^2}\ln(3x-2y)+\dfrac{3x^2}{(3x-2y)y^2}$；

$\frac{\partial z}{\partial y}=-\frac{2x^2}{y^3}\ln(3x-2y)-\frac{2x^2}{(3x-2y)y^2}$.

2. $\frac{dz}{dt}=\frac{3-12t^2}{1+(3t-4t^3)^2}$.

3. $\frac{\partial z}{\partial x}=3x^2\sin y\cos y(\cos y-\sin y)$;

$\frac{\partial z}{\partial y}=x^3(\sin y+\cos y)(1-3\sin y\cos y)$.

5. (1) $\frac{\partial u}{\partial x}=2xf_1'+ye^{xy}f_2'$,

$\frac{\partial u}{\partial y}=-2yf_1'+xe^{xy}f_2'$;

(2) $\frac{\partial u}{\partial x}=f_1'+yf_2'+yzf_3'$,

$\frac{\partial u}{\partial y}=xf_2'+xzf_3'$, $\frac{\partial u}{\partial z}=xyf_3'$.

6. $\frac{\partial^2 z}{\partial x^2}=y^2f_{11}''$;

$\frac{\partial^2 z}{\partial x\partial y}=f_1'+y(xf_{11}''+f_{12}'')$;

$\frac{\partial^2 z}{\partial y^2}=x^2f_{11}''+2xf_{12}''+f_{22}''$.

7. $\frac{dy}{dx}=-\frac{xy^2-y}{x^2y+x}$.

8. $\frac{dy}{dx}=\frac{x+y}{x-y}$.

9. $\frac{\partial^2 z}{\partial x^2}=\frac{2y^2ze^z-y^2z^2e^z-2xy^3z}{(e^z-xy)^3}$.

10. $\frac{\partial z}{\partial x}=-\frac{F_1'+2xF_2'}{F_1'+2zF_2'}$,

$\frac{\partial z}{\partial y}=-\frac{F_1'+2yF_2'}{F_1'+2zF_2'}$.

习题 6.6

1. (1) 极大值：$f(-1,-2)=38$；

极小值 $f(1,2)=2$；

(2) 极大值：$f(2,-2)=8$；

(3) 极小值：$f\left(\frac{1}{2},-1\right)=-\frac{e}{2}$.

2. 显然(0,0)都是它们的驻点，并且在原点(0,0)都有 $AC-B^2=0$，$z=x^3+y^3$ 在原点(0,0)附近可能正、可能负，也可能为0，故函数 $z=x^3+y^3$ 在原点(0,0)没有极值. 当 $x^2+y^2\neq0$ 时，$z=(x^2+y^2)^2>z|_{(0,0)}=0$，因此 $z(0,0)=(x^2+y^2)^2|_{(0,0)}=0$ 为极小值.

3. $x=y=z=l$（唯一驻点），$V(l,l,l)=l^3$ 即为所求.

4. (1) 点(0.75,1.25)为极大值点，由问题的实际意义可知：它为最大值点.

即此时最优广告策略是用0.75万元做电台广告，用1.25万元做报纸广告；

(2) 广告费1.5万元全部用于报纸广告，可使利润最大.

5. A原料100吨，B原料25吨，才能使生产的数量最多，且到1250吨.

习题 6.7

3. (1) $0\leqslant I\leqslant2$;　(2) $2\leqslant I\leqslant8$;

(3) $36\pi\leqslant I\leqslant100\pi$.

4. (1) $\iint\limits_D(x+y)^2d\sigma>\iint\limits_D(x+y)^3d\sigma$;

(2) $\iint\limits_D\ln(x+y)d\sigma<\iint\limits_D[\ln(x+y)]^2d\sigma$.

5. (C).

习题 6.8

1. (1) ×;　(2) √.

2. (1) $e-e^{-1}$;　(2) $\frac{20}{3}$.

3. (1) $\int_0^1dx\int_{x-1}^{1-x}f(x,y)dy$

$=\int_{-1}^0dy\int_0^{y+1}f(x,y)dx$

$+\int_0^1dy\int_0^{1-y}f(x,y)dx$;

(2) $\int_1^3dx\int_x^{3x}f(x,y)dy$

$=\int_1^3dy\int_1^yf(x,y)dx$

$+\int_3^9dy\int_{y/3}^3f(x,y)dx$;

(3) $\int_0^1 dx\int_{x/2}^{2x} f(x,y)dy + \int_1^2 dx\int_{x/2}^{2/x} f(x,y)dy$
$= \int_0^1 dy\int_{y/2}^{2y} f(x,y)dx + \int_1^2 dy\int_{y/2}^{2/y} f(x,y)dx.$

4. (1) $\frac{6}{55}$; (2) $\frac{13}{6}$; (3) $\frac{9}{4}$; (4) $\frac{1}{2}$;
(5) $\frac{4}{5}$; (6) $\frac{1}{45}$.

5. (C).

6. (1) $\int_0^1 dy\int_{e^y}^{e} f(x,y)dx$;
(2) $\int_0^1 dy\int_y^{\sqrt{y}} f(x,y)dx$;
(3) $\int_0^1 dy\int_{1-\sqrt{1-y^2}}^{2-y} f(x,y)dx$;
(4) $\int_0^1 dy\int_{-\sqrt{1-y^2}}^{y-1} f(x,y)dx$.

7. (1) $\frac{1}{2}(e-1)$; (2) $\frac{3}{8}e-\frac{1}{2}\sqrt{e}$.

9. (1) $\frac{9}{2}$; (2) $\frac{7}{6}$.

*10. $V=8V_1=16R^3/3$.

*11. $\frac{19}{4}+\ln 2$.

习题 6.9

1. (1) $\int_0^{2\pi} d\theta\int_a^b f(r\cos\theta, r\sin\theta)rdr$;
(2) $\int_{-\frac{\pi}{2}}^{\frac{\pi}{2}} d\theta\int_0^{2\cos\theta} f(r\cos\theta, r\sin\theta)rdr$.

2. (1) $\int_{\frac{\pi}{4}}^{\frac{\pi}{3}} d\theta\int_0^{2\sec\theta} f(r)rdr$;
(2) $\int_0^{\frac{\pi}{2}} d\theta\int_{(\cos\theta+\sin\theta)^{-1}}^{1} f(r\cos\theta, r\sin\theta)rdr$.

3. (1) -4; (2) $\pi(1-e^{-4})$; (3) $\frac{32}{9}$;
(4) $\frac{\pi}{4}(2\ln 2-1)$; (5) $\frac{3}{64}\pi^2$.

4. (1) $\frac{1}{8}\pi a^4$; (2) $\frac{3}{4}\pi a^4$.

5. $\iint_D (x^2+y^2)dxdy = \int_{\frac{\pi}{6}}^{\frac{\pi}{3}} d\theta\int_{2\sin\theta}^{4\sin\theta} r^2\cdot rdr$
$=60\int_{\frac{\pi}{6}}^{\frac{\pi}{3}} \sin^4\theta d\theta = 15\left(\frac{\pi}{4}-\frac{\sqrt{3}}{8}\right)$.

第 7 章　无穷级数

习题 7.1

1. (1) $u_n=\frac{2n-1}{2n}$; (2) $u_n=\frac{1}{2^n}+\frac{1}{3^n}$;
(3) $u_n=(-1)^{n-1}\frac{n+1}{n}$.

2. (1)收敛; (2)发散; (3)发散;
(4)收敛.

3. (1)收敛, $s=\frac{2}{3}$; (2)收敛, $s=\frac{2}{2-\ln 3}$;
(3)发散; (4)收敛, $s=8$; (5)收敛, $s=\frac{4}{9}$; (6)收敛, $s=\frac{3}{2}$.

4. 4.

5. (1)发散; (2)发散; (3)发散.

6. 提示:用反证法,已知 $\sum_{n=1}^{\infty} u_n$ 收敛,假定 $\sum_{n=1}^{\infty}(u_n+v_n)$ 收敛,由 $v_n=(u_n+v_n)-u_n$ 与级数性质得知 $\sum_{n=1}^{\infty} v_n$ 收敛,矛盾.

7. 因 $\sum_{n=1}^{\infty}\frac{1}{2^n}$ 收敛,而 $\sum_{n=1}^{\infty}\frac{1}{10n}$ 发散,所以 $\sum_{n=1}^{\infty}\left(\frac{1}{2^n}+\frac{1}{10n}\right)$ 发散,则去括号后得的原级数也发散.

*8. $\frac{1}{4}$.

9. 由 $u_n=s_n-s_{n-1}$,得所求级数为 $\sum_{n=1}^{\infty}\left(\frac{1}{8}\right)^{n-1}$.

10. 级数 $\sum_{n=1}^{\infty} u_n$ 收敛,且和为 $S=\frac{1}{2}$.

而$u_n=S_n-S_{n-1}=-\dfrac{1}{(2n-1)(2n-3)}$，

$$\sum_{n=1}^{\infty}u_{n+2}=\sum_{n=1}^{\infty}u_n-u_1-u_2$$

$$=S-(u_1+u_2)=-\frac{1}{6}.$$

11. $0.\dot{9}=\sum_{n=1}^{\infty}9\times\left(\frac{1}{10}\right)^n=1$.

习题 7.2

1. (1)发散；(2)收敛；(3)发散；

(4)收敛；(5)收敛；(6)$a>1$时收敛，$a\leqslant 1$时发散.

2. 收敛.

3. (1)发散；(2)收敛；(3)收敛；

(4)收敛；(5)收敛；(6)发散.

*4. (1)收敛；(2)收敛；(3)收敛；

(4)发散；(5)收敛.

5. (1)收敛；(2)收敛；(3)发散；

(4)收敛；(5)发散；(6)发散；

(7)收敛.

6. 提示：因$0\leqslant c_n-a_n\leqslant b_n-a_n$及$\sum_{n=1}^{\infty}(b_n-a_n)$是收敛的，得正项级数$\sum_{n=1}^{\infty}(c_n-a_n)$也收敛.

习题 7.3

1. (1)条件收敛；(2)绝对收敛；

(3)条件收敛，提示：设$f(x)=\dfrac{\ln x}{x}(x>3)$；

(4)条件收敛；(5)发散；(6)绝对收敛.

*2. 发散.

3. 条件收敛.

4. 条件收敛.

习题 7.4

1. (1)$\{0\}$；(2)$(-\infty,+\infty)$；

(3)$[-1,1]$；(4)$\left[-\dfrac{1}{2},\dfrac{1}{2}\right]$；

(5)$[4,6)$；(6)$[-1,1]$；

(7)$(0,1]$；(8)$(-1,1]$.

2. $(-\infty,-2)\cup[0,+\infty)$.

3. (1)$\dfrac{1}{(1-x)^2}(-1<x<1)$；

(2)$\dfrac{1}{2}\ln\dfrac{1+x}{1-x}(-1<x<1)$；

(3)$\begin{cases}\dfrac{1}{x}[x+(1-x)\ln(1-x)], & 0<|x|<1,\\ 0, & x=0.\end{cases}$

*4. 和函数$s(x)=\dfrac{1+x}{(1-x)^3}(|x|<1)$.

提示：$\displaystyle\int_0^x s(x)\mathrm{d}x=\sum_{n=0}^{\infty}(n+1)x^{n+1}$

$$=x\sum_{n=0}^{\infty}(x^{n+1})'$$

$$=x\left(\sum_{n=0}^{\infty}x^{n+1}\right)'$$

$$=x\left(\frac{x}{1-x}\right)'=\frac{x}{(1-x)^2}.$$

5. $\ln\dfrac{3}{2}$. 提示：所求级数的和是幂级数$\sum_{n=1}^{\infty}\dfrac{x^n}{n}$当$x=\dfrac{1}{3}$时的和. $s(x)=-\ln(1-x)$.

习题 7.5

1. (1)$f(x)=\ln a+\sum_{n=1}^{\infty}(-1)^{n-1}\dfrac{1}{n}\left(\dfrac{x}{a}\right)^n$，$(-a,a]$；

(2)$f(x)=\sum_{n=0}^{\infty}\dfrac{1}{n!}(x\ln a)^n$，$(-\infty,+\infty)$；

(3)$\arctan x=x-\dfrac{1}{3}x^3+\dfrac{1}{5}x^5-\cdots+(-1)^n\dfrac{x^{2n+1}}{2n+1}+\cdots$，$[-1,1]$；

(4)$f(x)=x+\sum_{n=2}^{\infty}\dfrac{(-1)^n x^n}{n(n-1)}$，$(-1,1]$；

(5)$f(x)=x+\sum_{n=1}^{\infty}(-1)^n\dfrac{2(2n)!}{(n!)^2}\left(\dfrac{x}{2}\right)^{2n+1}$，$[-1,1]$；

(6) $3^{\frac{x+1}{2}}=\sqrt{3}\mathrm{e}^{\frac{x}{2}\ln 3}$

$=\sqrt{3}\left[1+\frac{\ln 3}{2}x+\frac{1}{2!}\left(\frac{\ln 3}{2}\right)^2x^2+\frac{1}{3!}\left(\frac{\ln 3}{2}\right)^3x^3+\cdots\right]$,

$(-\infty,+\infty)$;

(7) $f(x)=\ln 4+\sum\limits_{n=0}^{\infty}\left[\frac{(-1)^n}{4^{n+1}}-1\right]\frac{x^{n+1}}{n+1}$,

$[-1,1)$.

*2. $f(x)=\sum\limits_{n=1}^{\infty}(-1)^{n+1}\frac{n}{2^{n+1}}(x-2)^{n-1}$

$(0<x<4)$.

提示：$\frac{1}{x}=\frac{1}{2}\cdot\frac{1}{1+\frac{x-2}{2}}$

$=\frac{1}{2}\sum\limits_{n=0}^{\infty}\frac{(-1)^n}{2^n}(x-2)^n$,

再逐项求导.

3. $f(x)=\sum\limits_{n=0}^{\infty}\frac{(x-1)^{n+1}}{3^{n+1}}(-2<x<4)$.

$f^{(n)}(1)=\frac{n!}{3^n}$.

提示：$\frac{1}{4-x}=\frac{1}{3\left(1-\frac{x-1}{3}\right)}$

$=\frac{1}{3}\sum\limits_{n=0}^{\infty}\left(\frac{x-1}{3}\right)^n$,

再比较 x^n 的系数即可.

4. $\sum\limits_{n=0}^{\infty}\frac{x^{n+\frac{3}{2}}}{\left(n+\frac{3}{2}\right)n!}$, $(-\infty,+\infty)$.

提示：利用 $\mathrm{e}^x=\sum\limits_{n=0}^{\infty}\frac{x^n}{n!}$，则 $\sqrt{x}\mathrm{e}^x=\sum\limits_{n=0}^{\infty}\frac{x^{n+\frac{1}{2}}}{n!}$，再两边积分即可.

*5. (1) 2.00430； (2) 0.9994.

第 8 章　微分方程与差分方程

习题 8.1

1. (1) 1 阶，非线性； (2) 1 阶，线性；
(3) 3 阶，线性； (4) 1 阶，线性.

2. (1) 是； (2) 是； (3) 是； (4) 是；
(5) 是； (6) 是.

3. (1) $y=2x+C$;
(2) $y=-\cos x+C_1x+C_2$;
(3) $-y+2\ln|1+y|=x+C$;
(4) $\frac{1+y^2}{1+x^2}=C^2$.

4. $y=\frac{2}{3}x^3$.

习题 8.2

1. (1) $y=(x^2+C)^2$; (2) $y=\mathrm{e}^{Cx}$;
(3) $10^x+10^{-y}=C$;
(4) $\tan x\cdot\tan y=C$;
(5) $\frac{1}{2}y^2+\frac{1}{3}y^3=\frac{1}{2}x^2+\frac{1}{3}x^3+\frac{5}{6}$;
(6) $2\mathrm{e}^{-y}=3-\mathrm{e}^{2x}$.

2. (1) $\ln\frac{y}{x}-1=Cx$;
(2) $2\arctan\frac{y}{x}-\ln(x^2+y^2)=C$;
(3) $\frac{y}{x}+\sqrt{\left(\frac{y}{x}\right)^2-1}=Cx$;
(4) $x=C\mathrm{e}^{\frac{x}{x-y}}$;
(5) $y=C\mathrm{e}^{\frac{y}{x}}$;
(6) $y^2+xy=2x$.

习题 8.3

1. (1) $y=(x+C)\mathrm{e}^{-x}$;
(2) $y=\frac{1}{x}\left(\frac{1}{3}x^3+\frac{3}{2}x^2+2x+C\right)$;
(3) $y=\frac{1}{x^2+1}\left(\frac{4}{3}x^3+C\right)$;
(4) $y=x^2\mathrm{e}^{\frac{1}{x}}(\mathrm{e}^{-\frac{1}{x}}+C)=x^2(1+C\mathrm{e}^{\frac{1}{x}})$;
(5) $x=\frac{1}{\ln y}\left(\frac{1}{2}\ln^2 y+C\right)$;
(6) $x=y\left(-\frac{1}{2}y+C\right)$.

2. $X=\mathrm{e}^I(aI+X_0)$.

习题 8.4

1. (1) $P_e=\dfrac{a+c}{b+d}$；

(2) $P(t)=P_e+(P_0-P_e)e^{-k(b+d)t}$.

2. $Q(p)=\dfrac{p-1}{p}e^p+\dfrac{1}{p}$.

3. $y^2=(x+2)^2+3$.

4. $y=5e^{\frac{3}{10}t}$.

习题 8.5

1. (1) $y=x^2+C_1x+C_2$；

(2) $y=-\sin x+C_1x+C_2$；

(3) $y=-\ln|C_1+x|+C_2$；

(4) $y=C_1\left(\dfrac{1}{3}x^3+x\right)+C_2$.

2. (1) $y=\dfrac{4}{(5-x)^2}$；

(2) $y=(x+1)\ln(x+1)-2x+\ln(1+x)$.

习题 8.6

1. (1) $y=C_1e^{3x}+C_2e^{-x}$；

(2) $y=C_1e^{-3x}+C_2e^{-4x}$；

(3) $y=(C_1+C_2x)e^{3x}$；

(4) $y=\left(C_1\cos\dfrac{\sqrt{3}}{2}x+C_2\sin\dfrac{\sqrt{3}}{2}x\right)e^{-\frac{1}{2}x}$.

2. $y=(\cos\sqrt{2}x+\sqrt{2}\sin\sqrt{2}x)e^{-x}$.

3. $y^*=-x+\dfrac{1}{3}$.

4. $y=C_1e^x+C_2xe^x+2x^3e^x$.

5. $y=e^{-2x}(C_1+C_2x)+\dfrac{1}{8}\sin 2x$.

习题 8.7

1. $x(t)=\dfrac{N}{1+Ce^{-kNt}}$；$\dfrac{N}{2}$.

2. $P(0.3)\approx 1.32$.

习题 8.8

1. (1) $3^n(2n^2+6n+3)$；

(2) $mn(n-1)\cdots(n-m+2)$.

2. (1) $C+\dfrac{1}{2}n^2+\dfrac{5}{2}n$；

(2) $C2^n-2n^2-4n-5$；

(3) $C\cdot(-2)^n+\dfrac{3}{4}2^n$；

(4) $\dfrac{1}{6}+C(-5)^n$.

3. (1) $C_1(-1)^n+C_2\left(\dfrac{1}{2}\right)^n$；

(2) $(\sqrt{2})^n\left(C_1\cos\dfrac{\pi}{4}n+C_2\sin\dfrac{\pi}{4}n\right)$；

(3) $\dfrac{3}{4}+(C_1+C_2n)(-1)^n$；

(4) $\dfrac{5}{2}n^2\left(\dfrac{1}{2}\right)^n+(C_1+C_2n)\left(\dfrac{1}{2}\right)^n$.

附录1　常用数学公式

一、常用初等代数公式

1. 绝对值与不等式

(1)若$|a|\leqslant b(b>0)$,则$-b\leqslant a\leqslant b$;

(2)若$|a|\geqslant b(b>0)$,则$a\geqslant b$或$a\leqslant -b$;

(3)(三角不等式)$|a+b|\leqslant|a|+|b|$,$|a-b|\geqslant|a|-|b|$.

2. 指数运算($a>0,b>0$)

(1)$a^x\cdot a^y=a^{x+y}$;　(2)$\dfrac{a^x}{a^y}=a^{x-y}$;　(3)$(a^x)^y=a^{xy}$;

(4)$(ab)^x=a^xb^x$;　(5)$\left(\dfrac{a}{b}\right)^x=\dfrac{a^x}{b^x}$;　(6)$a^{\frac{x}{y}}=\sqrt[y]{a^x}$.

3. 对数运算($a>0,a\neq1,b>0,b\neq1$. 同时所有的函数都假设是在定义域里讨论的)

(1)若$a^x=y$,则$x=\log_a y$;　(2)$\log_a a=1,\log_a 1=0$;

(3)$\log_a(xy)=\log_a x+\log_a y$;　(4)$\log_a\dfrac{x}{y}=\log_a x-\log_a y$;

(5)对数恒等式$a^{\log_a y}=y$;　(6)换底公式$\log_a y=\dfrac{\log_b y}{\log_b a}$;

(7)$\log_a x^b=b\log_a x$.

4. 乘法及因式分解公式

(1)$(x\pm y)^3=x^3\pm3x^2y+3xy^2\pm y^3$;

(2)$x^3\pm y^3=(x\pm y)(x^2\mp xy+y^2)$;

(3)$x^n-y^n=(x-y)(x^{n-1}+x^{n-2}y+x^{n-3}y^2+\cdots+xy^{n-2}+y^{n-1})$;

(4)$x^n-y^n=(x+y)(x^{n-1}-x^{n-2}y+x^{n-3}y^2-\cdots+xy^{n-2}-y^{n-1})$($n$为偶数);

(5)$x^n+y^n=(x+y)(x^{n-1}-x^{n-2}y+x^{n-3}y^2-\cdots-xy^{n-2}+y^{n-1})$($n$为奇数).

5. 数列

1)等差数列

通项公式:$a_n=a_1+(n-1)d$(a_1为首项,d为公差).

前n项和:$S_n=\dfrac{(a_1+a_n)n}{2}=na_1+\dfrac{n(n-1)}{2}d$.

2)等比数列

通项公式:$a_n=a_1q^{n-1}$(a_1 为首项,q 为公比,$q\neq1$).

前 n 项和:$S_n=\dfrac{a_1(1-q^n)}{1-q}=\dfrac{a_1-a_nq}{1-q}$.

3)常见数列的前 n 项和

(1)$1+2+3+\cdots+(n-1)+n=\dfrac{n(n+1)}{2}$;

(2)$1+3+5+\cdots+(2n-3)+(2n-1)=n^2$;

(3)$2+4+6+\cdots+(2n-2)+2n=n(n+1)$;

(4)$1^2+2^2+3^2+\cdots+n^2=\dfrac{1}{6}n(n+1)(2n+1)$;

(5)$1^3+2^3+3^3+\cdots+n^3=\dfrac{n^2(n+1)^2}{4}$;

(6)$1^2+3^2+5^2+\cdots+(2n-1)^2=\dfrac{n(4n^2-1)}{3}$;

(7)$1^3+3^3+5^3+\cdots+(2n-1)^3=n^2(2n^2-1)$;

(8)$1-2+3-\cdots+(-1)^{n-1}n=\begin{cases}\dfrac{1}{2}(n+1), & n\text{ 为奇数},\\ -\dfrac{n}{2}, & n\text{ 为偶数};\end{cases}$

(9)$1\cdot2+2\cdot3+3\cdot4+\cdots+n(n+1)=\dfrac{1}{3}n(n+1)(n+2)$;

(10)$\dfrac{1}{1\cdot2}+\dfrac{1}{2\cdot3}+\dfrac{1}{3\cdot4}+\cdots+\dfrac{1}{n(n+1)}=1-\dfrac{1}{n+1}$.

6.阶乘

(1)$n!=n(n-1)(n-2)\cdots2\cdot1$, 规定 $0!=1$;

(2)$(2n+1)!!=\dfrac{(2n+1)!}{2^nn!}=(2n+1)\cdots5\cdot3\cdot1$, $(-1)!!=0$;

(3)$(2n)!!=2^nn!=(2n)\cdots6\cdot4\cdot2$, $0!!=0$.

7.牛顿二项公式

$$\begin{aligned}(a+b)^n&=a^n+na^{n-1}b+\frac{n(n-1)}{2!}a^{n-2}b^2+\frac{n(n-1)(n-2)}{3!}a^{n-3}b^3\\&\quad+\cdots+\frac{n(n-1)\cdots(n-k+1)}{k!}a^{n-k}b^k+\cdots+nab^{n-1}+b^n\\&=\sum_{k=0}^{\infty}C_n^ka^{n-k}b^k,\end{aligned}$$

其中组合系数 $C_n^k=\dfrac{n!}{k!(n-k)!}$,$C_n^0=C_n^n=1$.

二、常用基本三角公式

1.基本关系式

(1)$\tan\alpha=\dfrac{\sin\alpha}{\cos\alpha}$；　　(2)$\cot\alpha=\dfrac{\cos\alpha}{\sin\alpha}$；

(3)$\tan\alpha=\dfrac{1}{\cot\alpha}$；　　(4)$\sec\alpha=\dfrac{1}{\cos\alpha}$；

(5)$\csc\alpha=\dfrac{1}{\sin\alpha}$；　　(6)$\sin^2\alpha+\cos^2\alpha=1$；

(7)$1+\tan^2\alpha=\sec^2\alpha$；　　(8)$1+\cot^2\alpha=\csc^2\alpha$.

2.诱导公式

角 A / 函数	$A=\frac{\pi}{2}\pm\alpha$	$A=\pi\pm\alpha$	$A=\frac{3}{2}\pi\pm\alpha$	$A=2\pi-\alpha$
$\sin A$	$\cos\alpha$	$\mp\sin\alpha$	$-\cos\alpha$	$-\sin\alpha$
$\cos A$	$\mp\sin\alpha$	$-\cos\alpha$	$\pm\sin\alpha$	$\cos\alpha$
$\tan A$	$\mp\cot\alpha$	$\pm\tan\alpha$	$\mp\cot\alpha$	$-\tan\alpha$
$\cot A$	$\mp\tan\alpha$	$\pm\cot\alpha$	$\mp\tan\alpha$	$-\cot\alpha$

3.加法公式

(1)$\sin(\alpha\pm\beta)=\sin\alpha\cos\beta\pm\cos\alpha\sin\beta$；

(2)$\cos(\alpha\pm\beta)=\cos\alpha\cos\beta\mp\sin\alpha\sin\beta$；

(3)$\tan(\alpha\pm\beta)=\dfrac{\tan\alpha\pm\tan\beta}{1\mp\tan\alpha\cdot\tan\beta}$；

(4)$\cot(\alpha\pm\beta)=\dfrac{\cot\alpha\cot\beta\mp1}{\cot\beta\pm\cot\alpha}$.

4.和差化积公式

(1)$\sin\alpha+\sin\beta=2\sin\dfrac{\alpha+\beta}{2}\cos\dfrac{\alpha-\beta}{2}$；

(2)$\sin\alpha-\sin\beta=2\cos\dfrac{\alpha+\beta}{2}\sin\dfrac{\alpha-\beta}{2}$；

(3)$\cos\alpha+\cos\beta=2\cos\dfrac{\alpha+\beta}{2}\cos\dfrac{\alpha-\beta}{2}$；

(4)$\cos\alpha-\cos\beta=-2\sin\dfrac{\alpha+\beta}{2}\sin\dfrac{\alpha-\beta}{2}$.

5.积化和差公式

(1)$\sin\alpha\cos\beta=\dfrac{1}{2}[\sin(\alpha+\beta)+\sin(\alpha-\beta)]$；

(2) $\cos\alpha\sin\beta=\frac{1}{2}[\sin(\alpha+\beta)-\sin(\alpha-\beta)]$；

(3) $\cos\alpha\cos\beta=\frac{1}{2}[\cos(\alpha+\beta)+\cos(\alpha-\beta)]$；

(4) $\sin\alpha\sin\beta=-\frac{1}{2}[\cos(\alpha+\beta)-\cos(\alpha-\beta)]$.

6. 倍角和半角公式

(1) $\sin2\alpha=2\sin\alpha\cos\alpha$；

(2) $\cos2\alpha=\cos^2\alpha-\sin^2\alpha=1-2\sin^2\alpha=2\cos^2\alpha-1$；

(3) $\tan2\alpha=\frac{2\tan\alpha}{1-\tan^2\alpha}$；

(4) $\cot2\alpha=\frac{\cot^2\alpha-1}{2\cot\alpha}$；

(5) $\sin\frac{\alpha}{2}=\pm\sqrt{\frac{1-\cos\alpha}{2}}$；

(6) $\cos\frac{\alpha}{2}=\pm\sqrt{\frac{1+\cos\alpha}{2}}$；

(7) $\tan\frac{\alpha}{2}=\pm\sqrt{\frac{1-\cos\alpha}{1+\cos\alpha}}=\frac{1-\cos\alpha}{\sin\alpha}$；

(8) $\cot\frac{\alpha}{2}=\pm\sqrt{\frac{1+\cos\alpha}{1-\cos\alpha}}=\frac{\sin\alpha}{1-\cos\alpha}$.

三、常用求面积和体积的公式

1. 圆

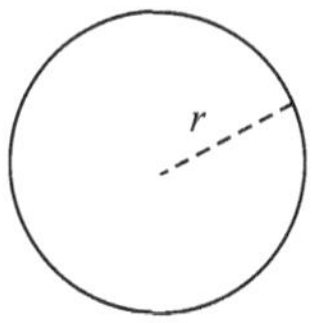

圆周长 $=2\pi r$

圆面积 $=\pi r^2$

2. 圆扇形

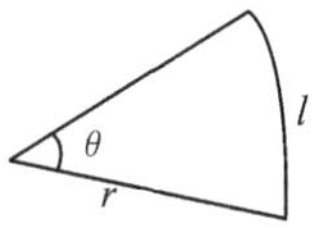

圆弧长 $l=r\theta$(圆心角 θ 以弧度计)

$=\frac{\pi r\theta}{180}$(圆心角 θ 以度计)

扇形面积 $=\frac{1}{2}rl=\frac{1}{2}r^2\theta$(圆心角 θ 以弧度计)

3. 平行四边形

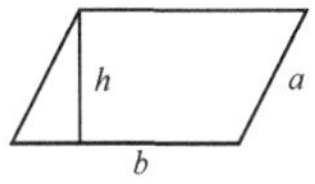

面积 $=bh$

4. 三角形

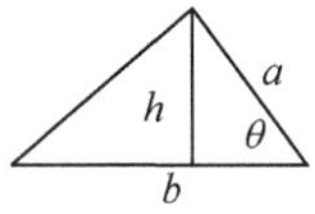

面积 $=\frac{1}{2}bh=\frac{1}{2}ab\sin\theta$

5. 梯形

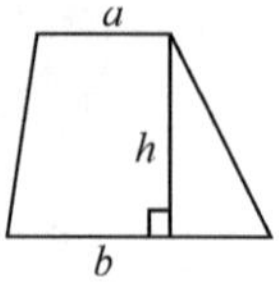

面积$=\frac{1}{2}(a+b)h$

6. 正圆锥

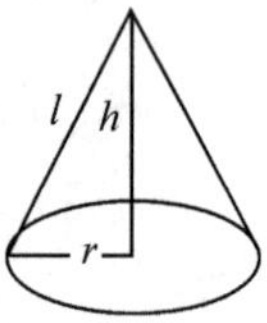

体积$=\frac{1}{3}\pi r^2 h$

侧面积$=\pi rl$

全面积$=\pi r(r+l)$

7. 正棱锥

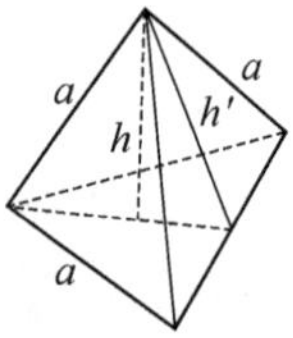

底面积 $S=\frac{1}{2}ah'$

体积$=\frac{1}{3}Sh=\frac{1}{6}ahh'$

侧面积$=\frac{3}{2}ah'$

8. 圆台

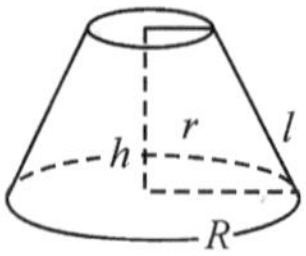

体积$=\frac{\pi h}{3}(R^2+r^2+Rr)$

侧面积$=\pi l(R+r)$

9. 圆柱

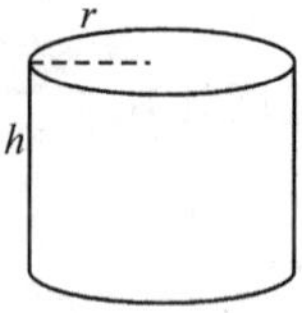

体积$=\pi r^2 h$

侧面积$=2\pi rh$

表面积$=2\pi r(r+h)$

10. 球

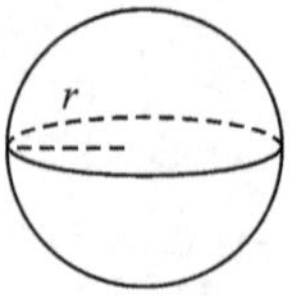

体积$=\frac{4}{3}\pi r^3$

表面积$=4\pi r^2$

附录 2　几种常用的曲线

(1)三次抛物线

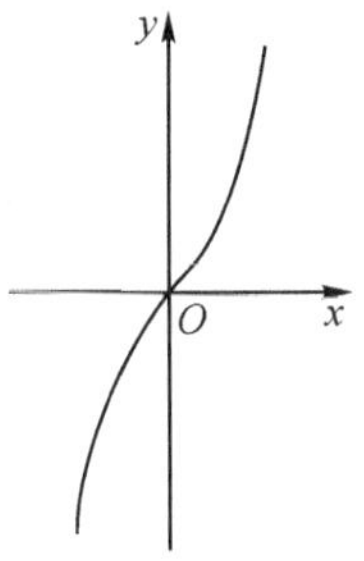

$y=ax^3$

(2)半立方抛物线

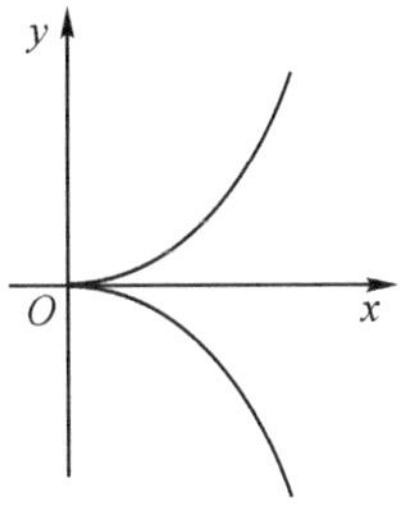

$y^2=ax^3$

(3)概率曲线

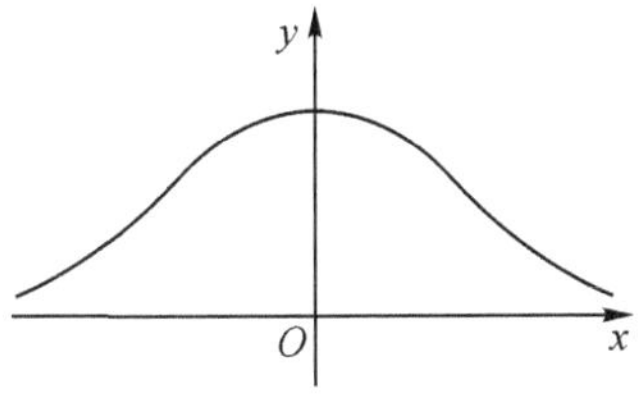

$y=\mathrm{e}^{-x^2}$

(4)箕舌线

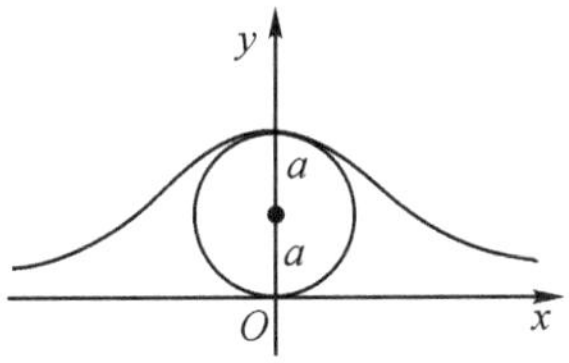

$y=\dfrac{8a^3}{x^2+4a^2}$

(5)蔓叶线

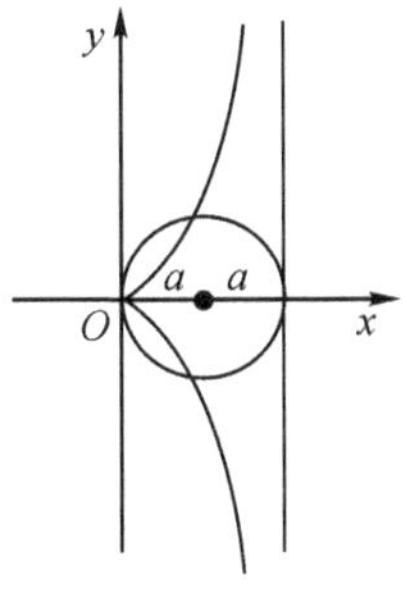

$y^2(2a-x)=x^3$

(6)笛卡儿叶形线

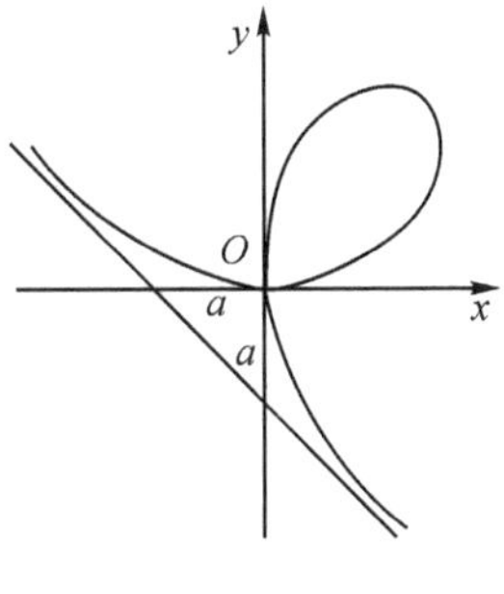

$x^3+y^3-3axy=0$

$x=\dfrac{3at}{1+t^3},y=\dfrac{3at^2}{1+t^3}$

(7)星形线(内摆线的一种)

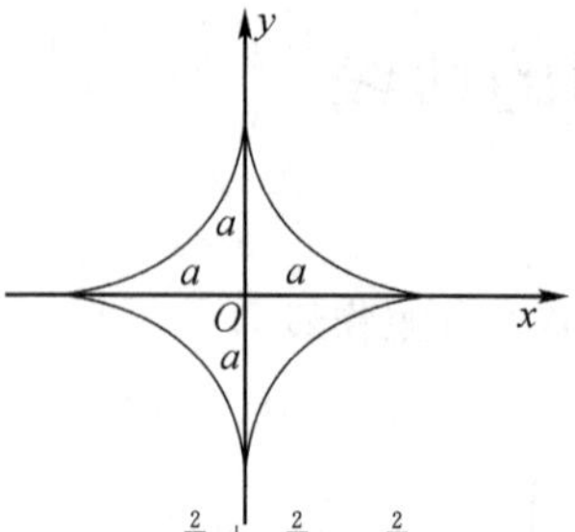

$$x^{\frac{2}{3}}+y^{\frac{2}{3}}=a^{\frac{2}{3}}$$

$$\begin{cases}x=a\cos^3\theta\\ y=a\sin^3\theta\end{cases}$$

(8)摆线

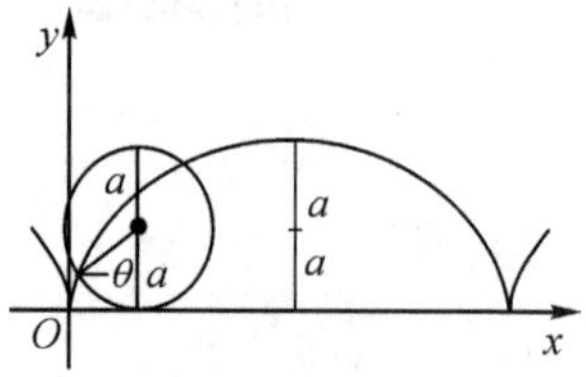

$$\begin{cases}x=a(\theta-\sin\theta)\\ y=a(1-\cos\theta)\end{cases}$$

(9)心形线(外摆线的一种)

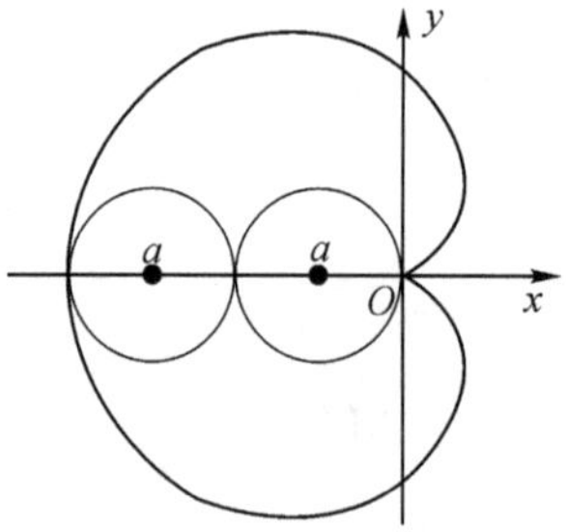

$$x^2+y^2+ax=a\sqrt{x^2+y^2}$$

$$\rho=a(1-\cos\theta)$$

(10)阿基米德螺线

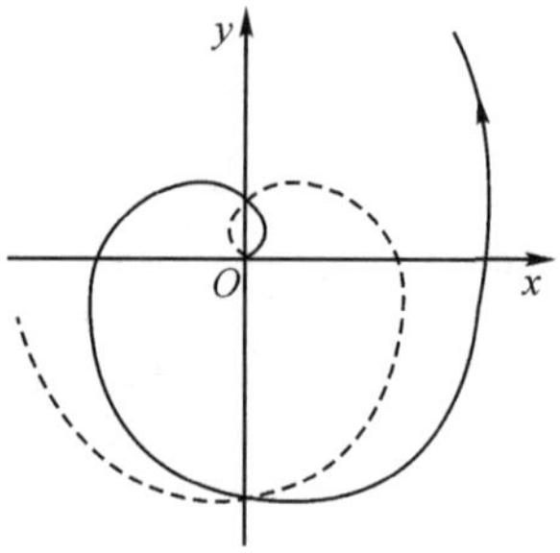

$$\rho=a\theta$$

(11)对数螺线

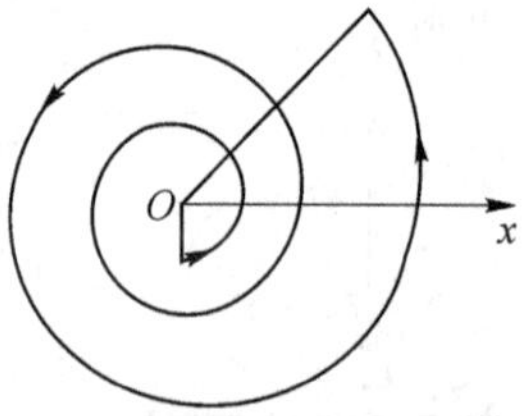

$$\rho=e^{a\theta}$$

(12)双曲螺线

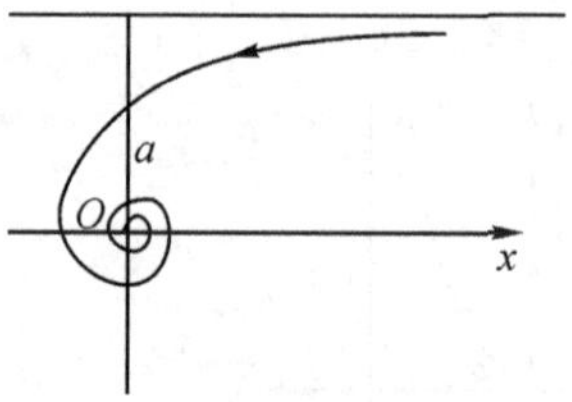

$$\rho\theta=a$$

(13)伯努利双纽线

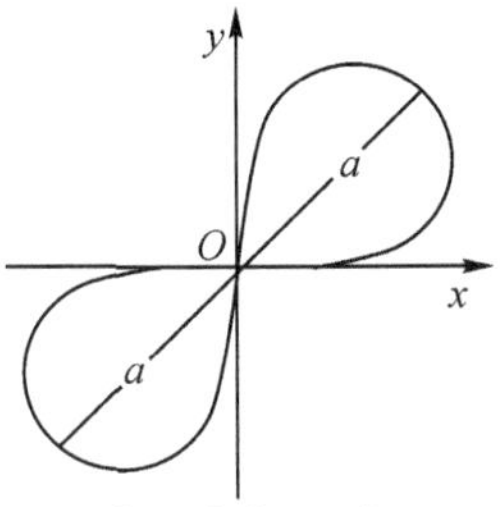

$(x^2+y^2)^2=2a^2xy$

$\rho^2=a^2\sin2\theta$

(14)伯努利双纽线

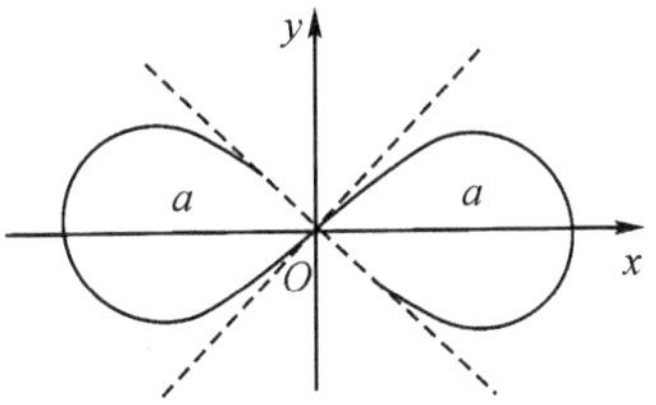

$(x^2+y^2)^2=a^2(x^2-y^2)$

$\rho^2=a^2\cos2\theta$

(15)三叶玫瑰线

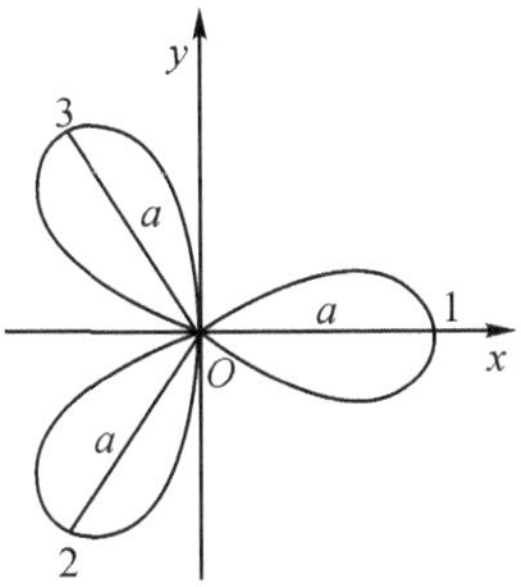

$\rho=a\cos3\theta$

(16)三叶玫瑰线

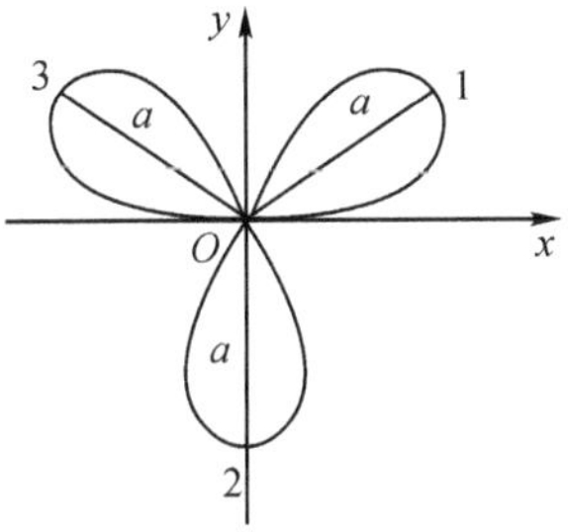

$\rho=a\sin3\theta$

(17)四叶玫瑰线

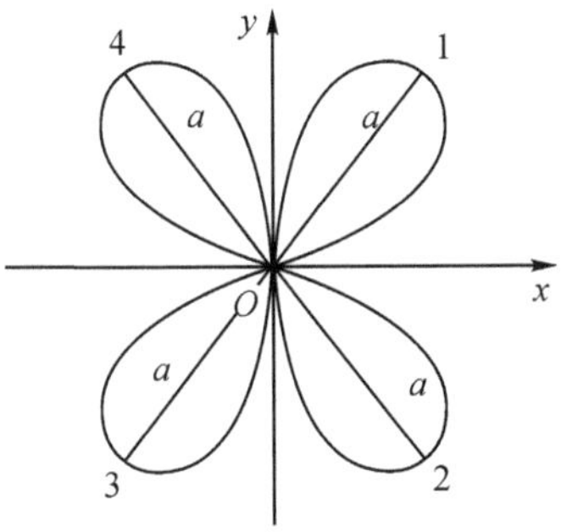

$\rho=a\sin2\theta$

(18)四叶玫瑰线

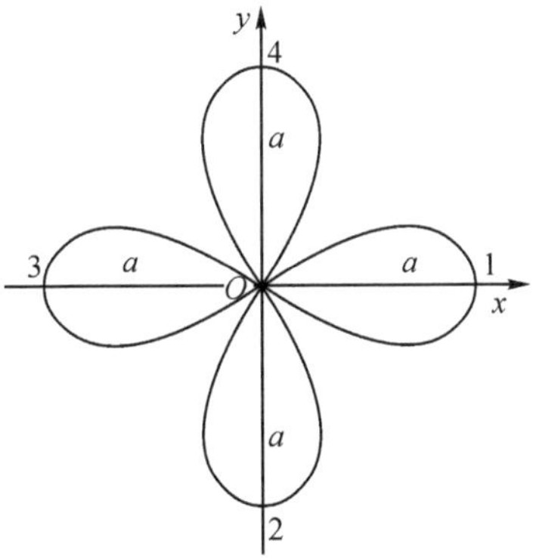

$\rho=a\cos2\theta$

附录3　积　分　表

一、含有 $ax+b$ 的积分

1. $\int \frac{dx}{ax+b}=\frac{1}{a}\ln|ax+b|+C.$

2. $\int (ax+b)^{\mu}dx=\frac{(ax+b)^{\mu+1}}{a(\mu+1)}+C \qquad (\mu\neq -1).$

3. $\int \frac{x}{ax+b}dx=\frac{1}{a^2}(ax+b-b\ln|ax+b|)+C.$

4. $\int \frac{x^2}{ax+b}dx=\frac{1}{a^3}\left[\frac{1}{2}(ax+b)^2-2b(ax+b)+b^2\ln|ax+b|\right]+C.$

5. $\int \frac{dx}{x(ax+b)}=-\frac{1}{b}\ln\left|\frac{ax+b}{x}\right|+C.$

6. $\int \frac{dx}{x^2(ax+b)}=-\frac{1}{bx}+\frac{a}{b^2}\ln\left|\frac{ax+b}{x}\right|+C.$

7. $\int \frac{x}{(ax+b)^2}dx=\frac{1}{a^2}\left(\ln|ax+b|+\frac{b}{ax+b}\right)+C.$

8. $\int \frac{x^2}{(ax+b)^2}dx=\frac{1}{a^3}\left(ax+b-2b\ln|ax+b|-\frac{b^2}{ax+b}\right)+C.$

9. $\int \frac{dx}{x(ax+b)^2}dx=\frac{1}{b(ax+b)}-\frac{1}{b^2}\ln\left|\frac{ax+b}{x}\right|+C.$

二、含有 $\sqrt{ax+b}$ 的积分

10. $\int \sqrt{ax+b}dx=\frac{2}{3a}\sqrt{(ax+b)^3}+C.$

11. $\int x\sqrt{ax+b}dx=\frac{2}{15a^2}(3ax-2b)\sqrt{(ax+b)^3}+C.$

12. $\int x^2\sqrt{ax+b}dx=\frac{2}{105a^3}(15a^2x^2-12abx+8b^2)\sqrt{(ax+b)^3}+C.$

13. $\int \frac{x}{\sqrt{ax+b}}dx=\frac{2}{3a^2}(ax-2b)\sqrt{ax+b}+C.$

14. $\int \frac{x^2}{\sqrt{ax+b}}dx=\frac{2}{15a^3}(3a^2x^2-4abx+8b^2)\sqrt{ax+b}+C.$

15. $$\int \frac{dx}{x\sqrt{ax+b}}=\begin{cases}\frac{1}{\sqrt{b}}\ln\left|\frac{\sqrt{ax+b}-\sqrt{b}}{\sqrt{ax+b}+\sqrt{b}}\right|+C, & b>0,\\ \frac{2}{\sqrt{-b}}\arctan\sqrt{\frac{ax+b}{-b}}+C, & b<0.\end{cases}$$

16. $$\int \frac{dx}{x^2\sqrt{ax+b}}=-\frac{\sqrt{ax+b}}{bx}-\frac{a}{2b}\int\frac{dx}{x\sqrt{ax+b}}.$$

17. $$\int \frac{\sqrt{ax+b}}{x}dx=2\sqrt{ax+b}+b\int\frac{dx}{x\sqrt{ax+b}}.$$

18. $$\int \frac{\sqrt{ax+b}}{x^2}dx=-\frac{\sqrt{ax+b}}{x}+\frac{a}{2}\int\frac{dx}{x\sqrt{ax+b}}.$$

三、含有 $x^2\pm a^2$ 的积分

19. $$\int \frac{dx}{x^2+a^2}=\frac{1}{a}\arctan\frac{x}{a}+C.$$

20. $$\int \frac{dx}{(x^2+a^2)^n}=\frac{x}{2(n-1)a^2(x^2+a^2)^{n-1}}+\frac{2n-3}{2(n-1)a^2}\int\frac{dx}{(x^2+a^2)^{n-1}}.$$

21. $$\int \frac{dx}{x^2-a^2}=\frac{1}{2a}\ln\left|\frac{x-a}{x+a}\right|+C.$$

四、含有 $ax^2+b(a>0)$ 的积分

22. $$\int \frac{dx}{ax^2+b}=\begin{cases}\frac{1}{\sqrt{ab}}\arctan\sqrt{\frac{a}{b}}x+C, & b>0,\\ \frac{1}{2\sqrt{-ab}}\ln\left|\frac{\sqrt{a}x-\sqrt{-b}}{\sqrt{a}x+\sqrt{-b}}\right|+C, & b<0.\end{cases}$$

23. $$\int \frac{x}{ax^2+b}dx=\frac{1}{2a}\ln|ax^2+b|+C.$$

24. $$\int \frac{x^2}{ax^2+b}dx=\frac{x}{a}-\frac{b}{a}\int\frac{dx}{ax^2+b}.$$

25. $$\int \frac{dx}{x(ax^2+b)}=\frac{1}{2b}\ln\frac{x^2}{|ax^2+b|}+C.$$

26. $$\int \frac{dx}{x^2(ax^2+b)}=-\frac{1}{bx}-\frac{a}{b}\int\frac{dx}{ax^2+b}.$$

27. $$\int \frac{dx}{x^3(ax^2+b)}=\frac{a}{2b^2}\ln\frac{|ax^2+b|}{x^2}-\frac{1}{2bx^2}+C.$$

28. $$\int \frac{dx}{(ax^2+b)^2}=\frac{x}{2b(ax^2+b)}+\frac{1}{2b}\int\frac{dx}{ax^2+b}.$$

五、含有 $ax^2+bx+c\ (a>0)$ 的积分

29. $$\int\frac{\mathrm{d}x}{ax^2+bx+c}=\begin{cases}\dfrac{2}{\sqrt{4ac-b^2}}\arctan\dfrac{2ax+b}{\sqrt{4ac-b^2}}+C, & b^2<4ac,\\ \dfrac{1}{\sqrt{b^2-4ac}}\ln\left|\dfrac{2ax+b-\sqrt{b^2-4ac}}{2ax+b+\sqrt{b^2-4ac}}\right|+C, & b^2>4ac.\end{cases}$$

30. $$\int\frac{x}{ax^2+bx+c}\mathrm{d}x=\frac{1}{2a}\ln|ax^2+bx+c|-\frac{b}{2a}\int\frac{\mathrm{d}x}{ax^2+bx+c}.$$

六、含有 $\sqrt{x^2+a^2}\ (a>0)$ 的积分

31. $$\int\frac{\mathrm{d}x}{\sqrt{x^2+a^2}}=\operatorname{arsh}\frac{x}{a}+C_1=\ln(x+\sqrt{x^2+a^2})+C.$$

32. $$\int\frac{\mathrm{d}x}{\sqrt{(x^2+a^2)^3}}=\frac{x}{a^2\sqrt{x^2+a^2}}+C.$$

33. $$\int\frac{x}{\sqrt{x^2+a^2}}\mathrm{d}x=\sqrt{x^2+a^2}+C.$$

34. $$\int\frac{x}{\sqrt{(x^2+a^2)^3}}\mathrm{d}x=-\frac{1}{\sqrt{x^2+a^2}}+C.$$

35. $$\int\frac{x^2}{\sqrt{x^2+a^2}}\mathrm{d}x=\frac{x}{2}\sqrt{x^2+a^2}-\frac{a^2}{2}\ln(x+\sqrt{x^2+a^2})+C.$$

36. $$\int\frac{x^2}{\sqrt{(x^2+a^2)^3}}\mathrm{d}x=-\frac{x}{\sqrt{x^2+a^2}}+\ln(x+\sqrt{x^2+a^2})+C.$$

37. $$\int\frac{\mathrm{d}x}{x\sqrt{x^2+a^2}}=\frac{1}{a}\ln\frac{\sqrt{x^2+a^2}-a}{|x|}+C.$$

38. $$\int\frac{\mathrm{d}x}{x^2\sqrt{x^2+a^2}}=-\frac{\sqrt{x^2+a^2}}{a^2x}+C.$$

39. $$\int\sqrt{x^2+a^2}\,\mathrm{d}x=\frac{x}{2}\sqrt{x^2+a^2}+\frac{a^2}{2}\ln(x+\sqrt{x^2+a^2})+C.$$

40. $$\int\sqrt{(x^2+a^2)^3}\,\mathrm{d}x=\frac{x}{8}(2x^2+5a^2)\sqrt{x^2+a^2}+\frac{3}{8}a^4\ln(x+\sqrt{x^2+a^2})+C.$$

41. $$\int x\sqrt{x^2+a^2}\,\mathrm{d}x=\frac{1}{3}\sqrt{(x^2+a^2)^3}+C.$$

42. $$\int x^2\sqrt{x^2+a^2}\,\mathrm{d}x=\frac{x}{8}(2x^2+a^2)\sqrt{x^2+a^2}-\frac{a^4}{8}\ln(x+\sqrt{x^2+a^2})+C.$$

43. $$\int\frac{\sqrt{x^2+a^2}}{x}\mathrm{d}x=\sqrt{x^2+a^2}+a\ln\frac{\sqrt{x^2+a^2}-a}{|x|}+C.$$

44. $\int\frac{\sqrt{x^2+a^2}}{x^2}\mathrm{d}x=-\frac{\sqrt{x^2+a^2}}{x}+\ln(x+\sqrt{x^2+a^2})+C.$

七、含有$\sqrt{x^2-a^2}\,(a>0)$的积分

45. $\int\frac{\mathrm{d}x}{\sqrt{x^2-a^2}}=\frac{x}{|x|}\operatorname{arch}\frac{|x|}{a}+C_1=\ln|x+\sqrt{x^2-a^2}|+C.$

46. $\int\frac{\mathrm{d}x}{\sqrt{(x^2-a^2)^3}}=-\frac{x}{a^2\sqrt{x^2-a^2}}+C.$

47. $\int\frac{x}{\sqrt{x^2-a^2}}\mathrm{d}x=\sqrt{x^2-a^2}+C.$

48. $\int\frac{x}{\sqrt{(x^2-a^2)^3}}\mathrm{d}x=-\frac{1}{\sqrt{x^2-a^2}}+C.$

49. $\int\frac{x^2}{\sqrt{x^2-a^2}}\mathrm{d}x=\frac{x}{2}\sqrt{x^2-a^2}+\frac{a^2}{2}\ln|x+\sqrt{x^2-a^2}|+C.$

50. $\int\frac{x^2}{\sqrt{(x^2-a^2)^3}}\mathrm{d}x=-\frac{x}{\sqrt{x^2-a^2}}+\ln|x+\sqrt{x^2-a^2}|+C.$

51. $\int\frac{\mathrm{d}x}{x\sqrt{x^2-a^2}}=\frac{1}{a}\arccos\frac{a}{|x|}+C.$

52. $\int\frac{\mathrm{d}x}{x^2\sqrt{x^2-a^2}}=\frac{\sqrt{x^2-a^2}}{a^2x}+C.$

53. $\int\sqrt{x^2-a^2}\,\mathrm{d}x=\frac{x}{2}\sqrt{x^2-a^2}-\frac{a^2}{2}\ln|x+\sqrt{x^2-a^2}|+C.$

54. $\int\sqrt{(x^2-a^2)^3}\,\mathrm{d}x=\frac{x}{8}(2x^2-5a^2)\sqrt{x^2-a^2}+\frac{3}{8}a^4\ln|x+\sqrt{x^2-a^2}|+C.$

55. $\int x\sqrt{x^2-a^2}\,\mathrm{d}x=\frac{1}{3}\sqrt{(x^2-a^2)^3}+C.$

56. $\int x^2\sqrt{x^2-a^2}\,\mathrm{d}x=\frac{x}{8}(2x^2-a^2)\sqrt{x^2-a^2}-\frac{a^4}{8}\ln|x+\sqrt{x^2-a^2}|+C.$

57. $\int\frac{\sqrt{x^2-a^2}}{x}\mathrm{d}x=\sqrt{x^2-a^2}-a\arccos\frac{a}{|x|}+C.$

58. $\int\frac{\sqrt{x^2-a^2}}{x^2}\mathrm{d}x=-\frac{\sqrt{x^2-a^2}}{x}+\ln|x+\sqrt{x^2-a^2}|+C.$

八、含有$\sqrt{a^2-x^2}\,(a>0)$的积分

59. $\int\frac{\mathrm{d}x}{\sqrt{a^2-x^2}}=\arcsin\frac{x}{a}+C.$

60. $\int \frac{\mathrm{d}x}{\sqrt{(a^2-x^2)^3}}=\frac{x}{a^2\sqrt{a^2-x^2}}+C.$

61. $\int \frac{x}{\sqrt{a^2-x^2}}\mathrm{d}x=-\sqrt{a^2-x^2}+C.$

62. $\int \frac{x}{\sqrt{(a^2-x^2)^3}}\mathrm{d}x=\frac{1}{\sqrt{a^2-x^2}}+C.$

63. $\int \frac{x^2}{\sqrt{a^2-x^2}}\mathrm{d}x=-\frac{x}{2}\sqrt{a^2-x^2}+\frac{a^2}{2}\arcsin\frac{x}{a}+C.$

64. $\int \frac{x^2}{\sqrt{(a^2-x^2)^3}}\mathrm{d}x=\frac{x}{\sqrt{a^2-x^2}}-\arcsin\frac{x}{a}+C.$

65. $\int \frac{\mathrm{d}x}{x\sqrt{a^2-x^2}}=\frac{1}{a}\ln\frac{a-\sqrt{a^2-x^2}}{|x|}+C.$

66. $\int \frac{\mathrm{d}x}{x^2\sqrt{a^2-x^2}}=-\frac{\sqrt{a^2-x^2}}{a^2x}+C.$

67. $\int \sqrt{a^2-x^2}\,\mathrm{d}x=\frac{x}{2}\sqrt{a^2-x^2}+\frac{a^2}{2}\arcsin\frac{x}{a}+C.$

68. $\int \sqrt{(a^2-x^2)^3}\,\mathrm{d}x=\frac{x}{8}(5a^2-2x^2)\sqrt{a^2-x^2}+\frac{3}{8}a^4\arcsin\frac{x}{a}+C.$

69. $\int x\sqrt{a^2-x^2}\,\mathrm{d}x=-\frac{1}{3}\sqrt{(a^2-x^2)^3}+C.$

70. $\int x^2\sqrt{a^2-x^2}\,\mathrm{d}x=\frac{x}{8}(2x^2-a^2)\sqrt{a^2-x^2}+\frac{a^4}{8}\arcsin\frac{x}{a}+C.$

71. $\int \frac{\sqrt{a^2-x^2}}{x}\mathrm{d}x=\sqrt{a^2-x^2}+a\ln\frac{a-\sqrt{a^2-x^2}}{|x|}+C.$

72. $\int \frac{\sqrt{a^2-x^2}}{x^2}\mathrm{d}x=-\frac{\sqrt{a^2-x^2}}{x}-\arcsin\frac{x}{a}+C.$

九、含有$\sqrt{\pm ax^2+bx+c}\,(a>0)$的积分

73. $\int \frac{\mathrm{d}x}{\sqrt{ax^2+bx+c}}=\frac{1}{\sqrt{a}}\ln\left|2ax+b+2\sqrt{a}\sqrt{ax^2+bx+c}\right|+C.$

74. $\int \sqrt{ax^2+bx+c}\,\mathrm{d}x=\frac{2ax+b}{4a}\sqrt{ax^2+bx+c}$

$+\frac{4ac-b^2}{8\sqrt{a^3}}\ln\left|2ax+b+2\sqrt{a}\sqrt{ax^2+bx+c}\right|+C.$

75. $\int \frac{x}{\sqrt{ax^2+bx+c}}\mathrm{d}x=\frac{1}{a}\sqrt{ax^2+bx+c}$

$$-\frac{b}{2\sqrt{a^3}}\ln\left|2ax+b+2\sqrt{a}\sqrt{ax^2+bx+c}\right|+C.$$

76. $\int\frac{dx}{\sqrt{c+bx-ax^2}}=-\frac{1}{\sqrt{a}}\arcsin\frac{2ax-b}{\sqrt{b^2+4ac}}+C.$

77. $\int\sqrt{c+bx-ax^2}\,dx=\frac{2ax-b}{4a}\sqrt{c+bx-ax^2}+\frac{b^2+4ac}{8\sqrt{a^3}}\arcsin\frac{2ax-b}{\sqrt{b^2+4ac}}+C.$

78. $\int\frac{x}{\sqrt{c+bx-ax^2}}dx=-\frac{1}{a}\sqrt{c+bx-ax^2}+\frac{b}{2\sqrt{a^3}}\arcsin\frac{2ax-b}{\sqrt{b^2+4ac}}+C.$

十、含有$\sqrt{\pm\frac{x-a}{x-b}}$或$\sqrt{(x-a)(b-x)}$的积分

79. $\int\sqrt{\frac{x-a}{x-b}}dx=(x-b)\sqrt{\frac{x-a}{x-b}}+(b-a)\ln(\sqrt{|x-a|}+\sqrt{|x-b|})+C.$

80. $\int\sqrt{\frac{x-a}{b-x}}dx=(x-b)\sqrt{\frac{x-a}{b-x}}+(b-a)\arcsin\sqrt{\frac{x-a}{b-a}}+C.$

81. $\int\frac{dx}{\sqrt{(x-a)(b-x)}}=2\arcsin\sqrt{\frac{x-a}{b-a}}+C\quad(a<b).$

82. $\int\sqrt{(x-a)(b-x)}\,dx=\frac{2x-a-b}{4}\sqrt{(x-a)(b-x)}$

$$+\frac{(b-a)^2}{4}\arcsin\sqrt{\frac{x-a}{b-a}}+C\quad(a<b).$$

十一、含有三角函数的积分

83. $\int\sin x\,dx=-\cos x+C.$

84. $\int\cos x\,dx=\sin x+C.$

85. $\int\tan x\,dx=-\ln|\cos x|+C.$

86. $\int\cot x\,dx=\ln|\sin x|+C.$

87. $\int\sec x\,dx=\ln\left|\tan\left(\frac{\pi}{4}+\frac{x}{2}\right)\right|+C=\ln|\sec x+\tan x|+C.$

88. $\int\csc x\,dx=\ln\left|\tan\frac{x}{2}\right|+C=\ln|\csc x-\cot x|+C.$

89. $\int\sec^2x\,dx=\tan x+C.$

90. $\int\csc^2x\,dx=-\cot x+C.$

91. $\int \sec x \tan x \mathrm{d}x = \sec x + C.$

92. $\int \csc x \cot x \mathrm{d}x = -\csc x + C.$

93. $\int \sin^2 x \mathrm{d}x = \frac{x}{2} - \frac{1}{4}\sin 2x + C.$

94. $\int \cos^2 x \mathrm{d}x = \frac{x}{2} + \frac{1}{4}\sin 2x + C.$

95. $\int \sin^n x \mathrm{d}x = -\frac{1}{n}\sin^{n-1} x \cos x + \frac{n-1}{n}\int \sin^{n-2} x \mathrm{d}x.$

96. $\int \cos^n x \mathrm{d}x = \frac{1}{n}\cos^{n-1} x \sin x + \frac{n-1}{n}\int \cos^{n-2} x \mathrm{d}x.$

97. $\int \frac{\mathrm{d}x}{\sin^n x} = -\frac{1}{n-1}\cdot\frac{\cos x}{\sin^{n-1} x} + \frac{n-2}{n-1}\int \frac{\mathrm{d}x}{\sin^{n-2} x}.$

98. $\int \frac{\mathrm{d}x}{\cos^n x} = \frac{1}{n-1}\cdot\frac{\sin x}{\cos^{n-1} x} + \frac{n-2}{n-1}\int \frac{\mathrm{d}x}{\cos^{n-2} x}.$

99. $\int \cos^m x \sin^n x \mathrm{d}x = \frac{1}{m+n}\cos^{m-1} x \sin^{n+1} x + \frac{m-1}{m+n}\int \cos^{m-2} x \sin^n x \mathrm{d}x$

$$= -\frac{1}{m+n}\cos^{m+1} x \sin^{n-1} x + \frac{n-1}{m+n}\int \cos^m x \sin^{n-2} x \mathrm{d}x.$$

100. $\int \sin ax \cos bx \mathrm{d}x = -\frac{1}{2(a+b)}\cos(a+b)x - \frac{1}{2(a-b)}\cos(a-b)x + C.$

101. $\int \sin ax \sin bx \mathrm{d}x = -\frac{1}{2(a+b)}\sin(a+b)x + \frac{1}{2(a-b)}\sin(a-b)x + C.$

102. $\int \cos ax \cos bx \mathrm{d}x = \frac{1}{2(a+b)}\sin(a+b)x + \frac{1}{2(a-b)}\sin(a-b)x + C.$

103. $\int \frac{\mathrm{d}x}{a+b\sin x} = \frac{2}{\sqrt{a^2-b^2}}\arctan\frac{a\tan\frac{x}{2}+b}{\sqrt{a^2-b^2}} + C \quad (a^2>b^2).$

104. $\int \frac{\mathrm{d}x}{a+b\sin x} = \frac{1}{\sqrt{b^2-a^2}}\ln\left|\frac{a\tan\frac{x}{2}+b-\sqrt{b^2-a^2}}{a\tan\frac{x}{2}+b+\sqrt{b^2-a^2}}\right| + C \quad (a^2<b^2).$

105. $\int \frac{\mathrm{d}x}{a+b\cos x} = \frac{2}{a+b}\sqrt{\frac{a+b}{a-b}}\arctan\left(\sqrt{\frac{a-b}{a+b}}\tan\frac{x}{2}\right) + C \quad (a^2>b^2).$

106. $\int \frac{\mathrm{d}x}{a+b\cos x} = \frac{1}{a+b}\sqrt{\frac{a+b}{b-a}}\ln\left|\frac{\tan\frac{x}{2}+\sqrt{\frac{a+b}{b-a}}}{\tan\frac{x}{2}-\sqrt{\frac{a+b}{b-a}}}\right| + C \quad (a^2<b^2).$

107. $\int \frac{dx}{a^2\cos^2 x+b^2\sin^2 x}=\frac{1}{ab}\arctan\left(\frac{b}{a}\tan x\right)+C.$

108. $\int \frac{dx}{a^2\cos^2 x-b^2\sin^2 x}=\frac{1}{2ab}\ln\left|\frac{b\tan x+a}{b\tan x-a}\right|+C.$

109. $\int x\sin ax\,dx=\frac{1}{a^2}\sin ax-\frac{1}{a}x\cos ax+C.$

110. $\int x^2\sin ax\,dx=-\frac{1}{a}x^2\cos ax+\frac{2}{a^2}x\sin ax+\frac{2}{a^3}\cos ax+C.$

111. $\int x\cos ax\,dx=\frac{1}{a^2}\cos ax+\frac{1}{a}x\sin ax+C.$

112. $\int x^2\cos ax\,dx=\frac{1}{a}x^2\sin ax+\frac{2}{a^2}x\cos ax-\frac{2}{a^3}\sin ax+C.$

十二、含有反三角函数的积分(其中 $a>0$)

113. $\int \arcsin\frac{x}{a}dx=x\arcsin\frac{x}{a}+\sqrt{a^2-x^2}+C.$

114. $\int x\arcsin\frac{x}{a}dx=\left(\frac{x^2}{2}-\frac{a^2}{4}\right)\arcsin\frac{x}{a}+\frac{x}{4}\sqrt{a^2-x^2}+C.$

115. $\int x^2\arcsin\frac{x}{a}dx=\frac{x^3}{3}\arcsin\frac{x}{a}+\frac{1}{9}(x^2+2a^2)\sqrt{a^2-x^2}+C.$

116. $\int \arccos\frac{x}{a}dx=x\arccos\frac{x}{a}-\sqrt{a^2-x^2}+C.$

117. $\int x\arccos\frac{x}{a}dx=\left(\frac{x^2}{2}-\frac{a^2}{4}\right)\arccos\frac{x}{a}-\frac{x}{4}\sqrt{a^2-x^2}+C.$

118. $\int x^2\arccos\frac{x}{a}dx=\frac{x^3}{3}\arccos\frac{x}{a}-\frac{1}{9}(x^2+2a^2)\sqrt{a^2-x^2}+C.$

119. $\int \arctan\frac{x}{a}dx=x\arctan\frac{x}{a}-\frac{a}{2}\ln(a^2+x^2)+C.$

120. $\int x\arctan\frac{x}{a}dx=\frac{1}{2}(a^2+x^2)\arctan\frac{x}{a}-\frac{a}{2}x+C.$

121. $\int x^2\arctan\frac{x}{a}dx=\frac{x^3}{3}\arctan\frac{x}{a}-\frac{a}{6}x^2+\frac{a^3}{6}\ln(a^2+x^2)+C.$

十三、含有指数函数的积分

122. $\int a^x\,dx=\frac{1}{\ln a}a^x+C.$

123. $\int e^{ax}\,dx=\frac{1}{a}e^{ax}+C.$

124. $\int xe^{ax}dx=\frac{1}{a^2}(ax-1)e^{ax}+C.$

125. $\int x^n e^{ax}dx=\frac{1}{a}x^n e^{ax}-\frac{n}{a}\int x^{n-1}e^{ax}dx.$

126. $\int xa^x dx=\frac{x}{\ln a}a^x-\frac{1}{(\ln a)^2}a^x+C.$

127. $\int x^n a^x dx=\frac{1}{\ln a}x^n a^x-\frac{n}{\ln a}\int x^{n-1}a^x dx.$

128. $\int e^{ax}\sin bx dx=\frac{1}{a^2+b^2}e^{ax}(a\sin bx-b\cos bx)+C.$

129. $\int e^{ax}\cos bx dx=\frac{1}{a^2+b^2}e^{ax}(b\sin bx+a\cos bx)+C.$

130. $$\int e^{ax}\sin^n bx dx=\frac{1}{a^2+b^2n^2}e^{ax}\sin^{n-1}bx(a\sin bx-nb\cos bx)+\frac{n(n-1)b^2}{a^2+b^2n^2}\int e^{ax}\sin^{n-2}bx dx.$$

131. $$\int e^{ax}\cos^n bx dx=\frac{1}{a^2+b^2n^2}e^{ax}\cos^{n-1}bx(a\cos bx+nb\sin bx)+\frac{n(n-1)b^2}{a^2+b^2n^2}\int e^{ax}\cos^{n-2}bx dx.$$

十四、含有对数函数的积分

132. $\int \ln x dx=x\ln x-x+C.$

133. $\int \frac{dx}{x\ln x}=\ln|\ln x|+C.$

134. $\int x^n\ln x dx=\frac{1}{n+1}x^{n+1}\left(\ln x-\frac{1}{n+1}\right)+C.$

135. $\int (\ln x)^n dx=x(\ln x)^n-n\int(\ln x)^{n-1}dx.$

136. $\int x^m(\ln x)^n dx=\frac{1}{m+1}x^{m+1}(\ln x)^n-\frac{n}{m+1}\int x^m(\ln x)^{n-1}dx.$

十五、含有双曲函数的积分

137. $\int \mathrm{sh}x dx=\mathrm{ch}x+C.$

138. $\int \mathrm{ch}x dx=\mathrm{sh}x+C.$

139. $\int \operatorname{th}x\,dx = \ln\operatorname{ch}x + C$.

140. $\int \operatorname{sh}^2 x\,dx = -\frac{x}{2} + \frac{1}{4}\operatorname{sh}2x + C$.

141. $\int \operatorname{ch}^2 x\,dx = \frac{x}{2} + \frac{1}{4}\operatorname{sh}2x + C$.

十六、定积分

142. $\int_{-\pi}^{\pi} \cos nx\,dx = \int_{-\pi}^{\pi} \sin nx\,dx = 0$.

143. $\int_{-\pi}^{\pi} \cos mx \sin nx\,dx = 0$.

144. $\int_{-\pi}^{\pi} \cos mx \cos nx\,dx = \begin{cases} 0, & m \neq n, \\ \pi, & m = n. \end{cases}$

145. $\int_{-\pi}^{\pi} \sin mx \sin nx\,dx = \begin{cases} 0, & m \neq n, \\ \pi, & m = n. \end{cases}$

146. $\int_{0}^{\pi} \sin mx \sin nx\,dx = \int_{0}^{\pi} \cos mx \cos nx\,dx = \begin{cases} 0, & m \neq n, \\ \frac{\pi}{2}, & m = n. \end{cases}$

147. $I_n = \int_0^{\frac{\pi}{2}} \sin^n x\,dx = \int_0^{\frac{\pi}{2}} \cos^n x\,dx$,

$$I_n = \frac{n-1}{n} I_{n-2} = \cdots$$

$$= \begin{cases} \frac{n-1}{n} \cdot \frac{n-3}{n-2} \cdot \cdots \cdot \frac{4}{5} \cdot \frac{2}{3}, & n \text{ 为大于 1 的正奇数}, I_1 = 1, \\ \frac{n-1}{n} \cdot \frac{n-3}{n-2} \cdot \cdots \cdot \frac{3}{4} \cdot \frac{1}{2} \cdot \frac{\pi}{2}, & n \text{ 为正偶数}, I_0 = \frac{\pi}{2}. \end{cases}$$